JN417696

한글로 읽는

교전공부

개정판

개정판 한글로 읽는 **교전공부**

초 판 1쇄 원기 95년(2010) 5월 5일 발행
개정판 1쇄 원기103년(2018) 12월 14일 인쇄
원기103년(2018) 12월 21일 발행

지은이 각산 신도형

펴낸이 주영삼
인쇄 피앤비
펴낸곳 원불교출판사
출판신고 1980년 4월 25일(제1980-000001호)
주소 전라북도 익산시 익산대로 501
전화 063)854-0784
팩스 063)852-0784
www.wonbook.co.kr

값 30,000원

ISBN 978-89-8076-332-0(03200)

한글로 읽는
교전공부

개정판

각산 신도형 지음

영산선학대교재편찬위 편

원불교출판사 개정판 편

책을 펴내며

이 책은 『覺山文集 I 敎典工夫』중 『정전』 부분을 재편집한 것으로, 주요 편집내용은 다음과 같다.

1. 내용에 있어서는 원본을 그대로 살렸다. 그러나 명확한 오타라고 확인된 부분은 교정하였다.
2. 『정전』 원문을 참고할 수 있도록 각 장 절의 시작부분에 『정전』 원문을 삽입하였다.
3. 한문은 한글로 고쳤으며, 필요한 경우 한문을 병기하였다.
4. 한문의 경우 필요한 부분은 각주를 통하여 해석을 덧붙였다.
5. 인용문의 경우 가능한 한 그 출처와 원문을 밝혀 이해를 돕고자 하였다.
6. 영산선학대학교재편찬위의 편찬본과 원본을 바탕으로 원불교출판사에서 재개정하였다.
7. 내용 중 <법문> 표기는 대산 종사의 법문임을 밝힌다.
8. 개정판은 전판이 두 권으로 분리되었던 것을 한 권으로 통합하였다.

서문

마음을 연하고 뜻을 같이 하는 동지들이 한 회상에서 길이 함께 일하는 것이 우리 모두의 소망이지만 초창기로부터 많은 역경을 무릅쓰고 크게 일하다가 일터에서 가신 여러 선진들에 이어 젊은 나이로 가신 각산 신도형 선생의 굵고 짧은 일생을 추모합니다.

선생은 비록 40 미만의 젊은 나이에 세상을 떠났으나 자신이 해야 할 일을 미리 알아 행했으며 자신이 처한 직장이었던 동산선원에서 선원생禪院生 한명 한명에게 희망과 공부심과 봉공심을 넣어준 주인공이었습니다.

물론 선생은 한낱 국한된 선원禪院의 일만을 하지는 아니 하였습니다. 비록 선원에 몸담고 있었으나 넓고 큰 일원에 바탕하여 살림을 하였기 때문입니다. 또한 그렇다고 해서 선원의 교무 활동을 추호도 게을리 하지 아니 하였습니다. 그 흔적으로 방대한 교안과 교재를 작성하여 선원생들에게 계획성 있는 교리 훈련을 진작시켰습니다.

선생은 원기58년 1월에 자신이 완성한 교재를 『교전공부』라 제題하여 출간하려 했었으나 뜻을 이루지 못하고 떠났습니다.

그 내용은 교리를 가장 쉽게 풀이하고자 기본 단어 설명부터 시작하여 깊고 넓은 일원의 진리에 이르도록 하였으며 대종사님께서 지도하신 의지意志가 미迷한 중생으로 하여금 만에 일이라도 분명히 이해되지 못하는 부분은 문제를 놓고 연구하도록 하였습니다. 선생의 의도는 어떠한 사상을 강요하는 식의 방법을 놓고 스스로 깨달아 아는 방법만이 올바른 것이라고 보고 진리는 항상 가까운 곳에서부터 시작하고 쉬운 곳에서부터 출발하여 자신에서부터 실천하려는 노력이 그의 『교전공부』 속에 흐르고 있습니다.

그런 점에서 결론은 해답이 아니라 문제로 남기는 교재를 만들려고 했던 것입니다.

선생은 선생이 바라는 문제의 해답이 없어서 그렇게 내놓지는 아니 했습니다. 자신이 작성한 교안에는 해답이 적혀 있습니다. 이것을 본 선원생이나 후진들은 선생의 유지遺志였던 『교전공부』를 「유고집 1」로 정하고 출판하되 이미 작성했던 원고와 선생의 노트까지 아울러 보충하여 출판하는 것이 좋겠다는 뜻을 모았으며 교재 내에 제시된 문제점을 부록으로 문제집을 만들어 학인들의 독자적인 연마에 기여토록 하고자 하였습니다.

선생은 대종사님과 스승들의 뜻에 추호라도 누가 되지 않고 자신의 글로 하여금 정법에 오점이 가지 않도록 신중했던 점을 기억합니다.

그러나 편집과정에서 의외로 많은 원고를 정리하다 보니 본의 아닌 잘못이 없기가 어려웠다고 하는 소리를 들었습니다만 그 점은 떠나신 각산 선생의 본의가 아님을 이해하시고 우리의 본연인 대종사님의 정법을 더욱 투철히 찾아 선생의 마지막 유언이었던 '우리 다 같이 공부합시다.' 한 뜻을 살려야 하겠습니다.

앞으로 허다히 많은 교재와 해석서가 나올 것이나 이토록 누구보다 앞서서 이룩한 선생의 공덕을 다시 한 번 영령께 감사를 드리며 비록 후진을 위해 저작했던 글이나마 각산 선생을 아끼는 의미에서 공부의 반려가 되어 줄 것을 부탁드리는 바입니다.

원기59년 1월

일주기一週忌 즈음하여 안이정 지識

머리말

세상의 많은 물건 중에 금이 가장 소중하다고 하나 그 가치와 용도를 알지 못할 때에는 버리는 수도 있고 거기에 아연이나 니켈 등으로 도금하여 쓰는 수도 없지 않습니다. 또한 기름지고 영양가 높은 음식이 건강에 더할 수 없는 자양이 되지마는 잘 씹어 먹지 아니하면 완전히 소화되지 못한 채 배설되어 버리거나 오히려 중병의 원인이 되는 수도 없지 않습니다.

정전은 대종사님의 경륜과 포부가 새겨진 경전으로서 새 시대 새 역사 창조의 원전元典이요, 성불제중의 가장 바르고 빠른 지침서로서 제생의세의 계획서이며 온 인류와 일체 생령의 복음서인 동시에 영원한 세상의 보전寶典입니다.

그런데 우리는 정전의 가치를 잘 모르고 그 참뜻을 원만히 밝히지 못한 채 자기 나름대로 이해하는데 그치고 말거나 또는 깊은 깨침이나 체험이 없이 피상적인 공부에 그치거나 사량과 언설에 치우쳐 고급 중생으로 전락하는 수도 없지 않을 것입니다.

이와 같은 점을 감안하여 대종사님 당대에 공부하시고 훈련하였던 방법을 현대적으로 부활시켰으면 하는 뜻에서 그동안 공부해 본 점을 토대로 경전 주석의 표준과 그 방침을 정하고 경전연마의 방법과 그 순서 등을 밝히는 동시에 먼저 경문 내에 있는 단어 숙어의 올바른 정의와 모든 문제점 발견과 그 해결을 자발적으로 또는 의견 교환으로 할 수 있도록 그 방향을 제시함으로써 정전의 참 뜻을 다 같이 궁구하고 실천하는데 조금이라도 기여하고자 부족한 대로 우선 정리하여 보았습니다. 이에 뜻있는 불보살들의 밝으신 고견이 많이 합력되어 정전의 참뜻을 원만히 체득하고 대종사님의 거룩하신 경륜과 원대하신 포부를 실현하는데 유감이 없기를 심축 기대하며 이 원고가 정리되어 나오기까지 애써 주신 모든 분들에게 마음 깊이 감사드립니다.

원기58년 1월

동산선원에서 신도형 합장

목차

서 론

제1 총서편

제2 교의편

제3 수행편

서 론

제1장 경전연마

1. 경전주석의 표준

1) 이문석경以文釋經

문자로써 경經을 해석함이니

단어와 숙어는 그 문장의 내용과 의도를 파악하는 이정표里程標와 같다. 그러므로 문자와 문장에 근거하여 먼저 단어와 숙어의 정의를 정확히 이해하는 것으로 정전에서 의미지어 준 올바른 개념을 파악해야 할 것이다.

※ 말은 같아도 뜻은 다른 경우가 있고 말은 달라도 뜻은 같은 경우가 있다.

2) 이경석경以經釋經

경經으로써 경經을 해석함이니

법문은 인연과 근기 따라서 설해지며 또한 각자의 근기대로 받들고 이해하게 된다. 그러므로 진리와 법문을 올바르게 이해하기 위해서는 각 교서敎書를 두루두루 통독하여 그 본의本意를 바르고 원만하게 파악해야 할 것이다.

※ 변호사의 변론은 육법전서六法全書에 근거해야 하는 것 같이 교리의 해석과 이해는 성의聖意[각교서各敎書]에 근거해야 할 것이다.

3) 이행석경以行釋經

수행修行으로써 경經을 해석함이니

교리를 공부하는 목적은 성불제중에 있고 성불제중은 그 교리를 실행하는 데 있다. 교리를 실행하는 방법은 각자의 근기와 실력에 따라 천만 가지로 다를 수 있다. 그러므로 수행에 대조하며 누구나 실천할 수 있도록 해석해야 한다.

※ 진리에 근거하지 못한 수행은 참다운 수행이 될 수 없고 실천할 수 없는 원리나 이론은 공리공론空理空論이 되고 만다.

4) 이도석경以道釋經

도道[진리]로써 경經을 해석함이니

사통오달로 근기에 따라 평이간명平易簡明하고 무애자재無碍自在한 해석을 하되 진리에 어긋남이 없고 성의聖意에 어긋남이 없이 만대萬代의 법이 되고 육도사생의 복음福音이 되게 한다.

※ 사통오달四通五達

① 통만법명일심通萬法明一心 <수행修行>

② 어느 때, 누가, 무엇을, 어떻게 묻더라도 진리에 어긋남이 없이 그 본의本意를 밝혀 바로 이해하고 실천할 수 있도록 해주는 것. <교화>

이상에 밝힌 네 가지의 표준을 참고하여 어느 한편에도 치우침이 없는 주석이 되어야 할 것이다.

2. 경전주석의 방침

1) 대중화·시대화·생활화의 정신에 근거할 것.

2) 원문보다 평이하고 간명하게 밝힐 것.

3) 독단과 편견에 흐르지 않고 두루 원만하게 밝힐 것.

4) 가급적이면 새 용어를 함부로 만들지 말 것.

5) 누구나 믿고 실행할 수 있도록 할 것.

3. 경전연마의 방법

1) 각자 연구 위주의 훈련

공리공론과 번다한 인거를 배제하고 스스로 실천하고 느끼고 깨친 바를 정리 발표하게 하여 창의력과 표현력을 계발한다.

2) 상호 의견 교환의 훈련

서로 의견을 교환함으로써 대중의 비판과 감정을 받아 스스로 원만하고 바른 지각을 갖추는 동시에 대중의 지혜를 고루 계발 향상케 한다.

3) 지도인의 감정勘定을 받는 훈련

곧은 나무도 목수의 자와 먹줄을 맞아야 집을 지을 수 있는 것같이 개인이나 대중의 좋은 의견도 지도인의 감정을 받아야만 바른 지각이 되고 바른 실천이 될 수 있기 때문에 반드시 줄 맞는 공부와 정통적인 해석으로 표준을 세운다.

※ 대종사님 당대의 방법을 참고할 것.

4. 경전연마의 순서

1) 먼저 미상未詳한 단어 숙어의 정의를 밝히되 정전의 본의[대종사님의 성의聖意]에 맞도록 유의할 것.

2) 전문全文의 대의大意를 간명하게 잡아 볼 것.

3) 경문 내經文內의 문제점을 발견하여 이해상의 문제와 실천상의 문제를 토론 정리하되 외제外題에 흐르지 않도록 유의할 것.

4) 성불제중의 대의를 세우고 구체적인 방법을 강구해 볼 것.

5) 대종사님과 정산 종사님의 본의[교전 및 교서와 법어 등]와 역대 종법사님의 정신[교전대의, 교리도해, 법문 등]에 근거하여 결론을 정리할 것.

모든 문제를 속단하지 말고 언제나 여유 있게 연마할 것이요, 특히 대도大道는 스스로 각득실천覺得實踐할 것이며 번다한 해석만을 능사能事로 알지 말 것이다.

5. 『정전대의』에 밝혀주신 교전해의教典解義의 주체강령

1) 실생활에 활용하도록 할 것.

2) 평이간명하게 밝힐 것.

3) 사통오달로 밝힐 것.

ㄱ. 일원의 진리[불생불멸, 인과보응]를 믿고 깨치는데 주로 할 것. <신앙>

ㄴ. 마음공부 하는데 부합시킬 것. <수행>

ㄷ. 보은봉공 생활하는데 부합시킬 것. <제생의세>

※ 만법萬法을 통하여 한 마음을 밝히고 온 세계를 불은화佛恩化 일원화一圓化하자는 것인바 이 교리라야 전 생령을 널리 구제할 수 있다.

제2장 표제標題

1. 원불교 교전

1) 원불교란?

(1) 교사敎史로 설명하는 길

ㄱ. 대종사 십상을 중심으로

ㄴ. 교리와 제도의 특징을 살펴서

ㄷ. 현황을 들어서

ㄹ. 개교의 동기와 그 이념에 입각해서

(2) 종교사적인 입장에서 설명하는 길

범종교적인 발달과 현황을 참고

(3) 세계사적인 입장에서 설명하는 길

ㄱ. 문화사적인 측면

ㄴ. 사상사적인 측면

(4) 종교 본래의 사명에 입각해서 설명하는 길

ㄱ. 새 시대의 태양~우주와 마음을 밝히는 태양

ㄴ. 창생의 어머니~법유法乳, 사랑, 안식처

ㄷ. 새 역사의 원천~후천개벽의 진원震源이요,
세계평화의 원천

ㄹ. 새 세계의 길~인류 상호 간의 길,
만유萬有 상호 간의 길, 진리와의 길, 신앙과 수행의 길

(5) 자의字義에 입각한 해의解義

원圓 : 대종사께서 깨치신 진리의 이름이요, 표상表象이다.

ㄱ. 우주 만유의 본원이요, 제불제성의 심인이며 범부중생의 본성이다.

ㄴ. 만유가 한 체성이요 만법이 한 근원이로다. 이 가운데 생멸 없는 도와 인과보응되는 이치가 서로 바탕하여 한 두렷한 기틀을 지었도다. <형이상形而上과 형이하形而下의 합일자야合一者也>

불佛 : 각야覺也

교教 : 인도야人道也 지시야指示也

고로 원불교란 일원상의 진리를 깨쳐서 그 진리에 근거하여 파란고해의 일체 생령을 광대 무량한 낙원으로 인도하며 그 길을 가르치는 곳이요, 그 일을 하는 곳이다.

2) 교전이란?

원불교의 소의경전所依經典이니, 1부 『정전』은 성불제중의 정전이요 제생의세의 원경元經이며, 2부 『대종경』은 성불제중의 종경宗經이요 제생의세의 통경通經이다.

2. 표어해의

물질(物質)이 개벽(開闢)되니	정신(精神)을 개벽(開闢)하자
처처불상(處處佛像)	사사불공(事事佛供)
무시선(無時禪)	무처선(無處禪)
동정일여(動靜一如)	영육쌍전(靈肉雙全)
불법시생활(佛法是生活)	생활시불법(生活是佛法)

1) 표어란?

일반적으로 깊고 넓은 뜻을 알기 쉽게 집약하여 바로 실천할 마음이 나고 또는 실행의 표준이 될 수 있는 간명한 어구로서 글자의 수를 맞추는 것이 보통이다.

예 : 앞차에 눈 조심 뒤차에 귀 조심

자나 깨나 불조심 꺼진 불도 다시 보자

2) 교전에 밝힌 표어는?

심오하고 호대한 교리를 바로 이해하고 실천할 수 있도록 집약하여 표준 잡아주신 간명한 법문이다.

※ 금강경에 밝힌 4구게四句偈도 일종의 표어인 것 같다.

물질이 개벽되니 정신을 개벽하자

<개교의 동기와 개교의 정신을 표어로 밝혀 주신 것>

대종사께서 대각을 이루시고 우주 진강급의 시기는 선후천의 일대 변역기가 되고, 세계의 사조는 동서의 일대 교역기가 되어 기성 윤리와 질서가 파탄破綻되고 있으며, 한편 과학문명의 일방적 발전에 따라 물질생활의 급진적인 향상으로 인류의 정신이 물질의 노예로 전락하여 세상은 장차 크게 위태롭게 될 것을 간파하시고, 인류의 역사를 바로잡아 새로운 역사의 출발로 파란 고해의 일체 생령을 광대 무량한 낙원으로 인도하시고자 교문敎門을 여시면서 내 걸으신 표어로서, 과학문명이 발달하고 있으니 정신문명도 발달시켜서 도학과 과학을 병진하게 하여 참 낙원을 건설하자는 것이다.

가. 우주 변화의 시기에 맞추었다. <선후천의 일대 교역기로서 원시반본의 시기>

나. 세계 사조에 맞추었다. <동서의 일대 교역기>

다. 인류 역사의 현실을 정관靜觀하여 과학과 도학, 정신과 물질을 병진하는 새 천지·새 역사의 문을 여신 것이다.

1. 과학과 도학을 병진하려면?

① 과학적인 생활을 하자. <사명공부事明工夫>

ㄱ. 과학적인 사고방식을 기르자. <가감승제加減乘除 상생상극相生相剋>

ㄴ. 과학을 활용할 줄 알자.

ㄷ. 과학의 발전에 계속 힘을 밀어서 다 같이 대신락원大身樂園을 건설하자. <정신, 육신, 물질과 직접 간접으로>

② 도덕적인 생활을 하자. <이명공부理明工夫>

ㄱ. 마음에 담과 울을 터서 내 마음부터 개벽하자. <진리적인 종교의 신앙, 사실적인 도덕의 훈련>

ㄴ. 도학을 활용할 줄 알자. <교리실천>

ㄷ. 도덕의 발전에 더욱 힘을 밀어서 영원한 대심락원大心樂園을 건설하자. <정신 육신, 물질과 직접 간접으로>

③ 도덕만 주장하고 과학을 무시해 버리면 빈궁에 빠지고, 과학만 주장하고, 도덕을 무시해 버리면 화구火口에 빠진다.

2. 물질개벽과 정신개벽에 대하여 논술하라.

개벽이란 막혔던 것이 크게 열리고 어두운 것이 밝아지고, 불편한 것이 편리해지고, 부족한 것이 풍부해지는 것을 뜻하는바,

① 물질개벽이란 의·식·주의 생활이 크게 향상됨을 이름이니, 예를 들면,

의류 : 무명, 당목, 명주, 인조, 유똥, 비로도, 태피터, 나일론, 모헤어, 휘라미, 실크, 휠키, 썸마롱 ….

세탁 : 잿물, 양잿물, 비누, 하이타이 ….

신발 : 나무신, 짚신, 고무신, 구두, 닦지 않는 신 ….

등불 : 피마자유油, 어유魚油, 석유등, 램프, 가스, 전등, 형광등, 수은

등 ….

농사 : 따비, 호미, 쟁기, 경운기, 트랙터 …, 퇴비, 비료, 제초제

식생활 : 꽁보리밥, 납작보리, 현미, 백미 …, 간이식사 ….

주택 : 토굴, 나뭇가지 집, 통나무 집, 담집, 초가, 함석, 기와, 빌딩, 조립식 ….

교통 : 도보, 인력거, 우마차, 자전거, 버스, 트럭, 기차, 비행기, 로켓, 고속버스

통신 : 인편, 조류[비둘기], 봉화, 전화, 무전, 라디오, 텔레비전 …, 마이크로웨이브[우주통신]

이상과 같이 물질적인 생활이 날로 편리해지고, 밝아지고, 넉넉해지고, 열리는 것을 말한다.

② 정신개벽이란 정신의 생활이 크게 향상됨을 이름이니, 예를 들면

ㄱ. 마음의 담이 무너지고 크게 열려서 종교, 사상, 인종, 국토, 민족, 귀천, 직업 등의 장벽이 무너지고 서로서로 이해하고 넘나들게 된다.

ㄴ. 마음에 어두움이 벗겨지고 크게 밝아져서 우주 만유의 본래 이치와 우리의 심성 원리를 비롯해서 천조天造의 대소 유무와 인간의 시비 이해 등 천만 사리가 드러나고 천고의 비밀이 모두 밝혀져서 막힘이 없고 걸림이 없게 된다.

ㄷ. 마음에 부족이 없고 넉넉해져서 사람사람이 삼대력을 갖추어 마음에 자주력이 서지고 시방일가의 생활로 넉넉하고 한가하게 살 것이다.

ㄹ. 신앙과 수행의 방법이 편리해지고 인륜과 도덕의 길이 아주 편리하고 사실적으로 원만해지는 것이니,

신앙은 원만한 전체 신앙, 진리적 사실 신앙, 자타력 병진 신앙

수행은 삼학병진, 동정일여, 무시선, 이사병행
윤리는 인간과 인간, 인간과 만물, 인간과 신[진리]
생활은 영육쌍전, 생활과 신앙, 생활과 수행, 신앙과 수행 등 각 방면에 걸쳐 사통오달로 걸림이 없고 막힘이 없이 크고 편리한 길이 마련되어짐을 말한다.
이상과 같이 정신적인 생활의 길이 크게 열리고, 크게 밝아지며, 크게 편리해지고, 크게 풍부해진다.
그 방법을 요약하면
① 진리적인 종교의 신앙[원만한 전체 신앙, 진리적 사실 신앙, 자타력 병진 신앙]이요, 진리불공과 실지불공이 그 강령이다.
② 사실적인 도덕의 훈련[인생의 요도, 공부의 요도]이요, 정기 훈련과 상시 훈련이 그 강령이다.

처처불상處處佛像 사사불공事事佛供

<원만한 신앙생활>

본교 신앙의 대상인 법신불 일원상은 곧 우주 만유 전체로서 천지 만물 허공 법계가 모두 하나의 진리 덩치임을 밝힌 것이다. 따라서 우주에 존재하는 유형무형의 일체 존재자는 잠시도 그 진리를 떠날 수 없고 그 진리를 갊아 있지 않은 것이 없다. <우주시대일원宇宙是大一圓 만상역각일원萬象亦各一圓, 불생불멸不生不滅 인과보응因果報應>

그러므로 처처불상 사사불공은 우주 전체와 삼라만상이 원만구족하고 지공무사한 부처님이시오, 불생불멸로 인과보응의 권능을 행사하시는 진리이시며, 죄복을 직접 내려주시는 생불님[불상]이시니, 우주 만물을 대하여 모든 일을 지어 갈 때마다 오직 존엄하신 생불님께 직접 공양승사供養承事하는 심경으로 살아서 무궁한 복덕을 개척하고 무궁한 복락을 누리자는 것으로 본교 신앙[일원신앙]의 강령을 밝혀 주신 표어인바 진리불공과 실지불공을 그 구체적인 방법으로 한다.

※ 불상 : 부처님

※ 불공 : 부처님의 위력과 법력을 얻기 위하여 정신·육신·물질로 정성을 바치는 일.

※ 불공의 목적 : 죄고를 풀어 재액災厄을 면하며 복락을 장만하여 고락을 자유 하는데 있다.

가. 일원은 우주 만유의 본원이요.

나. 일원 즉 사은, 보은 즉 불공. <죄복의 권능자>

다. 우주시대일원宇宙是大一圓 만상역각일원萬象亦各一圓. <진리 자체, 공원정空圓正>

※ 천지 만물의 본성은 하나도 다른 것이 없고 그 특성은 하나도 같은 것이 없다. 고로 진리불공과 실지불공을 해야 한다.

※ 천지 만물이 어느 것 하나 나를 위해 있지 않은 것이 없고 천지 만물이 어느 것 하나 죄복의 권능을 갖지 않은 것이 없다. 곧 보은으로 불공하고 성誠, 경敬, 신信으로 불공하자는 것이다.

※ 천지 만물이 어느 것 하나 진리 아님이 없고, 천지 만물이 어느 것 하나 책임과 용도가 없는 것이 없다. 고로 순順·솔率·용用으로 솔성率性을 잘해야 한다.

불공 즉 솔성, 보은 즉 불공, 처처불상을 알면 견성이요, 사사불공을 하는 것이 솔성이다.

※ 우리가 잘살고 못 사는 것과 일을 잘하고 못 하는 것은 숙겁을 통해서 오직 불공을 잘하고 못 하는 데 있는 것이요, 다른 데 있지 않음을 알자.

※ 불공은 곧 보은이요 솔성이니 먼저 지은知恩으로써 보은을 잘하

고 견성과 양성으로써 솔성을 잘하자.

※ 우주가 큰 법당이요 만유가 생불이니 순역 간順逆間 모든 일마다 불공을 잘하여 무궁한 복락을 개척해 누리자는 것이다.

1. 처처불상이라 하니 언제 어디서나 어떤 부처님을 뵐 수 있는가?

<하나님은 무소부재하시다 하니 언제 어디서나 하느님을 뵐 수 있는가?>

① 전체불全體佛[법신불] : 심고와 기도로써 진리불공

② 만유불萬有佛[화신불] : 특성 따라 당처에 실지불공

③ 자심불自心佛[자기불] : 삼학으로 스스로에게 수행불공

2. 사사불공이라 하니 일마다 어떻게 불공할 것인가?

① 사사물물을 대할 때마다 불공할 때가 왔다는 심경을 가지고, 감사한 마음으로써 오직 성·경·신誠敬信을 표준으로 할 것이요.

② 처처불상이니 천지 만물을 대할 때마다 오직 부처님을 모시고 공양하는 생활로 일관하자.

③ 우주가 법당이요 이 몸도 법당이며, 만유가 생불이요 이 맘도 생불이라, 가나오나 자나 깨나 부처님 세상이다.

※ 중생이 부처님을 받들고 공양하는 심경과 부처님이 부처님 대하는 세상이 어떠하겠는가?

④ 불석신명불공不惜身命佛供 금욕난행불공禁慾難行佛供 희사만행불공喜捨萬行佛供[1)]

예) 1) 실상사에 불공 하러 가는 노부부와 자부子婦

2) 상인의 불공 : 고객불, 상품불, 동지불, 자심불에 불공을 잘하되

---

1) 대산 종사 법문. 삼대불공법. 법을 위해서는 신명을 아끼지 않는 불공, 욕심을 참고 하기 어려운 일을 능히 행하는 불공, 정신·육신·물질 세 방면으로 기쁘게 보시하는 불공.

ㄱ. 고객에게는 친절하게 신용 있게 자리이타로 공정하게.

ㄴ. 상품에는 정결하게 정확하게 정돈, 진열.

ㄷ. 동지에게는 믿어주고 합력해주고 지나친 간섭을 삼가라.

ㄹ. 자심불에게는 삼대력으로 몸조심, 입조심, 마음조심.

※ 참고 : 솔성은

성품 ~ 본연지성本然之性

성리 ~ 우주 만물의 본래 이치와 자성 원리

성질 ~ 기질지성氣質之性, 천지 만물의 특성

성격 ~ 습관성

이상 모든 것을 다 활용함을 말하는바,

순順은 본받고 따라주는 것이요[좋은 것, 버거운 것]

솔率은 거느리고 부리는 것이며[마음대로 하되 피차에 무해유익無害有益]

용用은 활용[사람이 만물을]하는 것이다.

무시선無時禪 무처선無處禪

<원만한 수행 길>

본교 수행의 표본인 법신불 일원상의 진리는 우주 만유의 본원이요, 제불제성의 심인이며, 범부중생의 본성인바, 그 내용을 요약해 분해하면 공과 원과 정이요, 원만구족하고 지공무사하여 시공에 구애가 없는 것이다. 따라서 우주의 변화가 진리의 작용 아님이 없고, 우리의 심신 동작이 본성의 작용 아님이 없다. 그러므로 우주는 큰 선방이요 만유[사물]는 다 공부의 자료가 되는 것이며, 동정 간 시간과 처소에 구애 없이 원만구족하고 지공무사하게 심신을 단련하여 해탈, 대각, 중정의 큰 힘을 얻어서 여의 자재할 수 있도록 하자는 것으로 본교 수

행[일원상의 수행, 삼학 수행]의 강령을 밝혀주신 표어인바 정기 훈련과 상시 훈련이 그 구체적 방법이 되고 동정 일원의 삼학 병진이 그 표준이 될 것이다.

1. 선禪은 곧 불심佛心을 배우고, 불심을 기르며, 불심을 쓰는 공부다. 그러므로 경계를 대할 때마다 시간과 처소에 구애 없이 공부할 때가 왔다는 심경으로 그 자리 그 자리에서 수양·연구·취사의 삼학 공부를 하는 것이 무시선 무처선이다.
2. 동정 간에 일원상의 진리대로 사는 것이 무시선이니 진공 묘유의 진리에 근거하여, 일이 있을 때는 묘유의 조화에 합덕合德하는 표준을 두고 응용하는데 온전한 생각으로 취사하는 대중심을 갖고 경계를 대할 때마다 일단 마음을 멈추어서 생각하여 취사하는데 적공할 것이요, 일이 지난 뒤에는 진공의 체성에 합일하는 표준을 두고 착着이 없고 상相이 없는 천진면목[공·원·정空圓正의 합일체] 그대로 쉬어보자.
3. 일원은 제불·조사·범부·중생의 성품이요, 무시선 무처선은 그 성품을 간단없이 단련하는 공부이니, 이 선법禪法은 누구든지 어느 때 어느 곳에서나 할 수 있고 또 해야 할 선법이다. 그러므로 사·농·공·상의 직업이나 남녀노소 유·무식을 막론하고 다 할 수 있는 것이다.
4. 무시선은 곧 늘 마음을 조심하는 공부요, 무시선은 곧 평상심을 갖는 공부요, 무시선은 곧 동정 일원動靜一圓이 되게 하는 공부다.

※ 진공眞空으로 체體를 삼고 : 진공은 곧 일 없을 때의 자기 모습이니 진眞으로 충만한 상태인바 착이 없고 상이 없고 모자람이 없는 자리로서 원만구족하고 지공무사하다.

※ 묘유妙有로 용用을 삼는다. : 일 있을 때의 자기 모습이 곧 묘

유이니 참 그대로 사는 것인바 빠짐이 없고 가림이 없고 어긋남이 없는 자리로서 원만구족하고 지공무사하다.

※ 일이 없으면 잡념만 제거하고, 일이 있으면 불의不義만 제거하라. 자칫하면 법박法縛이 되기 쉽다.

※ 참고 : 무시선을 단련하는 기초

1) 시간 생활 <상시 훈련>

2) 챙기는 습관 <방심放心이 대적大敵>

3) 불리자성不離自性 <챙기는 공부, 유념>

4) 응용 무념應用無念 <잊는 공부, 무념>

동정일여動靜一如

<걸림 없는 심경의 표준>

일원상의 진리는 변變·불변不變이 동도同道하고 우주의 대기는 동정이 따로 없으나, 사람의 생활은 동정이 있고 일체 경계는 순역順逆이 있다. 그러므로 변變·불변不變의 진리와 동정이 따로 없는 대기大機에 근거하여 생활의 동정과 경계의 순역이 구애 없이 항상 한결같은 마음으로 걸림 없이 사는 여래의 심경과 천하의 중도를 표준 잡아주신 표어인바, 동動하여도 분별에 착着이 없고 정靜하여도 분별이 절도에 맞게 공부하는 것이 그 방법이 될 것이다. <여래의 표준 심경이요 천하의 중도다>

※ 무시선의 목적이요 구경의 표준이다.

※ 나가대정那伽大定이다.

1. 동動하여도 분별에 착着이 없다는 것은?

① 동動은 곧 육근 작용을 이름이니 범부 중생은 대경착경對境着境하고 심행心行이 자행자지하나 여래는 육식六識이 육진六塵

중에 출입하되 섞이지도 아니하고 물들지도 아니하여 매양 중도행中道行을 하는 것이다.

② 온전한 생각으로 취사하여 일체 경계에 부동심이 되고 매매사사每每事事에 시중행時中行을 하는 것이다.

③ 응무소주이생기심應無所住而生其心[2)]

2. 정靜하여도 분별이 절도에 맞는 것은?

정靜은 곧 육근六根이 무사無事함을 이름이니, 범부 중생은 일이 없으면 사심잡념邪心雜念으로 지낼 뿐 아무런 준비할 줄을 모르나 여래는 일이 없으면 하염없는 자리에 안주하여 장래의 기틀을 보아서 늘 미리 준비하는 것이다.

※ 준비가 없이 동動하고 보면 분별을 낼 때 섞이고 물들기 마련이요 창황 전도함을 면하지 못하는 것이다. <서원과 빈 마음을 준비하고 그일 그 일을 준비한다>

예 : ㄱ. 대종사, 봉래 수양 시 익산 총부 건설 준비와 만대의 교법 제정 준비.

ㄴ. 강태공, 위수渭水 가에서 곧은 낚시 10년 천하 광구匡救의 준비.

ㄷ. 육조대사, 16년 사냥꾼 따라 다니시며 대교화 준비.

ㄹ. 대산사大山師, 병상病床에 계실 때 교재준비.

※ 동정이 상자相資하여 간단없이 삼대력을 쌓고 혜복이 증진되어 길이 무애자재한 심경이 단련되는 것이다.

---

2) 금강경에 나오는 경문. 각산 종사는 금강경 강의에서 '응하여도 주착한 바 없이 그 마음을 내라는 말이니 즉 모든 일을 응용하되 욕심, 감정, 습관, 선입관념, 지식, 상식, 상相 등과 일체 경계 및 원·근·친·소에 주착한 바 없이 그 마음을 작용하라는 법문인바 용심법의 핵심적인 방법이요, 처음이요 끝이라 하겠다.'고 밝히고 있다.

영육쌍전靈肉雙全

<완전한 생활의 표준>

일원상의 진리는 우주 전체로서 유형무형이 진리의 한 덩치[만유萬有가 한 체성體性]이요, 살아있는 사람의 성품은 정신과 육신이 한데 어울려 불가분리不可分離인 것이다. 따라서 천지는 원래 둘이 아니요, 우주 만물의 근본은 형이상形而上과 형이하形而下가 나누어지기 전[무극無極]이며 유심과 유물이 조화된 상태이다. 그러므로 이와 같은 일원의 진리에 근거하여 영원한 세상에 정신과 육신이 완전한 인간이 되고, 복과 혜가 구족한 생활을 개척하며 도학과 과학이 병진 되는 사회를 이룩하고 유심과 유물이 통일 조화된 철학과 사상을 확립하여 정신생활과 육신생활이 다 같이 완전하고 원만한 천하의 중도를 표준 잡아 주신 표어인바 영과 육의 빈곤, 질병, 무지를 퇴치하고 영과 육의 부강, 건강, 슬기를 증진하는 것이 그 방법이 될 것이다. <여래의 표준생활이요, 천하의 중도다>

1. 삼대력을 얻어나가면서 맡은 일에 충실하고 맡은 일에 충실하면서 삼대력을 얻어가는 것이 영육쌍전하는 가장 기본적인 방법일 것이다.
2. 몸과 마음을 늘 조심하고, 정신과 육신을 아울러 단련하라. <단전주 선법을 택하신 것도 이에 근거한 것 같다> <인격>
3. 공부와 사업을 반드시 병진한다. <이사병행理事竝行> <개인의 수행과 교단 운영>

   일하는 공부인이 되고, 공부하는 사업인이 돼라.

   일하면서 공부하고, 공부하면서 일하라.
4. 도덕적인 심법과 과학적인 사고방식을 길러 영과 육의 빈곤, 질병, 무지를 제거하는 동시에 부강, 건강, 문명을 증진해 길이 복

과 혜가 쌍雙으로 완전하게 한다. <생활>

※ 힘 미치는 대로 복을 짓고[정신, 육신, 물질로] 틈나는 대로 공부하자.[수양, 연구, 취사로]

5. 도학과 과학이 병진 되는 세계가 될 수 있도록 노력하자. <세계>
6. 유심과 유물이 통일 조화된 철학과 사상을 확립하자. <철학, 사상>

※ 초학자는 일을 방해하는 공부도 조심하고, 공부를 방해하는 일도 조심하자. 일을 위한 공부, 공부를 위한 일을 하자.

※ 참고 : 진인眞人 등록과 기술 등록[3]<대산 종사, 신도안에서의 법문>

불법시생활佛法是生活 생활시불법生活是佛法

<활불의 진면목>

일원상의 진리는 우주 만유의 본원이요 제불·조사·범부·중생의 본성이며 무소부재하고 전지전능한 진리이다. 또한 제불제성이 법을 내시고 법을 전하신 목적은 오직 일체 생령의 혜복을 개척하여 영원한 세상에 평화 안락한 생활을 하게 하심이다. 그리고 일체 생령과 모든 인류는 심신 작용과 대인접물과 의·식·주를 떠나서 생존할 수 없고, 그 시대와 그 사회를 떠나서 생활할 수 없는 것이다. 그러므로 이와 같은 진리와 성의聖意와 현실에 근거하여, 진리와 생활 이상과 현실을 일

---

3) 도가道家의 부富는 진인眞人의 배출이요 국가의 부는 기인技人의 배출이다. 우리는 이것(진인과 기술인)을 겸하자. 현 종교계와 세계에서의 요구하는 인물인 것이다. 개인과 세계가 이 사람이 있을 때 열리고 없으면 닫힌다. 그 사람이 있어야 그 사람을 만든다. 우리는 이 사람[진인眞人, 기인技人]을 만들려면 먼저 그 사람이 되자. 단체나 국가에서 이 사람들을 등록하고 우대해서 그 사람을 많이 배출케 하라. 『대산종사 법문』에서

치 조화시킬 수 있도록 하자는 것으로 불법[진리]의 생활화·시대화·대중화의 단적인 표어인바 불법[진리]을 신앙하고 불법[경전]을 실천함으로써 심신 작용과 대인접물과 의·식·주의 생활을 더욱 빛낼 뿐 아니라 그 시대와 사회에 적응하고 시대와 사회를 올바로 향도하는 동시에 그 시대와 그 사회 속에서나, 심신 작용과 대인접물 하는 가운데나, 의·식·주 등 모든 생활하는 가운데서 바로 불법을 신앙하고 수행하여 불법이 곧 생활이 되고, 생활이 곧 불법이 되게 해서 다 같이 활불活佛이 되고, 온 천지를 불국세계로 만드는 것이 그 길이요 표준이 될 것이다. <활불이 되고 불국세계를 건설하는 천하의 대도다>

1. 불법佛法

① 부처님께서 살고 가신 자취요, 부처님께서 중생을 위하여 내놓으신 법. <종교적 입장>

② 불佛은 각야覺也요, 법法은 진리야眞理也. <불생불멸, 인과보응>

※ 참조 : 서품 1장 『만유가 한 체성이요 만법이 한 근원이로다. 이 가운데 생멸 없는 도와 인과보응 되는 이치가 서로 바탕을 두어 한 두렷한 기틀을 지었도다.』

③ 불시심佛是心 법시성法是性, 법法은 표준야標準也. <마음공부>

고로 불법은 대종사께서 각득하사 28년간 설하신 법문이요[서품 1장], 석가세존께서 49년간 설하신 법문이며[불생불멸, 인과보응], 삼세제불이 영겁토록 설하신 법문이며[진리], 삼세 일체 수행인이 공들이는 마음공부이다. <마음공부>

2. 생활

① 심신 작용[육근 작용]의 생활 : 행·주·좌·와·어·묵·동·정.

② 의·식·주의 생활 : 경제적인 생활.

③ 사회적인 생활 : 대인접물과 가정·사회·국가·세계의 사·농·

공·상이 아울러 있는 생활.

고로 세상에 생존하는 내용과 여건이 모두 생활이니 현실과 영생을 통해서 잠시도 벗어날 수 없는 것이다.

그러므로 불법시생활은 마음공부를 잘하여 사회생활을 원만하게, 의·식·주 생활의 향상을, 육근 작용을 진리에 맞게 하자는 것이요[진리를 깨쳐 현생과 영생의 생활을 알차고 보람 있게], 생활시불법은 심신 작용을 하면서 진리를 닦고 실천하며, 의·식·주 생활을 진리에 맞게 구하고 사회생활을 하면서 마음공부를 하고 진리를 깨쳐 가자는 것이다.[생활 속에서 진리를 구하고 마음공부를 한다]

※ 현실과 이상을 일치 조화시키는 법인바 이상을 향하여 생활해가고 현실 속에서 이상을 실현한다.

3. 불법시생활의 일반적인 방법

① 교리를 실천하는 생활 : 교리의 정신에 따라서 생활을 개척하고 영위한다.

② 일원상의 진리대로[일원상, 표어의 표준]

ㄱ. 심신 작용은 일원상 법어, 삼학 팔조
ㄴ. 의·식·주는 영육쌍전법, 창립정신
ㄷ. 사회생활은 사은 사요, 강약진화의 요법
} 즉 교강 9조와 표어 정신

※ 이상은 현실을 바탕을 두지 않을 때 망상이 되고, 현실은 이상을 지향하지 않을 때 암흑이 되고 만다.

[표어의 요지]

물질이 개벽되니 정신을 개벽하자	개교의 동기와 그 정신

처처불상 사사불공	원만한 신앙생활	무상대도
무 시 선 무 처 선	원만한 수행 길	

동정일여 ~ 여래의 표준심경[걸림 없는 심경] 영육쌍전 ~ 여래의 표준생활[완전한 생활]	천하의 중도

불법시생활 생활시불법	활불의 진면목	천하의 대도

3. 교리도 해의解義

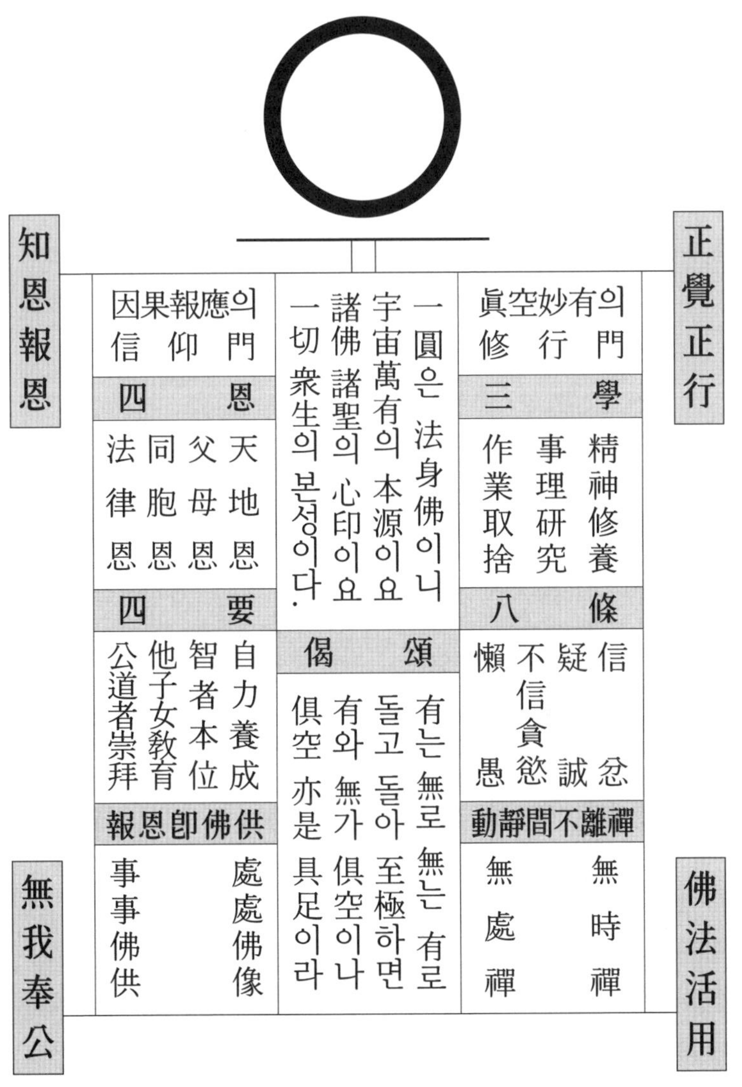

教 理 圖

[대의]

교법의 진수를 집약하여 일목요연하게 도식으로 표현해 주신 법문으로서, 일원상을 종지로 하여 신앙문과 수행문을 세워 원만한 신앙생활과 원만한 수행 길을 밝혀주시고, 인생의 요도와 공부의 요도로 나누어 제생의세의 묘방을 제시해 주셨으며, 교리의 이념이요 교단의 목표인 사대강령을 드러내고 일원상의 내용과 전법 게송을 골자로 하셨다.

※ 원기28년[계미] 1월에 대종사께서 열반을 반년 앞두시고 발표하셨음.

※ 참조 : 『대종경』 부촉품 7장.

1. 교리도에 신앙문과 수행문을 세우신 진리적 근거는?

본교의 교리는 모두 일원상의 진리에 근거하여 제정하였는바

1) 신앙문은 일원상의 진리를 신앙하는 문으로서, 일원의 형상 있는 면을 주체 삼아 인과보응의 진리에 근거하여 원만한 신앙 길을 밝혀서 순역 간順逆間에 진리불공과 실지불공으로 한없는 복과 혜를 개발하여 일원 즉 사은에 보은합덕하게 하는 문이요. <법신불 사은의 위력을 얻는 길이다>

2) 수행문은 일원상의 진리대로 수행해가는 문으로서 일원의 형상 없는 면을 주체 삼아 진공 묘유의 진리에 근거하여 원만한 수행 길을 밝혀서 동정 간에 끊임없이 각자의 마음을 단련하여 대각·해탈·중정의 힘을 얻어 일원의 진리 즉 공·원·정空圓正에 회복 합일하게 하는 문이다. <법신불 일원상의 진리에 합하는 길이다>

그러므로 신앙문과 수행문은 표리의 관계가 있으며 일원의 위력을 얻고, 일원의 체성에 합하는 양문兩門이다.

※ 인과보응의 신앙문 : 대타관계, 즉 어느 상대 처에게 주면 준 만큼

갚아주고 바치면 바친 만큼 보응이 오는 진리에 근거한 것이다.

※ 진공 묘유의 수행문 : 독자적으로, 즉 스스로 하면 한 만큼 되고 노력하면 한 만큼 이루어지는 진리에 근거한 것이다.

인과보응이나 진공 묘유가 다 일원의 변화하는 진리인데 변화의 내용에 따라 그 용도가 달랐을 뿐이다.

2. 신앙문은 형상 있는 면을 주체 삼아 인과보응의 진리에 근거하고, 수행문은 형상 없는 면을 주체 삼아 진공 묘유의 진리에 근거하신 이유는?

일원대도는 변·불변變不變의 진리가 동도同道한 가운데 변화의 진리는 우주 만유를 통해서 무시광겁에 은현자재하는 바 이것은 곧 인연과因緣果의 진리인 것이다. 즉 인因은 은隱, 연緣은 공간과 시간, 과果는 현顯인데, 연緣이 시간만의 경우는 하면 한만큼 시간의 흐름에 따라 되고 나타나는 진리요, 연緣이 공간과 시간이 다 되는 경우는 하면 한 만큼 시간의 흐름에 따라 공간[사은]으로부터 보응[갚아주는]하는 진리이다.

고로 여기서 인과보응의 신앙문은 법신불 사은에 대하여 심신 작용을 한 만큼 사은으로부터 갚아주는 인과보응의 진리에 근거하여 원만한 신앙 길을 밝혀주신 것이요, 진공 묘유의 수행문은 스스로 심신 작용을 하면 한 만큼 되는 진공 묘유[인과]의 진리에 근거하여 원만한 수행 길을 밝혀주신 것이다. 또한 신앙은 어떤 대상에 대한 행위가 중심이 되므로 일원상의 진리를 대상으로 하되 인과보응의 진리에 중점을 두었고 일원의 형상 있는 면을 주체 삼은 것이요, 수행은 스스로의 심신을 단련하는 것이 중심이 되므로 일원상의 진리, 즉 원만구족하고 지공무사한 각자의 마음[진공 묘유]에 중점을 두었고 일원의 형상 없는 면을 주체 삼은 것이다.

3. 교리도에 있어서 사요의 위치와 진리적 근거는?

사요는 사은과 더불어 인생의 요도이기 때문에 사은 편에 위치한 것이요, 사요의 진리적 근거는 일원의 원만평등한 진리에 근거하여 인류사회에 원만평등한 전반세계를 건설하는 요법인 것이다.

4. 사요가 인과보응의 신앙문에 속하는 이유는?

사요가 교리 전체의 비중으로 볼 때 중대한 비중을 갖는데 사은과 같은 진리적 근거를 두지 않았다 하여 교리도에서 뺄 수는 없는 것이다. 왜냐하면 교리도는 교리의 진수를 일목요연하게 밝혀주신 것이기 때문이다. 그러므로 위에서 밝힌 바와 같이 인생의 요도인 점에서 사은 편에 넣은 것이다. 굳이 신앙적으로 설명하자면 신앙의 방법은 곧 불공법이기 때문에 사요는 인류 상호 간의 불공법인 점에서 신앙문에 속해도 무방할 것이다.

※ 삼학을 추진하는 것이 팔조이듯이 사은을 실행하는 동력이 사요라고 할 수 있으나, 이와 같은 견해는 삼학도 사은을 실행하는 동력이 될 수 있으니 너무도 피상적인 생각이요 억지로 붙이는 이론이라는 평을 면할 수 없을 것이다.

※ 타자녀 교육, 공도자 숭배 등은 인과보응의 진리에 근거했다고도 할 수 있다.

5. 사은과 사요와의 관계는?

사은과 사요는 인생의 요도로서 누구나 다 같이 밟아야 할 길이며 병든 세상을 고치는 묘방이요 병들지 않게 하는 예방법이다.

1) 그 진리적 근거와 그 목적을 살펴보면, 사은은 우주 만유가 상의상자相依相資로 생성 변화하는 기본적인 원리에 근거하여 밝혀주신 새 시대의 우주적인 윤리로서 세상 건지는 양방良方이요 만유를 상대로 하는 대불공법이라면, 사요는 일원의 원만평등한 진

리에 근거하여 육도세계 일체 생령을 구제하는 기본 작업으로 먼저 인류사회에 전반세계를 건설하는 묘방이요 인류를 상대로 하는 대불공법이라 할 것이다.

2) 윤리적 측면에서 고찰한다면 사은은 우주주의 내지 만유주의로서 은恩[정의情誼]의 윤리로 규정할 수 있고, 사요는 인본주의 내지 인간주의로서 평등윤리로 규정할 수 있으며, 사은과 사요는 인생의 요도로서 세상을 건지는 요법이다.

3) 교리적인 면에서 그 자체의 성격과 의도로 보면 사은은 우주 만유 전체를 다 함께 정화해 나가는 법이라면 사요는 전체의 중심이요 초점이 되는 인류사회를 주로 고루 향상해서 그 전체[우주와 육도사생]를 향도해 가는 법이라고 할 수 있을 것이다.

그러므로 사은과 사요는 인생의 요도로서 제생의세하는 데 없지 못할 묘방이요 서로 불가분리의 관계가 있는 것이다.

6. 교리도에 밝힌 처처불상 사사불공과 표어가 의미하는 처처불상 사사불공과 수행편에서 밝힌 불공법의 처처불상 사사불공은 같은가 다른가? 다르다면 그 차이점은?

교리도와 표어에서 의미하는 것은 같다고 할 것이요 수행편에서 밝힌 불공법은 약간 다른 점이 없지 않을 것이다. 전자는 진리불공과 실지불공을 그 내용으로 한 것이요, 후자는 실지불공에 그 역점을 두고 하신 것 같다.

7. 교리도에 밝힌 무시선 무처선과 표어가 의미하는 무시선 무처선과 수행편에서 밝힌 무시선법의 차이점은 없는가?

교리도와 표어에서 밝힌 것은 같다고 보아야 할 것이요 무시선법에서 밝힌 것도 같다고 볼 수 있으나 굳이 그 차이점을 찾아본다면, 전자는 동정 간 삼학병진을 표준으로 하되 정기 훈련과 상시 훈련법이 그 구체적인 방법이 될 것이요, 후자는 동정 간 삼학병진을 표준으로 하되 일심을 기르고 정의행을 하는 것이 그 구체적인 방법이 되고 상시 훈련의 한 방법이라 할 것이다.

8. 교리도가 거북이 모습으로 되어 있는데 그에 대한 유래담由來談은 없는지요?

만들어 놓으시고 보니까 그런 모습으로 된 것이요, 처음부터 그런 의도를 두시고 만드신 것은 아닐 것이다. 그러나 여기서 두 가지의 우연한 일치점을 발견할 수 있다.

첫째, 문왕께서 우주의 진리를 팔괘로 표현하였는데 그 기연이 거북이 등에 그려진 것을 유심히 보신 데 있었음이요.

둘째, 거북이는 수명이 길기로 대표적인 동물이요 영물이라 일러왔으며 성인이 출세하려면 전조前兆로 출현한다는 것이다.

이것으로 미루어 생각할 수 있는 것은

1) 원시반본[4]의 시기에 새로운 진리의 축도縮圖가 출현 되고,

2) 교운敎運의 무궁함을 상징하며,

3) 무수한 성자의 출현을 예시함이다.

---

4) 처음 그대로 근본 원점에 다시 돌아온다는 말. 우주의 진리는 원래 생멸이 없이 길이길이 돌고 도는 것이며, 가는 것이 오는 것이 되고 오는 것이 가는 것이 된다고 보아 무왕불복無往不復이라고도 표현한다. 가고 다시 돌아오지 않음이 없는 것이니, 이는 만고에 변함없는 상도常道라고 보는 것이다. 이것이 진리이며 이 진리에 따라 우주와 인생은 생성하는 것이라고 한다. 무한히 순환 불궁하는 진리는 또한 무한히 현실을 생성 소멸하게 되어 쉬지 않는다. 아무리 복잡하게 얽혀진 상태라 할지라도 시원적 진리는 다시 밝혀져서 한없이 생성해 나가게 된다. 대종사는 교운에 대해서 "이 회상은 지나간 회상들과 달라서 자주 있는 회상이 아니요, 원시 반본하는 시대에 따라서 나는 회상이라 그 운이 한량없으니라."(『대종경』 전망품 30장) 하였다. <원불교사전>

제1 총서편

제1장 개교의 동기

현하 과학의 문명이 발달됨에 따라 물질을 사용하여야 할 사람의 정신은 점점 쇠약하고, 사람이 사용하여야 할 물질의 세력은 날로 융성하여, 쇠약한 그 정신을 항복받아 물질의 지배를 받게 하므로, 모든 사람이 도리어 저 물질의 노예 생활을 면하지 못하게 되었으니, 그 생활에 어찌 파란 고해(波瀾苦海)가 없으리오.

그러므로 진리적 종교의 신앙과 사실적 도덕의 훈련으로써 정신의 세력을 확장하고, 물질의 세력을 항복 받아, 파란 고해의 일체 생령을 광대무량한 낙원(樂園)으로 인도하려 함이 그 동기니라.

[대의]

새 교단을 열지 않을 수 없었던 동기와 그 근본이념

[단어 숙어 풀이]

◆ 동기 : 그 일을 하게 되는 직접적인 원인과 그 목적

◆ 과학 : 1) 형상 있는 것을 다루어 기술을 연마하는 학문. 2) 외적 사물을 다루고 그에 관한 기술을 연마하여 육신의 의·식·주를 개척 향상하는 것. 과학의 기초는 질과 양에 있으며 그 기본 과목은 물리 화학인바 물리학의 기초는 주로 양적인 것으로 가감승제加減乘除가 그 원리이며, 화학의 기초는 주로 질적인 것으로 상생상극이 그 원리이다. <논증과 실증이 있어야 한다>

◆ 도학 : 1) 형상 없는 심성을 다루어 마음 쓰는 법을 연마하고 인도주의를 실천하게 하는 학문. 2) 내적 심성을 다루고 마음 쓰는 법

을 연마하여 인도 정의를 세우고 정신의 의·식·주를 계발 향상하는 것. 도학의 기초는 심성에 있으며 그 과목은 종교와 도덕이 있는바 주로 선악善惡 시비是非 이해利害 진위眞僞 성속聖俗을 문제로 한다. 철학의 기초는 전체와 본질에 있으며 주로 음양陰陽 이기理氣 진리眞理가 문제 되는 것이다.

◆ 문명 : 사람의 지혜가 열리고 생활[정신과 물질의 생활]이 풍부하며 편리하게 됨.

◆ 노예 : 1) 권리와 자유가 없이 얽매이는 종. 2) 미몽속박즉 노예迷朦束縛則奴隸 각득활용즉 주인覺得活用則主人.[1]

◆ 파란 고해 : 평탄하지 못하고 복잡다단하여 고통만 있는 중생들의 세계.

◆ 진리 : 1) 참된 이치. 처음과 끝이 같고 안과 밖이 같으며 피차에 해害가 없고 유익되는 것. 2) 시방을 통하여 다함이 없고 고금을 통하여 변함이 없다. <주산 종사> 3) 어느 때 어느 곳에나 모순 없이 맞는 것.

※ 참조 : ① 시종이 여일하고 내외가 불이不二인 것.
② 성誠이니 거짓 없이 한결같은 마음.

◆ 종교 : 1) 가장 크고 우두머리가 되는 진리로 교화하는 것, 또는 교화하는 단체. 2) 일정한 종지 아래 신앙과 도덕으로 만 생령의 영원한 혜복 길을 열어주기 위한 가르침, 또는 가르치는 단체. 3) 만 생령의 정신을 젖 먹여 기르는 어머니.

※ 종교인 : 일체 생령을 젖 먹여 키우는 어머니 역할을 하는 분이요, 천지 만물로 하여금 제구실을 할 수 있도록 노력하는 분.

---

1) 진리를 깨닫지 못하여 얽매여 있을 때가 노예이며, 진리를 깨달아 활용하면 곧 주인이다.

◆ 융성 : 매우 기운차고 성하게 일어나며 쭉쭉 뻗어가는 모습.

◆ 생령 : 영식靈識이 깃아 있는 생물, 즉 육도사생六道四生 유정중생有情衆生.

◆ 신앙 : 위대한 대상<진리, 스승>에 온 마음을 다 바쳐 우러러 받들며 거기에 의지하여 안심입명을 얻어 나가는 동시에 닮아가게 되는 것. 대상, 방법, 목적, 결과를 아울러 생각하자.

◆ 훈련 : 1) 가르쳐 익히게 하는 것. 2) 일정한 법으로 심신을 단련하여 심신이 익숙하게 단련함. 3) 일정한 법으로 반복 수련하여 심신이 익숙하게 단련함.

◆ 광대무량 : 한없이 크고 넓어서 끝이 없고 헤아릴 수 없는 것.

◆ 낙원 : 1) 심신 간에 부족이 없고 기릴 것이 없는 아주 완벽히 살기 좋은 세계. 2) 불보살의 세계.

[문제점]

1. 진리적 종교의 신앙이란?

1) 일원의 진리를 신앙하는 것으로 누구든지 어느 때 어느 곳에서나 안심입명을 얻고 영원한 혜복의 문로門路가 열릴 수 있으며 사회·국가·세계에 실다운 평화를 가져올 수 있는 신앙을 말하며, 그 방법은 원만한 전체 신앙, 진리적 사실 신앙, 자타력 병진 신앙을 하는 것으로 처처불상 사사불공[진리불공, 실지불공]이 그 강령이다.

2) 성리신앙性理信仰

대상도 원만한 진리, 방법도 원만한 진리적이고 사실적이어야 한다.

※ 참조 : 『정전』 일원상의 신앙, 심고와 기도, 불공법, 『대종경』

서품 13, 14장, 교의품 4, 15, 16장, 변의품 22장, 신성품 8, 12장, 『교헌』 3조, 『정산종사법어』 일원상과 그 운용법.[2)]

2. 사실적 도덕의 훈련이란?

1) 일원의 진리에 근거하여 심신 작용과 모든 생활을 그 진리에 어긋남이 없이 훈련하는 것으로 누구든지 어느 때 어느 곳에서나 바로 인도 정의를 실천할 수 있고 영원한 혜복의 길이 열리며 사회·국가·세계에 실다운 복지가 향상될 수 있는 도덕의 훈련을 말하며 본교의 교리와 제도가 다 이 훈련법이요, 정기 훈련과 상시 훈련이 그 강령적 방법이 될 것이다.

2) 성리의 훈련

표준도 원만한 진리, 방법도 원만한 진리적이고 사실적이어야 한다. 형식적이거나 미신적인 것이 아니라 실질적이며 사리에 맞는 것이다.

※ 참조 : 『정전』 일원상의 수행, 인생의 요도와 공부의 요도, 일상수행의 요법, 정기 훈련과 상시 훈련, 『대종경』 교의품, 인도품, 『교헌』 7조.

3. 원불교 출현의 필연적인 이유 여하? <역사적 필연성>

1) 세계적으로는 1, 2차 대전으로 인한 인류사회의 혼란과 불안의 고조.

2) 국내적으로는 갑오동란 이후 기성질서와 모든 윤리가 파괴되고 외국의 내침으로 인한 불안이 격심해짐에 따라 구세주[정도령]를 갈망하게 되었고,

3) 사상적으로는 과학의 발달에 따라 기성종교의 교리와 기성철학

---

2) 회보 38호 게재. 『개벽계성 정산 송규 종사』 pp.163~170 참조.

내지 모든 사상의 근본적 수정으로 인한 새로운 인생관·세계관·우주관의 개척과 새로운 윤리의 요청.

4) 법구생폐法久生弊[3]로 인한 기성종교와 도덕의 무력화.

5) 인간적으로는 과학문명의 발달에 따라 물질에 의한 인권 타락과 기계문명에 의한 인간소외.

6) 우주 진급기의 대순환에 따라 원시반본原始返本[4]의 시기에 맞추어 출현한 것이다.

7) 대종사님께서 구원겁래에 세우신 서원.

※ 참조 : 『대종경』 서품 4, 5, 8장, 전망품 30장, 『교전대의』 개교의 정신

4. 과학문명의 발달로 사람의 정신이 노예가 되는 이유?

1) 찬란한 외화外華에 욕심이 발동하여 본분과 분수를 잊고 끌려간다.

2) 시간과 여유가 많아짐에 따라 한거閑居에 사불선思不善하여 퇴폐적인 풍조가 성행하며 본능적인 향락성이 조장된다.

3) 기계의 부속품이 되어간다. <조직의 부속>

4) 분업화 현상에서 오는 개인주의와 이기주의의 성행.

5) 분석적 사고방식과 생활의 다양성에서 오는 정신 분열증 초래.

6) 기계적인 고속화에 따라 불의의 사고와 소음에 의한 정신적 불안.

7) 기성종교와 도덕의 타락.

※ 참조 : 『정전』 총서편, 정신 수양, 고락에 대한 법문, 『대종경』 서품 4, 5장, 교의품 31, 32, 34, 35장, 전망품 1, 2, 7, 13, 14, 21장.

---

3) 법이 오래되면 폐단이 생긴다.

4) 주4) 참조(p.42).

5. 개교의 동기에 있어 과학의 문명이 발달함에 따라 일어나는 병폐만 제시하신 것이 진리적으로 볼 때 약하지 아니한가? 원시반본하는 시대요 선후천의 교역에 따라 열리는 것이 가장 근본적인 동기가 아니겠는가?

1) 동기라는 말은 그 일을 하게 되는 직접적인 원인과 목적을 말하는 것이니 새 교단이 열려야 할 직접적인 원인은 역시 과학의 병폐가 아니겠는가?

2) 또한 종교는 일체중생을 제도하기 위하여 여는 것으로 우주 순환의 도수나 원시반본의 의미를 누구나 바로 납득하기는 어려운 것이다. 이해하지 못하는 말은 설혹 진리일지라도 미신화할 염려가 있고 믿지도 않을 수가 있는 것이다. 고로 현실적인 면에서 누구나 다 이해할 수 있는 과학의 병폐만을 드신 것 같다.

6. 과학은 인간의 것인데 과학문명의 병폐만 고친다고 하여 어떻게 일체 생령이 구제될 수 있을 것인가?

1) 동포 보은의 결과를 깊이 연구해 보라.

2) 사요 실천의 결과가 어찌 되겠는가 깊이 연구해 보라.

3) 성덕聖德은 화피초목花被草木 뇌급만방賴及萬方[5]하나니라.

7. 개교의 근본이념은? <개교의 정신>

이는 노예해방과 낙원건설로 요약할 수 있는바

1) 노예해방은 진리적인 종교의 신앙과 사실적인 도덕의 훈련으로

---

5) 성인의 덕은 초목에까지 미치고 온 세상 만방에 미친다는 뜻. 천도교의 『의암성사법설』에 "군자지덕풍야君子之德風也 소인지덕초야小人之德草也 도지소존道之所存 덕지소행德之所行 망풍이불언자望風而不偃者 미지유야未之有也 부대덕夫大德 화피초목花被草木 뇌급만방야賴及萬方也"(군자의 덕은 바람 같고 소인의 덕은 풀 같으니, 도가 있는 곳과 덕의 행하는 곳에 바람을 좇아 쓰러지지 않는 것이 없느니라. 큰 덕화는 초목에까지 미치고, 힘이 만방에 미치느니라) 하였다.

정신의 자주력을 확립하는 것이다.

가) 인간노예 : 과거의 제도상에 있었던 것과 미남美男, 미녀美女 자녀子女.

나) 물질노예 : 돈[수전노], 의복, 음식, 거처, 기계, 책, 사업.

다) 조직노예 : 국가, 당黨, 사회, 기능사회의 구성원들.

라) 종교 및 사상의 노예 : 미신, 맹신, 계율, 이념.

마) 자연의 노예 : 천업[모든 중생].

바) 무명의 노예 : 습관, 욕심[명예·권리], 지식, 욕정, 선입관념, 삼독심.

2) 낙원건설은 도학과 과학을 병진하되 본말을 바루어 일생의 신낙원身樂園과 영생의 심낙원心樂園을 건설하여 일체 생령이 다 같이 잘 살게 하는 것이다.

가) 도덕이 없는 과학은 전쟁의 화구火口를 면치 못하고, 과학이 없는 도덕은 빈궁의 세계를 면치 못한다.

나) 우리가 전심 합력하여 영과 육의 빈곤, 질병, 무지를 물리치자. <대산 종사>

다) 기술 등록과 진인眞人 등록.

라) 자유 없는 빵도 싫고, 빵 없는 자유도 싫다. <고물차>

3) 원만평등, 병진竝進, 쌍전雙全, 일여一如의 법력으로 실현한다.

※ 참조 : 『정전』 일원상의 진리, 영육쌍전, 『대종경』 서품 4, 5, 7, 8장, 교의품 30, 31, 32, 33, 34, 35장.

제2장 교법의 총설

불교는 무상 대도(無上大道)라 그 진리와 방편이 호대하므로 여러 선지식(善知識)이 이에 근원 하여 각종 각파로 분립하고 포교문을 열어 많은 사람을 가르쳐 왔으며, 세계의 모든 종교도 그 근본 되는 원리는 본래 하나이나, 교문을 별립하여 오랫동안 제도와 방편을 달리하여 온 만큼 교파들 사이에 서로 융통을 보지 못한 일이 없지 아니하였나니, 이는 다 모든 종교와 종파의 근본 원리를 알지 못하는 소치라 이 어찌 제불제성의 본의시리요.

그 중에도, 과거의 불교는 그 제도가 출세간(出世間) 생활하는 승려를 본위 하여 조직이 되었는지라, 세간 생활하는 일반 사람에 있어서는 모든 것이 서로 맞지 아니하였으므로, 누구나 불교의 참다운 신자가 되기로 하면 세간 생활에 대한 의무와 책임이며 직업까지라도 불고하게 되었나니, 이와 같이 되고 보면 아무리 불법이 좋다 할지라도 너른 세상의 많은 생령이 다 불은(佛恩)을 입기 어려울지라, 이 어찌 원만한 대도라 하리요.

그러므로, 우리는 우주 만유의 본원이요, 제불제성의 심인(心印)인 법신불 일원상을 신앙의 대상과 수행의 표본으로 모시고, 천지·부모·동포·법률의 사은(四恩)과 수양·연구·취사의 삼학(三學)으로써 신앙과 수행의 강령을 정하였으며, 모든 종교의 교지(敎旨)도 이를 통합 활용하여 광대하고 원만한 종교의 신자가 되자는 것이니라.

[대의]

새 교법을 제정하신 근본의 도

[단어 숙어 풀이]

◆ 방편 : 1) 교화하는 데 있어 진리에 근거한 가장 편리한 방법. 2) 근기와 사정에 따라 바로 이해하고, 납득할 수 있도록 예를 들어 가르치는 법.

※ 진리와 방편을 둘로 보는 견해에만 사로잡혀 있지 말라. 법과 경전과 제도가 방편으로 보면 방편이지마는 곧 그 속에 진리가 있는 것이요, 불보살의 모든 방편은 진리에 근거하지 않는 바가 없는 것이다. 경전과 법을 떼배에 비유하신 것은 문자에만 국집 하여 실지 심신의 훈련이 없을까 저어하심이니라.

◆ 선지식 : 1) 사람을 잘 교화 선도하는 덕이 높은 스님. 2) 불교의 교리를 잘 알고 실행하며 잘 전하는 스님.

◆ 출세간出世間 : 1) 세간 생활에 대한 의무와 책임이며 사·농·공·상 간에 인생의 직업을 놓고 세간을 떠나서 산각벽지에 들어가 수도에만 전일 하거나 몰두하는 것. 2) 열반적정涅槃寂靜을 여의지 않는 불보살의 생활.

◆ 제도 : 1) 사회단체를 유지 발전시키기 위하여 만들어 놓은 모든 법. 2) 조직과 단체의 법도.

◆ 심인 : 제불 제성들이 깨치신 마음자리로서 이심전심할 수 있는 같은 자리.

※ 각각 다른 종이에 같은 글과 같은 도장을 찍으면 그것은 같은 것이다.

◆ 교지 : 1) 종교의 근본 취지. 2) 가르치는 본의.

◆ 통합활용 : 1) 서로 융통하고 이해하며 넘나들 수 있는 것으로 편의에 따라 살려 쓰는 것. 2) 막혔던 담을 트고 같은 점을 찾아 활용하며 다른 점을 이해하고 부족한 점을 서로 보충하는 것.

※ 참조 : 『대종경』 서품 8장, 전망품 13, 14장, 불지품 21장, 『성경』 엡 2, 14; "막혔던 담을 헐고 둘을 하나로 만드는 그 …."

◆ 교법 : 교리, 제도 및 교의敎義의 통칭이다.

[문제점]

1. 불교가 무상 대도인 점은?

1) 참된 성품의 원리를 밝히고,

2) 생사의 큰일을 해결하며,

3) 인과의 이치를 드러내고,

4) 수행 길을 갖추었으니 모든 교법에 뛰어난 바가 있다.

※ 참조 : 『대종경』 서품 3장.

2. 모든 종교의 원리가 하나인 점을 설명하라.

삼세 제불제성이 시대와 지역과 인심을 따라 교문을 별립하여 중생을 제도하고 생령을 구제함에 있어 그 주체와 방편이 다르기 때문에 현 세계에는 각종 각파가 있지마는 그 근본 원리는 하나인 것이다. 우주 만유의 형상 없는 진리를 주체 삼아 전미개오轉迷開悟의 도를 주로 가르치는 불교의 청정법신불이나, 우주 만유의 형상 있는 진리를 주체 삼아 수제치평修濟治平의 도를 주로 가르치는 유교의 무극 또는 태극이나, 우주 만유의 자연지도自然之道를 주체 삼아 청정무위淸淨無爲의 도를 주로 가르치는 선교仙敎의 도 또는 자연이나, 박애의 도를 주로 가르치는 예수교의 하느님[조물주]이 이름은 비록 다르고 주체는 각각 달리 세웠지마는 모두 일원의 진리에 근원 한 바로서 예를 들면, 청황적백靑黃赤白의 크고 작은 수많은 전등이 있지마는 그 근원을 추구해 보면 같은 전기인 것과 같다 할 것이다. 고로 동원도리라 하신 것이다.

또 이 일원의 진리는 형상 있는 면과 형상 없는 면과 조화의 면이 서로 어울리어 삼세를 통해서 변함이 없고 시방을 두루 해도 다 함이 없으며 전지전능하고 무소부재한 진리인 것이다.

예) ㉮ 같은 산을 동에서 보는 면과 서에서 보는 면이 다르나 상공에서 보면 다 볼 수 있고, 또 다 돌아 다녀보면 사방의 내용을 다 알 수 있는 것이다.

㉯ 한 나무를 놓고 뿌리[땅속]와 가지[지상]와 그 성장[동화작용 등]을 볼 수 있으나 역시 한 나무이다.

※ 참조 : 『정전』 일원상의 진리, 『대종경』 교의품 1, 3장, 변의품 20장, 전망품 13장, 하나의 진리, 하나의 종교, 하나의 세계

3. 제불 제성의 본의는?

1) 도덕으로써 천하를 구제하시는 일.

2) 누구나 다 같이 성불하며 다 같이 마음 놓고 잘살 수 있도록 하심.

3) 도로써 세계를 밝히고 덕으로써 창생을 건지는 것.

4) 성불제중 제생의세.

고로 모든 종교의 목적은 같다.

※ 참조 : 『대종경』 교의품 1장.

4. 각종 각파로 분립되는 이유는?

1) 교조 당시에 교리와 제도가 확립되지 못한 점.

2) 진리 교리 사회 제도 등에 대한 견해의 차이점.

3) 습관과 수행 길의 차이에서 오는 고집.

5. 서로 융통을 못 보는 이유는?

1) 본本을 놓고 끝을 취하기 때문.

2) 각자의 소견에 고집하기 때문이다.

6. 대종사님께서 많은 종교 중에 불교에 연원을 지으신 이유?

1) 불교가 무상대도이기 때문에.

2) 당신이 깨치신 진리의 내용과 석가여래께서 깨치신 진리가 같고, 수행 경로와 경륜이 같으셨고,

3) 미래 세상의 시운時運이 불교의 원만한 진리라야 천하를 구제할 수 있기 때문에.

※ 참조 : 『대종경』 서품 2, 3, 15장.

7. 사은과 삼학으로 신앙과 수행의 강령으로 삼으신 근거와 이유는?

『대종경』 부촉품 16, 나의 교법 가운데 일원을 종지로 한 교리의 대강령인 삼학 팔조와 사은 등은 어느 시대 어느 국가를 막론하고 다시 변경할 수 없으나 … 운운云云하셨으니 왜 그런가?>

1) 교의품 4장에 일원상의 내역을 말하자면 곧 사은이요 사은의 내역을 말하자면 곧 우주 만유로서 천지 만물 허공 법계가 다 부처 아님이 없나니 … 운운云云 하셨으니 이것은 일원의 형상 있는 것을 주체 삼아 그 내역을 밝히신 바로서 사은의 근거가 되고, <진리적 사실 신앙의 강령>

2) 교의품 7장에 일원의 진리를 요약하여 말하자면 곧 공과 원과 정이니 … 운운云云하셨으니 이것은 일원의 형상 없는 것을 주체 삼아 그 내역을 밝히신 바로서 삼학의 근거가 되는 것이다. <삼학 병진 수행의 강령>

고로 사은과 삼학은 일원상의 진리에 직결되는 동시에 원만한 신앙, 원만한 수행 길이 되므로 신앙과 수행의 강령으로 삼으신 것 같다.

※ 참조 : 『정산종사법어』 원불교 교명에 대하여[6)]

8. **교리도에 밝힌 신앙문[사은]과 수행문[삼학]의 진리적 근거와 그 관계는?**

1) 신앙문 : 사은은 일원의 형상 있는 진리를 주체 삼아 인과보응의 원만한 신앙 길을 밝혀서 순역 간에 진리불공과 실지불공으로 한없는 복과 혜를 개발하여 일원 즉 사은에 보은합덕하게 하는 문이요, <생활 향상>
교리도에 있는 처처불상 사사불공은 진리불공과 실지불공을 그 내용으로 한다.
2) 수행문 : 삼학은 일원의 형상 없는 진리를 주체 삼아 진공 묘유의 원만한 수행 길을 밝혀서 동정 간에 끊임없이 각자의 마음을 단련하여 대각·해탈·중정을 얻어 일원의 진리 즉 공·원·정에 합일하게 하는 문이다. <심성단련>
교리도에 있는 무시선 무처선은 정기 훈련과 상시 훈련을 그 내용으로 한다.
3) 그러므로 신앙과 수행은 표리의 관계가 있으며 일원의 위력을 얻고 체성에 합하는 양문이 되는 것이다.

9. **하나의 종교 하나의 세계는 가능한가? 가능하다면 그 방법은?**

1) 현실적으로 서로 자각하고 이해한다. <삼동윤리의 정신>
2) 시간문제다. 일터에서 보면 여러 사람이 처음에는 각각 제 주견대로 하지마는 그 가운데 제일 좋은 방법이 있으면 차차 그 방법을 따라가게 되는 것이다.

※ 참조 : 『대종경』 교의품 10장, 전망품 7, 10, 11, 13, 14장, 서품

---

6) 『정산종사법어』 경륜편 1장.

12장, 『정산종사법어』 삼동윤리[7]

10. 불교가 무상대도라면 왜 기독교보다 발전하지 못하고 있는가?

1) 원리가 같고 목적이 같다면 모두가 다 내 일이 아닌가? 먼저 상대심과 경쟁심을 놓으라. 우리가 주의할 것은 종교 간의 우열을 논하는 것보다는 모든 종교의 책임이 각각 다른 점을 먼저 알아야 할 것이다. 한 일터 한 일꾼으로 일하는 형제이니 형兄이 좀 낫고 제弟가 좀 나은들 모슨 차이가 있겠는가?

2) 그러나 현실적인 원인을 들자면

가) 인지가 미개한 시대에 타력 신앙을 강조한 점. <대속代贖의 최후>

나) 입지조건 : 과학의 발전을 타고 물심양면의 교화가 된 점.

다) 교화방법 : 각자의 수행보다 이타행을 강조한 점. <활동적이요 적극적인 점>

라) 불교가 출세간 생활을 본위로 전향했던 점.

마) 성불제중의 개념에 차등을 두었던 점. <성불을 목적으로 자기 수행에만 치우쳤던 점>

※ 참조 : 『정전』 교법의 총설, 『대종경』 서품, 불지품, 『정산종사법어』 삼동윤리, 『교전대의』 개교의 정신

11. 교법의 강령을 열거하시오.

1) 여기서 말하는 교법이란 교리와 제도 및 의식을 총칭한 것으로 총설에서 밝힌 강령을 들어 보자면

가) 일원상의 진리를 종지로 하여 신앙의 대상과 수행의 표본으로 한다.

---

7) 『정산종사법어』 도운편 34~37장.

나) 천지·부모·동포·법률의 사은과 수양·연구·취사의 삼학으로 신앙과 수행의 강령을 정한다. <인생의 요도 사은 사요와 공부의 요도 삼학 팔조를 일원의 진리에 근거하여 정한 것>

다) 출세간법과 세간법을 망라하여 시대화·생활화·대중화한다. <제도의 개선, 의식의 개선>

라) 모든 종교의 교지를 통합 활용한다.

2) 교리에 근거하여 수행의 강령으로 삼는 교강9조로써 열거할 수도 있다.

3) 교리의 이념이요 교단의 목표인 사대강령으로 설명할 수도 있다. 교리 제도 의식이 모두 일원상의 진리에 근거한다. 일체 의식은 진리에 근거하고 사실과 간편함을 위주로 한다.

제2 교의편

제1장 일원상

제1절 일원상의 진리

일원(一圓)은 우주 만유의 본원이며, 제불 제성의 심인이며, 일체중생의 본성이며, 대소 유무(大小有無)에 분별이 없는 자리며, 생멸 거래에 변함이 없는 자리며, 선악 업보가 끊어진 자리며, 언어 명상(言語名相)이 돈공(頓空)한 자리로서 공적 영지(空寂靈知)의 광명을 따라 대소 유무에 분별이 나타나서 선악 업보에 차별이 생겨나며, 언어 명상이 완연하여 시방 삼계(十方三界)가 장중(掌中)에 한 구슬같이 드러나고, 진공 묘유의 조화는 우주 만유를 통하여 무시광겁(無始曠劫)에 은현 자재(隱顯自在)하는 것이 곧 일원상의 진리니라.

[대의]

본교의 종지宗旨 천명이요 대종사님의 진리관이시다. <여시관如是觀하라>

[단어 숙어 풀이]

◆ 교의敎義 : 종교의 주지主旨. 이 교의편은 일정한 종지 아래 만들어진 주축이 되는 모든 교리를 모아놓은 부분이다.

◆ 일원 : 대종사님께서 깨치신 진리의 이름.

※ 참조 :『대종경』서품 1.

◆ 일원상 : 1) 대각하신 순간 혜안慧眼의 셔터(shutter)로 잡으신 진리

의 사진 모습. ※ 참조 : 『대종경』 성리품 1장. 2) 대종사님께서 보신 진리의 모습을 형상으로 표시한 것.

◆ 본원 : 1) 전체와 근원. 2) 체성과 근원. 3) 바탕과 근원.

※ 참고 : 만유가 한 체성이요 만법이 한 근원이로다. 운운云云 ….

◆ 본성 : 1) 근본 성품 2) 제일천성第一天性

※ 참고 : 천성

가) 제일천성 : 만유동근지성萬有同根之性. 나) 제이천성 : 전생 습관으로 모태 중에서 나올 때부터 가지고 나온 성격. 다) 제삼천성 : 현생의 오랜 습관으로 이루어진 고치기 어려운 성격.

◆ 명상名相 : 이름과 모양

◆ 돈공頓空 : 마음에 모든 생각이 끊어지고 일체 만상이 다 비어 있어서 무엇이라 고정할 수 없는 상태.

◆ 업보 : 몸과 마음으로 선악 간 작용한 일의 결과로 받아지는 것.

◆ 공적 영지空寂靈知 : 1) 텅 비고 고요한 가운데 소소영령하게 나타나는 알음알이, 즉 지혜 광명이니 마음에 있어 티 없는 한 생각. 2) 진리[심성] 자체를 표현한 말로써 주로 진리의 조화로운 면을 나타낼 때 쓰임. 원각묘심圓覺妙心. <수심결>[1)]

※ 말은 같아도 뜻은 다른 경우가 있고 뜻은 같아도 말은 다른 경우가 있나니 이상에서 돈공, 공적, 진공은 말은 다르나 뜻은 같은 것이다.

---

1) 『수심결』 2장. "고故로 세존世尊이 운보관일체중생云普觀一切衆生하니 구유여래지혜덕상具有如來智慧德相이라 하시고 우운일체중생종종환화又云一切衆生種種幻化가 개생여래원각묘심皆生如來圓覺妙心이라 하시니 시지是知커라. 이차심외離此心外에 무불가성無佛可成이로다."(그런 고로 세존이 이르시되 '널리 일체중생을 보니 모두 여래의 지혜와 덕상을 갖추어 있다' 하시고 또 이르시되 '일체중생의 가지가지 환화가 다 여래의 원각묘심에서 생한다' 하시니, 이 알라. 이 마음을 떠나서 부처를 가히 이루지 못할지로다.)

◆ 시방삼계 : 우주와 세계를 표현한 말로 시방은 상하 사유, 즉 천·지·건·감·간·진·손·이·곤·태. <우주>

삼계는 1) 욕계, 색계, 무색계
2) 탐, 진, 치
3) 지계, 인계, 천계 } 세계

◆ 조화 : 1) 생성 변화하는 것. 2) 생성 변화하는 작용.

◆ 무시광겁 : 1) 한없는 세월. 2) 한없는 세상. 3) 무한한 시간.

◆ 은현자재隱顯自在 : 1) 무엇에도 걸림이 없이 스스로 숨었다 나타났다 함. 2) 숨고 나타나는 것이 걸림이 없음. 3) 저절로 인과 윤회함. <은隱=인因, 현顯=과果>

◆ 언어 명상이 돈공 :1) 말로 이르지 못하고 무엇이라 이름 지을 수 없으며 무엇으로 어떻게 나타낼 수 없는 진리 자리. 2) 언어도단의 입정처.

◆ 공적 영지의 광명 : 돈공한 가운데 소소영령하게 아는 진리의 광명, 즉 알음알이, 천지의 식識.

※ 1) 나무뿌리가 거름 준 것을 아는 것. 2) 경계 따라 나타나는 한 생각.

※ 반야대지는 시방에 통철하시와 운운 ….[2]

※ 참조 : 『대종경』 변의품 1장.

◆ 진공 묘유의 조화 : 돈공한 가운데 묘하게 나타나서 생성 변화하

---

2) 열반기념제 축원문涅槃紀念祭 祝願文
원기○○년 ○월 ○일에 원불교 ○○지방 예감 ○○은 고 ○○의 열반기념제를 당하와, 정심 재계하옵고 두어줄 축원문을 받들어 삼가 법신불 사은 전에 고백하옵나이다. 대범, 진여 묘체는 법계에 충만하옵고 반야 대지는 시방에 통철하사와 어느 사물이 그 묘리에 계합되지 않는 바 있사오며 어느 생령이 그 자음慈蔭에 들지 않는 이 있사오리까. 고 ○○는 열반에 든 지 이미 오래되오나 인연 과보는 길이 쉬지 아니하오며 ….

는 진리의 작용, 즉 인과의 변화.

※ 1) 나무뿌리가 거름을 흡수하는 작용 등. 2) 경계 따라 천만 가지로 내고 들이는 심신 작용.

※ 묘유의 조화는 우주 만유를 통하여 무시광겁에 은현자재 운운 ….

[문제점]

1. 진공 묘유의 조화는 우주 만유를 통해서 무시광겁에 은현 자재한다는 것은?

일원의 조화가 무한한 시간과 공간을 통하여 인과로 변화하는 것을 말하는 것으로 인연과因緣果의 법칙이 곧 이것이다.

※ 참고 : 인因[은隱] 연緣[시공時空] 과果[현顯]

심신 작용→우주 만유→무시광겁→과보

일원의 진리가 인과로 변화하는 내역과 교리도의 신앙문, 수행문

대타적[상대적] 심신 작용→사은+시간=자인타과:신앙문의 인과보응

대자적[독자적] 심신 작용→자기+시간=자인자과:수행문의 묘유역연妙有亦然[인과]

2. 진공 묘유의 조화와 공적 영지의 광명은 어떻게 다른가?

1) 같은 사람이지마는 호와 법명이 있으며 그 용도 또한 다른 것과 같다.

2) 같은 전기이지만 전구에서는 광명이 되고 모터에서는 동력이 되는 것과 같다.

3) 사람이 수족과 백해百骸를 움직이는 것은 조화라 할 수 있고 눈으로 보고 귀로 듣고 아는 그 자체는 광명이라 할 수 있으나 그

근원은 마음이요 성품의 작용인 것과 같다. 고로 용도에 따라 달리 쓸 뿐이요 둘이 아니다.

3. 시방 삼계가 장중에 한 구슬같이 드러난다는 것은?

1) 언어 명상이 완연하게 가림 없이 나타나 있는 묘유의 상모相貌.

2) 티 없는 마음으로 보면 천계天界·인계人界·지계地界에 걸림이 없으며, 대소 유무 변불변 또는 변화되는 과정을 분명히 알 수 있고, 탐·진·치 내지 일체 마음의 거래가 분명히 드러난다.

3) 천지미분처天地未分處, 염정미분경染淨未分境, 일념미생전一念未生前이 안전眼前에 드러난다.

※ 창해만리허 무아무인천 滄海萬里虛 無我無人天
암상일화신 안전시방현 岩上一化身 眼前十方現[3] <대산 종사>

4) 이무애理無碍 사무애事無碍, 전지전능, 무소부재.

5) 시방에 두루 하여 삼라만상에 비치지 않는 바가 없는 것이 흡사 장중에 구슬같이 비치는 것을 말한다.

※ 참조 : 변의품 1, 반야대지는 시방에 통철 운운云云 ….

일원의 진리는 자타와 내외가 없음을 먼저 알라. 우주 만유의 본원, 여래의 불성, 범부·중생의 본성이 원래 하나요 둘이 아닌 것이다. <내용과 원리가 같음>

4. 일원의 진리를 요약하여 설명하라. 『정산종사법어』

1) 언어 명상이 돈공하다 함은 일원의 진공한 체성을 표현한 말로서 그 자리는 "말로써 가히 이르지 못하고 생각으로써 가히 헤아리지 못하며 동작으로써 가히 형용하지 못하는 것이요" 그러나 다시 공적 영지의 광명이 있다 함은

---

3) 『대산종사법문』 5집. '창해 만 리가 텅 비었으니/ 나도 없고 사람도 하늘도 없더라./ 바위 위에 한 화신이 되니/ 눈앞에 시방 세계가 궁굴더라.'

2) 진공한 가운데 영지 불매하여 광명이 시방에 두루 함을 표현한 말로서 그 광명은 "말 밖에 따로 있지 아니하고 생각을 떠나 있지 아니하며 형상 밖에 따로 있지 않은 것이요" 또

3) 진공 묘유의 조화가 있다 함은 진공한 가운데 묘유의 조화가 만상을 통해서 무시광겁에 요요상주耀耀常住하여 천만 사물에 은현 자재하나니, 그 진리는 일분 일각도 그대로 머물러 있지 않으며, 이에 따라 대기대용大機大用이 무진무궁하고 신통 변화가 한이 없는 것이다. 그러므로 일원의 진리는 말과 생각으로 이르지 못하나 능히 말과 생각으로 이를 수도 있으며 그 조화는 무궁무진한 것이다. 진리를 구하는 이가 이 이외에 다시 구할 곳이 없고, 도를 찾는 이가 이 밖에 다시 찾을 길이 없으며, 기타 일체 만법이 이 외에는 다시 한 법도 없는 것이다.

이를 신앙하고 수행하는 것은 계단을 초월하여 쉽게 대도에 들게 하고 깊은 이치를 드러내어 바로 사물에 활용케 하고자 함이다.

※ 성품은 불변하는 것이라고만 알고 있는 것이 공부인의 큰 착각이다. 성품은 곧 일원의 진리이니 일원의 체성, 일원의 광명, 일원의 조화가 원래 셋이 아니요 하나인 것을 알아야 한다.

※ 참조 : 『대종경』 서품 1장, 교의품 1, 3, 4, 5, 6, 7, 8, 9, 10, 11장, 성리품 1, 2, 4, 6, 20장, 『예전』 제2장 1절, 『교헌』 1, 2, 3조, 『성가』 법신불 찬송가 5장.

5. 일원의 진리가 돈공·광명·조화의 면이 있다 하니 세 면이 서로 떨어질 수 있는가?

불가분리不可分離의 동체同體인 것이다. 이는 하나의 진리를 세 면으로 나타내서 설명한 것이요 선후와 본말이 있는 것도 아니다. 예를 들면 발동기發動機에 있어서 전체와 화력[전기]과 동력이 서로 어울

리어 움직이는 것과 같다. 즉 전체가 완전하고 전기의 발화가 되기 때문에 자동적으로 움직여서 큰 동력이 생기고 움직이기 때문에 거기서 발화가 되어 또한 전체의 능력을 나타내게 되는 것이다.

일례를 더 들면 육신[전체]이 없는 눈을 생각할 수 없고 눈의 밝음이 없이 밤길을 걸어갈 수 없으며 육신이 없는 호흡을 생각할 수 없으며 호흡이 없이 눈의 광명을 생각할 수 없는 것과 같다.

◎ 일원상 진리 해의

일원은 대종사님께서 각득하신 진리로서 우주 만유의 본원이요 제불제성의 심인이며 일체중생의 본성이다. 그 내용을 말하자면 우주 만유 전체가 한 덩어리로 어려 있는 자리요 만법이 우러나는 근원이며 천만 생각의 바탕이다. 이 자리는 대소 유무에 분별이 없고 생멸 거래에 변함이 없으며 선악 업보가 끊어지고 생각으로 헤아릴 수 없으며 말로 이르지 못하고 형상으로 그릴 수 없으며 동작으로 나투지 못할 자리인바 유라고도 할 수 없고 무라고도 할 수 없는 그것이나 강연히 일러 「텅 비고 고요하다[돈공·공적·진공]」하나니, 천지미분전이요 한 법도 없는 자리이며 한 생각 이전 자리라, 이것은 일원의 진공한 체성을 말한다. 그러나 그 가운데 영지의 광명이 시방에 두루 하여 삼라만상에 비치지 않는 바가 없어서 대소 유무에 분별이 있게 되고 생각과 말과 형상과 동작에 나투지 않는 바가 없으며 선악 업보에 차별이 소소하고 시방삼계와 육도사생이 완연한 것이니 이것은 일원의 신령한 광명을 말한다. 또한 묘유의 조화는 우주 만유를 통하여 한없는 세상에 일분 일각도 끊임이 없어서 음양이 상승하고 인과가 보응되어 우주는 성·주·괴·공과 춘·하·추·동으로 순환 불궁하고 만물은 생·주·이·멸生住異滅과 생·로·병·사로 변화하되 상생상극으로 조화무궁한 것이니, 이것은 일원의 신묘한 조화를 말한다. 이와 같이 일원의 체, 일원의 광명, 일원의 조화가 한데 어울려 두렷한 기틀을 지은 것이 곧 일원상의 참다운 진리이다. 이를 달리 말하면 원만구족하고 지공무사하여 원래 생멸이 없고 다만 인연과보의 법칙으로 변화하면서 길이 돌고 도는 것이 일원의 진리이다. <원양圓養>

※ 참조 : 『정전』 일원상 수행, 서원문, 게송, 일상수행의 요법, 참회문, 『대종경』 서품 1장, 교의품 1, 6장, 천도품 5, 16장, 인과품 1장, 『정산종사법어』 원각가,[4] 일원상과 그 운용법, 대산 종사 『교전대의』

제2절 일원상의 신앙

일원상의 진리를 우주 만유의 본원으로 믿으며, 제불 제성의 심인으로 믿으며, 일체중생의 본성으로 믿으며, 대소 유무에 분별이 없는 자리로 믿으며, 생멸 거래에 변함이 없는 자리로 믿으며, 선악 업보가 끊어진 자리로 믿으며, 언어 명상이 돈공한 자리로 믿으며, 그 없는 자리에서 공적 영지의 광명을 따라 대소 유무에 분별이 나타나는 것을 믿으며, 선악 업보에 차별이 생겨나는 것을 믿으며, 언어 명상이 완연하여 시방 삼계가 장중에 한 구슬같이 드러나는 것을 믿으며, 진공 묘유의 조화는 우주 만유를 통하여 무시광겁에 은현 자재하는 것을 믿는 것이 곧 일원상의 신앙이니라.

[대의]

본교 신앙의 대상과 그 방법을 천명하심이요 대종사님의 신앙관이

---

4) 원기17년 월보 38호에 처음 발표하였으며, 원기22년 회보 34호에 일부 보완하여 발표하였다. (http://bul.youngsan.ac.kr 참조) 『개벽계성 정산 송규 종사』 pp.155~160.

시다. <여시신如是信하라>

[단어 숙어 풀이]

◆ 신앙 : 위대한 대상[일원의 진리(인과), 스승님 등]에게 온 마음을 다 바쳐 믿고 우러러 받들며 거기에 귀의하여 안심입명을 얻어 나가는 동시에 닮아가게 되는 것.

1) 안심입명 : 가) 신심과 서원이 깊고 커야 얻어진다. 나) 안심은 인과를 알아야 얻어지고 입명은 불생불멸을 알아야 얻어진다.

2) 신심 : 신앙에 근거한 신념으로서 종교인의 기본적인 생명이요 안심입명을 얻는 핵심이며 만사를 결정하는 원동력이다.

3) 신념 : 가) 자기 철학에 근거한 가장 중심을 이루는 자기 사상에 대한 집념. 나) 자기 사상의 핵심이 되는 생각으로서 모든 일을 결정 추진하는 원동력이요 나침반이다. 고로 신념은 인간 생활의 근본 생명이요 신념이 없는 사람은 산송장이라 할 수 있다.

◆ 믿음 : 1) 어떠한 사리에 대하여 의심 없이 믿는 마음. 2) 신앙.

※ 참고

가) 전체 신앙 : 개체 신앙의 반대되는 말로서 우주 만유가 한 체성이요 만법이 한 근원임을 알아서 어느 한 개체만을 믿는 것이 아니라 전체를 믿는 것. <우주시대일원宇宙是大一圓>

나) 사실 신앙

① 형식 신앙에 반대되는 말로서 나타나 있는 그대로 법신불의 응화신임을 믿는 것. ② 나타나 있는 그대로를 진리의 화현으로 신앙하는 것. <만상각일원萬像各一圓>

※ 사실

ㄱ. 자연계에 나타나 있는 그대로의 객관적 현상. ㄴ. 형식의 반대

다) 인과 신앙

① 미신 신앙의 반대로서 하면 한만큼 되고 가면 간만큼 오는 진리를 믿는 것. ② 지공무사한 인과보응의 진리를 신앙하는 것.

라) 자타력 병진 신앙

① 우주 전체의 진리와 그 진리를 각득하신 스승님들의 무궁무진한 위력과 법력을 신앙하며 천지 만물이 행사하는 죄복의 권능을 믿는 동시에 우주를 싸고도 남는 본래의 자기 심불을 신앙하는 것. ② 현실삼보現實三寶와 자성삼보自性三寶를 아울러 신앙하는 것.

※ 참조 : 『대종경』 신성품 8, 12장.

[문제점]

1. 개체 신앙과 사실 신앙과의 차이점 여하.

개체 신앙은 어느 한 물건[대상]만을 절대적인 신앙 처로 믿고 모든 불공을 거기에만 하는 것으로서, 예를 들면 천지에 당한 죄복도 불상이나 바위에만 빌고, 부모에게 당한 죄복도 산신이나 하나님께만 빌며, 동포·법률에 당한 죄복도 불상에게만 비는 것 등이요,

사실 신앙은 우주 만유 전체의 하나하나가 법신불의 응화신임을 믿고 모든 죄복의 권능이 그곳 그곳에 있음을 알아서 그일 그 일에 불공 하는 것으로서, 예를 들면 천지에 당한 죄복은 천지에게, 부모에 당한 죄복은 부모에게, 동포 법률에 당한 죄복은 동포 법률에게 직접 불공 하는 것이다.

※ 참조 : 『정전』 불공법, 『대종경』 교의품 4장, 『정산종사법어』 일원상과 그 운용법.

2. 본교 신앙의 대상은?

법신불 일원상이다.

※ 참조 : 『정전』 일원상의 신앙, 『대종경』 변의품 22장, 『교헌』 3조, 『성가』 4장 법신불 찬송가.

3. 사은 신앙과 일원상 신앙의 관계여하?

일원 즉 사은이요 사은은 천지 만물 허공 법계를 형상 있는 면에 주체를 두고 사분四分한 것뿐이니 그 내용은 같은 것이다.

1) 사은 신앙은 사은 당처 당처에 실지불공 하는 것이 그 특징적인 방법이니 이는 진리적 사실 신앙에 근거한 것이다. 그러므로 만상의 개체 하나 하나를 신앙의 대상으로 볼 수도 있겠으나

2) 일원상 신앙은 "원만한 전체 신앙"이며 "진리적 사실 신앙"이며 "자타력 병진 신앙"으로 인과보응의 신앙에 중점을 두었다고 할 것이다.

※ 참조 : 『정전』 교리도, 심고와 기도, 불공법, 『대종경』 교의품 4, 19장, 변의품 22장.

※ 어린아이가 저의 어머니건만 치마저고리를 갈아입고 오면 몰라보는 것 같이 공부인이 진리 자체에 대하여 정확한 이해와 분명한 체득이 없으면 표현만 바꾸거나 용어만 달리 써도 몰라보거나 다르다고 떼를 쓰고 고집하는 경우가 있나니 망언요의忘言了意하고 망의요심忘意了心[5]하여 진리에 토가 떨어져야 한다.

4. 본교 신앙의 특징을 설명하라. <일원상 신앙을 요약하면?>

1) 신앙과 수행을 함께 밝히고

---

5) 말에 얽매이지 말고 그 뜻을 파악하고, 나아가서 그 뜻에 얽매이지 말고 그 마음을 요달하라는 뜻.

① 원만한 전체 신앙
② 진리적 사실 신앙 } 인과보응의 신앙 < 처처불상 / 사사불공
③ 자타력 병진 신앙

(진리불공, 실지불공)

2) 진리적 종교의 신앙

일원상의 진리를 그대로 신앙하자는 것이다.

※ 참조 : 『정전』 개교의 동기, 심고와 기도, 불공법, 사은신앙, 『대종경』 교의품 4, 11, 12, 13, 14, 15, 16, 17장, 변의품 22장.

5. 전체 신앙과 사실 신앙의 방법과 관계를 설명하라.

1) 전체 신앙은 사은 즉 우주 만유 허공 법계의 전체를 신앙하는 것으로 진리불공이 그 방법이다.

2) 사실 신앙은 사은 즉 천지 만물 당처 당처에 사실적으로 실지불공 하는 것이 그 방법이다.

3) 진리불공은 법신불 사은 전체의 감응을 받아 천권天權을 잡아 쓰는 길이요,

4) 실지불공은 당처 당처의 감응을 받아 그일 그 일을 성취시키는 길이다.

이 양면을 다시 비유해서 설명하자면 사람이 생존하기로 하면 세 때 음식으로써 전신의 건강을 유지하는 것이요, 각 기관에 혹 병이 나면 음식만으로는 고치기 어려운 것이며 그 병에 맞는 의약을 써야 나을 수 있는 것 같이 우리는 언제나 진리불공으로써 만유에 일관되어 우주에 충만한 전체의 기운이 감응하는 동시에 각각 그 특성이 다른 천지 만물의 당처 당처와 그일 그 일에 따라 실지불공으로써 무슨 일이나 반드시 성공하자는 것이다.

만유가 한 체성이라 우주 만유는 한 기운으로 어려 있으니 우주

에 충만한 이 기운은 진리불공으로 얻는 것이요, 천지 만물은 하나하나 그 특성이 다 있는 것이니 실지불공으로써 당처 당처의 감응을 얻는 것이다. 고로 이 두 길은 어느 하나도 없을 수 없는 것이다.

※ 참조 : '법신불 사은이시여!' 하는 심고문 서두는

원만한 전체 신앙의 대상으로 법신불을 전제하여 진리불공 하는 길을 암시하고 진리적 사실 신앙의 대상으로 사은을 전제하여 실지불공 하는 길을 암시하여 표현한 것 같다. 고로 일원상 신앙은 법신불 사은 신앙이라 할 것인바 어느 한편만을 주장하거나 고집해서는 안 될 것이다.

진리적 사실 신앙은 원만한 전체 신앙에 근원하여 만물 하나 하나에 실지불공 하는 길이요, 원만한 전체 신앙은 진리적 사실 신앙과 동시에 만유의 통일체요 근원인 법신불[즉 우주 만유 허공 법계의 전체]에게 진리불공 하는 길인바 이 두 길은 표리의 관계에 있는 것이니 한 가지도 없을 수 없고 경중도 없는 것이다.

6. 일원상의 신앙에서 자타력 병진 신앙을 밝힐 수 있는 근거는?

우주 만유의 본원 ＞ 타력 신앙
제불제성의 심인
범부중생의 본성 ＞ 자력 신앙

불성佛聖의 입장에서는 우주 만유의 본원이 타력 신앙의 근거가 될 것이요, 범부의 입장에서는 우주 만유의 본원과 제불제성의 심인이 타력 신앙의 근거가 될 것이다. 그러므로 여기서 자타력 병진 신앙의 근거를 세울 수 있는바 일원상은 원래 내외가 없고 자타가 둘이 아니기 때문이다.

7. 과거의 그릇된 신앙과 그 시정 방법 여하?

1) 편협한 개체 신앙 : 편견과 아집이 깊이 뿌리박을 수 있고, 파벌 분열 상쟁의 불씨가 될 수 있다.

예: 종교인의 아집, 종교 전쟁, 민족 분열, 가정 분열.

2) 형식 신앙 : 종교인연宗教人然하는 것으로 위장이나 권위의식이 조장되고 위선자가 되기 쉽다.

3) 미신 신앙 : 요행심 사행심이 조장되어 불로소득不勞所得하려는 마음이 생긴다. 부처님 믿으니까, 하나님 믿으니까 잘되겠지 ….

4) 타력 편중 신앙 : 의뢰심이 조장되기 쉽고 나약해지기 쉬우며 미신화 할 염려가 있다.

5) 자력 편중 신앙 : 거만하고 오만해지기 쉽고 독선에 떨어지며 사사私邪에 흐를 염려가 많은 것이다. 고로 우리는 원만한 전체 신앙으로 분열과 상충의식을 없애고 통일 조화의 정신을 길러가는 것이요,

진리적 사실 신앙으로 위선과 요행을 뿌리 뽑고 진실하고 합리적인 정신을 길러가는 것이며,

자타력 병진 신앙으로 의뢰심과 오만한 마음을 뿌리 뽑고 자주 자립 자활의 정신과 겸양 보은 합력 경건한 정신으로 살아가는 것이다.

제3절 일원상의 수행

일원상의 진리를 신앙하는 동시에 수행의 표본을 삼아서 일원상과 같이 원만구족(圓滿具足)하고 지공무사(至公無私)한 각자의 마음을 알자는 것이며, 또는 일원상과 같이 원만구족하고 지공무사한 각자의 마음을 양성하자는 것이며, 또는 일원상과 같이 원만구족하고 지공무사한 각자의 마음을 사용하자는 것이 곧 일원상의 수행이니라.

[대의]

본교 수행의 표본과 그 방법을 천명하심이요 대종사님의 수행관이시다. <여시행如是行하라>

[단어 숙어 풀이]

◆ 수행 : 1) 몸과 마음을 진리에 맞게 법으로 길들여 나가는 공부. 2) 몸과 마음을 법으로 길들여 그 행실을 진리에 어긋남이 없도록 닦아 나가는 것.

◆ 표본 : 표준 된 본보기

◆ 원만구족 : 조금도 모자람이 없고 완전하게 두루 다 갖추어 있는 또는 갖추어질 수 있는 상태로서 진리의 전체를 표현한 말.

◆ 지공무사 : 1) 지극히 공변되고 일호의 사私가 없는 진리의 작용을 표현한 말. 2) 어디에 치우치지도 않고 무엇에 가림도 없이 두루 소소영령하고 정확하게 나타나는 진리의 작용.

공 : 전체에 미치는 것.

사 : 개인 또는 부분에 미치는 것.

[문제점]

1. 원만구족하고 지공무사한 마음의 상태는?

1) 일념미생전처一念未生前處를 반조하고 경계를 따라 있어지는 것을 궁구하라.

2) 성품이 정靜한즉 무선무악하고 동動한즉 능선능악이라 하니 연구해보라.[6]

3) 저 새소리를 듣느냐? 듣는 성품에 그 소리가 있느냐 없느냐?[7]

4) 한 물건도 버리는 바가 없고 일분 일각도 사사에 흐름이 없게 하는 공부를 해라.

5) 한 물건도 취하는 바가 없고 한 일도 그르침이 없이 모두를 위하여 온통 바치는 공부를 해라.

6) 콩 심으면 콩 나고 팥 심으면 팥을 다 내주는 것이니 무엇이나 다 받아들일 수 있고 다 응할 수 있는 마음.

※ 참조 : 『정전』 의두 성리, 일원상의 진리, 일상수행의 요법 1, 2, 3조, 『대종경』 성리품, 『수심결』

2. 신앙의 대상인 진리의 내용과 수행의 표본인 진리의 내용을 달리 표현하였으니 그 이유는?

1) 신앙은 진리 그대로를 신앙하는 것이요 수행은 진리 그대로를 수행하자는 것인바 각자의 본성 또한 돈공頓空 영지靈知 조화造化가 본자구족本自具足한 고로 그 점을 살려 기르고 밝히고 활용하

6) 『대종경』 성리품 2장 참조.

7) 『불조요경』 수심결 18장 참조.

는 길이 곧 수양·연구·취사이다. 그 수양의 표준을 원만구족하고 지공무사하게 잡는 것이요, 연구의 표준도 원만구족하고 지공무사하게 잡는 것이며, 취사의 표준도 원만구족하고 지공무사하게 잡아야 할 것이므로 달리 표현하신 것 같다.

2) 또한 본자구족한 각자의 마음을 알고 기르고 쓸 수 있는 표준을 어떻게 세울 것인가? 원만구족하고 지공무사한 그대로 표준을 세울 수밖에 없지 않겠는가?

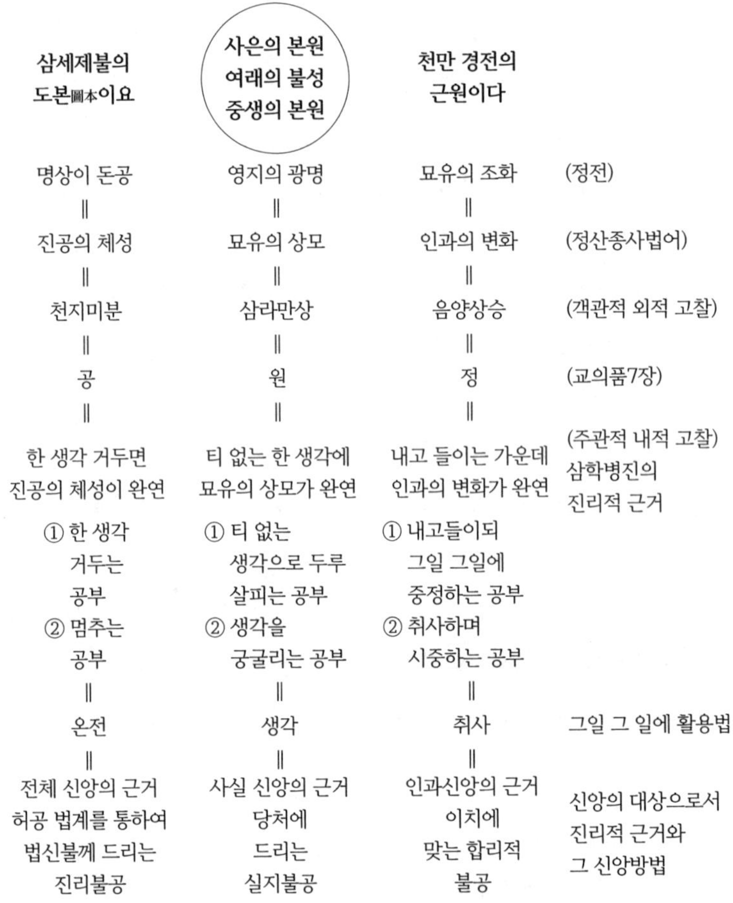

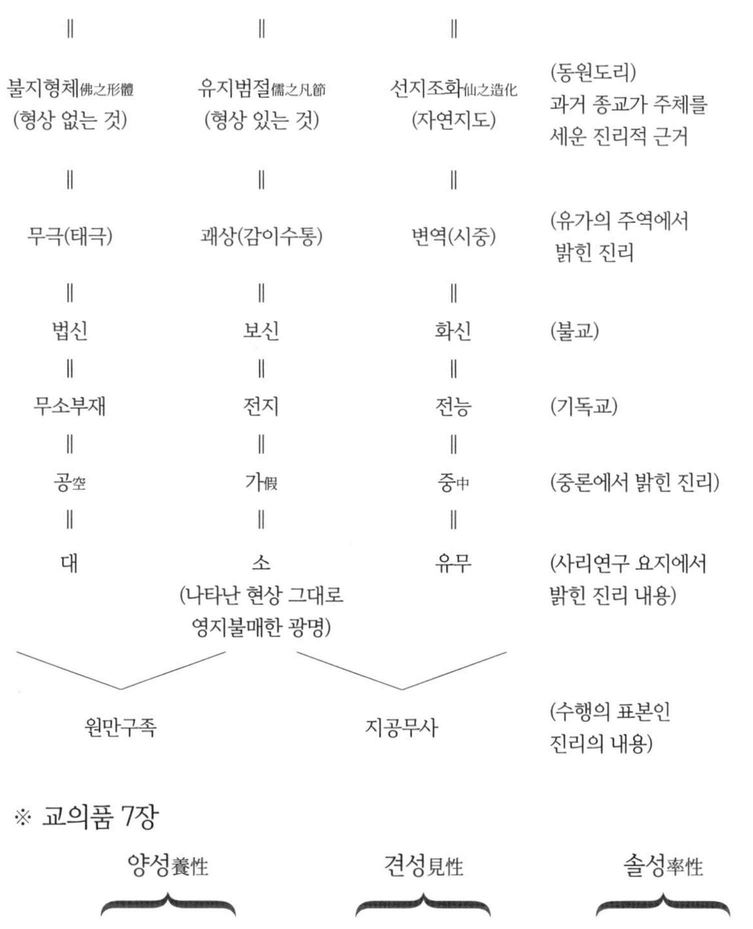

※ 교의품 7장

양성養性	견성見性	솔성率性
공空=관유무초월觀有無超越	… 돈오공적頓悟空寂	… 매사무념행每事無念行
◯ 원圓=심무거래心無去來	… 지량무변知量無邊	… 매사무착행每事無着行
정正=심불편의心不偏倚	… 정견사물正見事物	… 매사중정행每事中正行
원만구족하고 지공무사한 마음을 기르는 법	원만구족하고 지공무사한 마음을 아는 법	원만구족하고 지공무사한 마음을 쓰는 법

※ 공 = 텅 비고 고요한 마음

원 = 밝고 두렷한 마음

정 = 부드럽고 바른 마음

※ 원만한 진리에 근거하지 못한 신앙은 우상이나 개체신앙에 떨어지기 쉽고 실천과 각증覺證이 없는 신앙은 미신이나 맹신이 되기 쉽다.

※ 진리에 근거하지 못한 수행은 참 수행이 될 수 없고 수행할 수 없는 원리나 이론은 공리공론에 불과하다.

3. 본교 수행의 특징을 설명하라. <일원상 수행을 요약하면>

신앙과 수행을 함께 밝히고

1) 삼학병진의 원만한 수행
2) 이사병행의 원만한 수행
3) 영육쌍전의 원만한 수행
4) 동정일여의 원만한 수행

} 진공 묘유의 수행, 무시선 무처선 <정기 훈련, 상시 훈련>

※ 사실적 도덕의 훈련

일원상 진리 그대로 수행하는 것이다.

4. 심오한 진리란?

1) 심오하기로 하면 말이나 생각이나 동작이나 형상으로 이르지 못하는 것이나 말로 이르지 못한다 하여 말을 하지 않으면 어떻게 할 것인가? 말의 가치도 없고 진리를 깨친 이는 모두 벙어리가 되지 않겠는가? 그런 자리를 표현할 때에는 나는 말이나 동작이나 형상으로 표현하되 듣고 보는 사람은 말과 생각을 놓을 수 있도록 하는 것이 참으로 아는 사람이요 말과 형상의 가치가 크게 드러나는 것이다.

※ 참고

가) 아차심종我此心宗은 석범제천釋梵諸天이 찬불가급讚不可及.[8)]

나) 지정지도至靜之道는 율력소부능계律歷所不能契라 원유기기爰有奇器하여 시생만상是生萬像하니 팔괘八卦[공간] 갑자甲子[시간]와 신기귀장神機鬼藏과 음양상승지술陰陽相勝之術이 소소호昭昭乎 진호상의進乎象矣니라.[9)]

다) 시운詩云 덕유여모德輶如毛라 하니 모유유윤毛猶有倫이어니와 상천지재上天之載 무성무취無聲無臭아 지의至矣니라.[10)]

라) 무속무적주인봉無俗無跡主人逢.[11)]

---

8) 수심결에 비슷한 표현이 있다. "아차심종我此心宗은 무형가관無形可觀이며 무상가견無狀可見하야 언어도단言語道斷하고 심행처멸고心行處滅故로 천마외도天魔外道가 훼방무문毁謗無門이요 석범제천釋梵諸天이 칭찬불급稱讚不及이온 황범부천식지류況凡夫淺識之流가 기능방불其能髣髴이리오."(나의 마음 종지는 형을 가히 볼 수 없으며 상을 가히 볼 수 없어서 언어의 도가 끊어지고 심행처가 멸한 고로 천마외도가 훼방하려 하여도 문이 없고, 석범 제천이 칭찬하려 하여도 미치지 못하거든 하물며 범부 천식의 무리가 어찌 능히 방불하리오.)

9) 『음부경』에 나오는 내용. 해석하면 "지극히 고요한 도는 율력으로도 능히 계합치 못 하나니라. 이에 기묘한 그릇이 있어 이 만상을 내니 팔괘 갑자와 신기 귀장과 음과 양이 서로 승하는 기술이 밝고 밝아 현상을 진행해 나가느니라." 『대산종사법문』 5집 '연도수덕' 참조.

10) 『중용』 33장에 나오는 말. 해석하면 "시경에는 이르기를 '덕은 가볍기 터럭과 같다'고 하였는데, 터럭은 그래도 비교될 데가 있다. '상천의 일은 소리도 없고 냄새도 없다'고 했으니 지당하다."

11) 『대종경』 전망품 2장에 나오는 한시漢詩. 만학천봉답래후萬壑千峰踏來後 무속무적주인봉無俗無跡主人逢 대산 종사는 법문 5집에서 이와 같이 해설하였다.
"일만 골짜기 일천 봉우리를 밟아 온 뒤에 속됨도 없고 자취도 없는 주인공을 만났더라.
만 번 구렁 속에 들어가고 천 번 솟아오르는 온갖 경험 속에, 즉 험곡을 다 밟은 후에[천신만고 천인만내] 대소 유무, 시비 이해를 겪어 본 후에 대종사님께서 수도 과정을 다 겪으신 후에, 이것이 대종사님 역사이다. 그냥 나오신 것이 아니다.
큰 산을 오르는 사람은 혼자 가면 못 오른다. 줄을 잡아 주고 줄을 꼭 잡고 위를 보아 따라가야 한다. 썩은 줄을 잡으면 떨어져 죽는다. 죽고 사는 것은 신맥이다.
<주세성자의 계계승승>
일대겁 만에 만학천봉 한다. 천 길 만 길을 올라갈 때 죽기 아니면 살기로 올라가

마) 과거심불가득過去心不可得 현재심불가득現在心不可得 미래심불가득未來心不可得[12)]

바) 불사선 불사악不思善 不思惡,[13)] 일념미생전一念未生前, 천지미분전天地未分前, 우주대일원宇宙大一圓.

2) 신묘神妙하기로 하면 이루 헤아릴 수 없이 기기묘묘奇奇妙妙하여 무진무궁한 것이다.

※ 참고

가) 인과보응 신통묘술.

나) 귀신지위덕鬼神之爲德이 기성의호其盛矣乎인져 시지이불견 視之而弗見하고 청지이불문聽之而弗聞이로되 체물이불가유體物而不可遺니라.[14)]

다) 시왈詩曰 신지격사神之格思를 불가탁사不可度思온 신가역사矧可射思아.[15)]

는 데 그렇게 하기를 부처님은 인욕선인으로 500생을 하셨고, 예수님은 십자가에서, 이차돈은 백유를 흘리며 만학천봉을 하여 왔다. <『대종경』 부촉품 10장>
고된 역사와 고된 경지를 지난 뒤에 속됨도 없고 자취도 없는, 흔적 없는 주인을 만났더라. 너희들 그 주인을 봤느냐? 그 주인공을 보아야 한다."

12) 『금강경』 18장에 나오는 말. "여래설제심如來說諸心이 개위비심皆爲非心일새 시명위심是名爲心이니 소이자하所以者何오. 수보리須菩提야 과거심過去心도 불가득不可得이요 현재심現在心도 불가득不可得이며 미래심未來心도 불가득不可得이니라."(여래의 말한 모든 마음이 다 마음이 아닐새 이것을 마음이라 이름하나니라. 소이가 무엇인고. 수보리야 과거의 마음도 가히 얻지 못하며 현재의 마음도 가히 얻지 못하며 미래의 마음도 가히 얻지 못하니라)

13) 『육조단경』에 나오는 말. "위명왈謂明曰 불사선不思善 불사악不思惡. 정어마시正於麼時 나개시명상좌那箇是明上座 본래면목本來面目. 혜명惠明 언하言下 대오大悟."(혜명에게 말하기를 '선도 생각하지 말고 악도 생각하지 말라. 바로 이때에 어떤 것이 혜명 상좌의 본래면목인가?' 하였더니 혜명이 이 말을 듣고 크게 깨달았다)

14) 『중용』 16장에 나오는 말. 해석하면 "귀신의 덕 됨은 성하기도 하다. 그것은 보려 해도 보이지 않으며 그것을 들으려 해도 들리지 아니하되, 만물의 본체가 되어 있어 버릴 수가 없는 것이다."

15) 『중용』 16장에 나오는 말. 해석하면 "신의 강림하심은 헤아릴 수 없는 것이어늘

3) 쉽기로 하면 말이나 생각이나 동작이나 형상을 떠나서 따로 있는 것이 아니다. <완연宛然>

※ 참고

가) 소소호昭昭乎 진호進乎 상의象矣니라.[16)]

나) 산산수수 각완연山山水水 各宛然.[17)]

다) 만상각일원萬象各一圓.[18)]

4) 간명하기로 하면 시始와 종終이 분명하고 본本과 말末이 분명하며 능히 놓고 잡을 수 있는 것이다.

※ 참고

가) 운수급반시運水及搬柴니라.[19)] 반장지간反掌之間.[20)]

나) 우주재호수宇宙在乎手하고 만화생호신萬化生乎身이니라.[21)]

다) 과거심정가득過去心正可得 현재심정가득現在心正可得 미래심정가득未來心正可得[22)]

고로 대도大道는 야불난也不難 야불이也不易라 무유정법無有定法이시야是也니라.[23)] 그러나 진리는 항상 ① 쉬운데서, ② 가까운데

하물며 꺼려할 수 있으랴!"

16) 『음부경』에 나오는 내용. 해석하면 "밝고 밝아 현상을 진행해 나가나니라." 『대산종사법문』 5집 '연도수덕' 참조

17) 산은 산대로 물은 물대로 각각 그 모습이 분명하다.

18) 만상은 각각 하나의 일원이다.

19) 방 거사의 게송에 나오는 말. "신통병묘용神通幷妙用 운수급반시運水及搬柴"[신통과 묘용이 물 긷고 땔나무 운반하는 것이다.] 보조 국사는 『수심결』17장에서 이 구절을 인용하고 있다.

20) 손바닥 뒤집는 사이. 극히 짧은 시간 또는 간단한 일을 비유하는 말.

21) 『음부경』에 나오는 내용. 해석하면 "우주가 내 손안에 있고 온갖 조화가 내 몸으로부터 나오나니라." 『대산종사법문』 5집 '연도수덕' 참조

22) 과거심도 바르게 얻을 수 있고, 현재심도 바르게 얻을 수 있으며, 미래심도 바르게 얻을 수 있다.

23) 대도는 어려운 것도 아니고 쉬운 것도 아니다. 정해진 바의 법이 없는 것이다.

서, ③ 마음에서 찾아, ④ 실생활에 활용해야 산 진리가 된다.

※ 상구어내 불구어외常求於內不求於外[24]

도불원인 인자원道不遠人人自遠[25]

※ 진리 연마의 방법[정심연마지공精深硏磨之功]

가) 추리분석推理分析하는 방법-석공관析空觀
나) 직관점두直觀点頭하는 방법-체공관體空觀
다) 실천증득實踐證得하는 방법-중도관中道觀
} 을 병행해야 한다.

※ 참고 : 체용體用의 의미[진리 증명의 방법]

가) 진리의 정적靜的인 면을 체라 하고, 진리의 동적動的인 면을 용으로 하는 경우가 있다.

나) 사물의 주체적[중심적]인 면을 체로, 부수적[지말적枝末的]인 면을 용으로 하는 경우가 있으며,

다) 수행상의 주동적인 면을 체로, 종속從屬적인 면을 용이라 하는 경우가 있다. 고로 그 용처에 따라 의미가 다른 점을 이해하라.

5. 기독교는 진리의 어떤 면을 주체 삼아 무엇을 밝히고 무엇을 주로 가르쳤는가?

묘유의 조화[조물주, 조화옹전지전능造花翁全知全能, 무소부재無所不在]를 주체 삼아 진리와 인간이 부자父子의 윤기倫氣에 있고 인류 상호 간이 형제 윤기倫氣임을 밝히어 박애의 도를 주로 가르쳤다 할 것이다. <신·망·애信望愛>

---

24) 항상 안에서 구하는 것이지 밖에서 구하는 것이 아니다.

25) 도道가 사람으로부터 멀리 있는 것이 아니라 사람이 스스로 도에서 멀어졌다. 『중용』 13장에는 "자왈子曰 도불원인道不遠人하니 인지위도이원인人之爲道而遠人이면 불가이위도不可以爲道니라."라는 말이 있다.[도는 사람에게서 멀지 아니하나니 사람이 도를 행하되 사람에게서 멀리 한다면 도가 될 수 없는 것이다.]

6. 삼학병진의 진리적 근거를 설명하시오.

원만한 수행은 곧 일원의 진리를 그대로 닦아 나가는 것이니 일원의 돈공한 면[정신 수양], 광명적인 면[사리 연구], 조화적인 면[작업 취사]을 그대로 체 받아 닦아서 행하는 것이므로 어느 한 면에만 치우치는 것은 일원의 진리를 그대로 원만히 수행할 수 없는 것이다. 고로 삼학병진은 일원의 진리에 근거한 수행법으로 그 진리를 완전히 체득하는 길인 것이다.

7. 과거의 그릇된 수행과 그 시정 방법은?

1) 삼학 편수偏修 : 기형적 조각 도인을 만들게 되고 편협한 인격이 이루어지게 되며 종파가 형성되기 쉽다.

가) 수양에 치우치면 : 성격이 게을러지고 사물에 어두워지기 쉬우며 배만 나오는 도인이 된다.

나) 연구에 치우치면 : 경솔해지고 공리공론만 일삼기 쉬우며 머리만 크는 도인이 된다.

다) 취사에만 치우치면 : 계율에 얽매이고 옹졸해지기 쉬우며 다리만 크는 도인이 된다.

예) 선종, 교종, 율종의 종파가 형성되어 파벌과 분쟁이 생기기 쉽고 계시 종교, 이론 종교, 실천 종교로 분열되기 쉽다.

2) 영혼 구제에 치중 : 죽는 공부에 치우치고 사는 공부를 등한히 하여 내세주의來世主義 신비주의에 떨어질 염려가 있다.

3) 이치 공부에 치중 : 현실을 무시하기 쉽고 이상주의에 흘러 공리공론을 일삼기 쉽다. <이판승理判僧 운운 …>

4) 사물에 치중 : 현실에 파묻혀 허덕이기 쉽고 이상을 무시하고 현실주의에 흘러 배금주의화拜金主義化할 염려가 많다. <사판승事判僧 운운 …>

5) 정靜에 치중 : 정시靜時 공부에 치우쳐 둔세遁世주의, 출세속出世俗주의화하여 세상에 무용지물이 되기 쉽고, 독선에 떨어질 염려가 많다.

6) 동動에 치중 : 동시動時 공부에 치우쳐 세속世俗주의화하여 자행자지하는데 떨어지기 쉽고 자칫하면 세상을 욕되게 하는 인물이 될 염려가 많다.

고로 우리는

가) 삼학병진으로 정상적인 원만한 도인을 만들며 완전한 인격을 양성한다. 종파 관념이 있을 수 없고 분열이 예방된다.

나) 영육쌍전의 원만한 표준으로 정신생활과 육신생활을 다 같이 개척 향상하며 현실과 내세를 같이 보는 것이다.

다) 이사병행의 원만한 수행으로 공부를 잘하면 사업이 잘되고 사업을 잘하면 공부가 잘되게 한다. 공부하는 사업인, 일하는 공부인!

라) 동정일여의 원만한 수행으로 세상에 유용한 인물이 되며 세계를 향도할 수 있는 실력 있는 인격을 갖추자.

정중정 비진정 동중정 시진정靜中靜 非眞靜 動中靜 是眞靜

동중동 비진동 정중동 시진동動中動 非眞動 靜中動 是眞動

※ 참조 : 『대종경』 교의품 5장에 일원의 진리를 아는 것은 견성이요, 일원의 체성을 지키는 것은 양성이요, 일원과 같이 원만한 실행을 하는 것은 솔성이다.

제4절 일원상서원문

일원은 언어도단(言語道斷)의 입정처(入定處)이요, 유무 초월의 생사문(生死門)인바, 천지·부모·동포·법률의 본원이요, 제불·조사·범부·중생의 성품으로 능이성 유상(能以成有常)하고 능이성 무상(無常)하여 유상으로 보면 상주불멸로 여여 자연(如如自然)하여 무량세계를 전개하였고, 무상으로 보면 우주의 성·주·괴·공(成住壞空)과 만물의 생·로·병·사(生老病死)와 사생(四生)의 심신 작용을 따라 육도(六途)로 변화를 시켜 혹은 진급으로 혹은 강급으로 혹은 은생어해(恩生於害)로 혹은 해생어은(害生於恩)으로 이와 같이 무량세계를 전개하였나니, 우리 어리석은 중생은 이 법신불 일원상을 체 받아서 심신을 원만하게 수호하는 공부를 하며, 또는 사리를 원만하게 아는 공부를 하며, 또는 심신을 원만하게 사용하는 공부를 지성으로 하여 진급이 되고 은혜는 입을지언정, 강급이 되고 해독은 입지 아니하기로써 일원의 위력을 얻도록 까지 서원하고 일원의 체성(體性)에 합하도록 까지 서원함.

[대의]

법신불께 성불[여의보주]의 서약을 올리는 글로서 간절하고 지극한 발원문이요 대종사님의 성불서원문이다. <여시서원적공如是誓願積功하라>

[단어 숙어 풀이]

◆ 서원 : 1) 공부인이 수행의 목적과 원하는 바를 밝혀서 오직 간절하

고 지극한 마음으로 맹세하고 서약하는 것. 2) 사람이 정당한 원을 발하여 그 원을 이루기로 오직 간절하고 지극한 마음을 바쳐 맹세하고 서약하는 일. 3) 서誓 : 지극한 마음이 시방에 충만.

원願 : 낱 없는 마음이 우주에 충만하여 일관하는 것.

◆ 언어도단 : 말과 말의 길이 끊어졌다는 뜻이니 말로써 이를 수 없는 것.

◆ 입정처 : 말로 이르지 못하고 생각으로 헤아리지 못하며 형상으로 그리지 못하고 동작으로 나투지 못할 진리의 지극한 자리, 즉 일념미생전처一念未生前處, 천지미분전天地未分前, 한 생각 거둔 자리.

◆ 유무초월 : 1) 유라고도 할 수 없고 무라고도 할 수 없는 진리의 모습. 2) 유도 아니요 무도 아닌 유무를 다 벗어난 진리의 당체로서 유에도 무에도 틀어 잡히지 않는 마음 상태. <만유가 한 체성인 자리> 3) 변화를 초월한 자리.

※ 유有는 유형야有形也 무無는 무형야無形也.[26)]

※ 만유가 한 체성인데 그것을 변화하는 면과 불변의 면으로 본 것이다.

◆ 생사문 : 1) 영지靈知의 작용으로 천지 만물과 심신 작용이 능히 나타날 수 있고[생], 숨을 수 있는[멸] 조화문. 2) 한 생각 내고들일 수 있는 시초의 마음상태. 3) 모든 변화가 나타날 수 있는 문이니 영지의 광명과 묘유의 조화.

※ 천지 만물의 생멸이 이 문을 통하지 않고는 이루어지지 않나니 조화문이요 왕래문이다.

※ 참조 : 『대종경』 천도품 5장 "유도 아니요 무도 아닌 그것이나

---

26) 유有란 형상이 있는 것이요, 무無란 형상이 없는 것이다.

그중에 그 있는 것이 무위이화 자동적으로 생겨나 우주는 ….”

◆ 능이성 유상能以成有常 : 1) 저절로 유상함.[불생불멸] 2) 원래 유상함. 3) 스스로 불변함.

◆ 능이성 무상能以成無常 : 1) 저절로 무상함.[인과의 변화] 2) 원래 무상함. 3) 스스로 변화함.

※ 능이성은 진리의 능동성[생동성]을 강연이 표현한 듯함.

◆ 여여자연 : 과거나 현재나 미래에 항상 그대로 있는 모습. [상주불멸]

◆ 상주불멸 : 항상 그대로 있으며 영원히 없어지지 않음. [불생불멸]

◆ 성주괴공 : 우주의 변화하는 모습을 네 가지로 구분하여 낳고[생] 늙고[노] 병들고[병] 죽는[사] 것을 말함.

◆ 사생 : 일체 생령[유정중생]의 낳는 모습을 네 가지로 구분하여 태생 난생 습생 화생을 말함.

◆ 육도 : 일체 생령의 생활 모습을 여섯 가지로 구분하여 선악 간 심신 작용에 따라 진강進降되는 것을 설명하는 것으로 천상·인간·수라·축생·아귀·지옥을 말함.

※ 현실 육도 : 일체 생령의 생활 모습. 우주에 건립된 육도.
심상 육도 : 생령[인간]의 심상에 건립되는 육도.
생활 육도 : 의·식·주[육신]의 생활상에 건립되는 육도.

◆ 진급 : 육도를 윤회할 때에 점점 상등급으로 올라가서 태어나고 살게 되며 마음을 쓰게 됨. ※ 진급기

◆ 강급 : 육도를 윤회할 때에 점점 하등급으로 떨어져 태어나고 살게 되며 마음을 쓰게 됨. ※ 강급기

◆ 은생어해恩生於害 : 1) 은혜가 해에서 나옴. 2) 해에서 은을 얻음.

※ 『대종경』 인도품 17장

◆ 해생어은害生於恩 : 1) 해가 은혜에서 나옴. 2) 은에서 해를 얻음.

※ 어원은 음부경에서 유래하였다 할 수 있으나 그 의미는 그와 다른 것이다. 즉 음부경의 은생우해恩生于害 해생우은害生于恩은 필연성으로 설명할 수 있으나, 서원문의 은생어해 해생어은은 가능성으로 보는 것이 가可할 것이다.

◆ 체 받아서 : 닮아가기 위하여 믿고 표준삼아 공부한다.

◆ 위력 : 1) 진리의 힘. 2) 무엇이나 마음대로 할 수 있는 큰 힘.

※ 마음에 사사私邪가 끊어지면 나타남.

◆ 체성 : 1) 성품의 덩치. 일념미생전一念未生前 천지미분전天地未分前. 2) 하염없는 자리. 3) 원만구족하고 지공무사한 진리 자체.

[문제점]

1. 일원의 위력을 얻고 체성에 합하는 길은?

자타력 병진으로 일원의 진리를 정성껏 신앙하고 수행함으로써 마음에 망념이 쉬면 일원의 체성에 합하고 마음에 사사私邪가 끊어지면 일원의 위력을 얻어 여의자재如意自在한 힘을 갖추는 것이다.

※ 참조 : 『교전대의』

2. 마음에 사사私邪가 끊어지면 일원의 위력을 얻는 내역을 설명하라.

1) 안으로 자신의 마음에 백절불굴의 큰 신념이 서지고 상상할 수 없는 큰 힘이 솟는 것이며,

2) 밖으로 사은 전체[진리불공]와 당처당처[실지불공]에서도 무궁한 힘이 응하는 것이다.

※ 일원 즉 사은 전체의 위력은 진리불공으로, 사은 즉 만유 당처의 위력은 실지불공으로 얻어지는 것이니 우리는 처처불상 사사불공의 진리를 알아서 진리불공과 실지불공을 병행하여야 할

것이다.

※ 군심경순유덕자群心竟順有德者 천명종귀무사인天命終歸無私人[27] 『정산종사법어』 공도편 64장.

3. 마음에 망념이 쉬면 일원의 체성에 합하는 내역을 설명하라.

1) 안으로 일체사량一切思量이 잠자서 하염없는 자리에 들게 되고,

2) 밖으로 일체망연一切妄緣이 진절盡絶하여 어디서나 한가하게 소요逍遙할 수 있는 것이다.

※ 일체사량을 망념으로만 여기고 끊기만 하고 있거나 일체 인연을 망연妄緣으로만 생각하고 끊어만 버리는 것은 법박法縛이요 필경 독선기신獨善其身이요 무용한 인간이 되고 말 것이니, 망념을 정념으로 돌리고[번뇌 즉 보리] 악연을 선연으로 돌리는 공부로 성불제중의 본원을 완수해야 할 것이다.

4. 위력을 얻고 체성에 합하는 것은 차등과 순서가 있는 것인가?

차등과 순서[선후]를 가리는 것은 사량으로 추리 분석만 하는 데서 오는 과오라고 생각한다. 공부인이 실지로 위력을 얻어 보고 체성에 합해보면 스스로 알게 될 것이다. 때로는 위력을 얻어 활용하고 때로는 체성에 합하여야 육도를 임의 거래하면서 대업을 완수할 수 있을 것이다. 위력을 얻고 체성에 합하기도 해야 여의자재如意自在할 수 있는 대권능이 생기는 것이다.

※ 신용 있고 자산이 많은 사람이라야 큰돈을 마음대로 빌릴 수도 있고, 자금이 많고 정성 있는 사람이라야 큰돈을 벌어 더욱 큰 사업을 마음대로 할 수 있는 것같이 위력을 얻고 체성에 합하는 것은 서로 도움이 되고 바탕이 되니라.

---

27) 『정산종사법어』 공도편 64장. "대중의 마음은 마침내 덕 있는 이를 따르고, 하늘 뜻은 마침내 사 없는 이에게 돌아 가나니라."

5. 불교의 인과보응은 자업자득이라 하는데 서원문 가운데 "사생의 심신 작용을 따라 육도를 변화를 시켜 운운 …." 하신 바가 있으니 누가[또는 무엇이] 들어서 육도로 변화를 시켜 진급 강급이 있게 되는가 그 말뜻을 설명해 주시오.

일원의 진리가 시킨다는 뜻이다. 이 우주는 대일원大一圓이요 만상도 각일원各一圓인데 이 진리는 원만구족하고 지공무사하게 돌고 도는지라 우주의 운행과 각자의 심신 작용이 순리자연順理自然하게 조화를 이루게 되면 상생으로 진급이 되는 것이요, 역리자행逆理自行으로 조화를 이루지 못하게 되면 상극으로 강급이 되는 것이다. 즉 전체와 개체가 동시에 움직이는 것이 자연의 공도인데 개체의 작용과 전체의 운행이 불가분리의 관계에 있으면서 진급 강급이 되기 때문에, 전체의 운행과 개체의 변화를 분별하여 생각할 때, 개체의 입장에서 보면 전체의 운행[우주의 대일원]이 개체를 진급 강급으로 변화시키는 것이 아니겠는가? 고로 여기서 "변화를 시켜 운운 …."한 것은 중생의 입장에서 원만구족하고 지공무사하게 운행하는 자연의 공도[일원의 진리]가 시킨다고 한 것 같다.

예) 경찰이 죄인을 잡아가는 것을 외면으로 보면 잡혀가는 것이지마는 실내용은 제가 죄를 지었기 때문에 제가 가게 되는 것이 아니겠는가? 고로 자업자득이라고 할 수 있다.

6. 대령大靈[천지의 식]과 개령個靈[중생의 자의식]의 관계를 설명해 주시오.

1) 내용과 원리가 같다는 것이다.

2) 한 그릇의 물은 무수한 물 분자(H_2O)의 집합인 것과 같다. 그릇 물은 대령이요 물 분자는 개령이라 할 수 있다.

※ 시운詩云 상재우실相在爾室혼대 상불괴우옥루尙不愧于屋漏라 하니 고

故로 군자君子는 부동이경不動而敬하며 불언이신不言而信이니라.[28]

※ 시운詩云 잠수복의潛雖伏矣나 역공지소亦孔之昭라 고故로 군자君子는 내성불구內省不疚하야 무악어지無惡於志니 군자지소불가급자君子之所不可及者는 기유인지소불견호其唯人之所不見乎인저.[29]

※ 참조 : 『대종경』 천도품 5, 6, 14, 15장, 변의품 1, 3장, 인도품 17장, 불지품 13, 16장, 교의품 17장, 원각가<정산 종사>

7. 개령이 대령에 합한다는 것을 설명해 주시오.

1) 마음에 망념이 쉬고 일체사량이 잠자면 진공의 체성에 합일하고[일원의 체성] 티 없는 한 생각에 반야지가 솟으면 영지의 광명에 합일하며[일원의 광명] 마음에 사사私邪가 끊어지고 거짓 없는 심신 작용이 되면 묘유의 조화에 합일하는[일원의 조화] 것이다.
여기서 개령이라 하면 중생의 자의식을 말하고 대령이라 하면 우주 전체의 식을 말하는바 온전한 생각으로 취사하는 공부가 곧 언제나 진리에 합일하는 가장 바른 법이 되는 것이다.

2) 일이 없으면 일원의 체성에 합하고[공적무별한 진경에 그쳐있는 것], 일이 있으면 항상 온전한 생각으로 취사하여 심신 작용을 오직 원만구족하고 지공무사하게 하는 것이다[원만구족하고 지공무사한 육근 작용].

---

28) 『중용』 33장. '시경에 이르기를 네가 방 안에서 가장 어두운 곳에 있더라도 자신의 마음을 부끄럽지 않게 할 수 있다고 하였다. 그러므로 군자는 움직이지 않아도 [민중의] 공경을 받으며, 말을 하지 않아도 [민중의] 신임을 받는다.'

29) 『중용』 33장. '시경에 이르기를 비록 잠복하여 있으나 여전히 분명하게 드러난다고 하였다. 그러므로 군자는 안으로 성찰하여 병통을 없게 하니 마음에 부끄러움이 없다. 군자가 미치지 못한 곳은 사람들이 보지 못한 곳이다.'

◎ 서원문의 해의

일원은 천지·부모·동포·법률의 바탕이요 제불·제성과 범부·중생의 성품이다. 일원의 지극한 자리는 말로 이르지 못하고 생각으로 헤아리지 못하며 형상으로 그리지 못하고 동작으로 나투지 못할 자리로서, 유도 아니요 무도 아닌 그것이나 그 가운데 영지의 광명이 시방에 두루 하고 묘유의 조화가 만고에 역력한 진리인바, 이 진리는 유상하기도 하고 무상하기도 하여 유상으로 보면 전체와 만상이 불생불멸하여 여여자연하게 한없이 벌여있고, 무상으로 보면 전체와 만상이 시시각각으로 변화하여 우주의 성·주·괴·공과 만물의 생·로·병·사가 있으며, 이 가운데 사생은 선악 간 심신 작용하는 바에 따라 육도로 진급 강급이 되고 또는 해에서 은을 얻기도 하여 한없는 세상에 순환 불궁循環不窮하는 것이다. 그러므로 우리 공부인은 이와 같은 법신불 일원상의 진리를 믿고 그에 표준 하여 자타력 병진으로 정성껏 신앙하고 수행함으로써 무궁무진한 위력을 얻고 하염없는 진리[체성]에 합일하여 여의자재할 수 있도록 지심서원至心誓願 하자는 것이다. <원양圓養>

제5절 일원상 법어

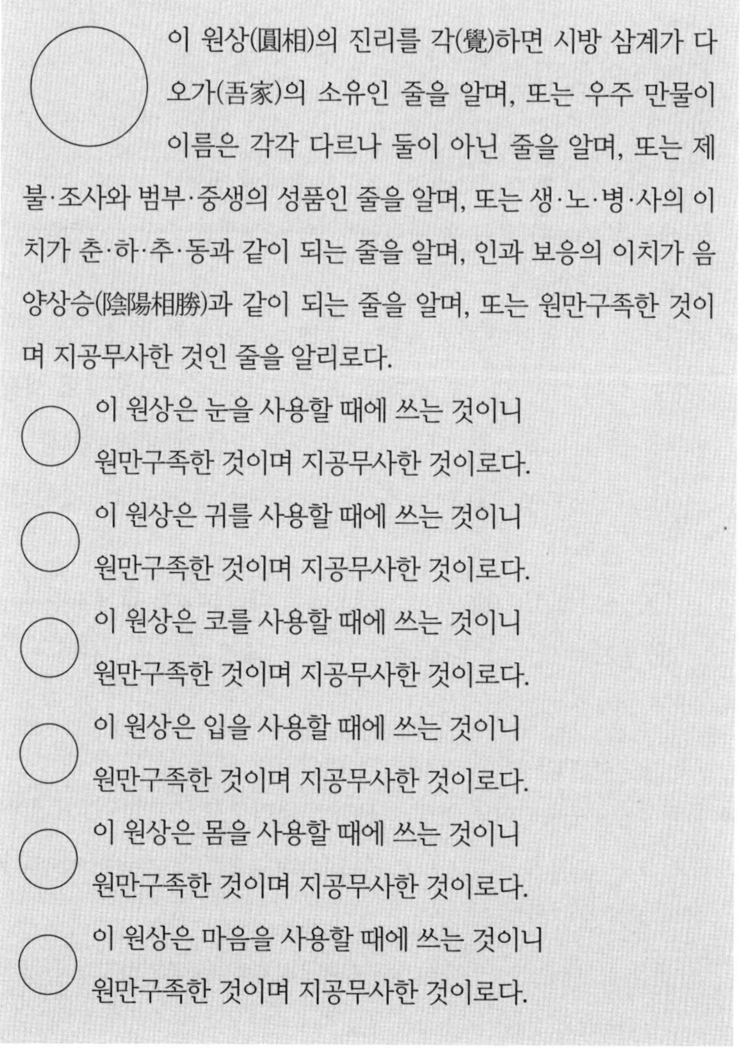

이 원상(圓相)의 진리를 각(覺)하면 시방 삼계가 다 오가(吾家)의 소유인 줄을 알며, 또는 우주 만물이 이름은 각각 다르나 둘이 아닌 줄을 알며, 또는 제불·조사와 범부·중생의 성품인 줄을 알며, 또는 생·노·병·사의 이치가 춘·하·추·동과 같이 되는 줄을 알며, 인과 보응의 이치가 음양상승(陰陽相勝)과 같이 되는 줄을 알며, 또는 원만구족한 것이며 지공무사한 것인 줄을 알리로다.

이 원상은 눈을 사용할 때에 쓰는 것이니
원만구족한 것이며 지공무사한 것이로다.

이 원상은 귀를 사용할 때에 쓰는 것이니
원만구족한 것이며 지공무사한 것이로다.

이 원상은 코를 사용할 때에 쓰는 것이니
원만구족한 것이며 지공무사한 것이로다.

이 원상은 입을 사용할 때에 쓰는 것이니
원만구족한 것이며 지공무사한 것이로다.

이 원상은 몸을 사용할 때에 쓰는 것이니
원만구족한 것이며 지공무사한 것이로다.

이 원상은 마음을 사용할 때에 쓰는 것이니
원만구족한 것이며 지공무사한 것이로다.

[대의]

일원상의 진리를 각득하는데 가장 바르고 기본적인 표준이며 그 진리를 법 받아 육근에 활용하는 표준이다. 즉 각행覺行의 표준標準.

<여시각 여시행如是覺如是行하라>

[단어 숙어 풀이]

◆ 법어 : 1) 불타[각자覺者]의 법설. <법회 순의 법어> 2) 표준이 되는 법문. <일원상 법어, 성시법性是法> 3) 정법을 설한 법문. <일반적으로 쓰는 법어> 4) 법설 즉 진리에 맞는 말. <정산 종사> 5) 때와 곳에 맞는 말. <법설>

◆ 인과보응 : 1) 원인이 있으면 반드시 결과가 있고 그 결과는 새로운 원인이 되어 다시 새로운 결과를 내는 원리로서 천지 만물의 생성 변화하는 철칙. 2) 일원의 진리가 변화하는 가장 기본적인 법칙.

※ 인중과因中果 과중인果中因 인생과因生果 과작인果作因으로 순환 불궁하는 원리.

※ 인연과의 법칙 : 인因은 반드시 연緣을 따라 과果를 맺게 되는 것.

예) 종자는 땅이나 우로雨露나 시절의 연緣을 만나서 성장하여 그 과果를 맺는 것이다.

인因→연緣[공간+시간]→과果[결실]

◆ 음양상승 : 우주변화의 가장 기본적인 원리로서, 오면 가고 가면 반드시 오는 순환 불궁하는 이치. 음중양陰中陽 양중음陽中陰이 상추相推하여 순환 불궁하는 원리.

※ 참조 : 『대종경』 인과품 2, 『음부경陰符經』운云 천지지도天地之道는 침고浸故로 음양승陰陽勝 운云[30)]

30) 『음부경』에 나오는 말. "자연지도정自然之道靜 고천지만물생故天地萬物生 천지지도침天地之道浸 고음양승故陰陽勝 음양상추이陰陽相推而 변화순의變化順矣 시고성인지是故聖人知 자연지도自然之道 불가위인이제지不可違因而制之."(자연의 도는 고요하여서 천지

원각가 : 우주 변화하는 중에 만물 변화 아닐런가.

◆ 상생상극 : 1) 서로 살리고 서로 죽이는 원리로서 천만사물[인연]이 서로 만날 때 그 기운이 같거나 가까운 성질은 서로 살리면서 변화하지마는 그 기운이 다르거나 상반되는 성질은 서로 죽이면서[피해被害, 중화中和] 변화하는 것을 말한다. 2) 천만사물이 서로 만날 때 변화하는 기본적인 모습.

예) 가) 선인善因 선연善緣 선과善果 <상생相生>
악인惡因 악연惡緣 악과惡果 <상극相克>

나) 금생수金生水 수생목水生木 목생화木生火 화생토火生土 토생금土生金 <상생相生>
금극목金克木 목극토木克土 토극수土克水 수극화水克火 화극금火克金 <상극相克>

다) 선심善心 + 정기正氣 + 선연善緣 = 낙과樂果
악심惡心 + 사기邪氣 + 악연惡緣 = 고과苦果 <수행품 30>

[문제점]

1. 일원상의 진리 신앙 수행 서원문 게송이 모두 법어 아님이 없거늘 다만 일원상 법어를 특별히 내놓으신 의의는?

경전에 있는 모든 법문이 법어 아님이 없거늘 특별히 일원상 법어를 밝혀주신 의의는 공부인이 자칫하면 독단에 흘러서 신비한데 떨어지거나 아니면 현실이나 이론에만 치우쳐 일원상을 표준삼고 공부하는 본의를 저버릴 염려가 있기 때문에 가장 바르고 기본적인

의 만물이 생겨나고 천지의 도는 스며듦으로써 음양이 승하는 것이니 음양이 서로 밀고 당기는 작용으로 만사가 전개되는 것이다. 하여 성인은 자연의 도를 어길 수 없다는 것을 알기에 이로 말미암아 이를 조절하게 되는 것이다.)

각행覺行의 표준으로 제시해 주신 것 같다.

2. 시방 삼계가 오가의 소유인 것을 설명하라.

3. 시방 삼계가 오가의 소유라면 저 들에 있는 벼를 베어와 보라. <배산에서 대산 종사 법문>

4. 우주 만물이 이름은 각각 다르나 둘이 아닌 점을 설명하라.

※ 우주 만물이 이름은 각각 다르나 둘이 아니라고 하니 한국의 금강산과 인도의 설산이 하나인 것을 설명하고 동물과 식물이 하나인 것을 설명하라.

※ 사생이 일신이라 하니 내가 먹어도 네 배가 부르더냐? <법문>

5. 일원의 진리가 제불·조사와 범부·중생의 성품인 것을 설명하라.

6. 생·로·병·사의 이치가 춘·하·추·동과 같이 되는 것을 설명하라.

"개체[만물]의 변화와 전체[우주]의 변화는 그 과정이 같은 것"

<주로 변화의 과정을 사분四分해 설명한 것>

7. 인과보응의 이치가 음양상승과 같이 되는 것을 증명하라.

"만물[개령]의 변화하는 원리와 우주[전체]의 변화하는 원리는 같은 것"

<주로 변화의 원리를 설명한 것>

※ 생·로·병·사, 춘·하·추·동, 성·주·괴·공은 우주 만물의 변태[변화의 외적 모습, 변화의 과정]를 설명한 것이요, 인과보응 음양상승은 우주 만물의 변화하는 원리[변화의 내용]을 설명하는 말이다.

8. 일원의 진리가 원만구족하고 지공무사한 실증을 들어라.

가) 자연계에서 나) 심성에서

※ 원만구족하고 지공무사하다면서 왜 지역地域적인 천재지변이 있게 되는가?

9. 각자의 마음[육근]을 원만구족하고 지공무사하게 쓰려면?

1) 선도 악도 다 볼 수 있고 방方도 원圓도 다 볼 수 있는 것이 원만구족한 것이요,

2) 어제도 오늘도 내일도 다 보는 것이 원만구족한 것이다.

3) 마음에 나[아我]를 두었거든 나도 없애라. 그곳이 대아大我요 진아眞我니라. 이렇게 마음을 쓰면 원만구족한 마음이 될 것이요, 이에 바탕을 두어 인과에 맞게 지은 대로 해주면 지공무사한 마음이 될 것이다.

10. 진리는 원만구족하고 지공무사하여 재자栽者를 배지培之하고 경자傾者를 복지覆之라[31] 하는데 그 진리를 체 받아 실행하시는 불성들은 왜 불의한 자를 용서만 하시고 감싸기만 하시는가? 불성佛聖의 자비는 진리를 역행할 수도 있는가?

※ 참조 :『대종경』불지품 11, 12, 17, 18, 20, 22장, 요훈품 34장, 성리품.

여기에 한 물건이 있으니 말로 설명하기도 어렵고 형상으로 그리

---

31)『중용』17장에 나오는 말. "자왈子曰 순舜은 기대효야여其大孝也與신저 덕위성인德爲聖人이시고 존위천자尊爲天子이시며 부유사해지내富有四海之內하사 종묘향지宗廟饗之하시며 자손보지子孫保之하시니라. 고故로 대덕大德은 필득기위必得其位하고 필득기록必得其祿하며 필득기명必得其名하고 필득기수必得其壽하니라. 고故로 천지생물天之生物은 필인기재이독언必因其材而篤焉이라. 고故로 재자栽者를 배지培之하고 경자傾者를 복지覆之니라."(공자가 말하기를 '순임금은 대효자이다. 덕은 성인이 되고, 존귀함은 천자와 같고, 부는 사해 안을 소유하였다. 그러므로 대덕은 반드시 그에 합당한 지위를 얻을 것이며, 반드시 복록을 얻을 것이며, 반드시 이름을 얻을 것이며, 반드시 천수를 다할 것이다. 그러므로 하늘이 만물을 창생할 때는 반드시 그 재질에 따라 돈독히 한다. 그러므로 심은 것은 북돋아 주고, 기운 것은 엎어 버린다.)

기도 어려워서 오히려 한 물건이라 함도 아니요 저 둥근 한 상도 아니로다. 그러나 말 밖에 따로 있는 것도 아니요 형상을 떠나서 멀리 있는 것도 아니로다. 이 한 물건을 확실히 알아서 잘 보존하고 잘 활용하면 무등등한 도덕이 용출湧出하여 무량한 수명과 무한한 광명과 무궁한 복덕이 모두 다 이로부터 나오느니라. 그러므로 역대의 많은 조사들이 견성성불을 주장하심은 이 한 물건을 확실히 알아서 그대로 잘 보존하고 잘 활용하여 생불이 되고 활불이 되라 함이니 만일 아는 데만 그치고 보면 보고도 먹지 못하는 떡과 같고 보기에만 좋은 납 도끼와 같아서 하등의 가치가 없느니라.

학자學者여! 과연 이 한 물건은 무엇이며 어떻게 보존하고 어떻게 활용할 것인가? 모름지기 너무 어렵게도 생각하지 말고 너무 가볍게도 여기지 말아서 멀리 밖으로 구하지 말고 오직 간절하게 항상 안으로 정심연마精深研磨하되 행·주·좌·와·어·묵·동·정에서 이 한 물건을 찾고 이 한 물건을 잘 보존하며 매양 육근동작과 대인접물에 잘 활용하여 제생의세의 대업을 완수하자. <원양圓養>

※ 견성[알고] : 원만구족하고 지공무사한 각자의 마음자리.
양성[보존] : 삼학병진 백천 삼매.
솔성[활용] : 온전한 생각으로 취사한다.

※ 심심별무심尋心別無心 심심자시심心心者是心
심심본래심心心本來心 비심비비심非心非非心[32)]

32) 마음을 찾고 보니 별도의 마음이 있는 것이 아니라 마음 마음이라고 하는 그것이 곧 마음이다. 마음 마음이 모두 본래마음이며, 또한 마음이 아니며 마음 아님도 아니다.

제6절 게송

유(有)는 무(無)로 무는 유로
돌고 돌아 지극(至極)하면
유와 무가 구공(俱空)이나
구공 역시 구족(具足)이라.

[대의]

일원상의 진리와 대종사님의 심법을 송頌으로 집약하여 천하에 전해주신 법문. 대종사님의 전법 게송.

[단어 숙어 풀이]

◆ 게송 : 1) 부처님 공덕이나 교리를 찬미하는 노래 형식의 글귀. 2) 스스로 각득한 진리를 간단한 노래 형식의 글귀로 집약하여 표현한 것.

※ 전법 게송

가) 스스로 각득한 진리를 간단한 노래 형식의 글귀로 집약하여 천하후인들에게 전하는 것.

나) 스스로 각득한 진리와 일생의 심법 내지 경륜[도덕]을 후인들에게 전할 때에 내리는 노래 형식의 글귀로 집약한 법문.

◆ 유 : 1) 있는 것. 2) 현顯. 3) 색色. 4) 천지이분이후天地已分以後의 현상세계, 일념이생이후一念已生以後의 심상心狀.

◆ 무 : 1) 없는 것. 2) 은隱. 3) 공空. 4) 천지미분전天地未分前 상태, 일념미생전一念未生前의 심상心狀.

◆ 구공俱空 : 1) 텅 비어 있으나 없지도 않은, 무엇이라 말할 수 없는

상태. 2) 유도 아니요 무도 아닌 그것.

◆ 구족具足 : 1) 무엇 하나 빠짐없이 다 갖추어 있음. 2) 무엇이나 빠짐없이 다 갖출 수 있는 상태.

※ 유는 무로 무는 유로 <유즉시무 무즉시유有卽是無 無卽是有>
돌고 돌아 지극하면 <요요상주 은현자재耀耀常住 隱顯自在>
유와 무가 구공이나 <지도실성 본무일물至道實性 本無一物>
구공역시 구족이라 <무일물중 만법구족無一物中 萬法具足>

※ 유는 무로 무는 유로 할 때의 '로'와 '돌고 돌아'의 표현은 순환만의 의미보다는 오히려 진리의 능동성[생동성]을 나타내신 것 같다.

※ 서원문에서 능이성 유상 능이성 무상의 의미와 상통되는 것 같다.

※ 참조 : 『정전』 일원상의 진리, 『대종경』 성리품 2, 4, 31장, 법신불 찬송가, 『정산종사법어』.

제2장 사은

[대의]

사은은 일원의 형상 있는 진리를 주체 삼아 우주 만유가 생성 발전하는데 있어 서로 바탕이 되고 근원이 되며 도움이 되어서 피차가 없어서는 생존할 수 없는 관계를 은恩으로 천명하시어 크게 네 가지[천지·부모·동포·법률]로 분류하시고 피은과 보은의 도를 밝혀서 세상을 건지는 새 시대 윤리[우주적인 윤리]의 기본 강령으로 정해주신 바로서 누구나 무궁한 복전을 개발할 수 있는 대불공법인 것이다. <보은즉불공報恩卽佛供>

※ 일원의 유형적 실재인 형상 있는 면을 주체 삼았다.

※ 참조 : 『대종경』 교단품 22장, 교의품 1, 4장.

[단어 숙어 풀이]

◆ 은恩 : 1) 도움 받는 것. 2) 힘입고 덕德보는 것. 3) 없어서는 살 수 없는 관계가 있는 것. 4) 그것 없이는 살 수 없는 관계. 5) 생존에 있어서 가장 기본적인 관계. 6) 상의상자相依相資하는 관계.

예) 시장에서 보신 점 : 쌀을 팔아서 옷감을 떠가고 나무를 팔아서 독을 사 가는 사람 …. <우주 만유의 생성 관계를 대시장大市場의 원리로 보셨던 것 같다>

[문제점]

1. 은恩을 알려면?

1) 느껴야 하고, 2) 배워야 하고,

3) 생각해 보아야 하고, 4)깨달아야 한다.

2. 직접적인 관계에 있어서 은이 아니요 오히려 해인 것도 있는데 어떻게 은이 된다고 하는가?

1) 시간적으로 멀리 삼세를 일관해서 생각하고, <인과 윤회>

2) 공간적으로 멀리 시방을 두루 하여 관계되어 있는 것을 알자. <연기緣起 관계>

3) 나의 근본과 현존재인 자신을 직관하라. 사은의 공물이 아닌가? <사은의 공물公物>

4) 남이 있으므로 내가 있고 내가 있으므로 남이 있는 것이다. <직관 점두直觀点頭>

5) 용도를 알아서 쓰면 은恩 아님이 없다. <실천 증득>

대종사 왈曰 그 용도를 알아서 쓰면 천하 만물이 하나도 버릴 것이 없다.

수도인은 공부심이 날로 살아나면 모두가 공부의 재료가 된다.

3. 사은은 어떤 사람의 소유인가? <사은 천명의 의의>

사은은 만물이 똑같이 입었으나 알고 갚는 자의 복전이요 보은에 정성 있는 자의 소유다. 천하 만물이 사은 가운데 나서 사은 속에서 살며 사은 가운데 돌아가서 다시 사은을 입고 사은 속에 나와 사은으로 사는 것이니, 일분 일각도 사은을 여윌 수 없는 것이다. 이와 같은 지중 막대한 은혜를 망각하고 살므로 중생이요, 배은망덕을 하므로 사은이 도리어 죄전罪田이 되고 마는 것이다. 그러므로 대종사님께서 이 사중은四重恩을 밝혀 모든 사람과 일체중생이 지은보은하게 함으로써 참다운 영장靈長이 되고 사은의 주인이 되어 영원무궁토록 큰 복전을 개발하게 하신 것이니, 사은은 곧 새 시대의 윤리로써 세계를 건지는 길이요 병든 세상을 고치는 묘방인 것이다.

4. 인생은 홀로 왔다 홀로 가는 것인데 무슨 사은이 있다고 하는가?

1) 과연 인생은 홀로 왔다가 홀로 가는 것이다. 그러나 천지·부모·동포·법률이 없는 인생이 있을 수 있겠는가? 있을 수 없다면 그 같이 큰 은혜가 어디 있겠는가?
   인생은 홀로 왔다가 홀로 가는 것이지마는 결국 사은 속에서 왕래하는 것이니 잘 오고 잘 가려면 사은과 나와의 관계를 잘 알아서 마찰과 상극이 없어야 하지 않겠는가?
2) 또는 이 육신이 내 홀로의 것인 것 같지마는 실은 사은의 집합체요 응결체凝結體이니 공물公物임을 알아야 한다. 쌀 한 톨도 제 홀로 이루어진 것이 없고 오직 사은 전체의 응결체임을 알자.

※ 육신이 없는 자신을 생각할 수 없고 형상 있는 만물은 자체가 없는 것이로되 형상이 생길 때는 홀로 된 것은 없는 것이요, 오직 연기緣起로 화합된 것이다.

5. 사은 신앙은 어떻게 할 것인가?

본교 신앙의 대상은 곧 일원상이요 일원상의 내역은 곧 사은인바 사은을

1) 생존의 근원 처로 믿고 늘 감사하는 마음으로 보은 불공 하는 길과
2) 죄복의 권능자로 믿고 늘 경외심을 가지고 사사불공 하는 길이 있다.

6. 사은과 도덕과 윤리와의 관계는 어떠한가?

사은은 일원의 형상 있는 면을 주체 삼아 만유 생성의 기본적인 관계를 은으로 밝힌 것이니 천만 도덕의 현실적인 근원이 되는 것이며 모든 윤리 규범의 사실적 근거가 되는 것이다.

※ 도덕의 핵은 '은'이다. <대산 종사>

7. 일원의 지극한 자리는 원래 명상이 돈공하다는데 사은을 말한 것은 하나의 방편이 아닌가?

일원의 진리는 한갓 공적한 것만 아니요 공적한 가운데 영지의 광명과 묘유의 조화가 있음을 알아야 할 것이요, 또한 유형무형이 한데 어울려 있는 대도임을 알아야 할 것이다. 그러므로 일원의 진리를 체 받아 공부하는 이는 유의 세계에서는 있는 진리를 체 받아 공부하고 무의 세계에서는 없는 진리를 체 받아 공부하며, 한걸음 나아가서는 유무초월의 경지를 체득하여 능유능무能有能無의 묘妙를 얻도록 까지 정진할 것이다.

유무초월의 경지에 머물러만 있어도 그것은 공空에 떨어진 것이니 주의할 바이니라. <정산 종사>

※ 참조 : 『정전』 일원상의 진리, 『교리도해』, 『대종경』 교의품 1장, 성리품 25, 27장.

제1절 천지은

[대의]

천지와 만물[나]과의 사이에 맺어진 은의 관계를 드러내어 피은의 내역과 보은의 도를 밝혀서 천지와 같은 덕을 갖추게 한 것이다.

여천지합기덕與天地合其德 여일월합기명與日月合其明 여사시합기서與四時合其序 여귀신합기길흉與鬼神合其吉凶[33]

---

33) 『주역』에 나오는 말. "부대인자夫大人者 여천지합기덕與天地合其德 여일월합기명與日月合其明 여사시합기서與四時合其序 여귀신합기길흉與鬼神合其吉凶 선천이천불위先天而天弗違 후천이봉천시後天而奉天時 천차불위天且弗違 이황어인호而況於人乎 황어귀신호況於鬼神乎"(무릇 대인은 천지와 그 덕을 합하고, 일월과 그 밝음을 합하며, 사시와 그 차서를 합하고, 귀신과 길흉을 합하며, 하늘보다 앞서나 하늘이 어기지 않고 하늘보다 뒤서나 천시를 받들어 하늘이 또한 어기지 않는데 하물며 사람이며 하물며 귀신이리오.)

1. 천지 피은의 강령

우리가 천지에서 입은 은혜를 가장 쉽게 알고자 할진대 먼저 마땅히 천지가 없어도 이 존재를 보전하여 살 수 있을 것인가 하고 생각해 볼 것이니, 그런다면 아무리 천치(天痴)요 하우자(下愚者)라도 천지 없어서는 살지 못할 것을 다 인증할 것이다. 없어서는 살지 못할 관계가 있다면 그 같이 큰 은혜가 또 어디 있으리오.

대범, 천지에는 도(道)와 덕(德)이 있으니, 우주의 대기(大機)가 자동적으로 운행하는 것은 천지의 도요, 그 도가 행함에 따라 나타나는 결과는 천지의 덕이라, 천지의 도는 지극히 밝은 것이며, 지극히 정성한 것이며, 지극히 공정한 것이며, 순리 자연한 것이며, 광대 무량한 것이며, 영원불멸한 것이며, 길흉이 없는 것이며, 응용에 무념(無念)한 것이니, 만물은 이 대도가 유행되어 대덕이 나타나는 가운데 그 생명을 지속하며 그 형각(形殼)을 보존하나니라.

[단어 숙어 풀이]

◆ 천지은 : 1) 천지가 베풀어 준 은혜. 2) 천지에서 입은 은혜. 3) 우주의 대기가 자동적으로 운행함에 따라 나타나는 결과로 만물이 생을 유지하게 되는 은혜. 4) 일원상의 진리가 천지를 통해서 작용하는 결과로 만물이 생을 유지하게 되는 대은大恩.

◆ 존재 : 1) 나타나 있는 것. 2) 생존하고 있는 것.

◆ 보전 : 1) 안전하게 잘 보호함. 2) 안전하게 보존함.

◆ 천치 : 1) 나면서부터 정신작용이 완전하지 못한 사람. 2) 백치.

◆ 하우자 : 1) 아주 어리석은 사람. 2) 아주 멍청한 사람.

※ 하우불이下愚不移[34] : 몹시 어리석은 사람이 노력이 없으므로 그 기질이 변하지 못하는 것.

◆ 인증 : 그렇게 알고 믿음.

◆ 우주 : 1) 전공간과 시간 즉 시방삼세. 2) 천지. 3) 질서 있는 통일체로서의 세계.

◆ 대기 : 진리의 큰 기틀.

◆ 우주의 대기 : 우주에 다북 차 있는 진리의 큰 기틀.

※ 만유가 한 체성이며 만법이 한 근원이로다. 이 가운데 생멸 없는 도와 인과보응되는 이치가 서로 바탕하여 한 두렷한 기틀을 지었도다.

◆ 천지의 도 : 1) 우주의 대기가 자동적으로 운행하는 것. 2) 천지를 통해서 나타나는 진리의 작용과 모습.

◆ 천지의 덕 : 천지의 도가 행함에 따라 나타나는 결과.

◆ 정성 : 섞임이 없고 거짓 없이 한결같은 것.

※ 순일무잡왈정純一無雜曰精 시종여일왈성始終如一曰誠[35]

◆ 공정 : 1) 원·근·친·소와 희·로·애·락에 끌리지 않으며 공평하고 올바른 것. 2) 두루 공변되고 바르며 사사가 없는 것. 지공무사한 것.

◆ 순리자연 : 1) 이치에 따라 순서 있게 되는 것. 2) 도리에 맞고 질서가 정연한 것.

◆ 응용 : 동정 간에 정신·육신·물질을 경계 따라 활용하는 것.

◆ 무념 : 1) 마음에 아무런 생각이 없음. 2) 정신·육신·물질로 은혜를

---

34) 『논어』 양화편에 나오는 말. "자왈子曰 유상지여하우唯上知與下愚는 불이不移니라."(공자 말씀하시기를 지극히 지혜로운 사람과 지극히 어리석은 사람은 변화시킬 수 없나니라)

35) 순수하고 일관되어 다른 것이 섞이지 않음을 정精이라 하고, 시작과 끝이 한결같음을 성誠이라 한다.

베푼 후 그에 대한 생각이 없으며 그로 인한 바람이나 자랑하고 싶은 마음이 없는 것. 3) 마음에 망념이 없는 상태. 정념正念의 이명異名.

◆ 응용 무념 : 동정 간에 정신·육신·물질로 은혜를 베푼 후 그에 대한 관념과 상이 없는 것.

◆ 대도 : 1) 큰 도이니, 천지의 도. 2) 우주의 대기가 운행하는 것.

◆ 대덕 : 1) 큰 덕이니, 천지의 덕. 2) 우주의 대도가 행함에 따라 나타나는 결과.

◆ 유행流行 : 1) 멀리 퍼져 행해지는 것. 2) 끝없이 퍼져 행하여짐.

◆ 지속 : 1) 오래 버티고 이어가는 것. 2) 오래 오래 이어감.

◆ 형각形殼 : 1) 겉으로 드러난 모양과 그 형체, 외형. 2) 형체.

[문제점]

1. 천지에는 도와 덕이 있다고 하니 언제부터 도와 덕이 있으며 어떻게 있게 되었는가?

1) 천지가 생길 때부터 있고 스스로 있는 것이다. <추리 분석>

2) 네가 날 때부터 있었고 네가 알고 느낌으로써 있는 것이다. 한 생각 낼 때부터 있고 한 마음 깨침으로써 있는 것이다. <실천 증득>

3) 원래 그렇게 생긴 것이다. <직관 점두直觀点頭>

2. 보통 사람이 천지은을 느끼지 못하는 이유는?

1) 너무 커서 알지 못하고 느끼기 어렵다.

2) 너무 영원한 것이라 망각하기 쉽다.

예) 가) 지구가 도는 것을 느낄 수가 있는가.

나) 보온병의 감사와 망각의 예[36]

---

36) 병상에서 매일 5, 6차 복약할 때마다 더운 물을 데워 쓸 때 몹시 괴로움과 불편을 느끼다가 보온병을 구해 놓고 그것을 발명하신 분, 만드신 분, 사 오신 분에게 깊

3. 일원상의 진리와 천지와의 관계는?

1) 일원은 우주 만유의 본원이요 제불제성의 심인이며 범부중생의 본성이다. 『정전』

2) 절명상絶名相호대 관고금貫古今하고 처일진處一塵호대 위육합圍六合이라.[37] <함허函虛>

3) 선천지先天地 무기시無其始하고 후천지後天地 무기종無其終이라[38]. <함허函虛>

4) 관천지도觀天之道하야 집천지행執天之行이면 진의盡矣[39]. 『음부경』

5) 건곤지도乾坤之道로 위본爲本하고 여천지합기덕與天地合其德 云云 『주역』

6) 대도무형大道無形 생육천지生育天地하고 대도무정大道無情이나 운행일월運行日月하며 대도무명大道無名이나 장양만물長養萬物 운운 ….[40]

진상지도眞常之道 선천이생先天而生 생이무형生而無形 후천이존後天而存 존이무체存而無體 연이무체然而無體 미상존야未嘗存也 고불가사

은 감사를 드렸고 쓸 때마다 사의謝意를 갖게 되었는데 세월과 더불어 그렇게 깊이 느꼈던 감사심이 차차 망각되는 것을 자각하고 우리 중생이 사은의 지중한 은혜에 살면서도 사중은四重恩을 망각하는 것도 이와 같음을 깨달았다는 학생의 감상을 말함.

37) 『금강경오가해』의 서설에 나오는 말. 해석하면 이름과 모양이 끊어졌으되 고금을 꿰뚫고 있고 한 티끌에 처하여 있되 육합[사방四方과 상하上下]을 에워쌈이로다.

38) 『금강경오가해』의 서설에 나오는 말. 해석하면 천지天地보다 먼저 하여 그 비롯함이 없고 천지天地보다 뒤에 있어 그 마침이 없다.

39) 『음부경』의 첫 구절. 해석하면 하늘의 도를 보고 하늘의 행함을 본받으면 이를 극진하다고 하리라.

40) 『수심정경』에 나오는 말. "노군왈老君曰 대도무형大道無形 생육천지生育天地 대도무정大道無情 운행일월運行日月 대도무명大道無名 장양만물長養萬物 오부지기명吾不知其名 강명왈도强名曰道"(노군[老子]께서 이르시기를 대도는 형체가 없으나 천지를 낳고 기르며, 대도는 정감이 없으나 해와 달을 운행시키며, 대도는 이름이 없으나 만물을 길러준다. 나는 그 이름을 알 수 없기에 억지로 이름하여 도道라 부른다.)

의故不可思議니라.[41]

이상에서 참고한 바와 같이 일원은 사은[우주 만유]의 본원인바 그 지극한 자리는 형상할 수 없으나 우주를 싸고 있으며, 천지보다 먼저 하여 비롯이 없고 천지보다 뒤에 하여 마침이 없으며, 능소능대한 진리가 곧 일원상의 진리라면 천지는 사은의 부분이요 주로 형상할 수 있는 하나의 큰 기틀이라 할 것이다. 그러므로 천지는 진리를 담는 큰 그릇이요 집이라 할 수 있고, 진리는 천지에 다북 차 있어서 무위이화 자동으로 천지를 운행하게 되는바 그에 따라 천지의 도가 있고 덕이 나타나게 되는 것이다.

마음이 육신을 움직이는 것과 같다 할 것이다.

4. 일원상의 진리와 천지 팔도와의 관계는?

천지의 팔도는 일원상의 진리가 천지를 통해서 작용할 때 나타나는 모습을 여덟 가지로 밝혀 주신 것이라 하겠다.

※ 본유일태극本有一太極하야 포함만상包含萬象하고 만상萬象에 각유일태극各有一太極이니라.[42]

※ 유가에서 천지의 도를 표준삼아 모든 도덕과 윤리의 근거를 세우고 수행의 표본을[체감體鑑] 삼은 것은 원래 유가에서 주체 삼은 진리가 일원의 형상 있는 면이었으므로 천지의 도를 근본으로 삼고 성인이 나시기 전에는 도道가 천지에 있다고 하신 것 같다. 그러나 아무리 무궁한 진리가 있을지라도 그 사람이 없으면 천지는 공각空殼에 불과한 것이다.

---

41) 『수심정경』에 나오는 말. 참답고 영원한 도는 하늘보다 먼저 생겼으니 생하여도 형상이 없고, 하늘보다 뒤에 존재하나 존재하여도 형체가 없다. 그러나 형체가 없어 일찍이 존재한 바가 없다. 그러므로 불가사의하다.

42) 본래 하나의 태극이 있어서 만상을 포함하며, 만상에 또한 각각 하나의 태극이 있다.

※ 참조 : 『대종경』 서품 1장, 변의품 3장, 불지품 13장, 교의품 1장.

5. 일원상과 천지를 같이 보는 경우는 없는가?

일원 즉 사은이요 천지는 사은의 일부분이니 곧 일원의 일부분이라고 할 수 있다. 그러나 일원상은 우주 전체의 표상이요 천지가 곧 우주라면 일원 즉 천지라고 할 수 있다.

영주靈呪에서 말씀하신 천지는 곧 일원상과 동일시하신 것 같다. 천지가 감응한다고 할 때도 같이 보신 것 같다.

6. 천지에는 원래 도와 덕이 있어서 만물이 그에 따라 생명을 지속하고 그 형각을 보존한다면 성인도 중생도 모두 그 도에 따라 살고 죽는 것이 아니겠는가? 그렇다면 성인과 중생이 어떻게 다른가?

천지의 도는 하나의 '공식公式'과 같은 것이다. 성인은 그 도를 알고 느끼고 체 받아 실행하고 활용한 분이요, 중생은 있는 줄도 모르고 느끼지도 못하고 실행도 못 하며 활용을 못 하는 사람이다. 즉 초등학생이 고등학교나 대학교의 수학 공식을 알 수 없고 응용할 수 없는 것과 같이 중생은 천지의 대 공식을 알지 못하고 응용하지 못하는 것이다.

7. 우주의 대기는 어떤 법칙으로 운행하는가?

음양상승의 순환 불궁하는 법칙에 따라 운행한다. <인과보응의 변화>

※ 참조 : 『정전』 서원문, 일원상의 진리, 일원상 법어, 『대종경』 인과품 1장, 천도품 5장, 변의품 4장, 『음부경』 6.

※ 참고 : 가) 서양철인西洋哲人 원운동 – 인체의 혈액순환, 천체의 운행, 핵의 중심운동. 나) 만유의 변화는 하나의 원운동이다.

8. 천지의 도가 지극히 밝다 하니 그 밝은 실증을 설명하라.

일원의 진리가 천지를 통해서 지극히 밝게 나타나는 소소영령한 천지의 식識을 말하는 것인바, 그 실증을 들면 콩을 심으면 콩을, 팥을 심으면 팥을, 악을 지으면 고를, 선을 지으면 낙을 내주며, 공을 잘 들이면 들인 만큼, 잘 못 들이면 못 들인 만큼 조금도 틀림이 없이 그 반응을 내주는 것이 천지의 밝음이라 할 것이다. 그러나 천지의 식은

1) 무념 가운데 행하는 식이며,

2) 상없는 가운데 나타나는 식이며,

3) 공정하고 원만하여 사私가 없는 식으로서 희·노·애·락에 집착한 사람의 정식情識과는 다른 것이다. 또한 이 천지의 식은 일체만물을 간섭하지 않는 바가 없고 생·멸·성·쇠의 권능을 행사하지 않는 바가 없는 것이다.

※ 참조 :『대종경』 변의품 1장, 인과품 3장,『예전』 예문편 38 '진여묘체는 법계에 충만하옵고 반야대지는 시방에 통철하시와 … 일월이 대명하고 ….'

9. 천지의 도가 지극히 정성하다 하니 그 정성한 실증을 들어주시오.

일원의 진리가 천지를 통해서 끊임없이 작용하는 지극히 정성한 도를 말하는바 그 실증을 들자면

1) 일월의 왕래 2) 주야변천 3) 조수내왕 4) 사시순환 5) 지구와 달 등 천체의 자전과 공전이 다 천지의 지극히 정성한 실증이라 할 것이다. 그러므로 천지의 정성한 도는 곧 천지 순환의 끊임없는 모습이요 만물생성의 핵심적인 동력이다.

※ 참고 : 성誠에 대한 고증

가) 중용

① 성자誠者는 천지도야天地道也오 誠之者는 인지도야人之道也라.[43)]

---

43)『중용』 20장. 성이란 하늘의 도요, 정성되게 하는 것은 사람의 도이다.

② 성자誠者는 물지종시物之終始니 불성不誠이면 무물無物이니라.[44)]

③ 부미지현夫微之顯이니 성지불가엄誠之不可揜이 여차부如此夫인저.[45)]

④ 지성至誠은 여신如神이니라.[46)]

※ 신막신어지성神莫神於至誠[47)] 『소서素書』

나) 음부경 : 천지지도天地之道는 침고沈故로 음양陰陽이 승勝하고 음양상추이변화순의陰陽相推而變化順矣라 시고是故로 성인聖人은 지자연지도知自然之道를 불가위不可違하야 인이제지因而制之하니라.[48)]

다) 교단품 30장 '이소성대以小成大 천리원칙天理原則' 운운

고로 성誠이 없는 진리는 생각할 수 없고 만유의 생성은 성誠이 아니면 있을 수 없나니 성誠은 만유생성의 핵이라고 할 수 있다.

※ ① 혈액순환, 맥박, 생물의 신진대사 등

---

44) 『중용』 25장. 정성이라는 것은 만물의 처음이요 끝이니, 정성됨이 아니라면 만물은 없는 것이다.

45) 『중용』 16장. 대저 은미함이 나타나는 것이니, 성을 가릴 수 없음이 이와 같은 것이다.

46) 『중용』 24장. "지성지도至誠之道는 가이전지可以前知니 국가장흥國家將興에 필유정상必有禎祥하며 국가장망國家將亡에 필유요얼必有妖孽하야 현호시구見乎蓍龜하며 동호사체動乎四體라 화복장지禍福將至에 선善을 필선지지必先知之하며 불선不善을 필선지지必先知之하나니 고故로 지성至誠은 여신如神이니라."(지성의 도는 앞일을 알 수 있나니 국가가 바야흐로 일어나려 할 때에는 반드시 길조가 있으며, 국가가 망하려 할 때에는 반드시 흉조가 있어 시초점과 거북점에 나타나며 사체에 움직여지는 것이다. 화·복이 닥쳐오려 함에는 선함을 먼저 알아보고, 불선을 반드시 먼저 알아보는 것이니 고로 지극한 정성은 신과 같은 것이다.)

47) 신령하기로는 지성스러움보다 신령함이 없다.

48) 천지의 도는 스며듦으로써 음양이 승하는 것이니 음양이 서로 밀고 당기는 작용으로 만사가 전개되는 것이다. 하여 성인은 자연의 도를 어길 수 없다는 것을 알기에 이로 말미암아 이를 조절하게 되는 것이다.

② 동식물의 생장과 천지의 진강급이 눈에 보이지 않으나 시일을 따라 이루어지는 것은 천지지도天地之道의 침沈하는 모습이요 그 결과다.

10. 천지의 도가 지극히 공정하다 하니 그 공정한 실증을 설명하라.

일원의 진리가 천지를 통해서 아주 공정하게 나타나는 모습을 말하는 것이니 그 실증을 들자면

1) 하늘은 만물을 다 똑같이 덮어 주시고,
2) 땅은 만물을 다 똑같이 실어 주시고,
3) 일월은 시방을 다 똑같이 비추어 주시며,
4) 그 안에 있는 진리는 만물에게 빠짐없이 두루 바르게 작용한다. <지공무사하고 원만평등하게>

※ 참조 : 『대종경』 변의품 1, 5장.

11. 천지의 도가 순리 자연한 실증을 설명하라.

일원의 진리가 천지를 통해서 나타날 때 아주 합리적이고 질서정연한 모습과 작용을 말하는 것으로 그 실증을 들자면

1) 모든 천체가 북극성을 중심으로 질서정연하게 운행하는 것과 또는 태양을 중심으로 행성들이 일정한 궤도를 여의지 않고 운행하는 것이라든지,
2) 사시 순환이 그 차서를 여의지 않는 것과,
3) 우주의 성·주·괴·공과 만물의 생·로·병·사가 순서 있게 되는 것이나,
4) 음양상승 인과보응이 합리적으로 이루어지는 것 등 이는 변화하는 진리가 호리도 차서를 잃지 않고 오착誤錯되는 일이 없음을 말하는 것이다.

※ 참고

가) 중용 : 만물병육이불상해萬物竝育而不相害 도병행이불상패道竝行而不相悖 소덕천류小德川流 대덕돈화大德敦化 운운云云[49]

나) 상생상극지상화相生相克之相和가 대덕지돈화大德之敦化니라.[50] <원양>

다) 개체와 부분에서는 모순이 있는 것 같으나 우주의 대 섭리에는 합리인 것이다.

12. 천지의 도가 광대 무량한 실증을 설명하시오.

천지가 끝이 없고 헤아릴 수 없으며 국한 없이 크고 넓어서 무엇이나 다 덮고 싣고 간직할 수 있는 것으로 그 실증을 들자면

1) 천天은 일·월·성·신이 매여 있고 만물을 다 덮고 있으며,

2) 땅은 재화옥이부중載華嶽而不重이요 진하해이불설振河海而不洩하며 재만물언載萬物焉하나니 천지가 크고 넓지 않는가?[51]

※ 참조 : 『대종경』 변의품 5장 '이 천지 외에 다른 세계가 없는 것이다.'

---

49) 『중용』 30장에 나오는 말. 만물병육이불상해萬物竝育而不相害하며 도병행이불상패道竝行而不相悖라 소덕小德은 천류川流요 대덕大德은 돈화敦化니 차천지지소이위대야此天地之所以爲大也니라.(만물은 같이 커도 서로 해되지 않으며, 도는 같이 행해져도 거슬리지 않는다. 작은 덕은 개울처럼 흐르고, 큰 덕은 두텁게 화육시키니 이것이 천지가 위대한 이유이다.)

50) 상생상극하는 가운데 서로 조화로움이 곧 큰 덕의 두텁게 화육함이다.

51) 『중용』 26장에 나오는 말. "천지지도天地之道는 박야후야고야명야유야구야博也厚也高也明也悠也久也니라. 금부천今夫天은 사소소지다斯昭昭之多이나 급기무궁야及其無窮也하야는 일월성신日月星辰이 계언繫焉하며 만물萬物이 복언覆焉이니라. 금부지일촬토지다今夫地一撮土之多니 급기광후及其廣厚하야는 재화악이부중載華嶽而不重하며 진하해이불설振河海而不洩하며 만물萬物이 재언載焉이니라."(하늘과 땅의 도는 넓음이요, 두터움이요, 높음이요, 밝음이요, 오래감이요, 영원함이다. 지금 하늘은 밝음이 많이 모인 것이나 그것이 무궁함에 이르러선 일월과 성신이 매여 있으며 만물이 덮어져 있다. 지금 땅은 한줌 흙의 많음이나, 그것이 넓고 두터움에 이러서는 화산과 악산을 싣고 있으나 무겁지 않으며, 강과 바다를 거두어들이고 있으면서도 새지 아니하며, 만물이 실려 있다.)

※ 만류흥생萬類興生이 진가천지이복재盡假天地而覆載라 무천지이부장無天地而不長이요 구수복재지덕俱受覆載之德이니라.[52]

13. 천지의 도가 영원불멸한 것을 설명하시오. <형상 있는 만물은 다 생멸이 있다는데 형상 있는 천지가 생멸이 없을 수 있는가>

1) 우주의 대기는 응연凝然하여 원래 생멸이 없는 것이다. <직관하라>

2) 부분적으로 소천소지燒天燒地는 있지마는 그 전체가 영원히 없어지는 것은 아니다. 예를 들면 동양의 한국 서해안은 점점 육지가 넓어지고 있는데[성成] 서양의 어느 곳은 육지가 바다로 무너지고 있다[괴공壞空] 한다. <현실적으로>

※ 참조 : 『대종경』 변의품 4장, 인과품 1장, 『정산종사법어』 원각가

※ 질량불변의 법칙

14. 천지의 도가 길흉이 없다는 것은 무슨 뜻인가?

천지는 응용 무념으로 하염없이 순리자연하고 공정무사하게 길이 길이 돌고 돌 뿐이요 길흉이 따로 없는 것이다.

1) 음이 가면 양이 오고 양이 가면 음이 오는 것 같이 오직 순환할 따름이요 길흉화복이 고정해 있지 않은 것이다.

2) 천지의 입장에서 보라. 인간의 입장에서 생각하지 말라.

---

52) 만물이 생기는 것은 하늘이 덮어주고 땅이 실어주는 덕분이다. 천지가 아니면 자랄 수 없으니, 모두 덮어주고 실어주는 덕을 받았기 때문이다.
『균주동산오본선사어록筠州洞山悟本禪師語錄』에 동산 스님이 부모님을 하직하며 쓴 다음과 같은 글이 있다. "복문제불출세伏聞諸佛出世 개종부모이수신皆從父母而受身 만휘흥생萬彙興生 진가천지이복재盡假天地而覆載 고비부모이불생故非父母而不生 무천지이부장無天地而不長 진첨양육지은盡沾養育之恩 구수복재지덕俱受覆載之德"(부처님도 세상에 나오실 때는 모두 부모님을 빌어 생명을 받았고, 만물이 생길 때도 하늘이 덮어주고 땅이 실어주는 덕분이라고 들었습니다. 그러므로 부모가 아니면 태어날 수 없고, 천지가 아니면 자랄 수 없으니, 다 길러주시는 은혜를 입고 덮어주고 실어주는 덕을 받았기 때문입니다.)

가) 전체를 하나로 볼 때 천지 그 자체에 무슨 길흉이 있겠는가?

나) 영원히 돌고 도는 순환 불궁하는 면으로 볼 때 길흉을 고정할 수 있겠는가?

※ 참고 : 고진감래苦盡甘來 흥진비래興盡悲來[53], 대도무정大道無情이나 운행일월運行日月[54] 운운.

15. 길흉이 고정해 있지 않고 순환 반복하는 것이라면 선을 닦고 복을 지을 것이 없지 않겠는가?

이것은 천지의 도가 순환 불궁하여 끊임이 없기 때문에 길吉은 길吉대로 흉凶은 흉凶대로 영원히 머물러 있는 것이 아니라 음 중에 양이 있고 양 중에 음이 있으며, 양이 가면 음이 오고 음이 가면 양이 오는 것 같이 길吉 중에 흉凶이 있고 흉凶 중에 길吉이 있으며, 흉凶이 가면 길吉이 오고 길吉이 극하면 흉凶이 오는 것을 깨달아 길吉 가운데서도 흉凶이 올 것을 미리 알아서 더욱 조심하고 더욱 수선작복修善作福하여 영원한 길吉을 장만할 수 있는 공부가 있어야 하고, 또는 흉凶 가운데서도 길吉이 있음을 알고 믿어서 낙망하거나 타락하는 일이 없이 더욱 조심하고 꾸준히 노력하여 새로운 활로를 찾아 영원한 길吉을 장만할 줄 아는 공부가 있어야 하는 것이니, 그러므로 천지의 길흉 없는 도를 체받아 인간만사를 작용할 때에 길흉에 끌리지 말자는 것이다.

16. 천지의 도가 응용에 무념한 실증을 들어라.

천지가 피은의 조목으로 지중 막대한 은혜를 베풀고도 그 대가와 보상을 바라는 적이 있던가? 또는 베풀었다는 관념과 상을 낸 적이

---

53) 고생이 다하면 즐거움이 오며, 즐거운 일이 지나가면 슬픈 일이 닥쳐온다.

54) 『수심정경』에 나오는 말. 대도는 정감이 없으나 해와 달을 운행시킨다.

있던가? 천지는 오직 우리에게 두루 빠짐없이 무조건 있는 대로 다 주시고 아무런 바람이 없지 않은가? 고로 천지는 우리에게 모든 것을 다 내맡기시고 도에 따라 마음대로 사용할 수 있도록 하시는 대시주大施主이신 것이다.

1) 천지天地는 만물지역려萬物之逆旅요 일월日月은 백대지과객百代之過客이라.[55]

2) 시운詩云 유천지명維天地命이 어목불이於穆不已라 하니 개왈蓋曰 천지소이위천지天地所以爲天地요 어호불현於乎不顯가 문왕지덕지순文王之德之純이여 하니 개왈蓋曰 문왕지소이위문야文王之所以爲文也라 순역불이純亦不已니라.[56]

3) 시운詩云 덕유여모德輶如毛라 하니 모유유륜毛猶有倫이나 상천지재上天之載 무성무취無聲無臭아 지의至矣니라.[57]

17. 천지의 도는 원래 그런 것인데 그 내역을 굳이 밝혀 놓은 의의가 어디 있는가?

1) 천지의 도가 원래 그런 것이라 할지라도 그 도를 체 받아 실행함이 없다면 천지는 한낱 공각空殼에 불과하고,

2) 사람이 참으로 잘 살기 위해서는 천도를 본받아 실행하는 일이 큼이 되기 때문에 그 도를 본받기로 하면 그 내역을 알아야 할

---

55) 『고문진보古文眞寶』에 실린 이백李白이 지은 「춘야연도화원서春夜宴桃花園序」라는 단문短文의 모두冒頭의 구句이다. '천지라는 것은 만물의 여관이요. 세월은 영원한 시간 속의 나그네이다.'

56) 『중용』 26장. 해석하면 『시경』에 이르기를 '하늘의 명이 아! 심원하여 그치지 않는다.'고 하였으니 이는 천이 천이 된 까닭이다. '아! 밝지 아니한가. 문왕 덕의 순수함이여!'라고 하였으니 이는 문왕이 된 까닭이니 순일무잡하여 그침이 없다.'

57) 『중용』 33장. 해석하면 『시경』에 이르기를 '덕은 가볍기 터럭과 같다'고 하였는데, 터럭은 그래도 비교될 데가 있다. '상천의 일은 소리도 없고 냄새도 없다'고 했으니 지당하다.

것이며 알기로 하면 밝혀야 하지 않겠는가?

3) 천지 피은에 보은하기로 하면 피은의 내역과 그 도를 밝히지 않을 수 없지 않겠는가?

18. 천지의 근본이나 사람의 근본이 원래는 같다는데 천지는 팔도를 행하여 대덕을 나투건만 사람은 어찌하여 그렇게 못한가?

1) 천지는 오직 하나의 큰 덩치이므로 그 행이 곧 진리이지마는 사람은 그 천지 안에 있으나 각각 다른 조건에서 달리 생존하고 있기 때문에 각자의 성습成習이 다른 관계로 각양각색의 견해가 있게 되고, 그 다른 견해 때문에 대도를 실현하지 못하게 되는 것 같다.

※ 참조 : 『대종경』 수행품 30장.

※ 참고 : 천지지사天之至私요 용지지공用之至公이니라.[58] 『음부경』 인지각유지사人之各有至私하야 성습각이成習各異라 용지불공用之不公이니라.[59] <원양圓養>

2) 천지에는 육근과 구규九竅가 없이 오직 혼연일체이나 사람은 육근이 있고 구규가 있어서 그에 따라 스스로 치연히 작용하다 보면 육근은 도리어 육적六賊을 불러들이는 문으로 화하고 구규는 정기를 흩뜨리는 사규邪竅가 되어 필경 본연성을 잃게 되는 것 같다.

3) 한 생각 낼 때의 차이로 갈라지는 것 같다. 즉 한 생각 낼 때 무엇이 끌리고 가리고 집착되어 본연성 그대로 작용하지 못하기 때문이다.

※ 참고

---

58) 하늘과 땅은 지극히 사사로워서, 그것을 사용함에 있어서는 지극히 공변된 것이다.

59) 인간은 지극히 사사로워서 습관을 이룸이 각각이라 그것을 사용함에 있어서 공변되지 못하다.

가) 천득기진고天得其眞故로 장長하고 지득기진고地得其眞故로 구久하며 인득기진고人得其眞故로 수壽하나니, 세인世人이 불능장구자不能長久者는 위상기무상爲喪其無相하고 산기무체散其無體하야 불능사백해구규不能使百骸九竅로 여진체병존고與眞體竝存故로 사의死矣니라.[60)]

나) 천용우로지박즉天用雨露之薄則 필유만방지원必有萬邦之怨하고 지용수토지박즉地用水土之薄則 필유만물지원必有萬物之怨하고 인용덕화지박즉人用德化之薄則 필유만사지원必有萬事之怨이다.[61)]

다) 천용지용인용天用地用人用이 통재어심統在於心이라 심야자心也者는 귀신지추기야鬼神之樞機也오 문호야門戶也며 도로야道路也니 개폐추기開閉樞機하고 출입문호出入門戶하며 왕래도로往來道路니라. 신神은 혹유선或有善하고 혹유악或有惡이라 선자사지善者師之하고 악자개지惡者改之하면 오심지추기吾心之樞機와 문호門戶와 도로道路는 대어천지야大於天地也니라.[62)]

---

60) 『수심정경』에 나오는 말. 원출처는 『대통경大通經』이다. 해석하면 '하늘이 그 참을 얻었기에 길고, 땅이 참을 얻었기에 오래 가며 사람이 그 참을 얻었기에 오래 산다. 세상 사람들이 장구할 수 없는 까닭은 무상을 잃고 그 무체의 체를 흩어서 백해와 아홉 구멍으로 하여금 진체와 더불어 보존할 수 없기 때문에 죽는 것이다.'

61) 『대순전경』에 나오는 말. 해석하면 '하늘이 비를 적게 내리면 만방에 원한을 끼치게 되고, 땅도 우로가 고르지 못하면 만물의 원한을 받게 되고, 사람이 덕을 옳게 행하지 않으면 만사에 원한을 맺게 된다.' 『한울안 한이치에』 제1편 법문(法門)과 일화(逸話) 6. 돌아오는 세상 45절에는 정산 종사께서 6.25때 총부 대각전 법신불 앞에서 이 주문을 많이 외우셨다고 기록되어 있다.

62) 『대순전경』에 나오는 말. 윗글에 이어지는 내용. 해석하면 '하늘이 비와 이슬을 내리고 땅이 물과 흙을 쓰고 사람이 덕화에 힘씀은 모두 마음자리에 달려 있으니, 마음이란 귀신의 문지도리요 드나드는 문호요 오고가는 도로이라. 그 문지도리를 여닫고 문호에 드나들고 도로를 왕래하는 신이 혹 선하기도 하고 악하기도 하니, 선한 것을 본받고 악한 것을 잘 고치면 내 마음의 문지도리와 도로는 천지보다 더 큰 조화의 근원이니라.'

2. 천지 피은의 조목

1) 하늘의 공기가 있으므로 우리가 호흡을 통하고 살게 됨이요,
2) 땅의 바탕이 있으므로 우리가 형체를 의지하고 살게 됨이요,
3) 일월의 밝음이 있으므로 우리가 삼라만상을 분별하여 알게 됨이요,
4) 풍·운·우·로의 혜택이 있으므로 만물이 장양(長養)되어 그 산물로써 우리가 살게 됨이요,
5) 천지는 생멸이 없으므로 만물이 그 도를 따라 무한한 수(壽)를 얻게 됨이니라.

[단어 숙어 풀이]

◆ 형체 : 1) 몸뚱이 2) 물건의 생김새와 바탕이 되는 몸.
◆ 삼라만상 : 1) 우주의 온갖 사물과 모든 현상. 2) 천삼라 지만상天森羅地萬象.
◆ 혜택 : 은혜와 덕택.
◆ 장양 : 자라고 커남.
◆ 수壽 : 목숨. 오래 오래 사는 것. 나이.

[문제점]

1. 천지의 도와 천지 피은 조목은 어떤 관계가 있는가?

여기서 그 관계를 찾는 것보다는 그 관점의 차이를 밝힘으로써 전체의 본의를 파악하는 것이 좋을 것이다. 천지의 도는 객관적인 입장에서 천지의 운행하는 모습을 여덟 가지로 밝혀 놓은 천지 자체

의 도인 것이며,

피은의 조목은 주관적인 입장에서 인간[만물]이 천지에게 현실적으로 직접 입고 있는 가장 기본적인 은혜의 내역을 5조로 밝혀 놓은 천지 피은의 내용인 것이다. 그러므로 천지의 도와 피은의 조목은 연관을 지어 생각할 필요도 없는 것이요 나누어서 관계 지을 수도 없을 것 같다. 고로 하나의 천지이지만 관점을 달리하여 보는 것과 인간[만물]과의 관계에서 보는 면으로 본의를 두는 것이 좋을 것이다.

※ 굳이 피은의 조목을 천지의 덕으로 설명한다면 팔도에 따라 무궁한 덕이 나타나는데 그 중에 현실적으로 직접 은혜를 입고 있는 다섯 가지만을 밝혀 주신 것이니 대표적인 다섯 가지 덕이라고 해도 무방하겠다.

2. 피은 조목 4조에 '우리'라고 하신 개념의 범위는?

1) 크게 보면 사생 일신으로, 2) 작게 보면 인류 중심으로, 3) 직접적으로는 자신들로 보는 것이 좋겠다.

3. 천지의 생멸 없는 도를 따라 만물이 무한한 수를 얻게 되는 내역을 설명하라.

부분적으로 성·주·괴·공이 되고 있지마는 천지는 영원히 멸하지 않기 때문에 그 안에 살고 있는

1) 만물은 다 천지 안의 물건이니, 그 모습이 없어진다 할지라도 그 형상이 변해갈 따름이요, 그 요소는 천지 안에 있어서 다시 화합 생성되는 것이다. <연기설의 근거>
2) 유정 중생이 생멸하는 것도 이 천지 안에서 그 몸을 바꿀 따름이니, 결국 생멸 없는 이 천지 안에서 영생하는 것이다.

고로 천지가 생멸이 없기 때문에 만물이 무한한 수를 얻는다고

하신 것이요, 천지는 만물의 큰 부모라고 하는 것 같다.

※ 참조 : 『대종경』 변의품 4장, 천도품 5, 15장.

※ 참고 : 질량불변의 법칙

4. 우주는 불생불멸하지마는 이 지구는 수·화·풍水火風 삼륜三輪으로 완전히 공空이 되고 다른 지구가 생길 수도 있지 않겠는가?

1) 물론 이론적으로 보면 그럴 것 같기도 하다. 그러나 그것은 염려할 것은 없을 것이다. 한 예를 들면 조그마한 공장에서 물건을 생산하는 것을 보아도 완전 연소되는 부분이 있는가 하면 한편에서는 다시 고체화의 생산품이 나오고 있는 것 같이 지구라고 하는 대공장은 끊임없이 수·화·풍 삼륜으로 물리적인 변화와 화학적인 변화를 일으키며 가동되고 있어서 완전 연소되어 무산되지는 않을 것이다.

2) 또 지구의 자전과 공전에 의한 구심력과 원심력의 조화는 대기권의 파열을 불가능하게 하고 있을 것이다.

3. 천지 보은의 강령

사람이 천지의 은혜를 갚기로 하면 먼저 마땅히 그 도를 체 받아서 실행할 것이니라.

[문제점]

1. 천지에 보은을 하려면?

천지에서 입은 근본적인 은혜를 깊이 깨닫고 배은하는 길과 보은의 도를 알며 배은과 보은의 결과를 잘 알아서 믿고 보은의 실행이 있어야 할 것인바 곧 천지의 도를 본받아 행하는 것이다.

2. 천지는 우리에게 피은의 조목과 같이 큰 은혜를 입혔거늘 한갓 천지의 도를 본받아 행하는 것만으로 어찌 보은이 된다고 하겠는가?

변의품 24장에서 밝혀 주신 바와 같이 한 예를 들어 말하면 불보살의 회상이나 성현의 문정門庭에 그 제자가 선생의 가르치신 은혜를 받은 후 설사 물질의 보수는 없다 할지라도 그 선생의 지행을 능히 체 받아 그 선생의 사업을 계승한다면 그같이 큰 보은자가 어디 있겠는가? 이것을 미루어 생각할 때에 천지의 도를 본받아 행함이 가장 큰 보은이 될 것이다.

그러므로 우리는 천지를 큰 스승으로 삼고 그 도를 수행의 체감體鑑으로 삼아 심신 작용을 길들여 가는 것이다.

※ 천지는 법이요 세계는 산 경전이다.

4. 천지 보은의 조목

1) 천지의 지극히 밝은 도를 체 받아서 천만 사리(事理)를 연구하여 걸림 없이 알 것이요,
2) 천지의 지극히 정성한 도를 체 받아서 만사를 작용할 때에 간단없이 시종이 여일하게 그 목적을 달 할 것이요,
3) 천지의 지극히 공정한 도를 체 받아서 만사를 작용할 때에 원·근·친·소(遠近親疎)와 희·로·애·락(喜怒哀樂)에 끌리지 아니하고 오직 중도를 잡을 것이요,
4) 천지의 순리자연한 도를 체 받아서 만사를 작용할 때에 합리와 불합리를 분석하여 합리는 취하고 불합리는 버릴 것이요,

5) 천지의 광대 무량한 도를 체 받아서 편착심(偏着心)을 없이 할 것이요,
6) 천지의 영원불멸한 도를 체 받아서 만물의 변태와 인생의 생·로·병·사에 해탈(解脫)을 얻을 것이요,
7) 천지의 길흉 없는 도를 체 받아서 길한 일을 당할 때에 흉할 일을 발견하고, 흉한 일을 당할 때에 길할 일을 발견하여, 길흉에 끌리지 아니할 것이요,
8) 천지의 응용 무념(應用無念)한 도를 체 받아서 동정 간 무념의 도를 양성할 것이며, 정신·육신·물질로 은혜를 베푼 후 그 관념과 상(相)을 없이 할 것이며, 혹 저 피은자가 배은망덕을 하더라도 전에 은혜 베풀었다는 일로 인하여 더 미워하고 원수를 맺지 아니할 것이니라.

[단어 숙어 풀이]

◆ 중도 : 1) 한편에 치우치지 않는 올바른 길. 2) 모든 일을 할 때에 원·근·친·소와 희·노·애·락에 끌리지 않고 도에 맞는 것, 즉 절도에 맞음. 3) 한편에 치우치거나 의지하지도 않고 넘치거나 모자람도 없이 꼭 알맞음.<불편불의 무과불급不偏不倚 無過不及[63]>

◆ 합리 : 1) 진리에 맞는 것.[불생불멸, 인과보응, 대소 유무] 2) 순리. 3) 이치에 맞음.

※ 진리 : 안과 밖이 같고 처음과 끝이 한결같으며 자타 간에 해가

63) 주자朱子는 『사서집주』 「중용장구」에서 중자中字에 대하여 풀이하면서 "중자中者, 불편불의不偏不倚 무과불급지명無過不及之名"이라 하였다. 즉 중中이란 한편에 치우치거나 기울어지지 않으며 지나치거나 모자라지 않음을 말한다.

없는 것.

◆ 편착심 : 어느 한편에 치우쳐 거기에 집착하는 마음.

◆ 해탈 : 1) 만물의 변태와 인생의 생·로·병·사에 그 마음이 얽매이지 않는 것. 2) 인과를 해결하고 업망業網을 벗어나는 것. 3) 의무와 책임을 다하는 중에 어떠한 일을 당할지라도 그 마음에 안정을 여의지 않는 것.

◆ 분석 : 나누어서 가려내는 것.

◆ 변태 : 변화하는 모습.

◆ 관념 : 1) 생각 2) 그 일이 지난 뒤에도 그 경계에 대하여 남아있는 생각.

◆ 상相 : 1) 마음에 흔적이 남아있는 것이니 스스로 자랑하고 남에게 바라는 마음. 2) 정신·육신·물질로 은혜를 베푼 후 안으로 자랑하고 밖으로 바라는 등의 자기 중심에서 나오는 모든 생각.

[문제점]

(천지 보은의 조목은 다 외우도록 하라.)

1. 천지의 지극히 밝은 도를 체 받으려면? <무엇을 어떻게>

1) 어리석은 생각이 나고 배우고 싶은 마음이 없을 때마다 천지의 밝은 도를 생각하여 늘 사리연구 공부를 해서 이무애理無碍 사무애事無碍의 대지혜력을 얻을 것이다.

2) 가) 사리 간에 먼저 모르는 것을 발견하라.

나) 오욕흑운五慾黑雲을 걷고 생각을 궁굴리는 공부. <내연진리內研眞理>

다) 그릇을 키우고 까닭 있게 보고 듣는 공부. <외학사리外學事理> 의견교환, 경전연습, 늘 묻고 배우는 공부.

라) 실천과 반성으로 스스로 감정하여 증득.

마) 체 받은 분의 법문에 의지하며 정사正師의 감정을 받는 공부.

3) 사리를 연구한다.

※ 참고 : 천지지도天地之道는 정고靜故로 천지 만물이 생生이라[64] 하니, 여기서 정자靜者는 사심잡념과 계교사량이 정靜함을 이름이니라.

4) 천지는 왜 지극히 밝을까 연구해보라.

가) 무념한 도가 있고, 나) 하나이며, 다) 공정하며, 라) 정성하기 때문이며, 마) 상이 없기 때문이다.

2. 천지의 지극히 정성한 도를 체 받으려면?

1) 스스로 하는 일이 자신의 장래에 어떠한 관계가 있는가를 먼저 깊이 깨달아야 한다.

2) 모든 일에 정성심이 나지 않고 간단이 있을 때 천지의 지극히 정성한 도를 생각하여 늘 거짓 없고 한결같은 정진심을 일으켜서 끊임없는 노력을 계속할 것이다.

3) 큰 원력, 큰 신념, 큰 분심, 큰 의심이 있어서 항상 간절한 마음이 있어야 큰 정성심이 생기는 것이다.

4) 무시선 무처선, 틈이 없는 마음이라야 참다운 정성인 것이다.

가) 천지天地의 도는 침고沈故로 음양陰陽이 승勝이라[65] 하니 침沈이 곧 성誠이다. 만물의 생장이 눈에 보이지 않으나 시일이 지남에 따라 성장하는 모습이 침沈이요 성誠의 일례이다.

나) 물이 가라앉으면 틈이 없기 때문에 비치고, 검정 옻칠도 틈

---

64) 『음부경』에는 "자연지도정自然之道靜 고천지만물생故天地萬物生"이란 표현이 있다.(자연의 도는 고요한 고로 천지 만물이 생하나니라)

65) 『음부경』에 나오는 말. '천지의 도는 잠겨있는 고로 음양이 승하나니라.'

이 없기 때문에 광명이 나는 것이다. 고로 중용에 성즉형誠則形 형즉저形則著 저즉명著則明 명즉동明則動 동즉변動則變 변즉화變則化[66] 운운하였고, 성지불가엄誠之不可揜이 여차부如此夫인저![67] 하였다.

다) 이소성대以小成大 천리원칙天理原則, 지성불식至誠不息 만사대성萬事大成[68]

※ 참조 : 『대종경』 인도품 38장, 수행품 43, 44장.

3. 천지의 지극히 공정한 도를 체 받으려면?

1) 먼저 공公과 사私, 정正과 사邪를 밝게 알 것이요,

2) 원·근·친·소의 경계와 감정이 동하여 거기에 끌릴 때마다 천지의 공정한 도를 생각하여 늘 사사에 흐르지 않는 마음을 길들이고 과불급이 없는 행을 할 것이요,

3) 무엇에나 집착하는 마음이 없게 하며 한 생각을 잘 돌리는데 있나니 항상 사사에 흐르지 않는 공부와 힘에 맞는 일을 하되 곳에 맞고 때에 맞는 취사가 되어야 한다.

※ 친소와 감정에 치우치고 끌리는 바가 없어야 한다.

순舜은 호문이호찰이언好聞而好察爾言하사대 은악이양선隱惡而揚善하시고 집기양단執其兩端하사 용기중어민用其中於民하시니[69] 운운.

※ 참조 : 『대종경』 인도품 18장, 변의품 20장.

---

66) 『중용』 23장. '정성되면 곧 나타나고, 나타나면 곧 뚜렷해지고, 뚜렷해지면 곧 밝아지고, 밝아지면 곧 움직이고, 움직이면 곧 변하고, 변하면 곧 화하는 것이다.'

67) 『중용』 16장. '성의 가릴 수 없음이 이와 같은 것이다.'

68) 적은 것에서부터 큰 것이 이루어지며, 지극한 정성이 쉬지 않을 때 만사는 크게 이루어진다.

69) 『중용』 6장. '순은 큰 지혜를 가지신 분이다. 순은 묻기를 좋아하시고 가깝고 가벼운 말도 살피기 좋아하고, 악함은 숨기고 선함을 드러내시었다. 그 양 극단을 잡으시어 그 중간을 백성들에게 쓰셨다.'

4. 공정과 중도의 차이점을 설명하라.

대의는 같은 것이나 일반적으로 공정이라 할 때는 사사가 없는 원만한 처사를 말한 듯 하고, 중도는 도에 맞는 것이니 시중時中을 뜻하는 것으로 자성을 여의지 않고 때와 곳에 알맞은 행을 말하는 것 같다. <발이개중절發而皆中節[70]>

- 중中 : 1) 일념미생전처一念未生前處. 희노애락지미발처喜怒哀樂之未發處. 2) 허무적멸한 자리. 3) 원동태허 무흠무여圓同太虛 無欠無餘.[71] 4) 가운데. 5) 맞다.
- 중절中節 : 절도에 맞다. 중도행. 도에 맞는 행.

5. 천지의 순리자연한 도를 체 받으려면?

1) 먼저 모든 일에 합리[순리]와 불합리[역리]를 분석하여 알아야 한다.

- 순리順理 : 상생하는 일, 힘에 맞는 일, 순서 있는 일, 중도, 이소성대의 순서 있는 마음, 차서있게 합리적으로 하는 것.
- 역리逆理 : 상극되는 일, 힘에 벗어나는 일, 순서 없는 일, 과불급, 일확천금의 욕속심, 억지로 하는 것, 요행심으로 하는 것.

2) 조급한 마음이 날 때마다 늘 천지의 순리자연한 도에 표준 하여 순서 있고 자연스럽게 심신을 길들이는 동시에 순리 자연한 처

---

70) 『중용』 1장. "희로애락지미발喜怒哀樂之未發을 위지중謂之中이오 발이개중절發而皆中節을 위지화謂之和니라. 중야자中也者는 천하지대본야天下之大本也요 화야자和也者는 천하지달도야天下之達道也니라. 치중화致中和면 천지위언天地位焉하며 만물육언萬物育焉하니라."(기뻐하고 노하고 슬퍼하고 즐거워하는 정情이 발發하지 않은 것을 중中이라 이르고, 발하여 모두 절도節度에 맞는 것을 화和라 이르니, 중이란 것은 천하의 큰 근본이요, 화란 것은 천하의 공통된 도이다. 중과 화를 지극히 하면 천지天地가 제자리를 편안히 하고, 만물萬物이 잘 생육生育될 것이다.)

71) 『신심명』에 나오는 말. "원동태허圓同太虛 무흠무여無欠無餘 양유취사良由取捨 소이불여所以不如."(둥글기가 큰 허공과 같아서 모자람도 없고 남음도 없거늘, 취하고 버림으로 말미암아 여여하지 못하도다.)

사를 할 것이다.

3) 무엇이나 억지로 하지 않는 것이 순리이니 선후본말과 주종을 알아서 순서 있고 자연스럽게 한다.

※ 큰일과 큰 공부에 발원한 사람은 조급한 마음을 삼가고 무엇이나 억지로 하지 않기로 노력하라.

※ 참고 : 석기이교인자釋己而敎人者는 역逆하고 정기이화인자正己而化人者는 순順이니 역자逆者는 난종難從이요 순자順者는 이행易行이라 난종즉란難從則亂하고 이행즉리易行則理라 여차如此면 이신이가이국理身理家理國 가야可也니라.[72] 『소서素書』

※ 참조 : 『대종경』 인도품 8, 9, 10, 19장, 수행품 44장.

6. 음양조화陰陽調和와 남녀상합男女相合이 순리이거늘 정남정녀貞男貞女로 독신 생활하는 것은 역리가 아닌가?

1) 형상 있는 진리에만 근거한다면, 즉 유교의 입장이나 생물학적인 입장에서만 본다면 역리라고 할 수도 있으나 일원상의 진리[공·원·정의 합일자]에 근거한 입장에서는 역리 순리를 논할 필요가 없는 것이다.

2) 숙겁의 큰 서원과 공부심이 없이 억지로 하는 것이라면 분명 역리라 할 것이다. 그러나 큰 원력을 세우고 사명을 완수하기 위해서 생사업을 끊고 크게 정진하는 것은 역리라 할 수 없는 것이다. 왜냐하면 남녀 간에 육신은 일종의 의복에 불과한 것이다.

3) 한 예를 들자면, 교통순경이 교통질서를 책임지고 혹은 파라솔

---

72) 내 몸을 놓고서 남을 가르치는 자는 거슬리고 자기 몸을 바루고서 남을 교화한 자는 따르나니, 역은 따르기가 어렵고 순은 행하기 쉬운 것이다. 따르기 어려운즉 어지럽고 행하기 쉬운 즉 다스려지니, 이와 같으면 몸을 다스리고 집을 다스리고 나라를 다스림도 가하리라.

밑에서 줄곧 서 있으면서 자기의 책임을 다하고 있으며 혹은, 사이드카를 타고 혹은 지프를 타고 다니면서 복잡하고 위험한 교통질서를 확립해 주는 것같이 우리 전무출신은 인류사회의 모든 질서를 바로잡는 역군이므로 결혼 여부를 가지고 순리 역리를 논할 수는 없는 것이다. 고로 본교에서는 자유의사에 맡기신 것 같다.

4) 물은 내려가는 것이 순리가 아닌가? 그러나 저수지에 물을 모아 두는 것은 역리 같으나 실은 크게 쓰기 위해서 그러는 것이다.

※ 비막비어정산悲莫悲於精散[73]

※ 정남정녀의 신조

가) 대아大我를 위하여 개아個我를 희생하는 것.

나) 본성本性에는 원래 남녀가 없는 것이다.

다) 천업을 자유 하는 능력을 발휘하는 것.

인생의 목적이 무엇인가를 먼저 알라. 밥 먹고 자식 낳고 사는 것은 개와 돼지 같은 동물도 하는 것이 아닌가? 그것만이 인생의 전부라면 개와 돼지로 전락하고 말 것이다.

참새가 봉황의 뜻을 알 수 없는 것이다.

7. 천지의 광대 무량한 도를 체 받으려면?

1) 먼저 편협한 마음과 광대한 마음의 결과를 철저히 알아야 할 것이다.

2) 편협한 마음이 날 때마다 천지의 광대무량한 도를 표준 하여 무엇이나 다 받아들일 수 있는 마음을 길들이고 두루두루 걸림이 없는 원만한 처사를 할 것이다.

---

73) 『황석공 소서』에 나오는 말. 슬픈 일로는 정신을 흩어버리는 것만큼 슬픈 일이 없다.

3) 천지는 미운 사람 예쁜 사람 다 안아 주시고 깨끗한 것 더러운 것 다 감싸고 있으면서 한 물건도 버리는 바가 없으시니, 내 마음도 예쁜 데, 미운 데, 더러운 데 편착하지 말자.

4) 우주 안에서 가장 큰 것이 무엇이며 가장 작은 것이 무엇인가를 알아서 커야 할 자리에 능히 크고 작아야 할 자리에 능히 작을 줄 아는 심량을 가져야 할 것이다.

※ 수도인이 무슨 일이나 다 할 수는 없다고 하겠지만 누구와도 같이 살 수는 있어야 수도한 보람이 있을 것이다.

※ 참고

가) 충무공의 장군 생활과 백의종군 생활이 곧 능대능소能大能小한 심량心量이다.

나) 유형지대자有形之大者는 대해야大海也요 무형지대자無形之大者는 허공야虛空也며 유형무형지대자有形無形之大者는 심야心也니 심야자心也者는 포허공만상包虛空萬象이니라.[74]

다) 대포무외大包無外 세입무내細入無內[75]하는 것이 심지心也요 진리다.

라) 용심자재태허공用心自在太虛空 운신동정대지중運身動靜大地重[76]

마) 초인楚人이 실지失之하니 초인이 득지得之요[초장왕], 인人이 실지失之하니 인이 득지得之요[공자], 물物이 실지失之하니 물

---

74) 불경에 나오는 말. 해석하면 '형상 있는 것으로 가장 큰 것은 바다요, 형상 없는 것으로 가장 큰 것은 허공이다. 그러나 유형한 바다나 무형한 허공을 초월하여 그보다 더 큰 것은 마음이라, 마음은 허공과 일체 사물을 다 포함하는 것이다.'

75) 『휴휴암 좌선문』에 나오는 말. 우리의 성품[진리의 본체]은 본래 형체가 없으므로 크기로는 밖의 한계가 없고, 세밀하기로는 더 이상의 내부가 없다.

76) 마음을 쓸 때는 텅 빈 허공처럼 자유롭게, 처신을 할 때는 대지처럼 무겁게.

이 득지得之니라[77][대종사].

8. 천지의 영원불멸한 도를 체 받으려면?

1) 먼저 만물의 변태, 생로병사의 이치, 육도 윤회의 내역을 잘 알아야 할 것이다.

2) 허망하고 두려운 생각이 날 때마다 천지의 영원불멸함을 믿고, 만물이 천만번 변화할지라도 천지 안에 있는 것이니 걱정이 없고, 내가 천만번 죽는다고 할지라도 천지 안에 다시 날 것이니 두려울 것이 없다는 신념으로 마음에 늘 안정과 해탈의 심경을 기르는 동시에 항상 넉넉하고 여진餘進이 있는 처사를 할 것이다.

3) 선인선과 악인악과로 길이길이 돌고 도는 것이니 늘 조심하며 항상 단촉하고 각박한 처사를 피할 것이다.

※ 참조 : 불생불멸 인과보응의 진리

9. 천지의 길흉 없는 도를 체 받으려면?

1) 먼저 길흉이 무엇이며 그 원인은 어디에 있는가를 잘 알아야 한다.

가) 길 : 경慶, 낙樂, 순順이니, 즉 좋은 일.

흉 : 고苦, 역逆이니, 즉 나쁜 일.

나) 그 원인은 원래 길흉이 없는 진리를 모르기 때문에 생기며 그 한 생각이 길흉에 집착하기 때문에 느낀다.

2) 길흉의 경계를 당할 때마다 늘 천지의 길흉 없는 도에 표준 하여

---

77) 『정산종사법어』 도운편 24장. 말씀하시기를 "옛날 초楚나라 사람이 실물하매, 초왕은 '초인이 잃으매 초인이 얻으리라.' 하였는데, 그 후 공자께서는 '사람이 잃으매 사람이 얻으리라.' 하셨고, 우리 대종사께서는 '만물이 잃으매 만물이 얻으리라.' 하시었나니, 이는 그 주의의 발전됨을 보이심이라, 초왕은 나라를, 공자는 인류를, 대종사는 우주 만물을 한 집안 삼으셨나니, 이가 곧 세계주의요 일원주의니라."

길 가운데 흉이 있고 흉 가운데 길이 있으며, 흉이 가면 길이 올 수 있고 길이 극하면 흉이 올 수 있는 것을 알아서 길흉에 끌리지 않는 공부를 해야 할 것이다.

3) 길한 때를 당하면 그 마음이 넘치거나 안일에 끌리지 말고 권장기로 알아서 활동기로 삼아 더욱 길한 일을 장만하고[수선작복修善作福], 흉한 때를 당하면 그 마음이 낙망하거나 타락하지 말고 시련기로 알아서 준비기로 삼아 크고 굳은 신념으로 새로운 활로를 개척하여 영원한 극락을 장만하는 것이다[안분수신安分修身].

※ 원만구족한 가운데는 길도 흉도 다 있을 수 있는 것이다.

※ 참조 : 『정전』 작업 취사의 목적, 고락에 대한 법문

10. 천지의 응용 무념한 도를 체 받으려면?

1) 가장 큰 공덕이 어떤 공덕인가를 먼저 알아야 할 것이다. 유념보시와 무념보시의 결과를 알라. 『대종경』 변의품 28장.

2) 동정 간에 무념지도를 양성할 것이니

가) 천지는 한 때도 무엇을 사량하고 계교하는 바가 없나니, 우리도 사량심과 계교심이 날 때마다 늘 천지의 응용 무념한 도를 준비하여 동정 간에 무념공부를 철저히 할 것이요, <돈망과거頓忘過去 불사미래不思未來>

나) 정신·육신·물질로 은혜를 베푼 후 관념과 상이 없게 할 것이니, 천지는 공기, 땅, 물, 일월의 광명, 풍·운·우·로 등등의 온갖 것을 다 주고도 그에 대한 생각이나 대가를 바라는 바가 없느니라. 그러므로 우리도 정신·육신·물질로 은혜를 베푼 후 관념과 상이 날 때마다 늘 천지의 응용 무념한 도를 거울 삼아 절대로 관념과 상을 내지 말 것이며,

다) 피은자가 배은망덕할 경우 더 미워하거나 원수를 맺지 말 것

이니, 천지는 배은망덕자라 하여 더 미워하거나 원망하는 일이 없을 뿐 아니라 여전히 그대로 다 안아 주시고 항상 짓는 대로 응할 뿐이니 우리도 혹 배은망덕하는 사람을 대할 때에는 천지의 응용 무념한 도를 체 받아 선입관념이나 차별심을 놓고 오직 그일 그 일에 따라 그대로 응할 것이다.

3) 유념할 자리에 유념하고 무념할 자리에 무념할 줄 알아서 참으로 크게 무념공덕을 쌓자.

11. 상시 일기에서 유념 무념 할 때의 무념과 천지 보은에서 응용 무념 할 때의 무념은 같은 것인가 다른 것인가?

상시 일기의 무념 : 1) 방심 상태요 무기無記의 무념이요,
2) 자성을 여읜 무념이다.

천지 보은의 무념 : 1) 관념과 상을 없애는 무념 즉 정념,
2) 자성을 여의지 않는 무념이다.

※ 참조 : 『정산종사법어』 유념공부와 무념공부[78]

유념공부 – 생각 있게 보고, 생각 있게 듣고, 생각 있게 말하고, 생각 있게 행하고, 생각 있게 동하고, 생각 있게 정하여 대인접물에 매양 그 도를 알아서 중을 잡아 쓸 것이요,

무념공부 – 착 없이 보고, 착 없이 들으며, 착 없이 말하고, 착 없이 행하며, 착 없이 동하고, 착 없이 정하여 행·주·좌·와·어·묵·동·정에 매양 집착 없는 진여성을 체득하자.

※ 참고

가) 염념무념念念無念은 시정시공부是靜時工夫요
사사명사事事明事는 시동시공부是動時工夫라

---

78) 『정산종사법어』 경의편 22장~27장.

유념무념 有念無念이 각수의各隨宜하나니

대도는 탕탕무소애蕩蕩無所碍로다.[79] <정산 종사>

나) 유위이무위有爲而無爲 무위이유위無爲而有爲가 시대위是大爲니라.[80] <대산 종사>

다) 대명무광大明無光 대음무성大音無聲 대공무공大功無功 대은무은大恩無恩 상덕부덕上德不德[81]

※ 참조 : 『대종경』 인도품 15, 16, 17, 18장, 변의품 28장.

12. 응용 무념의 도가 천지 보은의 요체가 되는 이유를 설명하라.

1) 천지가 우리에게 피은한 내용이 곧 피은 5조인데 그와 같이 천지에 있는 것을 다 맡기고도 조금도 관념과 상이 없고,

2) 천지의 운행은 아무런 사량과 계교가 없으므로 무위자연한 가운데 그 운행이 미치지 않는 바가 없으며,

3) 천지는 호오好惡와 증애의 생각이 없고 오직 짓는 대로 주기 때문에 만물이 제구실을 하게 되는 것이요,

4) 천지가 아무리 큰 도와 많은 덕을 베풀지라도 만일 털끝만한 상이 있다면 만물은 한 시도 편할 날이 없고 필경 충돌과 상극으로 파멸되고 말 것이니 참으로 큰 공덕이 될 수 없는 것이다.

그러므로 응용 무념의 도가 천지 보은의 강령이요 요체가 되는 것 같다.

---

79) 『정산종사법어』 응기편 42장. 생각 생각이 생각 없음은 정할 때 공부요, 일일이 일에 밝음은 동할 때 공부라, 유념 무념이 뜻대로 되면 대도 탕탕하여 걸림 없으리라.

80) 『대산종사법문』 3집 제7편 법훈法訓 96. 말씀하시기를 "함이 있는데 함이 없는 것 같고[有爲無爲] 함이 없는 것 같은데 함이 있는 것[無爲有爲]이라야 크게 함[大爲]이다."

81) 큰 밝음은 광채를 볼 수 없고, 큰 소리는 들리지 않으며, 큰 공로는 드러나지 않고, 큰 은혜는 느낄 수 없으며, 진정 훌륭한 덕은 [너무 커서] 느낄 수 없다.

13. 보은 조목을 실행하는 빠른 길은?

1) 먼저 은혜를 깨닫고 깊이 느껴야 한다.

2) 보은 조목을 외워서 깊이 명심해야 한다.

3) 모든 일과 공부가 최초의 한 생각이 가장 중요한 것이니 그 한 생각을 낼 때에 늘 보은 조목으로 표준을 세우고 그 도에 어긋남이 없는 마음을 낼 것이요,

4) 순역과 화복이 오직 한 생각 돌리는데 있는 것이니 모든 경계를 대할 때마다 늘 이 조목에 대조하여 그 한 생각을 잘 돌리는 공부심을 놓지 말 것이다.

5. 천지 배은

천지에 대한 피은·보은·배은을 알지 못하는 것과 설사 안다 할지라도 보은의 실행이 없는 것이니라.

[문제점]

1. 천지 배은이란?

천지 보은의 실행이 없는 것이다.

2. 천지의 피은·보은·배은을 아는 것만으로 보은이 될 수 있는가?

아는 것만으로는 보은이 된다고 할 수 없을 것이다. 그러나

1) 알면 자연 한 가지라도 행하게 될 것이요,

2) 직접 몸소 실행은 못할지라도 다른 사람에게 일러 줄 수는 있을 것이 아닌가? 고로 먼저 아는 것도 중요한 것이다.

3. 알고 행치 못하는 죄와 모르고 행치 못하는 죄는 어느 것이 더 큰가?

1) 알고 지었건 모르고 지었건 지은 대로 받는 과보는 똑같은 것이다. 그러나 알고 짓는 것은 약간 작을 수도 있나니, 왜냐하면 알고 했기 때문에 바로 참회할 마음이 날 수 있고, 또는 부득이 짓게 되는 경우 미리 각오가 되어 있기도 할 것이요, 따라서 조심하는 마음이 있기 때문에 불시에 당하는 고통보다는 적게 느낄 수도 있는 것이다. 예를 들면 검정 무쇠붙이를 불에 달구어 놓고 그 쇠를 잡을 때 달구어진 사실을 알고 드는 사람과 모르고 드는 사람이 입는 화상은 다를 것이 아닌가? 또는 우리가 전연 예기치 못하고 깊은 곳에 발을 디딜 때와 예상하고 디딜 때에 놀라고 다치는 차이는 분명히 다를 것이다.

※ 불의인 줄 알고 바로 참회할 줄 알면 과보는 따라서 작을 것이다. <쇠붙이에 손을 댔다가 빨리 놓아 버리는 것>

2) 그러나 무식한 사람이 완력으로 짓는 죄와 유식한 사람이 지능적으로 짓는 죄과罪果의 미치는 차이는 후자가 훨씬 더할 것이다.

6. 천지 보은의 결과

우리가 천지 보은의 조목을 일일이 실행한다면 천지와 내가 둘이 아니요, 내가 곧 천지일 것이며 천지가 곧 나일지니, 저 하늘은 비록 공허하고 땅은 침묵하여 직접 복락(福樂)은 내리지 않는다 하더라도, 자연 천지 같은 위력과 천지 같은 수명과 일월 같은 밝음을 얻어 인천 대중(人天大衆)과 세상이 곧 천지 같이 우대할 것이니라.

[단어 숙어 풀이]

◆ 인천대중人天大衆 : 인간계와 천상계의 모든 대중.

[문제점]

1. 천지와 내가 둘이 아닌 경지는?

1) 천지의 도를 능히 행할 뿐 아니라 천권을 임의로 잡아 쓸 수 있는 경지, 즉 천지의 주인이 되는 것. <영주: 천지여아동일체天地與我同一體 아여천지동심정我與天地同心正[82]>

2) 천지와 같은 위력과 천지와 같은 수명과 천지와 같은 밝음을 얻은 경지.

※ 여천지합기덕與天地合其德 여일월합기명與日月合其明 여사시합기서與四時合其序 여귀신합기길흉與鬼神合其吉凶[83]

※ 참조 : 『대종경』 교의품 16, 17장, 불지품 11, 12, 13장.

2. "천지가 직접 복락을 내리지 않는다 할지라도"란 말의 뜻을 설명해 주십시오.

창천은 공허하고 대지는 말이 없으므로 천지가 우리 중생과 같은 정식情識으로써 친소에 따라 '이것을 받으라' 하는 식으로 직접 내

---

82) 천지와 나는 하나가 되어 천지가 곧 내가 되고 내가 곧 천지가 되어 나는 천지의 주인이 된다. 따라서 나의 마음이 천지의 마음이 되고 천지의 마음이 나의 마음이 되어, 그 하나 된 마음에는 삿되고 거짓된 것은 없고 오직 진실하고 바른 것뿐이다. 『원불교 용어사전』

83) 『주역』에 나오는 말. "부대인자夫大人者 여천지합기덕與天地合其德 여일월합기명與日月合其明 여사시합기서與四時合其序 여귀신합기길흉與鬼神合其吉凶 선천이천불위先天而天弗違 후천이봉천시後天而奉天時 천차불위天且弗違 이황어인호而況於人乎 황어귀신호況於鬼神乎"(무릇 대인은 천지와 그 덕을 합하고, 일월과 그 밝음을 합하며, 사시와 그 차서를 합하고, 귀신과 길흉을 합하며, 하늘보다 앞서나 하늘이 어기지 않고 하늘보다 뒤서나 천시를 받들어 하늘이 또한 어기지 않는데 하물며 사람이며 하물며 귀신이리오)

리지 않는다 할지라도 시일을 두고 간접적으로 복락이나 죄고가 오는 수도 있고 자신의 마음에 큰 힘이 생기는 경우도 있음을 내포한 말이다.

※ 참조 : 『정전』 불공법, 처처불상 사사불공.

3. 하늘은 공허하고 땅은 침묵하다 하나 실은 다북 차있고 큰소리로 움직이고 있는 것이 아닌가?

물속에 사는 고기는 물이 가득 차 있는 것을 알지 못할 것이요, 공간에 사는 만물은 허공에 공기가 다북 차 있는 것을 느껴 알지 못하며, 지구는 일 분도 쉼 없이 움직이고 있지마는 그 속에 사는 만물은 그 움직임을 알지 못하고 그 소리를 전연 듣지 못하는 것이니, 여기서 공허하다 침묵하다 하신 것은 일반적으로 누구나 느끼고 알 수 있는 상식에 표준을 두고 하신 말씀 같다.

4. 천지 같은 위력이란? <계력戒力 **: 대덕화**大德化**>**

천지는 조화가 무궁하여 만물을 능히 살리고 능히 죽일 수 있는 큰 힘이 있는 것이니 천지의 도를 체 받는 사람은 만사를 작용하되 이루지 못할 일이 없을 것이며 그 공덕이 미치지 않는 바가 없음을 말하신 것 같다.

5. 천지 같은 수명이란? <정력定力 **: 무량수**無量壽**>**

사람이 천만번 죽고 세상이 천만번 변화할지라도 천지는 영원불멸한 것이니, 천지의 도를 체 받는 사람은 능히 고락을 초월하고 생사를 해탈하며 천지와 같이 영생을 얻는 것이다.

※ 참고

가) 성주[84] 나) 불생불멸不生不滅 적멸궁寂滅宮 다) 과학적으로 보

---

84) 천도재 때 많이 외우는 주문으로 영혼천도를 위한 성스럽고 불가사의한 주문. '영천영지영보장생 만세멸도상독로 거래각도무궁화 보보일체대성경(永天永地永保長生

더라도 만물은 아주 없어지는 것이 없고 불보살의 공덕도 길이 사라지지 않는 것이니, 이것도 천지 같은 수명이 아닌가? 여기서 말하는 것은 어디까지나 자신이 보은한 결과로 심성을 각득하여 영생을 얻고 천도天道를 체 받아서 영생을 얻음을 말한 것이다.

6. 일월 같은 밝음이란? <혜력慧力 : 반야지般若智>

형상 있는 광명으로서 가장 밝은 것은 일월인바 이 일월의 광명은 시방을 비추며 길이 변함이 없는 광명이니, 천지의 도를 체 받는 사람은 항상 사리 간에 걸림이 없는 큰 지혜가 얻어짐을 말하는 것 같다.

7. 천지 보은의 결과를 간단히 설명하라.

천지와 둘이 아닌 경지에 이르는 것이니 천지의 도를 본받아 실행함으로써 천지 같은 위력[덕화], 천지 같은 수명[무량수], 천지 같은 밝음[반야지]을 얻어 천권을 마음대로 잡아 쓸 수 있는 천지의 주인이 될 것이다.

※ 처처불상 사사불공이라 하니 천지에게 불공하는 방법은?

⇒ 천지에 다북 차 있는 진리가 전부 하감하실 수 있도록 지극한 마음으로 심고와 기도로써 진리불공을 올리는 동시에 보은 즉 불공이니 천지 보은 조목을 빠짐없이 실행하는 것인바 그 강령으로서는 응용 무념의 도를 체 받아 실행하는 것이다.

※ 일원의 진리와 천지은과의 관계여하?

⇒ 일원의 진리가 천지를 통해서 작용하는 결과로 만물이 생을

萬世滅度常獨露 去來覺道無窮花 步步一切大聖經)'으로 되어 있다. '불생불멸한 천지와 더불어 영원한 생명을 보전하고, 무시무종의 영원한 세월에 열반을 얻어 항상 홀로 우주에 우뚝 드러나며, 세세생생 거래 간에 큰 도를 깨쳐 무궁무진한 일원화를 꽃피우고, 한걸음 한걸음이 모두 다 성현의 경전이 되소서.'라는 뜻이다. 『원불교 용어사전』

지속하게 되는 대은大恩.

8. **인천대중과 세상이 천지를 우대하는 실증을 들라.**

1) 천지가 아니면 그 존재를 보전할 수 없으니, 그것을 알 때 천지를 우대하지 않겠는가?

2) 자고로 경천사상敬天思想이 모두 천지를 지극히 우대한 것이었으며, 특히 유교에서는 천제天祭를 모시는 등 그 우대와 경외敬畏는 형언할 수 없었다.

9. **천지와 내가 근본적으로 둘이 아니라는 내용을 설명하라.**

1) 사람은 소천지小天地이니 천지에는 만사 만리가 담겨진 것 같이 우리의 심신도 만사 만리의 근본인 것이다.

우주내사宇宙內事가 기분내사己分內事, 기분내사己分內事가 우주내사宇宙內事니라.[85] <육상산>

2) 양적인 면에서 크기나 부피가 천지와 같다는 말이 아니라 질적인 면에서 그 내용에 갊아 있는 것이 천지와 같음을 말한다.

심상여천상心象如天象 신상여지상身狀如地狀[86]

3) 천지도 일원의 진리를 담는 그릇이요, 인신人身도 일원의 진리를 담는 그릇이다.

10. **천지 보은의 도를 실행하면 곧 삼대력을 얻어 불성佛聖이 되는데 따로 삼학 공부를 할 것이 무엇인가?**

대종사님의 사상은 일원의 진리에 근거한 지극히 원만한 데 있나니, 일원의 진리는 명상이 돈공한 형상할 수 없는 면과 영지의 광명이 소소한 형상할 수 있는 면과 묘유의 조화가 무궁하여 변화불

---

85) 『상산선생전집象山先生全集』에 나오는 구절. 우주의 모든 일은 곧 자기 마음의 일이며, 자기 마음의 일이 곧 우주의 일이다.

86) 마음의 형상은 하늘의 형상과 같고 몸의 형상은 땅의 형상과 같다.

측한 면이 한 데 어울려 두렷한 기틀을 짓고 있는바, 사은은 형상할 수 있는 면에 변화불측한 인과보응의 진리를 주체 삼아 밝힌 인생의 요도로서 천지은은 그중의 일분과一分科로되 보은 실행하면 곧 삼대력을 얻어 천권을 잡아 쓸 수 있는 불성이 되는 길이기도 한 것이오, 삼학은 형상하기 어려운 각자의 마음공부를 단련하는 길로서 역시 일원의 형상 없는 면의 묘유의 조화가 있는 진리를 주체 삼아 밝힌 공부의 요도로 삼대력을 얻어 불성이 되게 하신 것이다.

그러므로 진리를 원만히 체득할 수 있는 대도는 형상 있는데 당해서는 있는 그 자리에서 도를 배우고 체득하는 길이 있어야 하는 것이요, 형상 없는 자리에 당해서는 없는 그 자리에서 도를 배우고 체득하는 길이 있어야 비로소 원만한 대도라 할 것이다.

가) 형이상왈形而上曰 위지도謂之道요 형이하왈形而下曰 위지기謂之器[87)]

나) 색즉시공色卽是空 공즉시색空卽是色[88)], 도즉기道卽器 기즉도器卽道[89)]

11. 천지은을 절실히 느낄 수 있는 방법은?

1) 서원이 크고 굳세어야, 2) 신심이 크고 깊어야, 3) 공부심이 날로 살아나고 간절해져야, 4) 피은의 강령과 보은의 조목을 깊이 깨달아야, 5) 보은의 도를 하나하나 실천해 보면 더욱 느껴진다.

87) 『주역』 계사전에 나오는 말. 형상 이전의 본체를 도道라 하고, 형상으로 나타난 현상의 세계를 기器라 한다.

88) 『반야심경』에 나오는 말. 색[모든 형상]이 곧 공空이요, 공空이 곧 색이다. 일체의 모든 형상은 영구불변하는 독자적인 실체가 있는 것이 아니라 끊임없이 변화하는 것이며 일시적인 인연화합의 결과일 뿐이라는 뜻이다.

89) 도道가 곧 기器이며, 기器가 곧 도道이다. 도道는 우주의 본체를 가리키고 기器는 현상의 세계를 말한다. 따라서 도는 현상을 통하여 나타나며, 현상의 움직임 속에는 도가 있다는 의미이다.

7. 천지 배은의 결과

우리가 만일 천지에 배은을 한다면 곧 천벌을 받게 될 것이니, 알기 쉽게 그 내역을 말하자면 천도(天道)를 본받지 못함에 따라 응당 사리 간에 무식할 것이며, 매사에 정성이 적을 것이며, 매사에 과불급한 일이 많을 것이며, 매사에 불합리한 일이 많을 것이며, 매사에 편착심이 많을 것이며, 만물의 변태와 인간의 생·로·병·사와 길·흉·화·복을 모를 것이며, 덕을 써도 상에 집착하여 안으로 자만하고 밖으로 자랑할 것이니, 이러한 사람의 앞에 어찌 죄해(罪害)가 없으리오. 천지는 또한 공적하다 하더라도 우연히 돌아오는 고(苦)나 자기가 지어서 받는 고는 곧 천지 배은에서 받는 죄벌이니라.

[단어 숙어 풀이]

◆ 천벌 : 1) 천지가 내리는 벌. 가) 자연계에서 주는 벌. 나) 대중이 주는 벌. 『대종경』 인과품 23장. 2) 우연히 돌아오는 고나 자기가 지어서 받는 고.

◆ 죄해罪害 : 죄벌과 해독.

◆ 우연 : 1) 뜻하지 않는 일. 뜻하지 않는 바. 2) 현실적인 인과율로 미리 알 수 없었던 일이 일어나는 것. 3) 인식하지 못한 필연.

[문제점]

1. 천지 배은의 결과를 간단히 답하라.

천벌을 받는 것이니 우연히 돌아오는 고苦와 자기가 지어서 받는

고苦로 한없는 죄해가 있게 되는 것이다. 즉 사리 간에 무식하고, 매사에 정성이 적고, 매사에 중도를 행하지 못하며, 매사에 불합리한 일이 많으며, 편착심이 많으며, 만물의 변태와 생·로·병·사와 길·흉·화·복의 이치를 모르고, 덕을 써도 상에 집착하여 한없는 죄해를 짓게 된다.

2. 우연히 받고 지어서 받는 죄고가 왜 천지 배은에만 해당하는가? 자업자득이 아닌가?

천지 보은의 결과를 생각해 보라. 천지 보은의 결과를 삼대력으로 요약해서 설명하셨다. 고로 그 반대인 배은의 결과는 어떻게 설명하겠는가?

배은 보은이 모두 자업자득의 결과가 되는 것이다.

제2절 부모은

[대의]

부모와 나와의 사이에 맺어진 은의 관계를 들어내어 피은의 내역과 보은의 도를 밝혀서 부모와 같은 대자비를 갖추어 사생의 부모가 되게 한 것이다.

1. 부모 피은의 강령

우리가 부모에게서 입은 은혜를 가장 쉽게 알고자 할진대, 먼저 마땅히 부모가 아니어도 이 몸을 세상에 나타내게 되었으며,

설사 나타났더라도 자력(自力)없는 몸으로서 저절로 장양될 수 있었을 것인가 하고 생각해 볼 것이니, 그런다면 누구나 그렇지 못할 것은 다 인증할 것이다. 부모가 아니면 이 몸을 나타내지 못하고 장양되지 못한다면 그 같이 큰 은혜가 또 어디 있으리오.

대범, 사람의 생사라 하는 것은 자연의 공도요 천지의 조화라 할 것이지마는, 무자력할 때에 생육(生育)하여 주신 대은과 인도의 대의를 가르쳐 주심은 곧 부모 피은이니라.

[단어 숙어 풀이]

◆ 부모은 : 1) 부모가 베푼 은혜. 부모에게서 입은 은혜. 2) 낳고 기르고 가르쳐주신 분의 은혜. 3) 일원의 진리가 부모를 통해서 나타나는 결과로서 나의 삶을 유지하게 하는 은혜.

◆ 설사 : 1) 가령. 설령. 만일. 2) 일반적으로 불가능한 사실을 가능할 것처럼 가정할 때 쓰는 말.

◆ 자연의 공도 : 자연의 조화로서 아무도 어찌할 수 없고 누구나 밟지 않을 수 없는 길.
예) 생·로·병·사, 춘·하·추·동, 성·주·괴·공.

◆ 천지의 조화 : 1) 만물을 살리고 죽이는 천지의 큰 힘과 재주. 2) 천지가 운행함에 따라 나타나는 천만 가지의 변화.

◆ 인도의 대의 : 1) 사람으로서 행해야 할 의리와 본분. 2) 사람으로서 행해야 할 의무와 책임.

[문제점]

1. 무자력할 때 생육 보호해 주시고 가르쳐 주신 것이 부모은이라 하

는데 특별한 경우 출생하자마자 고아가 된 사람은 부모은이 없지 않겠는가?

1) 생사는 자연의 공도라 큰 능력이 있는 불보살을 제除하고는 중생은 스스로 나고 싶어서 나온 사람도 없지마는 나기 싫어도 안 나올 수 없는 것이다.

   얼른 생각하면 그 부모가 아니면 내가 이 세상에 태어나지 않았을 것 같고 이 세상에 태어나지 않았으면 현실의 고통도 없을 것 같지마는 이런 생각은 장님이 해가 없다고 주장하는 것과 같은 것이다.

   육신이 윤회 전생하는 것은 곧 자연의 공도라 아무도 이 길을 거역할 수는 없는 것인바 하필이면 왜 그런 부모에게 나 자신이 몸을 빌리지 않을 수 없었던가 하고 자신을 살피고 인과보응의 진리와 인연과보의 내역을 깨달아서 감수불보甘受不報하는 동시에 선업결연善業結緣하는 길을 개척해야 할 것이요, 또는 그 부모가 아니면 만사만리萬事萬理의 근본이 되는 이 몸을 어떻게 얻을 수 있을 것인가를 반성하여 깊이 감사드리고 보은해야 할 것이다.

2) 영식만 있는 자신을 생각해 보라. 그는 인간이 아니요 수라인 것이다. 또는 인신人身을 받지 않고 삼악도三惡道에 수생했다고 생각해 보라. 얼마나 다행하고 아슬아슬한 일인가. 인신人身을 얻은 다행감을 갖고 부모님께서 나를 낳으신 경로를 생각해 본다면 그 은혜가 얼마나 큰 것인가를 알 것이다.

   온갖 고통을 겪으시며 당신의 뼈와 살과 피와 기운을 나누어 주신 은혜 무엇으로 형언하겠는가?

3) 낳고 싶어서 낳았건 억지로 낳았건 간에 생모가 산실에 들어갈 때는 생사를 초월한 심경과 인고가 아니면 불가능한 것이다. 이

육신을 세상에 내놓게 될 때까지의 어머님의 희생은 무아無我 그것인 것이다.

천지의 대은大恩을 느끼기 어려운 것 같이 무아의 대은이기 때문에 중생은 부모은을 망각하고 원망하는 수도 없지 않은 것 같다.

2. 생사는 자연의 공도요 천지의 조화라 할진대 낳는 것은 은이라 할 수 없지 않겠는가?

낳고 죽는 것은 곧 변화의 원리이며 형상 있는 만물이 다 똑같이 밟아야 할 길이요 밟지 않을 수 없는 궤도라, 생 그 자체를 은恩이다 해害다 할 수는 없을 것이나 가장 가까운 인연이 되어 태중에서부터 피와 살과 뼈와 기운을 주어 자신의 생사를 무릅쓰고 낳아주신 것은 분명 은恩이 아니겠는가? 또는 길러주고 가르쳐주신 은恩이 크지마는 이 몸이 없으면 누구를 기르고 가르칠 수 있겠는가? 고로 생은生恩이 근본적인 은恩이요 대은大恩이 되는 것이다.

3. 일원상의 진리와 부모은과의 관계는?

일원의 진리가 부모를 통해서 나에게 나타나는 결과로 나의 생존을 유지하고 가치를 발휘하게 하는 대자비은이 부모은이니 일원상의 진리가 없으면 부모은은 나타날 수 없고 부모가 없으면 일원상의 진리가 나를 생존하게 할 수 없다. 고로 일원 즉 사은이요 일원의 진리와 부모은은 불가분리의 관계에 있는 것이다.

4. 원래 '참나'가 없었다면 부모가 있을 수 있는가? 그렇다면 부모은보다 내가 더 근본이 아니겠는가?

물론 내가 없는 부모를 생각할 수는 없다. 그러나 부모가 원래 없었다면 그런 생각을 할 수 있는 현재의 내가 있을 수 있겠는가? 가상적인 나를 생각하는 것은 한낱 공상이요 공리공론이 되는 것이니, 현재 자신의 근본을 생각해서 보다 현실적인 보람을 찾되 길이 잘 살고 두루 잘 살 수 있는 법이 무엇인가를 깨달아야 한다. 이것이 값있는 인생이요 그 길이 곧 지은보은인 것이다.

2. 부모 피은의 조목

1) 부모가 있으므로 만사만리의 근본 되는 이 몸을 얻게 됨이요,
2) 모든 사랑을 이에 다 하사 온갖 수고를 잊으시고 자력을 얻을 때까지 양육하고 보호하여 주심이요,
3) 사람의 의무와 책임을 가르쳐 인류 사회로 지도하심이니라.

[단어 숙어 풀이]

◆ 만사만리萬事萬理 : 모든 일과 모든 이치. 헤아릴 수 없는 모든 일과 이치.

◆ 의무 : 1) 마땅히 해야 할 일 또는 본분. 2) 자신과 인류 사회의 공존 공영[공동복지]를 위하여 마땅히 해야 할 일.

◆ 책임 : 1) 맡은 일. 2) 맡겨진 일. 3) 나만이 해야 할 일.

※ 사명使命

가) 지워진 바 큰 임무. 나) 소명召命, 즉 진리의 명命을 받아 대행하는 일. 다) 명命을 받아 깊이 공감하고 심신을 다해서라도 끝까지 완수하지 않을 수 없는 봉사적인 큰 임무.

[문제점]

1. 이 몸이 만사만리의 근본이 되는 이유를 설명하라.

1) 우주 만유의 유형무형이 진리의 덩치 아님이 없기 때문에 이 몸

도 만사만리의 근본이 되는 것이다.

※ 수심결에서 방하피낭放下皮囊[90] 운운하신 것은 육신에 집착하는 그 마음을 놓으라는 것이요, 또는 불교가 원래 우주 만유의 형상 없는 데에 근거를 두었기 때문에 색신은 즉 거짓[가假]이라 하신 것이다.

유가에서는 우주 만유의 형상 있는 데 근거를 두었기 때문에 색신을 무시하는 설이 없다.

2) 이 몸이 없는 만사만리를 생각할 수 없고 또는 이 몸이 없다면 만사만리가 무슨 필요가 있겠는가? <주아주의主我主義의 입장에서> 만사만리를 생각하고 활용하는 주체는 곧 나요, 나는 몸과 마음의 합일자이다. 그러므로 이 몸은 만사만리의 근본이 되는 것이다.

3) 천지는 만사만리의 근원이요 사람은 소천지小天地이다. 고로 이 몸은 만사만리의 근본이 된다.

4) 이 몸은 일원의 진리를 담는 그릇이다. 고로 이 몸은 만사만리의 근본이 되는 것이다.

우주일태극宇宙一太極이요 만유각유일태극萬有各有一太極.[91]

천지도 원래 둘이 아닌 것 같이 심신도 원래 둘이 아니다.

5) 천지에 아무리 무궁한 이치가 있다 할지라도 그 진리를 잡아 쓰

---

90) 『수심결』 40장. "금기도보소今旣到寶所인댄 불가공수이환不可空手而還이니 일실인신一失人身하면 만겁난복萬劫難復이라 청수신지請須愼之어다. 기유지자지기보소豈有智者知其寶所하고 반불구지反不求之하야 장원고빈長怨孤貧이리오. 약욕획보若欲獲寶인댄 방하피낭放下皮囊이니라."(이제 이미 보배가 있는 곳에 온 이상 가히 빈손으로 돌아가지 말라. 한번 사람의 몸을 잃어버리면 만겁에 회복하기 어려운 것이니 청컨대 마땅히 삼갈지어다. 어찌 지혜 있는 이가 그 보배 있는 곳을 알고 도리어 구하지 아니하고 길게 외롭고 빈한함을 원망하리오. 만일 보배를 얻고자 한다면 가죽주머니[육신]를 놓아 버릴지니라)

91) 우주는 하나의 태극이요, 만유는 각각 하나의 태극을 가지고 있다.

는 이 몸이 없다면 천지는 한 공각空殼에 불과하다.

※ 참조 : 『대종경』 불지품 13

2. 부모가 자녀를 사랑하게 되는 근본적인 원인은?

1) 피와 뼈와 살과 기운을 다 주었기 때문에 발현되는 종족 보존의 본능적 사랑인 것 같고,

2) 일원의 진리가 부모를 통해서 현실적으로 나타나는 근본적이고 직접적인 작용이기 때문에 자신도 모르게 발현되는 일종의 천심일 것이다. <천륜天倫>

대자대비의 성스러운 마음이라.

3) 생활과 생각이 같음에 따라 정의가 깊이 얽혀지는 원인도 있을 것이다.

4) 숙겁의 동업에서 오는 업연의 발현이기도 할 것이다.

3. 사은이 원래 하나의 천륜이라는데 자기 자녀를 위해서는 지옥도 사양하지 않건마는 왜 다른 사람의 자녀는 사랑할 마음이 나지 않는가?

1) 생각과 소견이 편협하여 친소에 집착하기 때문에.

가) 사생일신임을 모르고 느끼지 못한다.

나) 윤회 전생輪廻轉生의 진리를 모른다.

다) 인과보응의 진리를 모른다.

2) 이 몸의 분신이므로 먼저 마음이 가는 것은 당연하지 않겠는가?

가) 자근지원自近至遠[92] 나) 친친이급소親親而及疏[93]

3) 부모로서 의무와 책임이 있기 때문에.

---

92) 가까운데서 부터 먼 곳까지 미침.

93) 친한 이를 친애함으로부터 멀리 소원한 사람에게까지 미침. 자신의 부모에 대한 사랑의 마음을 다른 사람의 부모와 자식에 대한 마음으로까지 확대해 나간다는 뜻.

4) 가까운 인연에 집착하기 때문에 크고 넓은 사랑이 샘솟지 못한다.

4. 사람의 의무와 책임이란?

가정·사회·국가·세계에 처해서 맡은 일이나 또는 맡겨진 일이니, 예를 들면 한 가정에 있어서 전 가권全家眷은 그 가정의 평화와 복지를 유지 향상시킬 의무는 다 같으나 그 의무를 이행하는 방법으로서 각자의 책임은 다른 것이다.

호주의 책임, 주부의 책임, 자녀의 책임은 다르다.

5. 부모의 사랑과 불보살의 사랑은 같은가 다른가? 그 차이점이 있으면 설명하시오.

1) 본심은 같으나 그 방법은 다를 수 있겠다.

2) 부모님의 사랑은 일반적으로 일생의 육신을 길러주신데 주가 된다면 불보살의 사랑은 영생의 정신을 길러 주시는데 주가 있겠으며,

3) 부모님의 사랑은 자칫하면 과불급의 사랑이 되어 그 결과가 본의와는 달리 되는 경우가 있을 것이나 불보살의 사랑은 항상 도가 있고 법이 있어서 영생을 통하여 진리에 어긋남이 없는 큰 사랑이 될 것이다.

사랑도 도가 있는 사랑이라야 참사랑이 되는 것이다.

※ 참고 : 역자이교지易子而教之[94] <주자朱子>

---

94) 『맹자』 이루상편에 나오는 말. "공손추왈公孫丑曰 군자지불교자君子之不教子는 하야何也잇고. 맹자왈孟子曰 세불행야勢不行也니라. 교자教者는 필이정必以正이니 이정불행以正不行이어든 계지이노繼之以怒하고 계지이노즉반이의繼之以怒則反夷矣니 부자夫子교아이정教我以正하사대 부자夫子도 미출어정야未出於正也라 하면 즉시부자상이야則是父子相夷也니 부자상이즉오의父子相夷則惡矣니라. 고자古者에 역자이교지易子而教之라 하니 부자지간父子之間은 불책선不責善이니 책선즉리責善則離하나니 이즉불상離則不祥이 막대언莫大焉이니라."(공손추 묻기를 '군자가 자기 자식을 친히 가르치지 않는 것은 어떤 까닭입니까?' 맹자께서 말씀하셨다. '자연의 추세로 보아 그렇게 되지 않기 때문이다. 가르치는 데는 반드시 올바른 것으로 하는데, 바르게 가르쳤는데

6. 옛 말에 생자비난生子非難이요 양자난養子難이며 양자비난養子非難이요 교자난敎子難이라[95] 하는데 그렇다고 낳고 길러주신 은혜 보다 가르쳐 주신 은혜가 더 큰가?

낳고 기르고 가르쳐 주신 은혜는 다 같은 은혜일 것이다. 다만 사람다운 사람을 만들기로 하면 가르치는 것이 중요함을 강조한 말씀이 아닌가 한다.

7. 부모가 자녀를 낳고 싶어서 낳았다면 모르거니와 부득이 낳은 경우도 은이라 할 수 있겠는가?

1) 그러므로 자연의 공도요 천지의 조화라고 하신 바가 있지 않은가. 그러나 부모의 입장이나 심경을 논하기 전에 자신의 생존 자체를 깊이 생각해 보라.

2) 자신이 곤궁에 처했을 때 돕고 싶은 마음이 우러나서가 아니고 우연 중이나 또는 부득이한 사정에 의해서라도 나의 곤궁을 면해준 분이 있다면 나는 그를 은인이라고 하겠는가 원수라고 하겠는가?

8. 자녀를 낳아서 책임지지 못하고 고통만을 안겨주는 부모가 있다면 그런 경우도 은이라 할 수 있겠는가? 차라리 낳지 않았으면 고통이 없지 않겠는가?

1) 부모은의 유무를 논하기 전에 자업자득의 인과 이치를 모르는

행하지 않으면 이어서 노怒하게 되고, 노怒하게 되면 도리어 가르침을 해하기 때문이다. 아버지께서 나를 가르치심은 바른 것으로 하신다 하되, 아버지께서 하시는 것은 바른 데서 나오는 것이 아니다 라고 하게 하면, 이것은 부자가 서로 해치는 것이다. 부자가 서로 해치면 나쁘다. 옛적에는 자식을 바꾸어 가르쳤다. 부자간에는 잘 되라고 꾸짖지 않는 법이니, 잘 되라고 꾸짖게 되면 사이가 난다. 사이가 나게 되면 상서롭지 못하기가 이 보다 큰 것이 없다.)

95) 자식을 낳는 것은 어렵지 않으나 기르는 것이 어려우며, 기르는 것은 어렵지 않으나 가르치는 것이 어렵다.

우견愚見 먼저 파破하기 바란다. <불생불멸과 인과보응의 진리를 각득하게 하라>

2) 생멸 변화의 순환 불궁하는 진리는 오면 반드시 가는 것이요 가면 반드시 오게 되는 것이 만고에 바꿀 수 없는 철칙인바, 능력 있는 분은 와야 할 때 오고 가야 할 때 갈 수 있지마는 능력 없는 중생은 대자연의 섭리 따라 아무리 오기 싫어도 지은 대로 오지 않을 수 없는 것이요, 아무리 가기 싫어도 지은 대로 가지 않을 수 없으니 현재의 고통이 싫거든 부모를 원망하고 세상을 한탄하는 것보다 불생불멸과 인과보응의 진리를 깨닫고 스스로 반성하는 동시에 마음 쓰는 공부를 잘해야 할 것이다.

9. 고시古詩에 부혜생아父兮生我하시고 모혜국아母兮鞠我라[96] 하신 바가 있으니 사실로 그런 것인가? 사실적인 근거는?

현실적인 면에서 보면 어머니가 나를 낳고 길렀으며 아버지는 다만 보조만 하신 것 같으며, 근본적으로 생각해 보면 땅에 종자를 뿌려야 땅이 종자를 내주고 키워줄 수 있듯이 어머니는 그 바탕이요 아버지는 그 종자를 내려 주신 분이니 아버지가 낳으시고 어머니가 길렀다고 할 수도 있을 것이나, 실은 만물의 생성이 음양의 화합으로 되는 것이라 어머니가 없는 자식을 생각할 수 없고 아버지가 없는 자식을 생각할 수 없으니 두 분이 같이 낳아 같이 기르신 것이라고 할 것이다.

---

96) 『시경』에 나오는 구절. 아버지 날 낳으시고 어머니 날 기르시다.

3. 부모 보은의 강령

무자력할 때에 피은된 도를 보아서 힘 미치는 대로 무자력한 사람에게 보호를 줄 것이니라.

[문제점]

1. 무자력자 보호가 부모 보은의 강령이 되는 이유는?

1) 낳으려고 마음먹는다고 꼭 낳는 것도 아니요 낳기 싫다고 해서 안 낳을 수만도 없는 것이요, 우연 자연 중에 낳게 되느니 생사는 자연의 공도라 은과 해를 말하기 어렵고, 또는 굳이 은이라고만 주장할 수는 없다 할지라도 무자력할 때 보호해 주신 것은 나면서부터 온갖 사랑과 수고를 다 해주신 대은이 분명한 것이다.

2) 깊이 생각해 보면 태중 10개월과 슬하 3년과 인도人道 교육이 모두 심신 간에 무자력할 때 보호 양육하신 것이라고 하지 않겠는가?

3) 삼세 윤회하는 진리로 보더라도 삼세 일체 부모에게 보은할 수 있는 길은 오직 무자력자 보호하는 도가 가장 크기 때문이다.

4) 만일 낳는 도를 강령 삼아 체 받는다면 자녀를 낳지 못할 분[신부, 수녀, 불구인, 정남, 정녀 등]은 보은의 길이 막히게 될 것이며, 또 가르치는 도를 강령 삼아 체 받게 한다면 지식이 적거나 경제적인 여유가 없는 분은 그 도를 체 받기가 어려울 것이요 보은의 길이 막히게 되는 것이다. 그러나 무자력자 보호의 도는 누구든지 마음만 있으면 다 할 수 있는 대도가 되기 때문이다.

※ 생生, 육育, 교敎 자체가 무자력할 때의 보호다.

2. 장거리 여행이나 복잡한 차 안에서 노인은 서 계시고 나는 앉아 있

을 때 노인에게 자리를 양보했다가 줄곧 입석으로 시달리는 경우도 있고, 복잡한 대중에게 불평을 사는 경우도 있는데 그런 경우는 어떻게 취사하는 것이 좋을까?

1) 매사에 중도를 잡는 것이 취사의 표준인 것이니 여기서는 약자의 개념을 잘 알아야 할 것이다. 스스로 병약한 처지에 있으면서 건장한 노인에게 자리를 양보하고 병을 더한다면 그것은 약자 보호의 도를 실행한 것이 아니다. 또 스스로는 건장하면서 노소간에 병약한 사람이 서서 가는 것을 모르는 척하는 것도 이 도에 어긋난 것이니, 자타와 노소의 관념을 버리고 오직 그때그때 가장 약한 처지에 있는 분을 보호하는 것이 가할 것이다.

2) 복잡한 차 안에서 대중이 이해하기 어렵고 인정하지 못하는데 대중에게 피해를 주면서까지 노인 한 분을 위해서 수선을 피우는 것도 진정한 약자 보호의 도라고 할 수 있을 것인지 생각해 볼 일이다. 자칫 잘못하다가는 그 노인에게 도리어 미안과 무안만을 더해줄 염려도 있을 것이다.

3. 자기 아버지와 국가의 명재상名宰相이 급류에 휩싸여 간다고 가정할 때 누구를 먼저 구하는 것이 가可할까?

가정이나 가상이라는 그 사실이 애매한 것이다. 실지 그런 경우를 당해 보아야 알 것이로되 인륜의 친불친이나 대국적인 선후 관계를 사량 계교하는 것보다는 위급한 사람을 구해야 한다는 천심을 그대로 발휘해서 급한 분부터 또는 내 힘이 미칠 수 있는 분부터 구하는 것이 옳은 것이요, 실지의 경우를 당하면 사량 계교할 겨를이 없이 그리될 것이다.

4. 아들은 법관인데 그 부모가 중죄를 짓고 그 아들인 법관 앞에 끌려왔을 경우 그 법관은 어떻게 판결을 할 것인가?

법률과 인륜을 다 존중하고 상하지 않게 해야 할 것인바 법률은 국법이니 전 국민이 실행하는 것이라 내가 법복을 벗더라도 법률은 유전될 것이나 부모 자녀 간의 인륜은 내가 아니면 끊어지고 말 것이니, 법복을 벗을지언정 부모에게 죄벌의 판결을 내릴 수 없는 것이다.

※ 참고 : 현대에도 관례상 친고자親故者의 판결은 하지 않게 되어 있다.

가) 인륜 도리상 있을 수 없는 일이요, <판사는 법대로 판결하는 것을 생명으로 안다>

나) 친소의 인정에 끌려 법률대로 판결하지 않을 염려도 있는 것이다.

4. 부모 보은의 조목

1) 공부의 요도(要道) 삼학 팔조와 인생의 요도 사은 사요를 빠짐없이 밟을 것이요,
2) 부모가 무자력할 경우에는 힘 미치는 대로 심지(心志)의 안락과 육체의 봉양을 드릴 것이요,
3) 부모가 생존하시거나 열반(涅槃)하신 후나 힘 미치는 대로 무자력한 타인의 부모라도 내 부모와 같이 보호할 것이요,
4) 부모가 열반하신 후에는 역사와 영상을 봉안하여 길이 기념할 것이니라.

[단어 숙어 풀이]

◆ 요도要道 : 1) 요긴한 길. 중요한 길. 2) 없을 수 없는 가장 중요한 길 또는 방법.

◆ 공부의 요도 : 1) 공부하는 데 없을 수 없는 가장 중요하고 요긴한 길 또는 방법. 2) 삼학 팔조로서 마음 공부하는데 일분 일각도 여읠 수 없는 가장 중요하고 요긴한 수행 길.

◆ 인생의 요도 : 1) 사람으로서 의무와 책임을 다하는데 없을 수 없는 가장 중요하고 요긴한 길. 2) 사은 사요로서 인류 사회에 처하여 의무와 책임을 다 하는데 가장 요긴한 불공법.

◆ 심지의 안락 : 1) 마음과 뜻이 편안하고 즐거운 것. 2) 본의와 하고자 하는 뜻을 잘 받들어 근심과 걱정이 없이 길이 편안하고 즐겁게 해드림.

◆ 육체의 봉양 : 의·식·주에 불편이 없도록 잘 받들어 드리고 건강에 손상이 없게 해 드리는 것.

◆ 열반 : 1) 명命을 마침. 돌아가심. 입적入寂. 2) 마음에 모든 번뇌와 고통이 끊어진 경지. 원적圓寂. 적멸寂滅.

◆ 봉안 : 신주神主, 불상佛像, 영정影幀, 역사 등을 받들어 모심.

[문제점]

1. 공부의 요도와 인생의 요도를 밟는 것이 부모 보은이 되는 이유는?

1) 공부의 요도를 빠짐없이 실행하면 곧 불성佛聖의 지행을 갖추어 불성의 사업을 이룰 것이니 그런다면 그 영명令名이 세상에 드러날 것이요, 그 부모의 은혜까지 드러나서 천추에 만인의 존모尊慕하는 바 될 것이라 어찌 단촉한 일생에 시봉만 드린 것에 비하리요.

※ 참조 : 『대종경』 변의품 25장.

2) 보은 즉 효孝라, 효는

가) 육체 봉양, 심지 안락, 영명令名 유전遺傳.

나) 생전수도발심生前修道發心 사후영생구제死後永生救濟일 것이니 불성佛聖의 능력을 갖추는 것이 참으로 큰 효일 것이다.

효는 백행지본百行之本이나 대각과 효를 놓고 보면 대각이 근본이다. <정산 종사>

2. 심지의 안락을 드린다 하여 부모님께서 진리에 어긋나는 일을 원하셔도 받들어 드려야 할 것인가?

부모님의 본의는 항상 자녀가 잘되기만을 빌고 바라는 마음임에는 틀림이 없을 것이다. 그러나 그 생각과 지견이 미치지 못하실 경우에는 차차 시일을 두고 실증實證이 드러나면 회향하실 것이다. 그러므로 진리를 달관하시고 나의 일생 내지 영생을 책임질 수 있는 사우師友를 모시고 그 지도와 교시를 받들어 스스로 인격을 완성하고 세계에 공헌함으로써 진리에 어긋남이 없이 보다 크고 영원한 영명으로 부모님을 법보法譜에 모시도록 해야 할 것이다. 만일 부모님으로 인해서 성불제중의 서원이 흐려지고 세계 사업에 큰 지장을 받는다면 그보다 더 큰 불효가 없을 것이다. 또 한 가지 유의할 점은 설혹 나는 천추에 빛나는 효자의 이름을 남길지라도 그로 인해서 부모님의 악명이 세상에 유전된다면 그것도 참다운 대효는 될 수 없고, 목전의 현실에 심지의 안락을 드릴지라도 그로 인해서 부모님의 영생이 악도로 타락되었다면 이것도 영원한 대효는 못되는 것이다.

예) 가) 순舜임금과 그 부친 : 그 부친이 고수鼓手가 되셨지마는 그 아버지가 아니면 순舜의 효가 드러날 수 없고 또 말년에 회향하

셨다고 함.[97)]

97) 순은 평범한 농민의 아들로 태어났는데, 그의 아버지 고수는 장님이었다. 순이 태어난 지 얼마 안 되어 어머니가 병으로 죽자 그의 아버지 고수는 재혼하였다. 순의 계모는 남동생 상(象)과 여동생 과수를 낳았다. 고수는 어리석고 멍청하여 후처와 그녀의 자녀만 좋아하고 순을 좋아하지 않았다. 계모는 속이 좁고 악랄하였으며, 남동생 상도 성격이 거칠고 흉폭하였다. 그들은 항상 순을 학대하였다. 순은 성인이 된 후 더 이상 집에 있을 수가 없어 역산 기슭에 혼자 초막을 짓고 황무지를 개간하여 농사를 짓고 살았다. 순은 사람들에게 상냥하게 대하고 남을 도와주기를 좋아하여 백성들의 추앙을 받았다. 그래서 많은 사람들이 그와 이웃이 되려고 찾아와 얼마 안 되어 그곳은 사람들의 집거지가 되었다. 이때 요임금은 나이가 너무 많아 각 부락의 장들을 불러놓고 그들에게 자기의 후계자를 추천토록 했다. 모두들 순의 미덕을 칭송하면서 순을 추천했다. 요임금은 일단 순을 한번 살펴보기로 하고, 딸 아황娥皇과 여영女英을 순에게 시집보냈다. 그리고는 그에게 창고를 지어주고 양떼를 주었다. 순의 계모와 남동생 상은 그가 단번에 부귀영화를 누리게 된 것을 보고 질투가 나서 견딜 수 없었다. 이에 고수를 설득하여 순을 죽이고 그의 재산을 탈취할 계략을 꾸몄다. 한번은 고수가 순을 불러 창고의 지붕을 수리하게 했다. 순이 지붕에 올라가자 상은 사다리를 치워 버리고 불을 질러서 그를 죽이려고 했다. 순은 그의 아내가 준 두 개의 삿갓을 양손에 들고 팔을 펼쳐서 새처럼 날갯짓하여 땅으로 내려와서 위기를 벗어났다. 상은 이 계획이 수포로 돌아가자 다시 새로운 계략을 꾸몄다. 하루는 고수가 또 순을 불러 우물을 치게 했다. 순이 공구를 가지고 밧줄에 몸을 묶어 우물 아래로 내려갔다. 그가 우물 속으로 들어가자 고수와 상은 곧바로 밧줄을 끊어 버리고, 우물 속으로 돌과 흙덩이를 퍼부어 우물을 메웠다. 그리고는 그들은 순의 집으로 달려가서 순의 재산을 차지하려고 하였다. 그러나 뜻밖에도 순은 안전하게 우물 밖으로 빠져나왔다. 고수와 상은 크게 놀라 머뭇거리다가 슬며시 물러갔다. 이때 순은 만일의 사태를 대비하여 미리 마음의 준비를 하고 있었다. 그리고는 우물 아래로 떨어지자마자 곧바로 우물 벽에 바싹 붙어 있다가 구멍을 뚫고 나왔던 것이다. 며칠 후 상이 순의 집으로 찾아와서 이르기를, “지난 두 번의 일은 정말 형에게 미안하게 됐소. 오늘 특별히 술과 안주를 준비하여 용서를 청하고자 하니 자리에 참석해주시오.”라고 하였다. 순의 이복 여동생 과수는 부모와 상이 이처럼 악독하게 순을 해치려 하는 것을 보고 순을 매우 가련하게 생각했다. 그녀는 이번에도 상이 순에게 술을 먹인 다음 그를 베어 죽이려는 계략을 꾸미고 있는 것을 알아차리고, 그러한 사실을 순과 순의 아내에게 몰래 일러주었다. 그러자 순의 아내는 즉시 약 한 첩을 가지고 와서 순에게 그것을 먹고 그 자리에 참석토록 하였다. 술자리가 시작되자 그들은 순에게 계속 술을 권하였으나 그때마나 순은 한 번에 술을 쭉 들이켰다. 술과 안주를 다 먹은 후에도 순은 아내가 준 약 덕택으로 멀쩡할 수 있었지만, 상은 그만 술을 너무 많이 마신 탓에 만취하여 순을 빤히 쳐다보면서 어쩌지도 못하고 나갔다. 비록 이런 일이 있었지만 순은 결코 원한을 가슴에 담아두지 않고 여전히 옛날과 마찬가지로 부모에게 효도를 다하고 동생들을 사랑으로 돌봐주었다. 요임금은 순이 이러한 가정환경 속에서도 부모에게 효도를 다하고 동생을 사랑으로 돌보는 것을 본 후, 그가 반드시 나라를 잘 다스릴 수 있으리라 믿고 그에게 왕위를 선양禪讓하였다. 순

나) 증자曾子님의 효 : 오이 밭 매다 맞으신 일화. 자왈 이효상효子曰以孝傷孝.[98)]

다) 민자閔子의 효 : 모재일자한母在一子寒 모거삼자한母去三子寒 운운.[99)]

라) 목련존자의 효 : 지옥에 계시는 모친 구제.[100)]

마) 대종사님과 정산 종사, 삼세 제불제성의 효.

바) 황벽 스님의 효 : 일자一子 출가出家에 구족九族이 생천生天 약불생천若不生天 제불망어諸佛妄語.[101)]

은 왕위를 물려받은 후 즉시 집으로 돌아가서 아버지를 뵙고 상을 유비에 봉했다. 그 후 고수와 상은 자신들을 이토록 극진히 대하는 순을 보면서 양심의 가책을 느끼고 개과천선하여 순과 화목하게 지냈다.

98) 부모상을 당하여 너무 슬퍼하다가 병을 앓게 되는 경우. 효성이 너무 지나치면 도리어 효가 될 수 없다는 뜻이다.

99) 『소학』에 나오는 말. "민자閔子 조상모早喪母 부재취父再娶 생이자生二子 계모繼母 독이獨以로 화의자건花衣子騫 부각지父覺之 욕축기처欲逐其妻 자건왈子騫曰 모재母在 일자한一子寒 모거母去 삼자단三子單 모득면축母得免逐 기모문지其母聞之 대지균평待之均平 수성자모遂成慈母"(민자건은 일찍 어머니를 잃고 아버지가 재취를 하여 두 아들을 낳았다. 계모가 [한겨울에] 유독 민자건에게만[솜옷이 아닌] 갈대꽃을 누빈 옷을 입히자, 아버지가 그것을 알고는 그 아내를 내치려고 하였는데, 민자건이 말씀드리기를 '어머니가 계시면 한 아들만 추우면 되지만, 어머니가 떠나시면 세 아들이 고단해집니다.[그러니 어머니를 내치지 마십시오.]'라고 하여, 계모가 내침을 면하였다. 계모가 그것을 듣고, 아들들을 고르게 대하여 드디어 자애로운 어머니가 되었다.)

100) 목련 존자는 부처님의 십대제자 중 신통력이 제일 뛰어나다고 알려져 있다. 목련 존자가 신통으로 자신의 어머니가 어떤 세상에 살고 있는가 살펴보다가 그만 안타까운 장면을 목격하게 되었다. 좋은 세상에 잘사는 줄 안 어머니가 지옥에서 고통을 받고 있는 것을 안 목련 존자는 부처님께 어머니의 지옥고를 면할 방법을 일러달라고 고하였다. 목련 존자는 부처님의 가르침을 받아 하안거가 끝나는 날(음 7월 15일), 여러 수행승을 공양해 지옥에서 고통스러워하는 어머니를 좋은 세상에 나도록 하였다. 이때 안거를 마치고 한 자리에 모인 수행자들은 목련 존자의 공양을 받고서 목련 존자의 어머니가 좋은 세상에 천도하도록 경전을 읽고 기도를 하였다. 이리하여 목련 존자의 어머니는 제도를 받게 되었으며, 목련 존자가 수승한 수행자들에게 공양한 것과 더불어 어렵게 살아가는 이들에게 많은 보시를 했다는 고사에서 우란분절이 생겨나게 되었다.

101) 황벽 선사가 출가하자 그의 어머니는 너무 상심하여 눈이 멀게 되었다. 황벽의 왼쪽 발에 큰 사마귀가 있었으므로 그의 어머니는 지나가는 승려들의 발을 씻어주며 혹시라도 아들을 만날까 기대하였다. 한번은 황벽이 자기도 모르게 고향을

사) 이양인 씨 : 나는 불효녀다. 왜냐하면 내 복이 없어서 헐 먹고 헐 입고 못 배웠으니 부모님의 마음이 어떠했겠는가?[102)]

※ 군사부일체君師父一體나 그 도에 있어서는

- 군[上]에게는 : 무은이유범無隱而有犯 <이실직고以實直告하고 은심충간隱心忠諫 생사불고生死不顧>
- 사師에게는 : 무은이무범無隱而無犯 <이실직고 절대복종이 있을 뿐이다>
- 부父에게는: 유은이무범有隱而無犯 <염려하실 일은 숨기고 순종할 뿐이다>[103)]

지나치다가 그도 어머니의 초대를 받아 발을 씻게 되었는데, 그는 어머니가 알아보지 못하도록 오른 발을 두 번 내밀었다. 발을 다 씻은 후 그는 차마 떨어지지 않는 발걸음을 옮겼는데 이웃이 이 사실을 그의 어머니에게 알려주었다. 어머니는 보이지 않는 눈으로 아들이 갔다는 방향으로 무작정 쫓아가다가 그만 물에 빠져 죽어버렸다. 이런 정경을 지켜보던 황벽은 통곡하며 이렇게 말하였다. "일자출가一子出家 구족생천九族生天 약불생천若不生天 제불망어諸佛妄語"(한 사람이 출가하면 그 공덕으로 구족이 천상에 태어난다 하였는데 만약 어머니가 천상에 태어나지 않는다면 모든 부처님들이 망발을 한 것이리라) 황벽이 어머니를 화장하였는데 이때 마을 사람들은 그의 어머니가 하늘로 승천하는 것을 보았다 한다. 이때부터 일자출가구족승천一子出家九族升天이라는 말이 널리 회자되었다 한다.

102) 부산진 교도인 이양인 씨는 집안이 가난하였다. 인과의 이치를 들은 후 가난한 원인이 자신이 복을 짓지 못한데 있음을 깨닫고 '내가 복이 없어 부모님을 힘들게 하는구나.' 하는 생각에 스스로 불효녀라 여겼다 한다.

103) 『예기』에 나오는 말. "사친事親호대 유은이무범有隱而無犯하며 좌우취양左右就養호대 무방無方하며 복근지사服勤至死하며 치상삼년致喪三年하고 사군事君호대 유범이무은有犯而無隱하며 좌우취양左右就養호대 유방有方하며 복근지사服勤至死며 방상삼년方喪三年하고 사사事師호대 무범무은無犯無隱하며 좌우취양左右就養호대 무방無方하며 복근지사服勤至死며 심상삼년心喪三年이니라.(어버이를 섬길 때는 그 허물을 숨기고 면전에서 직접 간諫하지 않는다. 좌우 가까이에 나가서 봉양하되 한계가 없이 그 부모가 죽을 때까지 부지런히 섬기며, 부모가 죽으면 3년 동안 치상致喪을 치른다. 임금을 섬길 때는 면전에서 직접 간諫하여 허물을 숨기지 않는다. 좌우에서 봉양하되 직분에 따라 섬김의 한계가 있다. 임금이 죽을 때까지 부지런히 섬기고, 죽으면 친상親喪과 같은 수준으로 3년간 방상方喪을 치른다. 스승을 섬길 때는 면전에서 직접 간諫하는 일도 잘못을 숨기는 일도 없다. 좌우에서 봉양하되 한계가 없이 스승이 죽을 때까지 부지런히 섬기며, 죽으면 3년간 심상心喪을 치른다.)

3. 육체의 봉양을 드리기 위하여 부당한 일을 해도 좋은가? <살생 도적 등 사事의 범계犯戒>

현생이나 목전의 효만을 생각하는 것보다는 부모님의 영생을 위하여 부득이한 연고가 있기 전에는 절대로 삼가 할 것이다. 부모님으로 하여금 불생불멸의 도와 인과보응되는 이치를 믿고 깨달으시도록 할 것이다.

4. 무자력한 타인 부모를 보호하는 것이 부모 보은이 되는 이유는?

과거, 현재, 미래의 삼세 일체 부모님께 보은하는 길이 된다. 즉 다생의 이치로 미루어 보면 숙겁의 부모도 수가 없고 미래에 정할 부모도 수가 없어서 삼세의 일체 부모님들께 보은하는 길이 되는 것이다. 고로 부모 보은 조목을 빠짐없이 실행하는 것은 영겁의 대효가 되는 것이다.

※ 참조 :『대종경』 변의품 25장.

5. 열반하신 후에 역사와 영상을 봉안하고 기념제를 모시는 것이 보은이 되는 이유를 설명하라.

이 문제는 열반기념제의 의의를 정확히 알면 되는 것으로

1) 생사가 역력하고 유명은 비록 다를지라도 인연과보는 길이 쉬지 않는 것이니 천도 축원의 큰 뜻이 있다. <인연과보와 동기상응하는 진리에 근거한다>
2) 부모님의 일생 역사를 참고하여 선업은 더욱 계승 발전시키고 혹 불선업不善業이 있을 때는 개선 향상시켜드리기로 발원하며, 아들과 손자들이 한자리에 모여 각성의 계기를 삼는데 큰 뜻이 있다. <유업 계승과 덕화선양德化宣揚하는 계기를 삼는다>
3) 부모님의 영상이나 위패를 모시고 자신의 근원을 반조하며 추원보본의 정성을 다함으로써 만물의 영장인 인간의 도리를 실행하

고 세상의 질서와 평화를 이룩하는데 합력하는 것이다.

※ 참조 : 『예전』, 『소학』

※ 미국의 모某 사회학자의 말 – 미국에 있는 외국인계外國人界의 인간성과 생활상을 보면 중국계의 인간성이 인륜을 가장 존중하는 것을 발견하게 되었으며, 그것은 중국 고래古來의 효사상이 그 근원이 된 것 같다고 판단한다.

6. 전무출신으로서 부모에게 보은하는 길은?

1) 공부의 요도와 인생의 요도를 빠짐없이 실행함으로써 불보살의 지행을 갖추어 부모님의 영명을 희사위의 법보에 모시는 것.
2) 조석심고로써 진리를 통하여 건강과 성불을 기원해 드리는 것.
3) 종종의 문안 상서와 법의 정한 바에 따라 기회 있는 대로 진배進拜할 것.
4) 힘 미치는 대로 심지의 안락과 육체의 봉양에 정성을 다할 것.
5) 부모 보은 조목을 빠짐없이 실행할 것.

예) 정산 종사 출타하실 때 총부 부근에 오시면 차내에서도 일어서서 노모님 계신 곳에 묵념을 하셨고, 말년에 건강이 불건不健하셔서 몸소 노모님을 배알하기 어려울 때는 종종 시자를 통해서 문안을 살피셨다.

7. 대효가 될 수 있는 길을 자세히 설명해 주시오.

1) 스스로의 건강에 유의하여 부모님의 근심을 미연에 방지할 것.
2) 대봉공 사업에 헌신 합력하여 천추에 공덕을 심어드리고 후세의 영명을 끼쳐드릴 것.
3) 스스로 대법력을 완성하여 완전 천도해 드릴 것.
4) 법문에 귀의하시고 발심 수도하시어 성불제중의 대업을 완수하시도록 해드릴 것.

5) 약자[노약자]를 보호할 것.

6) 힘 미치는 대로 육체의 봉양과 심지의 안락을 해드리는 것.

7) 사생의 부모가 되는 것.

8. 부모가 계시지 않는 분도 보은할 수 있는 길을 말하시오.

1) 무자력한 타인의 부모라도 내 부모와 같이 모시는 것.

2) 약자[노약자]를 성심껏 보호할 것. <양로사업, 고아사업 등에 크게 합력할 것>

3) 큰 법력과 큰 사업을 완성할 것.

9. 부자자효父慈子孝라 하니 아버지가 사랑해야 아들이 효한다는 뜻인가?

아버지는 사랑하는 것이요 아들은 효하는 것이 천리의 당연함이라 아버지가 사랑하기 때문에 아들이 효하기도 하고 아들이 효하기 때문에 어버이가 사랑하는 경우도 있다.

내 몸은 부모의 분신이니 내 몸을 생각하듯이 부모를 생각하고 자녀도 내 몸의 분신이니 내 몸을 생각하듯이 자녀를 생각하라. 사생이 일신이니 내 부모 자녀 생각하듯이 남의 부모 자녀도 생각하자.

※ 참고

가) 부수부자父雖不慈나 자불가불효子不可不孝니라.[104] 『동몽선습』

---

104) 『동몽선습』에 나오는 말. "구혹부이부자기자苟或父而不子其子하며 자이불부기부子而不父其父하면 기하이입어세호其何以立於世乎아. 수연雖然이나 천하天下에 무불시저부모無不是底父母라 부수불자父雖不慈나 자불가이불효子不可以不孝니 석자昔子에 대순大舜이 부완모은父頑母嚚하되 상욕살순嘗欲殺舜이어늘 순舜이 극해이효克諧以孝하여 증증예불격간烝烝乂不格姦하니 효자지도孝子之道가 어사於斯에 지의至矣라."(만일 혹시라도 아버지로서 그 자식을 자식으로 여기지 않으며, 자식으로서 그 아버지를 아버지로 여기지 않는다면 그 어찌 세상에 서서 살 수 있겠는가? 비록 그러나 천하에 옳지 않은 부모는 없는지라 아버지가 비록 자식을 사랑하지 않더라도 자식은 효도하지 않으면 안 되는 것이다. 옛날 대순이 아버지는 완악하고 어머니는 모질어 일찍이 순을 죽이고자 하였으나, 순은 능히 효도로써 화합하여 점점 부모의

예) 심청과 심 봉사. 민자閔子와 그 계모.[105)]

나) 그 자녀는 그 부모가 만들고, 그 벗은 그 벗이 만들며, 그 제자는 그 스승이 만들고, 그 교도는 그 교무가 만든다.

10. 저는 부모가 없기 때문에 항상 불행하게만 느껴집니다.

고아에는 두 가지 종류가 있으니 하나는 인간 고아요, 둘은 진리 고아라, 인간 고아보다 진리 고아가 더 불행한 것이다.

진리를 모르고 살거나 진리의 가호를 받지 못하는 분은 다 진리의 고아다.

인간 고아가 된 까닭은 어디에 있는가 연구할 것이요, 낙망할 것 없이 예수님같이 진리의 적자嫡子가 되기에 노력하자.

11. 부모님은 나에게 있어 대자비불이라 하시는데 그 이유는?

1) 잘하면 기뻐하시고 잘못하면 불쌍히 여기시며,

2) 무조건 주시고 아낌없이 있는 대로 다 주시며,

3) 잘되기만 바라실 뿐이다.

고로 대자비불이라 하는 것이요, 육도 사생을 남김없이 제도하려거든 육도사생을 부모같이 알고 나아가서는 육도사생의 자비로운 부모가 되어야 할 것이다.

예) 영도교당 교도님 – 나는 지옥 가더라도 우리 자식만은 극락 간다면 무엇이나 다 하겠다 운운 …. 모든 부모의 본마음은 다 이와 같은 것이다.

잘못을 다스려 간악한 데 이르지 않게 하였으니, 효자의 도가 이에 지극하였다.)

105) 주99) 참조(p.160).

5. 부모 배은

부모에 대한 피은·보은·배은을 알지 못하는 것과 설사 안다 할지라도 보은의 실행이 없는 것이니라.

[문제점]

1. 부모 배은이란?

보은의 실행이 없는 것이다.

6. 부모 보은의 결과

우리가 부모 보은을 한다면 나는 내 부모에게 보은을 하였건마는 세상은 자연히 나를 위하고 귀히 알 것이며, 사람의 자손은 선악 간에 그 부모의 행하는 것을 본받아 행하는 것이 피할 수 없는 이치인지라, 나의 자손도 마땅히 나의 보은하는 도를 본받아 나에게 효성할 것은 물론이요, 또는 무자력한 사람들을 보호한 결과 세세생생 거래 간에 혹 나의 무자력한 때가 있다 할지라도 항상 중인의 도움을 받을 것이니라.

[문제점]

1. 내 부모에게 보은을 하였건마는 세상이 위해 주고 귀히 여기는 근본적인 이유는?

1) 자기 보존이 본능적 반응일 것이다. 즉 상극보다는 상생을 좋아하는 천연적인 자기 보존의 심리가 발현되는 것이다.

예) 마찰 등의 상극성相克聲 보다는 조화를 이룬 화음을 좋게 여기는 심리.

2) 무시이래로 은악양선隱惡揚善해온 사회적 양심의 발로.

누구나 세상이 좋게 되기를 바라는 양심이 있다.

3) 희귀하기 때문에.

천하가 다 효를 행한다면 특별히 위해 주고 귀하게 여기지 않을 것이다.

4) 부모에게 효하고서 남에게 잘 못 할 사람 적고, 불효자가 남에게 잘 할 사람 적은 것이다.

2. 부모에게 보은하면 어찌 되는가?

1) 스스로 세상의 존모를 받는 것이다.

2) 나도 효자를 둘 것이다.

3) 영생을 통하여 혹 무자력할 때 중인衆人의 도움을 받을 것이요,

4) 세상은 자연 질서가 확립되고 평화안락하게 될 것이다.

7. 부모 배은의 결과

우리가 만일 부모에게 배은을 한다면 나는 내 부모에게 배은을 하였건마는 세상은 자연히 나를 미워하고 배척할 것이요, 당장 제가 낳은 제 자손도 그것을 본받아 직접 앙화를 끼칠 것은 물론이며, 또는 세세생생 거래 간에 혹 나의 무자력한 때가 있다 할지라도 항상 중인의 버림을 받을 것이니라.

[단어 숙어 풀이]

◆ 앙화殃禍 : 지은 죄의 앙갚음[대가]으로 받는 온갖 재난.

[문제점]

1. 부모에게 배은을 하면 어찌 되는가?

1) 세상의 배척을 받을 것이요,

2) 나도 불효자를 두어 고통을 받을 것이요,

3) 세세생생 중인衆人의 버림을 받을 것이요,

4) 세상은 자연 금수禽獸의 세계가 되고 말 것이다.

※ 참고 : 보은과 배은의 결과를 그 문장 내용에서 볼 때 대종사님의 논리성과 진리에 근거한 처방을 엿볼 수 있다.

첫째는 인간성 즉 개인의 인격을 중심으로 밝히고, <세상의 존모와 배척 운운>

둘째는 연기緣起 현상을 통촉洞燭하시어 풍토의 영향과 교육을 밝히시며, <효를 두고 불효를 두고 운운>

셋째는 영원한 인과보응의 진리를 밝히셨다. <세세생생 중인의 도움과 배척 운운>

넷째를 더하자면 세상을 항상 직결시켜 하나로 보신다[개인의 심행心行이 사회 전체에 미치는 영향을 살핀다]. 대소상즉大小相卽, 다즉일多卽一 일즉다一卽多의 원리 실현.

제3절 동포은

[대의]

동포와 나와의 사이에 맺어진 은의 관계를 드러내어 피은의 내역과 보은의 도를 밝혀서 일체동포가 본래의 동기同氣를 회복하고 지친至親이 되어 길이 공생공영하게 한 것이다.

1. 동포 피은의 강령

우리가 동포에게서 입은 은혜를 가장 쉽게 알고자 할진대 먼저 마땅히 사람도 없고 금수도 없고 초목도 없는 곳에서 나 혼자라도 살 수 있을 것인가 하고 생각해 볼 것이니, 그런다면 누구나 살지 못할 것은 다 인증할 것이다. 만일, 동포의 도움이 없이, 동포의 의지가 없이, 동포의 공급이 없이는 살 수 없다면 그 같이 큰 은혜가 또 어디 있으리오.

대범, 이 세상은 사·농·공·상(士農工商)의 네 가지 생활 강령이 있고, 사람들은 그 강령 직업 하에서 활동하여, 각자의 소득으로 천만 물질을 서로 교환할 때에 오직 자리이타(自利利他)로써 서로 도움이 되고 피은이 되었나니라.

[단어 숙어 풀이]

◆ 동포 : 1) 동기, 겨레, 즉 같은 배[동복同腹]에서 태어남과 다름없다는 뜻. 2) 천지의 포태 안에 있는 일체 생령. 3) 일원의 진리 안에 있는 사·농·공·상의 일체 인류, 또는 육도 사생의 일체 생령, 또는 유

정 무정有情無情의 일체 만물.

◆ 동포은 : 1) 동포들이 베푼 은혜. 동포에게서 입은 은혜. 2) 사·농·공·상과 유정 무정이 서로 의지하고 바탕이 되며 도움이 되어준 은혜. 3) 일원의 진리가 동포를 통하여 나타나서 나의 생을 유지하게 한 은혜.

◆ 공급 : 1) 수요에 따라 대주는 것. 2) 요구에 응하여 물건을 대주는 것.

◆ 자리이타自利利他 : 1) 자타 간에 이익을 보는 것. 2) 대인접물에 있어 서로 해害를 보지 않고 이利를 보는 것.

◆ 직업 : 1) 날마다 종사하고 있는 업무. 2) 살기 위해서 하는 일.

[문제점]

1. 천지 만물이 제각기 저 살기 위해서 활동하고 생활하는 것인데 은이라고 할 것이 무엇인가?

스스로의 생존을 위하여 활동할지라도 결과적으로는 서로 바탕이 되고 의지가 되었으며 도움이 된 것은 사실이요, 또는 아무리 자기 생존을 위하여 활동할지라도 동포가 없는 활동이 가능할 것인가? 불가능하다면 이같이 크고 근본적인 은혜가 어디 있겠는가?

※ 참조 : 『대종경』 교단품 22장, 연기 원리緣起原理, 우주는 하나의 대시장이다. <공동시장>

2. 제각기 저 살기 위해서 활동하는 것이 곧 근본적으로 자리이타가 되는 것이라면 구태여 동포 간 서로 교제할 때에 공정한 입장에서 자리이타 법을 마음먹고 실행할 필요가 있겠는가?

만물의 생활은 각각 자기 생존을 더욱 잘하기 위하여 부단히 생활하는 것이나 우주의 진강급과 인과보응의 진리를 알지 못한 채 자기 중심으로만 살다 보면 더욱 잘살기 위해서 활동하건마는 도리어 불행을 초래하는 결과가 되므로 목전의 진급이 장래의 강급을 부르고, 당장의 성공이 미래의 대실패를 부르는 경우가 많은 것이다. 그러므로 길이 진급이 되고 실패를 부르지 않기 위해서는 반드시 상생의 도道인 이 자리이타 법을 실행해야 할 것이다.

※ 참조 : 『대종경』 요훈품 34장.

3. 우주 만물의 상관관계를 은恩으로 보아야 할 이유가 무엇인가?

우주 만물의 생존하는 양상과 그 원리는 상생상극으로 이루어지고 있다. 그러므로 큰 진리에 근거하여 큰 사업을 이루고자 하면 상생상극의 원리를 다 활용하는 것이다. 그러나 여기서 주의할 점은 상생은 길이 상생의 결과를 낳고 상극은 길이 상극의 결과를 낳기 때문에 개인과 사회가 나의 심신 작용 여하에 따라서 천국과 지옥으로 분기되는 것이다. 또한 상생의 도를 잘 활용하고 실천하면 상극의 원리가 선용善用되어 영원한 복락을 수용하게 된다.

예) 쥐와 고양이는 상극, 고양이와 사람은 상생, 고로 고양이만 잘 길러라. 쥐는 스스로 힘을 쓰지 못한다.

4. 동포에게서 당장 해를 입은 경우 은혜를 발견하는 방법은?

1) 진리는 원만구족하고 지공무사하여 해害가 있으면 반드시 은恩도 있고 길吉이 있으면 반드시 흉凶도 그 옆이나 뒤에 있음을 깨치라.

2) 인과보응으로 순환 불궁循環不窮하는 진리가 있음을 알아서 묵은 빚을 갚는 것으로 여기고 안분하는 동시에, 어렵기는 하지마는 갚아버리면 이자는 더 이상 불지 않을 것이니 빚 갚아버리는 마음으로 감사를 찾으라.

3) 은생어해恩生於害의 심법으로 전화위복의 계기를 삼을 줄 알면 감사를 느끼게 될 것이다.

4) 서원이 크고 공부심이 철저하면 일체 경계가 성불의 교과서가 되고 제중의 인연이 되는 것이다. 학생은 학과 시험을 거쳐야 진학할 수 있고 수도인은 경계의 시험이 없이는 승급할 수 없다. 일체 경계를 시험으로 받아들이는 공부심과 원력이 살아날 때 감사하기만 할 것이다.

5) 천지 만물이 은의 덩치임을 깨쳐라. <연기 원리의 자각>

※ 참조 : 『정전』 서원문, 천지의 길흉 없는 도.

예) 서울에서 버스비 10원을 주었더니 500원 상당의 책으로 그날 오후에 받았다는 예. 궁할 때의 10원은 여유 있을 때 1,000원보다 값이 크다.

전화위복 : ㈎ 재앙이 굴러서 복이 되었다. <운명적인 해석>
㈏ 재앙을 굴려서 복을 삼는다. <개척적인 해석>

2. 동포 피은의 조목

1) 사(士)는 배우고 연구하여 모든 학술과 정사로 우리를 지도 교육하여 줌이요,
2) 농(農)은 심고 길러서 우리의 의식 원료를 제공하여 줌이요,
3) 공(工)은 각종 물품을 제조하여 우리의 주처와 수용품을 공급하여 줌이요,
4) 상(商)은 천만 물질을 교환하여 우리의 생활에 편리를 도와줌이요,
5) 금수 초목까지도 우리에게 도움이 됨이니라.

[단어 숙어 풀이]

◆ 학술 : 학문과 기술.

◆ 정사 : 1) 다스리는 일. 2) 가정·사회·국가·세계를 다스리는 일 또는 법도.

◆ 원료 : 물품을 만드는 근본적 재료.

◆ 제공 : 무엇을 내주거나 갖다 바침.

◆ 주처住處 : 1) 사는 곳. 2) 거주하는 집. 3) 집.

◆ 수용품 : 1) 필요에 따라 사용하는 물품. 2) 구해 쓰는 물품.

※ 생필품 : 생활하는데 있어서 없지 못할 물품.

[문제점]

1. 사·농·공·상의 직업 가운데 가장 좋은 직업은?

과거 봉건주의 사회제도에 있어서는 사·농·공·상은 계급적인 신분에 따라 그 직업이 결정되었기 때문에 사·농·공·상의 직업 자체를 귀천으로 차별 지었으나 시대가 바뀐 평등주의 사회제도에 있어서는 그 직업 자체에 귀천을 고정할 수는 없는 것이다.

그러나 자기 생활을 영위하기 위한 그 업무에 있어 선악은 있는 것이다. 즉 같은 직업이라도 상생으로 많은 생령의 영원한 앞길을 열어 주는 직업은 선업이요, 상극으로 많은 생령의 앞길을 막히게 하는 직업은 선업이라고 할 수 없는 것이다.

※ 참조 : 『대종경』 인도품 40장, 실시품 7장.

2. 현 사회에 있는 각종 직업을 직업의 강령인 사·농·공·상 별로 분류해보라.

사 : 배우고 연구하며 주로 학술과 정사에 종사하는 직업.

농 : 심고 길러서 주로 의식 원료의 제공에 종사하는 직업.

공 : 각종 물품을 제조하여 주로 주처와 수용품 공급에 종사하는 직업.

상 : 천만 물질을 교환하여 주로 생활의 편리를 도와주는데 종사하는 직업.

이것은 극히 소박한 종래의 분류법인바 현대와 같이 복잡하고 분업화한 각종 직업을 획일적으로 소속시키거나 분류하기에는 어려운 점이 많다.

왜냐하면 사 가운데도 농·공·상의 분야가 있고, 농 가운데도 사·공·상의 분야가 있으며, 공·상도 또한 이와 같다. 그러므로 사·농·공·상의 직업 개념은 어느 분야에 있든지 이상에 밝힌 정전의 개념으로 이해하여 현재 종사하는 일에 그 대체를 잡을 것이다.

3. 동포 보은의 조목

1) 사는 천만 학술로 교화할 때와 모든 정사를 할 때에 항상 공정한 자리에서 자리이타로써 할 것이요,
2) 농은 의식 원료를 제공할 때에 항상 공정한 자리에서 자리이타로써 할 것이요,
3) 공은 주처와 수용품을 공급할 때에 항상 공정한 자리에서 자리이타로써 할 것이요,
4) 상은 천만 물질을 교환할 때에 항상 공정한 자리에서 자리이타로써 할 것이요,
5) 초목금수도 연고 없이는 꺾고 살생하지 말 것이니라.

[단어 숙어 풀이]

◆ 연고 : 1) 없어서는 안 될 까닭. 2) 사유. 예) 무용자 출입금지無用者出入禁止 3) 자기 양심상 없어서는 안 될 사정.

[문제점]

1. 사士가 천만 학술로 교화할 때에 공정하지 못한 원인과 그 실례를 들어라.

여기서 공정하다 함은 두루 다 같이[누구에게나 무엇이나] 참되고 바르게 대할 수 있는 마음씨로 자리이타가 될 수 있는 입장을 말하는 것인바 공정하지 못한 원인을 들자면

1) 그 마음에 참[성실성]이 빠질 때.

2) 동포의 피은과 보은의 도를 깊이 알지 못하여 그 실행이 없을 때.

3) 편착심을 가지고 사리를 취할 때 등이다.

※ 공정하지 못한 실례를 들자면

① 원·근·친·소에 따라 차별을 두고 가르치는 것.

② 모른 것을 아는 체하며 그릇 가르치는 것.

③ 처지와 근기를 잘 모르고 가르치는 것.

④ 교화나 교육에 그 본분을 삼는 것이 아니라 이해를 가리어 본분을 망각하는 것.

※ 참조 : 『정전』 지도인으로서 준비할 요법

2. 정사政事할 때에 공정하지 못한 실례와 시정 방법은?

동포은에 있어서 공정한 입장과 그 의의는 문제 1의 답과 같거니와 본문의 실례를 들자면

1) 직권 남용, 월권행위, 책임회피, 직무유기.

2) 부정부패, 무사안일, 본분망각.

3) 과잉의욕 등등일 것이다.

그 시정 방법은

1) 근본적인 방법으로 인도의 대의를 실천하고 교화한다.

가) 나와 너의 마음에 참을 넣어주고 공익심을 넣어주며,

나) 동포 보은의 도를 실행한다. <주로 종교가에서 담당>

2) 수시의 방법으로 의법조처依法措處로서 일벌백계一罰百誡의 표본을 살린다. <주로 정치가에서 담당>

3. 교무나 목사 등 모든 교역자들이 일반적으로 사업 많이 한 사람을 우대한다는 세평이 있는데 그에 대한 견해는?

교역자는 피교화자로 하여금 다 같이 구원을 받게 하는 인도자요 매개역媒介役인바 항상 진리에 어긋남이 없는 원만한 교화가 되도록 해야 할 것인데 세인들이 사업 많이 한 사람 운운하는 것은 교단을 위하여 물질적 희사가 많은 분만을 표준 하는 경우가 많기 때문이다.

그러나 본교에서 사업 성적을 조사할 때에는 정신·육신·물질로 교단과 세계를 위하여 희사함을 통합하는 것이니, 먼저 물질 편중의 사업 개념을 시정할 것이요, 또는 공부와 사업을 같이 권장하고 대우할 것이다. 특히 교역자는 항상 원만 평등한 입장에서 지공무사하게 분명한 처사處事와 대인對人이 중요한 것이다.

전술한 바 있거니와 공정하다 함은 두루 다 같이 참되고 바르게 대할 수 있는 마음씨와 처사를 말하는 것이니 교역자나 피교화자가 다 같이 유의할 바이다.

※ 참조 : 『대종경』 교단품 35장.

4. 농·공이 의복과 주처 및 수용품을 제공할 때에 공정하게 하려면?

1) 마음에 성실성을 잃지 않고 누구에게나 무엇이나 참되고 바르게 제공할 것이요,

2) 생산비[재료비+노임+법정 이윤]에 적당한 수수료만을 가산하면 공정할 것 같다.

예) 곡물의 경우 : 건조가 부실하거나 이물이 섞이거나 해서는 안 될 것이요,

채소의 경우 : 채독균이 있거나 극약의 성분이 묻어 있어서는 안 될 것이며,

과물의 경우 : 수박에 색소를 넣는 일이나 기타 불결한 유해물이 묻어서는 안 될 것이요,

건축의 경우 : 날림 공사로 감독관의 눈을 속이거나 정량 부족한 재료를 쓰는 것은 안 될 것이요, <설계대로 짓지 않는 것>

수용품의 경우 : 겉보기에만 좋거나 수요자의 편리를 생각하지 않는 제품은 안 될 것이며 무엇이나 가짜로 만들어서는 안 될 것이다.

5. 상인의 도와 고객의 도를 설명하라.

1) 상인의 도 : 돈 버는 철학 <김이덕 경金利德經>

가) 신용. <진실> 나) 고객의 이익을 먼저 생각해 주라. <자리이타> 다) 공정. <자, 저울, 되, 시세> 라) 친절. <물건을 팔아주니 감사하지 않은가>

예 : 도산사道山師 <이동안>

㉠ 썩은 약을 불살라 버린 예. <보화당 시작 시>[106] ㉡ 남이 사주지 않는 물건을 사주신 예. <전주에서 영보신일>

2) 고객의 도 : 물건을 잘 사는 도

---

106) 보화당은 본래 치심당 한약방을 인수하여 개업하였다. 도산은 개업 전에 전 주인으로부터 인수받은 약품 고가를 막론하고 변질된 것은 다 골라내게 하였다. "부패한 것을 어찌 약이라고 쓸 것이냐. 다 태워버려라." 도산은 매년 비축해놓은 건

가) 믿어주라. <신용> 나) 상인에게 손해 보지 않게 하라. <자리이타> 다) 시세에 맞게 사라. <공정> : 원가에 준하는 것보다 시세에 맞게 한다.

※ 서너 점포에서 먼저 시세를 알아보라.

너무 깎지도 말고 봉 잡히지도 말라. 너무 깎으면 상인에게 손해를 보이니 내가 빚을 지는 것이요, 봉을 잡히면 스스로 병신이 되고 손해를 보며 상인에게 빚을 지워주는 일이 된다. <덴마크의 정찰제와 무주상점無主商店>

라) 친절. <물건을 공급해 주니 감사하지 않은가>

예) 자리이타와 선심은 다른 것이다. 대종사 당대에 한 제자가 시장에서 나무를 사서 총부에까지 지어 왔는데 도중에 땀을 흘리고 애쓰는 것을 민망히 생각하여 자리이타를 생각해서 처음 계약한 금액보다 얼마를 더 주었더니 대종사 말씀하시기를 "그것은 한낱 선심이요 자리이타 법은 아니라, 처음 계약한 그대로 이행하는 것이 자리이타가 되는 것이니라." 하셨다 한다.

6. 걸인이 올 때 어떻게 대해 줄 것인가?

잘 보아 도에 맞게 접인接人하되,

1) 평등심으로 친절하게 대하며 그 인격을 존중해 주라. 약자에게는 항상 잠재적인 열등의식이 있을 수 있으니 그 점에 특별 유의하라.

2) 인연을 걸어 회향하게 하라. 인연 없는 중생은 제도하지 못한다고 하셨으니 되도록 상생의 인연으로 회향할 수 있도록 유의하자.

재약을 재고 정리하고 부패한 것이 있으면 가려냈다. 고객들 보는 앞에서 소각시켰다. 비싼 약을 불태워버렸단 소문이 돌자 보화당을 신임하게 되었고 날이 갈수록 매상은 올라 발전 일로에 올랐다. <선진열전7 불덕산의 인연들. p.187>

3) 자력 있는 이와 자력 없는 이를 구분하여 자력 없는 병약이나 노유老幼하면 모르거니와 자력 있는 자의 부당한 의뢰도 많을 것이니 특별히 조심할 것이다.

※ 참조 : 『정전』 사요의 자력 양성 조목.

예) 가) 신도新都에서 학생과 걸인 – 참고 "너도 나같이 될 줄 아느냐?"

나) 동산선원에서 식당 아이들과 걸인과의 투쟁 일화

성불제중의 큰 서원을 세운 우리는 법문에 말씀하신 심원송의 생활이 되게 하자. "수지무처手之撫處와 족지답처足之踏處와 음지향처音之響處와 심지염처心之念處가 개공성불제중지연皆共成佛濟衆之緣하여지이다."[107]명심하고 명심할 바이다.

7. 사람은 만물의 주인인데 초목금수草木禽獸까지도 연고 없이는 함부로 꺾고 살생하지 말라 하신 이유는?

주인이 아끼지 아니하면 누가 아끼고 보호하겠는가? 그뿐만 아니라,

1) 초목금수도 없는 세계를 생각해 보라. 자신의 생존이 가능하겠는가? 불가능하다면 자신의 영원한 생존을 위해서도 함부로 할 수 없는 것이요, <동기同氣>

2) 미물이라 하여 함부로 하게 되면 부지중 악습이 길러지고 잔인성이 자라나서 자비심이 말살될 것이요, <수행>

3) 초목을 함부로 하게 되면 홍수와 한발旱魃을 유발할 수 있고, 금수 곤충이라도 함부로 하게 되면 본의 아닌 악영향이 전체에 미칠 수 있다. <상생상극의 원리 따라 전체에 미치는 영향>

---

107) 대산 종사의 심원송. 간절히 원하옵건대 내 발길이 닿는 곳마다 내 손길이 미치는 곳마다 내 음성이 메아리치는 곳마다 내 마음이 향하는 곳마다 한결같이 부처되고 세상 구제하는 좋은 기연이 되게 하여 지이다.

4) 심으면 나고 가면 오는 것은 피할 수 없는 진리라, 자신의 영원한 장래가 밝고 복 될 수 없기 때문에 만물의 주인이지마는 초목금수까지도 함부로 살상하지 말라는 것이다.

※ 전시戰時에는 전상戰喪으로 인한 인구 감소도 적지 않지마는 그 생활이 불안정하기 때문에 근본적으로 인구 생산이 격감하는 것같이 쥐가 괴롭다 해서 함부로 쥐약만 권장하면 영원히 쥐를 쫓는 것은 불가능한 것이다. 쥐를 쫓는 근본 요건은 고양이를 많이 기르는 것이다. 약으로 쥐를 쫓는다는 것은 쥐만 잡는 것이 아니라 쥐의 사자인 고양이, 족제비, 닭 등 다른 동물까지 멸종을 시키기 때문에 결국은 살아남은 쥐의 천국이 되고 마는 것이다. 고양이 등 쥐의 사자가 있으면 쥐의 생식률이 근본적으로 격감하는 것이다. 이것이 곧 상생상극의 원리를 활용하는 한 예이다.

4. 동포 보은의 결과

우리가 동포 보은을 한다면, 자리이타에서 감화를 받은 모든 동포가 서로 사랑하고 즐거워하여, 나 자신도 옹호와 우대를 받을 것이요, 개인과 개인끼리 사랑할 것이요, 가정과 가정끼리 친목할 것이요, 사회와 사회끼리 상통할 것이요, 국가와 국가끼리 평화하여 결국 상상하지 못할 이상의 세계가 될 것이니라.

그러나 만일 전 세계 인류가 다 보은자가 되지 못할 때, 혹 배은자의 장난으로 인하여 모든 동포가 고해 중에 들게 되면, 구세 성자들이 자비 방편을 베푸사 도덕이나 정치나 혹은 무력으로 배은 중생을 제도하게 되니라.

[단어 숙어 풀이]

◆ 감화 : 어떤 영향을 받아 깊이 느끼고 마음에 깨우침이 생겨 그 실행이 선하게 되는 것.

◆ 옹호 : 부축하여 보호함. 편을 들어줌.

◆ 우대 : 특별히 잘 대우해 주는 것.

◆ 사회 : 공동 목적을 달성하기 위하여 모여 사는 인류의 집단 또는 단체.

예) 종교, 정치, 경제 등.

◆ 상통 : 1) 서로 마음과 뜻이 막힘이 없이 통하는 것. 2) 서로 길이 트임.

◆ 자비방편 : 부처님이 중생을 위하여 항상 사랑하고 불쌍히 여기시는 마음으로 선도하시되 진리에 근거한 가장 편리한 방법으로 하심.

◆ 무력 : 1) 무기의 힘 또는 강제적인 힘. 2) 무기를 쓰는 강제적인 힘.

[문제점]

1. 우리가 동포 보은을 한다면 초목금수와 미물 곤충도 보은할 것인가?

<일체 생령이 다 보은할 수 있는가?>

보은할 수 있다. 우리가 보은 조목을 실행하는 것은 곧 천지 만물에게 보은하는 길이요, 가면 오는 진리에 따라 우리가 천지 만물에게 보은하면 천지 만물 또한 다 보은하게 될 것이니 사람이 만물의 주인이 되는 까닭이 여기에 있다.

또한 천·지·인 삼재에 합일하는 것도 이와 같은 원리이며 육도 중 인도가 중심이 되어 이 세계[천상천하]에 낙원이 이루어지는 것이다. 고로 삼세제불이 육도 중생을 제도하시고자 함에 먼저 인간계에 중심을 두시고 교화를 펴시는 것이다.

불의의 상극된 인연이 있다면 그것은 내가 평소에 보은을 잘못했다는 증거다. 보은 생활을 잘한 사람에게는 상극의 인연이 있을 수 없다.

옛 말씀에 산에 가면 산신의 도움을, 물에 가면 수신의 도움을 받는다고 하신 바가 있는데 이는 가는 곳마다 보은 생활을 잘하면 그리 된다는 말씀이다. 행여 진리적인 그 내역을 모르고, 미신적인데 떨어지지 않도록 주의하자.

※ 참조 : 일체유심조.

2. 상상하지 못할 이상의 세계란?

의·식·주가 향상되어 걱정이 없고, 마음 마음이 서로 통하여 막힘이 없으며 항상 개인끼리 사랑하고 가정끼리 친목하고 사회끼리 상통하고 국가끼리 평화롭게 사는 세계를 말한다.

3. 배은자의 장난이란?

은혜를 알지 못하거나 보은의 실행이 없는 자가 법도에 맞지 않고 진리에 어긋난 행동과 이론으로 모든 대중을 그릇 인도하거나 세상을 소란하게 만드는 것을 말한다.

예를 들면 1) 불의의 전란을 일으키는 자. 2) 불의의 사상을 전개하는 자. 3) 인도 정의를 문란히 하는 자 등.

4. 무력으로써 배은 중생을 제도한다는 것은?

1) 부득이한 경우 그 배은 중생과 세상을 구제하기 위하여 무력을 사용하는 것이요,

2) 묵은 것을 뜯어 고칠 경우 부득이 사용하는 것이니 곧 무자비의 대자비를 베푸는 것이다.

※ 참고

가) 작란자作亂者도 성인이요, 정란자靖亂者도 성인이다.[108] 나) 천인합발天人合發 만변정기萬變定基.[109] 다) 양잿물로 세탁하는 예.

5. 사생지친四生至親 만유동기萬有同氣의 심경이 되지 않는 이유는?

1) 일원의 진리를 깨닫지 못하고 실행하여 체득함이 없기 때문이요,

2) 보은의 실행이 없었기 때문이다.

※ 인仁 가) 무해물지심無害物之心 – 스스로 죄짓지 않는 마음.

나) 무피해지방無被害之方 – 나로 인해 죄짓지 않게 하는 법. <법문>

※ 불보살의 정당방위와 중생의 정당방위는 그 관점이 다르다. 중생들은 자기 생존만을 위하여 방위하지마는 불보살은 이타심이 되어 상대편이 죄를 짓지 않도록 자리이타의 심경으로 정당방위를 한다.

6. 우리가 동포 보은을 하면 자리이타에서 감화를 받은 모든 동포가 서로 사랑하고 즐거워하여

1) 자신도 옹호와 우대를 받는다고 하였는데 그 구체적인 길은?

가) 남을 옹호해주고 우대해 줄 것이요, 나) 자기 도리를 다할 것이요, 다) 상없이 봉공 생활을 할 것이요, 라) 모든 일에 자기 허물과 부족을 찾아 항상 자리이타의 도를 실행할 것이다.

---

108) 『정산종사법어』 도운편 18장. 말씀하시기를 "세상이 개벽되는 시기에는 순수의 일꾼들과 역수의 일꾼들이 서로 대립하는 가운데 서로 발전하여 좋은 세상 건설을 촉진하나니라." 또 말씀하시기를 "'동란자動亂者도 성인이요 정란자靖亂者도 성인이라' 하셨나니, 때를 맞추어 일으키고 때에 맞게 진정시키는 이를 성인이라 하고 그렇지 못한 이를 배은자라 하나니라. 일에는 순서가 있나니, 사체事體의 순서를 알아 그에 맞는 방편을 베푸는 것이 곧 성인의 자비 방편이니라."

109) 음부경에 나오는 말. 해석하면 하늘과 사람의 뜻이 합해서 나타나면 만 가지 변화가 그 터(基本)를 정하게 된다.

2) 개인과 개인끼리 사랑하는 길은?

항상 인권을 존중하여 공경하고 양보하는 자세로 어느 경우를 당하든지 자리이타의 도를 반드시 실행할 것이다.

3) 가정과 가정끼리 친목한 길은?

서로 의지하고 도움이 되는 것을 깊이 깨달아 신용과 합력으로 어느 경우를 당하든지 자리이타의 도를 반드시 실행할 것이다.

4) 사회와 사회끼리 상통하는 길은?

가) 동척사업의 원리를 터득하고

나) 상부상조하는 정신으로 자리이타의 도를 반드시 실행할 것이다.

5) 국가끼리 평화 한 길은?

가) 서로 주권을 인정해 주고 평등한 입장에서 공존공생의 외교가 성립되어야 할 것이요, 나) 서로 국제법을 준수하며 강약 진화의 도로써 모든 일에 자리이타의 도가 반드시 실행되어야 한다.

6) 가권이 화합하는 길은?

가) 각자의 책임을 다하고 참는 공부에 노력할 것이요, 나) 각자의 부족과 허물을 먼저 찾아 고치고 서로 이해하며 믿어줄 것이요, 다) 남이 하는 일, 내가 다 못하고, 내가 하는 일, 남이 다 못하는 것이니 서로 합력하여 매양 자리이타의 도가 실현되어야 할 것이다.

가정·사회·국가·세계는 대소大小, 방원方圓, 장단長短이 항상 조화를 이루어야 건전하게 발전하는 것이니 이 점에 각별 유의하자.

5. 동포 배은의 결과

우리가 만일 동포에게 배은을 한다면, 모든 동포가 서로 미워하고 싫어하며 서로 원수가 되어 개인과 개인끼리 싸움이요, 가정과 가정끼리 혐극(嫌隙)이요, 사회와 사회끼리 반목(反目)이요, 국가와 국가끼리 평화를 보지 못하고 전쟁의 세계가 되고 말 것이니라.

[단어 숙어 풀이]

◆ 혐극 : 서로 꺼리어 생기는 틈.

◆ 반목 : 서로 미워하는 것.

[문제점]

1. 동포 배은을 하면 어찌 되는가? 그 이유는?

개인 간이나 가정 간이나 사회·국가·세계가 평화를 보지 못할 것이다. 그 이유는 소소 영령한 인과보응의 진리가 있기 때문에 오는 필연적인 결과다.

2. 무단無斷이 칼을 들고 덤비는 사람이 있다면 나의 마음 자세는 어떻게 가질 것인가?

1) 몸은 천만번 죽을지라도 본래의 나는 죽지 않는다는 것을 알라.

2) 보은을 잘했으면 그런 일이 있을 수 있겠는가 하고 생각하여 감수불보甘受不報의 신념으로 불공하라.

제4절 법률은

[대의]

법률과 나와의 사이에 맺어진 은의 관계를 드러내어 피은의 내역과 보은의 도를 밝혀서 세계의 안녕질서를 유지하며, 누구나 세계의 법주가 되어 대 자유세계를 이룩하게 하는 것이다.

1. 법률 피은의 강령

우리가 법률에서 입은 은혜를 가장 쉽게 알고자 할진대, 개인에 있어서 수신하는 법률과, 가정에 있어서 제가(齊家)하는 법률과, 사회에 있어서 사회 다스리는 법률과, 국가에 있어서 국가 다스리는 법률과, 세계에 있어서 세계 다스리는 법률이 없고도 안녕질서를 유지하고 살 수 있겠는가 생각해 볼 것이니, 그런다면 누구나 살 수 없다는 것은 다 인증할 것이다. 없어서는 살 수 없다면 그 같이 큰 은혜가 또 어디 있으리오.

대범, 법률이라 하는 것은 인도 정의의 공정한 법칙을 이름이니, 인도 정의의 공정한 법칙은 개인에 비치면 개인이 도움을 얻을 것이요, 가정에 비치면 가정이 도움을 얻을 것이요, 사회에 비치면 사회가 도움을 얻을 것이요, 국가에 비치면 국가가 도움을 얻을 것이요, 세계에 비치면 세계가 도움을 얻을 것이니라.

[단어 숙어 풀이]

◆ 법률 : 1) 개인·가정·사회·국가·세계에 도움을 주는 인도 정의의

공정한 법칙. 2) 도덕이나 정치나 과학이나 사람이 이미 발명 제정 해놓은 인간 생활에 필요한 모든 규칙.[진리에 근거하여 만들어진 법칙] 3) 의회의 의결을 거쳐 제정된 국법의 한 형식.

◆ 법률은 : 1) 법률이 베푼 은혜, 또는 법률에서 입은 은혜. 2) 개인·가정·사회·국가·세계에 비치는 곳마다 도움을 주고 안녕질서를 유지하게 하는 인도 정의의 공정한 법칙은法則恩. 3) 일원의 진리가 법률을 통하여 나타나서 개인·가정·사회·국가·세계의 안녕질서를 유지하며 나의 생을 보전하게 하는 대은大恩.

◆ 수신 : 1) 완전한 인격을 이루기 위하여 악을 끊고 선을 북돋아 행실을 바루며 도덕을 공부하는데 힘쓰는 일. 2) 몸과 마음을 바루기 위하여 도덕을 공부하는데 노력하는 일.

◆ 제가 : 집안 다스리는 일.

◆ 인도 : 사람으로서 마땅히 지켜야 할 도리.

◆ 정의 : 1) 올바른 도리. 2) 진리에 어긋남이 없고 양심에 부끄러운 바 없으며 최대다수의 복리를 위하는 일.

◆ 인도 정의 : 사람이 마땅히 지켜야 할 올바른 도리와 대의.

◆ 법칙 : 이상과 목적을 실현키 위해 반드시 지켜야 할 표준이 되는 법.

[문제점]

1. 천지·부모·동포에게 보은하게 되면 그 안에 법도 있고 평화도 이루어질 것인데 왜 법률은을 따로 넣으셨는가?

1) 수신·제가·치국·평천하의 모든 법률이 없어도 개인·가정·사회·국가·세계의 안녕질서를 유지할 수 있겠는가?

2) 천지·부모·동포에게 지은보은하는 법이 곧 법률이요 또한 입법자와 치법자가 아니면 그 길을 알 수도 없고 보은할 수도 없지

않겠는가?

3) 추리적으로 상상해 보면 가능할 것 같으나 그 정도의 도덕법만 있고 국가 세계의 정치법과 과학 법칙이 없다면 약육강식의 수라장을 면하지 못할 것이요, 빈곤과 암흑사회가 되고 말 것이다. <단체의 생명은 규율에 있다. 개미, 벌, 사자의 세계에도 일정한 법칙이 있다>

2. 천지·부모·동포는 분명한 대상이 있어서 그에 의하여 피은·보은의 도를 밝혔지마는 법률은 일정한 대상이 없으니 추리적 가정이 아니겠는가?

추리적 가정이란 자연법을 말하는 것 같은데 여기서 말하는 법률은 의 법률은 삼세제불제성이 천도天道의 대소 유무[자연법]에 따라 인간의 시비 이해[인위법]를 건설하신 것이니 불문율이건 성문법이건 이미 인위로 제정한 모든 법률과 입법자와 치법자의 은까지 아울러 말하는 것이니 추상적 가정법이 아니요 분명한 대상이 있는 것이다.

3. 법률 제정의 필요성은?

우주에는 불생불멸의 도와 인과보응의 진리가 있고 우리의 본성은 원만구족하고 지공무사하기 때문에 개인[사생四生]의 심신 작용하는 결과는 선변악변善變惡變으로 나타나며, 그 사회의 구성원은 각각 생각, 습관, 욕망이 같지 않으므로 방치하게 되면 전체의 안녕과 질서를 보장할 수 없고 각자의 생활 또한 타락을 면하기 어려울 것이다. 그러므로 그를 통일 조화하고 규율 통제하여 전체와 개인의 평화와 질서를 유지할 수 있는 공정한 법칙이 없을 수 없는 것이다.

4. 개인·가정·사회·국가·세계에 '비친다.' 하였는데 그 의의는?

이 문장에서는 법률을 주체 삼아 말할 때는 '미쳐감'을 뜻하고 개인·가정·사회·국가·세계의 입장에서는 '받아 대조해 가면서 표준삼아 실행하고 실현해 감'을 뜻하는 것 같다. 예를 들면 태양 광선이 방에 비치면 방이 밝고, 부엌에 비치면 부엌이 밝듯이 법률의 광명과 영향도 비치는 곳마다, 미치는 곳마다 도움이 됨을 말하는 것 같다.

2. 법률 피은의 조목

1) 때를 따라 성자들이 출현하여 종교와 도덕으로써 우리에게 정로(正路)를 밟게 하여 주심이요,
2) 사·농·공·상의 기관을 설치하고 지도 권면에 전력하여, 우리의 생활을 보전시키며, 지식을 함양하게 함이요,
3) 시비 이해를 구분하여 불의를 징계하고 정의를 세워 안녕질서를 유지하여 우리로 하여금 평안히 살게 함이니라.

[단어 숙어 풀이]

◆ 정로 : 바른 길.
◆ 기관 : 어떤 목적을 달성하기 위하여 수단으로 마련한 기구.
◆ 설치 : 1) 어떤 기관이나 기구, 또는 기계를 벌여 놓음. 2) 베풀어 둠.
◆ 지도 : 가르치고 이끌어 줌.
◆ 권면 : 1) 권하여 힘쓰게 함. 2) 타일러서 힘쓰게 함.
◆ 보전 : 안전하게 잘 보호함.
◆ 시비 이해 : 옳고 그르고 이롭고 해로운 것으로서 인간 만사의 평가와 선악 죄복을 판단하는 기준으로 취사의 표준이다.

객관적 평가기준 }
시是=옳은 것이니, 진리[법]에 맞는 일로, 선이 되고,
비非=그른 것이니, 진리[법]에 맞지 않는 일로, 악이 되며,

주관적 평가기준 }
이利=이로운 것이니, 일시적인 이利와 영원한 이가 있으며 복이 되고,
해害=해로운 것이니, 일시적인 해와 영원한 해가 있으며 죄가 된다.

◆ 징계 : 1) 허물을 뉘우치도록 경계하고 나무라는 것. 2) 의무를 위반했을 때 내리는 일정한 제재制裁.

[문제점]

1. 종교와 도덕의 차이점은?

종교는 일정한 종지[신앙의 대상] 아래 신앙 위주의 가르침이라면 도덕은 일정한 표본[실천의 덕목] 아래 실천 위주의 가르침이라 하겠다.

2. 종교와 도덕으로 정로를 밝게 하신 실례를 들어서 설명하라.

1) 과거 기독교는 종교 위주의 신앙 중심으로 정로를 교시教示. <신·망·애信望愛>
불교는 종교 위주의 수행 중심으로 정로를 교시教示. <사제四諦, 팔정도, 육바라밀>
유교는 도덕 위주의 실천 중심으로 정로를 교시. <삼강오륜>

2) 현재 원불교는 진리적 종교의 신앙과 사실적 도덕의 훈련으로 정로를 교시. <삼학 팔조, 사은 사요>

3. 성자들은 어떤 사명으로 어느 때 출현하시는가?

고해 중생을 낙원으로 인도하실 사명으로 배은 중생의 장난이 심할 때 주로 출현하시되, 이 세상을 혹은 사업장으로 혹은 수도장으로 혹은 유희장으로 삼으시고 거래하신다.

1) 혹은 교주로 혹은 과객으로 오신다. <대산 종사>

2) 동역객東亦客 서역객西亦客 천지무가객天地無家客[110] <증산>

3) 여余는 삼계지빈三界之賓.[111] <불타>

4) 주세불, 구세주.

5) 천금지석산위침天衿地席山爲枕 월촉운병해작준月燭雲屛海作樽 대취거연잉기무大醉倨然仍起舞 각혐장수괘곤륜却嫌長袖掛崑崙[112] <진묵 대사>

4. 법률이 사·농·공·상의 기관을 설치하는 내역과 그 관계는?

도덕은 진리[일원의 진리, 사은의 원리]에 바탕을 두어 하는 것이요, 법률의 근본정신은 그 도덕에 근거하는 것이며 사·농·공·상의 모든 기관은 오직 그 법률에 근거하여 설치 운영되는 것이다. 또한 전체의 질서를 유지하려면 교단이나 국가나 모든 기관의 일체 행정과 사법은 그 기본법의 정한 바 범위 내에서만 시행할 수 있는 것이다. 고로 사·농·공·상의 모든 기관은 법률이 아니면 설 수 없고 운영될 수도 없는 것이다.

---

110) 『대순전경』에 나오는 말. 동으로 가도 객이요 서로 가도 역시 객이니, 천지에 집이 없는 객이로다.

111) 『치문경훈』에는 다음과 같은 말이 있다. "문성견색개시심상聞聲見色蓋是尋常 차변나변응용불궐遮邊那邊應用不闕 여사행지실불왕피법복如斯行止實不枉披法服 역내수보사은발제삼유亦乃酬報四恩拔濟三有 생생약능불퇴生生若能不退 불계결정가기佛階決定可期 왕래삼계지빈往來三界之賓 출몰위타작出沒為他作 즉차지일학최묘최현則此之一學最妙最玄 단판긍심필불상잠但辦肯心必不相賺"(듣는 경계 보는 경계에 다 평상심으로 대해 흔들리지 않고, 이 경계 저 경계에 오는 대로 응하되 더하지도 덜하지도 말 것이니, 이와 같이 망념 없이 행하면 참으로 그릇되지 않게 법복을 입는 것이니라. 또한 이에 네 가지 은혜를 갚고 삼계 중생을 남김없이 제도할 것이며, 세세생생에 물러나지 아니하면 결정코 성불을 기약할 수 있을 것이니, 가고 옴에 삼계가 반기는 손님이 되고, 나고 사라짐에 다른 이의 본보기가 될 것이다.)

112) 하늘은 이불이요 땅은 방석이라네. 산을 베개 삼고 달을 촛불삼아 구름을 병풍으로 두르니 바다는 술동이로다. 크게 취해 거연히 일어나 춤을 추니 오히려 긴 소매가 곤륜산에 걸릴까 염려하노라.

5. **법률이 시비 이해를 구분하여 불의를 징계하고 정의를 세우는 실례는?**

법률은 진리와 도덕에 근거하여 모든 경우의 시비와 이해의 기준으로서 법칙과 조항을 정하였는바 그 법칙 조항과 어떤 사실과의 합치 여부를 따라 시비를 가리고 이해를 논하게 되는 것이다.

예를 들면 수신의 제일보는 경전에 정한 법대로 실행하는 것이요, 법치의 요결은 국법의 정한 바에 따라 실행해 가는 것이다. 그러므로 법률이 금지하는 조건을 범하면 비非요 해害를 보게 되고, 금지하는 조건을 지켰으면 시是요 이利를 보게 되며, 권장하는 조건을 실행하면 시是요 이利를 보게 되고 권장하는 조건을 행치 못하면 비非요 해害를 보게 되는 것이다.

※ 지범개차持犯開遮[113]할 줄 알아서 시중時中하는 것이 대법大法이다.

3. 법률 보은의 강령

법률에서 금지하는 조건으로 피은이 되었으면 그 도에 순응하고, 권장하는 조건으로 피은이 되었으면 그 도에 순응할 것이니라.

[문제점]

1. **법률이 금지하고 권장하는 이유와 그 조건을 들라.**

1) 금지하는 이유와 조건 <『정전』에서>

무선무악한 사람의 성품은 경계를 따라 혹선혹악或善或惡으로 발현되는 바, 발현되는 그 마음과 행이 진리에 어긋나서 스스로 죄

113) 계율을 잘 지키되, 지키고 못 지키고를 방편으로 삼기도 하고, 하지 말아야 할 것은 하지 않아야 한다는 뜻.

를 짓고 남에게 해를 끼치며 사회의 안녕질서가 파괴되므로 법률에는 반드시 금지조항이 있게 되는 것이다.

예) 30계문, 사은 배은, 사연 사조.

2) 권장하는 이유와 조건

그대로 행하는 것이 진리에 맞아서 스스로 복이 되고 전체 사회에 은이 미쳐가며 사회의 안녕질서를 유지하는 근본이 되므로 법률에는 반드시 권장하는 조항을 두는 것인바

예) 솔성요론, 삼학, 진행 사조, 사은 보은, 사요, 기타 교리와 제도가 다 그 조건이다.

2. 금지와 권장으로 '피은이 되었으면' 그 도에 순응하라 하였는데 피은이 되지 않을 경우도 있을 것인가? 또는 피은이 되지 않을 경우는 순응하지 말라는 뜻도 있는가?

1) 출가위 이상의 제법주들이 마련하신 법이라면 피은이 되지 않을 수 없을 것이나, 진리에 달관하지 못한 중생들이 사의私意로 만든 법이 있다면 거기에는 피은이 되지 못할 법도 없지 않을 것인바, 그런 법에는 순응할 수 없을 뿐 아니라 순응해서도 안 될 것이다.

※ 악법불응惡法不應 : 진리에 근거한 바 없으며 많은 사람에게 피해되는 법은 순응만 할 수는 없는 것이다.

2) 또 일반적으로 모든 법률은 인도 정의의 공정한 법칙으로 보편타당한 조항들이나, 특수한 경우 예외도 없지 않을 것이니, 개정된 법을 표준 하여 시용施用하되 지범개차持犯開遮의 시중時中으로 그 법률의 근본정신[도덕]을 살려야 할 것이다.

4. 법률 보은의 조목

1) 개인에 있어서는 수신(修身)하는 법률을 배워 행할 것이요,
2) 가정에 있어서는 가정 다스리는 법률을 배워 행할 것이요,
3) 사회에 있어서는 사회 다스리는 법률을 배워 행할 것이요,
4) 국가에 있어서는 국가 다스리는 법률을 배워 행할 것이요,
5) 세계에 있어서는 세계 다스리는 법률을 배워 행할 것이니라.

[문제점]

1. 수신하는 법률이란?

『정전』에서 찾아보면

1) 마음공부 하는 법. 2) 『정전』 최초 법어의 '수신의 요법'

3) 『정전』 수행편, 『대종경』 수행품.

2. 가정 다스리는 법률이란?

1) 최초 법어의 '제가의 요법' 2) 『대종경』 인도품에 많이 있음.

3. 사회 다스리는 법률이란?

1) 제가의 요법을 확대 응용. 2) 헌법을 비롯한 모든 국법.

4. 세계 다스리는 법률이란?

1) 국제 헌장과 모든 국제법. 2) 강약 진화의 요법과 지도인의 요법.

3) 진리적인 종교의 신앙과 사실적인 도덕의 훈련법.

※ 인류 헌장[도덕] : 솔성은 도로써 하고 인사는 덕으로써 한다.

5. 논어에 한 제자가 묻기를 이덕보원以德報怨**이리까 한데 자왈 그렇다면 덕은 하이보야**何以報也**오 하시니, 제자 다시 묻기를 그러면 어찌하는 것이 중도가 되리까? 자왈 이덕보덕**以德報德**하고 이직보원**

以直報怨이라 하셨다[114] 하니 '직直'은 어떤 뜻이며 여러 가지 경우의 표준을 들어주시오.

이와 비슷한 문제는 대종경 인도품 55장에 명시 되었는바 '직直'은 법야法也요, 무념야無念也니라. 이에 참고삼아 몇 가지 표준을 제시하자면

이덕보덕以德報德 = 감사보은感謝報恩

이덕보원以德報怨 = 자비보원慈悲報怨

이직보원以直報怨 = 이법보원以法報怨[공의보원公議報怨]

무념보원無念報怨 = 해탈무원解脫無怨

※ 성인은 무상심無常心하사 이백성심以百姓心으로 위심爲心하나니 선자善者 오선지吾善之하고 불선자 오역선지吾亦善之하나니 덕선德善이요, 신자信者 오신지吾信之하고 불신자 오역신지吾亦信之하나니 덕신德信이니라.[115] 『도덕경』

---

114) 『논어』 헌문 36. "혹왈或曰 이덕보원以德報怨이 하여何如하니잇고? 자왈子曰 하이보덕何以報德고, 이직보원以直報怨이오 이덕보덕以德報德이니라.(어떤 사람이 말했다. "덕으로 원한을 갚으면 어떻겠습니까?" 공자가 말씀하셨다. "그렇다면 덕은 무엇으로 갚겠는가? 곧은 행동으로 원한을 갚고, 덕으로 덕을 갚아야 한다.)

115) 『도덕경』 49장. 성인은 변하지 않는 고정된 마음이 없고, 모든 백성의 마음을 자신의 마음으로 한다. 성인은 선한 사람은 선한 사람으로 받아들이고, 선하지 못한 사람도 선한 사람으로 받아들인다. 이것은 성인의 덕이 참으로 선하기 때문이다. 진실한 사람도 진실한 사람으로 받아들이고 진실하지 못한 사람도 진실한 사람으로 받아들인다. 이것은 성인의 덕이 참다운 진실을 갖추고 있기 때문이다.

5. 법률 보은의 결과

우리가 법률 보은을 한다면, 우리 자신도 법률의 보호를 받아, 갈수록 구속은 없어지고 자유를 얻게 될 것이요, 각자의 인격도 향상되며 세상도 질서가 정연하고 사·농·공·상이 더욱 발달하여 다시없는 안락세계(安樂世界)가 될 것이며, 또는 입법(立法)·치법(治法)의 은혜도 갚음이 될 것이니라.

[단어 숙어 풀이]

◆ 구속 : 1) 속박. 2) 얽매임. 3) 묶여 있음.

◆ 자유 : 1) 아무 걸림 없이 마음대로 사는 모습. 2) 무엇이나 마음대로 하되 진리에 어긋남이 없고 남에게 피해되지 않는 것.

◆ 안락세계 : 1) 편안하고 즐거운 세계. 2) 몸과 마음에 불편과 불안이 없고 고통이 없는 세상.

◆ 입법 : 1) 법을 세움. 2) 법을 제정하는 것.

◆ 치법 : 1) 법으로 다스리는 일. 2) 행정과 사법의 총칭.

[문제점]

1. 법률 보은으로 자유를 얻은 실례를 들어 설명하라.

법률 보은이란 권장하고 금지하는 조항에 순응하는 것인바 당장 괴롭고 구속다운 느낌과 생각도 없지 않을 것이나, 영원한 세상을 통해서 참다운 자유를 얻는 길은 오직 진리와 모든 법률에 어긋남이 없고 남에게 피해가 되지 않는 심신 작용이라야 하는 것이므로 법률 보은이 아니면 참다운 자유를 얻을 수 없는 것이다. 이에 그 실례를 들면 방사하는 닭이 남의 전답에 가서 피해를 주기 때문에 우리[닭장]의 신세를 지게 되는 것이요, 어리석은 국민이 국법을 어기게 되면 법의 제재를 받지 않을 수 없는 것이며 모든 중생이 진리를 어기고 계율을 범하게 되면 지옥 등의 악도를 면할 수 없는 것이다. 이처럼 천단淺短한 소견으로는 분명 구속인 것 같지마는 실에 있어서는 법률 보은이 아니면 참다운 자유를 얻지 못하는 것이다.

2. **법률 보은으로 인격이 향상되는 실증을 들라.**

도덕과 정치를 비롯하여 인간 생활에 필요한 인도 정의의 공정한 법칙을 잘 알아서 그대로 실행하는 사람의 인격과 그 법칙을 알지 못하고 자행자지하는 사람의 인격은 어떤 차이가 있겠는가?

수신하는 법률만 잘 배워 실행할지라도 그 사람의 인격은 크게 향상될 것이다.

3. **법률 보은으로 사·농·공·상이 더욱 발달하는 내역을 들어주시오.**

사·농·공·상의 모든 기관은 법률에 따라 설치되고 법률로써 운영되는바 법률이 권장하고 금지하는 조건을 그대로 순응만 한다면 모든 기관과 일체 동포는 그 운영과 생활이 날로 향상되지 않을 수 없는 것이다. 그러나 혹 현재 향상 발전되지 못하거나 도리어 구속으로만 느껴지는 것은 그 법률이 원만하지 못하거나 입법자와 치법자나 피치법자被治法者의 마음이 지공무사하지 못하여 법률의 근본정신에 순응하지 못하기 때문이다.

그러므로 우리는 법의 근본정신이 지공무사함을 알아서 시대에 적절하지 못한 법은 개정하여 원만하게 그 정신을 다시 밝히는 동시에 입법자와 치법자나 피치법자가 다 같이 법의 정신을 체득하여 순응해야 할 것이요, 순응하기만 한다면 반드시 향상 발달하지 않을 수 없는 것이다.

4. 입법과 치법의 은이란?

우주에 질서정연하고 지공무사한 진리가 있고 또 모든 인류가 안녕질서를 유지하며 안락세계에서 살고자 할지라도 불성佛聖[출가위 이상 도인]들이 그 진리를 체 받아 그 법률을 제정하지 아니하셨다면 법률은 있을 수 없을 것이요, 설혹 법률은 제정되어 있다 할지라도 그 법률을 실행하도록 지도 권면하고 운영[치법]하는 분이 없다면 법률은은 크게 드러날 수 없는 것이다. 그러므로 법률은은 특별히 입법 치법의 은혜까지 말씀하신 것 같다.

6. 법률 배은의 결과

우리가 만일 법률에 배은을 한다면, 우리 자신도 법률이 용서하지 아니하여, 부자유(不自由)와 구속을 받게 될 것이요, 각자의 인격도 타락되며 세상도 질서가 문란하여 소란한 수라장(修羅場)이 될 것이니라.

[단어 숙어 풀이]

◆ 용서 : 잘못이나 죄를 꾸짖거나 벌하지 않음.

◆ 타락 : 1) 헛된 곳에 빠짐. 2) 수도하다가 속심俗心으로 떨어짐. 3) 죄를 범하여 불신不信한 생활에 떨어짐.

◆ 수라장 : 1) 아수라왕阿修羅王이 제석왕帝釋王과 싸운 마당. 2) 모진 싸움으로 비참하게 된 곳. 3) 마음에 안정을 얻지 못하고 갈팡질팡하는 것.

[문제점]

1. 사은 중 법률은은 추상적인 느낌이 없지 않으며 깊이 느껴지지 않는 것 같은데 그 이유는?

천지·부모·동포는 직접적인 관계로서 권능이 나타나기 때문에 더 가깝고 절실한 감이 없지 않을 것이나 법률은 대개 스스로 실천해서 자득되는 경우 외에는 입법자와 치법자를 통해서 그 권능이 발휘되기 때문에 일반적으로 그런 느낌도 없지 않을 것이다. 그러므로 여기서 한 가지 유의할 것은 법률에게 불공하는 길은 먼저 권장하고 금지하는 조건에 순응하는 동시에 입법자와 치법자도 아울러 감응할 수 있도록 성·경·신을 들이대야 할 것이다.

※ 참고

가) 득어청산得於青山 실어청산失於青山 문어청산問於青山 청산부답青山不答 즉착청산래卽着青山來[116)]

나) 칠십생남비오자가산전지서타인물침七十生男非吾子家產傳之婿他人勿侵[117)]

---

116) 암행어사 박문수가 전라도를 순시할 때의 일이었다. 어느 마을을 지나다가 해도 뉘엿뉘엿 지고 배도 고파서 하룻밤을 묵을 겸 한 서당에 들렀는데 학동들이 저희들끼리 원님이 되고 백성이 되어 송사하는 놀이를 하고 있었다. 한 놈이 덥석 엎드리더니 "저는 꿩 잡는 매를 잡아서 사냥을 하려고 하였더니 갑자기 산으로 도망가 버렸습니다. 찾아주십시오." 하고는 떼를 썼다. 산으로 날아간 매를 어떻게 찾을 것인가? 박문수는 매우 궁금하였다. 그러나 원님은 배짱 좋게 "그럼 산이 가져간 게로구먼. 내가 찾아 주지." 하고는 큰 소리로 판결을 내렸다. "응자청산지물鷹者青山之物인데 득어청산得於青山하고 실어청산失於青山이네. 문어청산問於青山하고 청산부답青山不答이어든 즉각착래卽刻捉來하라."(매는 청산의 물건이니 청산에서 얻고 청산에서 잃어버렸네. 청산에 가서 물어보고 청산이 대답을 않거든 청산을 잡아오라) 이전에는 고소를 하면 상대방을 직접 데려오게 되어 있었다. 산으로 도망간 매를 무슨 수로 잡아오며 그렇다고 못 잡아온다고 할 수는 없으니 산을 잡아오라고 했다. 아이들의 놀이이기는 하지만 재치가 번득이는 판결이라 할 수 있으며, 법률을 집행하는 자의 지혜가 돋보이는 예화이다.

117) 어떤 부자 노인이 아들은 없고 시집간 딸 하나만 있었는데, 아들 욕심에 젊은 첩

다) 법률 조항의 해석은 치법자의 견해와 역량에 따라 다를 수 있다.

라) 주먹은 가깝고 법은 멀다.

마) 문자의 법률은 어디까지나 사람에 의해 그 권능이 발휘된다.

2. 법률 배은으로 부자유와 구속을 받는 내역은?

1) 수신·제가의 법률에 배은할 때 스스로의 양심상 부자유를 면하기 어려울 것이요, 사회 일반의 통념과 불문율에 의한 정신적 구속이 없지 못할 것이며,

2) 사회·국가·세계의 법률에 배은할 때는 그 법률이 정한 대로 응분의 처벌이 없지 않을 것이니 심신 간에 구속과 부자유를 면하기 어려울 것이요,

3) 또 모든 법률과 계율을 어기고 자행자지의 배은행이 되고 보면 소소영령하고 지공무사한 진리의 구속을 면할 수 없게 되어 길이 부자유한 생활을 하게 될 것이다.

3. 법률 배은으로 인격이 타락되는 실례를 들라.

그 한 예만 든다면 수신하는 법률을 배우지도 않고 실행하지도 않는다면 그 인격은 어찌 되겠는가.

4. 대종사님의 은혜는 사은 중 어디에 속하는가?

을 들여 결국 아들을 보았다. 너무나 좋아서 그만 죽어버렸는데 다행히 유언이 한 줄 있었다. 사위와 젊은 첩 사이에 이 유언을 두고 송사가 벌어졌다. 유언의 내용은 "칠십생남비오자가산전지서타인물침七十生男非吾子家産傳之婿他人勿侵"이었다. 사위는 '칠십생남七十生男 비오자非吾子 가산전지서家産傳之婿 타인물침他人勿侵, 즉 칠십에 아들을 낳았으니 내 아들이 아니다. 가산을 사위에게 전하니 타인은 범하지 말라.'라고 해석하고 첩은 '칠십생남비오자七十生男非吾子? 가산전지家産傳之 서타인婿他人 물침勿侵, 즉 칠십에 아들을 낳았다고 내 아들이 아니겠는가? 가산을 그에게 전하매, 사위는 타인이니 범하지 말라.'라고 해석하였다. 두 가지 해석이 모두 가능하며 한문 해석은 어떻게 끊어 읽느냐에 따라 해석이 달라지는 경우가 많은데, 그중 한 예라 할 수 있다. 입법자의 역할이 중요함을 비유하고 있다.

대종사님은 일원의 진리에 합일하신[사은에 합덕] 어른으로서 사은을 제정하신 어른이시니 사은 중 어디에 속한다기 보다는 일원의 진리와 같이 모시고 받드는 것이 옳을 줄 안다.

일원의 진리에 합일하신 어른은 어느 분이나 곧 사은에 합덕하신 분이시니 일원의 진리와 똑같이 모시는 것이 옳을 것이다. <『정산종사법어』 예도편, 『대종경』 교의품 11>

5. 제불제성의 은혜는 어디에 속하는가?

1) 직접 나의 정신을 길러 주신 불성佛聖은 심신불이心身不二와 사부일체師父一體의 도리로서 부모은에 모시는 것이 옳을 것이요,

2) 나와는 직접적인 관계가 없이 천하를 위하여 입법, 치법하신 모든 불성佛聖들은 법률은에 모시는 것이 옳을 것이요,

3) 그러나 이것은 어디까지나 현재의 입장에서 말하는 것이요, 영생을 놓고 숙연宿緣을 미루어 본다면 굳이 어느 것이 옳다고 고집할 수는 없을 것이다.

6. 법률은 중에도 우리 교법의 은혜가 더욱 지중하다고 하셨는데 큰 은혜로 느껴지지 않고 무심히 여겨지는 이유는?

대은大恩은 무은無恩이라, 그 은혜가 너무도 호대하고 막중하기 때문에 특별히 깨닫기 전에는 감사한 줄을 알기가 어려울 것이다. 그러나

1) 성불제중과 제생의세의 크고 굳센 원력을 세운 이가 내실의 적공과 교화의 심력을 들이게 되면 자연 느끼게 될 것이요,

2) 현재 세계의 대세와 인류의 사조思潮며 각 종교의 교리를 정통하고 보면 또한 감사를 더욱 느끼게 될 것이며,

3) 우주 진강宇宙進降의 시의時宜를 놓고 생각할 때 참으로 다행하고 감사한 마음이 솟을 것이다.

몰아 말하면 큰 원력을 세우고 올바른 교단관이 서지며 큰 진리를 깨닫게 되면 이 법 외에 더 좋은 법이 없음을 알게 될 것이다.

◎ 결어

<세상을 건지는 법>

사중보은四重報恩<教理圖解>

<피은> <보은> <결과> <내역>

천지은= 대시주은 = 무념보시 = 덕화만방 = 천지는 만물에게 응용 무념으로 덕을 입혀주신 대시주大施主이시니, 우리도 그 도를 체받아서 무념보시를 하면 보은이 되는 동시에 우리가 곧 천지와 합일하여 덕화가 만방에 미칠 것이다.

부모은= 대자비은 = 약자보호 = 삼세보본 = 부모는 우리가 무자력할 때에 자력을 얻게 해 주신 대자비불大慈悲佛이시니, 우리도 그 도를 체 받아 약자[노유병약]를 보호하면 보은이 되는 동시에 우리가 곧 사생의 부모가 되며 삼세의 대효가 될 것이다.

동포은= 대협동은 = 상부상조 = 공생공영 = 동포는 우리에게 자리이타로써 대협조大協助가 되었으니, 우리도 그 도를 체 받아서 서로 돕고 서로 북돋우면 보은이 되는 동시에 내가 곧 사생의 지친이 되며 일체 동포는 자연 공생공영할 것이다.

법률은= 대보호은 = 준법지계 = 자유세계 = 법률은 우리에게 지공무사한 법도로써 우리를 보호하여 주시니, 우리도 그 도를 체 받아서 법률[계율]을 잘 지키면 보은이 되는 동시에 우리가 곧 법주가 되며 대자유세계가 될 것이다.

제3장 사요

[대의]

일원의 원만 평등한 진리에 바탕하여 인류 사회에 원만 평등한 전반세계를 건설하시고자 자력 양성·지자 본위·타자녀 교육·공도자 숭배의 네 가지 요긴한 길을 밝혀 고루 다 같이 향상 발전할 수 있는 인류 상호간의 대불공법으로 정해 주신 것이다. <세상을 고루는 법이다>

[문제점]

1. 사은과 사요의 관계는?

사은 사요는 인생의 요도로서 누구나 다 같이 밟아야 할 길이며 병든 세상을 고치는 묘방인바, 사은은 우주 만유가 생성 발전하는 기본적인 원리에 근거하여 밝혀 주신 새 시대의 우주적인 윤리로서 세상을 건지는 양방良方이요 만유를 상대로 하는 대불공법이라면, 사요는 일원의 원만 평등한 진리에 근거하여 육도 세계를 건설하는 묘방이요 인류를 상대로 하는 대불공법이라 할 것이다. <사요는 인본주의의 교리적 근거가 되는 것이다>

그리고 사은은 은[정의情誼]의 윤리로서 세상을 건지는 법이라면 사요는 평등 윤리로서 세상을 고르는 법이라 할 것이며, 또한 사은은 전체를 함께 정화시켜 나가는 법이라면 사요는 전체의 중심이요 초점이 되는 인류사회를 주로 고루 향상 발전시켜서 그 전체[육도 세계]를 향도해 가는 법이라고 할 수 있는 것이다. 그러므로 사은과 사요는 인생의 요도로서 제생의세하는 데 없지 못할 묘방이며 서로 불가분리의 관계가 있는 것이다.

2. 교리도에 있어 사요가 인과보응의 신앙문에 속하는 이유는?

사요가 신앙문에 속하는 이유를 밝히는 것보다 먼저 사요가 인생의 요도이기 때문에 편의상 사은편에 넣은 것으로 아는 것이 가할 것이며, 굳이 신앙으로 설명하자면 신앙의 방법은 곧 불공법이기 때문에 사요는 인류 상호간의 불공법인 점에서 신앙문에 속해도 무방할 것이다.

3. 사요 실현의 정신은?

1) 사요는 세상을 고루는 법이니 개인이 스스로 실행할 수 있는 길과 사회·국가·세계가 제도화하여 활용할 수 있는 길을 다 같이 밝혀야 할 것이요,

2) 참다운 평등은 각자 각자의 책임을 다하는데서 이루어지는 것이니 차별과 평등을 다 밝히는 동시에 원만한 마음, 원만한 제도를 마련하여 참다운 평등을 세워가야 할 것이다.

가) 개인 실행면 [수행면]

개인을 떠나서 사회·국가·세계를 생각할 수 없으므로 먼저 개인 하나하나가 사요의 근본정신[원만평등]을 체득하여 실천해 가야 할 것이요,

나) 사회 제도화의 면 [제도면]

사회를 떠나서 개인이 생존할 수 없으므로 다 같이 실현할 수 있는 원만 평등한 제도의 마련이 반드시 있어야 할 것이다. 고로 이 사요는 다 같이 원만 평등한 심법으로 원만 평등한 제도 하에서 원만 평등한 전반세계를 건설하는 요법인 것이다. [사요는 정치 요강이라 할 수 있다.]

제1절 자력 양성

[대의]

인류 사회에 원만 평등한 낙원을 건설하자면 무엇보다 먼저 전 인류의 인권이 평등해져야 할 것인바, 이는 남녀 간 누구나 정신·육신·물질 간에 제 힘으로 살 수 있는 능력이 있어야 할 것이다. 그러므로 우리는 서로 권장하고 스스로 노력하여 부당한 의뢰 생활을 버리고 자력 생활을 개척할 수 있도록 다 같이 교육을 받고 직업을 가져서 가정·사회·국가·세계에 의무와 책임을 이행할 수 있는 자주력을 세워 인권평등이 되게 하자는 것이다. <남녀·종족의 권리 동일로 인권평등이 되게 하는 법>

1. 자력 양성의 강령

자력이 없는 어린이가 되든지, 노혼(老昏)한 늙은이가 되든지, 어찌할 수 없는 병든 이가 되든지 하면이어니와, 그렇지 아니한 바에는 자력을 공부삼아 양성하여 사람으로서 면할 수 없는 자기의 의무와 책임을 다하는 동시에, 힘 미치는 대로는 자력 없는 사람에게 보호를 주자는 것이니라.

[단어 숙어 풀이]

◆ 자력 : 1) 스스로의 힘. 2) 남에게 의뢰하지 않고 살 수 있는 자기의 힘. 3) 정신·육신·물질 간에 제 힘으로 살 수 있는 능력.

◆ 노혼 : 1) 늙어서 정신이 흐리멍덩함. 2) 늙고 쇠하여 정신이 혼미함.

◆ 이어니와 : 1) 이ㄹ어니와 2) 말할 것 없거니와

◆ 의무 : 1) 나와 전체의 복지를 위하여 마땅히 해야 할 도리. 2) 나와 고락을 같이 하는 전체의 행복을 유지하고 증진시키는데 마땅히 해야 할 도리.

◆ 책임 : 그 일을 이루기 위해서 맡은 일, 또는 맡겨진 일.

[문제점]

1. 자력 없는 사람이란?

사람과 일에 따라 자력이 한계가 다를 것이나 가정·사회·국가·세계에 처하여 의무와 책임을 이행할 수 없는 노약老弱, 병약病弱을 말한다.

예를 들면 노혼老昏한 분, 정신박약, 쇠약 등과 법률적으로 미성년자, 또는 활동할 수 없는 불구 ….

2. 사람으로서 면할 수 없는 의무와 책임이란?

사람은 사회를 떠나서 생존할 수 없으므로 자기 생존과 더불어 가정·사회·국가·세계의 공존 공생을 위해서 누구나 마땅히 해야 할 도리가 있는 것이며 각각 맡은 일이 있는 것이니, 이것은 이 세상에 생을 보존하는 한 정상적인 사람이라면 누구도 면할 수 없는 것이다.

예) 가정 – 공중도덕을 지켜 나갈 의무와 각자의 책임, 상봉하솔.
사회 – 공중도덕을 지켜 나갈 의무와 각자의 책임, 직책.
국가 – 국방·납세·교육·근로의 의무와 사·농·공·상의 각자 책임.
세계 – UN헌장 준수의 의무, 평화 건설의 각자 책임.

3. 자력 생활을 개척하고 무자력자를 보호할 수 있는 가장 원만한 길은?

첫째, 개인 한 사람 한 사람의 자각적 실행이 있어야 할 것인바, 남녀간 누구나 자력 없이는 참다운 행복이 없음을 깨달아 자력 양성 조목과 자력자로서 타력자에게 권장할 조목을 철저히 실행할 것이다.

1) 사생일신의 대 자각으로 대자비심이 솟아날 때, 무자력자 보호는 의무와 사명이 될 것이다.
2) 인과보응의 진리와 불생불멸의 진리를 믿고 알 때는 자신의 영생을 위해서 자력 양성과 약자 보호를 하지 않을 수 없을 것이다.

둘째, 사회·국가·세계에서 제도적으로 누구나 힘껏 일할 수 있고 [기회균등] 일한 만큼 소득할 수 있는 원만 평등하고 지공무사한 제도가 마련되어야[각진기력各盡其力하고 각수소치各受所値할 수 있는 제도적 보장이 있어야] 할 것이다.

1) 사·농·공·상의 각 기관을 확장 발전시켜 누구나 다 같이 일할 수 있는 일터를 마련해야 할 것이요,
2) 사회·국가·세계에서 노유老幼, 병약病弱의 보호기관을 두루 설치하여 제도적으로 보장해 주어야 할 것이다.

2. 과거의 타력 생활의 조목

1) 부모·형제·부부·자녀·친척 중에 혹 자기 이상의 생활을 하는 사람이 있으면 그에 의지하여 놀고 살자는 것이며, 또는 의뢰를 구하여도 들어주지 아니하면 동거하자는 것이며, 또는 타인에게 빚을 쓰고 갚지 아니하면 일족(一族)이 전부 그 빚을 갚다가 서로 못 살게 되었음이요,

2) 여자는 어려서는 부모에게, 결혼 후에는 남편에게, 늙어서는 자녀에게 의지하였으며, 또는 권리가 동일하지 못하여 남자와 같이 교육도 받지 못하였으며, 또는 사교(社交)의 권리도 얻지 못하였으며, 또는 재산에 대한 상속권도 얻지 못하였으며, 또는 자기의 심신이지마는 일동일정에 구속을 면하지 못하게 되었음이니라.

과거 한국의 실정을 위주로 밝힌 것이다.

[단어 숙어 풀이]

◆ 친척 : 1) 혈족 관계와 배우자 관계에 있는 사람들. 2) 가까운 씨족 관계와 척분관계戚分關係에 있는 사람들.

◆ 의뢰 : 1) 남에게 의지하는 것. 의지하고 힘입는 것. 2) 남에게 부탁하는 것.

◆ 일족 : 한 가족[육친 : 부, 모, 형, 제, 처, 자].

◆ 권리 : 자기가 주장하고 누릴 수 있는 조건.

◆ 사교 : 1) 사회생활에 있어서 서로 사귀는 것. 2) 사람들이 모여서 서로 교제함.

◆ 상속권 : 1) 이어받을 권리. 이어받은 권리. 2) 부모의 유산을 이어받는 권리.

※ 참고

가) 삼족 : 친족, 외족, 처족.

나) 구족 : ㉠ 자신을 중심으로 위로 사대四代, 아래로 사대[부, 조부, 증조, 고조, 아我, 자, 손, 증손, 현손]. ㉡ 친삼족, 외삼족,

처삼족. ㉢ 삼종지의三從之義[삼종지탁三從之托] : 유의부모幼依父母, 혼의부군婚依夫君, 노의자녀老依子女로서 봉건시대의 여자 도리. ㉣ 칠거지악七去之惡 : 봉건시대에 여자를 내쫓는 일곱 가지 이유로서 불순구고不順舅姑, 무자無子, 음행, 질투, 악질惡疾, 구설口舌, 도절盜竊.

[문제점]

1. 과거 한국 사회에 의뢰 생활이 많았던 원인을 들라.

1) 사대주의 사상과 일부 대가족제도에서 나타난 부작용. 개인의 자각이 없었다.

2) 삼종지의와 칠거지악 등의 남녀 차별제도에서 나타난 부작용. 제도의 불합리성과 계급적 차별제도에서 나타난 부작용.

3) 삼강오륜과 기타 유교사상의 그릇된 인식에서 나타난 폐단. <법구생폐法久生幣[118]>

4) 외적의 침입과 자체 내의 정치적 사회적 불안으로 인하여 현실주의 안일주의 등의 퇴폐적 풍조가 생겼던 점.

5) 진리에 근거하고 현실에 입각한 자타력 병진의 종교적 신앙과 도덕의 훈련이 없었던 점.

2. 여자에게 삼종지의三從之義가 있게 된 이유는?

일반적으로 여자는 생리 조건이 약하기 때문에 처음의 의도는 연약한 여자를 보호하는데 있었을 것이다. 그러나 이것이 부계제도 하에서 남존여비의 사상이 고조됨에 따라 여자의 사회적 도리로 굳어지고 여자의 안일적 성격이 작용하여 여자의 미덕으로 인식되어진

---

118) 법이 오래되면 폐단이 생긴다.

것 같다.

3. 남녀 권리가 동일하지 못했던 원인과 예를 들라.

1) 원인

가) 원시시대에는 도덕과 법률이 희미했고 오직 혈기의 강약에 따라 모든 권리가 주장되었을 것이요, <사실적인 면에서의 고찰>

나) 유교의 사상이 형상 있는 현실에 중심을 둔 삼강오륜 등의 차별제도였던 점. <사상적 근거>

『주역』에 건남곤녀乾男坤女[119] 운운.

다) 부계제도의 발달과 남성 중심의 사회구조. <제도적인 면에서의 고찰>

라) 우주순환의 도를 따라 과거에는 차별 있는 도가 주장이 되었던 점[우주 진강급의 시의時宜] 등으로 남녀의 권리가 동일하지 못했을 것이다.

2) 예

가) 교육·사교·상속권·활동 등에 차별을 두었다.

나) 유교 : 삼종지의, 칠거지악, 삼강오륜.

다) 불교 : 비구 250계, 비구니 500계.

라) 기독교 : 신부는 남자. 여자는 신부의 자격을 주지 않았음.

천주교의 마리아 숭배는 여권을 상당히 신장하기는 했다. 그러나 신부와 수녀의 차별은 대단히 심하다.

4. 남녀평등이란 무엇을 말하는가? <남녀 권리 동일>

생리적 조건이나 그 사회의 풍조와 여건에 따라 그 책임은 다를 수

---

119) 하늘은 남성이며 땅은 여성이다. 『주역』 계사전에는 "건도성남乾道成男 곤도성녀坤道成女"라는 구절이 있다[건도는 남성을 이루고 곤도는 여성을 이룬다].

있으나 인간의 기본적인 권리가 동등함을 말하는 것으로 이는 각자 각자의 책임을 다하는데서 이루어지는 것이다.

1) 각자 각자의 평등심이 확립되어야 일체 행과 일체 생활 일체 사상이 평등하게 될 것이요,

2) 사회·국가·세계에서는 평등사상에 근거한 평등 제도를 마련하여 남녀 간 누구나 오직 그 능력에 따라 일할 수 있고 일에 따라 대우받을 수 있도록 보장되어야 한다. 고로 참다운 평등이란 각자의 마음에 평등심을 확립하는 공부와 능력에 따라 일을 맡기고 그 일에 따라 대우해주는 분위기 조성이 중요한 것이다.

5. 인권평등의 진리적 근거를 설명하시오.

남녀노소 유·무식 간에 누구나 기본적인 권리가 동등함을 말하는 것으로

1) 인간의 본성[육도 사생의 본성]은 고하高下와 미오迷悟가 원래 없는 것이니 절대 평등한 것이다. <절대적 평등>

   가) 그릇은 다를지언정 그 안에 들어있는 영성은 같다.

   나) 그 안에도 한울님이 들어있다. <천도교의 인내천人乃天>

   다) 처처불상

2) 현실적으로 고찰하더라도 만물의 생존과 자신의 생존을 생각하면 상의상자相依相資하고 있으니 평등한 것이다. <연기적 평등>

3) 영원한 세상을 놓고 볼 때 일체 생령은 윤회 전생하는 것이요, 어느 계층에 고정해 있는 것이 아니니 평등하다고 하지 않을 수 없는 것이다. <윤회적 평등>

   이처럼 인간뿐 아니라 일체 생령은 기본적인 면에서나 현실적인 면에서나 또 영원한 세상을 통해서 볼 때 그 권리는 평등하게 된 것이다. 고로 목전의 부분적 현실에 집착하여 차별법만을 주장

하거나 차별심만을 내는 것은 진리를 모르는 소치다.

가) 법 앞에서는 만인이 평등하다. <법률>

나) 모든 인간은 신 앞에서 평등하다. <신학>

다) 사람 위에 사람 없고 사람 아래 사람 없다.

3. 자력자로서 타력자에게 권장할 조목

1) 자력 있는 사람이 부당한 의뢰를 구할 때는 그 의뢰를 받아주지 아니할 것이요,
2) 부모로서 자녀에게 재산을 분급하여 줄 때는, 장자나 차자나 여자를 막론하고 그 재산을 받아 유지 못 할 사람 외에는 다 같이 분급하여 줄 것이요,
3) 결혼 후 물질적 생활을 각자 자립적으로 할 것이며, 또는 서로 사랑에만 그칠 것이 아니라 각자의 의무와 책임을 주로 할 것이요,
4) 기타 모든 일을 경우와 법에 따라 처리하되 과거와 같이 남녀를 차별할 것이 아니라 일에 따라 대우하여 줄 것이니라.

[단어 숙어 풀이]

◆ 분급 : 나누어 줌.

◆ 자립 : 스스로의 힘으로 생계를 유지함.

◆ ※적 : 명사에 붙어서 그 성질이나 상태를 나타내는 말.

◆ 경우 : 형편과 사정

[문제점]

1. 부당한 의뢰의 한계는?

그 사람이나 그 일에 따라 한계가 다를 것이나 제 힘으로 할 수 있는 일을 의뢰하는 경우와 사람으로서 의무와 책임을 다할 수 없는 노유老幼, 병약病弱 이외의 의뢰를 말한다.

쇼펜하우어 – 건강한 걸인에게 동정해 주지 말라.

은산 김현관 선생 일화 – 당신을 위해서 주지 않는 것이니 섭섭히 여기지 말라. 부당한 의뢰를 받아주는 것은 그 사람의 장래를 막는 결과가 된다.

2. 부모·자녀·형제·친우·친척의 의뢰도 받아주지 말 것인가?

자력자로서 타력자를 대하는 자세는 항상 의뢰자의 영원한 장래와 사회·국가·세계의 참다운 발전을 먼저 진심으로 생각하고 법 있게 취사해야 할 것이다.

남을 도와주거나 의뢰를 받고 거절할 때의 심경은 항상 사사로운 호오好惡의 감정이나 단촉한 현실에 끌려 취사하여서는 안 될 것이다. 그러므로 아무리 가까운 사이라 할지라도 부당한 의뢰를 받아주지 않는 것이 의뢰자의 자각심과 경각심을 일깨워 근본적인 권장과 합력이 되느니, 처지에 따라 잘 조절하여 중도를 잡아가야 할 것이다.

※ 참고 : 심교 간心交間 금전을 여수 하지 말라.

3. 상속은 국민으로서 국법에 정한 바에 따라 하는 것이 옳지 않겠는가?

물론 국민은 그 나라 국법의 정한 바에 따라 하는 것이 좋을 것이나 국법에 저촉되지 않는 한 대종사님의 제자라면 마땅히 교전의 가르침대로 실행해야 할 것이며, 사회·국가·세계의 모든 제도를 정전의 근본정신에 입각하여 마련해감으로써 진리에 근거한 참다운 평화를 건설하는 데 앞장서야 할 것이다.

4. 자녀로서 재산을 유지 못할 사람이란?

그 재산으로 인해서 개인이나 사회에 유익을 주지 못하고 도리어 해독을 끼칠 수 있는 자녀를 말하는 것으로 정신지체인, 심신모약자心身耗弱者 등을 말하는 것이다.

※ 지능지수(IQ) 70~40 : 경우輕愚, 40~20 : 치우痴愚, 20~ : 백치白痴

※ 재산을 유지 발전시킬 수 있는 자녀에게는 더 주어서 더욱 큰 사업을 하게 하는 것도 옳을 것이다.

5. 부부 일신夫婦一身이라 하며 가정이 부부 중심으로 이루어지는데 물질적 생활을 각자 하라 하신 본의는? <물질생활을 각자하면 오히려 불화의 씨가 될 염려가 있지 않겠는가?>

물질적 생활을 각자 하면 혹 불화의 원인이 될 것 같지마는

첫째, 인간의 화복은 기약할 수 없고 고정해 있지 않으므로 사실은 물질적 생활을 각자 함으로써 만일의 경우 법률적으로나 사회적으로 정당한 처리와 재기再起하는데 실질적인 합력이 가능하여 부부 일신으로 가정의 참다운 평화를 유지하게 함이요,

둘째, 물질적 생활을 각자 함으로써 서로의 인권을 존중하게 되고 사실적으로 인권의 보장이 가능할 것이며,

셋째, 물질적 생활을 각자 함으로써 근본적으로 의뢰심이 없어지고 각자의 책임과 생업에 더욱 근실하여 사회·국가·세계의 발전에 더욱 큰 도움이 될 것이다.

수입과 지출을 각자 하여 가정을 유지 발전시킬 책임도 각각 분담하여 이행하고 저축도 따로 하는 것이 좋을 것이다.

6. 전무출신으로서 경제의 자립력을 세우는 길은?

전무출신뿐 아니라 누구든지 경제의 자립력을 세우는 길은 일인일

기一人一技의 정신으로 직업에 근실해야 할 것인바, 전무출신도 먼저 본분에 충실하여 오직 교화에 온갖 정력을 경주해야 할 것이며, 만일의 경우를 위하여 자력으로 의·식·주를 해결할만한 한 가지 이상의 기술을 갖도록 해야 할 것이다. 또 혹 과외의 수입이나 중생의 복을 빌기 위한 성금을 받게 될 경우에는 세계 사업에 널리 활용해 주어야 할 것이요, 결코 사생활에 유용해서는 안 될 것이다.

※ 참고 : 중생은 불보살의 복전이요, 불보살은 중생의 복전이다.

7. 부부는 사랑이 근본이 되어 결합하는 것인데 각자의 의무와 책임을 주로 하라 하신 본의는?

사람의 일생 생활은 한때의 감정적인 사랑만으로 계속될 수는 없는 것이요, 또 사랑으로 결합한 부부라 할지라도 사회·국가·세계를 떠나서는 있을 수 없는 것이다. 그러므로 참다운 사랑을 유지하고 알뜰한 가정을 이룩하기 위해서는 반드시 그 도가 있는 것이며 인륜의 대의가 곧 그 도의 근본이 되는바, 각자의 의무와 책임을 주로 하는 것은 인륜의 대의를 잘 알아 실천함으로써 참다운 사랑을 영원히 유지하도록 하기 위함인 것이다.

인륜의 대의는 각자의 의무와 책임을 다 하는 데 있다.

8. 대종사님 말씀에 앞으로는 부부간에 문패도 따로 붙이고 살게 된다고 하셨는데 어떤 의미에서 그런 말씀을 하셨을까요?

부부가 다 같이 생업에 근실하면서 직장과 직업이 다르게 되면 자연 주소가 다르게 될 것이요, 주소가 다르게 됨에 따라 문패를 따로 달게 될 것이며, 또는 수도에 큰 발심을 내는 분들은 공부하기 위하여 일정한 기간 동거하기도 하고 별거하기도 할 것이니, 별거할 때는 문패를 따로 달게 될 것이 아닌가.

9. 자력자로서 타력자를 권장하는 기본 원칙을 말해 주시오.

고정된 원칙을 주장하기보다는 먼저 타력자를 대하는 마음가짐이 잘 세워져야 할 것이니, 항상 개인의 영원한 장래와 사회·국가·세계의 참다운 발전을 염두에 두고 도가 있는 권장이 되어야 할 것이다. 이에 정전에서 밝혀 주신 바를 간추려 보면 개인 대 개인의 처사에 있어서는 누구를 물론 하고 부당한 의뢰를 구하는 자에게는 받아주지 않는 것을 원칙으로 하여 중도를 잡을 것이요,

부모 자녀 간의 재산 상속에서는 남녀 간 다 같이 분급하는 것을 원칙으로 하여 중도를 잡을 것이며 부부생활에서는 각각 경제자립을 원칙으로 하고 의무와 책임을 주로 하는 정신으로 중도를 잡을 것이며,

일반사회나 국가·세계에서는 모든 일을 경우와 법에 따라 처리하고 대우에서는 오직 그 일에 따라 대우할지언정 추호라도 남녀와 종족 등의 차별을 두지 않는 것을 원칙으로 해야 할 것이다.

4. 자력 양성의 조목

1) 남녀를 물론 하고 어리고 늙고 병들고 하여 어찌할 수 없는 의뢰면이어니와, 그렇지 아니한 바에는 과거와 같이 의뢰 생활을 하지 아니할 것이요,
2) 여자도 인류 사회에 활동할 만한 교육을 남자와 같이 받을 것이요,
3) 남녀가 다 같이 직업에 근실하여 생활에 자유를 얻을 것이며, 가정이나 국가에 대한 의무와 책임을 동등하게 이행할 것이요,
4) 차자도 부모의 생전 사후를 과거 장자의 예로써 받들 것이니라.

[문제점]

1. 의뢰심을 없애려면?

1) 개인적 자각 자립 실천

가) 의뢰심은 진리의 배반이요 자타를 망치는 원인임을 알아야 한다.

개인의 영생을 그르치고 가정·사회·국가·세계를 망치는 좀이다.

나) 자력만이 참다운 행복과 자유와 평화를 누릴 수 있다는 것을 깨달아야 한다.

의뢰심은 자기의 보고寶庫를 사장死藏한다.

2) 사회적 실천과 제도적 보장

가) 부당한 의뢰는 받아주지 말아야 한다.

나) 자력으로만 살 수 있는 제도가 확립되어야 한다.

2. 여성 교육의 중요성을 설명하라.

1) 만물은 모성을 통해서 생육하는 것이요, 그 어머니에 그 자녀가 있는 것은 당연한 진리이다. 그러므로 여성 교육은 제2세의 간접 교육이 되는 것이며 인류 교화의 근본이 되는 것이다.

2) 남자는 세계를 움직인다고 하지마는 여자는 그 남자를 움직일 수 있는 것이다. 그러므로 여성 교육은 세계교화의 근본이 되는 것이다. 고로 여성 교육은 영원한 세계의 발전을 위하여 남성 교육에 못지않게 중요한 것이다. 선진 문명국일수록 여성 교육이 잘되고 있다.

3. 남녀가 동등하게 가정과 국가에 대한 의무와 책임을 이행하려면?

먼저 동등한 인권을 자각하고 인정하여 자신의 의무와 책임이 무엇인가를 알아서 가정에 처해서는 상봉하솔의 도리와 가정의 유지 발전을 위하여 분담된 각자의 책임을 완수해야 할 것이며, 국가에 처해서는 국민의 의무[납세·교육·근로·국방 등]와 각자의 맡은 바 직책을 충실히 완수하기 위해 오직 성실하게 살아가는 길일 것이다.

4. 자력 양성의 조목 4에 "차자도 부모의 생전 사후를 과거 장자의 예로서 받들라." 하셨는데, 이 조문이 자력 양성의 조목에 해당할 수 있는 이유와 그 내용을 설명해 주시오.

자력 양성의 목적은 사람으로서 의무와 책임을 다하는 데 있고 인권의 평등에 있다. 과거의 풍습과 제도가 상속도 장차자의 차별을 두었고, 부모 봉양과 빈객의 접대도 그 의무와 책임이 장자에게만 주어졌기 때문에 상속의 권리와 봉양의 의무 책임이 동등하지 못하였다. 그러므로 과거의 불합리한 제도와 낡은 풍습을 개선하고 누구나 동등한 입장에서 사람으로서 의무와 책임을 이행할 힘을 기르게 하심이다.

5. 사람은 한번 나서 한번 죽는 것이며 그 자체가 자타력이 아울러서 이루어지는 것인데 굳이 자력 생활을 강조할 필요가 무엇인가?

<자력 양성의 필요성>

1) 진리적 근거

단촉한 견해로는 일생일사一生一死인 것 같지마는 실은 길이 다생의 이치가 있어서 가면 오고 오면 반드시 가는 것이요 주면 받고 받으면 반드시 주어야 하는 것은 만고에 바꿀 수 없는 철칙이니, 의뢰 생활은 곧 영생의 큰 빚을 지는 결과가 되어 반드시 다 갚지 않을 수 없는 것인데 자력이 없다면 무슨 힘으로 갚을 수 있겠으며, 다 갚지 못할 때의 대가는 무엇이겠는가? 또는 자타력이 아울러 생을 유지하는 것이지마는 모든 태생과 난생들의 생장하는 모습을 보라. 모태 중에서 출생하면 자력이 없기 때문에 그에게는 천록이 모체에서 나와서 살게 된다.[자타력 병생竝生] 그러나 제힘으로 밥을 먹을 만하면 그 천록은 스스로 멎지 않던가? 암탉이 병아리 기르는 것을 보더라도 아주 어릴 때는 자기의 생명을 바쳐 보호 양육하다가 점점 자라 힘이 생길 만하면 매정스럽게 쪼아버리지 않던가? 이것은 모두 자력을 세워주기 위한 천지자연의 도인 것이요, 진정 이것이 천리일진대 능력과 시간의 여유가 있을 때의 의뢰심은 진리의 배은이 되는 것이다.

2) 현실적 필요성

남녀와 인종의 차별을 없애고 인권을 평등하게 하려면 오직 각자의 자력을 양성하는 길이 가장 근본적인 길이요, 인생의 참다운 자유와 권리, 행복과 인격은 다만 자력 여하에 있는 것이며, 또 완전무결한 낙원을 건설하기로 하면 무엇보다 먼저 전 인류가 다 같이 정신의 자주력·육신의 자활력·경제의 자립력을 갖추는 것이 가장 중요한 것이다.

그러므로 영원한 세상을 통하여 개인·가정·사회·국가·세계의 참다운 평화와 복지 향상을 위해서는 자력 양성을 하지 않을 수 없는 것이다.

6. 자력 양성의 표준과 그 길을 설명해 주시오.

1) 정신의 자주력 : 정상적인 정신력을 말하는 것으로[의의]

가) 표준

㉠ 인간으로서, 국민으로서, 인류의 의무와 책임을 다할 수 있는 정도의 정신력.

㉡ 영생을 통해서 육도 사생을 마음대로 거래할 수 있는 정신력.

※ 참고 : 사상의 자주력 – 일원주의의 사상

나) 방법

㉠ 자력을 믿고 개발하여 활용하고 타력을 믿고 빌려서 자력을 북돋우라.

<자타력 병진의 대자력 양성>

㉡ 서원과 신·분·의·성의 추진으로 공부심의 자주력을 기르자.

<많이 배우고, 닦고, 깨달아 스스로 실천하여 얻어지는 힘>

㉢ 남의 정신의 자주력 세우는데 크게 합력하자.

<많이 가르치고 합력하여 길러줌으로써 돌아오는 공덕의 힘>

2) 육신의 자활력 : 정상적인 활동력[체력]을 말하는 것으로 <의의>

가) 표준

㉠ 의무와 책임을 다할 수 있는 정도의 체력.

㉡ 마음대로 활동할 수 있는 정도의 건강상태.

※ 참고 : 체제의 자활력 – 공화제도의 체제

나) 방법

㉠ 위생과 적당한 활동 : 기계도 쓰지 않으면 녹이 슨다.

㉡ 시간 생활과 계획 생활 : 내가 할 수 있는 일은 반드시 내가 하라.

㉢ 방생 : 남의 건강과 생명을 도와주고 구원해주라.

3) 경제의 자립력 : 정상적인 생활력을 말하는 것으로 <의의>

가) 표준

㉠ 의무와 책임을 다할 수 있는 정도의 경제력.

㉡ 의·식·주에 걱정 없는 정도의 생활력.

※ 참고 : 자립경제 – 사·농·공·상 병진의 생산 활동 방법.

나) 방법

㉠ 일인일기一人一技로써 반드시 직업을 가질 것. <원업과 부업>
㉡ 수지 대조의 규모 있는 생활을 할 것. <계획 생활, 저축 생활>
㉢ 무념 보시를 할 것. <보은미 실행>
<힘 미치는 대로 무자력자를 보호하자>

이상과 같은 표준을 세우고 이와 같은 방법으로 성실하게 실행하기만 한다면 반드시 개인의 숙세의 빚이 갚아지고 세세생생 정신·육신·물질 간에 부족이 없는 완전한 인격 완전한 생활이 될 것이요, 세상은 자연 인권이 골라지고 생활이 골라지며 교육과 지식이 이에 따라 골라질 것이다.

자력을 잘못 기른 사람은 인색하기 쉽고 착심이 생기기 쉬우며 상이 나오기 쉬운 것이니 수행인의 조심할 바이다. <타력생활을 자력 생활로 돌리자>

제2절 지자 본위智者本位

[대의]

인류 사회에 밝고 원만한 낙원을 건설하자면 무엇보다 먼저 전 인류가 다 같이 지자智者가 되어야 할 것이다. 그러므로 우리는 과거의 불합리한 모든 차별심과 차별제도를 버리고 스스로 배우기에 힘쓰는 동시에 누구나 날로 배울 마음이 날 수 있도록 가정·사회·국가·세계에서 오직 지자를 본위로 하는 제도[지우차별법智愚差別法]를 세움으로써 사람마다 지자가 되고 인류의 지식이 날로 고루 향상되게 하자는 것이다.

연령·성별·선후·반상·적서·종족을 가릴 것이 없이 오직 지자선도

智者先導[지우차별법]로써 지식 평등이 되게 하자는 것.

1. 지자 본위의 강령

지자는 우자(愚者)를 가르치고 우자는 지자에게 배우는 것이 원칙적으로 당연한 일이니, 어떠한 처지에 있든지 배울 것을 구할 때에는 불합리한 차별 제도에 끌릴 것이 아니라 오직 구하는 사람의 목적만 달하자는 것이니라.

[단어 숙어 풀이]

◆ 지자 : 지혜 있는 사람. 슬기가 많은 사람.

◆ 본위 : 근본 위치 또는 중심적 위치. 기본 되는 표준. 선도적인 역할을 할 수 있는 자리에 두는 것.

◆ 지자 본위 : 무엇이나 나보다 나은 사람을 선도자로 삼고 그에 표준하여 배우는 동시에 그일 그 일에 선도적 역할을 할 수 있도록 중심적인 자리에 두는 것.

◆ 우자愚者 : 어리석은 사람. 사리 간에 무식한 사람. 슬기가 적은 사람.

◆ 원칙 : 근본적인 규칙. 일반적인 법칙. ↔ 예외.

[문제점]

1. 배운 사람도 잘살기도 하고 못사는 사람도 있으며, 배우지 않은 사람도 잘살기도 하고 못사는 사람이 있는데 구태여 배울 것이 무엇인가? 배워야 할 필요성을 설명해 주시오.

사람은 누구나 잘살기를 원할 것이요, 참으로 잘살기로 하면 배우지 않을 수 없는 것이다. 이 문제 해결의 핵심은 '길이 잘사는 표준'과 '배움의 내용'이 무엇인가를 먼저 규정하는 일이다.

첫째, 참으로 잘 산다는 표준은

1) 마음에 걸림이 없는 생활. <자각, 자활>

2) 의·식·주에 걱정이 없는 생활. <자립>

3) 사회적으로 막힘이 없는 생활[화통和通]로써 진리에 어긋남이 없이 본분을 다하는 생활이면 가히 잘 사는 것이라 할 것이다.

둘째, 참다운 배움의 내용이란 학문적인 지식이나 상식 내지 교양만을 말하는 것이 아니요, 참으로 잘살기 위해서 필요한 모든 것을 다 배우는 것을 말한다.

1) 마음공부 하는 법을 배우고. <도덕, 정사政事>

2) 의·식·주 생활을 잘 할 수 있는 법을 배우며. <생활, 학술>

3) 사회적으로 막힘없이 살 수 있는 법을 배우며. <상식, 교양>

진리에 어긋남이 없이 각자의 본분을 다할 수 있는 모든 법을 다 배워야 한다. 그러므로 길이 잘살기 위해서는 배우지 않을 수 없는 것이다.

2. 불합리한 차별제도란?

과거의 반상·적서·노소·남녀·종족 등에 따라 차등을 두어 생각하고 우대하던 제도로서 이치에 맞지 않고 개인이나 가정·사회·국가·세계의 발전을 저해하는 차별제도를 말한다.

※ ㈎ 인권은 진리적으로 원래 평등한 것이니 차별제도란 불합리한 것이요,

㈏ 지식 평등을 만들기 위해서는 차별제도란 현실적으로 불합리한 것이다.

3. 불합리한 차별제도에 끌리지 말자는 것은?

과거의 인지가 어두운 시대에 마련된 불합리한 차별제도가 인지의 계명啓明에 따라 합리적인 원만한 제도로 개선되고 있지마는 오랜 역사를 통해서 뿌리 깊이 젖어온 인습과 관념이 일조일석에 타파되지 못하기 때문에 마음이 열리지 못하고, 자주력이 약한 사람은 그 인습과 관념에 끌려 스스로 배우려고도 아니하고 가르치지도 아니하여 모든 지식 학술 도덕이 널리 전해질 수 없어서 문화가 고루 향상될 수 없었다.

4. 지자는 우자를 가르치고 우자는 지자에게서 배우는 것이 원칙적으로 당연한 이유는?

1) 가야 오고 오면 가는 것은 당연하지 않은가? 내가 지자가 된 것은 누군가의 가르침을 받아 배워서 된 것이니 나도 누군가를 가르치는 것은 당연한 일이며, 또 내가 영원한 참 지자가 되기 위해서는 남을 가르치는 것이 당연한 진리가 아니겠는가? <강약진화의 도>

   또 지자가 되는 것은 잘살기 위해서요, 내가 참으로 잘살기 위해서는 남도 잘살아야 할 것이니, 남도 잘살기 위해서는 지자가 되어야 하지 않겠는가?

   그러므로 지자가 우자를 가르치는 것은 원칙적으로 당연한 것이다.

2) 사람의 인격은 10분의 9는 배워서 이뤄지는 것이니, 자신의 인격 향상을 위해서는 지자에게서 배워야 하는 것은 당연한 일이며, 또 사람이 누구나 잘살고자 하는 것은 당연한 소원인데 잘살기로 하면 그 도를 알아야 할 것이요, 알기로 하면 지자에게서 배우는 것이 당연한 일이며, 또한 배고프면 밥 먹어야 살고 모르면 배워야 알게 되는 것이 진리의 당연함이 아닌가?

그러므로 우자는 지자에게 배우는 것이 원칙적으로 당연하다.

2. 과거의 불합리한 차별제도의 조목

1) 반상(班常)의 차별이요,
2) 적서(嫡庶)의 차별이요,
3) 노소(老少)의 차별이요,
4) 남녀(男女)의 차별이요,
5) 종족(種族)의 차별이니라.

[단어 숙어 풀이]

◆ 반상 : 1) 문무 양반의 귀족 계급과 일반 서민의 상인常人 계급. 2) 양반과 상사람. 3) 귀족과 천민.

※ 참고 : 과거 한국의 계급 상태

가) 왕족, 양반, 향반鄕班[진사급], 사반士班, 서인庶人, 천민.

나) 진사급과 충·효·열의 후예도 양반에 속했다.

◆ 적서 : 정처正妻에서 난 자녀와 첩이나 서모에게서 난 자녀.

◆ 종족 : 인종과 민족 또는 씨족. 예) 흑인, 백인, 민족적 차별, 씨족적 차별.

[문제점]

1. 과거의 불합리한 차별제도가 생기게 된 원인은?

1) 인지가 미개해서 단촉한 현실적인 면에 국집했던 점. <역사적 고찰>

2) 유교의 사상이 형상 있는 현실에 중점을 두고 삼강오륜 등의 차별법을 시용施用했던 점. <사상적 고찰>

3) 우주의 진강급의 시의時宜가 차별법이라야 맞았던 점, 상하윤리의 차별법 시대. <진리적 고찰>

4) 현실적인 직접적 원인을 고찰해 본다면

가) 반상의 차별은 상하의 질서를 유지하기 위한 방법상의 제도와 일반적으로 상인常人들의 무지에서 짓는 범죄로 받아지는 현실적 대우.

나) 적서의 차별은 일반적으로 서모庶母의 지위가 노비 등의 천민이 많았던 점과 지각없는 모성애의 편착심과 서모의 욕심으로 인한 부도덕한 처사에서 받는 현실적 대우.

다) 노소의 차별은 장유유서長幼有序의 윤리적 규범에서 온 부작용과 젊은이들의 단촉하고 조급한 생각이 많은 일을 그르친 점에서 받는 차별심.

라) 남녀의 차별은 사회구조가 남성 중심이었던 점과 일부 여성들의 소인적小人的 처사에서 받은 대우.

마) 종족의 차별은 직감적으로 인상이 좋지 못한 점과 무자비한 성격에서 받는 대우, 이민족 침략에서 오는 적대감과 열리지 못한 소견에서 빚어진 현실이 아닌가 싶다.

※ 반상·적서·남녀·노소의 차별은 세습적인 왕위 계승으로 인한 풍습도 있을 것이다.

2. 차별제도 때문에 지자 본위가 잘 되지 못했던 실례를 들어 주시오.

1) 반상의 차별 때문에 양반은 상인에게 배우지 아니했고, 상인은 재능이 있어도 배울 수 없었으며 선도자가 될 수도 없었다.

※ 각종 문화인, 예술인 등을 그림쟁이, 노래쟁이, 도장이, 미장이라

하여 천시했으므로 모든 문화가 중단되었을 것이다.

2) 적서의 차별 때문에 적자는 서자, 서손庶孫에게는 배우지 아니했고, 서자, 서손庶孫은 재능이 있어도 배우지 못했으며, 스스로 배웠을지라도 활용되지 못하고 선도자가 될 수 없었다.

※ 송구봉宋龜峯,[120] 정금남鄭錦男[121]의 예.

---

120) 송익필宋翼弼(1534~1599)의 본관은 여산礪山이고 자는 운장雲長이며, 구봉龜峯은 그의 호이다. 조선 시대에는 부당한 신분 제도로 인해 울분과 절망으로 평생을 보낸 사람들이 많았다. 아무리 뛰어난 능력을 지니고 있어도 사회적 평가를 제대로 받지 못하고 묻혀버린 경우가 한둘이 아니다. 구봉 송익필도 그들 중의 한 사람이다. 송익필의 할아버지는 양반으로 직장直長을 지낸 송인宋璘인데 할머니인 감정甘丁이 안돈후安敦厚와 그의 비첩婢妾사이에서 태어난 서녀庶女였다. 그러니 송익필 또한 출신이 천출로써 평생을 시달려야 했다. 그의 일생은 타고난 재능과 노력에도 불구하고 무력할 수밖에 없었다. 심지어 『조선왕조실록』은 그를 아예 노비로 기록하고 있다. 그는 당대의 탁월한 인재였지만 초시를 한번 본 외에는 과거를 단념하고 학문에 몰두했다. 율곡 이이, 우계 성혼과 함께 성리학의 깊은 이치를 논하였고, 시와 문장에 모두 뛰어나서 이산해, 최경창, 백광훈, 최립, 이순인, 윤탁연, 하응림 등과 함께 당대 8문장의 한 사람으로 문명文名을 날렸다. 토정 이지함을 통해서 그와 교류가 있던 서기徐起는 자신의 제자들에게 "제갈량이 어떻게 생겼는가를 알고자 하면 마땅히 송구봉을 보라. 구봉이 제갈량을 닮은 것이 아니라 제갈량이 그와 흡사하니라."고 말할 정도로 지모가 깊어서 남들이 미처 생각해 내지 못하는 계책을 내어 사람들이 탄복을 자아내게 하는 경우가 많았다고 한다. 송구봉에 대한 평은 극을 달리해 전해지고 있다. 어떤 이들은 송구봉이 기축옥사己丑獄事를 뒤에서 주도하며 정여립을 비롯한 많은 인물을 억울하게 죽게 했다고 그를 원망했다. 이와 반대로 출신의 장벽에 의해 빛을 발하지 못했지만, 그 재질과 인품이 뛰어나서 당대의 거유인 율곡 이이와 친구로 지냈고 사계 김장생 등과 같은 뛰어난 유학자들을 제자로 배출한 위인이라는 평을 함께 받고 있다.

121) 1576[선조 9]~1636[인조 14]. 조선 중기의 무신. 본관은 광주. 자는 가행, 호는 만운. 고려 명장 지의 9대손으로 금천군 윤의 아들이다. 미천한 집에서 태어났으며 절도영에 속한 정병이었고, 부에 예속된 지인을 겸하였다. 1592년[선조 25] 임진왜란이 일어나자 광주 목사 권율의 휘하에서 종군하였다. 이때 권율이 장계를 행재소에 전달할 사람을 모집하였으나 응하는 사람이 없었는데, 17세의 어린 그가 가기를 청하여 왜군으로 가득한 길을 단신으로 뚫고 행재소에 도착하였다. 병조판서 이항복이 그에게 사서를 가르쳤는데 머리가 총명하여 아들같이 사랑하였다. 이해 가을에 행재소에서 실시하는 무과에 응시하여 합격하였다. 1621년[광해군 13] 만포첨사로 국경을 수비하였으며, 이때 명을 받고 여진족 진에 들어가 여러 추장을 만나기도 하였다. 1623년[인조 1] 안주 목사로 방어사를 겸임하고, 다음 해 이괄의 난 때에는 도원수 장만의 휘하에서 전부대장으로 이괄의 군

3) 노소의 차별 때문에 노인은 젊은이에게 배우지 아니했고, 젊은이가 재능이 있을지라도 노인 앞에서는 활용될 수 없었다.

※ 가) 향당鄕黨엔 막여치莫如齒.,[122] 장유유서長幼有序[123]

나) 오뉴월 볕이 어디라고 운云 ….[124]

다) 노인들은 배움에 성의가 없으셨다.

4) 남녀의 차별 때문에 남자는 여자에게 배우지 아니했고, 여자는 가르치지 아니했으며 재능이 있어도 선도자로 활용될 수 없었다.

※ 남존여비男尊女卑

가) 암탉이 울면 날이 안 샌다. 운云 ….

사를 황주와 서울 안산에서 무찔러서 진무공신 1등으로 금남군에 봉하여졌다. 이괄과 친분이 두터웠던 그가 이괄의 난이 일어났을 때 자신의 결백을 나타내기 위하여 성을 버리고 달아나 문회 등의 고발로 체포되었으나 은혜를 입고 풀려났다. 1627년 정묘호란 때에는 부원수를 지냈고, 1633년 조정에서 후금에 대한 세폐의 증가에 반대하여 후금과의 단교를 위하여 사신을 보내게 되자 김시양과 함께 이를 반대하여 당진에 유배되었다가 다시 장연으로 이배되었고, 곧 풀려나와 이듬해 포도대장·경상도 병마절도사를 지냈다. 1636년 병이 심하여지자 왕이 의관에게 명하여 치료에 진력하였으나 효험을 보지 못하였다. 죽은 뒤에 왕이 내시로 하여금 호상하게 하고 어복을 주어 수의로 하게 하였으며, 관청에서 의로써 장사를 치르게 하였다. 키가 작으면서도 씩씩하였고 덕장이라는 칭송을 들었으며, 민간에 많은 전설을 남겼다. 천문·지리·복서·의술 등 다방면에 걸쳐서 정통하였고, 청렴하기로 이름이 높았다. 광주 경렬사에 제향되었다.
저서로 『만운집』·『금남집』·『백사북천일록』 등이 있다. 시호는 충무이다.

122) 『맹자』 공손추하편에 나오는 말. "천하天下에 유달존有達尊이 삼三이니 작일치일덕일爵一齒一德一이니 조정朝廷엔 막여작莫如爵이오 향당鄕黨엔 막여치莫如齒오 보세장민輔世長民엔 막여덕莫如德이니 오득유기일惡得有其一하여 이만기이재以慢其二哉리오"(천하에 보편적으로 존경받아야 할 것이 세 가지가 있는데, 작위가 그 하나요, 나이가 그 하나요, 덕이 그 하나입니다. 조정에서는 작위보다 더 중요한 것이 없고, 향리에서는 나이보다 더 중요한 것이 없고, 세상을 돕고 백성들의 어른 노릇을 하는 데는 덕德보다 더 중요한 것이 없는데 어찌 그 중의 한 가지를 가지고 두 가지를 소홀하게 할 수 있겠소.)

123) 나이 많은 사람과 적은 사람의 차서가 있어야 한다. 부자유친父子有親, 군신유의君臣有義, 부부유별夫婦有別, 붕우유신朋友有信과 함께 오륜五倫의 하나.

124) 오월 유월에는 하루 볕만 쬐어도 그 성장에 큰 차이가 난다는 뜻의 속담.

나) 퀴리 부인.[125] 묘화부인妙華夫人.[126]

5) 종족의 차별 때문에

가) 백인은 흑인에게 배우지 아니하고, 흑인은 재능이 있어도 배우기 어려웠으며, 선도자가 되어 활용되지도 못했다.

나) 이민족끼리는 적대감, 또는 상대심으로 머리 숙여 배우지 아니했고 서로 가르치지도 아니했으며, 재능이 있을지라도 선도자로 삼으려 하지 않았다.

3. 지자 본위의 조목

1) 솔성(率性)의 도와 인사의 덕행이 자기 이상이 되고 보면 스승으로 알 것이요,

2) 모든 정사를 하는 것이 자기 이상이 되고 보면 스승으로 알 것이요,

3) 생활에 대한 지식이 자기 이상이 되고 보면 스승으로 알 것이요,

4) 학문과 기술이 자기 이상이 되고 보면 스승으로 알 것이요,

5) 기타 모든 상식이 자기 이상이 되고 보면 스승으로 알 것이니라.

이상의 모든 조목에 해당하는 사람을 근본적으로 차별 있게 할 것이 아니라, 구하는 때에 있어서 하자는 것이니라.

[단어 숙어 풀이]

---

125) 퀴리 부인(1867~1934)은 폴란드에서 출생, 여성 최초로 노벨상 수상. 라듐과 폴로니움을 개발 1903년 노벨 물리학상 수상. 1911년 두 번째 노벨화학상 수상.

126) 부설 거사의 부인으로 남편인 부설 거사와 함께 수도하여 큰 법력을 갖추었다.

◆ 솔성 : 1) 성품을 거느림. 2) 일원과 같이 원만하게 마음을 쓰는 것. 일원과 같은 원만한 실행. 3) 불공하는 일. 4) 자타 성품을 도가 있게 활용하는 것. <순順, 솔率, 용用> 성품을 알아야 거느려진다. <견성을 해야 솔성이 쉽다>

※ 참고

가) 견성

㉠ 본연지성=불이지성[불변지성]=동근지성=천지 만물원래동

本然之性=不異之性[不變之性]=同根之性=天地萬物元來同.

㉡ 기질지성=특이지성[변화지성]=개별지성=만물각유특성.

氣質之性=特異之性[變化之性]=個別之性=萬物各有特性.

㉢ 대성자大性者는 무이자야無二者也니라.

나) 천명지위성天命之謂性=하늘의 생명.

솔성지위도率性之謂道=순·솔·용順率用으로 불공하는 도.

수도지위교修道之謂敎=그 도를 배우고 실행하는 것.[127]

◆ 인사人事 : 1) 사람의 하는 일. 2) 사람 쓰는 일. 3) 예禮하는 일.

◆ 덕행 : 1) 남에게 해를 미치지 않고 자타 간에 은혜가 나타나는 행위. 2) 후덕한 행실. 3) 대인접물에 은혜가 나타나는 것.

◆ 스승 : 1) 무엇이나 배우고 본받을 수 있는 분. 2) 나를 가르치고 지도해 주시는 분.

◆ 정사 : 1) 가정·사회·국가·세계를 다스리는 일. <입법, 치법> 2) 다스리는 일.

◆ 학문 : 1) 배우고 익힘. 2) 학식. 3) 체계 있는 전문지식.

◆ 기술 : 1) 이론을 실제로 응용하는 수단. 2) 마음먹었던 이상을 실제

---

127) 『중용』 1장. 하늘이 명한 것을 성性이라 하고, 성性을 따르는 것을 도道라 하고, 도道를 닦는 것을 교敎라 한다.

로 표현하는 재주.

◆ 솔성의 도 : 1) 자타의 성품을 활용하는 도. 2) 일원과 같이 원만하게 실행하는 도.

◆ 인사의 덕행 : 대인접물에 나타나는 은덕.

[문제점]

1. 솔성을 도로써 하는 방법은? <도가 있는 솔성이란?>

1) 먼저 그 마음에 도심道心[공부심]이 충만하여야 하고,

2) 그일 그 일에 온전한 생각으로 취사하되,

3) 성품에 거슬림이 없고 진리에 어긋남이 없어야 한다.

※ 순順할 자리에 순하고 솔率할 자리에 솔하며 쓸 자리에 쓸 줄 알아서 성·경·신誠敬信으로 불공을 잘하자는 것이다.

※ 솔성요론을 실천하라. <기본적인 표준>

2. 인사를 덕으로 하는 표준은? <덕 있는 인사란?>

1) 먼저 그 마음에 해심害心이 없고 보은심이 충만해야 하고,

2) 그일 그 일에 깊이 생각하고 멀리 생각하여 길이 해되지 않고 걱정됨이 없도록 항상 여유 있고 여진이 있는 원만한 처사를 할 것이며,

3) 자리이타의 상생지덕相生之德과 음덕陰德을 쓸 줄 알아야 할 것이다.

3. 도덕과 정사가 어떻게 다른가? <도덕만 갖추면 정사는 그 가운데 있지 않겠는가?>

도덕은 솔성의 도와 인사의 덕을 말하는바 인생 생활에 미치지 않은 바가 없을 것이니, 대도 대덕을 갖춘 분은 정사 또한 걸림이 없을 것이나 일반적으로 도덕이라 할 때는 그 심성이 온유하고 관대하여 정의와 자비가 넘쳐서 무위이화로 순리 자연한 진리에 따라

처사하는 것이라면, 정사는 가정·사회·국가·세계를 다스리는 일인 바 도치·덕치·정치가 있으나 일반적으로 정사라 할 때는 정치적인 일을 말하는 것이니 현실적인 모든 일을 법률에 따라 인위적으로 유지 발전시켜 나가는 작업을 말한다.

도덕 : 인仁, 양심, 이상, 무위, 도치, 덕치.

정사 : 의義, 법률, 현실, 인위, 정치, 법치.

4. 정사를 잘하려면? <정치 능력>

1) 원만구족하고 지공무사한 인격을 갖추라.

2) 현실과 법률에 밝으며 선견지명이 있고,

3) 시비 이해의 대의와 선후 본말의 도에 밝으며,

4) 신념과 용기가 있어야 할 것이요,

5) 인화의 기술이 있어야 할 것이다.

5. 생활에 대한 지식이란? <생활 능력>

의·식·주 생활에 대한 모든 방법과 그 지식을 말하는 것으로 농사의 지식은 노농老農이나 농학자에게, 상업의 지식은 노상老商이나 상학자에게, 목공의 지식은 목수나 공학자에게, 기타 모든 생활에 대한 지식은 그 분야에 전공하는 분이나 선구자에게 묻고 배우는 것이 가장 좋을 것이다.

6. "무엇이나 나보다 나은 분은 다 스승으로 알되 근본적으로 차별 있게 할 것이 아니라 구하는 데 있어서 하자." 하셨으니 불보살 성현에게도 배울 때에만 스승으로 삼을 것인가?

항상 차별을 둔다면 이는 평등한 진리에 어긋날 것이다. 구하는 때에만 하라 하심이 깊은 뜻이 있다고 생각한다. 삼세 모든 불성佛聖은 우리 중생의 복전이시오 혜의 근원이시며, 영생을 책임지고 제도해 주실 것이다. 누구나 참으로 잘 사는 길은 혜복을 갖추는 길이니, 영생을 통하여 혜복을 갖추는 일이 어찌 간단間斷이 있을 수 있겠는가? 그러므로 참다운 혜복을 구하는 이는 자나 깨나 가나오나 불성佛聖을 스승으로 모시지 않을 수 없느니라.

※ 나보다 나은 이는 다 스승이요, 나보다 못한 분도 깨우치는 계기가 되는 것이니, 참으로 공부할 줄 아는 이에게는 천하에 한 분도 스승 아닌 분이 없느니라.

1) 처처불상 사사불공. 선악善惡이 개오사皆吾師.[128)]

2) 팔만사천만억나유타제불八萬四千萬億那由陀諸佛 개응승사공양皆應承事供養 운운.[129)]

3) 도야자道也者는 불가수유리야不可須臾離也니 가리可離면 비도야非道也라[130)]

4) 도가 어디에 있나이까? 그대가 묻는 데 있나니라.[131)]

7. 지자는 우자를 가르치고 우자는 지자에게서 배우는 것이 원칙적으로 당연한데,

1) 가르치고 배울 마음이 잘 나지 않는 이유는?

---

128) 선과 악이 모두 나의 스승이다.

129) 『금강경』에는 이런 구절이 있다. "수보리須菩提야 아념과거무량아승지겁我念過去無量阿僧祇劫하니 어연등불전於燃燈佛前에 득치팔백사천만억나유타제불得値八百四千萬億那由他諸佛하야 실개공양승사悉皆供養承事하야 무공과자無空過者호라."(수보리야! 내가 과거 무량 아승지겁 일을 생각하니 연등불 앞에 팔백 사천 만억 나유타 모든 부처님을 만나 다 공양하고 받들어 섬겨서 한 분도 빼놓은 일이 없었노라.)
※ 나유타那由陀 : 인도의 수량 단위. 아유다阿由多의 100배이며, 천억千億에 해당한다. 조兆 또는 구溝라고 번역하기도 함. 나유다那由多, 나술那述이라고도 한다.

130) 『중용』에 나오는 말. "도야자道也者는 불가수유리야不可須臾離也니 가리可離면 비도야非道也라."(도는 잠시도 떠날 수 없는 것이며, 떠날 수 있다면 도가 아니다.)

131) 『대종경』 성리품 15장. 대종사 봉래 정사에 계시더니 선승禪僧 한 사람이 금강산으로부터 와서 뵈옵는지라, 물으시기를 "그대가 수고를 생각하지 아니하고 멀리 찾아왔으니 무슨 구하는 바가 있는가." 선승이 사뢰기를 "도를 듣고자 하나이다. 도의 있는 데를 일러 주옵소서." 대종사 말씀하시기를 "도가 그대의 묻는 데에 있나니라." 선승이 예배하고 물러 가니라.

가) 성불제중의 서원이 크지 못하고 철저하지 못하기 때문이다.

나) 불생불멸하고 인과보응 되는 진리를 깨닫지 못하고 믿지 않기 때문이다.

다) 참으로 잘 살고 싶은 마음이 없거나 그 잘사는 길을 크게 알지 못하기 때문에.

2) 잘 가르치고 배우는 도

가) 각자의 원에 따라 가장 기본적인 것부터 가르치고 배우자.

예) 초등학생은 문자, 수학 등의 지식의 근본을, 수도인은 대원정각의 기본법을 먼저 가르치고 배워야 할 것이니, 서원, 신심, 공부심을 배우고 키워야 하며 교도는 용심법을 먼저 가르치고 배워야 할 것이다.

나) 도덕과 과학을 겸해서 가르치고 배우며 사실과 진리에 근거해서 가르치고 배우자.

※ 솔성요론 16조 : 보고 듣는 대로 원하는 바에 대조하여 볼 일.

<불치하문不恥下問>[132]

8. 과거 불합리한 차별제도와 지우차별법의 다른 점을 비교 설명하라.

과거의 차별법은 반상·적서·노소·남녀·종족 등의 근본적인 차별제도로서 평등 원만한 진리에 어긋나고 사회발전에 막대한 지장을 가져왔지마는 지우차별법은 근본적으로 차별하는 것이 아니요. 배우는 때에만 하자는 것으로 사회가 고루 향상 발전하는 촉진제가 되어 사람마다 지자가 되게 하는 방법이다.

---

132) 『논어』 공야장편에 나오는 말. "자공子貢이 문왈問日 공문자孔文子를 하이위지문야何以謂之文也잇고. 자왈子日 민이호학敏而好學하며 불치하문不恥下問이라 시이위지문야是以謂之文也니라."(자공이 물었다. "공문자에게 어째서 '문'이라는 시호를 주었습니까?" 공자가 말씀하셨다. "민첩하면서 배우기를 좋아하며, 아랫사람에게 묻기를 부끄러워하지 않기 때문에 문이라는 시호를 준 것이다.")

※ 참고 : 선진과 후진에 대하여

연세가 높은 분, 학식이 많은 분, 경험이 많은 분, 무슨 방면으로든지 나보다 나은 분은 다 선진이요, 무슨 방면으로든지 나보다 부족한 분은 후진인 것이다. 고로 우리는 서로 선진이요 후진이 되는 것이니, 근본적으로 차별을 짓거나 일방적인 면에 고집하여 선후진의 상을 가질 수 없는 것이다. <배울 줄 모르는 사람을 잘 배우는 사람으로 돌리자>

제3절 타자녀 교육

[대의]

인류사회에 문명한 낙원을 건설하기로 하면 무엇보다 먼저 전 인류가 문명인이 되어야 할 것이요, 문명인이 되기로 하면 두루 교육을 받아야 할 것이다. 그러므로 우리는 자타의 국한이 없는 교육의 정신을 양성하고 널리 실현하기 위하여 개인이나 사회·국가·세계가 다 같이 교육기관을 많이 만들고 장학제도를 널리 실시함으로써 누구나 잘 가르쳐 문명인이 될 수 있도록 교육 평등이 되게 하자는 것이다.

※ 자타의 국한 없는 교육의 정신을 널리 실현하여 문명의 혜택을 두루 입을 수 있도록 교육 평등이 되게 하자는 것.

1. 타자녀 교육의 강령

교육의 기관이 편소하거나 그 정신이 자타의 국한을 벗어나지 못하고 보면 세상의 문명이 지체되므로, 교육의 기관을 확장하고 자타의 국한을 벗어나, 모든 후진을 두루 교육함으로써 세상의 문명을 촉진시키고 일체 동포가 다 같이 낙원의 생활을 하자는 것이니라.

[단어 숙어 풀이]

◆ 교육 : 1) 도덕·정사·학술·생활·상식 등을 가르치는 동시에 심신을 건전하게 기르는 것. 2) 가르쳐 기름. 가르쳐 지식을 넓힘. 가르쳐 선량하게 함.

교육의 목표 : 지智, 덕德, 노勞, 체體.

◆ 편소 : 작고 한편으로 치우침.

◆ 국한 : 한정된 판국.

◆ 지체 : 기한에 뒤짐. 어물어물하여 뒤짐.

◆ 확장 : 키우고 넓혀감.

◆ 촉진 : 재촉하여 앞으로 나가게 함.

[문제점]

1. 교육과 교화의 차이점은?

넓은 의미에 있어서 교육과 교화는 같은 것이다. 그러나 일반적으로 교육은 장소와 기간을 정하여 주로 지식을 가르치고 배우는 것이라면 교화는 장소와 기간을 정한 바 없이 주로 마음과 행실이 선

해지도록 하는 것이라고 할 수 있으며, 또 그 방법에 있어서

1) 교육은 말과 글로써 의식적으로 지식을 전달하고 심신을 길러 가는 것이라면[유위有爲]

2) 교화는 마음, 말, 행으로써 아는 듯 모르는 듯 감화시키는 것이라고[무위無爲] 할 것이다.

2. 교육과 훈련은?

교육은 주로 지식을 함양하는 것이라면 훈련은 일정한 법으로 반복 실천하여 익숙하게 하는 것이라 할 것이다. 즉 심신을 단련시키는 것. 이것도 넓은 의미에서는 서로 같은 것이다.

3. 자타의 국한을 벗어나지 못하는 원인은?

1) 뜻이 크지 못하고 굳세지 못하기 때문에.

2) 큰 진리를 알지 못해서.

연기원리 : 만유동기萬有同氣, 사생오권四生吾眷을 모르는 연고로.
인과보응 : 윤회전생輪回轉生, 삼생윤회三生輪廻를 모르는 연고로.

더불어 사는 진리와 영생의 인과보복 되는 이치를 모르고 현실에 집착하기 때문에.

3) 마음에 일체의 상이 있어 담을 치고 살기 때문에.

4) 인지가 미개하여 개인주의, 가족주의 사상이 굳어 있기 때문에.

2. 과거 교육의 결함 조목

1) 정부나 사회에서 교육에 대한 적극적 성의와 권장이 없었음이요,
2) 교육의 제도가 여자와 하천한 사람은 교육받을 생의도 못하게 되었음이요,
3) 개인에 있어서도 교육을 받은 사람으로서 그 혜택을 널리 나타내는 사람이 적었음이요,
4) 언론과 통신 기관이 불편한 데 따라 교육에 대한 의견 교환이 적었음이요,
5) 교육의 정신이 자타의 국한을 벗어나지 못한 데 따라, 유산자(有産者)가 혹 자손이 없을 때는 없는 자손만 구하다가 이루지 못하면 가르치지 못하였고, 무산자는 혹 자손 교육에 성의는 있으나 물질적 능력이 없어서 가르치지 못하였음이니라.

[단어 숙어 풀이]

◆ 적극적 : 어떤 외적 사물에 대하여 그것을 긍정하고 자발적으로 힘껏 활동하는 것.↔소극적.

◆ 생의生意 : 하고자 하는 뜻을 냄. 뜻을 냄.

◆ 언론 : 말이나 글로써 자기의 의견이나 사상을 발표하는 일.

◆ 통신 : 1) 소식을 전함. 2) 우편, 전신, 전화 등으로써 소식을 전하는 일. 3) 신문, 잡지에 실을 기사를 본사에 알림.

◆ 유산자 : 재산이 넉넉한 사람. 살림이 넉넉한 사람.

◆ 결함 : 완전하지 못함.

[문제점]

1. 과거에는 정부나 사회에서 교육에 대한 적극적인 성의와 권장이 없었던 이유[원인]는?

1) 사상적 원인을 들자면

가) 정적靜的 사상이 주체가 되었기 때문에 모든 법과 제도가 소극적이었다.

나) 가족주의와 개인주의 사상이 지배했던 시대라 교육이 개인과 가정적인 문제가 되었다.

2) 현실적 원인을 들자면

인지가 미개하고 인간의 활동 범위가 협소하기 때문에 인류의 생활이 개인 중심의 경쟁이었고 사회나 국가적인 경쟁이 되지 못하였기 때문에 교육이 개인적 인격과 개인적 생활 향상의 문제로만 여겨졌다.

2. 과거에는 교육의 혜택이 직접 널리 나타내지 못했던 이유와 그 실례.

1) 유교의 교리와 사상이 현실 위주였고 개인 중심이었기 때문에 일반의 정신이 현실에 급급하였고 생활의 표준이 현실주의적 내지 개인주의로 되었던 점. <사상적 고찰>

2) 활동의 임무와 직책이 세습적이었고 계급적 차별제도와 기술교육의 천시. <제도적 고찰>

3) 사·농·공·상의 시설기관이 많지 못하여 활동할 수 있는 터전이 국한되어 있던 점. <현실적 고찰>

4) 인지가 미개하여 홀로만 알고 있는 것을 장하게 알고, 가르치고 전하려는 성의가 적었다.

3. 타자녀 교육의 조목

1) 교육의 결함 조목이 없어지는 기회를 만난 우리는, 자녀가 있거나 없거나 타자녀라도 내 자녀와 같이 교육하기 위하여, 모든 교육 기관에 힘 미치는 대로 조력도 하며, 또는 사정이 허락되는 대로 몇 사람이든지 자기가 낳은 셈 치고 교육할 것이요,
2) 국가나 사회에서도 교육 기관을 널리 설치하여 적극적으로 교육을 실시할 것이요,
3) 교단(教團)에서나 사회·국가·세계에서 타자녀 교육의 조목을 실행하는 사람에게는 각각 그 공적을 따라 표창도 하고 대우도 하여 줄 것이니라.

[단어 숙어 풀이]

◆ 공적 : 쌓은 공로.

◆ 표창 : 남의 선행을 세상에 들어냄.

◆ 대우 : 1) 예를 갖추어 대접함. 2) 신분에 따라 대접함.

[문제점]

1. 타자녀 교육의 구체적 방법은?

1) 개인적으로는 자타의 국한을 벗어나서 힘 미치는 대로 정신·육신·물질 간에 직접, 간접으로 교육기관과 장학기관에 봉사 합력하는 것이요,

가) 직접 교육하는 길 : 교육 봉사, 학비 조달.

나) 간접 교육에 합력하는 길 : 교육기관, 장학기관에 합력.

2) 사회 국가에서는 의무교육제도와 의무장학제도의 확립 시행과 교육과 장학공로자의 표창과 예우제도를 확립 시행하는 것이다.

※ 개인도 의무 장학, 사회도 의무 장학, 국가도 의무 장학, 세계도 의무 장학.

2. 가장 잘 가르치는 사람이 되려면?

1) 먼저 가장 잘 배우는 사람이 되자.

2) 직접 언교言教[이상 지식], 행교行教[솔선], 심교心教[심화, 기화]로 하되 확신과 성의를 가지고 인연 따라 기틀을 보아서 무량방편을 마련하여 끝까지 할 것이요. <무량 법문, 무언 실천>

3) 간접적으로는 정신·육신·물질로 교육기관과 장학기관에 힘 미치는 대로 합력할 것이다.

4) 일일 시시로 자기가 자기를 가르치고 먼저 몸으로 행할 것이다.

※ 참고

가) 수도지위교修道之謂教[133)]

나) 부모보다 나은 자녀, 스승보다 나은 제자, 선진보다 나은 후진이 끊임없이 속출되어야 그 가정, 그 사회, 그 교단은 믿음직하고 안심할 수 있는 것이며 양양한 것이다. 그러므로 참다운 부모는 자신보다 나은 자녀를 두기 위하여 가르치는 것이요 참다운 스승은 자신보다 나은 제자를 두기 위하여 온갖 심혈과 정성을 다하는 것이며 참다운 선진은 자신보다 나은 후진을 양성하는데 노력하는 것이다.

다) 가르치되 배움을 받지 않거든 나의 지량과 방편을 돌이킬지

---

133) 『중용』 1장에 나오는 말. "천명지위성天命之謂性이요, 솔성지위도率性之謂道요, 수도지위교修道之謂教니라."(하늘이 명한 것을 성性이라 하고, 성에 따르는 것을 도道라 하고, 도를 닦는 것을 교教라 한다.)

언정 그 사람을 허물하지 말라.

라) 맹자님의 제 몸에서 구하는 일 세 가지

㉠ 애인불친 반기인愛人不親 反其仁

㉡ 치인불치 반기지治人不治 反其智

㉢ 예인부답 반기경禮人不答 反其敬[134)]

교육의 효과는 단시일 내에 나타나는 것이 아니요, 시일을 두고 두고 나타나는 것이니 조급한 마음을 버리고 오래오래 공을 들이라.

3. 타자녀 교육의 필요성을 구체적으로 설명하라.

1) 진리적인 면으로 보면

가) 만유가 동기同氣요 사생이 지친至親이며 일신一身이니, 한 곳이라도 막히거나 한 생령이라도 어둡게 놓아 둘 수 없다.

나) 다생多生이 있고 인과보응 되는 진리가 있는 것이니, 잘살기 위해서는 배워야 하고 영원한 세상에 내가 잘 배우기 위해서는 국한 없이 남을 가르쳐야 할 것이다.

2) 현실적으로 생각해 보면

가) 개인적으로는 인생의 가치가 알면 아는 만큼 가르치는데 있는 것이며 선진자가 후진자를 가르치는 것은 인생의 의무인 것이니 저만 알고 있는 것은 사회적 죄인인 것이다.

---

134) 『맹자』 이루상편에 나오는 말. "애인불친愛人不親, 반기인反其仁 치인불치治人不治 반기지反其智 예인부답禮人不答 반기경反其敬 행유부득자行有不得者 개반구저기皆反求諸己 기신정이천하귀지其身正而天下歸之"(남을 사랑하는데도 친해지지를 않거든 자기의 인에 대해서 반성해 볼 것이며, 남을 다스려도 다스려지지 않으면 그 지혜로움에 대해서 반성해 볼 것이며, 예로써 남을 대하는데도 응답이 없으면 그 공경에 대해서 반성해 볼 것이며, 행동을 했는데도 기대하는 바를 얻는 것이 없으면 자기 자신에 대해서 반성해 볼 것이니, 자기 한 몸이 올바르게 되면 천하가 모두 귀순하게 될 것이다.)

나) 사회적으로는 교육평등으로 밝은 천지를 만들기 위해서 자타의 국한 없이 가르치지 않을 수 없는 것이다.
<가르칠 줄 모르는 사람을 잘 가르치는 사람으로 돌리자>

제4절 공도자숭배

[대의]

인류사회에 원만 평등한 낙원을 건설하기로 하면 무엇보다 먼저 전 인류의 모든 문화와 생활이 골라져야 할 것이요, 문화와 생활이 골라지기로 하면 무아봉공의 공도 헌신자가 많이 나와야 할 것이다. 그러므로 우리는 각자가 가정·사회·국가·세계에 당하는 곳마다 공도의 정신을 실현하는 동시에 공도 헌신자를 부모와 같이 받들어드림으로써 길이 많은 공도자가 배출되어 인류의 생활 평등을 이루게 하자는 것이다.

※ 스스로 공도 정신을 실현하고 공도자가 많이 나오게 하여 인류사회의 생활 평등을 이룩하자는 것

1. 공도자 숭배의 강령

세계에서 공도자 숭배를 극진히 하면 세계를 위하는 공도자가 많이 날 것이요, 국가에서 공도자 숭배를 극진히 하면 국가를 위하는 공도자가 많이 날 것이요, 사회나 종교계에서 공도자 숭배를 극진히 하면 사회나 종교를 위하는 공도자가 많이 날 것이니, 우

리는 세계나 국가나 사회나 교단을 위하여 여러 방면으로 공헌한 사람들을 그 공적에 따라 자녀가 부모에게 하는 도리로써 숭배하자는 것이며, 우리 각자도 그 공도 정신을 체 받아서 공도를 위하여 활동하자는 것이니라.

[단어 숙어 풀이]

◆ 공도자 : 정신·육신·물질로 공중[사회·국가·세계·교단 등]을 위하여 무아의 심경으로서 봉사하는 사람.

◆ 숭배 : 높이 우러러 공경함. 높이 받들어 모시는 것.

◆ 극진 : 힘과 마음을 다함.

◆ 공헌 : 정신·육신·물질 간에 공중을 위하여 이바지 함.

◆ 공도정신 : 공중을 위하여 무아의 심경으로 봉사하는 정신.

◆ 공도 사업 : 공중을 위한 사업.

[문제점]

1. 공도자 숭배를 극진히 하면 공도자가 많이 나오는 근본적인 이유는?

1) 사람은 보람을 느낄 때 생의 의의가 있게 되고 생활의 보람이 있을 때 심신을 바쳐 일하게 되는 것이다. 이 보람은 무엇이나 자기의 소망과 하고자 하는 일을 세상이 알아주고 받들어 줄 때 얻어지는 것이다. 고로 공도에 헌신한 사람을 극진히 숭배하면 자연 공도자가 많이 날 것이다.

2) 공도자를 숭배하지 않고 그 말년의 생활이 보장되지 못한다면 모든 사람이 공도에 헌신하는 일을 허탈하게 여길 것이요, 허탈

하게 여기게 되면 그 길을 걷는 사람이 자연 적을 것이나 공도자를 사회·국가·세계에서 부모와 같이 숭배하고 그 일생 내지 사후까지를 책임진다면 자연 그 길을 걷는 사람이 많이 될 것은 인지상정이 아니겠는가?

※ '보람'은 바로 가치감정이니 인간이 다른 동물과 다른 점이다. 이 보람을 느끼지 않는 일은 하지 않는 것이 인지상정人之常情이요, 아무리 사소한 일이라도 보람을 느끼는 일은 죽기로써 하는 것이 인간의 기본 심리라 할 수 있다.

고로 인간을 일러 가치를 추구하는 동물이라 한다.

※ 소공불상小功不賞 대공불립大功不立[135)]

2. 공도자를 부모와 같이 숭배해야 할 이유는?

1) 사람이 부모님에게 숭배와 보은의 생각이 나는 것은 부모님께서 온갖 수고와 사랑을 다 하여 길러 주시고 가르쳐 준 은혜가 있기 때문이며, 우리가 공도자에게 부모와 같이 숭배하고 보은해야 하는 것 또한 우리가 사는 현재의 사회·국가·세계를 생각한다면 이 사회·국가·세계를 역사 이래로 이끌어 오고 발전시켜온 공도자들의 온갖 노고와 희생이 아니면 어찌 되었겠는가? 고로 모든 공도자들은 사회·국가·세계의 부모인 것이다.

2) 내가 인생으로서 삶을 유지하는 것은 부모님의 노고가 아니면 불가능하고 사회·국가·세계와 교단이 그 구실을 다하는 것은 오직 각계각층에서 모든 공도자들이 헌신적으로 봉사 노력한 은덕이 아니면 불가능한 것이다.

고로 우리는 부모님에게 효하지 않을 수 없는 것이며, 모든 공도

---

135) 『황석공 소서』에 나오는 말. 작은 공을 상주지 않으면 큰 공이 이루어지지 않는다.

자에게 숭배 보은하지 않을 수 없는 것이다.

2. 과거 공도 사업의 결함 조목

1) 생활의 강령이요 공익의 기초인 사·농·공·상의 전문 교육이 적었음이요,
2) 사·농·공·상의 시설 기관이 적었음이요,
3) 종교의 교리와 제도가 대중적이 되지 못하였음이요,
4) 정부나 사회에서 공도자의 표창이 적었음이요,
5) 모든 교육이 자력을 얻지 못하고 타력을 벗어나지 못하였음이요,
6) 타인을 해하여서까지 자기를 유익하게 하려는 마음과, 또는 원·근.친·소에 끌리는 마음이 심하였음이요,
7) 견문과 상식이 적었음이요,
8) 가정에 헌신하여 가정적으로 숭배함을 받는 것과 공도에 헌신하여 공중적으로 숭배함을 받는 것이 무엇인지 아는 사람이 적었음이니라.

[단어 숙어 풀이]

◆ 전문 : 분야의 학문이나 사업에 전심전력함.

◆ 헌신 : 1) 몸을 바쳐 일하는 것. 2) 자기의 이해를 돌보지 않고 전력을 다하는 것.

[문제점]

1. 사·농·공·상의 전문교육이 공익에 기초가 되는 이유는?

공도 사업에 봉사하고자 해도 능력이 없으면 불가능한 것인데 전문적인 교육을 받음으로써 공익사업을 할 수 있는 능력이 생겨난다.

※ 기술적인 봉사에서는 기술 없는 사람 열보다 기술 있는 사람 한 분이 낫지 않은가?

2. 사·농·공·상의 시설과 공도 사업과의 관계는?

봉사의 능력이 있다 할지라도 봉사할 터전이 없으면 그것도 불가능한 것인데 인류의 직업 강령인 사·농·공·상의 시설이 많으면 공도의 사업장이 많아진다.

고로 시설이 많아져야 공도자도 많이 날 것이다.

※ 참고 : 사·농·공·상의 기관을 많이 설치하려면?

가) 전문교육 나) 차별대우를 지양 다) 공도자를 많이 배출

3. 종교의 비대중적인 교리와 제도가 공도 사업을 저해한 원인은?

1) 공도 중에 가장 큰 공도가 종교 문이라 할 것이다. 그런데 그 교리와 제도가 비대중적이면 많은 사람을 포섭하여 봉사하게 할 수도 없고 널리 교화할 수도 없다.

2) 인류의 정신은 종교가 지도하는 면이 지대한 것인데 비대중적인 교리와 제도 하에서 교화 훈련받는 사람이 대중적이고 국한 없는 공도 사업에 헌신하기는 어려울 것이다.

고로 종교의 비대중성은 공도 사업에 큰 저해가 되는 것이다.

※ 참고 : 과거에 공도자의 표창이 적었던 원인은?

가) 인지人智의 미개로 공도公道의 은덕을 알지 못하였다.

나) 중생심이 시기와 질투로 숨겨졌다.

다) 무상보시에 대한 집착심 때문에 드러내는 것을 싫어했으므로 본인들의 원에 따라서였다.

예) 과거 종교의 비대중적인 면

㉠ 불교 : 출세간적 교리와 제도, 승려 중심의 교단 형성.

㉡ 유교 : 차별법, 관료적인 제도

㉢ 예수교 : 교리 중 10계명의 배타적 해석, 천주교의 봉쇄 수녀.

㉣ 도교 : 무위자연 사상의 초세간적 발전.

4. 교육의 무자력이 공도 사업을 방해한 원인을 들어주시오.

1) 교육의 자력이 없게 되면 많은 사람이 배울 수 없을 것이요, 배우지 못하면 공도에 헌신할 마음도 나기 어렵고 헌신할 능력도 없을 것이다.

2) 자주성이 없는 타율적인 교육제도 아래에서는 각 분야에 두루 교육하기 어렵고 일방적인 편벽된 교육이 되기 때문에 공도자의 배출이 한정될 것이다.

고로 교육의 무자력은 공도 사업에 큰 저해가 되는 것이다.

※ 참고 : 교육의 무자력이란?

교육제도가 자주성이 없고 타율적[정치나 기타 세력에 지나친 간섭과 제재를 받는 등]이거나 의무교육이 실행되지 못함을 말한다.

5. 견문과 상식이 공도 사업에 끼치는 영향은?

1) 견문과 상식이 많으면 공도 사업과 개인사업의 가치에 대한 이해와 판단이 서게 될 것이요,

2) 공도 사업의 터전을 발견하게도 되고 능력도 배양될 것이며,

3) 모든 면에 역량이 생기게 될 것이다.

6. 공도 사업을 방해하는 모든 요인을 들어라.

1) 이기심 – 자리타해自利他害와 원·근·친·소에 끌리는 마음.

2) 능력의 부족 – 견문 상식과 전문적 기술 부족.

3) 제도가 원만하지 못한 점 – 봉사의 터전과 교육의 부족, 생활 보장과 사회적 표창의 부족.

4) 종교 교리와 제도의 비대중성.

7. 가정에 헌신하는 것과 공도에 헌신하는 것이 다른 점은?

1) 국한 없는 생활과 국집된 생활의 가치가 다를 것이요,

2) 인과보응의 진리로 미루어 생각하더라도 공덕의 차이를 짐작할 것이며,

3) 현실적으로 끼치는 공덕과 그에 따른 보람이 다를 것이다.

8. 공도 사업의 구체적인 방법은?

1) 정신

가) 공부심이 날로 살아나야 하고, 나) 교단과 세계를 위한 심축,

다) 희생적 정신으로 자기 책임을 다하는 것, 라) 자비심.

2) 육신

가) 건전한 심신을 갖는 것, 나) 자기 생활을 하는 것,

다) 일일일선一日一善, 라) 근로 봉사.

3) 물질

가) 절약, 폐물 이용, 나) 보은미, 다) 저축,

라) 사회·국가·세계·교단을 위한 특별희사 의연義捐.

3. 공도자 숭배의 조목

1) 공도 사업의 결함 조목이 없어지는 기회를 만난 우리는 가정 사업과 공도 사업을 구분하여, 같은 사업이면 자타의 국한을 벗어나 공도 사업을 할 것이요,

2) 대중을 위하여 공도에 헌신한 사람은 그 노력한 공적에 따라 노쇠하면 봉양하고, 열반 후에는 상주가 되어 상장(喪葬)을 부담하며, 영상과 역사를 보관하여 길이 기념할 것이니라.

[단어 숙어 풀이]

◆ 상주喪主 : 주상主喪이 되는 상제喪制. 상장喪葬의 주장主張이 되는 사람.

◆ 상장喪葬 : 장사 지내는 일과 상중에 행하는 모든 예식.

◆ 기념 : 오래도록 사적史蹟을 전하여 잊지 않음.

[문제점]

1. '공도 사업의 결함 조목이 없어지는 기회' 운운하였는데 이 기회는 어떻게 오는 것인가?

1) 우주가 진강進降하는 대순환의 도를 따라 인지人智의 개명과 세계의 대세로 오는 것이요. <천도天道>

2) 대종사님의 법을 실현하게 됨으로써 오게 되는 것이다.

2. 공도자 숭배의 구체적 방안은?

1) 스스로 공도자가 되는 길.

원만평등하고 지공무사한 마음에서 응용 무념하는 공도자.

2) 공도자 이부사지以父事之의 정신 확립.

진정으로 부모와 같이 섬길 수 있는 마음이 확립되어야 한다.

3) 제도의 확립

표창, 예우, 상주, 기념, 생활 보장.

※ 본교에서 공부와 사업성적을 내는 것은 그 실적에 따라 공도자를 숭배하자는 것이다.

가) 교단[총부·기관·지부] 창립주의 생활보장과 부모와 같이 받드는 정신을 확립해야 하고,

나) 세계·국가·사회의 유공인의 숭배사상을 앙양仰揚,

다) 지방적인 유공인을 챙겨 받들 일.

※ 에디슨 기념일에는 전국적으로 1분간 정전停電.

5월 15일 세종대왕 탄생일을 기념하여 스승의 날로 제정.

※ 교회장敎會葬, 사회장社會葬, 국민장國民葬, 군민장郡民葬 ….

3. 가장 큰 봉공을 하려면?

1) 성자가 되는 길이다. <대자대비, 희사만행>

천하에서 가장 높은 어른은 천하에 제일 유익을 많이 주고 가신 분이다. <법문>

2) 전무출신하는 일이다. <시방일가, 사생일신>

대각을 하고서 대자대비심이 아니 날 수 없고, 대자대비심이 있고서 대각을 아니 할 수 없다. <법문>

4. 공도자 숭배의 필요성은?

1) 현실적인 면

가) 인도의 대의를 세우는 일. <보은하는 일>

나) 공도주의는 세계평화의 근본이다. <생활 평등을 만드는 일>

2) 진리적인 면

가) 인과보응의 당연한 도를 실현하는 것.

나) 복전을 개발하는 것 : 불보살은 중생의 복전이다.

※ 공도 주의는 세계평화의 근본이요, 제생의세의 핵심이다.

<공익심 없는 사람을 공익심 있는 사람으로 돌리자>

◎ 결어

	<세상을 고르는 법>		<근본정신>	
사요실천	자력 양성=	타력 생활을 자력 생활로 돌리자. 오늘도 내 힘으로 사는가?	–인권평등	전반세계
	지자 본위=	배울 줄 모르는 사람을 잘 배우는 사람으로 돌리자. 오늘도 배우고 살았는가?	–지식평등	
	타자녀 교육=	가르칠 줄 모르는 사람을 잘 가르치는 사람으로 돌리자. 오늘도 가르치고 살았는가?	–교육평등	
	공도자 숭배=	공익심 없는 사람을 공익심 있는 사람으로 돌리자. 오늘도 사회에 유익을 주고 사는가?	–생활평등	

※ 자력 타력 아울러서 평등세계 이룩하자.

5. 일원의 진리를 중심으로 사은과 삼학이 신앙과 수행의 강령이 되는 이유와 어느 시대 어느 국가를 가더라도 다시 변경할 수 없는 이유는?

1) 일원은 우주 만유 전체의 표상이요 일체중생의 본성인바, 제불제성의 도본이요 천만 경전의 근원이 되는 것이다. 고로 모든 교리와 제도는 이 일원의 진리에 근거하는 것이요, 역대의 제법주들이 대소 유무의 이치를 보아다가 시비 이해를 건설한다는 것도 일원의 진리에 근거하여 모든 교법을 제정함을 뜻하는 것이니, 본교의 교리 근간이요 신앙과 수행의 강령인 사은과 삼학의 근거를 들어보면,

2) 사은은 일원의 형상 있는 면에 근거하여 전체 만유가 존재하는 관계를 천지·부모·동포·법률로 사분四分하여 원만한 신앙 강령으로 삼았고,

3) 삼학은 일원의 형상 없는 면에 근거하여 각자의 심성 원래心性原來[공·원·정]를 개현開現 단련시키는 마음공부의 강령으로 정한 것이다.

고로 사은은 일원의 형상 없는 면 전체에 근거하였으며 일체 생령을 구제하는 법이 되기 때문에 어느 시대 어느 세계에 가든지 다시 변경할 수 없는 것이요 변경할 필요도 없는 것이다.

4) 일원의 진리는 고금을 통하여 변함이 없고 시방을 두루 하여 다함이 없다. 고로 사은과 삼학은 일원의 완전한 진리에 근거했기 때문에 다시 바꿀 수 없다.

5) 사요는, 일원의 원만 평등한 진리에 근거하여 인류사회에 원만 평등한 전반세계를 건설하는 법이다. 그러므로 우주 만유 가운데 인류 중심의 법이라 천상·수라·축생·아귀·지옥 등의 다른 세계에는 맞지 않을 수 있는 것이며, 특히 제도와 기타 조목 등의 실천방법은 시대와 인심과 근기에 따라 얼마든지 변경될 수 있고 변경할 필요도 있는 것이다. 그러나 여기서 주의할 것은 사요가 일원의 원만 평등한 진리에 근거하여 전 인류를 위한 법이기 때문에 인류사회에서는 어느 시대 어느 세상이나 변경될 수 없고 변경할 필요도 없는 것이다

※ 사요의 근본정신

자력 양성 : 인권 평등

지자 본위 : 지식 평등

타자녀 교육 : 교육 평등

공도자 숭배 : 생활 평등

6. 문명사회가 되면서부터 사요의 정신이 사회, 국가에서 많이 실천되고 있는 것 같은데 사요와 근본적으로 다른 점은 무엇인가?

1) 사회, 국가에서 개선되고 있는 점은 그때그때의 부족한 점을 제도적으로 개선해 가는 데 불과하다.

2) 사요는

가) 일원상의 원만구족한 진리에 근거하여 원만 평등한 전반세계를 건설하는 점이요,

나) 은恩의 윤리요 정의情誼의 윤리인 사은과 더불어 평등윤리로서 신앙에 바탕을 둔 인류 상호 간의 불공법이다.

다) 각자의 정신적 자각으로 실행하며 삼학 공부의 재료로 삼고 공부삼아서 실천하게 하는 점이다.

제4장 삼학

[대의]

원만구족하고 지공무사한 제불제성의 심인이요 범부 중생의 본성인 일원상의 진리[공·원·정=돈공·광명·조화]에 근거하여 원만구족하고 지공무사한 수양력, 연구력, 취사력을 얻어나가는 공부 길로서 마침내 일원의 진리에 완전 합일 회복하는 동시에 일체 생령을 구제하는 길이다.

<일원의 진리에 근거하여 마음을 마음대로 쓸 수 있는 공부 길>

※ 일원의 무형적 실재인 우주 만유의 형상 없는 면을 주체 삼았다.

※ 수행은 각자의 마음을 단련하는 공부요 마음은 형상할 수 없는 것이므로 수행 길인 삼학은 일원의 형상 없는 진리를 근거하여 밝혀주신 진공 묘유의 수행 길인바 정신 수양·사리 연구·작업 취사로서 오래오래 계속하면 필경 해탈·대각·중정의 삼대력을 얻어 일원의 진리에 완전히 합일하게 되는 것이다.

※ 일원의 조화는 무한한 시공을 통하여 인과로 변화하는바 이것을 인연과因緣果의 법칙이라고 한다.

※ 진공 묘유의 조화 또는 인과의 변화

(1) 인因 연緣 과果

대타적[상대적] 심신 작용→공간[사은]→시간=과果[인과보응의 신앙문]

자기 이외의 상대[사은]에게 인因을 심어 시간이 흐름에 따라 상대로부터 과보를 받게 되는 경우에 중점을 두는 것.

(2) 인因 연緣 과果

대자적[독자적] 심신 작용→자신→시간=과果[진공 묘유의 수행문]

자신의 밭에 인因을 지어 시간이 흐름에 따라 자연히 과果를 맺는 경우에 중점을 두는 면.

제1절 정신 수양

[대의]

두렷하고 고요하여 분별과 주착이 없는 각자의 본래 마음을 양성하는 공부로서 안으로 천만 가지의 욕심과 사량을 잠재우고 밖으로 일체 경계에 끌리고 주착하는 마음을 없이하여 일원상과 같이 원만구족하고 지공무사한 정신의 자주력을 길러 천만 경계 응용할 때에 걸림이 없는 큰 심력을 기르자는 것이다.

<원만구족하고 지공무사하게 심신을 수호하는 공부로서 수양력을 얻자는 것>

1) 주체성이 확립된 진인眞人이 된다.

2) 염불, 좌선, 심고, 기도, 주송 등을 때와 곳에 맞게 한다.

3) 신경쇠약의 예방과 치료법이요 진실한 인간을 양성하는 법이다.

1. 정신 수양의 요지

정신이라 함은 마음이 두렷하고 고요하여 분별성과 주착심이 없는 경지를 이름이요, 수양이라 함은 안으로 분별성과 주착심을 없이하며 밖으로 산란하게 하는 경계에 끌리지 아니하여 두렷하고 고요한 정신을 양성함을 이름이니라.

[단어 숙어 풀이]

◆ 정신 : 1) 마음이 두렷하고 고요하여 분별과 주착이 없는 상태 또는 때, 경지. 본성과 같은 의미로 쓰임. <무시선법 참고> 2) 목적 달성에 있어서 이치에 맞는 가장 기본적인 방법과 그 마음 자세, 즉 얼. 예) 창립정신 – 창립의 얼. 3) 물체적인 것을 초월한 실재. 4) 참된 목적 이념과 같은 뜻. 예) 개교의 정신 운운. 5) 사물의 근본.

◆ 마음: 생각하는 주체. 생각하는 것.

◆ 분별성 : 1) 이것저것 가려내고 생각하는 것. 2) 이 생각 저 생각 가려내는 것.

◆ 주착심 : 1) 어느 한편에 집착하거나 머물러 있는 마음. 2) 욕심.

◆ 수양 : 1) 안으로 분별성과 주착심[모든 욕심]을 없이 하며, 밖으로 산란하게 하는 경계에 끌리지 아니하여 두렷하고 고요한 정신을 양성하는 것. 2) 망념을 제거하고 진성을 양성하는 것. <수기망념修其妄念 양기진성養其眞性>[136)]

◆ 산란 : 1) 흩어져 요란한 것. 2) 한결같이 집중되지 않고 어지러운 상태.

◆ 정신 수양 : 1) 각자의 본성을 양성하는 것. 2) 각자의 마음을 닦고 뜻을 키워 청정한 부동심을 양성하는 것. 3) 각자의 본성을 수호하기 위하여 망념을 제거하는 것.

---

136) 『정산종사법어』 경의편 19. "또 말씀하시기를 '수양은 망념을 닦고 진성을 기름(修其妄念 養其眞性)이 그 대지요, 연구는 지혜를 연마하며 본원을 궁구함(研其智慧 究其本源)이 그 대지요, 취사는 중정을 취하고 사곡을 버림(取其中正 捨其邪曲)이 그 대지니라.'"
『수심정경』에는 "부수양자夫修養者는 수기망념修基忘念하고 양기진성養基眞性이니 양성지공養性之工은 이정정以定靜으로 위본爲本이니라." 하였다.(대범 수양이라 함은 그 망령된 생각을 닦아 없애고 참된 성품을 양성함이라 양성하는 공부는 정하고 고요함으로 근본을 삼을 것이니라.)

[문제점]

1. 성품, 정신, 마음의 삼구분三區分.

같은 의미로 쓰이는 경우도 많이 있으나 굳이 구분해서 생각해 보면 성품은 전체요, 정신은 광명이요, 마음은 작용이라 할 수 있다.

성현심멸性顯心滅[정靜] 심생성멸心生性滅[동動][137]

2. 안으로 구별 운운하고 밖으로 산란 운운하였는데 여기서 말한 안과 밖의 의미는?

'안으로'는 내경을 말한 것으로 스스로 일어나는 마음 경계요[사량과 욕심], '밖으로'는 외경을 말한 것으로 그로 인해서 마음이 일어나며 끌려가고 흔들리게 되는 경계이다. <원·근·친·소, 색·성·향·미·촉·법, 재색, 명리 등>

3. 분별성과 주착심의 한계와 그 해로운 점은?

1) 분별성 - ㉠필요 없는 생각 ㉡힘에 겨운 지나친 생각이니, 중도에 벗어난 의식작용.

2) 주착심 - ㉠지나친 욕심 ㉡한편에 치우친 고집과 착심이니, 중도에 벗어난 집착과 과잉의욕.

3) 해로운 점 - ㉠본성을 상하게 되어 정신이 매해지고[실진失眞],

---

137) 『수심정경』에 다음과 같은 내용이 있다.
선천이생先天而生하되 생이무형生而無形하고 후천이존後天而存하되 존이무체存而無體라. 연이무체然而無體나 미상존야未嘗存也 고불가사의故不可思議로다. 정위지성靜爲之性이나 심재기중心在其中이요, 동위지심動爲之心이나 성재기중의性在其中矣니로다. 심생성멸心生性滅하고 심멸성현心滅性現하느니 성현즉여공무상性現則如空無相하여 담연원만湛然圓滿이라.(하늘 먼저 났으되 생함이 그 형상이 없고, 하늘 후에까지 존속해 있으되 존속함이 그 체성이 없음이니라. 그러나 체가 없어서 일찍이 존속할 수 없으니 그러므로 불가사의하도다. 정하면 성이라 하나 마음이 그 가운데에 있고, 동하면 마음이라고 하나 성품이 그 가운데에 있음이로다. 마음이 생기면 성품이 멸하고, 마음이 멸하면 성품이 나타나느니, 성품이 나타나면 공해서 상이 없어 담연히 원만하도다.)

㉡건강을 상하게 되어 병신이 되기 쉬우며, ㉢원만한 인격을 이룰 수 없다.

가패신망, 번뇌망상, 분심초려, 자포자기, 신경쇠약, 실진자살.

4. 분별성과 주착심을 없애려면?

1) 분별성과 주착심의 해독을 철저하게 깨달아야 한다.

2) 분별과 주착이 허망한 것임을 자각해야 한다. <사부시四浮詩>

3) 보고 듣는 것을 삼가고 유무초월처를 관하라. <외단번연外斷煩緣, 내보자성內保自性, 무주이주無住而住>[138)]

4) 일 잡으면 전일하는 것.

5) 심불리성心不離性[139)]

6) 염불, 좌선, 심고, 기도, 주송 등 어떤 방법으로든지 일심을 모으고 허심을 기르라.

※ 참고 : 사부시四浮詩 <부설거사>

1. 처자권속삼여죽 금은옥백적사구 妻子眷屬森如竹 金銀玉帛積似邱
   임종독자고혼서 사량야시허부부 臨終獨自孤魂逝 思量也是虛浮浮
2. 조조역역홍진로 작위재고이백두 朝朝役役紅塵露 爵位纔高已白頭
   염왕불파패금어 사량야시허부부 閻王不怕佩金魚 思量也是虛浮浮
3. 금심수구풍뇌설 천수시경만호후 錦心繡口風雷舌 千首詩經萬戶侯
   증장다생인아본 사량야시허부부 增長多生人我本 思量也是虛浮浮
4. 가사설법여운우 감득천화석점두 假使說法如雲雨 感得天花石点頭
   건혜미능면생사 사량야시허부부 乾慧未能免生死 思量也是虛浮浮[140)]

---

138) 밖으로 마음을 번거롭게 하는 인연을 끊고 안으로 자성을 잘 보존하여 주함이 없는 그 마음에 주하라.

139) 마음이 자성을 떠나지 않는 것.

140) ① 처자와 권속들이 삼대같이 무성하고/ 금은보화 비단이 언덕만큼 쌓였어도/ 임종에는 독신으로 고혼 되어 가나니/ 생각하면, 이 또한 허허 무상 무상하구나.

※ 참고 : 목무소견무분별 이청무성절시비目無所見無分別 耳聽無聲絶是非 분별시비도방하 단간심불자귀의分別是非都放下 但看心佛自歸依[141)]

5. 산란하게 하는 경계에 끌리지 않으려면?

1) 산란하게 하는 경계에 끌려가면 어떤 해독이 있는가를 철저히 깨달아야 한다.

2) 크고 넓은 서원을 굳게 세워야 한다. <회지대지광지원懷至大至廣之願>[142)]

   입지부동立志不動, 입이부동立而不動.

3) 대신성과 대정성이 날로 새로워져야 한다. <신성信誠>

   신성부동信誠不動, 시이부동恃而不動

4) 부당한 경계와 힘에 겨운 일은 피하는 것. <피경사사避境捨事>

5) 위인달사와 제불제성들의 예화를 많이 듣는 것. <광학다문廣學多聞하되 계박식戒博識하라>

6) 심고와 기도로써 서원과 신성을 더욱 키워가는 것이 중요하다.

---

② 아침마다 날고뛰듯 세상 속을 헤쳐 와서/ 이제 겨우 고위高位인데 머리는 이미 백발이네/ 염라왕은 금어金魚도 겁을 내지 않나니/ 생각하면, 이 또한 허허 무상 무상하구나. ③ 능란한 말솜씨로 풍우 우레 부르고/ 시 구절 천 편으로 만호제후 조롱해도/ 여러 생애 아상을 키우는 근본이라/ 생각하면, 이 또한 허허 무상 무상하구나. ④ 가령 설법을 잘해 운우雲雨 조화 부리며/ 하늘에선 꽃비 내리고 돌도 고개를 끄덕여도/ 알음알이 지식으론 생사를 면치 못하나니/ 생각하면, 이 또한 허허 무상 무상하구나.

141) 부설 거사의 시. 눈으로 보는 바가 없으니 분별이 없고/ 귀로 듣는 소리 없으니 시비가 끊어졌다./ 분별 시비를 모두 놓아 버리고/ 다만 심불을 보아 스스로 돌아가 귀의할지어다.

142) 『수심정경』에 나오는 구절. "정정지법定靜之法은 회지광지대지원懷至廣至大之願하고 발지성지신지심發至誠至信之心하여 염념불망念念不忘 즉정정則定靜을 가득可得이니라."(정하고 고요히 하는 법은 지극히 넓고 지극히 큰 발원을 품고 또한 지극한 정성과 지극한 신심을 발해서 생각 생각이 그 발원한 바를 잊지 아니하여야 정하고 고요함을 가히 얻을 것이니라.)

6. 분별성과 주착심이 없고 경계에 끌리는 바가 전연 없다면 목석과 무엇이 다르겠는가?

여기서 주의할 것은 과한 생각, 지나친 욕심, 과한 집착으로 본성을 잃고 주체성이 없이 끌리고 흔들려서 영원한 세상에 스스로를 망치게 되는 점을 경계하신 것이요, 결코 목석과 같은 무정물이 되라는 것은 아니다. 생각을 내고 욕심을 내되 본성을 여읨이 없고, 천만경계를 응용하되 주체성이 확립되어 흔들리고 끌리는 바가 없이 영원한 세상에 참다운 성품을 회복하고 튼튼한 정신의 자주력을 양성하자는 것이다.

예) 가. 파자소암婆子燒庵[143)]

나. 유마 거사와 사리불의 입정 문답[144)] : 유심입야有心入也 무심

---

143) 이름난 화두의 하나. 노파가 암자를 불태워 버렸다는 뜻인데, 이 화두에는 다음의 유래가 전해온다. 옛날 중국에 불법에 신심이 깊고 선 수행에 관심이 많은 노파가 있었다. 하루는 이 노파의 집에 참선 수행을 전문으로 하는 젊은 스님 한 분이 찾아왔다. 노파는 이 스님을 깊이 존경하여 조그마한 암자를 지어 드리고 정성껏 시봉하였다. 그 선승은 계행이 청정하고 좌선 삼매를 얻었다.
노파는 자기의 젊고 예쁜 딸을 선승에게 보내어 수행의 경지를 시험해 보았다. 소녀가 암자를 찾아가 면벽 좌선하는 선승에게 아양을 떨며 유혹을 했다. 그러나 선승은 "마른 나무가 찬 바위에 의지하니, 추운 겨울에도 불기운이 없다(枯木依寒岩 三冬不暖氣)"라 하면서 소녀의 유혹에 조금도 끌리지 않았다. 이 말을 전해들은 노파는 "내가 이십여 년 동안 속된 무리를 헛되이 공양했구나." 하면서 암자를 불태워 버렸다는 화두이다. 이 화두의 뜻은 무기공에 떨어지는 것은 불법의 참뜻이 아니며, 현실 경계 속에서 그 경계를 극복하는 것이 참 불법임을 강조하고 있는 것이다. (원불교 용어사전)

144) 『유마경』에 나오는 내용.
한 때에 사리불이 숲 속 나무 밑에서 좌선[宴坐, phatisa layana]을 하고 있었는데, 그때 유마힐이 와서 말하였다. "사리불이여, 반드시 이렇게 앉아 있다고 해서 그것을 좌선이라고 할 수는 없습니다. 좌선이란 것은 몸과 마음의 작용이 삼계三界에 드러나지 않는 것입니다. 멸정滅定을 일으키지 않고서도 온갖 위의威儀를 나타내는 것, 이것이 좌선입니다. 진리의 법[도법道法]을 버리지 않으면서도 세속의 일상생활[범부사凡夫事]을 나타내는 것이 좌선이며, 마음이 안으로 닫혀 있어서 고요함만을 탐닉하지 않고 밖을 향하여 혼란하지 않는 것이 좌선입니다. 온갖 견해에도 요동하지 않으면서도 37도품道品을 닦는 것이 좌선이며, 번뇌를 끊지 않

입야無心入也[145]

7. 정신 수양이란?

1) 마음의 안정을 만드는 공부. 2) 일심을 만드는 공부.

3) 신경쇠약의 예방과 치료제. 4) 마음의 고향에 찾아가는 공부.

5) 마음의 탈색법. 6) 진실한 인간을 만드는 법이다.

고서도 열반에 드는 것이 좌선입니다. 만약 이같이 앉을 수 있는 자라면 부처님께서는 인가하실 것입니다."

145) 『종경록』에 나오는 내용. "지책화상智策和尚 유행북지遊行北地 우견오조하지황선사遇見五祖下智隍禪師 이십년수정二十年修定. 사문師問 재차간작십마在此間作什麼. 황운隍云 입정入定. 사운師云 입정자入定者 위유심입야為有心入也 위무심입야為無心入也. 약유심입자若有心入者 즉일체유정실개유심即一切有情悉皆有心 역합득정亦合得定. 약언무심입자若言無心入者 일체무정一切無情 역합득정亦合得定. 황왈隍曰 오정입정지시吾正入定之時 불견유유무지심不見有有無之心. 사왈師曰. 약불견유유무지심若不見有有無之心 즉시상정即是常定 불응경유출입不應更有出入. 황무대隍無對 각문却問 여사시수汝師是誰. 운육조云六祖. 문여사이하법위선정問汝師以何法為禪定. 사왈師曰 묘담원적妙湛圓寂 체용여여體用如如 오음본공五陰本空 육진비유六塵非有 불출불입不出不入 부정불란不定不亂 선성무주禪性無住 이주선적離住禪寂 선성무생禪性無生 이생선상離生禪想 심여허공心如虛空 역무허공지량亦無虛空之量."(지책 화상이 북쪽 땅을 행각하다가 우연히 오조 아래의 지황 선사가 20년 동안 선정 닦는 것을 만났으므로 물었다. "여기에 있으면서 무엇을 합니까?" 지황이 대답했다. "선정에 들어 있습니다." "선정에 들었다는 것은 마음이 있이 들은 것입니까? 마음이 없이 들은 것입니까? 만일 마음이 있이 들었다면 곧 일체의 유정들은 모두 다 마음이 있으므로 역시 선정을 얻었다 해야 되겠고, 만일 마음이 없이 들었다면 일체의 무정들도 역시 선정을 얻었다 해야 될 것입니다." "나는 바로 선정에 들었을 때에는 있다 없다 하는 마음이 있음을 보지 아니합니다." "만일 있다 없다 하는 마음이 있음을 보지 않는다면 그것이 곧 항상한 선정이므로 다시는 난다 든다 함이 있지 않아야 합니다." 지황은 대답이 없다가 물었다. "당신의 스승은 누구십니까?" "육조십니다." "당신의 스승께서는 무슨 법으로 선정을 삼으십니까?" "묘히 잔잔하고 뚜렷이 고요하여 체성과 작용이 여여하며, 오음은 본래 공하고 육진은 있는 것 아니며, 나오지도 않고 들지도 아니하며 안정하지도 않고 산란하지도 아니하며, 선의 성질은 머무름과 머무름을 여읨도 없는 선의 고요함이요 선의 성질은 생김과 생김을 여읨도 없는 선의 생각이어서 마치 허공과 같고 또한 허공이라는 헤아림조차도 없습니다.")

2. 정신 수양의 목적

유정물(有情物)은 배우지 아니하되 근본적으로 알아지는 것과 하고자 하는 욕심이 있는데, 최령한 사람은 보고 듣고 배우고 하여 아는 것과 하고자 하는 것이 다른 동물의 몇 배 이상이 되므로 그 아는 것과 하고자 하는 것을 취하자면 예의염치와 공정한 법칙은 생각할 여유도 없이 자기에게 있는 권리와 기능과 무력을 다하여 욕심만 채우려 하다가 결국은 가패 신망도 하며, 번민 망상과 분심 초려로 자포자기의 염세증도 나며, 혹은 신경 쇠약자도 되며, 혹은 실진자도 되며, 혹은 극도에 들어가 자살하는 사람까지도 있게 되나니, 그런 고로 천지만엽으로 벌여가는 이 욕심을 제거하고 온전한 정신을 얻어 자주력(自主力)을 양성하기 위하여 수양을 하자는 것이니라.

[단어 숙어 풀이]

◆ 유정물 : 1) 정식情識이 있는 생물. 2) 자의식이 있는 생물. 3) 생령[영식이 갊아 있는 생물]과 같음. 4) 자기 능력으로써 위치를 옮겨 다닐 수 있는 생물.

◆ 가패신망 : 1) 가산을 없애고 몸을 망침. 2) 살림을 없애고 지위나 명예를 잃는 것.

◆ 번민망상 : 1) 마음이 편안하지 못하고 답답하며 필요 없는 이 생각 저 생각에 잡혀있는 상태. 2) 마음이 복잡하고 답답하며 전연 엉터리 같은 생각을 하고 있는 것.

◆ 예의 : 예절과 몸가짐. 예절과 법 있는 태도.

◆ 분심초려 : 1) 성내는 마음과 애타는 생각. 2) 성을 내고 초조한 생각으로 마음을 태우는 것.

◆ 염치심 : 1) 조촐하고 깨끗하여 부끄러움을 아는 마음. 2) 마음이 청렴하고 잘못이나 부족에 대하여 부끄러워하는 마음.

◆ 자포자기 : 1) 마음에 불만이 있어 짐짓 몸가짐이나 행동을 되는 대로 하는 것. 2) 스스로 자신의 희망과 신념을 끊어버리는 것. 3) 자기를 버리는 것.

◆ 염세증 : 세상이 싫어지고 귀찮기만 한 증세.

◆ 신경쇠약자 : 1) 정신의 과로와 감정의 부조화로 인해서 신경이 쇠약해진 환자. 2) 스스로 고뇌하고 번민하며 감정이 발작하여 이성을 잃는 환자.

◆ 실진자失眞者 : 정신에 이상이 생긴 자. <실성失性>

※ 실신失神

1) 본정신을 잃음. 2) 기절 등의 감각불능상태. 3) 일시적으로 정신을 잃음.

◆ 극도 : 궁극의 정도. 마지막.

◆ 천지만엽千枝萬葉 : 천 갈래 만 갈래.

◆ 자주력 : 남의 보호나 간섭을 받지 않고 자기 일을 자기가 할 수 있는 능력.

◆ 정신의 자주력 : 1) 마음을 마음대로 할 수 있는 힘. 2) 수양력.

◆ 최령 : 제일 영특함. 가장 신령스러움.

[문제점]

1. 유정물은 왜 근본적으로 하고자 하는 욕심과 알아지는 것이 있는가?

1) 자의식이 있기 때문이다.

2) 근본적으로 알아지고 하고자 하는 마음이 있기 때문에 유정물이라 하는 것이다.

2. 사람은 왜 최령한가?

1) 우주 만물의 구성은 영·기·질靈氣質의 화합으로 되는 바 사람은 영·기·질 가운데 영을 가장 많이, 가장 순수하게 가지고 있으며 영의 주재 하에 기질이 순응하기 때문에 최령하다고 하는 것이다.

※ 참고 : 사람을 영·기·질로 구분해 보라.

영靈 = 이성理性, 기氣 = 감성感性, 기식氣息, 질質 = 형체形體

2) 만물 가운데 신경 구성이 가장 영특하게 이루어진 것이다.

3. 최령한 사람이 왜 가패신망과 자살까지 하게 되는가? 최령한 것이 오히려 병이 아닌가?

1) 최령하기 때문에 의식작용이 더욱 왕성하고 욕심도 더욱더 많을 수 있는 것이다. 얼핏 생각하면 최령한 것이 병인 것 같지만 그것을 잘 조절할 수 있고 단련할 힘도 최령하기 때문에 있는 것이니 바로 성불의 능력과 삼재三才에 참여할 수 있는 근본이 여기에 있는 것이다. 고로 불성佛聖은 만물의 영장 중의 영장이다.

2) 밥이 아니면 죽는 것이지마는 잘못 먹으면 도리어 병이 되는 것같이 영장이 그 구실을 잘못하면 미물만 못할 수도 있게 보이는 것이며, 땅에서 넘어졌지마는 땅이 아니면 일어날 수 없는 것 같이 최령한 데서 가패신망과 자살을 하게 되지마는 역시 최령하지 못하면 성불제중의 대업을 이룩할 수 없는 것이다.

4. 정신 수양의 목적과 그 필요성을 들어주시오.

1) 수양력을 얻자는 것이 그 목적이요,

2) 신경쇠약의 예방과 치료에 절대 필요하고,

3) 진인眞人을 만드는 기본법이며, <수기망념修其妄念 양기진성養其眞性>

4) 삼대력을 원성圓成하는 근본이다.

5) 감정과 욕심을 조절하는 것이다. <감정→승화, 욕심→키운다>

3. 정신 수양의 결과

우리가 정신 수양 공부를 오래오래 계속하면 정신이 철석 같이 견고하여, 천만 경계를 응용할 때에 마음에 자주(自主)의 힘이 생겨 결국 수양력(修養力)을 얻을 것이니라.

[단어 숙어 풀이]

◆ 수양력 : 1) 오래 오래 수양하여 얻어진 심력으로서 천만 경계를 응용할 때에 청정하여 물들지 않고 튼튼하여 흔들리지 않는 정신의 힘을 말한다. 2) 천만 경계에 물들지 않고 천만 유혹에 흔들리지 않는 정신의 힘. 3) 청정함은 허공과 같고 부동함은 태산과 같은 온전한 정신의 자주력. 4) 육식六識이 육진六塵 중에 출입하되 섞이지도 않고 물들지도 않는 심력.

※ 해탈

[문제점]

1. 정신이 철석같이 견고하다는 뜻은?

천만 경계를 응용하되 물들지 않고 천만 경계가 유혹하되 흔들리지 않는 심력을 말한다. 예) 모래와 시멘트와 물을 화합하면 성석成石이 되는 것 같이 우리의 정신도 서원과 신심과 공부심[염불 좌선 등]이 합해야 철석같이 굳어진다.

2. 수양력을 얻는 가장 빠른 길을 말하라.

1) 신·분·의·성과 서원이 철저하여 불신·탐욕·나·우가 없이 동정간에 한결같이 수양에 적공하는 길이다.

2) 동 : 대경지지對境知止, 집사전일執事專一, 사후돈망事後頓忘.[146]

정 : 염불, 좌선, 심고, 기도, 단시單示, 허심虛心, 관심觀心, 주송.

※ 참고 : 관심일법 총섭제행觀心一法　總攝諸行[147], 불리자성 응용 무념.

양성	관유무초월= 觀有無超越	관무심觀無心, 주일념미생전처住一念未生前處	=공	원만구족하고 지공무사한 각자의 심성을 기르는 방법
	심무거래= 心無去來	일정심一定心, 무생멸無生滅, 책임 이외의 일에는 간섭하지 않되 그 책임에 충실.	=원	
	심불편의= 心不偏倚	일직심一直心, 무편착無偏着, 사사私邪에 흐르지 않는 마음.	=정	

※ 참조 : 『대종경』 수행품 2, 9, 16, 17, 18, 19, 34, 36, 37, 39, 40, 53장.

3. 정신 수양의 금기할 점은?

1) 허령 : 사도邪道에 떨어질 염려가 있다.

---

146) 경계를 당하여서는 멈출 줄 알고, 일할 때는 그 일에 오롯하며, 일을 마친 뒤에는 깨끗이 잊어라.

147) 보리 달마의 『관심론』에는 "혜가문왈惠可問曰 약유인若有人 지구불도志求佛道 당수하법當修何法 최위성요最爲省要. 사답왈師答曰 유관심일법唯觀心一法 총섭제행摠攝諸行 명위최요名爲最要"라 하였다.(혜가가 물었다. "만약 어떤 사람이 불도를 얻고자 한다면 어떤 법을 수행하는 것이 가장 간단하고 긴요합니까?" 달마 스님이 대답했다. "오직 마음을 관觀하는 한 법이 모든 행行을 다 거두어들이는 것이니, 이 법이 가장 간단하고 요긴한 것이라 한다.")

2) 무기공망無記空忘 : 사심死心, 무간지옥에 떨어질 염려가 있다.

4. 수양이 잘되지 않는 사람은 어떻게 할까요?

1) 수양의 필요성을 철저히 깨달아야 하고,

2) 자주 챙기는 공부를 하고, [방심이 공부의 큰 적이다.]

3) 경쟁심이 없어야 무쟁삼매의 진경에 들 수 있나니라.

제2절 사리 연구

[대의]

원만구족하고 지공무사한 각자의 마음을 밝혀 인간생활에 있어 크고 작은 모든 일의 시비 이해와 우주 대자연의 근본 원리며 형형색색으로 벌여 있는 삼라만상의 크고 작은 현묘한 이치를 막힘없이 알아서 실생활을 해나갈 때에 천만 사리를 밝게 분석하고 빠르게 판단하여 걸림 없이 활용할 수 있는 큰 심력[연구력]을 얻자는 것이다.

<원만구족하고 지공무사하게 사리를 분석 판단하는 공부로써 연구력을 얻자는 것>

1) 현실과 이상을 투시하고 사리에 걸림이 없는 슬기로운 인간이 된다.

2) 경전·강연·회화·의두·성리·정기 일기·청법 등을 때와 곳에 맞게 한다.

3) 일과 이치에 눈을 뜨는 공부요, 자·타·시自他時를 확실히 아는 공부다.

<명심오도明心悟道하자는 것>

1. 사리 연구의 요지

> 사(事)라 함은 인간의 시·비·이·해(是非利害)를 이름이요, 이(理)라 함은 곧 천조(天造)의 대소 유무(大小有無)를 이름이니, 대(大)라 함은 우주 만유의 본체를 이름이요, 소(小)라 함은 만상이 형형색색으로 구별되어 있음을 이름이요, 유무라 함은 천지의 춘·하·추·동 사시 순환과, 풍·운·우·로·상·설(風雲雨露霜雪)과 만물의 생·로·병·사와, 흥·망·성·쇠의 변태를 이름이며, 연구라 함은 사리를 연마하고 궁구함을 이름이니라.

[단어 숙어 풀이]

◆ 사事 : 1) 사람이 살아가는데 따라 있어지는 모든 것. 2) 육근 작용으로 인하여 있어지는 것들. 3) 육근 작용으로 인하여 있어지는 시비이해.

◆ 시비 이해 :

- 시是=1) 옳은 것 : 이치에 맞는 일.
  2) 합리적인 육근 작용.
- 비非=1) 그른 것 : 이치에 어긋나는 일.
  2) 비합리적인[역리적인] 육근 작용.

} 객관적 표준

※ 이치 : 사리 간의 정당한 조리, 윤리와 법칙.

- 이利=이로운 것 : 자기에게 유익되는 것.
  ※ 자타 간에 해를 보지 않는 것이 대리大利다.
- 해害=해로운 것 : 자기에게 손해되는 것.

} 주관적 표준

※자타 간에 해를 보는 것이 대해大害다.

(객관적 표준 + 주관적 표준) } 인간만사의 평가기준

◆ 천조 : 하늘의 조화. 대자연의 진리, 이법.

◆ 이理 : 1) 우주 만유의 본체와 삼라만상의 모습이며 생성 변화하는 원리. 2) 생성 변화의 소이연所以然. 3) 대소 유무.

◆ 대소 유무 :

우주의 삼면관 / 진리의 삼대관점

- 대大=우주 만유의 본체=전체를 하나로 보는 것.[돈오공적頓悟空寂의 터전]
- 소小=천삼라지만상天森羅地萬像의 형형색색으로 구별되어 있는 모습들, 일·월·성·신, 유정·무정, 육도 사생, 사·농·공·상, 상·하, 빈·부·귀·천, 남·녀·노·소, 청·황·적·백 ….=전체를 낱낱이 나누어 보는 것.[지량무변知量無邊의 터전]
- 유무=변화하는 것=움직이는 것[인과보응으로 움직이는 것]=전체와 만상이 움직이는 점으로 보는 것 : 우주의 진강급[성·주·괴·공], 천지의 사시 순환과 풍·운·우·로·상·설, 만물의 생·로·병·사, 흥·망·성·쇠, 육도의 윤회, 사생의 심신 작용….[정견사물正見事物의 터전]

◆ 연구 : 1) 배우고 생각하고 경험하여 모르는 것을 확실하게 알아내는 것. 2) 연기지혜研其智慧 구기본원究其本源 : 연마하고 궁구함.[148]

[문제점]

1. 사리를 연마하고 궁구하는 빠른 방법은?

1) 배우는 공부 : 외학지식外學知識 – 벌이 꿀 만드는 것 같이.

2) 생각하는 공부 : 내연진리內研眞理 – 마탁하여 깨치는 공부. <자각>

3) 실천하는 공부 : 증득하는 것. 불경일사不經一事 부장일지不長一

148)『정산종사법어』 경의편 19. 지혜를 연마하며 본원을 궁구함

智.[149]

4) 줄 맞는 공부 : 사제훈도師弟薰陶 - 감정을 받아야 정지正智요 진활지眞活智가 된다. <법가지法可止>

2. 사람 하나를 놓고 대소 유무를 설명해 보라.

전체는 대요, 육근六根 사지四肢 백해百骸는 소며, 신진 대사하는 작용은 유무라 할 수 있다.

3. 마음을 놓고 대소 유무로 설명해 보라.

1) 일념미생전은 대요, 한 생각 한 생각은 소며, 분별 사량하는 작용심은 유무라 할 수 있다.

2) 심성 전체는 대요, 천만사상千萬思想은 소며, 취사심은 유무라 할 수 있다.

4. 사리 연구의 요지를 간단히 말해보라.

1) 눈을 뜨는 공부. [마음, 일, 이치]

2) 명심오도明心悟道하는 공부. [지심知心이 대도술大道術[150] 운운 ….] 도통道通

3) 자·타·시自他時를 확실히 아는 공부.

4) 과학[사事]하는 공부요, 철학[이理]하는 공부.

---

149) 『명심보감』에 나오는 말. 한 가지 일을 겪지 않으면, 한 가지 지혜가 자라지 아니한다.

150) 『대순전경』에 나오는 말. 마음을 아는 것이 큰 도술이다.

2. 사리 연구의 목적

이 세상은 대소 유무의 이치로써 건설되고 시비 이해의 일로써 운전해 가나니, 세상이 넓은 만큼 이치의 종류도 수가 없고, 인간이 많은 만큼 일의 종류도 한이 없나니라. 그러나, 우리에게 우연히 돌아오는 고락이나 우리가 지어서 받는 고락은 각자의 육근(六根)을 운용하여 일을 짓는 결과이니, 우리가 일의 시·비·이·해를 모르고 자행자지한다면 찰나 찰나로 육근을 동작하는 바가 모두 죄고로 화하여 전정 고해가 한이 없을 것이요, 이치의 대소 유무를 모르고 산다면 우연히 돌아오는 고락의 원인을 모를 것이며, 생각이 단촉하고 마음이 편협하여 생·로·병·사와 인과보응의 이치를 모를 것이며, 사실과 허위를 분간하지 못하여 항상 허망하고 요행한 데 떨어져, 결국은 패가망신의 지경에 이르게 될지니, 우리는 천조의 난측한 이치와 인간의 다단한 일을 미리 연구하였다가 실생활에 다다라 밝게 분석하고 빠르게 판단하여 알자는 것이니라.

[단어 숙어 풀이]

◆ 우연 : 1) 뜻하지 않은 일. 2) 원인 모르고 맞는 일. 3) 인식되지 못한 필연. ↔ 필연.

◆ 육근 : 안·이·비·설·신·의眼耳鼻舌身意 : 업의 뿌리.[근인根因]

◆ 자행자지自行自止 : 1) 절도 없는 행위. 2) 제 마음대로 아무렇게나 사는 것.

◆ 찰나 : 1) 손가락 한번 튀기는 순간. 2) 아주 짧은 시간의 불가佛家

표현.↔겁劫.

◆ 단촉 : 짧고 급함.

◆ 편협 : 1) 도량이 좁고 작음. 2) 한쪽에 치우치고 좁음.

◆ 허망 : 1) 거짓되고 망녕됨. 2) 거짓이 많고 아무런 근거가 없음.

◆ 요행 : 1) 뜻밖에 얻는 행운. 2) 우연한 행복. ※ 미신의 근본이 된다.

◆ 난측 : 1) 헤아려 알기 어려움. 2) 측량하기 어려움.

◆ 다단 : 1) 일이 흐트러져 가닥이 많음. 2) 여러 가지로 이 가닥 저 가닥 얽혀 있는 모습.

[문제점]

1. 일의 시비 이해를 모르고 살면 육근 작용이 죄고로 화하는 이유는?

사람이 세상을 살아가는 동안 크고 작은 모든 일을 처리해 갈 때에 이치에 맞고 안 맞는 것과 어떻게 하면 이롭고 어떻게 하면 해가 오는 것인가를 확실히 모른다면 그 육근 작용이 올바르게 되지도 못하고 옳다고 처리한 것이 이치에 어긋나게 되는 일이 많을 것이요, 이를 구한다는 것이 해를 불러오게 될 것이다. 고로 육근 작용이 모두 죄고로 화하고 말 것이다.

2. 대소 유무의 이치를 알면 우연히 돌아오는 고락의 원인을 알 수 있는 이유는?

대를 알면 우주 만유의 근본을 알 것이니 고락의 근본도 알게 될 것이요 우주 전체를 아는 것이니 그 마음이 광대무량할 것이며, 소를 알면 형형색색으로 벌여있는 만상을 알 것이니 무엇이 고인지 무엇이 낙인지 알뿐 아니라 정당한 고락과 부당한 고락을 알며, 시·비·선·악, 길·흉·화·복 등 일체 상대적 차별 현상까지도 알게 될 것이며, 유무를 알면 무엇이 씨가 되어 낙을 맺게 되는가도 알 것이요,

선인낙과善因樂果 악인고과惡因苦果 되는 것을 알 뿐 아니라 돌고 도는 이치를 알기 때문에 집착심이 적을 것이요 일의 기회를 놓치지도 않을 것이다. 고로 대소 유무의 이치를 알면 우연히 돌아오는 고락의 원인을 알 뿐 아니라 일체 행이 낙으로 화할 것이며, 대해탈 대중정이 될 것이다.

고苦←죄←악←위僞[거짓]←삼독←무명 } 한 생각←나我[자기]
낙樂←복←선←진眞←삼덕三德[삼학三學]←반야般若 }

※ 교전에 있는 것을 통해서 마음이 직접 그 곳에 이르도록 하자.

※ 앵무새가 되지 말라.

3. 대소 유무에 걸림이 없다는 것은?

지혜 광명이 크게 솟아서 우주 만유의 본체와 삼라만상으로 형형색색 벌여 있는 모습이며 만물의 변태를 정확히 아는 것을 말하는바, 대大 가운데 소·유무가 있고, 소 가운데 대·유무가 있으며, 유무 가운데 대·소가 있음을 확실히 알아야 걸림이 없게 될 것이다.

4. 대소 유무의 이치를 모르면 왜 생각이 단촉하고 마음이 편협하며 생·로·병·사와 인과보응의 이치를 모른다고 하였는가? <대소 유무의 이치와 생·로·병·사 인과보응의 관계는?>

대大를 모르면 그 마음이 전체에 미치지 못할 것이니 생각이 단촉하고 편협할 것이요 불생불멸의 진리를 모를 것이며, 소를 모르면 그 마음이 형형색색의 실정을 모를 것이니 생각을 한편에 치우치거나 허망한데 떨어지기 쉬울 것이며, 유무를 모르면 길이 돌고 도는 이치와 원인 결과로 변화하는 것을 모르기 때문에 현실에 집착하거나 생각이 단촉하고 편협하여 고집이 생기고 생·로·병·사와 인과보응의 이치를 알 수 없을 것이다.

※ 생·로·병·사는 만물의 변화과정이요 인과보응은 변화의 원리

이다.

5. 대소 유무의 이치를 모른다면 사실과 허위를 분석하지 못하고 항상 허망하고 요행한데 떨어진다고 하였는데 왜 그럴까요?

대大를 모르면 소小에 치우쳐 전체의 사실과 그 실정을 모르기 때문에 전체는 거짓으로 보이기 쉽고 불생불멸의 이치를 모를 것이요, 대大는 안다고 할지라도 소小를 모르면 부분의 실정과 현실에 어두워 소는 허망하고 하등의 가치가 없는 것으로만 보이기 쉬우며, 대와 소는 안다고 하나 유무를 모르면 요행한데 떨어지거나 허황한 생각에 붙잡혀질 것이요 목전의 일에만 허덕이게 될 것이다.

고로 만일 대소 유무의 이치를 전연 모르고 산다면 선후 본말의 순서와 사실과 허위, 생·로·병·사와 인과보응의 이치를 모를 것이니 어찌 허망하고 요행한데 떨어지지 않을 것인가?

6. 천조의 난측한 이치와 인간의 다단한 일을 미리 연구하는 가장 원만한 방법은?

1) 경전 연습, 강연, 회화, 의두, 성리, 정기 일기.

2) 마음의 대소 유무를 먼저 알아야 하고 육근 작용의 시비 이해를 먼저 알아서 실천할 것이다.

우주 만유의 본체를 아는 것도 중요하지만 그에 앞서 자신을 아는 것이 순서요, 형형색색으로 나열된 만상을 아는 것도 중요하지만 자심의 선변악변善變惡變을 아는 것이 더 급한 것이다.

※ 지심知心이 대도술大道術이니라.[151] <증산>

7. 육근은 무엇이 운용하는가?

1) 진아眞我가 움직인다. 진아는 무엇인가? 본래 자기다.

---

151) 『대순전경』에 나오는 내용. 마음을 아는 것이 대도술이다.

본래 자기는 어디에 있는가? 네가 묻는 그 주인공이 본래 너다.

2) 생각하는 주체가 본래 자기다.

3) 일념미생전을 반조하며 그 생각을 무엇이 하는가 반조하라.

※ 초발심시변정각初發心是便正覺[152)]

3. 사리 연구의 결과

우리가 사리 연구 공부를 오래오래 계속하면, 천만 사리를 분석하고 판단하는 데 걸림 없이 아는 지혜의 힘이 생겨 결국 연구력을 얻을 것이니라.

[단어 숙어 풀이]

◆ 연구력 : 1) 천만 가지의 일과 이치[시비 이해, 대소 유무]를 분석하고 판단하는데 걸림이 없고 막힘이 없는 지혜의 힘. 2) 일과 이치를 밝게 분석하고 빠르게 판단하여 알아내는 마음의 힘. 3) 직관, 분석, 증득의 혜력慧力.

[문제점]

1. 사리 연구의 목적과 필요성을 설명하시오.

그 목적은 연구력을 얻자는 것인바 즉

---

152) 의상 대사의 법성게에 나오는 말. '처음 발심한 때가 곧 바른 깨침'이란 말은 처음 발심했을 때의 순수하고 간절한 마음의 중요성을 강조하는 말이다. 『화엄경』에도 초발심시변성정각初發心時便成正覺 즉 처음 발심하였을 때 문득 바른 깨달음을 이룬다 하였다.

1) 사리 간에 눈을 뜨자는 것이요,[과학하는 사람, 철학하는 사람]

2) 슬기로운 인간이 되자는 것이다.

그 필요성은 목적에 따라 생기는 것이니

1) 사리를 모르고 사는 것은 장님이 멀고 험한 길을 가는 것 같은 것이요,

2) 지혜가 없는 인생은 삭막하고 답답하기 이를 데 없는 것이다.

<삼대력을 원성圓成한 근본이다>

2. 진리 연구의 순서는?

1) 마음에서,

2) 가까운데서,

3) 쉬운데서 찾아,

4) 실생활에 활용함으로써 산 진리를 만들고,

5) 대중과 스승의 감정을 받을 것이다.

3. 연구력을 얻는 가장 빠른 길을 설명해 주시오.

1) 신·분·의·성을 들이대어 불신·탐욕·나·우가 없이 동정 간에 연구력 얻는 공부에 한결같이 적공하자.

2) 동 : 사전연마事前研磨, 대경정각對境正覺, 사후감정事後勘定.

정 : 경전, 강연, 회화, 의두, 성리, 정기 일기, 청법.

※ 참고 : 통만법명일심通萬法明一心

공	돈오공적頓悟空寂=일념미생전처, 점두자오点頭自悟	(대)
원	지량무변知量無邊=사통오달 심체무체心體無滯, 대소유무 시비이해 무애	(소)
정	정견사물正見事物=선후본말, 시비곡직是非曲直, 인과의 변화 정견	(유무)

※ 참조 : 『대종경』 수행품 2, 23, 25, 26, 27, 29장.

4. 사리 연구의 금기점은?

1) 대각을 몰록 이루려는 것.

2) 사견에 걸려 있는 것 : 자기의 생각이 옳다고만 고집하고 있는 것. 소각, 편각, 오각誤覺에 걸려 있는 것. <대각 원각 정각의 반대>

5. 대소 유무의 이치를 보아다가 시비 이해를 건설한다는 것은?

전체[대大]가 다 옳은가 부분[소小]만 옳은가, 인과[유무有無]는 상생이 될 것인가 상극이 될 것인가를 늘 생각하여야 하되 전체와 부분이 다 옳고 이로우며 길이 상생의 과를 맺을 수 있는 일은 시是가 되는 것이요 이利가 되는 것이다.

제3절 작업 취사

[대의]

원만구족하고 지공무사한 각자의 마음을 잘 운용하여 시비 이해를 바르게 판단하고 불같이 일어나는 욕심을 제어하며 나쁜 습관을 고치고 좋은 습관을 길들이는 공부로서 무슨 일에나 육근을 작용하되 정의는 용맹 있게 취하고 불의는 기어이 버리는 실행의 힘[취사력]을 얻어 고해를 없애고 낙원을 개척하는 길이다.

<원만구족하고 지공무사하게 육근을 사용하는 공부로서 취사력을 얻자는 것>

1) 만덕을 갖춘 의로운 인간이 된다.

2) 상시 일기, 주의, 조행, 반성.

3) 팔자를 고치고 운명을 개척하는 공부요, 시중時中하는 공부다. [자기를 이기는 공부]

1. 작업 취사의 요지

> 작업이라 함은 무슨 일에나 안·이·비·설·신·의(眼耳鼻舌身意) 육근을 작용함을 이름이요, 취사라 함은 정의는 취하고 불의는 버림을 이름이니라.

[단어 숙어 풀이]

◆ 작업 : 1) 업을 짓는 것이니, 육근 작용을 말한다. 2) 심신 작용.

◆ 취사 : 1) 취하고 버리는 것이니, 정의는 취하고 불의는 버림을 말한다. 2) 취기중정取其中正 사기사곡捨其邪曲.[153)]

◆ 정의 : 1) 진리에 어긋남이 없고 양심에 거리낌이 없이 최대다수의 복리를 위하는 일, 또는 행위[말, 행, 생각]. 2) 일심一心[정심正心]의 발현. 3) 정당하고 의로운 일.

◆ 불의 : 1) 부당하고 의롭지 못한 일. 2) 진리에 맞지 않고 양심에 꺼리는 바 있으며, 다수에게 해독을 끼치는 일[말, 행, 생각이]. 3) 망심妄心의 발현.

[문제점]

1. 작업 취사의 요지를 간단히 말하시오.

1) 습관을 고치는 공부 : 팔자를 고치는 공부.

2) 욕심을 조절하고 제어하며 활용하는 공부 : 자기를 이기는 공부.

3) 정의행을 하는 공부 : 덕을 쌓고 복을 짓는 공부.

---

153) 『정산종사법어』 경의편 19. 중정을 취하고 사곡을 버림.

4) 시중時中하는 공부 : 여의자재.

※ 참고

가) 부처와 중생, 천당과 지옥, 죄와 복, 고와 낙의 갈림길이 취사 공부에서 나누어진다.

나) 대의大義 : 전체, 근본, 중심을 여의지 않는 행위.

고로 모든 일을 할 때는 반드시 대의를 잃지 않는 것이요, 그 일 그 일에 일심을 들이대는 것이 정의행이다.

※ 참고 : 일심공부의 실례

가) 소매치기를 당하는 것은 일심공부를 더해야 할 여지가 있다.

나) 나에게도 남에게도 손해 보지 않게 마음을 챙기고 있는 것이 비좁은 차에서의 일심공부다.

2. 작업 취사의 목적

정신을 수양하여 수양력을 얻었고 사리를 연구하여 연구력을 얻었다 하더라도, 실제 일을 작용하는 데 있어 실행을 하지 못하면 수양과 연구가 수포에 돌아갈 뿐이요 실효과를 얻기가 어렵나니, 예를 들면 줄기와 가지와 꽃과 잎은 좋은 나무에 결실이 없는 것과 같다 할 것이니라.

대범, 우리 인류가 선(善)이 좋은 줄은 알되 선을 행하지 못하며, 악이 그른 줄은 알되 악을 끊지 못하여 평탄한 낙원을 버리고 험악한 고해로 들어가는 까닭은 그 무엇인가. 그것은 일에 당하여 시비를 몰라서 실행이 없거나, 설사 시비는 안다 할지라도 불 같이 일어나는 욕심을 제어하지 못하거나, 철석같이 굳은 습관에 끌리거나 하여 악은 버리고 선은 취하는 실행이 없는 까닭이니, 우리는 정의어든 기어이 취하고 불의어든 기어이 버리는 실행 공부를 하여, 싫어하는 고해는 피하고 바라는 낙원을 맞아 오자는 것이니라.

[단어 숙어 풀이]

◆ 수포 : 물거품, 헛된 일, 헛수고를 비유할 때 쓰는 말.

◆ 실효과 : 실지로 나타나는 좋은 결과.

◆ 평탄 : 1) 평평하고 탄탄함. 2) 마음이 안온하고 일이 순조로움.

◆ 습관 : 1) 버릇. 2) 마음이나 몸에 배어 굳어진 성질이나 행동.

◆ 제어 : 1) 제재하고 어거함. 2) 조절하여 부려 씀. 3) 통제하여 조절함. 4) 마음대로 부림. 5) 법으로써 어거함.

[문제점]

1. 수양력과 연구력을 얻은 사람이라도 실행은 못 할 수 있는가?

수양과 연구의 완전한 힘을 얻었다면 실행도 잘 될 수 있을 것이다. 그러나 실행을 하지 아니하면 않는 것이지 거기에 수양력과 연구력의 여하를 말할 수는 없는 것이며, 또한 이론적으로는 수양력과 연구력을 얻으면 실행력도 바로 얻어질 것으로 생각되지마는 실제에서는 어느 정도 수양력이 쌓이고 연구에도 시비 이해의 판단과 대소 유무의 분석력이 있다 할지라도 불같은 욕심과 철석같은 습관에 따라 실행이 잘되지 못할 수도 있는 것이다.

예) 가) 담배를 피워서 안 된다는 판단은 있지마는 변소에 갈 때는 담배를 물어야만 가는 습관. 나) 술이나 색이 나쁜 줄은 알지마는 쉽게 끊지 못하는 것.

2. 선善이 좋은 줄은 알되 선을 행하지 못하고 악이 그른 줄은 알되 악을 끊지 못하는 이유는?

1) 일에 당하여 시비를 모르거나,
2) 불같이 일어나는 욕심을 제어하지 못하거나,
3) 철석같이 굳은 습관에 끌리거나 하여 악은 버리고 선은 취하는 실행이 없는 까닭이다.

3. 정의는 기어이 취하고 불의는 기어이 버리는 공부를 잘하려면? <고를 버리고 낙을 장만하려면>

1) 정의와 불의가 나에게 어떠한 관계가 있는가를 알아야 하고,
2) 정의는 죽기로써 행하고 불의는 죽기로써 행하지 않는다는 뜻이 서야 하고,
3) 대소사 간 경계를 대할 때마다 반드시 일단 멈추어서 온전한 생각으로 취사하는 것이다.

※ 참조 : 『정전』 고락에 대한 법문

3. 작업 취사의 결과

우리가 작업 취사 공부를 오래오래 계속하면, 모든 일을 응용할 때에 정의는 용맹 있게 취하고, 불의는 용맹 있게 버리는 실행의 힘을 얻어 결국 취사력을 얻을 것이니라.

[단어 숙어 풀이]

◆ 용맹 : 씩씩하고 날래며 사나움. 씩씩하고 빠르고 날램.

◆ 취사력 : 모든 일을 응용할 때에 정의는 반드시 취하고 불의는 반드시 버리는 실행력.

[문제점]

1. 작업 취사의 필요성을 설명해 주시오.

1) 수양과 연구가 아무리 깊다 하더라도 실행이 없으면 열매 없는 꽃과 같다[공부한 보람이 취사에서 나타난다. 공부의 실효과].

2) 천당과 지옥, 죄와 벌, 선과 악의 갈림이 되는 출발이 여기에 있다.

3) 활불의 능력이 여기서 생기는 것이다[마음을 마음대로 하는 실력이 이에서 결실하기 때문이다].

2. 취사력을 얻는 가장 빠른 길을 말해주시오.

1) 신·분·의·성을 들이대어 불신·탐욕·나·우를 제거하고 동정 간 취사력을 얻는 공부에 적공하는 것이다.

2) 동 : 사전정념정견事前正念正見 대경취정실행對境取正實行

평소유념연마平素有念研磨 <사후반성事後反省>

정 : 상시 일기, 주의, 조행, 참회, 반성.

3) 온전한 생각으로 취사하는 것.

4) 매사 무념행 : 심불염착心不染着, 응용 무념 [공空]

매사 무착행 : 무집착 무고집 [원圓]

매사 중정행 : 시중時中, 원만圓滿 [정正]

※ 참조 : 『정전』 상시 일기, 계문, 솔성요론, 사은사요. 『대종경』 수행품 2, 30, 32, 33, 63장.

3. 작업 취사의 금기점은?

1) 제가 짓고 제가 받는 줄을 모르는 것.

2) 법의 선線이 없이 사는 것.

◎ 결어

1. 삼학은 일원의 진리인 각자의 본성을 개현開顯시켜 활용하는 방법인바 어느 때 어느 곳에서나 한 생각 거두면 진공의 체성이 완연하고 한 생각 내면 묘유의 상모相貌가 분명하며 한 생각 내고 들이는 가운데 인과의 변화가 역연歷然하여야 할 것이요, 그일 그 일을 당해서는 반드시 온전한 생각으로 취사하여야 허물이 없게 될 것이다.
2. 삼학 병진법
   1) 정신 수양[계혜戒慧] : 해탈
      가) 자성을 알아야 대정력을 길러내고 대정력을 얻어야 자유자재하는 대해탈력이 나올 것이다.[혜]
      나) 평소에 실행 공부를 잘해야 정력을 쌓는데 마장이 없을 것이다.[계]
      다) 마음을 멈추는 공부를 많이 하면 할수록 영단이 커 나서 생사를 자유로울 수 있는 큰 정력이 나올 것이다.[정]
   2) 사리 연구[정계定戒] : 대각
      가) 큰 일심[정신통일]이 되어야 대각을 빨리 이룰 것이다.[정]
      나) 큰 실천의 공을 쌓은 후에야 대각을 이룰 것이다.[계]
      다) 대각의 열쇠인 의두를 늘 연마하여야 큰 지혜가 솟을 것이다.[혜]
   3) 작업 취사[정혜定慧] : 중정
      가) 큰 수양의 힘을 얻어야 용맹 있게 취사할 것이다.
      나) 대각[정각]을 하여야 천지 같은 무념행과 원만행, 중도행이 나올 것이다.
      다) 옳은 일을 하고 그른 일을 않는 공부를 많이 하여야 마음을 마음대로 하는 여의보주를 빨리 얻을 것이다.[계]

대종사님께서 삼학 편수함을 특히 금하셨으니 우리는 삼대력 가운데에 모자라는 점을 스스로 살펴보기도 하고 동지들의 의견도 들어서 삼학을 병진하여 원만한 수행을 하여야 할 것이다.

※ 일원의 진리를 체 받아 실행하는 사람은 삼학병진을 하지 않을 수 없나니라.

4) 삼학 병진의 마장

가) 욕속심. 나) 원만한 스승을 만나지 못함. 다) 어느 한편이 근본이요 중요하다는 생각. 라) 방심.

※ 삼학 편수의 결과는 기형 도인이 되고 만다.

제5장 팔조

[대의]

삼학 공부 추진의 원동력인 진행 사조와 방해하는 장벽인 사연 사조를 밝혀 누구나 바로 삼대력을 얻을 수 있도록 그 힘과 주의를 주신 것이다.

※ 삼학은 길이요 수레라면 진행 건進行件은 동력이며 사연 건捨捐件은 그 동력을 방해하는 장벽이요 그 길의 위험 표식이다.

제1절 진행 사조

1. 신(信)

   신이라 함은 믿음을 이름이니, 만사를 이루려 할 때에 마음을 정하는 원동력(原動力)이니라.

2. 분(忿)

   분이라 함은 용장한 전진심을 이름이니, 만사를 이루려 할 때에 권면하고 촉진하는 원동력이니라.

3. 의(疑)

   의라 함은 일과 이치에 모르는 것을 발견하여 알고자 함을 이름이니, 만사를 이루려 할 때에 모르는 것을 알아내는 원동력이니라.

4. 성(誠)

   성이라 함은 간단없는 마음을 이름이니, 만사를 이루려 할 때에 그 목적을 달하게 하는 원동력이니라.

[대의]

삼학 공부를 진행하는 원동력으로서 신·분·의·성인바 삼대력을 증장시키는 저력이다. 삼대력을 얻어 나가는 촉진제요 밑바닥의 힘이다.

1. 신信

[단어 숙어 풀이]

◆ 신 : 1) 믿는 마음으로서 만사를 이루고자 할 때에 마음을 정하는 원동력. 2) 믿음 : 신념, 신의, 신앙의 총화로서의 믿음. 3) 믿고 받들며 이어 전하는 마음. 4) 하면 된다는 생각.

예) (1) 과학자가 어떤 가정을 세우고 그것을 증명하는 것도 하면 된다는 신념에 바탕을 둔 것이요, (2) 로켓을 타고 달나라에 갔다 오는 것도 다녀올 수 있는 모든 원리를 믿고 시작한 것이요, (3) 철학자가 어떠한 명제를 설정하여 원리를 창도하는 것도 신에 바탕을 둔 것이다.

고로 종교적인 진리의 각득이나 스승님들의 법을 실현하는 일이나 사리 간에 의심을 풀어가는 것은 오직 이 신에 바탕을 두어 궁구하고 실천하고 연마할 때에 올바르게 체득이 되고 실현되며 해오를 얻게 되는 것이다.

내 눈에 보이기는 검은 것이지마는 경전이나 스승님께서 희다 하시면 왜 희다고 했는가를 생각하는 것이 신이요, 내 눈에 보이는 대로 검다고 속단하는 것은 신이 아니다. 즉 모든 문제를 일단 믿어놓고 풀어가는 것이 믿음의 기본자세이다.

천 길 우물 속의 약수를 열 길 두레박 끈으로 떠보다가 물이 떠지지 않으면 물이 없다고 속단하는 경우가 더러 있는 것이니, 공부인은 크게 주의할 바이니라.

◆ 원동력 : 활동시키는 근원적인 힘.

[문제점]

1. 왜 신이 마음을 정하는 원동력인가?

사람이 무슨 일을 하고자 할 때는 먼저 그 일에 마음을 정하여야 할 것이요 마음을 정하고자 할 때는 그 일의 성공을 믿어야 할 것이다. 무슨 일을 하든지 그 일의 성공에 대하여 믿음성이 없으면 그 일을 시작할 수 없을 것이다. 그러므로 신은 마음을 정하는 원동력이라 한 것이다.

2. 미신迷信과 정신正信을 구별해 주시오. 정신의 실례는?

미신은 1) 요행을 바라는 마음. 2) 비사실적이요 비진리적 믿음. 3) 형식적이고 흐리멍덩한 믿음.

정신은 1) 정법正法, 정사正師, 자력, 타력을 사실적, 진리적으로 철저히 믿어나가는 것. 2) 확고부동한 신념, 일지一止의 신념.

가) 가장 크고 원만한 진리[일원의 진리 : 불생불멸 인과보응]에 근거한 정법 - 도명덕화 제생의세.

나) 교리에 정통하고 성리에 걸림이 없으며 생사고락을 초월한 항마위 이상의 정사正師 - 자신 제도를 마친 초성위初聖位 이상.

예) ㉠ 예수님 - 참 아버님이 계신 것을 믿고 찾았다: 믿으라, 천국이 너의 것이니라.

㉡ 부처님 - 진리가 있는 것을 믿고 찾았다. : 신위도원공덕

모信爲道源功德母.[154)]

신유십분信有十分 의유십분疑有十分 의유십분疑有十分 오유십분悟有十分.[155)]

㉢ 공자님 – 문·무·주공을 믿고 주역을 믿고 찾았다 : 위편삼절韋編三絶.[156)]

3. 큰 믿음을 내고 그 신심을 키워가려면?

1) 큰 서원이 있어야 큰 믿음이 나온다.

일원의 위력을 얻고 일원의 체성에 합하고자 서원할 때 그에 대한 믿음이 생기고 그에 대한 의심도 생겨서 일원의 진리와 위력의 소종래를 확실히 알게 되면 큰 신심이 새로이 솟아 물러서지 않을 것이요, 그 법을 다 실천하고자 서원할 때 그에 대한 믿음이 생기며, 그 스승을 닮아가고자 서원할 때 그 스승님을 믿지 않을 수 없으며, 교단의 주인이 되고자 할 때 교단을 책임질 것

154) 『화엄경』에 나오는 말. "신위도원공덕모信爲道源功德母이며 장양일체제선근長養一切諸善根이다."(믿음은 진리의 근원, 공덕의 어머니며 길이 모든 선업의 뿌리를 영원히 키운다.)

155) 운서 주굉雲棲袾宏(1535~1615) 선사가 『선관책진禪關策進』에서 불적 이암진 선사佛跡頤菴真禪師의 말을 인거하고 있다. "불적 이암진 선사 보설佛跡頤菴真禪師普說 신유십분信有十分 의유십분疑有十分 의유십분疑有十分 오유십분悟有十分 …."(이암진 선사가 늘 말하기를 믿음이 철저하면 의심이 철저해지고, 의심이 철저하면 깨달음이 철저해진다.)
고봉 원묘高峰原妙의 『선요禪要』에도 비슷한 말로써 간화선을 하는데 있어서 의정疑情의 중요성을 밝히고 있다. "신유십분信有十分 의유십분疑有十分 의득십분疑得十分 오득십분悟得十分" (믿음이 철저하여야 의심도 철저하다. 의심을 철저히 가지면 깨달음 또한 철저해진다.)

156) 가죽으로 맨 책 끈이 세 번이나 끊어지다. 곧 독서에 힘쓴다는 뜻. 고대 중국에서의 책은 대나무를 직사각형으로 잘라[竹簡–죽간] 거기에 글씨를 쓴 여러 장을 가죽 끈으로 엮어 이은 것이었다. 위편韋編은 그 가죽 끈을 가리키고 삼절三絶은 세 번 끊어졌다는 것. 이 말은 『사기』의 <공자세가孔子世家>에 나온다. '공자가 만년에 역경易經 읽기를 좋아하여 책을 엮은 죽간의 끈이 세 번이나 끊어지도록 역경을 읽었다.[독역위편삼절讀易韋編三絶]' 그리고 말하기를 "내게 몇 년의 수명이 더해진다면 주역에 대해서 그 가르침을 밝혀낼 수가 있을 것이다."라고 말했다.

이요 교단을 믿게 될 것이니, 성불제중과 제생의세의 큰 서원이 확고부동하게 되면 큰 신심, 큰 의심, 큰 분심, 큰 성심이 솟아 큰 공부가 계속될 것이다.

고로 원이 크면 클수록 큰 믿음이 생기는 것이다.

예) 대종사, 혜가, 십이사도, 9인선진, 정산 종사[실상사, 만덕산]

2) 자신의 마음에 천의天意를 감동하게 할 수 있는 요소가 있음을 깨달아야 큰 믿음과 큰 정성이 날로 커진다. 심고와 기도를 통한 진리적 체험이 있을 때 그 신앙생활과 마음공부가 더욱 자신이 생긴다.

3) 자기 무력을 절실히 느끼고 자각해야 큰 신심이 생긴다.

신묘불측神妙不測하고 광대 무량한 진리의 힘을 깨달을 때 거기에 귀의하고 싶은 마음이 생긴다.

4) 하면 한 만큼 이루어지는 진리가 있음을 체험으로 깨쳐 알아야 큰 신심과 큰 성심이 생긴다.

※ 믿으면 믿은 만큼 알아지고, 알면 안 만큼 믿게 되는 것이다.

2. 분忿

[단어 숙어 풀이]

◆ 분 : 1) 용장한 전진심. 만사를 이루려 할 때에 권면하는 원동력. 2) 타락과 나태를 예방하는 마음. 3) '난들 못하랴. 어서 하자' 하는 마음.

◆ 용장 : 날쌔고 굳세다. 용감하고 씩씩함.

◆ 전진심 : 앞으로 나아가는 마음.

◆ 촉진 : 재촉하여 앞으로 나가게 함.

[문제점]

1. 분이 촉진의 원동력이 되는 이유는?

여기서 말하는 분은 "나도 하면 할 수 있다는 신념에 바탕한 생생한 의욕"을 말한다. 어떠한 일에 당하여 굳은 결심으로 밀고 나가는 생생약동하는 마음인바 무슨 일에나 큰 분발심이 없으면 순·역·공順逆空 간의 모든 경계에 흔들려서 추진될 수 없는 것이다. 고로 분이 만사를 이루는데 촉진의 원동력이라 한 것이다.

2. 객분客忿과 정분正忿의 차이점은? <정분의 실례>

1) 객분

가) 부당한 일에 덤벼드는 일시적인 무모한 혈기의 용勇을 말한다.

나) 감정적인 분심, 경쟁심의 분심.

2) 정분

가) 정당한 일에 굳은 결심으로 끝까지 정당하고 간절하게 밀고 나가는 용장한 마음자세.

나) 이성적인 분심, 서원에 바탕을 둔 분심.

예) ㉠ 석가세존의 보리수하결심菩提樹下決心- 약불성도若不成道 종불리좌終不離座.[157]

㉡ 공자 : 조문도朝聞道면 석사夕死라도 가의可矣니라.[158]

㉢ 사무여한의 결심, 솔성요론 13·14조.

남아입지출향관男兒立志出鄕關 학약불성사불환學若不成死不還

매골하기분묘지埋骨何期墳墓地 인간도처유청산人間到處有靑山

---

157) 만약 도를 이루지 못한다면 끝내 앉은 자리를 떠나지 않으리라. 석가모니는 출가하여 설산에서 6년 동안의 고행을 마치고 심신을 새롭게 한 다음 보리수 아래에 앉아 명상에 들며 스스로 이와 같이 맹세하였다.

158) 아침에 도를 들으면 저녁에 죽어도 좋다. 『논어』 이인편에 나오는 말.

<월성 스님>[159)]

㉣ 왕후장상王侯將相이 하유종호何有種乎아.[160)]

㉤ 일도양단一刀兩斷의 대결심.

㉥ 옛날 현상충신賢相忠臣들이 불화로를 들고 충간忠諫한 예.

3. **큰 분을 내려면? 분심을 키워가려면?**

1) 큰 서원과 큰 신심이 자리 잡힐 때.

2) 하면 한만큼 이루어지는 것을 깨쳐 신념이 있을 때.

법계대명시련기法界大命試鍊期 본원신성자고시本願信誠自顧時

사무여한일단성死無餘恨一丹誠 천붕지몰유문개天崩地沒猶門開[161)]

<원양>

3. 의疑

[단어 숙어 풀이]

◆ 의 : 1) 사리 간 모르는 것을 알고자 하는 마음으로서 만사를 이루고자 할 때에 모르는 것을 알아내는 원동력. 2) 모르는 것을 알려는 마음. 3) 스스로 모르는 것을 깨닫고 알려는 마음.

---

159) 석월성釋月性(1817~1858, 막말기幕末期의 근황승勤皇僧)의 「장동유제벽将東游題壁」이라는 제목의 시. 남아가 뜻을 가지고 고향을 나섰으니 학문을 이루지 못하면 돌아오지 않으리라. 뼈를 굳이 묘지에 묻기를 기대하랴. 사람이 가는 곳마다 청산인 것을. (회보 47호 '고덕명시 소개'에 소개되어 있다.)

160) 왕후장상의 씨가 따로 있으랴. 왕후장상이란 제왕과 제후와 대장과 재상을 통틀어 일컫는 말로서, 높은 자리에 오르는 것은 가계나 혈통에 따라 되는 것이 아니고, 노력만 하면 아무나 그렇게 될 수 있다는 뜻. 고려의 무신정권 시절 최충헌의 노비인 만적이 민란을 일으키며 부르짖었던 구호로 잘 알려져 있다.

161) 법계에서 큰 사명을 맡기고자 할 때는 먼저 시련기를 주나니/ 이때는 본원과 신성을 돌아볼 때라/ 죽어도 여한 없다는 일단의 정성이 뭉칠 때/ 하늘이 무너지고 땅이 꺼지더라도 오히려 나아갈 문이 열리리라.

[문제점]

1. 정의正疑와 사의邪疑의 차이점은?

1) 사의邪疑

가) 정당한 일을 믿지 않거나 스승과 법을 저울질하는 마음.

나) 호의불신狐疑不信하는 것. 주견이 없거나 제 주견이 너무나 강하면 생기는 것이다.

2) 정의正疑

가) 진리와 스승과 법에 일단 그 마음을 정하고 깊이 그 내용을 알고자 하는 의심.

나) 일단 믿고 알고자 하는 마음. 서원과 신심이 크고 굳세어야 생긴다.

예) 대종사 : 이 일을 장차 어찌할꼬?

몬당 대사 : 제가 그려![162)]

에디슨 : 1+2=3은 왜?

석가세존 : 생·로·병·사는 왜 있는가?

예수 : 나의 아버지는 누구인가?

원양圓養 : 마음의 자유와 우주의 중심은?

태심사態心寺 일화

※ 사람을 의심하면 지옥을 부르고, 진리를 의심하면 깨달음을 얻는다.

---

162) 옛날 어떤 부부가 자식과 함께 행복하게 살고 있었는데 부부는 금슬이 좋았지만 가난하였다. 남편은 아내를 행복하게 해주기 위하여 일정기간 돈을 벌어오기로 하고 배를 타게 되었는데 풍랑으로 인하여 약속 시간에 돌아오지 못하고 훨씬 후에야 집에 돌아오게 되었다. 집에 돌아오니 아내가 이미 다른 사람과 결혼하여 살고 있는 것을 보고 너무나 망연자실하여 '제가 그려! 제가 그려!'[자기가 어찌 그럴 수 있는가?] 하며 그 생각에만 골몰하다가 몬당[몽땅] 깨달았다 하여 몬당 대사라 불렸다 한다.

※ 참고 : 의심과 의문으로 나누어 생각해 보라.

2. 왜 의심이 잘 걸리지 않는가?

사즉무의思則無疑요 판즉무의辨則無疑며 망즉유의望則有疑요 행즉유의行則有疑다.[163)]

1) 서원, 신심이 크지 못하고 철저하지 못하거나 교리를 실천하지 않기 때문이다.

2) 까닭이 없는 생활을 하기 때문이다.

3. 어떤 의심을 먼저 걸어야 하는가?

1) 불조의 화두[공안]나 경전 중에나 생활 가운데에서 사리 간에 무엇이든 걸리는 대로 적어두고 연마하되 수행 길에 대하여 먼저 의심을 거는 것이 좋을 것이다.

2) 올바른 삼학 공부의 길, 사은 사요를 실천하다가 부딪치는 문제 등.

4. 의심을 키워가고 그 의심을 풀어가는 방법은?

크고 작은 의심이 따로 있는 것이 아니나 사리 간에 근본적인 것을 잡고 오직 간절하고 지극한 마음으로 오래 오래 궁굴리어 필경 의단疑團을 이루어야 하는 것이니,

1) 일의지하一疑之下 만의적정萬疑寂靜[164)]하게 하는 길.

---

163) 『수심정경』에는 다음과 같은 구절이 있다. "사즉의무思則疑無하고 망즉의유望則疑有하리니 의거의래疑去疑來에 의무소의疑無所疑를 공연하의空然何疑리오. 홀연연심忽然燃心하면 시내진의是乃眞疑라. 시의지하是疑之下에 만의적정萬疑寂靜하면 불분주야不分晝夜함이 여몽약진如夢若眞하여 공적천지空寂天地에 유일의이이惟一疑而已거늘 차비대의이하此非大疑而何오."(생각한 즉 의심이 없고 바란 즉 의심이 있나니, 의심이 가고 의심이 옴에 의심하고 의심할 바가 없거늘 공연히 어찌 의심하리요. 홀연히 의심을 태워 버리면 이것이 참 의심이라. 이 참 의심 아래 일만 의심이 적정하면 주야를 분별치 못함이 꿈도 같고 참도 같아서 공적한 천지에 오직 한 의심 뿐 이니, 이것이 큰 의심이 아니고 무엇이리요.)

164) 한 가지 의심에 집중하여 모든 의심이 모두 고요함.

욕망이난망欲忘而難忘 불사이자사不思而自思[165]하는 간절한 마음

※ 김이덕金利德 선생의 예, 간화선의 본래정신, 몬당 대사의 '제가 그려!'

2) 정신이 맑을 때 잠깐잠깐 들어보는 방법.

잠자고 나면 문제가 풀리는 경우, 변소에 앉았으면 의심이 풀리는 경우, 선이나 기도한 뒤에 풀리는 경우.

3) 일상 생활하는 가운데나 대인접물하는 가운데 하나하나 깨치는 길도 있고,

4) 희비고락과 우여곡절의 많은 경험을 통하여 큰 의심과 큰 해오가 있기도 하는 것이다.

이 모두가 오직 크고 넓은 서원과 큰 신심 위에 간절하고 지극한 마음이 있어서 항상 까닭 있는 생활이라야 되는 것이다.

※ 의단疑團

가) 의심이 오래 오래 쌓여져서 한 가지 의심 아래에 만 가지 의심이 적정寂靜해지는 경지, 또는 욕망이난망欲忘而難忘하고 불사이자사不思而自思되는 의심의 경지.

나) 의심이 단단히 걸려서 천만사물을 대할 때마다 그 의심에 대조되어 생각이 집중되는 경지. <솔성요론 16조>

4. 성誠

[단어 숙어 풀이]

◆ 성 : 1) 간단없는 마음으로서 만사를 이루고자 할 때에 그 목적을

165) 잊으려야 잊을 수 없고 생각하지 않으려야 않을 수 없음.

달성하는 원동력. 2) 거짓 없이 한결같은 마음.

[문제점]

1. 정성正誠과 우성愚誠의 구별.

우성愚誠

1) 부당한 일에 일시적으로 무모하게 바치는 마음과 노력.

2) 감정적으로 바치는 일시적인 마음과 노력.

정성正誠

1) 정당한 일에 정당한 방법으로 거짓 없고 한결같이 계속하는 마음과 노력.

2) 이성적으로 바치는 한결같은 마음.

예) 가) 천지지성天地之誠 : 천지지도침고天地之道浸故 음양상승陰陽勝 음양상추이변화순의陰陽相推而變化順矣.[166)]

나) 성자誠者 물지종시物之終始. 불성무물不誠無物.[167)]

다) 지성여신至誠如神.[168)]

라) 숨 쉬는 것. 혈액순환. 맥박 ….

2. 왜 정성이 나지 않는가?

---

166) 『음부경』에 나오는 구절. 천지의 도는 스며듦으로써 음양이 승하는 것이니 음양이 서로 밀고 당기는 작용으로 만사가 전개되는 것이다.

167) 『중용』 25장. 정성이란 만물의 시작이자 끝이니 정성이 없으면 어떠한 사물도 없다.

168) 『중용』 24장에 나오는 구절. "지성지도至誠之道는 가이전지可以前知니 국가장흥國家將興에 필유정상必有禎祥하며 국가장망國家將亡에 필유요얼必有妖孼하야 현호시구見乎蓍龜하며 동호사체動乎四體라 화복장지禍福將至에 선善을 필선지지必先知之하며 불선不善을 필선지지必先知之하나니 고故로 지성至誠은 여신如神이니라."(지성의 도는 앞일을 알 수 있나니 국가가 바야흐로 일어나려 할 때는 반드시 길조가 있으며, 국가가 망하려 할 때는 반드시 흉조가 있어 시초점과 거북점에 나타나며 사체에 움직여지는 것이다. 화·복이 닥쳐오려 함에는 선함을 먼저 알아보고, 불선을 반드시 먼저 알아보는 것이니 고로 지극한 정성은 신과 같은 것이다.)

1) 그 일과 나의 원과의 관계를 철저히 모르기 때문에.

2) 서원이 크지 못하고 신심이 철저하지 못하기 때문에.

3) 게으르고 용기가 없기 때문에.

4) 천지의 도를 체 받지 못하기 때문에.

5) 정성의 결과를 모르기 때문에[인과의 이치를 모르기 때문에].

6) 불신·탐욕·나·우가 많기 때문에.

3. 정성에 간단이 생기는 이유와 원인은?

1) 서원과 신심이 뭉쳐지지 않았기 때문에.

2) 욕속심이 있기 때문에.

3) 취미와 소질이 없기 때문에.

4) 그 일과 나와의 관계를 자각하지 못할 때.

4. 정성을 키워 가려면?

1) 천지의 정성과 제불조사의 정성을 본받으라.

2) 불식지성不息之誠으로 같은 일을 반복하여 체험을 쌓아가라.

<이소성대以小成大 천리원칙天理原則, 지성불식至誠不息 만사대성萬事大成>[169]

※ 예) 가) 송아지 든 이야기.[170]

나) 물방울이 주추를 뚫는다.

※ 신·분·의·성은 서로 떨어질 수 없는 것이다.

신이 분·의·성을 여의면 참다운 신이 될 수 없고, 분이 신·의·성

---

169) 작은 것에서부터 큰 것이 이루어지는 것이 천리의 원칙이며, 지극한 정성이 쉬지 아니하면 모든 일이 크게 이루어진다.

170) 어떤 농부가 송아지를 기르게 되었다. 농부는 그 송아지를 사랑하는 마음에 매일 몇 번씩 그 송아지를 번쩍 들어 올리곤 하였다. 이와 같이 매일 꾸준히 계속한 결과 들어 올리는 힘이 단련되어 마침내 그 송아지가 큰 소가 되었을 때도 그 농부는 그 소를 번쩍 들어 올릴 수 있게 되었다 한다.

을 여의면 참다운 분이 될 수 없으며, 의가 신·분·성을 떠나서는 참다운 의가 될 수 없고, 성 또한 신·분·의를 떠나서는 성의 실實을 다할 수 없다. 고로 신성이란 말은 신·분·의·성의 준말로 보는 것이 좋을 것이다.

제2절 사연 사조

1. 불신(不信)

   불신이라 함은 신의 반대로 믿지 아니함을 이름이니, 만사를 이루려 할 때에 결정을 얻지 못하게 하는 것이니라.

2. 탐욕(貪慾)

   탐욕이라 함은 모든 일을 상도에 벗어나서 과히 취함을 이름이니라.

3. 나(懶)

   나라 함은 만사를 이루려 할 때에 하기 싫어함을 이름이니라.

4. 우(愚)

   우라 함은 대소 유무와 시비 이해를 전연 알지 못하고 자행자지함을 이름이니라.

[대의]

삼학 공부를 방해하는 장벽으로서 불신·탐욕·나·우인바 삼대력을 부진시키는 요인이 된다.

※ 삼대력을 말살하는 요인

1. 불신不信

[단어 숙어 풀이]

◆ 불신 : 1) 믿지 않는 것이니, 모든 일을 할 때에 마음을 정하지 못하는 것. 2) 믿지 않고 저울질하는 마음. 3) 마음에 결정을 얻지 못하는 마음.

성공을 막는 장벽이요, 도가道家의 고자배기[171)]이며, 썩은 새끼줄과 같다.

[문제점]

1. 불신은 왜 생기는가?

1) 아상이 많거나 자신을 더욱 믿을 때.

2) 확실히 모를 때.

3) 실천이 없을 때.

4) 자기 생각으로 남을 촌탁忖度할 때.

5) 큰 서원과 신·분·의·성의 추진이 없을 때.

2. 불신병을 없애려면?

1) 그 원인을[불신의 원인] 파악하라.

2) 큰 서원을 북돋우며 실천으로 체득해 가자.

---

171) 뿌리가 썩은 나무 밑둥치를 말함.

2. 탐욕貪慾

[단어 숙어 풀이]

◆ 탐욕 : 1) 지나친 욕심. 2) 상도常道에서 벗어나 과히 취하는 것.

◆ 상도常道 : 1) 때와 곳에 따라 변치 않는 떳떳한 도리. 2) 중도 : 자기 힘과 형편과 처지에 맞는 것.

※ 상도常度=올바른 법도法度

탐욕은 모든 죄악의 싹이 되고 도가道家의 모리배謀利輩이니라.

[문제점]

1. 탐욕은 왜 버려야 하는가?

1) 모든 죄악의 근본이 되어 고통을 부르기 때문에.

2) 미신[요행심]과 부패의 씨가 여기에서 싹튼다.

3) 욕속심을 일으켜 필경 퇴굴심으로 전락한다.

2. 탐욕을 없애려면?

1) 작은 욕심을 키워라. <대욕무욕大欲無欲>

2) 필경 공空한 것을 알라.

3) 욕속부달欲速不達이요 속성속패速成速敗[172)]의 진리를 알라. 큰 공부 큰 사업은 급히 말고 쉬지 말라

4) 신·분·의·성을 촉진하라.

---

172) 빨리 이루고자 하는 마음으로는 끝내 목적지에 도달하지 못하고, 빨리 이룬 성공은 빨리 끝나고 만다.

3. 나懶

[단어 숙어 풀이]

◆ 나 : 1) 게으른 마음. 2) 하기 싫어 뒤로 미루는 마음.

<살고도 죽은 송장. 밥 먹는 송장[식충食蟲]>

[문제점]

1. 나태심을 없애려면?

1) 서원과 분심을 크게 일으켜라.

2) 너무 급한 마음을 버리라.

※ 마음이 게으른 사람, 몸이 게으른 사람.

3) 신·분·의·성의 촉진.

2. 나태는 어디서 생기는가?

1) 서원이 가라앉을 때.

2) 몸이 약해질 때. <마음까지 게을러서는 안 된다>

3) 한두 번 실수가 생겼을 때.

4) 나보다 나은 자가 없을 때. <토끼와 거북이>

5) 신·분·의·성의 추진이 없을 때.

4. 우愚

[단어 숙어 풀이]

◆ 우 : 1) 어리석음. 까닭 없이 사는 마음. 자기가 알아야 할 것과 알 수 있는 것을 모르고 사는 것. 2) 자행자지하는 마음. 3) 사리를 전혀 알지 못하고 제멋대로 하고자 하는 마음.

마음의 소경. 도가의 쓰레기통. 제멋대로 뒹구는 낙엽. 분토지장糞土之墻.[173)]

[문제점]

1. 우치를 없애려면?

1) 신·분·의·성이 철저해야,

2) 상相이 없어야,

3) 배우고 생각해야, 까닭 있는 생활을 해야,

4) 스승님을 모시고 살아야,

5) 무명을 파해야, 자기가 모르는 줄을 알아야 할 것이다.

2. 우愚와 치심과의 차이점을 설명해 주시오.

대동소이한 말이나 우愚라 함은 사리 간에 자기가 알아야 할 것과 알 수 있는 것을 모르고 사는 것이니, 여기서는 삼학 공부의 바른 길을 전연 알지 못하고 삼학 공부를 하려는 마음이라, 까닭 없는 삼학 공부를 하는 것 등이요, 치심은 모르는 것을 아는 체 한다거나 없는 것을 있는 체 하는 등의 창피한 생각, 상에 가린 생각을 주로 말하는 것이다.

◎ 결어

1. 진행 4조가 곡초穀草라면 사연 4조는 잡초와 같다. 곡초가 무성하면 잡초는 힘을 쓰지 못하고, 곡식을 잘 가꾸려면 잡초를 제거해야 하

---

173) 『논어』 공야장편에 나오는 말. "재여宰予 주침晝寢이어늘 자왈子曰 후목朽木은 불가조야不可雕也며 분토지장糞土之牆은 불가오야不可杇也니 어여여於予與에 하주何誅리오."(재여가 낮에 잠을 자니, 공자가 말씀하셨다. "썩은 나무에는 조각을 할 수 없고, 거름흙으로 만든 담장에는 흙손질을 할 수 없으니, 여[予:재여]에게 더 이상 무엇을 꾸짖겠는가?")

는 것이다.

2. 동력만 실實하면 웬만한 고개는 다 넘어갈 수 있고, 장벽만 없으면 웬만한 동력도 무난한 것 같이 진행 4조만 튼튼하면 사연 4조는 별 것이 없고, 사연 4조만 완전히 제거하면 진행 4조는 자연 실實해지는 것이다.

   그러나 동력도 실하고 장벽도 없으면 그 얼마나 좋을 것인가?

3. 이상에 밝힌 팔조는 삼학 공부를 추진하는 원동력을 배양하는 동시에 장벽을 제거하는 표준이니 어느 때 어느 곳에서나 그 동력이 충실하여 고장이 없으면 삼대력의 증진은 날을 기약하는 것이다.

4. 불신·탐욕·나·우는 일반적인 해석으로도 생각할 수 있으나 삼학 공부 추진에 대한 불신·탐욕·나·우로 직결시켜 해석하는 것이 더욱 좋을 것이다.

   예) 삼학 공부에 대한 불신, 삼학 공부에 대한 탐욕 욕속심, 삼학 공부에 대한 나懶, 삼학 공부에 대한 우愚를 제거하여야 삼대력의 증진은 날을 기약할 것이다.

5. 신·분·의·성도 일반적으로 해석하여 그 뜻을 달리 말할 수도 있으나 삼학 공부 추진에 대한 신·분·의·성으로 직결시켜 생각하는 것이 좋을 것이다.

   즉 삼학 공부를 위한 신, 삼학 공부를 위한 분, 삼학 공부를 위한 의, 삼학 공부를 위한 성이 되어야 삼대력의 증진은 날을 기약할 것이다.

제6장 인생의 요도와 공부의 요도

사은 사요는 인생의 요도(要道)요, 삼학 팔조는 공부의 요도인 바, 인생의 요도는 공부의 요도가 아니면 사람이 능히 그 길을 밟지 못할 것이요, 공부의 요도는 인생의 요도가 아니면 사람이 능히 그 공부한 효력을 다 발휘하지 못 할지라, 이에 한 예를 들어 그 관계를 말한다면, 공부의 요도는 의사가 환자를 치료하는 의술과 같고, 인생의 요도는 환자를 치료하는 약재와 같나니라.

[대의]

일원상의 진리를 근간으로 구성된 교리를, 자아완성[성불]에 중점을 두는 마음공부 길인 삼학 팔조와, 세계 정화[제중]에 중점을 두는 윤리 실천의 길인 사은 사요를 공부의 요도와 인생의 요도로 하여 그 관계를 밝혀 주신 것이다.

일원상의 진리를 근간으로 한 교리를 인생의 요도와 공부의 요도로 크게 나누어 서로 불가분리의 관계에 있음을 밝혀 주신 것이다.

[문제점]

1. 공부의 요도가 아니면 능히 인생의 요도를 밟을 수 없는 이유는?

1) 일원상의 진리가 내외와 자타가 없기 때문에 공부의 요도와 인생의 요도가 둘이 아니지마는 일원의 무형적 실재에 바탕을 둔 삼학은 각자의 마음을 스스로가 단련시키는 길로 귀일하기 때문에 공부의 요도라 한 것이요, 일원의 유형적 실재에 바탕을 둔 사은 등은 만유와 인류 상호 관계를 서로가 원활하게 하는 윤리

실천의 길로 귀일하기 때문에 인생의 요도라 한 것이다. 사람이 만유 속에 나서 그 생을 보존하기로 하면 이 두 가지 길은 없지 못할 요긴한 길인 동시에 상호 불가분리의 관계에 있는 것이다. 만유 속에서 만 생령과 공생하는 인생이기 때문에 스스로의 마음을 잘 단련해 두지 아니하면 대타관계가 원만하기 어렵고, 대타관계가 원만하지 못하면 각자의 마음과 생활이 평탄할 수 없는 것이다. 고로 공부의 요도가 아니면 인생의 요도를 능히 밟을 수 없다고 하신 것 같다.

2) 세상이 넓은 만큼 이치의 종류도 한이 없고, 사람이 많은 만큼 일의 수도 한이 없는 것이다. 이와 같이 넓은 세상 많은 사람 속에 살아가는 인생은 거미줄처럼 얽혀있는 일과 이치 속에 한없이 헤매고 있는 것이니, 항상 요란하지 않고 어리석지 않고 그르지 않은 심력이 아니면 파도波濤 흉흉恟恟한 세상을 무난히 살아갈 수 없을 것이므로 각자의 마음에 삼대력을 얻을 수 있는 공부의 요도가 아니면 인생의 요도를 밟지 못한다고 하신 것이다.

※ 공부의 요도는 스스로가 행하는 요긴한 길이요, 주로 성불하는 길에 중점을 두어 밝힌 것이라면[자기완성, 혜慧], 인생의 요도는 서로가 행하는 요긴한 길이요, 주로 제중하는 길에 중점을 두어 밝힌 것이라 할 수 있겠다[윤리 실천, 복福].

고로 성불제중의 원을 세운 사람은 반드시 이 두 길을 병행해야 하는 것이요, 복잡다단한 세상을 잘 살아가기로 하면 반드시 이 두 길을 밟지 않을 수 없는 것이다.

2. 인생의 요도가 아니면 공부한 효력을 다 발휘할 수 없다는 이유는?

아무리 좋은 칼을 얻어 잘 갈아 놓았다 할지라도 그 칼을 쓸 수 있는 곳이 없다면 그 칼은 있으나 마나 한 것 같이 사람이 아무리 마음을 잘 단련했다 할지라도 천지·부모·동포·법률과 자기와의 관계와 만물 상호 간의 관계를 원활히 하는 길이 없다면 세상을 살아가는데 하등의 보람이 없는 것이다. 그러므로 마음공부[삼대력]의 실효과는 인생의 요도인 사은 사요의 실천을 통해서 비로소 큰 꽃을 피우우고 큰 결실을 보게 되는 것이다.

3. 인생의 요도는 재료[약재]와 같고 공부의 요도는 기술[의술]과 같다고 한 의미를 설명하라.

1) 밀가루, 쌀 등의 좋은 재료가 있지마는 기술이 없으면 좋은 음식을 만들어 먹지 못하며, 심하면 쉬고 썩혀 먹게 되어 병을 얻게 되고,
2) 좋은 옷감이 있지마는 기술이 없으면 좋은 옷을 몸에 맞게 만들어 입지 못하며, 심하면 조각조각 헝겊을 만들고 마는 수가 있으며,
3) 좋은 약이 있지마는 의술이 없으면 잘못 써서 도리어 병을 더하게 하거나 다른 병을 불러들이는 수가 있다.

고로 공부의 요도로써 마음의 안정과 슬기와 정의의 힘을 얻지 못한 사람은 인생의 요도를 잘 실행하지 못할 것이요. 설사 실행한다고 할지라도 자칫하면 한없는 죄고와 무서운 전쟁을 불러오게 되고 마는 것이며, 또한 아무리 좋은 기술과 의술이 있다 할지라도 충분한 재료와 약재가 없다면 그 기술이나 의술은 다 발휘할 수 없는 것이다.

보라! 일류 요리사나 재봉사가 있다 할지라도 음식 재료와 옷감이 없다면 그 기술을 어떻게 발휘할 수 있으며, 아무리 훌륭한 의사라도 그 병에 맞는 약재가 없다면 그 진찰이 무슨 공효가 있겠는가? 그러기 때문에 인생의 요도인 사은 사요의 길이 아니면 설사 마음에 안정과 슬기와 정의의 힘이 있다 할지라도 그 힘을 충분히 발휘하지 못 하나니라.

제7장 사대 강령

사대 강령은 곧 정각 정행(正覺正行)·지은 보은(知恩報恩)· 불법 활용(佛法活用)·무아 봉공(無我奉公)이니,

정각 정행은 일원의 진리 곧 불조 정전(正傳)의 심인을 오득(悟得)하여 그 진리를 체 받아서 안·이·비·설·신·의 육근을 작용할 때에 불편 불의(不偏不倚)하고 과불급(過不及)이 없는 원만행을 하자는 것이며,

지은 보은은 우리가 천지와 부모와 동포와 법률에서 은혜 입은 내역을 깊이 느끼고 알아서 그 피은의 도를 체 받아 보은행을 하는 동시에, 원망할 일이 있더라도 먼저 모든 은혜의 소종래를 발견하여 원망할 일을 감사함으로써 그 은혜를 보답하자는 것이며,

불법 활용은 재래와 같이 불제자로서 불법에 끌려 세상일을 못할 것이 아니라 불제자가 됨으로써 세상일을 더 잘하자는 것이니, 다시 말하면 불제자가 됨으로써 세상에 무용한 사람이 될 것이 아니라 그 불법을 활용함으로써 개인·가정·사회·국가에 도움을 주는 유용한 사람이 되자는 것이며,

무아 봉공은 개인이나 자기 가족만을 위하려는 사상과 자유 방종하는 행동을 버리고, 오직 이타적 대승행으로써 일체중생을 제도하는 데 성심성의를 다 하자는 것이니라.

[대의]

교리의 4대 이념이요, 교단의 4대 목표라 할 수 있는바 정각 정행, 지은 보은, 불법 활용, 무아 봉공이다.

교리에 근거한 교단의 목표를 크게 네 가지로 밝혀 주신 것이다.

[단어 숙어 풀이]

◆ 정각 정행 : 1) 사리 간에 올바르게 알아서 올바르게 실행하는 것[지행합일을 강조한다.]. 2) 일원의 진리를 바르게 깨달아서 심신을 바르고 원만하게 사용하는 것. 3) 천조의 대소 유무의 이치와 인간의 시비 이해의 일을 정확히 알아서 육근 작용을 바르게 하는 것.

※ 돈오돈수

◆ 오득悟得 : 1) 깨달아 체득함. 2) 의심이 풀리고 완전히 알게 됨.

◆ 정전正傳 : 1) 올바로 전함. 2) 제불제성들께서 그 심법을 전하실 때에 이심전심으로 전해 주심을 말함.

※ 참고 : 정전심인正傳心印

◆ 불편불의不偏不倚 : 1) 치우치거나 의지하지 않음. 2) 치우침도 없고 비기지도 아니함.

◆ 과불급過不及 : 1) 지나치거나 부족함. 2) 넘치거나 모자람.

◆ 지은보은知恩報恩 : 1) 은혜를 알아 그 은혜에 보답하는 것. 2) 천지·부모·동포·법률에서 입은 은혜의 내역을 깊이 느끼고 알아서 그 피은의 도를 체 받아 보은행을 하는 동시에 모든 일에 먼저 은혜를 발견하여 언제나 감사 생활을 하는 것.

◆ 소종래所從來 : 지내온 내력.

◆ 불법활용 : 1) 불법을 널리 살려 쓰는 것. 2) 불법[진리]을 널리 활용함으로써 개인·가정·사회·국가·세계에 도움을 주는 유용한 사람이 되는 것. 3) 불제자가 됨으로써 세상일을 더욱 잘하는 것.(서품 15, 16, 17 …)

◆ 재래 : 그 전부터 있어 옴.

◆ 무아봉공 : 1) 나를 없애고 공公을 받드는 것. 2) 사私를 놓고 공을 받드는 것. 3) 이기적 개인주의 사상과 자유 방종 하는 행동을 버리고 이타적 공도주의 사상으로써 법도 있게 중생 제도하는 일에 성심성의를 다하는 것.

◆ 자유방종 : 1) 누구의 간섭이나 절제가 없이 제멋대로 하는 생활. 2) 법이나 질서를 무시하고 제 마음대로 활동하는 것으로 피차에 해를 보는 심신 작용.

◆ 대승행 : 사사私邪로운 정이나 눈앞의 일에 사로잡히지 않는 대국적인 사상과 행동.

[문제점]

1. 정각과 대각은 같은가 다른가?

같은 의미로 쓰일 수도 있겠으나 일반적으로

정각正覺 : 1)그일 그일을 바르게 안 것이요, 2) 심시불心是佛이요 성시법性是法임을 확실히 깨달은 것이며, 3) 무란無亂·무치無痴·무비無非하고 원만 평등한 자성을 안 것, 즉 원만구족하고 지공무사한 각자의 본심을 확실히 안 것[견성]을 말한다면, <촛불 같은 광명>

대각大覺 : 1) 대원정각의 준말로서 크게 깨친 것을 말하는 바, 2) 심시불心是佛이요 성시법性是法임을 확실히 알뿐 아니라, 3) 우주의 대소 유무와 인간의 시비 이해에 걸림이 없는 것이요, 4) 자·타·시自他時에 능통한 것이라 할 것이다. <태양 같은 광명>

대각大覺, 원각圓覺, 정각正覺이라야 진대각眞大覺이다.<소각, 편각, 오각誤覺이 되어서는 안 된다>

2. 원만행과 중도행은 같은가 다른가?

일반적으로 원만행이라 하면 두루두루 서운하고 부족한 점이 없는 처사를 말하고 중도행이라 하면 도에 알맞은 행으로서 시중時中을 뜻하는 경우가 많으나 여기서 불편불의하고 과불급이 없는 원만행이라고 할 때는 중도행과 원만행을 같이 말한 것 같다. 즉 원만한 중도행을 말한 것이다.

3. 불조정전의 심인이 어떤 것이기에 그 진리를 오득하고 체 받아서 육근을 작용할 때에 불편불의하고 과불급이 없는 원만행을 하라 하셨는가?

1) 원만구족하고 지공무사한 진리와 각자의 본성.

2) 불편불의하고 무과불급한 진리.

3) 만유가 한 체성이며 만법이 한 근원이로다. 이 가운데 생멸 없는 도와 인과보응 되는 이치가 서로 바탕을 두어 한 두렷한 기틀을 지은 진리.

4. 정각과 견성은 같은가 다른가?

일반적으로 정각은 사리를 바르게 안 것이요, 견성은 성리를 안 것이라 할 수 있으나 여기서 말한 정각은 무란無亂·무치無痴·무비無非하고 원만평등한 불조의 심인을 정확히 아는 것에 본의가 있는바 즉 견성과 같이 쓰신 것 같다. <정견과 다른 개념으로 보는 것이 좋을 것이다>

※ 유사한 말들 – 정각, 견성, 돈오, 대각, 대원정각, 정견, 오도悟道.

5. 정각정행의 가장 빠른 길은?

이차심외離此心外에 무불가성無佛可成이요 이차성외離此性外에 무일법

가득無一法可得이니[174] 먼저

1) 심인 즉 원만구족하고 지공무사한 각자의 심성 원래를 정확히 알아서,

2) 육근 즉 심신 작용을 오직 원만구족하고 지공무사하게 사용하는 것이요,

3) 경계를 대할 때마다 항상 온전한 생각으로 취사하는 것이 가장 빠른 길이 될 것이다.

※ 원만구족하고 지공무사한 인격을 갖추려면?

한 물건도 버리는 바가 없고 일분 일각도 사사私邪에 흐르는 바가 없어야 할 것이다.

※ 원만한 인격이란?

가) 마음이 원만하고, 나) 말이 원만하고, 다) 실행이 원만하며, 라) 도학과 과학을 겸수한 인격이라야 할 것이다.

6. 은혜를 발견할 수 있는 빠른 길은? <깊이 느끼고 아는 법>

1) 원망이 어디서 나오는가를 알라.

2) 믿음과 정성으로 은의 소종래를 배우고 생각하여 깨달아야 한다.

3) 용도를 알면 천지 만물은 한 물건도 버릴 것이 없는 것이니 오직 공부심을 들이대야 한다.

우주의 본체는 무은무해無恩無害이나 현실의 생활은 은해恩害 공존이

---

174) 이 마음을 떠나 밖에서는 부처를 가히 이루지 못할 것이요 이 성품을 떠나 밖에서는 한 법도 가히 얻을 것이 없다. 『수심결』 2장에는 "고故로 세존世尊이 운보관일체중생云普觀一切衆生하니 구유여래지혜덕상具有如來智慧德相이라 하시고 우운일체중생종종환화又云一切衆生種種幻化가 개생여래원각묘심皆生如來圓覺妙心이라 하시니 시지是知커라 이차심외離此心外에 무불가성無佛可成이로다." 하였다.(그러므로 세존이 이르시되 "널리 일체중생을 보니 모두 여래의 지혜와 덕상을 갖추어 있다." 하시고 또 이르시되 "일체중생의 가지가지 환화가 다 여래의 원각묘심에서 생한다." 하시니, 이것을 알라. 이 마음을 떠나서 부처를 가히 이루지 못 할지로다.)

라 할 수도 있다. 우주 만유의 생성하는 것을 보면 상생상극의 원리에 따라 변화하기 때문에 상생은 은으로 느껴지고 상극은 해로 느껴지는 것이 사실이다. 그러나 각자의 현존재가 생성 존재하는 근원을 추구해 보면 서로가 없어서는 생존할 수 없는 상호 불가분리의 관계에 있는 것이니 은이라 하지 않을 수 없지 않은가?

※ 예) 가) 오수부동五獸不動[175]의 연계원리

나) 바람이 불면 통장수가 좋아한다.[176]

다) 우주 만유는 시장의 원리가 있다. [교단품 22]

라) 참새잡기 운동의 피해, 쥐약의 피해, 고로 우주 만유는 사은의 응결체 아님이 없고, 이 몸 또한 사은의 공물公物이다.

7. 원망심은 어디서 나오는가?

1) 사심死心이니 내 마음이 죽을 때.

2) 원심怨心이니 바라는 마음이 많을 때.

3) 무지자無智者가 은의 소종래를 모를 때.

4) 무복자無福者가 보은작복報恩作福할 능력이 없기 때문에. [교의품 14]

8. 보은 감사생활을 잘 할 수 있는 길은?

---

175) 호랑이는 코끼리를 무서워하고, 코끼리는 쥐를, 쥐는 고양이를, 고양이는 개를, 개는 호랑이를 무서워한다는 뜻의 풍수 용어. 한국은 지정학적으로 주변에 미국, 일본, 중국, 러시아 등 강대국들이 둘러싸고 있어 서로 견제되어 꼼짝 못하고 있는 국제정세 현황을 비유하여 말하기도 한다.

176) 일본 속담에 바람이 불면 통장수가 돈을 번다는 말이 있다. 이 말은 바람이 분다 → 모래가 날린다 → 모래가 사람의 눈에 들어간다 → 장님이 많아진다 → 장님이 삼미선(일본의 악기 이름으로 고양이 가죽으로 만듦)을 연주해서 돈을 벌어 생활한다 → 삼미선에 쓰이는 고양이 가죽이 필요하게 된다 →고양이가 감소한다 → 쥐가 늘어난다 → 쥐가 통을 갉아 먹는다 → 통 주문이 증가한다 → 통 장수가 돈을 번다. 이러한 논리에 따라 “바람이 불면 통 장수가 돈을 번다.”라는 말이 나온 것이라 한다.

1) 보은 감사생활과 배은 원망생활의 결과가 나의 장래에 어떠한 영향과 어떠한 관계가 있는가를 알아서 보은의 필요성을 절실히 느껴야 한다.

2) 죄복의 씨는 내 마음에 있음을 알아서 상생의 씨를 심어 복전福田을 개척할지언정 상극의 씨로 죄전罪田을 가꾸지 말라.

3) 사은의 보은 조항을 표준 하여 실행하라.

4) 오직 공부심으로 정신·육신·물질로 힘 미치는 데까지 보은 봉공하되 응용 무념할 것이며, 신·구·의 삼업을 청정하게 하여 상생이타의 생활로 표준 하라.

5) 사은의 윤기는 보은으로 건네는 것을 알아서 내 몸부터 함부로 말고 쌀 한 톨이라도 썩히지 말라.

<지장 보살이 우시는 이유와 심정>

6) 항상 온전한 생각으로 취사하되 이상의 조항들을 명심하여 대조 실행하라.

정각 정행에 입각한 감사라야 참다운 보은 감사가 될 것이니 유념할 것이다.

9. 원망할 일을 감사할 수 있는 방법은?

1) 은혜의 소종래를 발견하라. <어느 것 하나 은혜 아님이 없으니>

2) 진리의 시험으로 알라. 호사다마好事多魔로 큰일을 발원하면 반드시 시험이 있다.

3) 전생의 빚을 갚는 것으로 알라.

4) 반드시 온전한 생각으로 취사하되 이상 몇 가지를 명심하라.

10. 사은이 복전이라는 말과 부처님이 중생의 복전이라는 내용을 설명하라.

1) 사은은 원만평등하고 지공무사한 진리가 있으므로 보은하면 복

전이 되고 배은하면 죄전이 되는 것이요,

2) 불보살은 중생의 영원한 혜복을 개척해 주시려는 대원력과 대권능이 있으시므로 복전이요 죄전은 아닌 것이다.

그러나 불보살의 하시는 일을 방해하게 되면 불보살은 직접 죄벌을 주지 않으시지마는 일체 생령과 진리가 죄벌을 주는 수가 있는 것이다. <전체의 앞길을 방해하므로>

보통사람 10인을 공양하는 것보다 수행인 1인을 공양하는 것이 낫고, 오계 수행인 백인보다 아라한 1인을, 아라한 천만 인보다 벽지불 1인을, 벽지불 억만 인보다 부처님 1인을 공양하는 것이 낫다 운운….[177)]

※ 참조 : 명유일월明逾日月 덕승건곤德勝乾坤[178)], 『대종경』 인과품 29장.

11. 불법 활용의 표준과 그 길을 실례를 들어 설명해 주시오.

불법을 체 받아 실행함으로써 세상에 유용한 사람이 되어 불법을

---

177) 『사십이장경』 11장. 부처님 말씀하시되 범상한 사람 백을 공양하는 것이 착한 사람 하나를 공양하는 것만 같지 못하고, 착한 사람 천을 공양하는 것이 다섯 가지 계행 지키는 사람 하나를 공양하는 것만 같지 못하고, 다섯 가지 계행 지키는 사람 만萬을 공양하는 것이 수다원 한 사람을 공양하는 것만 같지 못하고, 수다원 백만 사람을 공양하는 것이 사다함 한 사람을 공양하는 것만 같지 못하고, 사다함 천 만 사람을 공양하는 것이 아나함 한 사람을 공양하는 것만 같지 못하고, 아나함 일억 만 사람을 공양하는 것이 아라한 한 사람을 공양하는 것만 같지 못하고, 아라한 십억 사람을 공양하는 것이 벽지불 한 분을 공양하는 것만 같지 못하고, 벽지불 백억 분을 공양하는 것이 부처님 한 분을 공양하는 것만 같지 못하고, 부처님 천억 분을 공양하는 것이 생사고락의 모든 차별을 초월하여 닦을 것도 없고 얻을 것도 없는 자성을 깨침만 같지 못 하나니라.

178) 휴휴암좌선문에 나오는 말. "불위역순뇌不爲逆順惱하고 무위성색전無爲聲色轉을 위지좌謂之坐요 촉유즉명유일월燭幽則明逾日月하고 화물즉덕승건곤化物則德勝乾坤을 위지선謂之禪이며"(역경과 순경에도 끌리는 바가 없고, 소리와 색에도 굴리어 가는 바가 없는 것을 이르되 좌라 하고, 깊숙한 데 비치매 그 광명이 일월에 넘치고, 만물을 화육하매 그 덕이 천지보다 뛰어남을 이르되 선이라 하며)

살리고 스스로의 생활을 빛내는 것이니,

1) 형식에 끌리거나 법에 얽매어 세상일을 못한다든지,

2) 공리공론에 치우쳐 실행이 없이 남의 잘하는 것만을 바란다든지,

3) 신기한 데 떨어지거나 소승에 치우쳐 불법의 대의와 그 목적을 망각하는 일이 없어야 할 것인바 활용하는 몇 가지의 예를 든다면,

가) 불법은 곧 진리[불생불멸 인과보응]이니, 진리를 믿고 수행함으로써

㉠ 영생의 진리를 체득하여 생사에 해탈할 것이요,

㉡ 인과보응의 진리를 깨달아 악을 끊고 선을 행하는 생활이 되어야 할 것이며,

나) 불법은 곧 각자覺者[성자]들이 내놓으신 법이니, 그 모든 교리와 법문을 실행함으로써 세상에 유용하고 모범된 사람이 되어 그 불법을 살리고 생활을 빛내야 할 것이다.

교전, 성경, 사서삼경, 팔만대장경 ….

다) 불법은 곧 심성이니[심시불心是佛 성시법性是法], 원만구족하고 지공무사한 각자의 심성 원래를 믿고 수행함으로써 육근 작용을 오직 원만구족하고 지공무사하게 하는 것이다.

마음공부를 잘하여 세상에 유익 주는 사람이 되는 것.

라) 불법의 목적은 성불제중과 제생의세에 있으니, 불법을 믿고 수행함으로써 스스로 불지에 이르고 많은 중생을 제도하며 세상을 건지는 일에 실적을 쌓아야 할 것이다.

마) 정각 정행, 지은 보은, 무아 봉공의 실천인이 되는 것.

12. 불법에 끌려 사는 실례를 들라. 『대종경』 수행품 50, 51, 52, 53장.

1) 형식적인 신앙과 형식적인 수행으로 불법의 형식에만 얽매어 사는 생활.

2) 법박에 걸려있거나 신기한 자취만을 찾는 수행과 신앙.

3) 불법의 본래 목적을 오인誤認하고 독선기신에 치우친 생활.

4) 불법만을 위한 불자, 종교만을 위한 종교인, 인류의 장래와 전생령의 앞길은 염두에 두지 않고 종교라는 울타리를 스스로 만들어 그것만을 위해 사는 생활.

13. 개인이나 자기 가정만을 위하려는 사상을 버리려면?

1) 진아眞我를 자각하고 현재에 존재하는 자신의 소종래를 확실히 알라. 진아는 무아요 현존재인 자신은 사은의 공물이다. 무아이니 자신만을 위할 것이 없고, 사은의 공물이니 가정만을 위해서 될 것인가?

2) 불생불멸의 도와 인과보응의 진리를 알라. 이 진리를 알 때 자신의 영원한 장래를 위하는 길은 무엇인가 생각해 보라.

3) 사생일신이요 시방일가의 진리를 깨쳐 시방삼계를 오가의 소유로 삼게 되면 대아를 이루어 공사公私의 차별이 있을 수 없는 것이다.

※ 참조 : 사요의 공도자 숭배

14. 자유 방종하는 행동을 버리려면?

1) 법과 스승과 진리와 교단을 믿는 신심이 철저해야 하고,

2) 정의는 죽기로써 실행하고 불의는 죽기로써 행치 않는다고 크고 굳센 뜻이 서야 하며,

3) 원만구족하고 지공무사한 각자의 심성과 불생불멸하고 인과보응 되는 진리를 확실히 알아야 한다.

15. 무아無我와 망아忘我는 같은가 다른가?

무아는 나를 없애는 것 또는 '나'라는 관념이 없는 것이요, 망아는 나를 잊는 것 또는 나의 존재를 의식하지 못하는 상태라 할 수 있는

것이나 대동소이한 말이다.

그러나 무아가 대승수행의 목표라면 망아는 대소승 간 수행 과정상에 일시적으로 나타나는 심경을 말한다고 할 수 있다.

1) 대아大我에 합일된 생활로서의 무아.

진아眞我에 합일된 심경으로서의 무아 또는 망아忘我.

무아지경=망아지경.

2) 욕심 경계에 빠져 자신을 잊는 망아도 있다.

※ 공심公心의 실천적 표준

가) 대공大公과 편공偏公 : 전체공심과 부분공심.

나) 정공正公과 우공愚公 : 사사私邪가 없이 바치는 공심과 가려있는 공심.

다) 은공隱公과 현공現公 : 숨은 공심과 나타난 공심.

16. 무아봉공의 구체적인 실례와 그 심경을 들어 주시오.

1) 공중의 생명은 규칙에 있으니 법규를 잘 지켜라.

2) 공중은 개인의 집합체이니 개인의 수행을 잘하라.

3) 자리이타自利利他와 자해이타自害利他의 생활을 하라.

4) 한 물건도 버리지 않고 일분 일각도 사사에 흐름이 없게 한다.

5) 한 생각 낼 때는 오직 세계를 위하는 마음으로 살고 일이 없으면 오직 태허太虛에 합일하는 생활이 되게 하라. <정산 종사>

6) 잠을 자는 것도, 밥을 먹는 것도, 일을 하는 것도, 옷 입는 것도, 공부하는 것도, 사업하는 것도, 돈을 버는 것도, 돈을 쓰는 것도 오직 공을 위하는 마음으로 뭉쳐라. <응산 이완철 종사>

7) 정신·육신·물질 간에 오직 힘 미치는 대로 공중을 위해 알뜰하게 바칠 뿐이요 추호도 바라는 마음이 없는 것이다.

※ 공사公私의 표준생활 <대산 종사>

가) 빙공영사憑公營私하는 생활인가?

나) 선공후사先公後私하는 생활인가?

다) 지공무사至公無私한 생활인가? 늘 살피고 대조하라.

17. 무정물도 불법 활용을 할 수 있는가? <활용과 사역使役>

활용이란 권리가 나에게 있어서 마음대로 살려 쓰는 것이요, 사역이란 부림을 받고 부림을 당하는 것이니 권리가 저편에 있는 것이다. 고로 무정물은 불법[진리]의 소현所現이지마는 자의식이 없기 때문에 불법을 활용한다고 할 수는 없는 것이요 진리의 소사所使를 받는다 할 것이다.

◎ 결어

정각정행 = 원만구족하고 지공무사한 인격 = 진리의 세계를 실현

지은보은 = 보은합덕 = 정의情誼의 세계를 실현

불법활용 = 생불활불 = 불국세계를 건설

무아봉공 = 공도의 주인 = 대세계주의를 실현

제3 수행편

제3 수행편

[대의]

1. 이 편은 교리에 바탕을 두어 신앙과 수행으로 심신을 훈련하고 생활을 빛내며 세상을 건져 세계평화를 실현하는 구체적인 방법을 밝혀놓은 부분이다.
2. 교리에 근거하여 성불제중과 제생의세의 구체적인 방법을 밝혀놓은 부분.

※ 총서편은 목적 천명에 중점을 두었고 교의편은 원리에 중점을 두었다면 수행편은 방법에 중점을 두었다 할 수 있을 것이다.

[수행편을 공부할 때 특히 유의할 점]

1. 이론적인 설명보다는 실천적으로 체험해가자.
2. 수행은 곧 훈련이니 반복 실행하는 데서 묘용이 생기며 큰 능력을 얻어 보람을 느끼게 된다.
3. 고로 너무 어렵게 생각하여 낙망하거나 멀리서 구하거나 특별한 깨달음을 기다리지 말 것이요, 너무 쉽게 생각하여 안일하게 여기거나 뒤로 미루거나 겉만 살피지 말 것이며, 각자의 근기 따라 오직 힘 미치는 대로 본편에 표준 하여 착실히 반복 수행하자.

※ 대오수행待悟修行[1)]은 별무공덕別無功德이요 득지경명得之輕命은 반

---

1) 박산博山 무이 선사無異禪師의 『선경어禪警語』에는 "주공부做工夫 부득장심대오不得將心待悟 여인행로如人行路 주재로상住在路上 대도가待到家 종부도가終不到家 지수행도가只須行到家 약장심대오若將心待悟 종불오終不悟 지수핍찰只須逼拶 영오令悟"(참선할 때는 마

타중생反墮衆生이니라.[2)]

4. 각자의 수행상에서 나타나는 어려운 점 무난한 점 등의 여러 가지 문제를 실지로 예를 들어가면서 그 구체적인 경로와 심경까지 하나하나 기탄없이 토론 검인檢認하자.

※ 이행석경以行釋經과 이도석경以道釋經[3)]에 중점을 두어 근기 따라 실천할 수 있도록 하자.

5. 수행은 각자의 마음을 단련하는 것이니 모든 문제를 해결하는 가장 올바른 자세와 빠른 방법은 오직 그 문제와 심경의 원인을 구명究明하되 그 원인과 책임을 철저히 자신에게서 찾을 것이요 결코 상대편이나 남에게서 찾아서는 안 될 것이다.

음에 깨닫기를 기다리지 말라. 이는 마치 행인이 길에 주저앉아 있으면서 집에 이르기를 바라는 사람과 같다. 이런 사람은 끝내 집에 이를 수 없다. 계속 걸어야 집에 이를 수 있듯이 마음만 가지고 깨닫기를 기다린다면 끝내 깨닫지 못할 것이니 직접 부딪쳐서 깨달아야 한다.)

서산 대사의 『선가귀감』에도 "우부득장미대오又不得將迷待悟하며 취불가사량처就不可思量處하야 사량思量하면 심무소지心無所之함이 여노서입우각如老鼠入牛角하야 편견도단야便見倒斷也하리라." 하였다.(깨닫기를 기다리지도 말라. 더 생각할 수 없는 데까지 나아가 생각하면 마음이 더 갈 곳이 없어 마치 늙은 쥐가 쇠뿔 속으로 들어가다가 잡히듯 할 것이다.)

『수심결』 15장에도 "도불속지부지"道不屬知不知니 여汝는 제각장미대오지심除却將迷待悟之心하고 청아언설聽我言說하라."(도는 알고 알지 못하는 데에 속하지 아니한 것이니 너는 미혹된 마음으로 깨달음을 기다리는 마음을 제거하고 나의 말을 들으라.) 하여 깨닫기를 기다리는 마음을 놓으라고 강조하고 있다.

2) 깨닫기를 기다리는 수행은 별로 공덕이 없으며, 얻어서 목숨을 가볍게 하는 소인은 오히려 중생으로 떨어진다.

※ 득지경명得之輕命 : 음부경에 다음과 같은 귀절이 있다. "일월유수日月有數 대소유정大小有定 성공출언聖功出焉 신명생언神明生焉 기도기야其盜機也 천하막능견天下莫能見 막능지莫能知 군자득지고궁君子得之固窮 소인득지경명小人得之輕命" 해석하면 '일월에는 수數가 있다. 큰 달과 작은 달은 정해져있으며 성인의 공이 나오고 천지의 신령을 생한다. 그 도적의 기틀[盜機]을 천하 사람이 능히 보지 못하고 알지 못하나니, 군자는 얻어서 몸을 진실 되게 하고 소인은 얻어서 목숨을 가벼이 한다.'

3) 수행을 통하여 경전의 뜻을 해석하고, 도의 실천을 통하여 경전을 해석함.

※ 모든 문제의 원인을 항상 자신에게서 찾는 자세라야 참다운 수행인의 태도이다.<반구저기反求諸己[4]>

4) 잘못이 있을 때는 자신을 돌아본다는 뜻. 『맹자』에 "인자仁者는 여사如射하니 사자射者는 정기이후正己而後에 발發하야 발이부중發而不中이라도 불원승기자不怨勝己者오 반구저기이이의反求諸己而已矣니라"(어진 이는 활 쏘는 사람과 같다. 활 쏘는 사람은 자기 몸을 바로잡은 뒤에 화살을 쏜다. 활을 쏘아 맞지 않더라도 자기에게 이긴 자를 원망하지 않고 활을 쏜 자기를 반성할 따름이다.'
또 "맹자왈孟子日 애인불친愛人不親이어든 반기인反其仁하고 치인불치治人不治어든 반기지反其智하고 예인부답禮人不答이어든 반기경反其敬이니라. 행유부득자行有不得者어든 개반구저기皆反求諸己니 기신其身이 정이천하귀지正而天下歸之니라." 하였다.(남을 사랑하는데도 친해지지를 않거든 자기의 인에 대해서 반성해 볼 것이며, 남을 다스려도 다스려지지 않으면 그 지혜로움에 대해서 반성해 볼 것이며, 예로써 남을 대하는데도 응답이 없으면 그 공경에 대해서 반성해 볼 것이며, 행동을 했는데도 기대하는 바를 얻는 것이 없으면 자기 자신에 대해서 반성해 볼 것이니, 자기 한 몸이 올바르게 되면 천하가 모두 귀순하게 될 것이다.)

제1장 일상수행의 요법

1) 심지(心地)는 원래 요란함이 없건마는 경계를 따라 있어지나니, 그 요란함을 없게 하는 것으로써 자성(自性)의 정(定)을 세우자.
2) 심지는 원래 어리석음이 없건마는 경계를 따라 있어지나니, 그 어리석음을 없게 하는 것으로써 자성의 혜(慧)를 세우자.
3) 심지는 원래 그름이 없건마는 경계를 따라 있어지나니, 그 그름을 없게 하는 것으로써 자성의 계(戒)를 세우자.
4) 신과 분과 의와 성으로써 불신과 탐욕과 나와 우를 제거하자.
5) 원망 생활을 감사 생활로 돌리자.
6) 타력 생활을 자력 생활로 돌리자.
7) 배울 줄 모르는 사람을 잘 배우는 사람으로 돌리자.
8) 가르칠 줄 모르는 사람을 잘 가르치는 사람으로 돌리자.
9) 공익심 없는 사람을 공익심 있는 사람으로 돌리자.

[대의]

교의에 근거한 일상수행의 강령이다. 공부인은 누구나 일상 생활하는 가운데 날로 대조하고 경계마다 대조하여 중생의 탈을 벗고 곧 불보살의 생활이 될 수 있도록 공부의 요도와 인생의 요도를 바로 실행하게 한 수행 표준이요 생활의 좌우명이다.

<교강 9조> <성심조항省心條項이다>

※ 1, 2, 3, 4조는 전 생령을 구원하는 길이요, 5조는 세계평화의 근본이며, 6, 7, 8, 9조는 전 인류가 서로 잘 사는 길이 된다. <교리도해>

[단어 숙어 풀이]

◆ 심지 : 1) 마음바탕. 심전心田과 같은 뜻. 2) 자성=자기 본성=원만구족하고 지공무사한 각자의 본래 마음. 3) 마음자리.

※ 땅에서 잡초 곡초 등의 온갖 초목이 나는 것같이 마음에서 죄와 복, 선과 악 등의 온갖 마음이 다 나오기 때문에 심지라 한 것이다.

◆ 경계 : 1) 나와 관계되는 일체의 대상. 2) 마음을 일으키게 하는 상대적 현상. 3) 연緣.

◆ 요란함 : 1) 안정과 질서를 잃고 어수선함. 2) 고요하지 못하고 평탄하지 못함.

◆ 자성의 정 : 1) 수양력. 마음이 요란하지 않을 수 있는 힘. 2) 마음이 항상 편안하고 고요하며 질서를 잃지 않을 수 있는 힘. 3) 어떠한 경계를 당할지라도 본래 자기를 잃지 않는 마음의 힘. 4) 순順·역逆·공空의 어떠한 경계에도 요란함이 없이 본분을 다할 수 있는 마음의 힘.

※ 심지무란 자성정心地無亂自性定.[5] <육조 대사>

◆ 자성의 혜 : 1) 연구력. 마음이 어리석지 않을 수 있는 힘. 2) 어떠한 문제라도 걸림 없이 알고 빠르게 판단할 수 있는 마음의 힘[지혜의 힘]. 3) 사리 간에 무엇이나 막힘없이 알 수 있는 마음의 힘. 4) 대소유무와 시비 이해에 막힘 없이 밝고 빠르게 아는 지혜력.

※ 심지무치 자성혜心地無痴自性慧.[6]<육조 대사>

◆ 자성의 계 : 1) 취사력. 마음이 그르지 않을 수 있는 힘. 2) 어떠한 경계를 당할지라도 항상 자성을 여의지 않고 올바르고 의롭게 살 수 있는 마음의 힘. 3) 진리에 어긋남이 없이 바르게 살 수 있는 실

---

5) 『육조단경』에 나오는 말. 심지에는 원래 요란함이 없으니 이것이 자성의 정이다.

6) 『육조단경』에 나오는 말. 심지에는 원래 어리석음이 없으니 이것이 자성의 혜이다.

천의 힘. 4) 육근 작용에 오직 원만하고 발라서(정正) 모두 덕이 되는 실천력.

※ 심지무비 자성계心地無非自性戒.[7] <육조 대사>

◆ 공익심 : 1) 공중을 유익 주는 마음. 2) 정신·육신·물질을 오직 공중을 위해서 올바르고 상없이 알뜰하게 바치는 마음.

[문제점]

1. 심지는 원래 요란함이 없다는 뜻은? 원래 요란함이 없다면 어떻게 요란해질 것인가?

마음 바탕은 원래 요란함도 고요함도 없는 것이나 경연이 일러 요란함이 없다 한 것이며, 원래 요란함도 고요함도 없는지라 능히 요란할 수도 있고 능히 고요하여 요란하지 않을 수도 있는 것이다. 그러기 때문에 우리는 수양을 통해서 어떠한 경계를 당할지라도 요란하지 않을 수 있도록 자성의 정을 세우자는 것이다.

2. 심지가 원래 요정擾靜이 없기 때문에 능요能擾 능정能靜할 수 있는 것이라면 되는 대로 사는 것이 오히려 진리일 것 같은데 구태여 자성의 정을 세워야 할 필요는 무엇인가요?

1) 심지가 요란한 상태로 살아가게 되면 개인의 생활은 불안과 상극의 생활이 되어, 길이 불행한 결과를 받게 될 것이요, 세상은 질서 없는 상충相衝과 전쟁의 세계가 되고 말 것이다.

2) 심지가 고요한 상태[안정된 상태]로 살아가게 되면 개인의 생활은 안락과 상생의 생활이 되어 길이 행복한 결과를 받게 될 것이요 세상은 질서 있는 상조相助와 평화의 세계가 될 것이다.

---

7) 『육조단경』에 나오는 말. 심지에는 원래 그름이 없으니 이것이 자성의 계이다.

3) 고로 자성의 정을 세우자는 것이니라.

※ 물이 부드러운 것이나 얼어서 뭉치면 철석같이 단단한 것이요, 마음이 물보다 부드러워 힘이 없는 것 같으나 일심으로 뭉쳐 영단을 이루면 그 힘이 금강보다 더한 것이다.

3. 요정擾靜이 없는 심지의 상태를 보여 주시오.

1) 원만구족하고 지공무사한 각자의 본성을 자각하라.

2) 일념미생전처一念未生前處를 관조해 보라.

3) 선禪의 진경을 자득自得하라.

※ 오직 간절한 마음으로 정심연마精深硏磨하여 자각하자. 스스로 체득하지 못한 채 설명만 듣는 것은 장님에게 금강산을 이야기하는 것과 같나니라.

4. 자성의 정을 세우는 방법은? <요란한 마음을 대치하는 방법?>

1) 각자의 근기와 경계와 형편 따라서 각각 다른 방법이 많이 있을 것이니, 우선 각자의 경험을 들어보자.

가) 땅에 버려진 물건을 주워 갖고 싶은 마음이 날 때 원래는 물건도 나도 없고 욕심 또한 없다는데 그 마음을 내서는 되겠는가 하고 없는 자리에 관하여 대치했더니 욕심이 사라지는 것을 느꼈습니다.

⇒ 경계를 대할 때마다 반드시 그렇게 대조하면 되는 것이다.

나) 사심 잡념이 원래 없다고 하는데 사심 잡념이 치성하여 그 원인을 생각하여 없애려 하면 더 괴롭습니다.

⇒ 마음 바탕은 원래 요란함도 없고 고요함도 없는지라 능히 요란할 수도 있고 능히 고요할 수도 있으니 그것이 또한 능히 부처도 만들고 중생도 만드는 것임을 확실히 알아서 사심 잡념이 나오는 것을 너무 억지로 누르거나 괴로워만 말고 그 마

음을 정념으로만 돌리는 길을 생각해서 돌려가야 할 것이다.

※ 풀이 많은 땅은 건땅이니 그 풀만 베어버리고 곡식을 잘 뿌려 놓으면 풀 없는 메마른 땅보다 수확이 많은 것이다.

※ 불파염기不拍念起하고 유공각지唯恐覺遲하라.[8)]

※ 사심이 날 때마다 염불을 하거나 단전주를 하든지 심고·기도를 모시든지 스승님을 염두에 모셔 보라. 또는 자기 취미나 소질에 맞는 적당한 일이나 운동을 하라.

다) 업력이 중하기 때문인지 원래 없다는 것을 알면서도 잘 되지 않으니 더 괴롭습니다.

⇒ 스스로 업력이 중하다고 절감될 때에는 사참 이참으로 숙겁의 업장을 녹이며 새로운 서원을 다지고 선업을 결심하라.

※ 참회가 아니면 숙업을 청산하기 어렵고, 숙업이 청산되지 않으면 새로운 서원이 확립되지 않으며, 새로운 서원이 없으면 새로운 인격은 이루어지지 않는다. 고로 삼세 제불제성이 다 참회문을 열어놓으신 것이다.

※ 지극한 마음으로 참회 수도하면 삼대력을 빨리 이루는 것이다.

※ 지극한 마음으로 진실히 참회만 하면 잿물로 세탁하는 것 같아서 쉽게 정성심을 얻을 수 있다.

라) 삼독심을 내고 나면 후회가 되고 말 한마디라도 실수를 하고

---

8) 보조 국사의 『수심결』에 나오는 말. "단체관살도음망但諦觀殺盜淫妄이 종성이기從性而起하면 기즉무기起卽無起라 당처편적當處便寂이니 하수갱단何須更斷이리오. 소이所以로 운云하사대 불파념기不怕念起하고 유공각지唯恐覺遲라 하며 우운념기즉각又云念起卽覺이라 각지즉무覺之卽無라."(다만 살생과 도적과 간음과 망어가 성품으로부터 일어남을 자세히 보면, 일어나도 곧 일어남이 없는지라, 당하는 곳이 문득 고요하나니 어찌 모름지기 다시 끊으리오. 그러므로 이르시되 '생각이 일어남을 두려워하지 말고 오직 깨달음 늦은 것을 두려워하라' 하며 또 이르시되 '생각이 일어나면 곧 깨달을지라. 이를 깨달으면 곧 없나니라.')

보면 바로 뉘우쳐지기는 하나 세월이 가도 항상 그 정도이며, 늘 「~것을, ~것을」라고만 하고 있으니 날이 갈수록 괴롭고 때로는 자학심과 자포자기심自暴自棄心이 나기도 합니다.

⇒ 너무 성급한 마음을 갖지 말라. 끝까지 정성을 들이면 이루어지는 것이다. 막연한 후회보다는 실수의 원인을 발견하여 진실한 참회가 있어야 한다.

※ 진정한 참회에는 반드시 굳은 결심이 뭉치게 되는 것이다. 그리고 경계를 대할 때마다 일단 생각을 멈추는 공부에 적공해보라.

이상 여러 가지의 실례를 들어 설명한 바와 같이 사람 따라 그 방법이 무량한 것이나 가장 중요한 것은 늘 챙기는 마음이 있어야 한다.

마음공부의 가장 큰 적敵은 방심이니 마음이란 형상이 없어서 챙기면 있어지고 놓으면 없어지는 연고니라. <수행품 1장>

2) 그러므로 나는 다음의 방법을 활용한다.

늘 마음을 챙기되 평상시에는

첫째, 밖으로 부동심을 기르는바 <외부동심外不動心>

가) 입지부동立志不動이니, 오직 성불제중의 크고 굳센 원력을 뭉치고,

나) 신심부동信心不動이니, 오직 진리와 스승님과 법과 교단을 믿고 모시는 생활로 일관하여 세간의 천만 유혹과 온갖 풍파에 뜻을 굽히거나 마음을 빼앗기지 않는 것이요,

※ 궐궐경경橛橛梗梗은 소이입공所以立功이요.[9]

---

9) 『소서』에 나오는 말. "궐궐경경橛橛梗梗은 소이입공所以立功이요 자자숙숙孜孜淑淑은 소이보종所以保終이니라."('굳세고 강함은 공을 세우는 것이요 부지런하고 맑은 것

둘째, 안으로 청정심을 기르는 바 <내불란심內不亂心>

가) 지이불란知而不亂이니, 오직 자성의 원리를 확실히 알고 요란해지는 원인을 잘 파악하며,

나) 허이불란虛而不亂이니, 오직 요란함도 고요함도 없는 상태에 멎는다.

다) 염불·좌선·심고·기도·송주·독경·운동·작업·서화·산책 등 취미 있는 일에 전념하는 것.

이상과 같이 하면 누구나 쉽게 자성의 정을 세울 수 있을 것이다.

한편 경계 속에서는

첫째, 늘 마음을 멈추라. 특히 경계를 대할 때마다 일단 마음을 멈추는 습관을 들이라. <멈추고>

둘째, 오직 전일하라. 일 잡으면 전일하여 일심을 만들고 정신을 통일하라. <전일하며>

셋째, 늘 마음을 비우라. 틈만 나면 대허심大虛心을 만들라. <비우라>

<습관의 토굴, 적멸궁, 감로천>

일이 지난 후에는 감정勘定한 후 깨끗이 잊으라.

※ 참고

가) 사상선事上禪이 진활선眞活禪이니라.[10]

나) 안도한담鴈渡寒潭 담불류영潭不留影

풍과소죽風過疎竹 죽불류성竹不留聲[11]

은 마침을 안보하나니라.)

10) 사상선이 참다운 살아있는 선이다. 사상선이란 일상생활 속에서 수행하는 선(禪). 특히 노동하면서 하는 선공부로, 무시선 무처선과 같은 뜻. <원불교용어사전>)

11) 『채근담』에 같은 내용이 나온다. "풍래소죽風來疎竹 풍과이죽불류성風過而竹不留聲 안도한담雁度寒潭 안거이담불류영雁去而潭不留影 고군자故君子 사래이심시현事來而心始

고로 공부인이 원래 요정擾靜이 없는 자리를 요달하며, 착 없는 자리를 알아서 동정에 구애가 없고 육식이 육진 중에 출입하되 착정着情이 없으며, 이상과 같이 살아가면 바로 자성의 정을 세울 수 있는 것이다.

※ 참고

가) 착 없이 보고 착 없이 생각하고 착 없이 듣고 착 없이 행하라. <정산 종사>

나) 불설일체법佛說一切法 위도일체심爲度一切心
아무일체심我無一切心 하용일체법何用一切法[12)]

※ 챙기는 마음과 집심執心은 같은가 다른가?

⇒ 집심은 염불이나 주송이나 화두 등에 마음을 묶어 일심을 만드는 방법이니, 자칫하면 법박이나 신경병을 유발할 수 있으나, 챙기는 마음은 잡고 놓는 것을 챙기고 생활을 법문에 대조하는 것을 챙기는 것이니, 너무 잡혀 있는 것 같으면 놓아

現 사거이심수공事去而心隨空"(바람이 성긴 대숲에 불어와도 바람이 지나가고 나면 대숲은 소리를 남기지 않고, 기러기가 차가운 연못을 지나가도 기러기가 가고 나면 연못은 그림자를 남겨 두지 않는다. 그러므로 군자는 일이 다가오면 비로소 마음에 나타나고 일이 지나가고 나면 마음도 따라 비게 되느니라.)

12) 부처님 말씀하신 일체 법은/ 일체의 마음을 제도하기 위함이다./ 나에게 일체의 마음이 없거늘/ 일체의 법이 무슨 소용이 있으리오. 성철 스님이 지은 『선문정로』에는 "고인古人이 말하기를 [佛說一切法은 爲度一切心이라 我無一切心커니 何須一切法이리오] 하였으니, 과연 그렇다. 제불諸佛의 일체법문一切法門은 군생群生의 중병衆病을 치유하기 위한 처방시약處方施藥이다. 무병건강無病健康한 자에게는 기사회생起死回生하는 신방묘약神方妙藥도 필요 없는 것과 같이, 범부심凡夫心 외도심外道心 현성심賢聖心 보살심菩薩心 등 무량중생無量衆生의 본병本病인 일체심념一切心念을 단연斷然 초탈超脫한 구경무심지究竟無心地의 대해탈인大解脫人에게는 아무리 심현오묘深玄奧妙한 불조佛祖의 언교言教와 관행觀行이라도 소용없다. 그리하여 법약法藥과 중병衆病이 구소俱消하고 성교聖教와 묘관妙觀을 함식咸息한 구경무심지究竟無心地만이 견성見性이니, 이것이 무상대도無上大道를 철증徹證한 절학무위한도인絶學無爲閑道人의 심경心境이다." 하여 고인古人의 말로 인거하고 있다.

버리는 것이요, 놓고만 살았으면 다시 잡는 것이 챙기는 것이다. 고로 다른 염려가 없는 것이다.

5. 세우자는 뜻은 무엇인가?

넘어졌으면 일으키고, 잃었으면 찾고, 새어나가면 막고, 때가 끼었으면 닦고, 없으면 길러내는 것으로써, 몰아 말하면 쌓고 양성하자는 것이다.

6. 어리석음이란 무엇을 뜻하는가?

1) 무엇엔가 가려져서 어두운 마음으로, 마땅히 알아야 할 것과 알 수 있는 것을 모르고 있는 것.

2) 무명심.

※ 마음의 소경

7. 어리석음이 어떻게 생기며 자성의 혜를 세우려면?

1) 각자의 근기와 경계 따라 각각 다를 것이니 각자의 경험담을 들어봅시다.

가) 이해관계가 있을 때 어리석음이 생긴다.

㉠ 자리이타의 생활표준으로 살 것이요,

㉡ 원만구족하고 지공무사한 솔성을 체 잡을 것이며,

㉢ 목전의 현실에 얽매이지 말 것이다.

나) 안다는 생각이나 모른다는 생각이나 기타 고집과 상이 가릴 때 밝지 못한 마음이 된다.

㉠ 소지小智에 만족하거나 원래 지우智愚가 없는 자리를 모르면 고집과 자포심自暴心이 굳어지기 쉬운 것이니, 광대 무량한 불지에 목표를 두고 지우智愚가 없는 근본 자리에 철견徹見하여 꾸준한 적공을 할 것이요,

㉡ 자기중심의 생각이나 어느 입장에 고착해 있으면 편협한

지견이 되고 마는 것이다.

㉢ 언제나 겸허하고 상없는 심법으로 배우는 생활을 표준 할 것이다.

다) 급할 때 어리석음이 나오는 것을 느꼈습니다. 완행표를 가지고 급행을 탔다가 벌금을 물었습니다.

㉠ 그러기 때문에 급할수록 돌아가라는 법문이 있고 늘 마음을 챙기고 언제나 멈추어서 생각하여 취사하라 하신 것이며 늘 묻고 살라고 하신 것이다.

㉡ 급해서 탔다 하더라도 중간에 쉬지 않을 경우 차장에게 물었어야 할 것이요,

㉢ 미리 미리 시간표를 보아서 잘 알아두어야 할 것이다.

㉣ 그러나 이와 같은 대중심으로 앞으로는 조심하고 잘 챙긴다면 한번 실수한 것이 않은 것보다 나을 수도 있을 것이다. 번뇌 즉 보리煩惱卽菩提.

라) 편착심이 있을 때, 욕심이 많을 때 어리석은 마음이 생긴다.

㉠ 부모가 자녀를 생각하는 마음은 부처님이 중생을 사랑하는 마음과 똑같지마는 편착심과 욕심 때문에 올바른 사랑, 영원한 사랑이 되지 못하는 경우가 있게 되는 것이니, 우리는 항상 진리에 맞는 올바른 방법을 늘 연마해 두어야 할 것이요,

㉡ 원만한 솔성과 중도행을 표준 잡아서 적공할 것이다.

이상 여러 가지의 실례를 들어 말한 바와 같이 사람 따라 그 원인과 방법이 각각 다를 것이나 가장 중요한 것은 스스로 어리석은 줄을 모르고 사는 것이니, 늘 스스로를 반성하고 챙기는 적공이 있어야 할 것이요, 모든 문제를 근본적으로 해결하는 정신을

확립해야 할 것인바 진리를 오득하는데 적공해야 할 것이다.

2) 그러므로 나는 다음 방법을 활용한다.

늘 마음을 챙겨 알음알이를 구하되 평상시에는

첫째, 밖으로 지식을 넓히는바

가) 학이지지學而至知[13]니 오직 원하는 바에 대조하면서 누구에게서나 무엇에서나 배우고 생각하여 알아가며 사리 간에 무엇이든지 배워서 지식을 넓히고,

나) 신이지지信而至知[추이지지推而至知]니 진리와 스승님을 믿고 받들며 살아가노라면 차차 알아지는 것이다.

※ 불조의 혜명은 신으로 통한다.

둘째, 안으로 진리를 연마하는바

가) 관이지지觀而至知니 마음을 맑히고 고요하게 하여 정성심으로 비춰서 알아내는 힘을 기르고,

나) 각이지지覺而至知[행行, 지각知覺]이니 자성 원리를 확실히 알아서 천만 사리를 걸림 없이 풀어나가는 혜두를 단련한다.

※ 실천과 경험을 통하여 확신하는 것이 좋다.

※ 경전·강연·회화·의두·성리·정기 일기·독서·사색·의견 교환 ….

이상과 같은 방법으로 꾸준히 계속만 한다면 반드시 반야지를 얻게 되고 무루無漏의 지각을 얻어 자성의 혜를 세울 것이다.

한편 경계 속에서는

첫째, 무엇이나 늘 배우라. 아는 길도 물어가는 것이니 사리 간에

---

13) 學而至知 : 배움으로써 지식을 넓힌다. 信而至知 : 믿음으로써 지식을 넓힌다. 推而至知 : 미루어 생각함으로써 지식을 넓힌다. 觀而至知 : 비추어봄으로써 지식을 넓힌다. 覺而至知 : 깨달음을 통하여 지식을 넓힌다.

무엇이든지 배우는 정신으로 살라. <배우고>

둘째, 사리 간에 의심 건을 적어두고 정신이 맑을 때 생각을 궁굴려라. 경계를 대할 때마다 오직 생각 있게 보고, 생각 있게 듣고, 생각 있게 행하자. <생각하고>

※ 의심이 풀리지 않고 탁 막히거든 놓아두었다가 해보라.

셋째, 성리의 대장간을 마련하여 천만 사리와 천만 경계와 천만 생각을 오직 거기에 넣어서 밝히고 용해하여 간다. <밝힌다>

※ 번뇌 즉 보리가 되게 한다. 삼독은 삼학, 삼덕[14]으로 화하고 오욕은 오상[15], 오덕[16]으로 화하여 일체의 중생심이 바로 불심으로 화하게 하는 것이다. <성리의 대장간, 자성의 용광로, 대적광전>
고로 공부인이 원래 지우智愚가 없는 영지靈知 자리를 요달하며 맑은 정신으로 늘 진리를 연마하고 생각을 궁굴리며, 천만 사물을 접할 때마다 오직 생각 있게만 살아가면 바로 자성의 혜가 서져서 한없는 무루지無漏知를 갖추게 될 것이다.

※ 참고 : 통만법명일심通萬法明一心[17], 성리품 5, 인도품 35.

8. 반야지에 대하여 설명해 주시오.

1) 근본지根本智요, 청정지清淨智요, 영지靈知로서 무루지無漏智의 근본이며 무명의 반대이다. 이와 상대되는 말로서 건지乾智 건혜乾慧가 있는바,

2) 한 비유를 든다면 반야지般若智는 원천수와 같아서 써도 다함이 없고 건지는 독에 길어 놓은 물과 같아서 쓰면 다할 날이 있는

14) 지智·인仁·용勇

15) 인仁·의義·예禮·지智·신信.

16) 온화[溫], 양순[良], 공순[恭], 검소[儉], 겸양[讓]

17) 만법을 통하여 한 마음을 밝히라.

것이다.

3) 고로 지각이 있는 이는 먼저 원천을 개발하는 것이다. 이 반야지般若智는 먼저 안으로 무란無亂 무치無痴 무비無非한 자성을 알아서 늘 거기에 근원하여 오래오래 생각을 궁굴리고 실천하여 마탁의 공을 들여야 참다운 반야가 솟고, 밖으로 생각 있게 보고 생각 있게 들으며 늘 묻고 배워서 견문을 넓히고 지식을 넓혀야 원만한 무루지가 갖추어지는 것이다.

9. 일을 해보면 처음에는 배운 대로 하는 것이 좋으나 거기에 만족하여 버리면 기계적인 활동이 되기 쉬우며, 더욱 능률적이고 효율적인 방법이 발견되지 못한다. 무슨 일이나 그 일에 충실하면서 자기 역량과 체질에 맞게 연구를 거듭해 나가야 더욱 새롭고 효율적인 방법이 모색되어지는 것을 알았다. <학생>

그러기 때문에 무슨 일이든 언제나 생각 있게 하자는 것이요, 생각 있게 하면 바로 그것이 혜두 단련이 되는 것이다.

10. 사무를 보다가 계산이 잘 맞지 않을 때는 그것을 억지로 찾아 내려하면 머리가 아프고 더욱 답답하여 얽히는 때가 많은데 그런 경우에는 덮어두고 밖에 나와 돌아다니다가 다시 생각해 보면 풀리는 경우가 많다. <학생>

참 좋은 방법이다. 그러므로 법문에 이르시기를 쉬지 않는 생각으로는 크고 밝은 생각을 얻지 못한다 하셨고, 일뿐만 아니라 의두 건이나 기타 진리 문제도 정신이 맑고 고요할 때 잠깐잠깐 들어서 연마하는 것이 훨씬 좋은 것이다.

대범 깊고 밝은 혜두는[청정혜清淨慧] 반드시 선정禪定을 통하여 나오는 것을 명심해야한다.

11. 자성의 계를 세워야 할 필요성을 들라.

마음 바탕은 원래 그름도 없고 그르지 않음도 없으며, 선도 없고 악도 없는 것이다. 그러므로 능히 바를 수도 있고 그를 수도 있으며, 능히 선할 수도 있고 악할 수도 있어서 경계를 대할 때마다 육근동작을 매양 바르고 선하게 하는 생활과 그르고 악하게 하는 생활을 비교해 보면 바르고 선한 생활은 개인이나 가정·사회·국가·세계에 길이 행복과 평화를 가져오게 되고, 그리고 악한 생활은 개인이나 가정·사회·국가·세계의 장래에 불행과 전쟁의 결과를 가져오게 되므로 우리는 어떤 경계를 당할지라도 그르지 않고 악하지 않을 수 있도록 자성의 계를 세우자는 것이니라.

12. 자성의 계를 세우는 방법은?

1) 이것 또한 각자의 근기와 경계 따라 그 방법이 천만 가지로 다를 것이니

가) 먼저 각자의 경험을 들어보자.

㉠ 어제 특강 시간에 너무도 무시당하는 느낌과 오만한 태도에 대한 불쾌감 때문에 몇 번 생각하다가 끝까지 듣기가 역겨워 나와 버렸습니다. <학생>

⇒ 참지 못하고 항의나 불평을 터뜨려서 장내를 어지럽히거나 강사의 마음을 상하게 하여 본의 아닌 오해를 주는 것보다는 피경避境한 것이 좋을 줄로 안다. 그러나 그것이 최상의 원만한 방법은 아님을 알아야 할 것이다.

㉡ 저도 그와 같은 느낌을 가졌지마는 공사公事로 모셔온 분이며, 우리 선원의 위신을 생각해서 대의를 앞세우는 마음으로 꾹 참고 끝까지 들었습니다. <학생>

⇒ 대의를 앞세우는 표준은 대단히 좋은 것이다.

㉢ 무시당하는 느낌은 저도 마찬가지였으나 인욕 공부를 해

야지 하는 심경으로 앉아 있었습니다. <학생>

㉣ 저는 많이 배웠습니다. 평소에 배우고 싶은 것이기에 무시당하는 느낌은 없었으며, 국화에 대한 일반적인 상식을 많이 배웠을 뿐 아니라 그분의 경솔한 태도와 언사를 보고 들을 때 나는 그러지 않아야겠다는 결심을 하였습니다. <학생>

⇒ 그렇지요. 우리 공부인의 마음가짐은 항상 그와 같아야 할 줄로 압니다. 그런 경계를 대할 때마다 인욕으로 부동심을 대조하고 하심下心으로 배우고 감사하는 공부심만 철저히 갖는다면 총명이나 유무식에 관계없이 큰 공부를 성취할 것이며, 천하에는 경전 아님이 없을 것이요, 날을 기약하고 삼대력을 갖출 것입니다.

㉤ 그런 분은 어떻게 제도해야 할지 답답했습니다. <학생>

⇒ 그분 제도하기 전에 자신의 제도를 먼저 생각해야 할 것이로되 성불제중의 원을 세운 이는 그 점도 반드시 염두에 두고 그 방법을 생각했어야 할 것이다. 나는 잘 들어 주는 것이 그 시간에 그분을 제도하는 가장 좋은 길로 판단되었기로 성심성의껏 잘 들었으며, 그에 따라 배우고 익힌 바가 많았다고 스스로 느껴 진심으로 감사를 드렸다.

㉥ 어제 그분이 아니었으면 오늘 공부의 자료가 군색했을 텐데 이와 같이 큰 공부의 자료를 제공해 주신 그분에게 더욱 감사합니다. <학생>

⇒ 이처럼 공부심으로만 살면 천지 만물이 공부의 자료 아님이 없고, 어느 경계 하나 감사하지 않은 것이 없는 것이며, 일과 공부가 둘이 아닌 것이다.

나) 제 본의는 잘 하려고 한 것이 그 결과는 저에게나 남에게 해를 입히게 되었는데 그런 경우는 어떻게 할까요?

⇒ ㉠ 세상을 살아가자면 그런 일이 참으로 많은 것이다. 그러기 때문에 미리미리 이치의 대소 유무와 일의 시비 이해에 대하여 많이 연마하여 항상 원만하고 밝은 지혜를 갖추어 두어야 하는 것이요, 경계를 대해서는 심사원려深思遠慮로서 자기의 입장과 능력을 먼저 알고 타인[그 일과 관계있는]의 근기와 소원과 심법을 알아서 때에 맞게 취사하는 것이다.

㉡ 그리고 모든 일을 대해서 반드시 대의를 먼저 생각하고 정正과 사邪, 공公과 사私를 분명히 알아서 취사할 것이다.

다) 그른 일인 줄 알면서 하지 않고는 견딜 수가 없는 심경이라 해버리고 나면 한편 후련하면서도 한편은 더 괴롭습니다.

⇒ ㉠ 그런 경우는 욕심에 끌리거나 철석같이 굳은 습관 때문에 범하는 일인데, 그러기 때문에 평소에 절욕과 금욕의 표준으로 담담한 심경을 길들이고, 자기의 악습을 고치는 공부로 계문과 솔성요론에 표준 하여 죽기로써 실천궁행하는 적공이 있어야 하는 것이다.

㉡ 그리고 경계를 대할 때마다 항마하는 결심으로 정의를 위해서는 사무여한의 실행이 있어야 할 것이다.

라) 사세가 급해서 엉겁결에 취사해 버리고 나면 실수하는 경우가 많습니다.

⇒ 그러므로 경계를 대할 때마다 일단 멈추어서 온전한 생각으로 취사하는 공부에 능이 나야 하는 것이다. 또는 평소에 숙달된 일은 급히 처리해도 큰 실수가 적은 것이니, 우리는 모

든 일을 범연히 넘기지 말고 항상 생각 있게 보고 생각 있게 들어서 미리 미리 많이 배우고 연마해 두는 동시에 확신이 없는 일은 여러 사람의 의견을 모으거나 아니면 뒤로 미루어서 바른 생각을 기다렸다가 취사하는 공부를 해야 할 것이다.

이상에 실례를 들어 말한 바와 같이 사람의 근기와 심경과 그 일에 따라 그 방법이 다 같을 수는 없는 것이다.

그러나 자성의 계를 세워 가는데 가장 큰 병은

① 스스로의 부족과 무능을 반성하지 않고 모든 책임을 남에게 돌리는 것이요,

② 일을 싫어하고 용단력이 없이 뒤로만 미루는 병이며,

③ 인과를 두려워하지 않고 법의 선線이 없이 되는 대로 사는 생활이다.

그러므로 우리는

① 먼저 큰 원력을 세우고 언제나 스스로의 부족과 무능을 철저히 반성하고 스스로에게 책임을 돌리는 동시에,

② 인과를 깊이 알아 의심 없이 믿고 취사의 표준을 잡을 수 있는 법의 선線이 있어야 할 것이며,

③ 경계를 대할 때마다 공부할 기회로 알아 용단력을 길러가는 데 정성을 다 해야 할 것이다.

2) 그러기 때문에 나는 다음 방법을 활용한다.

첫째, 밖으로 정의는 기어이 실행하기로 하는바,

가) 대의 실천이니, 본원本願[근본]과 성의聖意[중심]와 원만[전체]에 어긋남이 있나 없나를 대조하여 실행하고,

나) 보은 불공이니, 대인 관계에 있어서는 반드시 자리이타와 온유 관용에 표준을 두고, 접물에는 상생상화 각안기소各安其

所[18]에 유의하되 불리자성不離自性하고 응용 무념해야 한다.

둘째, 안으로 계율[심계]은 죽기로써 지켜야 할 것인바,

가) 정심자율正心自律이니, 항상 그 홀로를 조심하고 선심善心을 기르며, 지선至善의 자리에 마음을 길들이는 것이요,

나) 반성 참회이니, 심신 작용을 늘 반성하여 악습을 고쳐가며, 이참 사참으로 숙업을 청산하고 새로운 서원을 굳혀 가는 것이다. <진리와 법과 성의聖意에 대조 반성한다>

※ 주의·조행·상시 일기·참회반성 ….

이상과 같은 방법으로 꾸준히 계속만 한다면 반드시 대원만의 중도행과 대보은행이 되어 자성의 계가 세워질 것이다.

한편 경계 속에서는,

첫째, 불의不義 사곡邪曲을 끊는데 적공하라. 세상 업연과 번뇌 망상을 끊으며, 애착 탐착을 없애는데 노력하라. <끊고>

둘째, 정념正念과 선심善心을 길러 두라. 사심邪心을 정심正心으로, 악심惡心을 선심善心으로, 상극相剋을 상생相生으로, 사심私心을 공심公心으로 돌려 길러 두라. <기르고>

좌우명을 정하여 결심을 굳게 하고 원력을 키워 가라.

셋째, 용기 있게 실행하라. 정의거든 바로 죽기로써 행하고, 불의거든 끌리지 말고 죽기로써 행치 말라. <행하라>

<선도禪刀, 금강이도金剛利刀, 금척金尺>

고로 공부인이 원래 선악정사善惡正邪가 없는 지선至善의 자리를 알아서 육근 작용을 늘 조심하는 동시에 정의는 죽기로써 실행하고 불의는 죽기로써 행치 않는다는 뜻을 세우고, 경계

18) 각자 자신이 처한 곳을 편안히 여김.

를 대할 때마다 온전한 생각으로 취사하는 실천을 해야 한다.

13. 자성의 정·혜·계를 세운 분은 어떻게 마음을 쓸까요?

1) 일원과 같이 청정하고 원만하고 공정하게 마음을 쓸 것이요,

2) 항상 온전한 생각으로 취사할 것이다.

14. 신과 분과 의와 성으로써 불신과 탐욕과 나와 우를 제거하려면?

전답 농사를 지어보면 곡초가 잘 되면 잡초가 성하지 못하고 잡초가 성하면 곡초가 잘 되지 못하며, 곡초를 잘 가꾸는 방법은 거름도 잘하되 잡초를 잘 매주어야 하는 것같이 신·분·의·성의 추진만 잘해나가면 불신·탐욕·나·우는 자연 제거되는 것이요, 불신·탐욕·나·우를 잘 제거하면 신·분·의·성 또한 잘 추진되는 것이다.

15. 신심의 바른 표준과 그 정도를 말씀해 주시오.

정전에 밝혀주신 바와 같이 의심 없이 믿고 시작하는 마음이라, 마음을 결정하는 원동력인바 그 표준은 『교전대의』에서 밝혀 주시기를 진리·법·스승·교단의 사대불이신심四大不二信心으로 말씀하셨으며, 그 정도는 천만층이 될 것이나 그 심경은 신성품 1장에 자세히 밝혀주셨노라. <사제 간의 신심>

1) 무의無疑, 2) 순종, 3) 무불평, 4) 이실직고.

이상에 밝힌 사대불이신심에 표준하여 신성품 1장에 대조하면서 스스로의 신심을 가꾸어 가야 할 것이다.

1) 자나 깨나 진리와 스승님과 법과 교단을 받들고 모시는 생활로 법 받아 닮아가야 할 것이요,

2) 심심상련하여 완전 합일되는 경지에 이르러 말과 생각과 행이 같아야 할 것이며, <사고방식과 행동양식의 일치와 서원의 합일>

3) 보은하는 생활로 일관하여 이어 전하는 것이 중요할 것이다. <진리관, 우주관, 세계관, 인생관과 경륜의 일치>

※ 참조 : 『대종경』 신성품 1, 4.

16. 진리와 법과 교단에 대해서는 믿음이 가나 생존해 계시는 스승님들에 대해서는 의심이 나고 낙망하는 경우가 많습니다. 그런 경우는 어찌하오리까?

스승도 외모로 볼 때는 나와 같은 사람이기 때문에 사람인 나의 입장에서 스승을 볼 때 때로는 불신하는 경우가 없지 않을 것이다. 그러나 여기서 말하는 스승이란 정사 이상을 말하는 것이며, 자기와 세상을 책임지고 구원하시리라 믿어지는 스승님을 말하는 것이니, 그런 스승님들은 진리와 법과 교단과 둘로 생각해서는 안 될 것이다. 그 스승님이 아니시면 그 진리·법·교단이 있을 수 없음을 알아야 한다.

스승님에게서 허물이 보이는 것은

1) 실지로 그 스승님에게 허물이 있어서 보이는 경우도 있을 것이요,
2) 생각과 습관이 다른 경우에 그것이 허물로 보이는 경우도 있을 것이며,
3) 나의 공부심이 깊고 크고 철저하지 못하기 때문에 보이는 경우도 있을 것이니, 스승님의 허물이 내 눈에 보이게 될 때는 자신의 복이 적음을 생각할 것이요, 자신의 공부심이 부족함을 자각할 것이다. 그 사람이 아니면 그 사람을 알 수 없거늘 하물며 진리와 합일하신 스승님의 심량을 어찌 존탁忖度할 수 있겠는가?

17. 『교리도해』에 대신근大信根은 전신전수全信全受 전탈전여全奪全與란 법문이 있는데 그것은 무슨 뜻이며 어느 경지인가요?

대 신근이라 하면 영생에 무너지지 않을 신심이요 무엇으로도 바꾸지 못할 신성을 말한 것인바, 전신전수는 전체[전부]를 믿으면 전체를 받는 것으로 예를 들면

1) 한 스승의 전 인격[심·언·행心言行]을 전부 믿으면 그 스승의 전 인격을 법 받아 닮아가게 되는 것이며,
2) 제불제성 전부를 믿으면 모든 부처님의 심법을 전부 받게 될 것이다. 그러므로
3) 진리·법·스승·교단의 전부를 완전히 믿어 진리·법·스승·교단의 전체를 받아서 완전히 하나가 되어야 할 것이다.

※ 믿으면 믿는 만큼 받게 되는 것이다.

전탈전여란 새 술은 새 독에 담아야 하고 귀중한 약은 새 병에 담아야 하는 것같이 전체를 빼앗고 전체를 주는 것인바 예를 들면,

1) 스승이 제자에게 전체를 주시고자 할 때는 먼저 제자의 일체 상과 일체 중생심을 완전히 빼앗아 버린 뒤에 일체의 불심을 넣어 주시는 것이요,
2) 큰 뜻을 세우고 진리에 맹서하게 되면 진리는 그때부터 그 뜻을 시험하되 재산, 권리, 명예, 건강 등 있는 것을 다 빼앗아 버리되 오직 그 마음이 타락하지 않을 때 다시 주는 것이다. 그러므로 우리는
3) 전체에게 전체를 바쳐 다시 전체를 받음으로써 거듭나야 할 것이요, 전체를 빼앗았거든 반드시 전체를 주어야 할 것이다.

   예: 가) 대종사님께서 정산 종사를 토굴에 가두시고 신통을 빼앗아 버리신 뒤 불심佛心을 완전히 넣어주신 예.
   나) 대산 종사 대 병환으로 생사의 관두關頭에서 다시 소생하신 일.

18. 전신全信하면 스승과 법이 나에게 전부 주는 것인가요? 아니면 스스로 자각하게 되는 가요?

스승님이 주기도 하시고 스스로 자득하기도 하는 것이다. 제자가 받

고자 하나 스승이 주지 아니하시면 받지 못하는 것이요, 스승이 다 주고자 하나 제자가 믿지 아니하면 다 주지도 못하고 다 받지도 못하는 것이다. 고로 불조의 혜명은 신信으로 통한다고 하신 것이다.

19. 분심의 바른 표준과 실례를 들어 설명해 주십시오.

분심은 삼학 공부를 촉진하는 원동력이요 객분客忿을 말하는 것이 아닌바, 삼학 공부를 하기 싫은 마음이 날 때 죽기로써 밀고 나가는 마음이다. 예를 들면

1) 시험 점수가 예상외로 적게 나왔을 때 나보다 많이 맞은 분을 까닭 없이 싫어하거나 선생님을 원망하는 등의 분심은 객분이다. 공부를 하는 도중 내 딴에는 정성을 다한다고 했는데 알아주는 사람이 없거나 점수가 적게 나오면 낙망하거나 그 과목에 대하여 영 취미를 잃어버리기 쉬운데 그런 경우 낙망하지 않고 타락하지 않고 새로운 결심과 의지로써 나도 하면 할 수 있겠지 하고 용기를 내어 잘하는 분이나 선생님을 찾아 묻고 배워서 끝까지 일어서는 마음이 분심이다.

2) 서원과 신심이 가라앉고 마음에 불가능한 생각이 나거나 현애상이 날 때는 '제불'諸佛은 하인何人이며 아我는 하인何人인고?' 하여 날로 서원과 신심을 키워갈 것이다.

3) 마음에 삼독오욕 등 일체중생심이 일어날 때 오직 법에 표준 하여 죽기로써 끊어버리는 것이 참 분심이다. 중생으로 길게 사느냐, 죽더라도 항마를 하느냐 하는 대중으로 분심을 일으키자. 살신성인 사무여한 위법망구의 정신으로 살라.

4) 상대심에 바탕을 둔 분심은 자칫하면 경쟁심이 되기 쉽고, 심하면 시기심, 질투심, 투쟁심으로 변하여 객분이 되고 말 염려가 있는 것이다. 삼학 공부는 자기 자신의 마음공부임을 명심하여 오

직 자기 자신의 나태나 기타 중생심을 퇴치하는데 활용되는 분심이라야 할 것이요, 또한 한 때의 의협심에서 일시적으로 발동하는 분심은 객분, 객기가 되고 마는 것이다. 고로 큰 서원에 입각한 입지가 확립되어 꾸준히 밀고 나가는 분심이라야 큰 분심이라 할 것이다.

가) 칠전팔기, 나) 백번 넘어지면 백한 번째 다시 일어나라.

※ 대분지大忿志는 신심에 바탕을 두어 의와 성이 뒷받침하는 분심이다.

20. 저는 의심이 걸리지 않사오니 어떻게 걸어보는 것이 좋을까요?

의심이란 사리 간에 모르는 것을 알고자 하는 마음이니 특별한 의심을 내려고 하기 전에 현재 의문 난 그것을 깊이 생각해 보라. '왜 나는 의심이 걸리지 않는가?' 하고 의심이 걸리지 않는 이유와 원인을 분명히 자각하게 되면 참 의심이 생기게 될 것이다.

나의 경험으로는 1) 서원이 크지 못하고 철저하지 못하기 때문에, 2) 신심이 크지 못하고 깊지 못하기 때문에, 3) 실천이 없기 때문에 공부에 까닭이 없어서 의심이 생기지 않는 것을 자각했다.

21. 저는 의심이 걸리지 않기에 의두요목을 놓고 이것저것 들어보았으나 아직 한 가지도 해오를 얻지 못했을 뿐 아니라 어떻게 해야 알게 되는 것인지 막연하기만 합니다.

의두요목을 적어 놓고 생각해 보는 것도 무의미한 일은 아닐 것이다. 그러나 마음에 절실히 의심나지도 않는 것을 억지로 해보면 싫증이 나기 쉬운 것이며, 자칫하면 겉으로만 해결해 버리는 수가 더러 있다. 그러므로 우리는 수행 길에 대한 의심을 먼저 해결하는 것이 큰 의심을 일으키는 방법도 되고 그 의심을 해결하는 빠른 길도 되는 것이다. 예를 들면 막연히 앉아서 좌선이나 염불을 하게 되면 좌선 염불의 공덕이 적을 뿐 아니라 요령 없는 수양이 되어 허송세월하기 쉽다. 연구와 취사도 마찬가지로 자기 체질이나 성격에 맞는 방법을 먼저 생각해 보면 삼학 공부가 훨씬 수월스럽게 단련될 것이다. 그리고 모든 문제에 부딪히게 되면 피상적인 생각이나 지엽적인 면으로 해결을 구하지 말고 보다 절실하게 근본적인 면을 해결하는 것이 가장 중요하다.

예를 들면 1) 당면한 고통이 있게 되면 그 고통의 근본적인 모든 원인을 끝까지 파악해 보는 것이요, 2) 나의 전생을 알고자 의심이 나면 나란 무엇인가부터 생각해야 할 것이요, 인과의 진리가 확실히 있는가를 구명究明해야 할 것이다.

고로 크건 작건 당면한 문제부터 의심을 풀어가되 그 근본을 파헤치고 수행인은 먼저 수행 길에 대하여 의심을 내어 올바른 공부 길을 잡아가야 할 것이며, 우주와 인생의 근본에 대한 의심으로 좁혀서 확실한 해결을 얻어야 할 것이다.

가) 공부인이 의심을 해결하지 못하고 막연히 세월만 보내는 것은 시장에 간 사람이 이 상점 저 상점 기웃거리기만 하고 빈손으로 돌아오는 것과 같나니, 공부하는 보람이 무엇이리오.

나) 한 의심을 해결하는 것도 중요하지만 의두를 연마하는 그 자체가 뜻이 있다.

다) 사람을 의심하면 지옥을 부르고 진리를 의심하면 깨달음을 얻는다.

라) 대의단은 신심에 바탕을 두어 분지忿志와 정성을 뒷받침하여 결정된 의심 뭉치이다.

22. 저는 정성이 계속되지 않사오니 어떻게 해야 할지요?

정성이란 거짓 없이 한결같은 마음이니, 만사 성공의 원동력이요 어머니인바, 곧 합리적으로 끝까지 들이는 노력을 말한다. 무슨 일이나 정성이 있고 없는 것은 그 일이 나의 장래와 어떠한 관계가 있는가를 철저히 인식하고 못 하는데 있는 것이니, 큰 정성을 일으키는 방법은 먼저 지극한 원력이 확립되어야 할 것이며, 정성을 계속하는 방법은 급하지 않고 쉬지 않는 것이다. 고로 삼학 공부에 정성을 계속하는 길은 나의 구경 목적과 삼학 공부가 어떤 관계가 있는가? 철저히 인식하는 동시에 삼학병진의 공덕을 자득하게 되면 자연 간단없는 정성으로 일관될 것이다.

※ 동정 간 간단없이 수행할 수 있는 삼학 병진법을 체득하여 나아가자.

※ 일이 없으면 수양이 되고, 생각하면 연구가 되고, 일이 있으면 취사가 되어 일분 일각도 간단없이 공부에 정성이 계속되는 것이다.

※ 빠른 걸음으로는 멀리 있는 길을 갈 수 없다.

※ 대정성이란 신과 서원에 바탕을 두어 분과 의가 뒷받침이 되어 합리적으로 끝까지 계속하는 노력이다.

23. 신·분·의·성이 어떻게 삼학을 추진하는가요?

삼학 공부를 하면 반드시 성불할 수 있다는 것을 믿어야 삼학 공부를 시작하게 될 것이요, 성불의 서원이 서지지 않거나 삼학 공부를 하는 중에 실망이 되기도 하고 현애상이 나게 될 때 분심이 아니면 그 서원을 내기 어렵고 그 실망과 그 현애상을 벗어나지 못할 것이며, 아무런 의심도 없고 까닭 없이 삼학 공부를 추진하게 되면 요령 없는 공부가 되어 공덕이 없을 것이며, 서원과 믿음과 분심과 의심이 있다 할지라도 그것이 일시적인 마음이라면 대성은 기약할 수 없는 없으니, 끝까지 정성을 다하는 것이 가장 중요하지 않겠는가.

고로 삼학은 길이요 수레라면 팔조는 동력이라 하신 것이요, 삼학은 진리의 보고를 여는 열쇠라면 진행 사조는 그 열쇠를 만드는 원동력이라 하신 것이다.

24. 불신증이 나쁜 줄은 아오나 자주 그런 마음이 생기오니 어찌하면 좋을까요?

여기서 말하는 불신은 성공에 대한 불신을 말하는 것으로 삼학 공부의 길과 그 결과가 확신하지 않음을 뜻하는바 필경 이에 따라 진리·법·스승·교단을 불신하게 되는 것이니, 불신이 싹이 트게 되는 그 원인을 각자의 마음에서 찾아보라. 그 원인을 밖에서 구하게 되면 불신증은 없애지 못할 것이다. 일반적으로 그 원인을 찾아보면 1) 전체를 알지 못하고 한 부분에 집착하여 그 한편에 대한 지식으로 전체를 속단하게 될 때, 2) 자기 주견에 집착하여 독단에 걸려 있을 때, 3) 실천적인 체험이 없을 때 호의狐疑가 생긴다.

25. 스승이나 선진에게 불신이 있게 되는 것은 일반적으로 선입관념에 의한 경우가 많습니다.

선입관념이 생기게 되는 것은 제3자에게서 듣기만 하고 생기게 되는 경우와 실지로 목도目睹하고서 갖는 경우가 있으나 이것이 모두 그 인격의 일부만을 보고 전체인 양 속단해 버리는 경우이니, 자신의 속단을 먼저 반성해야 할 것입니다.

26. 대인 관계에 있어서 실망과 불신이 동시에 오는 경우가 많은데 그 원인과 대치 방법을 설명해 주십시오.

기대에 어긋날 때 실망이 되고 그에 따라 불신이 생기는 것이니, 내가 그 사람 그 스승님에게 무엇을 기대했는가? 부터 냉정히 반성해 봅시다.

그 사람에게 물질을 기대했는가, 인정을 기대했는가, 법을 기대했는가? 스스로 양심에 다시 물어볼 것이요, 다음으로 나 자신이 얼마만큼 속 깊은 공부심으로 살고 있으며 얼마만 한 신용이 있는지 반성해 볼 것입니다. 만일 조금이라도 부당한 기대가 자신의 마음에 있다면 바로 제거할 것이요, 진심으로 법을 기대한다면 법은 말과 행동과 마음으로 무량방편을 시용施用하는 것이니, 그 본의를 알지 못한 채 그 한 방편에 실망하거나 불신을 갖는 것은 참다운 공부심이 아니요 신의가 있는 일은 아닙니다.

※ 불신증의 해독과 그 치료방법을 말씀해 주시오.

[해독]

1) 삼학 공부를 불신하면 삼학 공부를 하지 않을 것이니 성불을 못할 것이며, 일에 대한 성공을 불신하면 아무 일도 시작하지 못할 것이니 성공 또한 있을 수 없다.

2) 진리를 불신하면 진리를 깨치지 못하고 진리의 위력을 얻지 못할 것이요, 스승을 불신하면 스승과 기운이 막히고 법 받아 닮아갈 수 없을 것이요, 법을 불신하면 법을 실천하지 않을 것이니, 자행자지하여 악도에 떨어질 것이며, 교단을 불신하면 교단의 주인이 되지 못하고 일생 남의 일만 하다 가는 사람이 될 것이라, 결국 자신도 불신을 받게 될 것이며, 전정고해前程苦海가 한이 없을 것이다.

[치료방법]

1) 진리를 각득해야 하며 스스로 진리에 대한 체험이 있어야 한다. 스승의 본의와 책임을 알고 항상 심심상련해야 한다. 교법의 진리적 근거와 목적, 본의를 알아야 할 것이며, 그 교법을 실천 증득해야 한다. 우주의 진·강급 시기, 교단의 사명, 세계 대세 등을 확실히 알아야 하며, 교단의 경륜과 나의 경륜이 일치되어야

한다.

2) 신·분·의·성의 추진으로 삼학 공부에 정진해서 스스로의 역량이 진리·법·스승·교단에 합치될 때 불신은 완전히 없어질 것이다.

27. 사람은 누구나 욕심이 있는 것인데 탐욕이란 무엇이며, 어떤 욕심부터 제거하는 것이 좋을까요?

탐욕이란 무엇이나 지나친 욕심을 말하는 것으로 여기서는 삼학 공부를 방해하는 외적인 물욕[오욕 등]뿐 아니라 삼학 공부에 대한 무리한 욕구심欲求心도 이에 속하는 것이니, 성공에 대한 지나친 욕속심欲速心에서 이 탐욕이 생기는 것 같다. 고로 이 탐욕을 제거하는 방법은 크고 굳센 서원을 세우고 신·분·의·성으로 추진하되 이소성대의 진리를 알아서 순리자연한 데 표준을 두어야 할 것이다.

힘에 겨운 일을 강행하고자 하는 마음은 욕심이 되기 쉽다. 이소성대의 진리와 순리자연한 도를 무시하고 공부와 사업 간에 대성을 바라는 마음은 무서운 탐욕이다. <형상 있는 것에 대한 욕심, 공부에 대한 욕심>

※ 참고 : 탐욕은 어떤 해로운 점이 있을까요?

1) 삼학을 병진하기 어렵다.

2) 욕속심을 일으켜 필경은 퇴굴심으로 전락한다.

3) 병을 얻게 된다.

4) 모든 죄악의 근본이 되어 악도에 떨어진다.

28. 나태의 원인은 어디에 있을까요.

나懶라 함은 곧 게으름을 부리는 것이니, 하기 싫은 생각으로 뒤로 미루는 마음인바 가장 근본적인 원인은 원력願力과 신·분·의·성의 추진이 없기 때문에 있어지는 심리 현상인데 그때그때의 원인을 추구해 보면

1) 긴장과 결심이 풀릴 때,

2) 육신의 건강에 이상이 있을 때,

3) 공부 길이 확실히 잡히지 않을 때,

4) 인과로 변화하는 진리와 자신의 진급 강급을 자각하지 못할 때.

고로 우리는 그때그때의 심신을 조사하여 그 원인을 밝히는 한편 삼학병진의 바른 공부 길을 익히며 인과의 진리와 자신의 모습을 자각해야 할 것이다.

29. 우愚란 무엇이며 제거하는 방법을 설명해 주시오.

알아야 할 것과 알 수 있는 것을 알지 못한 채 제멋대로 살려는 마음이니, 모든 원인이 자기에게 있는 줄을 모르고 그 책임을 남에게만 전가하거나 그 원인을 밖에서만 찾으며, 자기의 부족[자기의 무지 무능]을 모른 채 자행자지하는 것인바, 그 우치를 제거하려면 큰 서원 하에 신·분·의·성의 추진이 있어야 할 것이요, 언제나 자신의 무지와 무능을 자각해야 할 것이다.

모든 문제의 원인은 나에게 있고 모든 일의 책임은 내가 져야한다는 것을 깊이 간직하라. <성불제중의 크고 굳은 원력이 있어야>

30. 모든 문제의 책임과 원인이 나에게만 있다고 생각하면 성급한 초학자는 자학自虐이 되기 쉽고 세상을 위해서도 원만한 법은 되지 못한 것 같습니다. <학생>

1) 수행은 각자의 마음을 단련하는 것이요, 남의 마음을 고치는 데 중점을 두는 것은 아니다. 고로 남의 선·불선과 시비를 전연 모르고만 살라는 것은 아니다. 그러나 남의 시비를 밝히는 데에 정신을 쓰게 되면 자기의 허물을 발견하지 못하고 고칠 수 없으며, 자기의 능력이 크게 갖추어지지 못하기 때문에 수행의 본 목적을 이룰 수는 없는 것이다.

2) 수행에 철저하자는 것은 제생의세의 근본이 되기 때문이요, 독선기신에 떨어지라는 것은 아니다.

3) 세상을 개조하는 길은 세상의 구성요소인 각 개인이 먼저 개조되어야 하므로 수행을 철저히 해야 하는 것이요, 동시에 전체가 잘 조화되어야 하므로 제도를 늘 개선해 나가야 한다. 고로 우리가 스스로 하는 길로서 공부의 요도를 밝혔고, 다 같이 서로가 하는 길로서 인생의 요도를 밝힌 것이다.

삼독오욕은 영생을 묶는 무형한 쇠사슬이요, 불신·탐욕·나·우는 불성佛性을 가두는 간수다.

천하에서 가장 고苦가 많은 사람은 원願이 많고 욕심이 많은 사람이요, 천하에서 가장 어리석은 사람은 스스로 어리석은 줄을 모르는 사람이다.

모든 책임이 자기에게만 있다고 자학하는 것은 책임만을 느낄 뿐 그 원인을 발견하지 못하기 때문이다. 책임을 절실히 자각하는 사람은 모든 문제의 근본적인 원인을 밝혀 개선할 줄도 아는 것이다.

예: 가) 나는 내가 모른다는 것 한 가지를 더 아노라.

<소크라테스>

나) 중생이 중생인 줄만 확실히 알면 곧 부처니라.

<육조 대사>

다) 너희는 나의 스승이요, 나는 너희의 스승이니라.

<대종사>

31. 5조부터 9조의 끝에 '돌리자' 하신 의의는?

1) 진리는 원래 무유정법無有定法이라 이렇게도 저렇게도 다 가능한 것이니 잘 돌리자는 것이다. 즉 일체 경계를 대할 때마다 상극이

상생으로 악이 선으로 전환될 수 있도록 그 마음의 방향[한 생각]을 잘 돌리는 것이다.

2) 물은 트는 데로 가고 쓰는 대로 쓰이는 것 같이 우리의 마음 또한 돌리는 대로 꽃이 피고 열매를 거두는 것이다.

32. 원망생활을 감사생활로 돌리는 방법은?

1) 근기와 형편과 심경에 따라 그 방법이 다를 것이니 먼저 각자의 경험담을 몇 가지 들어보자.

가) 저는 가난한 집 많은 딸 중의 하나로 태어나서 배우지 못한 것이 한이 되어 한때 부모님을 크게 원망한 적이 있습니다. 가르치지도 못하려면서 무엇 때문에 낳아 길렀는지 하고 부모님과 세상을 원망했으나 이 회상에 귀의하여 이 공부 이 사업을 하는 현재의 심경은 만일 귀한 외동딸로 태어나서 좋은 학교에 다녔더라면 제가 이 공부 이 사업을 하게 되었을 것인가 하고 생각해 보면 가난한 가정, 교도인 부모님의 많은 딸 중에 태어난 것이 정말 감사하기만 합니다. <학생>

⇒ 그렇습니다! 이와 같은 방법은 현재 행하고 있는 자기의 생활에 가장 큰 보람을 느낌으로써 모든 것이 감사로 돌려지는 실례이니 은생어해恩生於害가 된 것이지요. 고로 우리는 출가인의 입장에서는 이 법 외 더 좋은 법이 없고 우리 스승님, 우리 동지 외에 더 좋은 분이 없음을 절감하고 신앙과 수행에 참다운 보람이 나타나질 때 우러나는 감사 생활이 될 것입니다.

※ 스스로 하는 일에 정성을 다하여 참으로 보람 있는 생활을 개척하도록 실력을 양성하자.

나) 저도 불행한 환경에 태어나 학교를 안 보내주신 부모님께 무척 원망을 많이 했사온데 지금 생각하면 크게 뉘우쳐지옵고

감사를 발견하게 되옵니다. 비록 학교는 안 보내주셨지만 어려서부터 살생을 못하게 하시고 원불교와 인연을 맺어주신 것이 참으로 감사합니다. <학생>

⇒ 그렇습니다. 우리가 모든 사물이나 사람을 상대할 때에 반드시 길과 흉이 병존하고 은과 해가 같이 있는 것을 알아서 길과 은을 발견하여 감사심을 일으키는 방법도 좋을 것입니다.

다) 저는 자동차의 의자 밑에 깡통이 있어 크게 불편을 느껴 차장과 입씨름을 하였는데 얼마를 가다가 멀미가 심하여 그 깡통이 아니면 큰 실수할 뻔했습니다. <학생>

⇒ 그렇습니다. 천지 만물의 용도를 알면 한 물건도 버릴 것이 없지요. 그 물건 그 물건의 용도를 잘 알아 활용하면 천지 만물이 다 나를 위해 있는 것을 느끼게 될 것이니 원망심이 나지 않을 것입니다.

라) 농사를 지어 보면 한발이나 홍수로 작물을 버리게 될 때 참으로 천지를 원망하는 적이 있습니다. 그러나 우리가 농사를 애써 짓는 것은 심신 간에 편안히 살기 위함인데 천지를 원망하는 그 순간 내 마음이 몹시 괴로움을 자각할 때 천지를 원망하고 남을 원망하는 것은 곧 자신의 마음을 불안케 하는 것이니 이중 삼중으로 고통을 장만하는 것이라 누구도 원망해서는 안 됨을 느꼈습니다.

마) 병상에서 매일 5, 6차 복약할 때마다 더운물을 데워 쓸 때 몹시 괴로움과 불편을 느끼다가 보온병을 구해 놓고 그것을 발명하신 분, 만드신 분, 사 오신 분에게 깊은 감사를 드렸고 쓸 때마다 사의謝意를 갖게 되었는데 세월과 더불어 그렇게 깊이 느꼈던 감사심이 차차 망각되는 것을 자각하고 우리 중생

이 사은의 지중한 은혜에 살면서도 사중은四重恩을 망각하는 것도 이와 같음을 깨달았습니다.

이상 몇 가지 예를 들어 설명한 바와 같이 그 근기와 심경과 형편에 따라 천만 가지 방법이 있을 것이나 먼저 원망 생활과 감사 생활의 결과를 알아야 할 것이요, 원망과 감사의 근본 원인을 정확히 파악하는 동시에 경계를 대할 때마다 반드시 온전한 생각으로 취사하는 대중심을 가지고 한 생각 잘 돌리는데 적공할 것이다.

그러므로 나는 다음 몇 가지 방법으로 표준을 잡고 있다.

첫째, 사은의 지중 막대한 근본적인 은혜를 깨달아 오직 보은 일념으로 생활신조로 삼는다. 본래 자기[공空]와 현존재인 자신[사은의 공물公物]을 자각하라.

둘째, 이해관계로 인하여 원망심이 나올 때는 인과의 진리로 미리 빚을 갚는 마음으로 돌린다. 감수불보甘受不報 선업결연善業結緣.

셋째, 오직 공부심으로 돌린다.

1) 나의 부족을 깨우치는 계기로 알 때 스승으로 여겨지며 감사심이 솟는다. <용도를 알면 버릴 것이 없다>

2) 원망 그 자체가 자신의 마음을 태우는 것이요 진리의 벌임을 알아야 한다.

넷째, 진리의 시험으로 돌린다.

1) 진리가 나의 마음을 시험하시는 시험지로 알 때 감사심이 난다.

2) 일체 경계가 성불의 교과서요, 일체 생령이 다 제도의 대상이다.

33. 타력 생활을 자력 생활로 돌리는 방법은?

1) 이 조문 또한 근기와 형편 따라 그 방법이 많을 것이니 우선 각자의 경험담을 들어 봅시다.

가) 능히 내가 할 수 있는 일을 남에게 미루거나 남을 시키는 경우가 많은데 이것 또한 의뢰심인 줄 아는데 잘 고쳐지지 않습니다.

⇒ 자력 생활하는 데 가장 주의할 점이 그 점일 것입니다. 무슨 일이나 특례를 제除하고는 내가 할 수 있는 일은 반드시 내가 하는 습관을 꼭 길들입시다. 이것이 자력을 세우는 가장 요긴한 첩경일 것입니다.

나) 내가 할 수 있는 일이라도 남을 시키기도 해야 할 것입니다. 왜냐하면 나도 편해서 좋고 그 사람 복 지어서 좋으니 자리이타가 아닙니까?

⇒ 물론 중생을 제도하는 대원력을 가지시고 자타의 혜복을 마음대로 증진할 수 있는 대 권능을 가지신 분이야 어떻게 하신들 안 될 것이 있으리오마는 그만한 능력이 없는 초입자가 그런 생각을 하는 것은 크게 우스운 일이다. 내가 그 복을 줄 만한 능력도 없는 터에 내가 우선 편한 것만 생각하고 복 지으라는 미명을 앞세우는 것은 전연 진리를 모르는 말이니 크게 주의할 바이다. 복 주실 능력이 있는 분일수록 더욱 자력 양성에 힘쓰시고 중생이 복을 비는 혜시를 받으실 때는 널리 값있게 써 주시는 것이다.

다) 『대종경』 신성품 1장에 표준 하여 살려고 노력하니까 어려운 일을 당하여 스승님에게만 의지하여 해결해 왔더니 자력을 세우는 데는 지장이 되는 것을 느꼈습니다.

⇒ 참다운 신성은 물론 절대 순종하는 것이로되 스스로 생각도 해보지 말라는 것은 아니다. 반드시 힘껏 생각해서 자기의 역량을 길러가되 자기 주견에 고집하지 않는 것이니, 이 점에 유의할 것이다. 그러기 때문에 대종사님께서 열반을 몇 해 앞두시고 정산 종사께 '네 의견도 말해보고 주장대로 일도 해보라' 하셨다 하며, 의견을 물으신 뒤에 스스로 더 생각해서 해결하도록 일러주시는 것을 뵐 수 있다. 이것이 모두 자력을 세우도록 하심인 것 같다.

이상의 여러 가지 예를 들어 설명한 바와 같이 형편과 근기 따라 제힘으로 할 수 있는 일은 절대로 미루지 않는 습관을 들이는 것이 가장 중요할 것이다. 그리고 그 구체적인 길로서 정신의 자주력, 육신의 자활력, 경제의 자립력을 확립하는 것이다.

2) 그러므로 나는 다음의 표준으로 노력한다.

자력 양성은 사람으로서 의무와 책임을 다할 수 있는 자신의 힘을 양성하는 것이니

가) 정신의 자주력은 자수·자각·자립으로 삼대력을 갖추는 것이요,

나) 육신의 자활력은 적당한 운동이나 활동으로 꾸준히 육체를 단련하는 공을 쌓는 것.

※ 참고 : 요가, 재건체조, 도인법, 산책 ….

기계는 쓰지 않고 두면 녹이 슬고, 육신은 활동하지 아니하면 병이 생긴다.

다) 경제의 자립력은 근검절약으로 예축하는 것을 원칙으로 반드시 수지 대조를 한다.

34. 의뢰심의 원인을 들어 주시오.

1) 자업자득의 인과 이치를 확실히 모르거나 철저히 믿지 않기 때문이요,

2) 문약의 폐단으로 자활의 단련이 없어서,

3) 게을러서 불로 소득하려는 데 있다.

4) 스스로 사은의 공물임을 깊이 느끼지 못하고 깨닫지 못하여 보은의 신조가 없기 때문이다.

※ 참고 : 사은에 보은하려면 자력 없이 가능하겠는가?

5) 최고의 자본은 자력임을 모르기 때문이다.

35. 잘 배우는 사람으로 돌리려면? <잘 배우는 방법은?>

1) 무엇을 배울 것인가부터 알아야 하겠습니다.

⇒ 그렇습니다! 필요한 것부터 먼저 배우되 사람이 참으로 길이 잘 사는 법이라면 무엇이나 다 배워야 할 것인바 도덕, 정사, 과학, 학술, 생활, 상식 등 무엇이든지 사람으로서 그 보람을 다할 수 있는데 도움이 되는 것이라면 기회 있는 대로 배워야 할 것입니다.

2) 왜 잘 배워지지 않는지 그 원인과 이유를 알면 잘 배워질 것 같습니다.

⇒ 그렇습니다. 잘 배워지지 않는 원인과 이유를 밝혀 볼 필요가 있겠습니다. 그 원인과 이유는 많겠지마는

가) 희망과 생의 의욕이 없을 때.

나) 필요를 느끼지 않을 때.

다) 자만심 때문에.

라) 배우는 방법을 잘 몰라서.

마) 게을러서, 습관 소질에 치우쳐서.

이상에 근본적인 것 몇 가지를 들었는바 우리가 잘 배우는 사람이 되려면

첫째, 더욱 잘 살고자 하는 큰 희망과 원력을 굳게 세우고 생의 의욕이 충만해야 할 것이요,

둘째, 그릇을 키우고 원대한 포부와 경륜을 지니며 겸허한 심경으로 부지런히 그 그릇을 채우는데 노력해야 할 것이며,

셋째, 보고 듣는 것을 오직 원하는 바에 대조하여 생각 있게 보고 듣는 습관을 들일 것이며,

넷째, 가르치는 것은 두 번 배우는 것이니 잘 가르치는 공부를 해야 할 것이다.

다섯째, 우주는 큰 학교요 인생은 영원한 학생이며 세상과 만물은 참다운 교과서니 나서 죽을 때까지 배우는 기간으로 삼고 평생을 배우며 살 뿐 아니라 세세생생 배우는 일을 놓지 말자.

위와 같은 표준으로 살아가면 잘 배우지 못할 사람이 적을 것이요 배워서 성공하지 못할 사람이 없을 것이다.

예: 대종사님과 정산 종사님이나 대산 종사님께서 배우시는 성의와 노력은 지극하셔서 사소한 지리나 역사 같은 일도 끝까지 찾아내시고 알아내셨다. 연령이나 성별이나 귀천 유·무식을 가리지 않으시고 묻고 배우시는 심법을 우리도 체 받아야 할 것이다.

※ 체계 있게 배운 지식은 정확한 것 같으나 협소하기 쉽고, 체계 없이 아무 데서나 배운 지식은 정리는 되지 못한 점이 있지마는 방대하여 후일 대성의 기초가 되는 것이다.

무엇이나 배운다고 하여 비인간적인 것을 배워서는 안 될 것이다.

36. 잘 가르치는 사람으로 돌리려면? <잘 가르치는 방법은?>

1) 왜 가르쳐야 하며 무엇을 가르칠 것인가부터 알아야 할 것 같습니다.

[이유]

가) 내가 알고 있는 것은 누구에게서인가 배운 것이니, 나도 누구에겐가 가르쳐 전하는 것이 당연한 일이요, <의무>

나) 내가 참으로 잘 살기 위해서는 세상이 좋아져야 하고 밝아져야 할 것이며, 좋은 세상 밝은 세상을 만들기로 하면 널리 가르쳐야 할 것이다. <연기>

다) 내가 잘 배우기 위해서는 남을 잘 가르쳐야 한다. <인과>

[내용]

가) 사람으로서 알아야 할 것 즉 사람의 구실을 잘하는 데 필요한 것은 다 가르쳐야 할 것이니, 내가 아는 만큼 가르칠 의무가 있다.

나) 도덕, 정사, 과학, 생활, 학술, 상식 등 ….

2) 가르치는 것이 마땅한 줄 알면서도 왜 가르치지 못할까요? [잘 가르치지 못하는 원인은?]

가) 자기가 모르기 때문에.

나) 가르치는 방법을 잘 몰라서. [상에 가리거나 근기를 모르거나 기술적 방법을 몰라서].

다) 목전의 욕심에 가려서. [친소親疎에 끌려 너무 잘 가르치려 하거나 자기만 알려는 이기심]

라) 불생불멸과 인과보응의 진리를 모르기 때문에.

마) 성불제중의 원력이 크지 못하고 철저하지 못해서.

바) 게을러서.

이상에 든 원인 외에도 많을 것이나 그 근본적인 것 몇 가지를 들어본 것이다.

3) 잘 가르치는 사람이 되려면?

가) 먼저 알고 있어야 하고,

나) 원력이 크고 철저해야 하며, <제생의세의 원력>

다) 진리를 확실히 깨달아야 하며,

라) 가르치는 방법을 잘 알아야 할 것이다.

4) 잘 가르치는 구체적인 방법을 말씀해 주십시오.

잘 가르치는 사람이 되는 길은 직접 가르치는 길과 간접적으로 가르치는 길이 있을 것인바

첫째, 직접 가르치는 길로는

가) 말로 가르치는 것이니, 무량법문을 마련하여 법 있는 말로써 걸림 없도록 하는 것이요,

나) 실천으로 가르치는 것이니, 심신 작용이 매양 도에 맞아서 솔선으로 보여주는 것이며,

다) 마음으로 가르치는 것이니, 자비와 인정이 충만하여 심화·기화·인화로 가르치는 것이며 이 모두가 스스로 성심껏 수도함으로써 밖으로 나타나게 되는 것이다. <수도지위교修道之謂教[19]>

둘째, 간접적으로 가르치는 길은

가) 정신·육신·물질을 힘 미치는 대로 교육기관이나 교화기관에 합력하는 길과

나) 장학기관에 합력하는 길이 있다.

---

19) 『중용』 제1장에 나오는 말. "천명지위성天命之謂性이오 솔성지위도率性之謂道요 수도지위교修道之謂教니라."(하늘이 명命하신 것을 성性이라 이르고, 성을 따름을 도道라 이르고, 도를 닦음을 교教라 이른다.)

이상 여러 가지의 방법이 있으나 그 마음이 항상 여래 호념의 도에 표준 하여 [언제나 알뜰히 아껴주시고 살려 주시고 용서하여 주시고 북돋아 주시고 이끌어 주시는 마음] 그 사람의 영생을 능히 구원받을 수 있는 근본적인 것부터 가르치는 것이 좋을 것이다.

5) 영생을 능히 구원할 수 있는 것이란 무엇일까요?

가) 희망과 용기와 신념을 넣어 주는 것. <불지품>

나) 불생불멸의 진리와 인과보응의 진리를 깨우쳐 주는 것. <인과품16>

※ 석기이교인자역釋己而敎人者逆하고 정기이화인자순正己而化人者順이니 역자난종逆者難從이요 순자이행順者易行이라 난종즉난難從則亂하고 이행즉리易行則理니 여차如此면 이신理身 이가理家 이국理國이 가야可也니라.[20]

37. 공익심 있는 사람으로 돌리려면?

1) 공익심이란 무엇이며 어떻게 생겨나는지를 먼저 알아야 하겠습니다. 공익심이란 전체의 이익을 위하여 힘 미치는 대로 바라는 바 없이 알뜰하게 바치는 마음이니, 이 마음은

가) 현재 사는 자신이 사은의 공물임을 확실히 자각할 때, <보은봉공의 생활이 되고>

나) 본래 자기인 자성을 자각할 때, <무착보시無着布施 자재自在할 것이요>

20) 『소서素書』에 나오는 말. 내 몸을 놓고서 남을 가르치는 자는 거슬리고 자기 몸을 바루고서 남을 교화하는 자는 따르나니, 역은 따르기가 어렵고 순은 행하기 쉬운 것이다. 따르기 어려운즉 어지럽고 행하기 쉬운즉슨 다스려지니 이처럼 하면 자신을 다스리고 집을 다스리고 나라도 다스릴 수 있다.

다) 인과보응의 진리를 믿고 알 때 우러나고,

라) 제생의세의 대 원력이 굳게 뭉쳐지고 대원정각을 이루어 시방일가 사생일신이 되면 대자대비의 대 공익심이 샘솟을 것이다.

2) 공익심을 발휘할 수 있는 구체적인 방법을 말씀해 주시오.

⇒ 근기와 형편 따라 그 방법이 많을 것이나 정신·육신·물질 간에 힘 미치는 대로 이타적 생활을 표준으로 가정·사회·국가·세계의 당하는 곳마다 개아個我를 놓고 전체를 위하여 바라는 바 없이 알뜰하게 바치면 되는 것이다. 즉 당하는 곳마다 법도 있는 주인의 심경으로 사는 것이다. 그러므로 우리는 나의 생활이 빙공영사憑公營私인가 선공후사先公後私인가를 늘 대조하고 살펴야 할 것이다.

가) 공심 있는 사람은 먼저 공중의 규칙을 지킬 줄 알며 공중의 물건을 아껴 쓸 줄 안다.

나) 참으로 공심 있는 사람은 이해심이 많을 것이다. <스스로 공부 잘하는 것>

3) 대중 생활을 하다가 몸이 아프면 공심 없다는 말을 많이 듣는데 그때가 가장 괴롭습니다.

⇒ 너무 걱정할 것이 없습니다. 공심에는 전체공심과 부분공심[대공大公 편공偏公]이 있고, 숨은 공심과 나타난 공심[은공隱公 현공顯公]이 있으며, 바른 공심과 어리석은 공심[정공正公 우공愚公]이 있으니, 지공무사한 공심은 대와 소를 나누어 보지 않고 은과 현을 둘로 보지 않으며, 오직 힘 미치는 대로 바라는 바 없이 알뜰하게 바치면 되는 것입니다. 그러나 불보살은 전체 공심, 숨은 공심을 더 발휘하시는 것이니, 우리도 스스로

대조해 볼 일이요 남의 말에 끌릴 것은 없는 것입니다.

공과 사를 다 같이 챙기되 양자택일의 경우에는 공을 택하는 것이 지공무사한 것이다.

전체 공심 : 알뜰하게 바치는 마음이 전 세계와 전 교단에 미치는 것이요,

부분 공심 : 알뜰하게 바치는 마음이 어느 부분에만 미치는 것. <자기가 현재 책임지고 있는 곳>

숨은 공심 : 대중이 알지 못하게 바치는 마음이니 심고와 기도 또한 이에 속할 것이다. <무념보시>

나타난 공심 : 대중이 다 알 수 있도록 드러나는 공심이다.

바른 공심 : 힘 미치는 대로 바라는 바 없이 바치는 공심.

어리석은 공심 : 힘에도 없는 일을 억지로 한다거나 바라는 마음을 가지고 바치는 공심.

※ 인과보응의 진리를 믿고 내생의 과보나 어떤 대가를 바라는 마음으로 공익심을 내게 되면 자칫하면 공리주의에 떨어지기 쉬우며 이 같은 공심은 참으로 바른 공심이 될 수는 없는 것이다.

38. 교강 9조인 일상수행의 요법을 조석으로 외게 하는 것은?

공부인으로 하여금 일상생활의 표준으로 삼아 날로 대조하고 경계마다 대조하여 바로 불보살의 삶이 될 수 있도록 하신 것이다. 그러므로 우리의 생활은 오직 이에 표준 하여 일체가 공부심으로 일관되어야 할 것이다.

39. 교강 9조와 불보살의 생활이 어떤 관계가 있습니까?

교강 9조는 본교의 교의를 그대로 수행하고 실천하는 강령적 조항이니, 미래 불보살의 생활 표준이요 인격 기준이라 할 수 있는 것이다. 왜냐하면 불보살이 아니고서는 능히 자성의 정, 자성의 혜, 자성

의 계를 세우지 못하는 것이요 신·분·의·성의 추진이 있을 수 없으며, 불보살이 아니고서는 원망 생활을 능히 감사 생활로 돌리지 못하고 잘 배우지도 못하며 잘 가르치지도 못하며 공익심을 발휘할 수도 없는 것이다. 그러므로 자성의 정·혜·계를 세우고 신·분·의·성의 추진이 있으면 곧 불보살이니, 감사 생활을 할 줄 알고 잘 배울 줄 알며 잘 가르칠 줄 알며 공익심을 발휘할 줄 알면 또한 곧 불보살인 것이니, 우리는 따로 특별한 것을 바라지 말고 오직 이에 표준 하여 이대로 살아감으로써 다 같이 바로 초범 입성의 대과를 성취하자.

40. 배울 줄 모르는 사람을 잘 배우는 사람 운운하였으니 나 스스로 잘 배우는 사람이 되는 의미보다도 다른 사람을 그렇게 만들자는 뜻이 많은 것 같은데 스스로 하는 점을 강조하시는 듯하여 약간 의심이 납니다.

물론 여기서 사람 운운하신 것은 자타를 막론하고 일반적인 모든 사람을 지칭한 것이리라. 그러나 본문이 수행의 요법인 점에 착안할 때 수행은 자신의 공부에 중점을 두는 것이 옳을 것이며 남을 교화하는 데 중점을 두는 것은 아닐 것이다. 그러므로 본문은 모든 사람 스스로가 자신의 마음을 잘 세우고 자신의 마음을 잘 돌리는 사람이 되어 불보살의 인격을 완성하여 불보살의 생활을 하는 데 본의가 있다 할 것이다.

[성심 조항省心條項]

1. 심지에 요란함이 있는가 없는가?
2. 심지에 어리석음이 있는가 없는가?
3. 심지에 그름이 있는가 없는가?
4. 신분의성의 추진이 있는가 없는가?

5. 감사 생활을 하는가 못하는가? <원망 생활을 하는가?>

6. 자력 생활을 하는가 못하는가? <타력 생활을 하는가?>

7. 성심으로 배우는가 못 배우는가?

8. 성심으로 가르치는가 못 가르치는가?

9. 남에게 유익을 주는가 못 주는가?

늘 대조하고 챙겨서 필경은 저절로 되는 경지에까지 이르게 하라.

이상은 미래 불보살의 성심 조항이다.

제2장 정기 훈련과 상시 훈련

[대의]

본교의 훈련법은 모든 공부인으로 하여금 교리를 배우고 가르치고 단련하게 하여 누구나 범부의 탈을 벗고 불보살의 대 인격을 갖출 수 있도록 정기와 상시로 끊임없이 신앙하고 수행해 가도록 하는 법이다. <실지수행과 실지신앙을 직접 단련하는 법>

[문제점]

1. 훈련이란?

1) 무술을 익히는 것.

2) 가르쳐 익히게 하는 것.

3) 배우고 가르치고 단련하는 것.

4) 일정한 법으로 심신을 질박아 단련해서 익숙하게 함.

5) 반복 수행하여 숙달되게 함.

2. 교육과 훈련의 차이점은?

대의와 목적은 거의 같겠으나 일반적으로

1) 교육은 지식을 함양하는데 중점을 두고,

2) 훈련은 심신을 단련하는데 중점을 둔다.

고로 정전에서 '훈련'으로 명시하신 것은 '지행합일'의 단련으로 원만한 활불을 만드는데 뜻을 두신 것 같다.

3. 재래사찰의 선원과 강원의 일반적 개념과 본교의 선원에 대하여 설명해 주시오.

1) 재래의 선원은 좌선 위주의 수련장이요 강원은 경강 위주의 수련장이라면

2) 본교의 선학원은 11과목에 의한 훈련장으로 실지신앙과 실지수행을 단련시키는 훈련원이라 할 수 있을 것이다.

※ 명필이나 명사수는 이론으로만 되는 것이 아니요, 일정한 법칙과 원리에 근거하여 반복실행으로 많이 써보고 많이 쏘아 본데서 이루어진 것 같이 불보살이 되는 것도 우리의 훈련법에 의하여 오직 정성스럽게 반복 실행하는데서 대성을 보는 것이다.

제1절 정기 훈련법

공부인에게 정기(定期)로 법의 훈련을 받게 하기 위하여 정기 훈련 과목으로 염불(念佛)·좌선(坐禪)·경전(經典)·강연(講演)·회화(會話)·의두(疑頭)·성리(性理)·정기 일기(定期日記)·상시 일기(常時日記)·주의(注意)·조행(操行) 등의 과목을 정하였나니, 염불·좌선은 정신 수양 훈련 과목이 요, 경전·강연·회화·의두·성리·정기·일기는 사리 연구 훈련 과목이요, 상시 일기·주의·조행은 작업 취사 훈련 과목이니라.

염불은 우리의 지정한 주문(呪文) 한 귀를 연하여 부르게 함이니, 이는 천지만엽으로 흐트러진 정신을 주문 한 귀에 집주하되 천념 만념을 오직 일념으로 만들기 위함이요,

좌선은 기운을 바르게 하고 마음을 지키기 위하여 마음과 기운을 단전(丹田)에 주(住)하되 한 생각이라는 주착도 없이 하여, 오직 원적 무별(圓寂無別)한 진경에 그쳐 있도록 함이니, 이는 사람의 순연한 근본 정신을 양성하는 방법이요,

경전은 우리의 지정 교서와 참고 경전 등을 이름이니, 이는 공부인으로 하여금 그 공부하는 방향로를 알게 하기 위함이요,

강연은 사리 간에 어떠한 문제를 정하고 그 의지를 해석시킴이니, 이는 공부인으로 하여금 대중의 앞에서 격(格)을 갖추어 그 지견을 교환하며 혜두(慧頭)를 단련시키기 위함이요,

회화는 각자의 보고 들은 가운데 스스로 느낀 바를 자유로이 말하게 함이니, 이는 공부인에게 구속 없고 활발하게 의견을 교환하며 혜두를 단련시키기 위함이요,

의두는 대소 유무의 이치와 시비 이해의 일이며 과거 불조의 화두(話頭) 중에서 의심나는 제목을 연구하여 감정을 얻게 하는 것이니, 이는 연구의 깊은 경지를 밟는 공부인에게 사리 간 명확한 분석을 얻도록 함이요,

성리는 우주 만유의 본래 이치와 우리의 자성 원리를 해결하여 알자 함이요,

정기 일기는 당일의 작업 시간 수와 수입 지출과 심신 작용의 처리 건과 감각(感覺) 감상(感想)을 기재시킴이요,

상시 일기는 당일의 유무념 처리와 학습 상황과 계문에 범과 유무를 기재시킴이요,

주의는 사람의 육근을 동작할 때에 하기로 한 일과 안 하기로 한 일을 경우에 따라 잊어버리지 아니하고 실행하는 마음을 이름이요,

조행은 사람으로서 사람다운 행실 가짐을 이름이니, 이는 다 공부인으로 하여금 그 공부를 무시로 대조하여 실행에 옮김으로써 공부의 실효과를 얻게 하기 위함이니라.

[대의]

공부인으로 하여금 일정한 기간 삼학 수행의 구체적 방법인 11과목에 의하여 철저하게 훈련하도록 하는 동시에 순順·역逆·공空의 모든 경계를 무난히 헤쳐나가고 활용할 수 있는 상시 훈련의 자료를 준비하고 상시 훈련의 실습을 하게 하는 것이다. <선학원의 훈련법>

※ 가) 대공도야大工陶冶 대정훈증大鼎熏蒸[21)]

나) 저축삼대력양성貯蓄三大力養成

다) 신앙에 근거하여

1) 수양 : 염불·좌선 [심고, 기도, 주문, 무시선]

2) 연구 : 경전·강연·회화·의두·성리·정기 일기 [청법]

3) 취사 : 상시 일기·주의·조행 [반성, 참회, 불공법]

이상 11과목으로 삼학 공부의 기초를 닦게 하며 불보살의 인격을 갖추는 길을 잡는다.

[단어 숙어 풀이]

◆ 주문 : 일심을 만들어 각자의 소원을 달성하기 위해서 반복하여 외울 수 있도록 만든 간단한 기원문의 일종. 예) 영주靈呪 등 주송呪誦. 송주誦呪.

◆ 집주 : 한 곳으로 모음

---

21) 『대산종사법문』 3집 '제4편 훈련'에 대산 종법사 말씀하시기를 『우리의 훈련법은 대공도야大工陶冶로 큰 공장에서 물건을 계속 만들어 내는 것과 같고, 모계포란母鷄包卵으로 어미 닭이 알을 품고 병아리를 깨는 것과 같으며, 사제훈습師弟薰習으로 스승의 훈증薰蒸따라 제자가 익어지는 것과 같은 법이다. 수도인은 스승으로부터 귀신도 모르는 가운데 마음 건네는 훈증이 없으면 큰 도인되기가 어렵다. 마치 고아들은 잘 먹이고 잘 입히나 어딘가 모르게 얼굴에 그늘이 있는데 그것은 부모의 따뜻한 사랑이 없기 때문이다. 그러므로 이 회상에 들어와서 한눈팔지 아니하고 훈련만 잘 받으면 여래가 되고 활불活佛이 된다.』

◆ 단전 : 1) 배꼽 아래 한 치 되는 아랫배. 2) 단심丹心의 터전. 3) 마음의 딴 이름.

◆ 원적무별 : 마음이 두렷하고 고요하여 분별과 주착이 없는 상태.

◆ 진경 : 1) 참다운 경지. 2) 원적무별한 마음의 상태. 3) 적적성성하고 성성적적한 마음의 상태.[22)]

◆ 순연 : 섞이지 않은 본연 그대로의 모습. 순일하고 온전함.

◆ 주착 : 한편에 집착하여 머물러 있는 것.

◆ 혜두 : 1) 지혜, 슬기. 2) 사물의 이치를 밝게 판별할 수 있는 정신력.

◆ 격格 : 일정한 틀 또는 제도. 신분에 맞는 체제.

◆ 지견 : 지혜와 식견.

◆ 화두 : 1) 말의 시초. 2) 참선할 때 정신을 통일하기 위하여 드는 제재題材. 3) 의두, 공안.

◆ 명확 : 1) 뚜렷하고 확실함. 2) 확실하고 분명함.

◆ 분석력 : 1) 가닥가닥 나누어 가려내서 판단하는 마음의 힘. 2) 한 덩어리로 얽혀있는 것을 가닥가닥 나누어 풀어내는 힘.

◆ 감각 : 1) 느껴 깨달음. 2) 사리 간에 어떤 사물을 통하여 느껴서 의심 없이 알았거나 실천을 통해서 확신하게 되는 것. 3) 의심났던 것

---

22) 적적성성 성성적적 : 선禪의 진경眞境을 나타내는 말. 적적은 고요하고 고요하여 일체의 사량 분별·번뇌 망상이 텅 비어버린 경지. 성성은 소소영령한 것.
『영가집永嘉集』에는 삼매에 대하여 밝히며 "성성적적시惺惺寂寂是 무기적적비無記寂寂非 적적성성시寂寂惺惺是 난상성성비亂想惺惺非"라 하였다.(성성惺惺하고 적적寂寂함은 옳고 무기無記하고 적적寂寂함은 그르며, 적적寂寂하고 성성惺惺함은 옳고 난상亂想하고 성성惺惺함은 그르다.)
대종사께서도 수행품 12장에서 "선종禪宗의 많은 조사가 선禪에 대한 천만 방편과 문로를 열어 놓았으나, 한 말로 통합하여 말하자면 망념을 쉬고 진성을 길러서 오직 공적 영지空寂靈知가 앞에 나타나게 하자는 것이 선이니, 그러므로 '적적寂寂한 가운데 성성惺惺함은 옳고 적적한 가운데 무기無記는 그르며, 또는 성성한 가운데 적적함은 옳고 성성한 가운데 망상은 그르다.' 하는 말씀이 선의 강령이 되나니라." 하였다.

을 확실히 깨달아 아는 것.

◆ 감상 : 1) 자연 현상이나 대인접물 간에 우연히 느껴진 생각으로서 어떤 진리성이 있다고 여겨지는 것. 2) 사리 간에 어떤 사물을 보고 듣는 중 그러리라고 느껴진 특별한 생각.

◆ 교서 : 교단에서 지정한 각종 교과서. 교전, 예전, 교헌, 교사, 성가, 불조요경 ….

◎ 염불念佛

[문제점]

1. 염불이란?

부처를 이루기 위해 염念하는 것인데 천만 가지로 벌여나가는 생각을 오직 주문이나 '아미타불' 일구一句에 집주하여 일념을 만드는 수양의 한 방법이다.

<나무아미타불을 외우는 것, 만념을 일념으로 만들고 일념을 만념으로 이어가는 노력>

2. 본교의 염불은 어떻게 하며 그 진경은 어떠한지요?

나무아미타불[귀의무량수각]을 연하여 부르되 귀의무량수각의 일념이나 나무아미타불의 일성에 마음을 집주하여 오직 일심 지성으로 계속하여 필경 염불 삼매에 진입하는 것이니, 소리와 나와 우주가 하나로 뭉쳐져서 끊임없는 것이 그 진경이라 할 수 있을 것이다.

<염불일념 한거불국閑居佛國>

예 : 1) 아미타불재하방阿彌陀佛在何方 착득심두절막망着得心頭切莫忘

염도염궁무염처念到念窮無念處 육문상방자금광六門常放紫金光[23)]

<나옹懶翁>

2) 부르면 부를수록 부처도 나도 없다.

불佛과 내가 구공俱空커늘 천지인들 있을쏘냐.

진대지 우주 안에 아미타불 소리뿐. <원산 선생>

3) 아미타불비롱한阿彌陀佛非聾漢 염염미타이내하念念彌陀爾奈何

공산우설무인경空山雨雪無人境 맥지상봉시자가驀地相逢是自家[24)]

<나옹>

※ 아미타불의 위신력을 바라거나 까닭 없이 무조건 소리만 내어 하는 것보다는 본의를 알아서 간절하고 지극한 마음으로 오직 일념을 만들어 염불 삼매에 진입하는 것이 중요하다.

3. 염불하는 것이 쑥스럽고 어색한 생각이 들며 간절한 마음이 우러나지 않는 것은 왜 그런지요?

그 이유야 많겠지마는 일반적으로 일심의 소중함과 수양의 필요성을 절실히 느끼지 못하고 깨닫지 못하기 때문일 것이요, 또는 성격 소질 훈련 여하에 따라서도 약간 차이는 있을 것이다. 그러므로 먼저 일심이 이 육신의 생명보다 소중하고 수양이 인격의 근본이 되는 것을 확실히 알아서 번뇌가 많거나 외경이 가까운 때에는 염불로써 대치하는 것이 좋은 것이다.

※ 노느니 염불하자.

---

23) 아미타불이 어느 곳에 있는가/ 마음머리에 붙여 간절히 잊지 말아라./ 생각이 이르고 생각이 다한 생각 없는 곳에/ 육근 문이 항상 자금광[부처님의 광명]을 내더라.<『대산종사법문』 5집>

24) 아미타불이 귀머거리가 아니거늘/ 생각 생각 미타를 부르니 너 어찌 하려는고/ 빈 산에 눈 덮여 사람 경계 없는 곳을/ 뛰어넘은 경지에 서로 만날 때 이 내 집이더라.<『대산종사법문』 5집>

※ 삼일수심천재보三日修心千載寶 백년탐물일조진百年貪物一朝塵[25)]
보탑필경쇄위진寶塔畢竟碎爲塵 일념청정성정각一念淸淨成正覺[26)]

◎ 좌선坐禪

[문제점]

1. 좌선이란?

순연한 근본정신을 기르기 위하여 그 마음을 오직 원적무별한 진경에 그쳐 있게 하는 수양의 한 방법이다.

<식망현진息妄顯眞[27)]하고 수승화강水昇火降[28)] 시키는 법>

2. 좌선은 어떻게 하는 것이며 그 바른 표준을 간단히 일러 주십시오.

여기서 좌선이라 함은 주로 심신이 편안한 좌세坐勢로 전신의 기운을 바르게 고르고 마음을 지키기 위하여[정기기正其氣 수기심守其心]

---

25) 야운 각우野雲覺玗의 저작으로 알려진 『자경문』에 나오는 내용.
삼 일 동안 닦은 마음은 천 년의 보배가 되고/ 백 년 동안 탐한 재물은 하루아침에 티끌이 되느니라.

26) 지눌 저 『정혜결사문』에 나오는 내용. "문수게운文殊偈云 일념정심시도량一念淨心是道場 승조하사칠보탑勝造河沙七寶塔 보탑필경쇄위진寶塔畢竟碎爲塵 일념정심성정각一念淨心成正覺."(문수게에 한 생각의 깨끗한 마음이 바로 도량이다. 이는 강의 모래처럼 많은 칠보탑을 만드는 공덕보다 훌륭하다. 보배탑은 결국 부서져 티끌이 되지만 한 생각의 깨끗한 마음은 정각正覺을 이룬다.)

27) 마음에 있어서 망념을 쉬고 진성眞性을 나타낸다는 뜻으로, 좌선의 심경을 설명하는 말.

28) 수기는 위로 올리고 화기는 아래로 내린다. 『수심정경』에는 "대저정정연마지법大抵定靜煉磨之法은 내련자기조화도乃煉自己造化道하여 구력행지苟力行之하면 심화하강心火下降하고 신수상승腎水上昇하느니 수승화강자水昇火降者가 내정정지첩경乃定靜之捷徑이요 역연년지일도야亦延年之一道也니라."라 하였다.(대저 정정을 연마하는 법은 이에 자기의 조화하는 도를 단련하여 착실히 힘을 다해 행하면 마음에서 일어나는 불은 아래로 내려가고 신수는 위로 오르게 되는 것이니 수승화강함이 이에 정하고 고요함을 얻는 지름길이 되는 것이요 또한 수명을 연장케 하는 도가 되는 것이니라.)

마음과 기운을 단전에 주하여 식망현진하고 수승화강이 되게 함으로써 필경 물아구망物我俱忘의 진경에 들게 하는 것이다. 그러나 앉아서 하는 것이 일반적으로 편의하기 때문에 좌선이라 한 것이요 실은 행선, 입선, 좌선, 와선을 다 할 수 있어야 하는 것이니, 행·주·좌·와 간에 오직 망념을 쉬고 진성을 나투며 수기가 오르고 화기가 내리면 입에서 맑은 침이 돌고 정신이 상쾌해지며 영명한 혜광이 솟는 것이다. 고로 각자의 체질이나 건강이나 기질을 따라 처음에는 용이한 면으로 시작하여 행·주·좌·와 간에 그 마음이 적적성성하고 성성적적함을 표준으로 해야 할 것이다.

1) 조신調身·조식調息·조심調心이 잘 되어야 한다.
2) 입에서 맑은 침이 돌지 않거나 영명한 혜광이 솟지 않으면 잘못되는 것이니 주의하라.
3) 전신의 기운이 쭉 빠진 듯이 하고 다만 단전에만 기운이 남아 있는 듯이 하며 그 마음 일어나는 것을 관하라. 단전에 기운이 있는 듯이 하는 마음과 마음이 일어나는 것을 관하는 그 마음이 일치 될 때 물아구망의 진경에 진입하는 것이다.

3. 좌선의 진경을 설명해 주십시오.

그 진경은 말로 하지 않는 것이 가할 것이요 스스로 체험이 없으면 설명해도 이해가 되지 않는 것이다. 그러나 선인들의 체험을 몇 가지 소개함으로써 그 근경近境을 더듬게 하겠다.

1) 산당정야좌무언山堂靜夜坐無言 적적요요본자연寂寂寥寥本自然
하사서풍동임야何事西風動林野 일성한안여장천一聲寒鴈唳長天[29]

29) 야보 도천冶父道川의 게. 고요한 밤 산당에 묵묵히 앉았으니/ 적요로움 가득 본연의 세계인데/ 무슨 일로 서풍은 건듯 불어 숲을 흔들며/ 장천에 기러기 끼득끼득 이 무슨 소식인가. <『대산종사법문』 5집 제3부 파수공행>

<야보 도천>

2) 와석허심창천관臥席虛心蒼天觀 천공지공물아공天空地空物我空

운하홀연백운기云何忽然白雲起 강남비연농장천江南飛鳶弄長天[30)]

<원양>

3) 가는 마음 잡아매고 오는 마음 안 받으니,

오도 가도 않는 마음 일념집중 되었더라.

갈래야 갈 곳 없고 올래야 올 데 없어,

본연청정 하옵거든 일념주착 무삼일고.

낭떠러지 손을 떼라 건너거든 배를 놓아라

백척간두 그곳에서 용기 있게 한걸음을. <주산 종사>

4) 마공색공공역공魔空色空空亦空 심청경청몽매청心淸境淸夢寐淸[31)] <대산 종사>

5) 돈망과거頓忘過去 불사미래不思未來 즉현허심卽現虛心 적적성성寂寂惺惺 위지좌謂之坐 외사만착外捨萬着 내무일상內無一相 대인접물對人接物 시중자재時中自在 위지선謂之禪[32)] <원양>

6) 치연작용熾然作用 정체여여正體如如 위지좌謂之坐 종횡득묘縱橫得妙

---

30) 원양은 각산님의 별호이다. 자리에 편안히 누워 텅 빈 마음으로 하늘을 바라보네/ 하늘도 텅 비고 땅도 텅 비었으며 만물과 나 또한 텅 비었건만/ 어찌하여 홀연히 흰 구름 피어나는고/ 강남 가는 솔 개 한 마리 구만리장천을 노니는구나.

31) 대산 종사의 선시. 천년고사일등명千年古寺一燈明 노승한좌청수성老僧閑坐聽水聲 마공법공공역공魔空法空空亦空 심청경청몽매청心淸境淸夢寐淸 천년 옛 절에 한 등이 밝은데/ 노승이 한가로이 앉아 물소리를 듣더라./ 마도 공하고 법도 공하고 공 또한 공하여/ 마음도 맑고 경계도 맑고 꿈 또한 맑도다. <『대산종사법문』 5집 제1부 무한동력>

32) 과거를 모두 잊고 미래도 생각지 않아서 텅 빈 마음을 드러내어 고요한 가운데 초롱초롱함을 좌라 하며, 밖으로는 모든 집착을 놓고 안으로는 일체의 상이 없는 가운데 대인접물에 있어서 중도에 어그러지지 않음을 선이라 한다.

사사무애事事無碍 위지선謂之禪[33] <좌선문>

이상 몇 가지 예를 들어 그 진경을 말하였으나 일반적으로 번뇌가 적고 외경이 먼 때에 선으로써 원적무별한 진경에 그치는 공부를 계속하면 누구나 맛볼 수 있으며 순연한 근본정신이 길러지는 것이다.

4. 염불과 좌선은 어떤 관계가 있으며 그 차이점은?

같은 수양 과목으로서 일심을 기르고 진성을 양성하는데 표리가 되는바 공부인이 항상 각자의 심경과 외경을 잘 살펴서 때에 맞게 운용하면 쉽게 큰 정력을 얻어 원만한 수양력을 갖추게 되는 것이다. 그러므로 그 차이점을 들 것이 없겠으나 굳이 분석해 본다면 염불은 천만 가지 생각을 오직 일념을 만들어 필경 원적무별한 삼매의 진경에 들게 한다면 좌선은 기운과 마음을 단전에 주하여 일심을 만들어서 마침내 물아구망物我俱忘의 진경에 들게 하는 것이다. 그러나 초학자로서 번뇌가 과중하거나 외경의 유혹이 많을 때는 먼저 염불로써 대치하는 것이 좋은 것이요, 번뇌가 적어지고 외경이 적은 때에는 선으로써 진성을 기르는 것이 좋은 것이다.

※ 일 잡으면 전일하고 틈만 나면 염불 좌선
일심지성 그 힘으로 해탈 문에 들어오소
주인 없는 이 한 집이 우주 안에 다북찼네. <원양>

※ 원만한 수양을 원하는 사람은 염불과 좌선을 편수하는 것이 아니요, 또한 그에 차등을 두어 생각해도 안 되는 것이며, 선도 좌선만을 익혀서는 안 될 것이며 행·주·좌·와 간에 익혀야 한다.

---

33) 『불조요경』 휴휴암좌선문의 경문이다. 천만경계에 치연히 작용하나 마음의 정체가 여여 부동함을 이르되 좌요, 종으로나 횡으로나 묘용을 얻어서 일일에 걸림 없음을 이르되 선이다.

◎ 경전經典

[문제점]

1. 경전이란?

공부의 방향로[사리를 알아 활용하는 길]를 알기 위해 지정 교서와 참고 경전을 배우고 익히는 연구의 한 방법이다. <묻고 배워 지견을 넓히는 혜두단련>

※ 성인출세聖人出世 이전은 도재천道在天하고 성인출세聖人出世 이후는 도재성인道在聖人하며 성인기세聖人棄世이후는 도재경전道在經典이라.[34] 경전은 곧 도가 수록되어 있고 성인의 심법과 인격이 들어있는 것이다.

2. 경전연습은 어떻게 하는 것이 좋을까요?

1) 그 경전을 설해주신 스승님 즉 대종사님과 제불제성님을 직접 모시고 받드는 심경으로,

2) 이 경전이 아니면 나의 원하는 바를 이룰 수 없으리라 하는 굳은 신념과 반드시 실천하리라는 굳은 각오와 결심으로 정독할 것이며,

3) 진리[대소 유무, 불생불멸 인과보응]와 생활[시비 이해]과 실지공부[육근 작용]에 부합시켜서 궁굴리고 보고 듣고 생각하여 완전히 이해함은 물론 피와 살이 되도록 할 것이다.

4) 경다반미經多反迷[35]라 하시니 널리 보되 반드시 표준경標準經을 정

---

34) "성인이 나시기 전에는 도가 천지에 있고 성인이 나신 후에는 도가 성인에게 있고 성인이 가신 후에는 도가 경전에 있다" 하시었나니, 우연 자연한 천지의 도가 가장 큰 경전이니라. <『정산종사법어』 제9 무본편 52장>

35) 경전을 너무 많이 보아 오히려 미혹되어 어두워진다는 뜻.

하여 통달 체득해야 하는 것이다.

예 : 달마 대사와 육조 대사는 금강경, 보조 국사는 금강경 단경, 예수는 구약, 공자는 주역[위편삼절], 장량은 소서[십만 독], 대종사는 일원상의 진리[천지는 법이요, 세상은 산 경전이라 하심], 소하는 춘추 십만 독, 진평은 육경 십만 독.

3. 정기 훈련에 있어서 경전의 필요성을 말해 주시오.

1) 군인이 훈련을 받을 때는 일반학, 화기학, 전술학 등 모든 군사학을 다 배우는 것 같다.

2) 성불제중하고 제생의세하는 모든 방법과 그 원리 및 정확한 목표를 배우는 것이다.

3) 여행자에게 지도와 같다.

※ 참고 : 오성의 소실과 지도와 이여송[36]

◎ 강연講演

[문제점]

1. 강연이란?

격을 갖추어 지견을 교환하고 혜두를 단련시키기 위하여 사리 간에 일정한 제목을 놓고 그 뜻을 해석하는 연구의 한 방법. <구속을 주어 격에 맞는 혜두단련을 시키는 공부>

2. 강연이 왜 사리 연구에 속하는가요?

---

36) 임진왜란 때 명나라에 구원병을 요청하였을 당시 명의 이여송 장군을 맞아들일 때의 이야기이다. 압록강을 건너 온 이여송은 말없이 손을 내밀었다. 이때, 오성 이항복이 서슴없이 품속에서 팔도의 지도를 꺼내 주자, 이를 받아 본 이여송은 조선에도 인재가 있음을 알게 되었다면서 감복하면서도 속으로 그의 주도면밀함에 새삼 놀랐다 한다.

사리 연구의 목적은 혜두를 단련시켜 이무애理無碍 사무애事無碍의 지혜력을 갖추는데 있는바, 강연을 하려면 자연 머리를 짜내고 정신을 집중시켜 생각을 궁굴리게 되며 평소 연구하고 실천하던 것이라도 정리하고 순서를 가려내는 등 혜두 단련이 되기 때문에 사리 연구 과목이 되는 것이다.

3. 격을 갖춘다는 뜻은 무엇이며 갖추어야 할 필요성을 설명해 주시오.

1) 격을 갖춘다는 것은

첫째 형식을 갖춘다는 것으로 외적으로 연상이나 법석을 정식으로 갖추는 것이요,

둘째 내용에 있어서

가) 외제外題를 하지 않고 본제에 어긋남이 없게 하며,

나) 서론, 본론, 결론의 순서와 조리가 정연하게 함을 말한다.

2) 격을 갖추어 단련시키는 것은 사리 간에 문제의 핵심을 정확히 파악하며 논리 정연하게 해석함으로써 그 문제의 의미와 목적, 방법과 결과를 분명히 알 수 있게 하는바 주로 연역적 사고방식이 단련된다 할 것이다.

3) 속담에 "하던 장난도 멍석을 펴주면 못한다"는 말이 있다. 좌담은 잘하는 분이 강연은 잘 못하는 경우도 있다.

※ 참고 : 방안통수[37)]

4. 강연 연습을 할 때 주의할 점과 잘할 수 있는 방법에 대하여 말씀해 주십시오.

강연 연습은 사리 연구인 동시에 말을 단련하는 공부이니 연구력과 설력說力을 병진하는 법이다. 고로

---

37) 밖에 나가서는 제대로 하지 못 하면서 방안에서만 잘하는 척 으스대는 사람을 비꼬아서 하는 말.

1) 성음聲音·언채言彩·조리·강령에 대하여 유의할 것이요,

2) 너무 어렵게만 여기지 말고 평소 연구하고 실천해 본 것을 그 문제에 연결 지어 정리하는 동시에 다른 사람의 강연이나 회화나 설교 법설 등을 잘 듣는 공부를 할 것이며,

3) 평소에 스승님과 대중의 감정 받는 공부를 잘 할 것이며,

4) 원고를 정리할 때는 반드시

가) 그 제목을 놓고 몇 번이고 실행해 볼 것이요,

나) 여러 경우를 생각하여 두루 원만하게 밝힐 것이며,

다) 선후본말을 알아서 조리 있게 엮어갈 것이며,

라) 그 처지와 그 문제에 알맞은 어휘를 선택할 것이다.

◎ 회화會話

[문제점]

1. 회화란?

구속 없이 활발하게 의견을 교환하며 혜두를 단련시키기 위하여 견문 간에 스스로 느끼고 깨달은 바를 자유로이 말하게 하는 연구의 한 방법.

<자유스럽고 활발하게 혜두를 단련시키는 공부>

2. 회화가 사리 연구에 속하는 이유는?

강연이 사리 연구에 속하는 것과 같다. 비록 일정한 제목은 주어지지 않는다 할지라도 회화 시간을 통하여 견성성불과 제생의세의 길이며 감각감상이나 심신 작용 처리 건을 가지고 자유스럽게 의견을 교환하게 함으로써 평소의 생활이 까닭 있게 되고 자연 현상이나 대인접물을 건성으로 보아 넘기지 않게 되어 관찰력과 통찰력이 길

러지기 때문에 연구의 조항으로 넣은 것 같다.

3. 격을 갖추지 않고 혜두를 단련시키는 까닭은?

사람이 격에만 얽매이면 옹졸해지기 쉽고, 자유스럽게만 살면 방자해지기 때문에 구속과 자유를 아울러 길러가야 하는 것 같이 혜두 단련에 있어서도 강연은 격을 갖추어 단련하게 하고 회화는 자유스럽고 활발하게 단련토록 하신 것이다. 고로 회화는 일정한 제목에 국한하지 않고 모든 사물에 대하여 자유롭게 감각 감상된 바를 정리해서 하나의 결론을 도출하여 발표하는 것인바 주로 귀납적인 사고방식이 단련된다고 할 수 있다.

4. 회화를 할 때 유의할 점과 잘할 수 있는 방법은?

회화도 강연과 같이 사리 연구인 동시에 말을 단련하는 공부이니 연구력과 설력說力을 병진하는 법이다. 고로

1) 성음聲音, 언채言彩, 조리, 강령에 유의할 것이요,
2) 평소에 예리한 관찰과 깊은 통찰로 모든 사물을 유심히 살피는 공부를 잘하여 자기 목적과 원하는 바에 늘 대조해 보아야 할 것이다.
   <투철한 원력이 있어야>
3) 다른 사람의 회화, 강연, 법설 등을 잘 들어 반드시 자기의 수행에 대조해 볼 것이요,
4) 회화 시간이 아니라도 동지와 이상 사우師友와 더불어 의견 교환을 잘할 것이며,
5) 간단명료하고 두루 걸림 없이 순서 있게 발표하되 대화하는 중에 용어의 개념이 미상할 때는 반드시 이해를 구하고 상대편에서 이해하지 못할 용어는 쓰지 않는 것이 좋을 것이다.

◎ 의두疑頭

[문제점]

1. 의두란?

대소 유무의 이치와 시비 이해의 일이며 불성佛聖들의 화두 중에서 의심나는 것을 명확히 분석하여 걸림 없는 판단력을 기르는 연구의 한 방법.

<사리 간 명확한 분석력을 얻는 혜두단련>

2. 의두 해결의 방법에 대하여 상세히 설명해 주시오.

각자의 근기와 습관에 따라 그 방법이 다르겠지마는 일반적으로

1) 의단을 뭉쳐 만의적정萬疑寂靜한 대정大定의 힘으로 깨치는 방법.

<일의지하一疑之下에 만의적정萬疑寂靜[38]하여 대정정의 힘으로 계발되는 지각>

2) 정신이 맑을 때 잠깐잠깐 들어서 연마하여 그 해결의 순서를 찾아 풀어가는 방법.

<원양의 우주 자유와 자심自心 자유의 길>

3) 묻고 배우는 가운데 깨치는 법. <의견교환>

4) 견문 간이나 일하는 가운데 우연히 알아지는 것.

이상 여러 가지 길을 말하였으나 의심을 걸지 않고는 생각되는

---

38) 『수심정경』에는 다음과 같은 구절이 있다. "사즉의무思則疑無하고 망즉의유望則疑有하리니 의거의래疑去疑來에 의무소의疑無所疑를 공연하의空然何疑리오. 홀연연심忽然燃心하면 시내진의是乃眞疑라. 시의지하是疑之下에 만의적정萬疑寂靜하면 불분주야不分晝夜함이 여몽약진如夢若眞하여 공적천지空寂天地에 유일의이이惟一疑而已거늘 차비대의이하此非大疑而何오."(생각한 즉 의심이 없고 바란 즉 의심이 있나니 의심이 가고 의심이 옴에 의심하고 의심할 바가 없거늘 공연히 어찌 의심하리요. 홀연히 의심을 태워 버리면 이것이 참 의심이라. 이 참 의심 아래 일만 의심이 적정하면 주야를 분별치 못함이 꿈도 같고 참도 같아서 공적한 천지에 오직 한 의심 뿐 이니, 이것이 큰 의심이 아니고 무엇이리요.)

것이 없고 생각하지 않고는 깨치는 것이 없나니 반드시 깊은 믿음과 까닭 있는 생활로 의두를 연마해야 할 것이다. 고로 생활하는 중에나 기타 경전을 보는 중에나 수행 길에 대하여 의심난 점을 적어놓고 정신이 맑을 때 잠깐잠깐[5~10분] 들어서 궁굴려 보라.

※ 스스로 의심이 해결된 때에는 반드시 스승님의 인허와 대중의 감정을 받을 것이다.

※ 스승의 자비는 다 일러주지 않는 데 있다.

※ 모든 문제의 핵심에 대하여 의심을 내고 모든 사물의 근본부터 해결하자.

※ 의심이 걸리기만 하면 시간의 조만은 있지마는 반드시 풀리는 것이다.

3. 의두 연마의 공덕은?

1) 사리 간에 명확한 분석력이 양성되고,

2) 이무애 사무애의 큰 지혜를 갖추게 된다.

의두를 연마하라 함은 그 의두 건 하나를 해결하는 데만 뜻이 있는 것이 아니요, 근본적인 지혜력[슬기]이 단련되는데 본래 의도가 있는 것이니, 그 의심 건 하나를 해결하는데 급급하지 말고 오래오래 궁굴리는 습관을 들이는 것이 중요하다.

◎ 성리性理

[문제점]

1. 성리란?

우주 만물의 본래 이치와 우리의 자성 원리를 스스로 해결하여 투득透得하는 연구의 한 방법.

<우주와 인생의 근본 원리를 해결하는 혜두 단련>

<주로 직관력을 얻는 혜두 단련>

2. 성리를 연마하고 단련하는 방법을 말해 주시오.

1) 정산 종사께서 견성 오단을 밝혀 주셨으니,

가) 만법귀일의 소식을 의리적으로 또는 행동 형상 등으로 증거하게 하시고[각만법귀일覺萬法歸一], : 추리분석

나) 진공의 소식을 실지로 체득하여 알게 하셨으며[각유무구공覺有無俱空, 돈오공적頓悟空寂], : 직관점두直觀点頭

다) 묘유의 진리를 몸소 알아서 체득하게 하셨으며, [각능유능무覺能有能無, 인과변화]

라) 보림[양성] – 합덕, 불리자성하게 하시고,

(다)~라): 실천증득)

마) 솔성 – 만덕, 자유자재하게 하셨다.

이상 여러 가지 단계를 거쳐 걸림 없어야 할 것이니, 초학자는 정신이 맑을 때 성리품을 연마하는 것이 좋으며, 심천心天에 오욕의 흑운을 거두고 일체상一切相이 잠을 자야 빠르다.

2) 성리를 연마하여 완전히 의심이 없게 되려면

가) 일원상의 진리를 완전히 체득하는 길이니, 우주의 중심과 마음의 고향을 확실히 알아서 활용하는 것이 가장 중요하다.

나) 대소 유무에 대하여 걸림이 없고 심성이기心性理氣에 대하여 걸림이 없어야 한다. 대大 중에 소·유무가 있고, 소小 중에 대·유무가 있으며, 유무有無 중에 대·소가 있는 것을 확실히 아는 동시에 심心 중에 성·리·기가 있고, 성性 중에 심·리·기가 있으며, 이理 중에 심·성·기가 있고, 기氣 중에 심·성·리가 있는 것이다. 고로 대소 유무와 심성이기에 걸림이 없어야

성리를 알았다 할 것이요, 백천삼매로 불리자성이 되어야 비로소 성리를 완전히 크게 통했다 할 것이다.

다) 일원상 법어에 준하여 각득을 대조하라.

3) 진리 탐구의 순서 <원양圓養>

가) 가까운 데서 찾을 것.

나) 쉬운 데서 찾을 것.

다) 마음에서 찾을 것.

라) 생활에 활용해서 산 경전을 만들 것.

4) 진리 탐구의 방법

가) 추리분석 – 석공관析空觀

나) 직관점두直觀點頭 – 체공관體空觀

다) 실천증득 – 중도관中道觀

5) 원광 48호 「성리의 표준」을 참고할 것.

※ 견성 이전은 성리 공부를 해도 자신이 없고 확신이 서지 않는다. 고로 수도인은 성리를 꾸어서라도 보아야 하는 것이다.

3. 성리는 연구 과목인데 성리 단련에서 양성, 솔성까지 넣어 주신 의도는?

확실하고 원만한 견성을 한 분은 양성과 솔성의 표준이 있을 것인바 견성을 측정하는 방법이 될 것이다. 견성을 한 사람이 양성과 솔성을 잘못하면 완전한 견성을 했다고 할 수 없다. 고로 양성의 표준과 솔성의 방법을 들어보면 그 사람의 견성 정도를 알 수 있는 것이다. <향산香山>

※ 견성 오단

① 여래선 – 진공 소식.

② 조사선 – 묘유의 도리.

③ 의리선 – 여래선과 조사선을 의리적으로 설명하는 것.

④ 양성 – 깨친 그대로 길러가는 것. } 견성의 테스트

⑤ 솔성 – 깨친 그대로 쓰는 것.

※ 의두와 성리의 차이점

의두 – 사리 간에 의심나는 것을 알아내려는 노력.

성리 – 우주와 인생의 가장 근본적인 원리를 해결하는 것.

예: 가) 한글에 본문장을 아는 것. 영어에 알파벳을 아는 것.

나) 목수가 자와 먹줄을 얻은 것.

다) 수학하는 이가 +, –를 아는 것.

고로 성리를 해결한 분도 우주에 많은 이치와 인간의 많은 일에 걸림이 없으려면 끊임없이 의두 연마를 하는 것이다. 또 성리를 해결하지 못한 분은 성리 자체를 의두로 놓고 연마할 수도 있으며, 성리를 끊임없이 단련하는 것은 일원상의 진리에 근거하여 심신을 수호하고 심신을 사용하는 공부를 오래오래 계속하여 만능 만덕을 갖추자는 것이다.

◎ 정기 일기定期日記

[문제점]

1. 정기 일기란?

허송하는 일이 없이 언제나 복과 혜를 증진하기 위하여 당일의 작업 시간 수, 수입지출, 심신 작용 처리 건, 감각 감상을 기재하는 연구의 한 방법. [복혜 쌍수의 혜두 단련]

<정기 훈련을 효과적으로 수행하려는 방법이다>

2. 심신 작용 처리 건이란?

모든 악을 짓지 않고 모든 선을 짓는 방법을 연구하여 원만한 중도행을 단련시키는 공부로써, 경계를 대할 때마다 온전한 생각으로 취사함은 물론 그 경계를 지낸 뒤에 그 처리의 순서와 방법과 결과를 반성하여 선후 본말과 시비 이해를 원만하고 정당하게 감정해 두자는 것이다. [심신 작용을 잘할 수 있는 연구] <사명공부事明工夫>

3. 감각이란?

1) 어떤 사물을 통하여 사리 간에 의심 없이 알았거나 실천하는 중에 확신하게 되는 것.

예) 나의 그림자를 없애려면?

가) 그늘로 들어가는 것.

나) 스스로 발광체가 되는 것.

다) 내가 없어지는 것

2) 의심이 걸렸다가 어떤 계기를 통해서 깨침을 얻은 것.

4. 감상이란?

자연 현상이나 대인접물 간에 우연히 느껴진 생각으로서 진리성이 있다고 여겨지는 것, 또는 어떤 사물을 통하여 미루어 생각되는 것.

예: 가) 화재보험 제도를 보고 영생보험을 알 수 있는 생각.

나) 돼지의 자웅이 노는 것을 보고 인생의 허무를 느낀 생각.

5. 감각과 감상을 기재시키는 의도는?

까닭 있는 생활을 하게하며 사리 간에 밝아지는 정도를 대조하게 한 것이다.

[오각誤覺, 편각偏覺, 소각小覺이 될 염려가 있으므로 감정을 받는다.] <이명공부理明工夫>

6. 수입 지출을 기재시키는 뜻은?

1) 영육쌍전법의 정신에 근거하여 수지 대조로 현실의 복지를 향상하자는 것이요,

2) 정신·육신·물질 간에 소비를 절약하고 생산을 증가시켜 영원한 복혜를 준비하는 길로서, 정당한 수입, 정당한 지출로 진리의 보고寶庫에 무궁한 복덕을 쌓자는 것이다. [영원무궁한 복덕을 쌓는 연구]

7. 작업 시간 수를 기재시키는 뜻은?

1) 무료도일無聊度日하는 인생을 근로 활동하는 인생으로 개선하며,

2) 허송 시간을 방지하여 황금보다 소중한 시간보時間寶를 활용함으로써 누구나 성공하게 하는 데 있다. [성공도 실패도 시간 문제다.]

가) 노는 시간이 있고 보면 경전 법규 연습하기를 주의할 것이요, <상시응용 주의사항>

나) 주색낭유하지 말고 그 시간에 진리를 연마할 것이다. <솔성요론>

※ 원만한 연구력을 얻고자 하는 사람은 이상에 밝힌 경전, 강연, 회화, 의두, 성리, 정기 일기 등 각 과목을 빠짐없이 그때그때 잘 공부하여야 쉽게 원만한 혜력을 갖출 수 있을 것이다.

◎ 상시 일기常時日記

[문제점]

1. 상시 일기란?

일분 일각도 허송함이 없이 동정 간에 삼대력을 증진하기 위하여 당일의 유무념 대조, 학습 상황, 계문 지키는 공부를 철저히 조사 기재시키는 취사 공부의 한 방법.

[취사 중심의 삼학 병진법]

2. 유무념 대조는 어떻게 하는가요?

구체적인 방법에 대해서는 다음 일기법에서 다루기로 하고 우선 표준만을 들어본다면 '온전한 생각으로 취사한 건수'를 유념에 기재하고 온전한 생각으로 취사한 대중심이 없이 취사한 건수는 무념에 기재하되 단, 유념공부가 순숙되면 일이 잘된 것을 유념, 일이 잘못된 것을 무념으로 한다.

즉 경계를 대할 때마다 '온전한 생각으로 취사하기를 주의할 일'[동시삼학動時三學] 이것이 유념 표준이니, 이상과 같은 주의력이 없이 취사한 것은 무념이 되는 것이다.

3. 상시 일기는 취사 과목에 해당하는데 학습 상황을 넣어 조사 기재하게 한 이유는?

상시 일기는 상시 훈련을 조사 기재하여 원만한 인격을 갖추는 데 그 목적이 있으며, 원만한 인격은 삼학을 병진하는 데서 이루어지는 것이므로 상시 훈련은 취사 중심의 삼학 병진법이 되는 것이다. 고로 계획성 있는 시간 생활로 수양과 연구를 병행하게 하시고 여유 있는 대로 정혜를 쌍수하여 삼대력을 원성圓成하게 하신 것이다.

<정시靜時의 정혜중심定慧中心>

※ 수양과 연구도 실천해야 되는 것이다. 고로 취사 과목에 넣어 수양 연구의 실천도 하게 하신 것이다.

4. 유무념 대조를 잘하면 계문은 잘 지켜질 것인데 따로 계문의 범과 유무를 기재하게 하신 의도는?

유무념을 철저히 조사하면 범계를 하지 않는 것은 사실이나 모든 수도인으로 하여금 악습과 불의는 절대로 행치 않게 하기 위하여 일반적으로 누구나 범하기 쉬운 것 삼십 종을 택하여 정해 주신 것으로 누구든지 쉽게 항마할 수 있게 하는 공부의 표준이다.

<동시動時의 취사중심取捨中心>

5. 상시 일기는 동정 간에 삼대력을 익히는 공부법인데 보은 봉공과 수지 대조를 같이한 이유는?

취사는 계문을 잘 지키고 솔성요론을 실행하는 것만이 아니라 그일 그 일에 중도를 잡는 것과 모든 악을 끊고 모든 선을 실행하는 것이 곧 취사 공부이니, 사은 사요를 실행하는 것이 다 취사 공부이다. 또 수지 대조를 기재하게 한 것은 영육쌍전과 복혜 증진의 정신에 따라 공부와 생활을 아울러 향상하기 위함인 것이다.

◎ 주의注意

[문제점]

1. 주의란?

하기로 한 일과 않기로 한 일을 꼭 실행하기 위하여 깊이 명심하고 늘 조심할 조항과 상시 훈련의 각 조항을 지키는 취사 공부의 한 방법. <늘 조심하는 공부>

2. 유념의 표준인 '온전한 생각으로 취사하기를 주의할 일' 할 때의 '주의'와 취사 공부의 한 과목으로서 '주의'는 어떤 차이가 있는가요?

'온전한 생각으로 취사하기를 주의할 일' 하신 것은 경계를 대할 때마다 반드시 삼학을 들이대서 그일 그 일에서 삼대력을 단련시키는 공부법이요, 취사과목의 하나인 '주의'는 특별히 하고자 한 일이나 해야 할 일 또는 특별히 않기로 한 일이나 해서는 안 될 일을 깊이 새겨 꼭 실행하는 것을 말한다.

즉 좌우명, 심계, 교리실천, 상시 훈련의 각 조항 등을 반드시 실행하고자 명심하고 조심하는 것이다.

◎ 조행操行

[문제점]

1. 조행이란?

사람다운 행실을 갖는 취사 공부의 한 방법이다. <품행을 단정히 갖는 공부>

2. 조행을 잘 가지려면?

조행은 주로 대인접물에서 나타나는 품행을 말하는 것이니,

1) 몸과 마음을 늘 법에 대조하여 바로 실행에 옮기며,

2) 불성佛聖과 스승님들의 언행을 본받아 실행하고,

3) 특히 예전에 표준 하여 심신을 작용하여야 그 조행이 바르게 될 것이다.

3. '주의'를 잘 실행하면 조행은 자연 발라지지 않겠는 가요?

주의 조항을 잘 실행하면 어느 정도 조행이 발라질 것이다. 그러나 주의라 함은 하기로 한 일과 않기로 한 일을 명심하고 조심하는데 중점이 있기 때문에 특별한 조항에 대하여 늘 챙기는 표준이 있고 내적 작용이 중심이 된다면, 조행은 사람다운 행실 가짐을 말하는 것이니, 대인접물에서 실행에 나타남을 중요시하기 때문에 특별한 조항뿐 아니라 인간 사회에 처하여 사람의 구실을 다하는 데 표준이 있고 외적 실행이 중심이 된다고 할 것이다. 고로 연구력을 얻었다 하여 바로 취사가 잘 되기 어려운 것 같이 주의 공부를 잘한다고 하여 바로 조행이 골라 맞는 것은 아니므로 주의와 조행은 다 같이 취사 공부의 중요한 과목이 되는 것이다.

원만한 취사력을 얻고자 하는 사람은 반드시 이상에 밝힌 상시 일기, 주의, 조행 등 각 과목을 빠짐없이 그때그때 잘 활용하여야 원만한 계력戒力을 얻어갈 것이다. <원만한 취사력>

◎ 결어

이상 11 과정은 선학원에서 정기 훈련을 받는 기본과목인바 불보살을 원하는 모든 공부인은 반드시 이상의 전 과목을 통해서 철저한 훈련을 쌓아야 할 것이다.

<원만한 삼대력의 기초가 다져진다>

1. 훈련소에서 평소에 철저한 훈련을 받지 않은 군인은 실전에 처하여 승전할 수도 없고, 승전하여 생존할 수도 없다. 마찬가지로 정기 훈련을 철저히 받지 않은 사람은 상시 훈련의 길이 잘 잡히지 않을 뿐 아니라 중생의 허물이 벗겨지기 어렵다.
2. 무쇠 덩이는 용광로에 들어가야 잡철이 녹여지고, 모든 연장이 무디어지면 대장간에 들어가야 재생되는 것같이 업장이 중한 중생과 세속에 시달린 중생들은 반드시 정기 훈련의 큰 적공이 있음으로써 성불의 길이 크게 열리는 것이다. <대공도야大工陶冶>
3. 여러 종류의 물고기를 한 솥에 넣고 끓이면 붕어, 송사리, 메기, 가물치가 모두 한 맛이듯이 천만 근기의 중생이지만 정기 훈련의 대 도량에서 한 가지 훈련을 받게 되면 다 같이 성불함을 얻을 것이다. <대정훈증大鼎薰蒸>
4. 정미기 속에 많은 나락을 넣고 돌려야 서로서로 비벼지고 문질러져서 껍질이 벗겨지는 것같이 일정한 기간 정기 훈련의 도량에서 서로 묻고 배우고 실천하는 가운데 중생의 탈을 벗고 불보살의 인격이 이루어진다. <대정미기大精米機>

제2절 상시 훈련법

공부인에게 상시로 수행을 훈련시키기 위하여 「상시 응용 주의 사항(常時應用注意事項)」 육조(六條)와 「교당 내왕 시 주의 사항(教堂來往時注意事項)」 육조를 정하였나니라.

[대의]

공부인으로 하여금 어느 때 어느 곳에서나 끊임없이 법으로 길들이게 하여 실생활 가운데서 삼대력을 얻어나갈 수 있도록 하는 삼학 수행의 일상적 방법으로서 상시 응용 주의 사항[자수自修]과 교당 내왕시 주의 사항[훈증薰蒸]이 있다. [정기 훈련의 활용과 준비] <활용 삼대력 양성>

1. 상시 응용 주의 사항(『교전대의』 참조)

1) 응용(應用)하는 데 온전한 생각으로 취사하기를 주의할 것이요,
2) 응용하기 전에 응용의 형세를 보아 미리 연마하기를 주의할 것이요,
3) 노는 시간이 있고 보면 경전·법규 연습하기를 주의 할 것이요,
4) 경전·법규 연습하기를 대강 마친 사람은 의두 연마하기를 주의할 것이요,
5) 석반 후 살림에 대한 일이 있으면 다 마치고 잠자기 전 남은 시간이나 또는 새벽에 정신을 수양하기 위하여 염불과 좌선하기를 주의할 것이요,

6) 모든 일을 처리한 뒤에 그 처리 건을 생각하여 보되, 하자는 조목과 말자는 조목에 실행이 되었는가 못 되었는가 대조하기를 주의할 것이니라.

인간 개조의 묘방이요 용심법의 강령으로서 대종사님께서 평생을 상시로 응용하신 주의 사항이며, 선성先聖들과 다르신 점의 하나가 이 법을 내놓으시어 누구나 다 스스로 성불하여 영겁에 불퇴전이 되도록 하신 데 있다.

1. 응용하는데 온전한 생각으로 취사하기를 주의할 것이요,

= 온전한 생각으로 취사하는 공부. <동시삼학動時三學>

1) 멈추는 공부

일을 당할 때마다 일단 마음을 멈추어서 정력을 쌓고

= 수양력 = 마음의 검문 = 일심

예: 검문소를 설치하여 출입 시 검인한다.

<내불방출內不放出 외불방입外不放入>

가) 부동심을 만드는 것. 나) 마음의 자유를 얻는 것. 다) 그일 그일에 일심을 만드는 것.

※ 마음을 멈추면 멈출수록 정력이 쌓인다.

2) 생각하는 공부

멈춘 후 반드시 생각을 궁굴려서 바른 지각을 얻고

= 연구력 = 격물치지 = 혜광

예: 마탁磨琢된 광석. 닦아놓은 거울.

가) 반야지를 얻는 것. 나) 진리를 오득悟得하는 것. 다) 그일 그

일에 정로正路와 사로邪路를 분간하는 것.

※ 주의

㉠ 생각해서 바른 판단이 나지 않거든 여러 사람의 생각을 합해보라.

㉡ 일을 당해서 현명한 생각이 나지 않거든 놓아두고 생각을 기다리라.

㉢ 쉬지 않는 생각에서는 큰 생각이 솟아나지 못한다.

※ 생각을 두고 늘 궁굴릴수록 마탁이 되어 밝고 원만해진다.

3) 취사하는 공부

바른 판단을 얻은 후에 바로 취사하여 결단 있게 실천한다.

= 취사력 = 정당한 결실 = 시중時中

예: 부도 안 난 수표

가) 덕행이 나타나는 것. 나) 중도를 잡아 쓰는 것. 다) 그일 그 일에 불의를 놓고 정의를 실천하는 것.

※ 대소사 간에 일을 늘 취사할수록 시중時中이 된다.

※ 공부인은 늘 습관의 굴을 뚫어 심감心鑑을 밝혀서 바른 처사를 할 것이니라.

[문제점]

1. 온전한 생각으로 취사하는 공부가 가장 중요한 것 같은데 잘되지 않사오니 잘할 방법을 말해 주시오.

우리의 수행법은 일원의 진리에 근거해서 동정 간에 삼학을 병진하여 삼대력을 갖추는 길인바, 일원의 진리를 요약하면 공·원·정이요, 온전한 생각으로 취사하는 것은 경계를 대할 때마다 일원의 진리를 그대로 활용하는 길이니 곧 동시 삼학이라, 가장 중요한 공부인 것이다. 그뿐만 아니라 계문을 지키고 솔성요론을 실행하며 모든 교리와 법문을 실천하는 것도 항상 온전한 생각으로 취사하는 공부심이 그 첩경이요, 모든 불공이 원만하게 되는 핵심이 또한 이 길이며, 돈오돈수의 길이며 불리자성의 관건이요, 시중의 요체가 되는 것이다. 고로 이 공부가 쉬운 것 같으나 실제에 있어 어려움을 느끼는 것이다. 그러므로 대종사님께서는 상시 응용 주의 사항의 제1조로 정해주셨을 뿐만 아니라 상시 일기에서 유무념 대조의 표준으로 정하여 반드시 실천하게 하셨으며, 대산 종사님께서는 『교전대의』에서 그 구체적인 방법을 이상과 같이 밝혀주신 것이니 유무념 대조[태조사]를 철저히 실행하여 이상과 같은 방법대로 적공해 보면 될 것이다.

2. 경계를 대할 때마다 온전한 생각으로 취사해지기는커녕 멈추어지지도 않사오니 어찌하면 좋으리까?

교통사고의 10분의 9가 제동 장치의 고장인 것처럼 마음을 쓸 때 실수의 90% 이상이 멈추지 못하는데 기인함을 알 수 있다. 그러므로 유무념 대조를 할 때 처음에는 일의 결과보다도 주의심이 있게 했는가 주의심이 없이 하였는가로 그 표준을 잡으라 하신 것이다.

나의 경험으로 생각하면

1) 평소에 수양을 많이 쌓을 것이요,
2) 일단 멈추어서 생각하여 취사하는 것이 모든 공부의 관건임을 확실히 깨달아 그일 그 일을 지낸 뒤에 반드시 반성 참회하고 심고와 기도로써 굳은 결심을 시시각각으로 새롭게 할 것이며,
3) 법대로 살아야겠다는 확고부동한 신념과 간절한 신심이 연면連綿하게 되면 경계를 대할 때마다 법에 대조하게 된다.
4) 유무념 대조를 철저히 하되 끝까지 정성을 들여야 한다.

5) 단전이나 또는 허공에 적멸궁을 지어두고 경계를 대할 때마다 반드시 적멸궁을 통하도록 습관을 들이라. <마음의 검문소 설치>

3. 멈추는 공부를 하라 하시니 복잡한 서울 거리를 횡단하면서 멈추면 어찌 되겠습니까?

여기서 멈추라는 것은 그 몸을 멈추라는 것이 아니다. 마음공부이니 경계를 대할 때마다 생각 없이 처리하지 말고 일단 그 마음을 멈추어 생각을 궁굴려서 바르게 실행하라는 말씀이다. 즉 차도를 횡단할 때는 자기의 급한 일만 생각하여 무작정 건너갈 것이 아니라 건너가기 전에 일단 마음을 멈추어 신호등을 살핀 뒤에 좌우의 차량이 움직이는 것도 살피고 다른 사람의 동정도 살피어 안전하다고 판단이 될 때 잘 건너자는 것이다.

4. 멈추는 공부를 많이 하면 부동심이 길러진다 하셨는데 그 내역을 설명해 주시오.

우리가 좌선할 때에 사심 잡념이 일어나면 그 사심 잡념을 일단 멈추어야 제거되는 것이요, 세상에 처하여 외경이 내 마음을 침범할 때에 그 외경에 응하고자 하는 생각이 날 때도 일단 그 생각을 멈추어야 그 유혹에 끌려가지 않게 될 것이 아닌가? 그러므로 동정 간에 멈추는 공부를 잘하면 곧 정력이 쌓이고 부동심이 길러지는 것이다. <내불방출內不放出, 외불방입外不放入>

5. 멈추는 공부를 많이 하면 마음의 자유를 얻는다고 하니 그 내역을 설명해 주시오.

생각나는 대로 느끼는 대로 욕심나는 대로 경계를 대하는 대로 치연히 작용하는 것이 살아있는 사람의 마음이라 그 마음을 일단 멈출 수 있다는 것은 모든 생각, 모든 감정, 모든 욕심, 모든 경계를 마음대로 할 수 있는 능력이 있다는 말이 아닌가? 마음을 능히 멈출 수 있는 사람은 능히 정당하게 쓸 수도 있어서 마음의 자유를 얻게 될 것이다. 만일 수도인이 마음 하나 멈추지 못한다면 무슨 일을 할 수 있으며 공부한 실효가 어디 있으리오.

6. 마음을 멈추는 공부와 그일 그 일에 일심을 만드는 것과는 어떤 관계가 있는지요?

그 일을 착수하기 전에 일단 그 마음을 멈추게 되면 우선 그 마음이 안정될 것이요, 그 일의 선후 본말을 생각하게 될 것이니, 안정된 마음으로 순서 있게 하는 것이 곧 그 일을 잘하는 것이요, 겸하여 그 일 가운데서 일심을 만드는 첩경이 될 것이다. 고로 멈추는 공부를 잘하면 그일 그 일에 일심이 된다고 하신 것이다.

※ 지지이후유정知止而後有定 정이후능정定而后能靜 정이후능안靜而后能安 안이후능려安而後能慮 여이후능득慮而后能得[39] <대학>

7. 생각을 궁굴려라 하셨는데 생각할 때 어떤 표준으로 하는지요?

수행 정도와 처지에 따라 약간 다르겠지마는

1) 『대종경』에 말씀하시기를

가) 서원에 반조하고, 나) 스승님의 가르치는 본의에 대조하며, 다) 한편에 치우침이 없는가를 대조하고 살피라 하셨고,

2) 또 다른 방법으로는 그 생각이 공公인가 사私인가 챙겨보고, 정正인가 사邪인가 챙겨보는 것이며, 성불제중이 되는 것일까를 챙긴다.

---

39) 『대학』 제1장의 내용이다. "대학지도大學之道는 재명명덕在明明德하며 재친민在親民하며 재지어지선在止於至善이니라. 지지이후知止而后에 유정有定이니 정이후定而后에 능정能靜하며 정이후靜而后에 능안能安하며 안이후安而后에 능려能慮하며 여이후慮而后에 능득能得이니라."(대학의 도道는 명덕明德을 밝힘에 있으며, 백성과 친함에 있으며, 지선至善에 그침에 있다. 그칠 데를 안 뒤에 정定함이 있으니, 정한 뒤에 능히 고요하고, 고요한 뒤에 능히 편안하고, 편안한 뒤에 능히 생각하고, 생각한 뒤에 능히 얻는다.)

3) 멈춘 후 처음 한 생각이 텅 빈 마음에서 바로 나왔는가?

가) 감정이나 욕심에 끌려서 나온 생각인가, 습관이나 친소에 끌려서 나온 생각인가, 기성관념이나 선입견에 가려서 나온 생각인가를 살피고 검인하여 이상과 같은 무명에 가려서 나온 생각은 바로 끊어버릴 것이요,

나) 텅 빈 마음에서 나온 생각일지라도 먼저 나를 알고[서원, 입장, 능력 등], 다음으로 남을 알며[근기, 특성, 상황, 분위기 등], 끝으로 때를 알아서[천시天時, 선후先後 등] 자·타·시自他時에 저촉됨이 없을 때 용기 있게 행하는 것이다.

4) 대소 유무에 어긋남이 있는가 없는가를 보는 것이니, 즉 전체와 단체와 인과에 저촉됨이 없는지 살피는 것이다.

8. 반야지와 분별지와 무루지에 대하여 설명해 주십시오.

1) 반야지般若智는 일명 근본지라고도 하는바 곧 일원의 영명한 광명을 말한다. [공적 영지의 광명]

분별지分別智는 문자적 지식이나 사량으로 모아진 것으로 때에 따라서는 무명이 될 수도 있다.

무루지無漏智는 새지 않는 지혜이니 반야지와 분별지가 한데 어울리어 대성大成된 혜력으로서 사리에 걸림이 없는 불지佛智를 말한다.

2) 이상에 말한 것을 비유해 설명하면 반야지는 원천수라 할 수 있고, 분별지는 건수를 모아놓은 것이라면, 무루지는 대해장강수와 같다 할 것이니, 원천수는 진흙을 쳐내야 솟는 것 같이 반야지는 삼독오욕을 가셔야 솟게 되며, 건수는 많이 모아야 불어나는 것같이 분별지는 견문을 넓히고 늘 배워야 한없이 불어나는 것이요, 대해장강은 원천수와 빗물 폐수 등이 한데 어울려 이루

어지는 것같이 무루지는 끊임없는 반야지와 한량없는 분별지를 모아서 이루어지는 것이다. 고로 대종사님께서는 내연진리內研眞理와 외학지식外學知識으로 무루지를 갖추도록 하신 것이다. 반야지가 솟는 사람은 분별지가 곧 반야지가 되는 것이요. 반야지가 솟지 못하는 사람의 분별지는 때로 무명이 되는 수가 있다.

9. 늘 생각을 궁굴리면 반야지가 솟는다고 하셨는데 자칫하면 분별지가 되지 않을까요?

여기서 생각을 궁굴리라 함은 마음을 일단 멈추어서 생각을 궁굴리라 함이니, 마음을 멈추면 그 순간 삼독오욕과 일체 감정, 모든 관념은 잠을 잘 것이 아닌가? 그 빈 마음으로 그 사물에 대해 생각을 하라는 것이다. 즉 주착한 바 없이 그 마음을 내라는 것이니라. 그러므로 주착한 바 없이 생각을 궁굴리기 때문에 반야지가 솟는다고 하신 것이다.

10. 일을 당해서 현명한 생각이 나지 않거든 놓아두고 생각을 기다리라 하니, 만일 급한 경우에 처하여 생각을 기다리고만 있으면 그 일을 못 할 것이 아닌가?

그러기 때문에 생각해서 바른 판단이 나지 않거든 여러 사람의 생각을 합해보라 하셨다. 그러나 만일 다른 사람의 의견을 들어볼 겨를도 없고 현명한 생각도 나지 않을 때는 그 일을 미루는 것이 지각 있는 사람의 처사이다. 생각 없이 무작정 처리하는 것은 요행을 바라는 마음이요, 십중팔구는 정당한 결실을 보지 못할 것이다. 생각 없이 되는대로 처리하여 실패하는 것보다는 부족하더라도 미루어 두는 것이 낫지 않겠는가? 미루어 두면 다음의 기회라도 남아있는 것이다. 그러나 공부 삼아서 시험적으로 우선 일단 처리해 놓고 그 결과와 과정을 검토해 볼 수도 있다.

11. 일을 당해서 옳다고 판단하여 취사한 것이 결과가 잘못된 경우에는 어찌합니까?

초학자에게는 그런 경우가 있기 때문에 상시 일기의 방법에서 처음에는 온전한 생각으로 취사하는 주의심을 가지고 했는가 주의심이 없이 했는가를 대조하게 하시고, 그것이 순숙되면 그 일의 결과를 보아 유념 무념을 잡게 하신 것이니, 법문에 밝혀주신 바와 같이 멈춘 후 반드시 생각을 궁굴려서 취사하는 표준을 잡아야 한다.

그리고 일을 지낸 뒤에 반드시 심신 작용 처리 건을 반성하고 감정하여 다음의 참고로 삼도록 그일 그 일의 반성과 하루 일의 종합 반성을 하게 하신 것이다.

12. 온전한 생각으로 바른 판단을 얻어 놓고도 실행이 되지 않는 경우가 있습니다. 왜 그럴까요?

하고자 하는 그 일과 그 생각이 나의 본원과 스승의 본의와 한편에 치우치지 않는 올바른 판단을 했을지라도 바로 실천이 되지 않는 것은 때를 따라 변화하는 진리를 모르기 때문에 뒤로 미루는 습관이 익혀졌기 때문이요, 또는 모든 처사가 시중時中에서 정당한 결실이 있게 되는 것을 모르기 때문이다. 그러므로 앞에서 생각을 궁굴리는 표준 중에 자·타·시自他時를 알아서 바로 실천에 옮기는 길을 말한 바 있다. 취사력을 얻는데 큰 장벽의 하나는 뒤로 미루는 마음이요, 때를 모르며, 정성이 없는 것이다. 아무리 좋은 생각이라도 실행이 없으면 열매 없는 꽃이다.

경계에 대해서 응하려는 생각을 일단 멈추어야 원만하고 온전한 마음이 되고, 원만하고 온전한 마음이라야 원만하고 바른 생각이 나오며, 원만하고 바른 생각이 있어야 원만하고 바른 언행이 된다.

멈춘 후 생각이 떠오르지 않는 것은 그 마음이 어느 한편에 집착해 있거나 아니면 무기의 상태에 빠져있는 실증이다.

13. 유가儒家의 격물치지格物致知란 무슨 뜻인가요?

학자들의 견해에 따라 여러 가지 해석이 있는 것 같으나 '사물에 당하여 바른 지각을 얻는 것'이다. 그러므로 경계를 대할 때마다 늘 온전한 마음으로 생각을 궁굴려 바른 지각을 얻어 바로 실천할 수 있는 판단력을 기르는 것이 격물치지 공부가 아닌가 한다.

14. 금강경에 '응무소주이생기심應無所住而生其心'하는 공부와 정전의 '온전한 생각으로 취사하는 공부'는 같은가요 다른가요?

'응무소주이생기심'이란 경계를 대할 때마다 주착한 바 없이 그 마음을 내라 함이니, 즉 경계에 대해서 마음을 낼 때 감정이나 욕심이나 습관이나 선입관념이나 아집이나 기타 상식과 지식, 상相 등에 주착하여 마음을 내지 말고 오직 빈 마음에서 그 사물에 대하여 발현되는 영지의 작용으로 판단하여 취사하는 것이다. 그러나 이처럼 마음을 쓰기로 하면 경계를 당해서 일단 멈추어서 처음 그 한 생각을 잘 검인하여 오직 빈 마음에서 나온 생각만을 실행에 옮겨야 하니, 온전한 생각으로 취사하는 것과 그 구경의 결과는 같다 할 것이다. 여기서 한 가지 주의할 점은 초학자나 지견이 천단淺短한 사람은 처음 그 한 생각이 빈 마음에서 나온 것 같으나 실은 전생 이생의 습관과 평소의 전문 분야에 따라 자신도 모르게 한편에 치우칠 염려가 없지 않은 것이므로 법문에 이르시기를 반드시 그 생각을 궁굴려 원만하고 바른 판단을 얻어 실행에 옮기도록 하신 것이다.

◎ 결어

1. 글씨도 법 있게 써본 글씨라야 뒤에 투필성자投筆成字의 명필이 되는 것이요, 운동도 법도 있게 훈련받은 연후라야 비룡등천飛龍登天의 공

을 이루는 것이며, 마음공부도 법 있게 단련하여야 필경 여의보주를 얻는 것이다. 온전한 생각으로 취사하는 것이 찰나 간의 마음작용이라 쉬운 것 같지마는 처음에는 법대로 하기가 힘이 드는 것이니, 너무 가볍게도 여기지 말고 너무 어렵게도 여기지 말아서 오래오래 공을 들이면 반드시 심법을 얻어 능能이 남에 따라 여의자재하는 힘이 생길 것이다.

2. 돈오돈수법이 이 길이요, 마음을 마음대로 하는 비방祕方이 이 법이며, 참다운 불공의 묘방이 이 길이요, 시중時中의 비방이 여기에 있으니, 일원의 진리를 그대로 체 받아 활용하는 첩경이요 용심법의 핵심이 이 조항이다.

관심일법觀心一法이 총섭제행總攝諸行이요,[40)]

응무소주이생기심應無所住而生其心이 제행諸行을 총섭하며,

온전한 생각으로 취사하는 것이 마음공부의 관건이다.

2. 응용하기 전에 응용의 형세를 보아 미리 연마하기를 주의할 것이요,

= 무슨 일이나 응용하기 전에 미리 연마할 것.

= 미리 준비하는 공부. <물심예축>

1) 일이 없을 때에 미리 준비해 두어야 쓸 때에 아쉬움이 없이 잘 쓸 것이다. <물질예축과 정신함축>

2) 법이 있는 이는 평소에 사死의 도를 연마해 두고 이생에서 내생의 일을 준비해 두는 것이다.

3) 미리 준비 없는 사람은 항상 아쉽고 근심과 고통을 면하지 못한다.

---

40) 달마의 『관심론觀心論』에 나오는 말. '오직 마음을 관觀하는 한 법이 모든 행行을 다 거두어들이는 것이다.'

4) 늘 준비하는 사람이라야 영생이 헛되지 아니할 것이다.

[문제점]

1. 준비하는 공부에 얽매이면 정신이 쉴 틈도 없지 않겠습니까?

여기서 준비하라는 것은 일을 당하여 잘 쓸 수 있도록 준비하는 것이니, 쉬지 않는 신경으로 일을 당하여 어떻게 무사할 수 있을 것인가? 고로 준비하라 함은 정신의 삼대력과 육신의 자활력, 물질의 경제력을 항상 준비해 두었다가 일을 당해서 군색함이 없이 활발하게 잘 쓰자는 것이다. 정신의 삼대력은 신경을 충분히 쉬어주지 않으면 얻어지지 못하는 것이요, <수양은 쉬는 데 있고, 큰 생각도 쉬어야 솟는다> 육신의 자활력 또한 적당한 휴양과 운동이 병행되어야 하는 것이며, 물질의 경제력도 낭비를 방지하고 생산을 계속하여 수지예축이 되어야 하는 것이 아니겠는가? 그러므로 참으로 준비를 잘하는 사람은 형상 있는 것과 형상 없는 것을 아울러 준비하며 활동과 휴양을 같이 하는 것이다.

2. 특정한 일의 형세를 보아 준비할 경우에 유의해야 할 점은 없을까요?

진리는 원래 고정해 있는 것이 아니요, 사세事勢 또한 모든 가능성을 내포하고 있는 것이니, 무슨 일이나 계획 추진할 때에는 반드시 제1안, 제2안, 제3안을 작성하여 그 안들의 장단점을 분석하는 동시에 1안이 불가능할 때는 2안, 3안을 차례로 이용할 수 있도록 준비해 놓아야 할 것이다.

3. 준비공부를 잘하려면?

첫째 마음의 자세가 문제일 것인바

1) 목적이 뚜렷하고 철저해야,

2) 선견지명이 있어서 매사에 기틀을 볼 줄 알아야,

3) 참된 주인의 심경이 되어야,

4) 큰 눈을 떠야, <대각을 하여야>

둘째 구체적인 방법이 있을 것이니,

1) 시간을 활용할 줄 알아야,

2) 물심 간에 절약할 줄 알아야,

3) 부지런히 생산할 줄 알아야,

4) 계획성이 있는 생활이 되어야 준비가 잘 될 것이다.

가) 선규후탁先揆後度은 소이응졸所以應卒이니라[41)]

나) 소욕양정少慾養精 소사양신少思養神 소언양기少言養氣 소로양력少勞養力 <원산사圓山師>[42)]

다) 무엇이나 내일을 위하여 다 쓰지 말고 아껴두라. <물불갈력物不竭力>

4. 생사 연마가 가장 큰 준비일 것 같사오니 그 길을 일러 주십시오.

그 방법은 많을 것이나 우선 법문에 밝혀주신 바를 소개하면

1) 착심 두는 곳 없이 걸림 없는 마음을 길들일 일.

---

41) 『소서』에 나오는 내용이다. '먼저 헤아리고 뒤에 헤아림은 창졸간에 응하는 것이요'

42) 욕심을 적게 가져 정기를 기르고, 생각을 적게 하여 정신을 기르며, 말을 적게 하여 정기를 기르고, 수고로움을 아껴 힘을 길러야 한다는 뜻으로 예로부터 전해오는 말이다. 원산圓山은 서대원 선진님의 법호이다. 서대원徐大圓(1910~1945) 본명 대웅大雄. 법호 원산圓山. 전남 영광에서 출생. 원기14년(1929)에 입교하고 이어서 출가하였다. 출가 초기에 그는 혜가慧可 대사처럼 소태산 대종사에게 신성을 바치는 뜻에서 자신의 손을 잘랐다고 오히려 크게 꾸중을 받기도 하였다. 한때 계룡산 수양원 선방과 예산 수덕사 등을 찾아 불경 공부와 염불·참선에 주력하기도 하였다. 이때 익힌 불경에 대한 지식으로 교단 초기 고경 주해에 노력하였고, 뒷날 『불조요경』 형성에 공헌하였다. 우당愚堂·무위생無爲生·미륵산인彌勒山人 등의 필명으로 소태산 대종사의 법설을 다수 수필하였다. 「염불」, 「연화대」, 「스승님을 뵈옵던 그날부터」 등의 작품도 남겼다. 평소 학鶴같은 풍모를 지녀 특히 부산지방의 재가 교도들은 큰 도인으로 숭배하였다. 대봉도 법훈을 받았다.

<무원착 애착 탐착>

◎ 세욕에 묶여 살고 가지 말 일.

2) 생사를 거래로 알아서 늘 생사 초월하는 마음을 길들일 일.

<생사 해탈>

◎ 생사 없는 영생을 보아서 사死의 공포에서 벗어날 일

3) 마음에 정력을 쌓아서 자유 하는 힘을 기를 일. <정력定力 양성>

◎ 육근을 늘 멈추어서 함축할 일

4) 크고 굳센 원력을 세워 놓을 일. <평소 서원>

◎ 평소 좋은 서원의 종자를 선택할 일.

※ 영생지보 신여서원永生之寶信與誓願.[43)]

※ 잠자고 깨는 공부를 잘할 일.

※ 잘 사는 공부를 할 일.

3. 노는 시간이 있고 보면 경전 법규 연습하기를 주의할 것이요,

= 여가 있는 대로 경전과 헌규 및 법문을 연습할 것이요

= 경전을 배우고 스승과 문답하는 공부 <사제훈도師弟薰陶>

1) 시간 생활로 허송세월을 방지할 일.

2) 법과 경전과 스승을 정하여 늘 배우고 법 받는 공부를 할 일.

<예회와 입선공부入禪工夫>

---

43) 영생의 보배는 신심과 서원이라는 뜻. 『정산종사법어』 생사편 15장의 말씀이다. "이명훈이 병이 중하매 한 송을 주시니, 구업일상舊業日償 내두청정來頭淸淨 사생일여死生一如 부단불휴不斷不休 불연심중佛緣深重 만사무우萬事無憂 영생지보永生之寶 신여서원信與誓願 이참사참理懺事懺 도량청정道場淸淨이라, 번역하면 묵은 업 갚아 가니, 오는 날 청정하고, 죽고 삶 한결같아, 언제나 이 일이라, 불연히 심중하니, 모든 일 근심 없고, 영생에 보배 될 것, 믿음과 서원이라, 이참하고 사참하니, 도량이 청정이라 하심이어라."

[문제점]

1. 노는 시간은 있어도 경전 볼 시간은 없으니 어찌하면 좋습니까?

큰 서원과 큰 결심이 없는 사람은 놀 시간은 있어도 책 볼 틈은 없고, 소설이나 기타 외과서外科書는 혹 보지마는 교전이나 성경 현전을 보지 않는다. 그러므로 옛 말씀에도 '노느니 염불하라' 하셨고, 솔성요론 5조에는 '주색 낭유하지 말고 그 시간에 진리를 연구하라' 하셨으니, 우리는 먼저 큰 서원과 굳은 결심으로 시간을 활용하여 경전 연마로써 인생의 도리와 진리를 오득하자.

※ 경전은 무심한 벗보다 낫다. 수불석권手不釋卷 심불리경心不離經[44)]

2. 노는 시간이 전연 없으면 친구가 없게 되고 친구가 없게 되면 세상에서 소외되는 것을 느끼오니 어찌하면 좋습니까?

초학자가 세상의 허튼 친구와 놀기만 하고 어느 틈에 남다른 공부를 할 수 있겠는가? 그러므로 계문에 정당하지 못한 벗을 좇아 놀지 말라고 하신 바가 있으며 옛 부처님께서는 할애사친割愛辭親[45)]의 큰 결심으로 진리 탐구에 전일하기도 하셨거늘 지금의 청년들은 언

---

44) 손에 잠시도 책을 놓지 않으며, 마음에 한시도 경전을 떠나지 않는다는 뜻.

45) 애정을 끊고 부모님을 떠난다는 뜻. 야운 각우의 저서로 알려져 있는 『자경문』에는 "거중중居衆中하야 심상평등心常平等이어다. 할애사친割愛辭親은 법계평등法界平等이니 약유친소若有親疎면 심불평등心不平等이라 수부출가雖復出家나 하덕지유何德之有리요. 심중心中에 약무증애지취사若無憎愛之取捨하면 신상身上에 나유고락지성쇠那有苦樂之盛衰리요. 평등성중平等性中에 무피차無彼此하고 대원경상大圓鏡上에 절친소絶親疎니라. 삼도출몰三途出沒은 증애소전憎愛所纏이요 육도승강六道昇降은 친소업박親疎業縛이니라. 계심평등契心平等하면 본무취사本無取捨니 약무취사若無取捨면 생사하유生死何有리요" 하였다.(대중 가운데 머물 적에 마음이 늘 평등할지니라. 사랑을 끊고 부모를 하직한 것은 법계가 평등함이니, 만일 친소가 있으면 마음이 평등치 못함이라, 비록 다시 출가한들 무슨 덕이 있으랴? 심중에 만약 애증의 취사가 없으면 신상에 어찌 고락의 성쇠가 있으리오. 평등성 가운데에 피차가 없고 대원경 위에 친소가 끊어졌느니라. 삼악도의 출몰은 애증의 얽힌 바요, 육도의 승강은 친소의 업이 얽힌 까닭이니라. 마음이 평등함에 계합하면 본래 취하고 버릴 것이 없나니, 만약 취하고 버릴 것이 없으면 생사가 어찌 있으리오.)

필칭 대승을 말하며 제중을 말하면서 제 능력과 법력은 헤아리지도 않은 채 세상의 친구들과 어울리는 것만을 능사로 여기나니 크게 근심되는 바이다. 대종사님께서 젊으신 이십육 세의 청년으로서 대각을 이루신 것은 숙겁의 적공도 계셨겠지마는 젊은 정열을 오로지 수도 일념과 구도 일념에 쏟으셨기 때문이니 젊음을 처리하기 위하여 제중의 미명美名을 쓰지 말고 정열을 낭비하지 말아야 하겠다.

3. 스승과 경전을 특별히 정하고 공부를 하게 되면 한편에 치우칠 염려가 있고 편협한 인격이 되지 않을까요?

그럴듯한 말씀입니다. 그러나 사람이 세상을 살아갈 때나 속 깊은 공부를 해나갈 때 부딪히는 경계와 말 못 할 사정은 헤아릴 수 없이 많은 것이며, 자력만으로는 해결하기 어려울 때가 부지기수입니다. 그때 선진과 동지들의 의견이 각각 다르고 올바른 판단이 되지 않을 때 인생은 답답하고 문제는 착잡해지고 마는 것입니다. 그러므로 나의 영생과 모든 문제를 책임지고 지도해 주실 수 있는 스승님이 필요하게 되는 것입니다. 또 경전도 정신의 자주력이 확립되기도 전에 이것저것 많이 보게 되면 수행 길과 공부 표준이 막연하게 되어 모르는 것은 없는 것 같으나 또한 확실히 아는 것도 없어서 자신의 문제나 진리에도 뚜렷한 주체성이 없이 고급 중생으로 전락하고 말기 때문에 각자의 근기에 맞고 시대에 맞는 원만한 경전을 택하여 피와 살이 될 수 있도록 수지독송受持讀誦해야 하는 것입니다.

※ 가장 두려운 것은 박람 박식이니라.

※ 참 스승을 만나 구전심수라야 사반공배가 된다.

※ 그 마음에 스승을 모시고 살지 않는 분은 스승의 자격이 없다.

4. 경전 법규 연습하기를 대강 마친 사람은 의두 연마하기를 주의할 것

이요,

= 적당한 시간에 반드시 의두와 성리를 연마할 것이요,

= 의심을 풀어내는 공부. <모계포란母鷄抱卵>

1) 사리 간에 의심 건 하나씩을 적어두고 알맞게 혜두 단련하는 공부를 할 일.

<의지해석과 동지 간 문답>

※ 맑은 정신에 잠깐 드는 것이 좋다. <5~10분간>

[문제점]

1. 사리 간에 깊이 생각해 보면 확실히 아는 것도 없는데 특별한 의심도 없으니 어찌하면 좋을까요?

사즉무의思則無疑 변즉무의辨則無疑나 망즉유의望則有疑 행즉유의行則有疑라[46] 홀로 생각해 보고 분별해 보면 그렇고 그런 것이겠지 하고 추상적으로 해결해 버리기 때문에 특별한 의심이 걸리지 않는 것이나, 대각을 원하고 불지를 희망하며 교리를 실천하고 진리대로 살고자 하면 그 길이 막연하고 답답하게 되어 비로소 의심이 있게 되는 것이다. 서원과 신심과 실행이 크지 못하고 철저하지 못할 때 참다운 의심이 걸리지 않는 것이니, 의심이 걸리지 않는 것을 걱정하지 말고 '왜 걸리지 않는가?'를 의심해 보라.

---

46) 『수심정경』에는 다음과 같은 구절이 있다. "사즉의무思則疑無하고 망즉의유望則疑有하리니 의거의래疑去疑來에 의무소의疑無所疑를 공연하의空然何疑리오. 홀연연심忽然燃心하면 시내진의是乃眞疑라. 시의지하是疑之下에 만의적정萬疑寂靜하면 불분주야不分晝夜함이 여몽약진如夢若眞하여 공적천지空寂天地에 유일의이이惟一疑而已거늘 차비대의이하此非大疑而何오."(생각한 즉 의심이 없고 바란 즉 의심이 있나니 의심이 가고 의심이 옴에 의심하고 의심할 바가 없거늘 공연히 어찌 의심하리요. 홀연히 의심을 태워 버리면 이것이 참 의심이라. 이 참 의심 아래 일만 의심이 적정하면 주야를 분별치 못함이 꿈도 같고 참도 같아서 공적한 천지에 오직 한 의심뿐이니, 이것이 큰 의심이 아니고 무엇이리오.)

<신유십분信有十分 의유십분疑有十分 의유십분疑有十分 오유십분悟有十分>[47)]

2. 의심 건을 적어 놓고 연마는 하오나 해오를 얻지 못하기 때문에 며칠 하다가는 싫증이 나서 놓아버리게 됩니다.

의심 건을 당장 해결하려는 것은 익지 않은 밤알이 빠지기를 바라는 것과 같고, 병아리를 깨고자 하는 사람이 이, 사흘 내에 달걀을 깨보는 것과 같다. 큰 의심일수록 충분한 시일을 필요로 하는 것이다. 대종사님께서는 7세 시부터 의심나셨던 것을 26세 되셔서야 깨치셨고 회양 선사는 8년간을 망지소조罔知所措하다가 깨치셨다 하며[48)], 누구나 어렸을 때 의심났던 것이 커서 알게 되는 경우가 있지 않던가?

---

47) 운서 주굉雲棲袾宏(1535~1615) 선사가 『선관책진禪關策進』에서 불적 이암진 선사佛跡頤菴真禪師의 말을 인거하고 있다. "佛跡頤菴真禪師普說 信有十分, 疑有十分。疑有十分, 悟有十分 …."(이암진 선사가 늘 말하기를 믿음이 철저하면 의심이 철저해지고, 의심이 철저하면 깨달음이 철저해진다.)
고봉 원묘高峰原妙의 『선요禪要』에도 비슷한 말로써 간화선을 하는데 있어서 의정疑情의 중요성을 밝히고 있다. "信有十分, 疑有十分 ; 疑得十分, 悟得十分"(믿음이 철저하여야 의심도 철저하다. 의심을 철저히 가지면 깨달음 또한 철저해진다.) 초기교서인 『수양연구요론』에도 인거되어 있다.

48) 망지소조罔知所措 : 갈팡질팡 어찌할 줄을 모른다는 뜻. 남악 회양(南嶽懷讓, 677~744) 선사는 육조 혜능 스님의 사법제자 10인 가운데 가장 먼저 거론되는 중요한 인물이며 남종선南宗禪의 거봉이다. 회양 선사가 혜능 스님을 찾아왔을 때 혜능 스님이 물었다. "그대는 어디서 왔는고?" 회양 선사가 대답했다. "숭산에서 왔습니다." 혜능 스님이 다시 물었다. "무슨 물건이 이렇게 왔는가?" 스님은 여기에서 그냥 말문이 막혀버렸다. 그래서 8년 동안 육조 스님의 질문을 가지고 씨름을 했다. 마침내 8년 만에 깨닫고는 다시 육조 스님을 찾아갔다. "제가 8년 전에 스님 앞에 왔을 때 스님이 '무슨 물건이 이렇게 왔는고?' 하셨는데, 이제서야 그걸 알았습니다." "그래? 어떻게 알았느냐?" "설사 한 물건이라 할지라도 맞지 않습니다." "그러면 닦아 증득하는 법은 어떻게 생각하느냐?" "닦아서 증득한 것은 없지는 않지마는, 물들여 더럽히지는 못합니다." 이 말을 들은 육조 스님은 "네가 지금 말하는 물들여 더럽힐 수 없다는 그것이 모든 부처님의 살림살이이다. 너도 그러하고 나도 또한 그러하니, 잘 두호斗護하여라."하고, 바로 인가를 해주었다 한다.

※ 대의지하大疑之下에 필유대각必有大覺[49)]

3. 의심이 걸리는 경우를 들어 주십시오.

1) 자기로서는 해결하기 어려운 큰 경계에 당했을 때 걸리고,

2) 실지로 부딪쳐서 해보면 걸리고,

3) 우연히 걸리는 경우가 있으며,

4) 까닭 있는 생활로 일마다 물건마다 생각 있게 보고 생각 있게 들으면 의심이 안 되는 것이 없다.

4. 의심이 풀리는 길을 말해 주시오.

참 의심이 걸리기만 하면 반드시 풀리는 것이니

1) 의리적으로 의지 해석을 해보면 풀리는 경우가 있고,

2) 동지 간 문답하는 중에 풀리는 경우가 있으며,

3) 보고 듣고 말하는 가운데 우연히 깨닫는 경우도 있으며,

4) 체험을 통해서 깨치는 경우도 있고,

5) 정신이 맑을 때 잠깐 들어보면 알게 되는 경우가 있다.

그러나 여기서 한 가지 주의할 것은 겉으로 쉽게 풀려고 하는 것보다는 오래오래 정심연마精深研磨하여 철저하게 깨달아야 하는 것이다.

※ 의두를 해결하는 것도 중요하지마는 해결하기 위하여 연마하는 노력이 더 중요하다. 연마하는 노력에서 혜력이 증진되기 때문이다.

※ 큰 공부를 하여 큰 깨침을 원하는 이는

가) 일단 믿고 끝까지 구하라.

나) 심천心天에 오욕의 흑운黑雲을 걷어라.

다) 대각의 경로를 먼저 알라.

---

49) 대혜 보각 선사 어록 권17에 "大疑之下 必有大悟"란 말이 있다. 큰 의심이 있으면 반드시 큰 깨달음이 있다는 뜻.

5. 석반 후 살림에 대한 일이 있으면 다 마치고 잠자기 전 남은 시간이나 또는 새벽에 정신을 수양하기 위하여 염불과 좌선하기를 주의할 것이요,

= 마음을 고요하게 하는 공부 <대적광전>

1) 매일 조석으로는 복잡한 신경을 쉬고 마음을 텅 비우는 수양 즉 마음의 공백 시간을 가질 일. <염불, 좌선, 심고, 기도, 주송 등>

※ 허실생백虛室生白.[50] 태허심천월상현太虛心天月常現[51]

[문제점]

1. 저녁과 아침에 염불과 좌선을 하라 하신 뜻은?

1) 생업을 도외시하고 염불과 좌선만 하고 앉았다면 그 생활이 어찌 되겠는가? 또 생업에 분망하다고 해서 염불과 좌선을 전연 하지 않는다면 어찌 원만한 정신력을 기를 수 있겠는가? 고로 낮에는 생업을 위하여 충실히 활동하고, 일을 마치고 잠자기 전과 일을 시작하기 전인 아침에 온전한 근본정신을 반드시 기르게 하신 것이다.

2) 밤에는 외경外境도 고요해지고 하루 일도 끝마쳤으므로 일심을

---

50) 『장자』 제4편 인간세에 나오는 말. '빈집에 광명이 난다'는 말은 마음이 비어야 지혜가 솟아난다는 뜻.
『대산종사법문』 2집에 '정신 수양 공부의 길'의 하나로 제시하고 있다. "생각을 텅 비워버리는 공부. 첫째, 매일 정해놓고 밤중이나 취침 시에 일체 생각을 다 비워버리는 공부를 일삼되 대중잡는 마음만은 면면綿綿하게 놓지 말기를 길들일 것이며, 둘째, 오래 성숙成熟되는 대로 그 대중잡았던 마음마저 서서히 놓아 버리기를 길들일 것이며, 셋째, 구경에 들어가서는 놓았다는 마음마저 놓고 허공 법계虛空法界와 합일하는 것이 참으로 생각을 비워버리는 공부이니 크게 생각을 쉬어라[大休大歇], 빈집에 광명이 난다[虛室生白], 나와 경계가 다 비었다[物我俱空], 공을 관하라[觀空] 하는 말씀들이 모두 생각을 비워버리라는 뜻에 지나지 않는 것이다."

51) 텅 빈 마음 하늘에 밝은 달이 항상 빛난다.

만들기 쉽고 마음도 빨리 고요해지는 것이며, 새벽에는 외경도 고요할 뿐 아니라 잠을 잘 자고 난 끝이므로 고요하고 온전한 마음이 바로 나타날 수 있다.

3) 잠은 곧 죽음과 같은 것이니, 죽음을 단련하는 공부가 될 수 있기 때문에 밤에 하는 것이 좋고, 아침은 곧 새날의 시작이요 새 생활의 출발이니, 온전한 마음으로 새 생활을 출발하게 하는 것이다.

4) 이상에 말한 것은 일반적으로 누구나 다 그렇게 하는 것이 좋다는 것이요, 조석 이외에는 하지 말라는 것은 아니니 이 점을 명심해야 할 것이다. 고로 틈만 나면 마음을 비우는 습관을 들이라.

2. 저녁에는 잠이 오고 낮에 했던 일이 생각나서 오히려 괴롭습니다.

1) 하루 이틀에 잘 되기를 바라지 말라. 밤기운을 함양하는 것은 수도인의 일과가 되어야 하리라.

2) 그러나 건강이나 체질이나 생활상 부득이한 경우에는 낮이나 새벽에 더 공을 들이라. 어느 틈으로든지 신경을 쉬고 온전한 정신만 길러 가면 되는 것이다.

※ 존야기存夜氣[52] <맹자>

---

52) 이것은 『맹자』 고자상告子上편 7장에서 유래하는데, 야기夜氣란 사물과의 접촉이 없는, 따라서 물욕物欲이 일어나지 않는 야간의 평정하고 맑은 기상을 가리킨다. 그는 인간의 본성이 현실적으로 불선不善한 것은 마치 우산牛山의 나무가 남벌濫伐되고 우양牛羊 등의 먹이가 되어 마침내 우산이 민둥산이 된 것과 같은 이치라고 하였다. 즉 우산이 본질적으로 나무가 자랄 수 없는 산이 아니라 외력外力에 의해 현재 나무가 없는 것과 같이 인간도 일상생활 속에서 외물과의 접촉을 통한 물욕에 의해 본성이 상실되었다는 것이다. 그는 우산에 대한 남벌이나 우양 등의 출입을 통제하면 나무가 다시 자랄 수 있는 것과 같이 인간도 물욕을 제거함으로써 선한 본성을 회복할 수 있는데, 그 구체적 방법은 바로 야기夜氣의 보존이라고 주장하였다. 맹자는 인간과 동물을 구별하는 기준의 하나로서 야기夜氣의 보존 여부를 들었다. 이러한 그의 주장은 송대宋代의 이학가理學家들에 의해 양심치기술養心治氣術로 발전되었다

3. 저는 새벽에 좌선하면 잘되지 않을 뿐 아니라 잠이 부족하여 그날 일까지 그르치는 경우가 많사오니 어떻게 하는 것이 좋을까요?

1) 체질이나 생활상으로 혹 그런 분이 있는데 그런 경우에는 밤이나 낮에 해보되 차차 조금씩 새벽의 맑은 기운에도 할 수 있도록 습관을 들여가는 것이 좋을 것이다. 무시선 무처선이 수양의 대법이니, 어느 때 어느 곳에서든지 선이 잘 돼야 하지 않겠는가?

2) 초입자는 각자의 체질과 생활환경을 잘 살펴서 어느 틈에든지 신경을 쉬는 습관을 들이는 것이 좋을 것이다.

4. 아무 일 없이 앉아서 선을 하는 것보다는 일하면서 일심을 만드는 것이 더 나은 경우가 있습니다. 그런 사람은 좌선하는 것보다 일하는 것이 낫지 않을까요?

물론 사상선事上禪이 진활선眞活禪이라, 일 가운데서 일심을 기르는 것이 가장 좋은 방법이다. 그러나 일을 잡아야만 일심이 되고 일을 놓으면 일심이 되지 않는 것은 생각해 볼 문제이다. 사람이 평생을 살아가노라면 언제나 건강해서 늘 일할 수 있는 것은 아니다. 병이 들어 일할 수 없을 때 또는 죽음이 임박한 사람이 무슨 힘으로 일심을 챙길 것인가. 그러므로 우리는 일하면서도 일심을 기를 수 있어야 하고, 일 없을 때도 일심을 기를 수 있는 동정일여의 무시선이 될 수 있어야 할 것이다.

5. 저녁이나 새벽에 염불이나 좌선을 하기 위하여 앉았으면 사심 잡념이 더 치성하오니 어떻게 하오리까?

예로부터 큰 도에 발심한 사람이 선을 닦지 않은 분이 없고 큰 심력을 얻어 대업을 성취하신 분이 모두 일심을 기른 분이니 대도에 발심했을진댄 어떤 방법으로든지 선을 닦고 일심을 길러야 한다는 신념과 결심을 가지라.

1) 누구나 처음에 선을 하는 사람은 그런 사실을 체험하게 되느니 너무 염려하거나 낙망하지 말고 염불 좌선법을 잘 참고하여 꾸준한 정성으로 해 가면 차차 순숙될 것이다.

2) 사심 잡념이 일어나는 근원을 추구해서 근본적인 대치 방법을 강구할 것이며,

3) 선진자들의 경험을 잘 들어 참고해 가라.

가) 약어전처불류정若於轉處不留情 번흥영처나가정繁興永處那伽定[53]

나) 돈망과거頓忘過去 불사미래不思未來 즉현허심卽現虛心 적적성성寂寂惺惺[54]

다) 불설일체법佛說一切法 위도일체심爲度一切心 아무일체심我無一切心 하용일체법何用一切法[55]

6. 모든 일을 처리한 뒤에 그 처리 건을 생각하여 보되 하자는 조목과 말자는 조목에 실행이 되었는가 못되었는가 대조하기를 주의할 것이니라.

= 일은 지낸 뒤에 반드시 반성하여 시비를 감정할 것이요=반성하는 공부 <성찰>

---

53) 『육조단경』에 나오는 게송이다. "대원경지성청정大圓鏡智性淸淨 평등성지심무병平等性智心無病 묘관찰지견비공妙觀察智見非功 성소작지동원경成所作智同圓鏡 오팔육칠과인전五八六七果因轉 단용명언무실성但用名言無實性 약어전처불유정若於轉處不留情 번흥영처나가정繁興永處那伽定"(대원경지는 성품이 청정한 것/ 평등성지는 마음에 병이 없음이요/ 묘관찰지는 견해를 내세우지 않는 것/ 성소작지는 둥근 거울과 같도다/ 5·8, 6·7식이 과와 인에서 전환되나/ 이름과 말만 있을 뿐 참 성품 없네/ 만약 반연하는 곳에 정을 두지 않으면/ 아무리 번잡해도 나가정에 있음이로다.)

54) 과거를 모두 잊고/ 미래도 생각지 않는다면/ 곧 텅 빈 본래 마음이 드러나/ 고요한 가운데 초롱초롱 빛난다.

55) 부처님 말씀하신 일체 법은 일체의 마음을 제도하기 위함이다. 나에게 일체의 마음이 없거늘 일체의 법이 무슨 소용이 있으리오.

1) 일을 지낼 때마다 반드시 반성하여 시비 감정하는 공부를 할 일.

2) 취침 시에는 반드시 종합 반성하여 그날의 죄복을 결산해 보고 내일의 계획을 세운 후 본원을 다시 챙기고 청정 일념에 의지하여 잠자리에 드는 공부를 할 일.

<매일 일기(태조사), 일일삼성一日三省>

먼저 이상의 5개 조목을 실행했는가를 반성 대조하는 것이다.

[문제점]

1. 반성하는 마음이 지나치게 되면 그것이 도리어 망념이 되어 괴로운 경우가 있습니다.

철저히 반성하여 굳게 결심하는 것이 좋으나 그 일의 내역과 시비를 감정하지는 못하고 뉘우치는 생각에 붙잡혀 있는 것은 분명 망념이요, 수양에 큰 마군이가 되는 것이다. 그러므로 일을 지낸 뒤에 반성하는 것은 그 일의 순서와 시비를 감정하고 새로운 결심을 굳게 하여 마음의 고삐를 돌려놓은 뒤에는 깨끗이 잊어버리는 것이다.

※ 안도한담鴈渡寒潭 담불류영潭不留影

풍과소죽風過疏竹 죽불류성竹不留聲[56)]

2. 반성은 되오나 새로운 실천은 잘 되지 않사오니 어찌하오리까?

1) 책임감이 없거나 주의심이 없거나 굳은 결심이 되지 않을 때 그러는 경우가 많이 있다. 그러므로 불이과不二過[57)]하는 것은 누구

---

56) 『채근담』에 나오는 말. 바람이 성긴 대숲에 불어와도 바람이 지나가고 나면 대숲은 소리를 남기지 않고, 기러기가 차가운 연못을 지나가도 기러기가 가고 나면 연못은 그림자를 남겨 두지 않는다. 그러므로 군자는 일이 다가오면 비로소 마음에 나타나고 일이 지나가고 나면 마음도 따라 비게 되느니라.

57) 같은 잘못을 두 번 범하지 않는다. 『논어』옹야편雍也篇에 "애공哀公이 문問 제자弟子 숙위호학孰爲好學이니잇고. 공자대왈孔子對曰 유안회자有顏回者 호학好學하야 불천노不遷怒하며 불이과不貳過하더니 불행단명사의不幸短命死矣라 금야즉망今也則亡하니

나 잘 되는 일이 아닌 줄로 안다. 그러나 천만번 반성하고 결심하여 끝까지 고쳐나가면 언젠가는 실천이 되리라 믿는다.

2) 또는 무시습기無始習氣가 중할 때 잘 고쳐지지 않는 것이니, 이참·사참으로 무시습기를 녹이고 새로운 결심과 굳은 서원을 세워가라. 반드시 실천되리라.

※ 반성이 없는 인생은 진전이 없고, 참회가 없는 인생은 참다운 서원이 서지 않는다.

※ 중생이 변하여 부처 된 분이라야 참다운 활불의 구실을 다 할 수 있다.

◎ 결어

1) 수신은 천하의 근본이다.

2) 각자의 마음을 잘 쓰는 용심법이라야 사주팔자[운명]를 뜯어고쳐서 인간을 다시 개조하게 된다.

3) 대종사님 말씀하시기를 과거에는 천생千生에 할 공부를 이 회상에서 이 법으로는 단생單生에 할 수 있고, 평생에 할 공부를 정성만 들이면 쉽게 이룬다고 하셨으니, 이 공부 길이라야 천여래 만보살이 배출될 것이다.

4) 그러므로 우리는 이 회상에서 이 법으로 기필코 성불해야 하겠다.

5) 이 법은 대종사님의 평생 공부 길이시오. 영생의 공부 표준이시며, 누구나 스스로 성불하여 영겁에 불퇴전이 되도록 하신 법이

미문호학자야未聞好學者也이다."(애공이 물었다. '제자들 중에 누가 학문을 좋아합니까?' 공자가 대답하기를, '안회라는 사람이 있었는데 학문을 좋아하여 노여움을 옮기지 않으며, 똑같은 잘못을 두 번 다시 저지르지 않았습니다. 그런데 불행히도 명이 짧아 죽었습니다. 이제는 그런 사람이 없어서, 배우기를 좋아하는 사람이 있다는 말을 듣지 못했습니다.')

다. <법문>

6) 이 상시 응용 주의사항은 유·무식 남녀노소 선악 귀천을 막론하고 인간생활을 하여가면서도 언제나 공부할 수 있는 크고 빠른 법이다. 『대종경』 변의품 26장.

[문제점]

1. 상시 응용 주의 사항과 삼학과의 관계를 설명해 주시오. 『대종경』 변의품 26장.

수양 : 5조

연구 : 2, 3, 4조

취사 : 1조 <취사를 중심으로 삼학을 아울러 진행 시키는 길>

6조는 삼학 공부의 실행 여부를 성찰 대조하는 길.

2. 상시 응용 주의사항을 동정으로 나누어 설명해 주시오.

3, 4, 5조는 주로 정할 때 공부로서 동할 때 공부의 자료를 준비하는 길이요, 1, 2, 6조는 주로 동할 때 공부로서 정할 때 공부의 자료를 준비하는 길이 되는바 동정이 상자相資하여 간단없이 할 수 있는 공부법이다.

2. 교당 내왕 시 주의 사항

1) 상시 응용 주의 사항으로 공부하는 중 어느 때든지 교당에 오고 보면 그 지낸 일을 일일이 문답하는 데 주의할 것이요,

2) 어떠한 사항에 감각된 일이 있고 보면 그 감각된 바를 보고하여 지도인의 감정 얻기를 주의할 것이요,

3) 어떠한 사항에 특별히 의심나는 일이 있고 보면 그 의심된 바를 제출하여 지도인에게 해오(解悟) 얻기를 주의할 것이요,
4) 매년 선기(禪期)에는 선비(禪費)를 미리 준비하여 가지고 선원에 입선하여 전문 공부하기를 주의할 것이요,
5) 매 예회(例會)날에는 모든 일을 미리 처결하여 놓고 그 날은 교당에 와서 공부에만 전심하기를 주의할 것이요,
6) 교당에 다녀갈 때에는 어떠한 감각이 되었는지 어떠한 의심이 밝아졌는지 소득 유무를 반조(返照)하여 본 후에 반드시 실생활에 활용하기를 주의할 것이니라.

세간 생활을 하면서 늘 마음공부를 할 수 있도록 교당을 내왕할 때에 반드시 챙겨야 할 조항으로서 상시 응용 주의사항의 길을 알려주고 도와주는 법이다. 스승과 회상에 법맥을 연하며 줄 맞는 공부를 하자는 것이다.

<법통의 연원을 잇는 공부>

1. 상시 응용 주의사항으로 공부하는 중 어느 때든지 교당에 오고 보면 그 지낸 일을 일일이 문답하는데 주의할 것이요,

= 바른 스승을 정하고 반드시 공부 경과를 일일이 문답하여 감정을 받을 것이요,

= 바른 사우와 문답하는 공부. <스승을 모시는 생활>

1) 바른 공부 길을 잡아간다.

2) 날로 법 있는 생활이 되고 마음이 살아나서 퇴전할 염려가 없다.

3) 그 스승님을 닮아가게 된다.

[문제점]

1. 교당이란 무엇 하는 곳인가?

한 말로 말하기는 어려우나 대종사님께서 밝혀 주신 바와 같이

1) 마음공부 하는 학교. <인생의 요도와 공부의 요도가 그 교재다>

2) 성불제중의 도량.

3) 제생의세의 교의를 가르치고 배우는 곳.

4) 세계평화의 중심지요, 사회 정화의 원천이다.

가) 대종사님 혜명의 변전소.

나) 마음의 세탁소.

다) 영생의 복덕방福德房.

라) 생활의 정수장淨水場.

마) 조불공장造佛工場. <성불의 정미기精米機>

2. 원불교 교도로서 교당에 내왕하는 목적은?

1) 한 말로 하면 마음공부 하는 법을 배우기 위해서 다니는 것이니, 교당 내왕 시 주의 사항을 잘 보면 알게 될 것이다. 몇 가지 내용을 들자면 마음을 밝혀 혜명을 잇고, 정신을 수양하여 마음에 안정을 얻으며, 영생의 무궁한 혜복을 지어서 생활을 빛내고, 성불의 길을 닦고 보은의 길을 배우기 위해서 다닌다고 할 것이다.

2) 영원히 잘사는 법을 배우기 위하여 다닌다.

3) 공부와 생활하는 가운데 미상한 점은 배우고, 아는 점은 전해주고, 감각된 점은 감정을 받기 위해서 다닌다.

2. 어떠한 사항에 감각된 일이 있고 보면 그 감각된 바를 보고하여 지도인의 감정 얻기를 주의할 것이요,

= 감각, 감상, 심신 작용 처리 건은 반드시 바른 스승의 감정을 얻을

것이요,

= 바른 지각을 얻는 공부. <감정 받는 생활>

1) 사견에 흐르지 않고 참 지각을 갖추는 것.

2) 법가지法可止.[58]

[문제점]

1. 감정 얻기를 싫어하는 사람이 있는데 그런 경우는 어떻게 할까요?

다른 사람 걱정은 너무 하지 말고 스스로의 마음을 조사해보라. 사람 따라서 그럴 수도 있기 때문에 이 조항을 특별히 넣어주신 것이라 믿는다. 법대로 실행하리라는 결심을 굳게 세우고 스승님과 법에 대한 신심을 더욱 길러야 할 것이다. 아무리 곧은 나무도 목수의 자와 먹줄을 맞지 않으면 제목으로 쓰일 수는 없는 것이다.

※ 주세불<성자>이 출세하시면 천지의 도가 주세불<법주>에게 옮겨지는 것이니, 반드시 주법의 감정을 받고 그에 연원을 대야 실다운 법이 되는 것이다.

예 : 각 발전소의 모든 전류와 전압을 그 나라의 가장 큰 발전소에서 조절하여 각 가정에 미치게 하는 것과 같다.

※ 참조 : 『대종경』 인과품 26장, "바른 이치를 모르고 대중을 그릇 인도하는 것이 가장 큰 죄가 되나니라." 하셨으니, 지도자들의 주의할 바이다.

---

58) 주법主法의 책임을 가진 사람이 자기보다 법력이 못하다 할지라도 스스로의 법력을 감추어 버리고 주법을 잘 받들어 모시는 것. 다시 말하면 당대의 종법사가 자기보다 법력이 모자란다 할지라도 자신의 법력을 숨기고 나타내지 않으며 종법사를 잘 받들어 모시는 것을 말한다. 대안大安 스님은 원효 대사에게, 보화 존자普化尊者는 임제 선사에게 대해서 법가지를 잘했다고 전해온다. 법가지를 잘못하면 법통이 흔들리게 되고 교단의 분열을 가져오기 쉽기 때문에 법력이 높을수록 법가지에 유의해야 한다. <원불교 용어사전>

※ 참고 : 일숙각[59]과 위음왕[60] <단경>

---

59) 일숙각은 '증도가'를 지은 영가 스님의 별칭이다. 일숙각과 위음왕에 대해서는 『육조단경』 <덕이본>에 다음과 같이 기록하고 있다.
玄覺禪師 永嘉人. 姓 戴氏. 少習經論 精天台止觀法門. 因看維摩經 發明心地. 偶師弟子玄策 相訪. 與其劇談 出言 暗合諸祖. 策 云仁者 得法師 誰. 日我聽方等經論 各有師承 後於維摩經 悟佛心宗. 未有證明者. 策 云 威音王已前 卽得. 威音王已後 無師自悟 盡是天然外道. 云願仁者 爲我證據. 策 云我言 輕. 曹溪 有六祖大師. 四方 雲集 并是受法者. 若去 卽與偕行. 覺 遂同策來參. 繞師三匝 振錫而立. 師 日夫沙門者 具三千威儀 八萬細行. 大德 自何方而來. 生大我慢 覺 日生死事大無常 迅速. 師 日 何不體取無生. 了無速乎. 日體卽無生 了本無速 . 師 日如是如是. 玄覺 方具威儀 禮拜. 須臾 告辭. 師 日返太速乎. 日本自非動. 豈有速耶. 師 日誰知非動. 日仁者 自生分別. 師 日汝甚得無生之意. 日無生 豈有意耶. 師 日無意誰當分別. 日分別 亦非意. 師 日善哉. 少留一宿. 時 謂一宿覺. 後 著證道歌 扱永嘉集 盛行于世.
현각 선사는 영가 사람이요, 성은 대 씨이다. 젊을 때부터 경과 논을 익혔으며, 천태의 지관법문에 특히 정통하였는데 유마경을 보다가 마음을 밝혔다. 우연히 육조의 제자인 현책이 찾아와서 만나 같이 대화를 나누었는데 그의 말이 모두 조사의 뜻과 일치하였다. 현책이 물었다. '법사께서 법을 준 스승이 누구십니까?' '내가 방등경론을 들을 때에는 각각 스승이 있었지만 그 뒤 유마경에서 부처님의 마음을 깨달았었지만 증명해 줄 분이 없습니다.' '위음왕불 이전에는 그것이 가능하겠지만 위음왕불 이후에는 스승이 없이 스스로 깨닫는다는 것은 천연 외도입니다.' '그러면 원컨대 법사께서 나를 위해 증명해 주십시오.' '나의 말은 가볍습니다. 조계산에 육조 대사가 계신데 사방에서 모여서 법을 받고 있으니 만약 가시겠다면 함께 가겠습니다.' 현각이 현책과 함께 조계산에 와서 대사를 뵙고, 주위를 세 번 돌고 주장자를 떨치고 서 있었다. 조사께서 말씀하셨다. '무릇 사문이란 삼천 위의와 팔만세행을 갖추어야 하는데 대덕은 어느 곳으로부터 왔기에 큰 아만을 부리는가?' '생사의 일이 크고, 무상이 신속한가 하옵니다.' '어찌하여 태어남이 없음을 체달해 얻지 못하며 빠르지 않음을 요달하지 않는가.' '체달함에 곧 태어남이 없고 요달함에 본래 빠름이 없습니다.' '그렇고 그렇도다.' 하고 조사께서 말씀하시니 현각이 바야흐로 위의를 갖추어 절하고 나서 잠깐 있다가 하직 인사를 드렸다. 조사께서 '어찌 그리 빨리 가려하는가.' '본래 스스로 움직인 것도 아닌데 어찌 빠름이 있겠습니까?' '누가 움직이지 않음을 아는가.' '스승께서 스스로 분별을 내시는가 하옵니다.' '네가 이제 남이 없는 뜻을 얻었도다.' '남이 없는데 어찌 뜻이 있겠습니까.' '뜻이 없다면 누가 마땅히 분별하는가.' '분별도 또한 뜻이 아니옵니다.' '착하도다. 하룻밤이라도 쉬어 가도록 하라.' 그때 그를 '하룻밤 자고 깨달은 분'이라고 하였고, 훗날 증도가와 영가집을 지어서 세상에 성행하였다.

60) ※ 위음왕은 『법화경』 상불경보살품에 나타나는 부처님의 이름이다. 이 부처님의 이전에 다른 부처님이 없었다고 하며, 이 부처님은 아주 오래되었다고 하는 것의 대명사로서 '위음왕이래威音王以來'라고 사용된다.
※ 위음왕 이전이란 위음왕불이 출세하기 이전이다. 첫째, 과거장엄겁過去莊嚴劫의 최초 불을 위음왕불이라 한다. 부모미생전父母未生前, 천지미분전天地未分前이란 말

2. **교무 선생님이 마음에 들지 않거나 그 실력이 인정되지 않을 때는 어찌할까요.**

대개 사람들이 이성보다는 감정이 앞서기 때문에 혹 지도인이 자기 마음에 들지 않는다는 말을 하나 그것은 장차 사견이 자랄 근본이 자기의 마음에 움트고 있음을 먼저 자각해야 할 것이요, 교무 선생님이라 하여 완전자이거나 전지자全知者는 아니며 오직 같이 공부하는 선진자로 알아서 나보다 장하신 점을 발견하여 잘 받들면서 같이 공부해가는 마음으로 혹 부족한 점이 있으면 보충해드리는 것이 피지도자의 도리일 것이다. 그리고 연중 1, 2차 정기 훈련을 받는 기간에 더욱 적공할 자료를 준비해 두는 것이 될 것이니, 다 몰랐다 해서 그 선생님을 도외시하는 것은 참으로 크게 공부하는 사람은 아니라 생각된다.

3. **내 생각과 교무 선생님의 생각이 다르고 또 다른 선생님의 의견이 다른 때는 어떤 말을 표준 할까요?**

같은 문제라도 각자 입장과 익힌 바와 깨친 바에 따라서 달리 이해될 수 있는 것은 당연하다. 그러므로 솔성요론 제2조에 열 사람의 법을 응하여 제일 좋은 법을 취하여 쓰라고 하신 바가 있지 않은가? 여기서 한 가지 주의할 점은 신앙, 수행, 기타 교리에 대한 해석은 정전과 대종경에 근거하여 원만하게 해야 할 것이요, 어느 한편에 치우친 해석과 주장은 안 될 것이다.

3. 어떤 사항에 특별히 의심나는 것이 있고 보면 그 의심된 바를 제출하

과 같이 과거의 과거를 표시하는 말이다. 둘째, 향상제일의제向上第一義諦를 표시하는 말이다. <조정사원祖庭事苑>에는 위음왕 이전은 실제이지實際理地를 밝힌 것이고 위음왕 이후는 불사문중佛事門中을 밝힌 것이라 하였다.

여 지도인에게 해오 얻기를 주의할 것이요,

= 의심 건은 반드시 제출하여 깨달음을 얻을 것이요,

= 의심 건을 해결하는 공부. <질의문답>

1) 사리 간에 의심난 것을 깨치는 것.

2) 경전이나 생활상에서 의심난 것을 제출하여 바른 해답을 얻을 것이다.

[문제점]

1. 의심난 것을 물어보면 더 생각해 보라 하시고 밝은 답을 해주지 않으시니 그것은 왜 그러는가요?

1) 너무 쉽게 일러주면 자기 것이 되지 않거나 가볍게 여겨 버리는 경우가 있기 때문이요,

2) 스승의 자비는 바로 다 일러주지 않고 스스로 깊이 연마하여 자각하게 하는 데 있기 때문이다.

2. 특별히 의심나는 것을 교무 선생님이 해답해 주시지 않을 때는 어떻게 할까요?

교무 선생님에게서만 답을 구하려 말고 다른 동지와 가족에게도 물어보고 스스로 그 의심을 더 궁굴려서 해결의 순서를 찾아 스스로 풀어가는 것이 좋으며, 오랜 궁구 끝에 스승님과 문답하게 되면 바로 깨치는 경우가 많다.

예: 구정 선사의 예[61)]

---

61) 『대종경 선외록』 제12 은족법족장에 구정 선사를 예화로 신성에 대해 법문을 하고 있다.
대종사 말씀하시었다. "큰 도를 구하기 위하여 큰 신성을 바친 사람은 제 몸과 제가 가진 물질과 제 정성을 아끼지 않나니 만일 아낌이 있다면 참 신성은 아니다. 옛날에 구정九鼎 선사는 부유한 가정에 두 부인을 거느리고 살면서 큰 장사를 하는

3. 정성스럽게 일러주어도 잘 알아들을 수 없는 것은 왜 그런가요?

1) 듣는 사람이 깊이 생각한 바 없이 즉흥적으로 막연하게 물었을 때 어려운 것은 잘 이해가 안 되고,

2) 듣는 사람이 신심이 없거나 정성이 없으면 아무리 잘 설명을 해도 이해하지 못할 것이며,

데, 하루는 비단과 백목 수백 필을 말에 싣고 어느 재를 넘다가 쉬고 있었다. 그때 어떤 거지 중 한 사람이 엷은 옷에 떨면서 지나갔다. 구정은 자비심이 일어나서 그 중에서 백목 한 필을 주려 하다가 아까워서 못 주기를 몇 차례 마음속으로 반복한 후에 큰 힘을 써서 한 필을 떼어 주어 보내고 마음에 쾌활함을 금치 못하였다. 얼마 후 어떤 거지 한 사람이 자기가 스님에게 주었던 그 백목 한 필을 어깨에 걸치고 고개를 넘어왔다. 구정이 이상하여 그 이유를 물은즉 거지가 말하기를 '이 고개 너머에서 젊은 스님 한 분이 나를 보고 네 옷이 내 옷보다 더 급하니 이것 갖다 옷 지어 입으라고 주었다' 한다. 구정이 그 말을 듣고 나니 가슴이 벙벙하고 머리가 무거워서 큰 매를 맞은 듯이 스스로 부끄러웠다. 자기 재산을 전부 계산하면 백목이 수천 필인데 그중에서 한 필 주는 것도 그렇게 힘이 들고 애가 쓰였거늘 그 스님은 한 필 얻어 가지고 가던 백목을 거지에게 주는데 그렇게 썩은 새끼 떼어주듯 하니, 그분이 필시 큰 보물을 갖춘 도인이로구나 생각하였다. 그리하여, 끌고 가던 거마와 주단 포목을 모두 재에다 내버려 두고, 맨몸으로 그 스님을 따라가서 예를 올리며 제자 되기를 간청하였다. 그 스님이 말하기를 '그대가 지금의 이 마음을 평생토록 계속하겠다고 생각되면 따라와 보고 만일 중간에 변동이 있게 생겼으면 애당초에 그만두어라'고 하였다. 구정이 평생토록 스님을 따르겠다고 서원하고 스님의 보따리를 받아 짊어지고 해가 질 때까지 굶으며 걸어서 스님의 절로 찾아가 보니, 세상에 없는 빈찰貧刹이었다. 양식도 없고 나무도 없을 뿐 아니라 늙은 자기가 자식 같은 그 스님을 시봉하게 되었다. 그 스님은 방에 들어가서 명령하기를 '내가 발을 좀 씻고자 하니 물을 데워 오되 솥이 잘못 걸려 있으니 솥을 먼저 고쳐 걸으라'고 하였다. 몹시 춥고 시장하나 할 수 없이 언 흙을 파서 찬물에 이겨서 솥을 고쳐 걸었다. 그런데, 스님이 나와서 보고 '솥이 잘못 걸렸으니 다시 고쳐 걸라' 하며 뜯어고치게 하기를 밤새도록 아홉 번을 하였다. 스님이 드디어 허락하시고 물을 데워다 발을 씻고 그 솥에다 밥을 지어 오게 하여 먹은 후에야 비로소 구정九鼎이라는 법호를 내려주며 시봉을 하라 하였다. 구정은 그런 후로 수십 년간을 젊은 스님에게 일체 시봉을 드리면서 스님을 오직 큰 도인으로 알고, 믿고 의지하고 살아갈 뿐이요 별다른 법문 한번 들은 적이 없었다. 그러다가, 젊은 스님이 중병이 들어서 임종이 가까워지는지라 최대의 정성을 바쳐서 간병을 계속하다가, 우연히 한 생각을 얻게 되었다. 스님이 이치를 깨쳐 주시는 것이 아니라 나 스스로 깨쳐 알아야 함을 확철 대오하였다. 그 후 구정은 모든 사리에 막힘이 없어져서 큰 회상을 펴고 수많은 제자를 가르쳤다고 한다. 그대들은 그대들의 신심과 정성을 스승에게 아끼고 있지나 않은가 생각하여 보고 구정 선사를 표준 삼아 다시없는 신성을 들이대어 보라."

3) 설명자의 각득 여하에 따라서도 그러는 경우가 있을 것이다.

4. 우리가 혹 다른 선생님들께 의심 건을 물어보면 직접 지도하시는 선생님들께 물어보라고 미루시는 경우가 있는데 그때는 어떻게 하는 것이 좋은가요?

1) 그 선생님이 참으로 법이 있으신 분이다. 그 선생님을 의심치 말고 시키는 대로 와서 묻는 것이 좋다.

2) 타지방 교도가 혹 의심 건을 물어올 때 형편 보아서 되도록 그 지방 선생님에게 다시 묻도록 하는 것이 도이다.

5. 교역자의 처지에 놓여 있을 때 교도님이나 제자들이 의심 건이나 감각 건을 상의할 때는 어떻게 응하는 것이 좋을까요?

그 사람의 근기와 사정에 따라 다르겠지마는 너무 쉽게 일러 주어 버리는 것보다는 스스로 정심연마 하도록 시간을 주고 계기를 주는 것이 좋으며, 감각 건은 바로 인가해 주지 말고 스스로 완전히 증득하게 하는 것이 옳을 것이다.

※ 스승의 자비는 바로 인가해주지 않는데 있다.

4. 매년 선기에는 선비를 미리 준비하여서 선원에 입선하여 전문 공부하기를 주의할 것이요,

매년 1, 2차는 반드시 전문 공부 기간을 둘 것이요,

= 전문 입선 공부 <특별 정진 기간>

1) 무디어진 칼은 대장간에 들어가야 한다.

2) 대공도야大工陶冶 대정훈증大鼎熏蒸[62)]

62) 『대산종사법문』 3집 '제4편 훈련'에 대산 종법사 말씀하시기를 "우리의 훈련법은 대공도야大工陶冶로 큰 공장에서 물건을 계속 만들어 내는 것과 같고, 모계포란母鷄包卵으로 어미 닭이 알을 품고 병아리를 깨는 것과 같으며, 사제훈습師弟薰習으로 스

※ 달걀은 부화기에 들어가야 병아리가 깨여지고, 중생은 선방에 들어가야 불보살의 길을 깨치게 된다.

[문제점]

1. 전문 입선하게 되면 무엇을 배우는가요?

정기 훈련 과정에 따라 인생의 요도와 공부의 요도로써 신앙과 수행을 전문적으로 훈련하는바 저축 삼대력을 양성하는 것이다.

※ 참고 : 『대종경』 교의품 20, 21, 24, 29, 30, 34, 35, 37장, 수행품 4, 55, 56, 57, 58, 62장.

2. 무시선 무처선, 처처불상 사사불공의 공부를 잘하면 전문 입선할 필요가 없지 않겠는가?

1) 무시선 무처선, 처처불상 사사불공의 공부를 참으로 잘하기 위해서 전문 입선을 하는 것이다.

2) 칼을 쓰다 무디어지면 갈아 쓰는 것이요, 많이 닳아지면 대장간에 넣어서 다시 달구어내야 하는 것같이 우리가 생활하는 가운데 예회를 통하여 그때그때 갈아 쓰기도 하고 선원에 입선하여 전문 수련을 통해서 큰길을 다시 개척하기도 해야 한 다.

3) 저축을 많이 해놓아야 쓸 때 아쉬움이 없는 것 같이 전문 입선으로 저축 삼대력을 많이 양성해 놓아야 활용 삼대력이 잘 단련될 것이다.

3. 교단의 현재 형편으로서는 수시로 전문 입선하기 어려운데 어떻

승의 훈증薰蒸따라 제자가 익어지는 것과 같은 법이다. 수도인은 스승으로부터 귀신도 모르는 가운데 마음 건네는 훈증이 없으면 큰 도인 되기가 어렵다. 마치 고아들은 잘 먹이고 잘 입히나 어딘가 모르게 얼굴에 그늘이 있는데 그것은 부모의 따뜻한 사랑이 없기 때문이다. 그러므로 이 회상에 들어와서 한눈팔지 아니하고 훈련만 잘 받으면 여래가 되고 활불活佛이 된다."

게 하는 것이 좋을까요?

그 점이 당면한 큰 유감으로 생각한다. 재가·출가 간에 부처를 많이 내는 것이 교단의 제일 목적이요 제일 경사이니, 이 문제가 시급한 실정이다. 산수 좋은 곳에 법력 있는 분들이 주장하는 선원이 각처에 상설되어 있어서 틈나는 대로 누구든지 수양할 수 있도록 해야 할 것이다. 이것은 교단적으로 도인을 많이 만드는 일이 될 뿐 아니라 시대 풍조를 올바르게 제도하는 길이기도 하다. 현재 도시인들은 소음과 매연과 격무에 시달리다가 하루나 쉬려면 말초신경을 자극하는 향락으로 심신을 오히려 지치게 하는 실정이요, 농촌인들은 농한기에 도박과 주색으로 허송하는 일이 얼마나 많은가? 이런 것들을 올바르게 선도해야 할 길이 무엇이겠는가?

※ 참고 : 가) 월요병 나) 여가선용

5. 매월 예회 날에는 모든 일을 미리 해결해 놓고 그날은 교당에 와서 공부에만 전심하기를 주의할 것이요,

= 예회에는 반드시 출석하여 지견을 교환할 것이요,

= 의견 교환하는 공부. <정미기精米機의 원리>

1) 부처님의 날로 정하여 부처님을 닮아가고 마음을 개발하고 마음을 안정하고 마음을 바루는 공부에 전공하라.

2) 홀로 안 것은 다 안 것이 아니요, 열이 안 것이라야 참으로 안 것이니라.

3) 공부 사업 기타 생활에 대한 상식을 서로 교환하여야 성불제중하는 실적이 쌓인다.

[문제점]

1. 정례 예회 날을 중요시하지 않는 경향이 없지 않은데 그 점은 어떻게 생각하십니까? 그 실례로서는 예회 날 공동 작업을 하거나 단체 여행을 하는 경우가 더러 있지 않습니까?

소홀히 한다는 것은 있을 수도 없고 생각할 수도 없다. 『대종경』 수행품 7, 8장에 밝혀 주신 바와 같이 실천해야 하리라 믿는다. 그러나 천재지변의 경우를 당한다든지 또는 미룰 수도 없고 당겨서 할 수도 없는 일이 사활에 관계되어 임박해 있다면 그것은 수시변역隨時變易해야 할 것이다.

※ 참조 : 『대종경』 수행품 7, 8, 1장, 부촉품 14장.

2. 예회 날을 가장 잘 보낼 수 있는 길을 말해 봅시다.

1) 일주일 동안 생활한 것을 모두 정리해서 의심난 것이 있으면 제출하고, 감각 감상 심신 작용 처리 건이 있으면 그것을 감정 받는데 중점을 두어야 할 것이요,

2) 마음을 안정하고 다른 사람의 의견을 잘 듣기도 하며 나의 생각을 발표도 하여 성불제중하는 날이 되어야 할 것이다.

3. 본교 예회의 특성을 말해 주시오.

1) 신앙과 수행의 길을 묻고 배우며 훈련하는데 있고,

2) 공부와 생활의 의견을 교환하며,

3) 법의法疑 건을 두어 문답하는 데 있으며,

4) 설교와 경강으로 그때그때의 방향과 진리의 길을 잡는 데 있다.

※ 참고

가) 경강이란? : 평소에 교리에 근거한 올바른 신앙과 수행을 하도록 그 길을 알리기 위해서 경전을 강론하는 것이요,

나) 설교란? : 그때그때 교도들의 생활이나 교단의 특수한 행사

나 사회적인 문제가 있어서 대중으로 하여금 그에 대한 올바른 견해를 갖고 바른 방향으로 나갈 수 있도록 교리의 정신에 입각하여 문제해결의 방향을 제시해주는 것으로서 시의에 맞는 것이라야 한다.

6. 교당에 다녀갈 때에는 어떠한 감각이 되었는지 어떠한 의심이 밝아졌는지 소득유무를 반조하여 본 후에 실생활에 활용하기를 주의할 것이니라.

교당을 내왕할 때에는 반드시 소득을 반조하여 실생활에 활용할 것이요

= 지행을 같이 하는 공부 <언고행言顧行 행고언行顧言>[63)]

[문제점]

1. 교당 내왕 시 주의 사항은 재가 교도 중심의 법 같사온데 출가의 입장에서는 어떻게 하는 것이 이 육조를 잘 실행하는 것일까요?

대종사님의 법은 재가·출가를 나누지 않으셨고, 상시 훈련은 재가·

---

63) 말은 행동을 돌아보고 행동은 말을 돌아본다. 『중용』에 "군자지도사君子之道四에 구미능일언丘未能一焉이로니 소구호자所求乎子로 이사부以事父를 미능야未能也하며 소구호신所求乎臣으로 이사군以事君을 미능야未能也하며 소구호제所求乎弟로 이사형以事兄을 미능야未能也하며 소구붕우所求朋友로 선시지先施之를 미능야未能也로니 용덕지행庸德之行하며 용언지근庸言之謹하야 유소부족有所不足이어든 불감불면不敢不勉하며 유여有餘어든 불감진不敢盡하야 언고행言顧行하며 행고언行顧言이니 군자호불조조이君子胡不慥慥爾리오."(군자의 도는 네 가지가 있는데 나는 아직 한 가지도 완성하지 못하였다. 자식에게 바라는 것으로서 부모를 섬기지 못하였으며, 신하에게 바라는 것으로서 군주를 섬기지 못하였으며, 아우에게 바라는 것으로써 형을 섬기지 못하였으며, 친구에게 바라는 것을 내가 먼저 베풀지 못하였다. 평상시에 해야 할 덕행을 진력하여 실천하고, 평상시에 하는 말들을 조심하고, 만일 부족한 곳이 있으면 감히 노력하지 않을 수 없고, 필요 없는 말들은 감히 하지 않는다. 말을 할 때는 반드시 실천할 수 있는가를 생각하고 일을 할 때는 이미 한 말을 생각해야 하는데 군자가 어떻게 독실하게 노력하여 실천하지 않을 수 있겠는가.)

출가 간에 전 교도가 다 같이 일분 일각도 끊임없이 공부할 수 있도록 하신 법이니 재가 교도 중심의 법이라는 인식부터 고쳐야 할 것이다. 이 절은 원래 '교무부에 와서 하는 행사'이었음을 상기할 필요가 있다. 그러므로 출가 교도의 입장에서는 일선 교역에 종사하다가 공부나 사업 간에 의심나는 것이 있으면 반드시 법 있는 스승님이나 총부에 와서 그 의심 건을 풀어가야 할 것이요, 또는 이상 사우를 만날 때나 총부에 내왕할 때의 주의 사항으로 알아서 결코 공왕공래가 없도록 해야 할 것이다.

2. **근래 각 교회의 법회에 출석하는 실태를 들어 보면 형식적으로, 사교장으로 또는 집에 있자니 무료하니까 다른 사람 따라서 나오는 수가 많다 합니다. 특히 일부 지방의 형편을 보면 출석카드 제도 때문에 나온다는 분도 더러 있습니다. 이 점에 대해서 어떻게 생각하십니까?**

   아무렇게 나오든지 우선 청정하고 경건한 분위기에 잠깐이라도 싸인다는 것은 결코 무익한 일은 아니라고 본다. 그러나 그것만으로 종교의 사명이 완수되고 교회를 찾는 보람으로 여기고 만족해 버리는 사람이 많다면 종교의 장래와 세계의 앞날에 걱정되는 것이다. 그러기 때문에 대종사님께서는 그 의의와 보람을 십분 살리기 위해서 주의사항을 여러 가지로 정하여 공왕공래 없도록 해주시고 간절히 부촉하신 바 있다. <『대종경』 부촉품 14장>

3. **근래 무교단주의를 주장하는 분들이 많이 늘어나고 있으며, 종교를 비방하는 사람들의 말을 들어보면 하나님은 무소부재하시고 전지전능하신데 구태여 교회라는 울타리 안에만 들어가야 할 것이 없다고 하며, 또는 교회를 다니는 사람이나 안 다니는 사람이나 그 마음 쓰는 것을 보면 별 차이가 없음을 지적합니다.**

하나님이 무소부재하시니 교화가 필요 없다고 한다면 그것은 흡사 세상이 다 학교요 천지 만물이 다 교과서이니 학교도 다닐 필요가 없다는 말과 같다. 교회나 교당에서는 하나님이 무소부재하신 실증을 보여주고 하나님과 인간과의 관계를 알리며 받들고 신앙하는 길을 일러주고 배우는 것이요, 우주가 법당이며 만유가 생불임을 일러주고 배워서 누구나 길이 잘살 수 있도록 하는 안내소요 학교인 것이다. 또한 과거 모든 종교인이 그릇된 신앙과 편협한 수행으로 비종교인보다도 못한 일이 없지 않았기 때문에 대종사님께서는 교당에 왕래할 때마다 반드시 소득 유무를 반조하게 하시고 지행을 같이 하도록 그 얻은 바를 실생활에 활용하게 하신 것이다.

◎ 결어

1) 아무리 곧은 나무도 목수의 자와 먹줄이 아니면 재목으로 활용할 수 없는 것같이 공부인은 항상 법과 스승님과 대중의 감정이 있은 후라야 참다운 인격을 갖추며 실효를 거둘 수 있는 것이다.
2) 실전에 임한 장병은 반드시 지휘관의 명령에 복종해야 하는 것같이 실생활 가운데서 삼대력을 익혀 나가는 공부인은 반드시 이상 스승님의 지도에 순응해야 한다.

고로 교당 내왕 시 주의 사항은 상시 응용 주의 사항의 길을 알려주고 도와주는 법이 되는 것이다.

상시 응용 주의 사항과 교당 내왕 시 주의 사항은 다 챙기는 마음을 실현하는 것이다. <『대종경』 수행품 1장>

제3절 정기 훈련법과 상시 훈련법의 관계

정기 훈련법과 상시 훈련법의 관계를 말하자면, 정기 훈련법은 정할 때 공부로서 수양·연구를 주체 삼아 상시 공부의 자료를 준비하는 공부법이 되며, 상시 훈련법은 동할 때 공부로서 작업 취사를 주체 삼아 정기 공부의 자료를 준비하는 공부법이 되나니, 이 두 훈련법은 서로서로 도움이 되고 바탕이 되어 재세 출세의 공부인에게 일분 일각도 공부를 떠나지 않게 하는 길이 되나니라.

이 두 가지 훈련법은 재가·출가의 모든 공부인에게 일분 일각도 끊임없이 공부할 수 있는 길인바 정기 훈련법은 정할 때의 공부로서 수양 연구를 주체 삼았으며 상시 공부의 자료를 준비하는 공부법으로 선학원에서 일정한 기간을 정하여 전문 수선하는 것이요, <저축 삼대력 양성>

상시 훈련법은 동할 때 공부로서 작업 취사를 주체 삼았으며 정기 공부의 자료를 준비하는 공부법으로 실지 생활 가운데 시간과 장소에 구애 없이 공부하는 것이다. <활용 삼대력 양성>

[문제점]

1. 정기 훈련이 상시 공부의 자료를 준비하는 길이라는 것은 이해가 가나 상시 훈련이 정기 공부의 자료를 준비하는 길이라고 하신 점은 잘 이해가 되지 않습니다.

1) 상시 공부를 잘하는 분은 매사에 까닭 있는 생활이 될 것이요, 까닭 있게 사는 사람은 사리 간에 의심도 많이 걸릴 것이며 감각

이나 감상도 많을 것이니, 정기 훈련 기간에 의심 건도 많이 제출하고 감각 감상 건, 심신 작용 처리 건 등 모든 문제에 대하여 해오를 얻게 되고 감정을 받게 될 것이니, 이것이 정기 공부의 자료가 아니고 무엇이겠는가?

가정에서 예습을 많이 한 학생과 예습을 하지 않은 학생의 학교에서 배우는 결과가 어찌 되겠는가?

2) 평상시에 취사 공부를 잘해 놓으면 염불이나 좌선할 때 사심 잡념이 적을 것이니, 그것이 바로 수양의 자료가 아니겠는가?

3) 평소에 일을 잘해 놓으면 살림에 여유가 생겨서 선비를 마련하여 전문 입선하는 데 지장이 없을 것이니, 그것 또한 정기 공부의 자료가 아니겠는가?

※ 저축을 많이 해 두어야 쓸 때 아쉬움이 없고, 잘 써야 저축이 잘 될 것이니, 정기 훈련과 상시 훈련의 관계 또한 이와 같으니라.

2. 근래에 기복 종교로 전락 운운하는 말이 많이 있는데 그 점에 대한 근본적인 대책은 없을까요?

기복화, 미신화, 세속화 운운하는 것은 실로 크게 염려되는 바이다. 그러나 그것은 구호로 비판하고 탓하기에 앞서 교도가 교리에 입각한 진실한 훈련을 받게 해야 할 것이다. 교도의 훈련이 교전대로 잘 되고 있는가? 정기 훈련, 상시 훈련이 제대로 잘 되고 있는가? 교화단의 활용이 잘 되고 있는가를 세밀하고 냉정하게 점검하여 근본적인 방향을 바로 세워가야 할 것이다. 우리는 항상 우리 자신을 냉정하고 과감하게 개선해 가야 하겠다. 그러나 이것은 언제나 일원의 진리에 따라서 대종사님의 성의聖意와 역대 종법사님의 지도하시는 정신에 어긋남이 없어야 한다. 기복 운운하는 것은 미신화의 현상이요 부패 운운하는 것은 세속화의 현상이니, 이것은 다 같이 인간성을 좀먹고 세상을 망치는 암인 것이다.
훈련이 없는 군인은 승전할 수 없고,
훈련이 없는 국민은 부흥할 수 없으며,
훈련이 없는 교도는 성불할 수 없다.

제3장 염불법

[대의]

정신 수양의 한 방법으로서 천만 가지로 흐트러진 정신을 일념으로 만들며 순順·역逆·공空의 경계에 흔들리는 마음을 안정시키는 공부법이니, 바른길로 오래오래 계속하면 염불 삼매를 증득하여 극락을 수용하는 동시에 일심 정력을 얻게 된다.

<만념萬念을 일념一念으로, 일념一念을 만년萬年으로 이어 가는 공부>

1. 염불의 요지

대범, 염불이라 함은 천만 가지로 흐트러진 정신을 일념으로 만들기 위한 공부법이요, 순역(順逆) 경계에 흔들리는 마음을 안정시키는 공부법으로써 염불의 문구인 나무아미타불(南無阿彌陀佛)은 여기 말로 무량수각(無量壽覺)에 귀의한다는 뜻인바, 과거에는 부처님의 신력에 의지하여 서방 정토 극락(極樂)에 나기를 원하며 미타 성호를 염송하였으나 우리는 바로 자심(自心)미타를 발견하여 자성 극락에 돌아가기를 목적하나니, 우리의 마음은 원래 생멸이 없으므로 곧 무량수라 할 것이요, 그 가운데에도 또한 소소영령(昭昭靈靈)하여 매(昧)하지 아니한 바가 있으니 곧 각(覺)이라 이것을 자심 미타라고 하는 것이며, 우리의 자성은 원래 청정하여 죄복이 돈공하고 고뇌가 영멸(永滅)하였나니, 이것이 곧 여여(如如)하여 변함이 없는 자성 극락이니라.

그러므로 염불하는 사람이 먼저 이 이치를 알아서 생멸이 없는 각자의 마음에 근본하고 거래가 없는 한 생각을 대중하여, 천만 가지로 흐트러진 정신을 오직 미타 일념에 그치며 순역 경계에 흔들리는 마음을 무위 안락의 지경에 돌아오게 하는 것이 곧 참다운 염불의 공부니라.

[단어 숙어 풀이]

◆ 무량수각 : 생멸 없는 가운데 소소영령하여 매하지 아니한 각자의 근본 마음자리.

◆ 신력神力 : 1) 신통력. 2) 불가사의한 힘.

◆ 서방정토 : 1) 불교의 이상향. 2) 극락세계의 별칭. 3) 서방 십만억토(십만 팔천 리)를 지나서 아미타불이 계신다는 극락세계.

◆ 극락 : 1) 고와 낙이 없는 마음의 상태. <『대종경』 성리품 16> 2) 죄복과 고락을 초월한 마음. 3) 심신의 자유를 얻어 육도에 걸림이 없이 가는 곳마다 길이 낙을 누리는 불보살의 생활. <『대종경』 불지품 16>

◆ 미타 : 1) 아미타불의 약칭. 2) 무량수無量壽. 3) 생멸 없는 자성불.

◆ 성호聖號 : 불보살 성인의 이름이나 호칭.

◆ 염송 : 1) 속마음으로 외우는 것. 2) 생각하고 외우는 것. 3) 뜻을 생각하며 외우는 것.

◆ 자심미타自心彌陀 : 1) 자심불. 자성불. 즉 자기 마음이 곧 부처인 것을 가리키는 말. 2) 생멸이 없고 소소영령하여 매하지 아니한 각자의 본성. 3) 원만구족하고 지공무사한 각자의 마음.

◆ 자성극락 : 1) 마음에 죄복과 고락을 초월한 경지. 2) 생멸 고뇌가

영멸한 자성에 의지하여 누리는 낙. 3) 불리자성이 되는 생활. 4) 원래 청정하여 죄복이 돈공하고 고뇌가 영멸하여 여여히 변함이 없는 자리.

◆ 소소영령 : 속일 수 없고 가릴 수 없이 아주 신령스럽고 지극히 밝음.

◆ 무위극락無爲極樂 : 1) 인공人工을 들이지 않아도 길이 편안하고 즐거운 생활. 2) 아주 자연스러우며 길이 편안하고 즐거운 모습.

◆ 영멸永滅 : 1) 전혀 없는 상태. 2) 영원히 없는 것. 3) 본래 없음.

[문제점]

1. 염불과 주송은 같은가 다른가?

그 원리와 공덕은 똑같은 것이나 그 방법에 있어 약간 차이가 있다 할 것인바 염불은 '나무아미타불'을 연하여 부르게 함으로써 일심을 모으는 수양의 한 방법이요, 주송은 '영주', '청정주' 등과 같이 간단한 기원문 형식의 글귀를 연하여 읽게 함으로써 잡념을 제거하고 사기를 제거하여 정기를 함양하는 수양의 한 방법이라 할 수 있겠다.

2. 염불의 원리를 간단히 설명해 주시오.

생멸이 없는 각자의 마음에 근본하고 거래가 없는 한 생각을 대중하여 천만 가지로 흩어지는 정신을 오직 미타일념에 그치며 순역 경계에 흔들리는 마음을 무위안락의 지경에 돌아오게 하는 것.

2. 염불의 방법

염불의 방법은 극히 간단하고 편이하여 누구든지 가히 할 수 있나니,

1) 염불을 할 때는 항상 자세를 바르게 하고 기운을 안정하며, 또는 몸을 흔들거나 경동하지 말라.
2) 음성은 너무 크게도 말고 너무 작게도 말아서 오직 기운에 적당하게 하라.
3) 정신을 오로지 염불 일성에 집주하되, 염불 구절을 따라 그 일념을 챙겨서 일념과 음성이 같이 연속하게 하라.
4) 염불을 할 때는 천만 생각을 다 놓아 버리고 오직 한가한 마음과 무위의 심경을 가질 것이며, 또는 마음 가운데에 외불(外佛)을 구하여 미타 색상을 상상하거나 극락장엄을 그려내는 등 다른 생각은 하지 말라.
5) 마음을 붙잡는 데에는 염주를 세는 것도 좋고 목탁이나 북을 쳐서 그 운곡(韻曲)을 맞추는 것도 또한 필요하니라.
6) 무슨 일을 할 때나 기타 행·주·좌·와 간에 다른 잡념이 마음을 괴롭게 하거든 염불로써 그 잡념을 대치(對治)함이 좋으나, 만일 염불이 도리어 일하는 정신에 통일이 되지 못할 때는 이를 중지함이 좋으니라.
7) 염불은 항상 각자의 심성 원래를 반조(返照)하여 분한 일을 당하여도 염불로써 안정시키고, 탐심이 일어나도 염불로써 안정시키고, 순경(順境)에 끌릴 때도 염불로써 안정시키고, 역경에 끌릴 때도 염불로써 안정시킬지니, 염불의 진리를 아는 사람은 염불 일성이 능히 백천 사마를 항복 받을 수 있으며, 또는 일념의 대중이 없이 입으로만 하면 별 효과가 없을지나 소리 없는 염불이라도 일념의 대중이 있고 보면 곧 삼매(三昧)를 증득(證得)하리라.

[단어 숙어 풀이]

◆ 경동輕動 : 1) 경거망동의 준말. 2) 가볍게 움직이는 것. 3) 가볍고 분수없이 행동하는 것.

◆ 외불外佛 : 1) 마음 밖의 부처. 2) 미타색상 등의 등상불을 가리키는 말.

◆ 미타색상彌陀色像 : 1) 부처님의 모습. 2) 부처님의 형상. 3) 등상불.

◆ 극락장엄 : 가상으로 꾸며놓은 극락세계의 모습.

◆ 운곡 : 1) 고저장단을 맞추는 곡조. 2) 리듬.

◆ 대치對治 : 1) 상대적으로 다스려 감. 2) 제거하고 돌리고 길들여 감.

◆ 삼매 : 1) 마음이 하나에 집중되어 흔들리지 않는 상태. 2) 일심이 계속되는 상태. 3) 물아구망物我俱忘한 일심 상태.

◆ 증득 : 1) 몸과 마음으로 깨닫고 실천하여 의심 없이 체득함. 2) 증명하여 완전히 내 것을 만듦.

◆ 심성 원래心性元來 : 1) 근본 마음 상태. 2) 본성.

[문제점]

1. 염불은 앉아서만 하는 것인가?

염불의 방법 6조에 밝혀주신 바와 같이 무슨 일을 할 때나 행·주·좌·와 간에 잡념이 일어날 때마다 염불하는 것이다. 앉아서 하는 것은 다른 일이 없거나 앉아서 하는 것이 좋을 때 하는 법이다.

2. 몸을 약간씩 흔드는 것도 무방할 것 같은데 흔들지 말라고 하신 이유?

몸을 약간씩 흔드는 것이 혹 좋은 분도 있을지 모르나 대중이 같이 할 경우에 다른 사람에게 좋은 영향을 주지 못할 것이요, 또는 안정하는 공부인데 흔드는 것은 삼매의 진경에 들어가는 데는 지장이 될 것이 아닌가? 고로 흔들지 말라 하신 것 같다.

3. 4조에는 '천만 생각을 다 놓아버리고 운운' 하셨고, 7조에는 '일념의 대중 운운' 하셨는데 생각과 일념의 차이는 어떠한지요?

생각은 사량, 분별, 망상, 사심, 잡념, 번뇌, 정념 등 본성이 작용하는 모든 내용을 말하는 것이요, 일념은 청정 일념, 최초 일념, 서원 일념, 일념의 대중 등으로 쓰이는바 한 생각, 또는 한결같은 마음, 오롯한 마음 작용 등을 말한다고 할 것이다. 고로 여기서 일념의 대중이란 무량수각을 챙기는 마음, 또는 청정 일념을 챙기는 마음을 말한다.

4. 미타 색상이나 극락 장엄을 생각하지 말라 하셨는데 사심 잡념을 끓이는 것보다는 낫지 않을까요?

1) 물론 선심이 악심보다 나은 것 같이 애착愛着, 탐착貪着, 원착怨着에 끌려 있거나 무기공망無記空亡에 빠져 있는 것 보다는 낫겠지마는 자칫하면 그것도 탐착이 되기 때문이요,

2) 금가루가 귀한 것이지마는 눈에 들어가면 티가 되는 것 같이 미타색상이나 극락세계가 거룩한 것이지만 원적무별한 진경에는 망념이 되는 것이요 잡념이 되기 때문이다.

3) 똥통에 빠지나 물통에 빠지나 빠진 것은 같고 옷도 같이 버린다. <법문>

5. 일하면서 염불을 하면 오히려 두 마음이 되지 않겠습니까?

그러기 때문에 일하는 정신에 통일이 되지 못할 때는 중지하라 하신 것이다. 그러나 우리가 일을 해보면 대개 그 일에 능숙해질 경우 그 일을 수족으로는 하면서도 이 생각 저 생각의 잡념이 나올 때가 없지 않을 것이다. 그때 천만 가지 생각을 통일하는 방법으로 염불을 하자는 것이다.

※ 참고 : 나옹 화상 기자씨서懶翁和尙寄姊氏書

자소출가自少出家로 불기년월不記年月하고 불념친소不念親疏하여 이도위념以道爲念하고 기도금일已到今日하니 어인의도중於仁義道中에는 불무친정不無親情과 급여애심及與愛心이나 아불도중我佛道中에는 재유차념纔有此念이면 편내대착야便乃大錯也니 청지차의請知此意하사 천만단제친견지심千萬斷除親見之心하시고 상상이육시중常常二六時中에 착의끽반着衣喫飯과 어언상문語言相問과 소작소위所作所爲와 어일체처일체시於一切處一切時에 지념아미타불只念阿彌陀佛하사 염래염거念來念去하며 지래지거持來持去하여 도어불념자념지지즉到於不念自念之地則 능면대아지심能免待我之心하고 역면왕피육도윤회지고亦免枉被六途輪廻之苦하리니 지촉지촉至囑至囑하옵나이다.

송왈頌曰

아미타불재하방阿彌陀佛在何方 착득심두절막망着得心頭切莫妄
염도염궁무념처念到念窮無念處 육문상방자금광六門常放紫金光[64)]

6. 분한 일을 당할 때와 탐심이 날 때의 염불하는 심경은?

1) 사람에 따라 다를 것이니, 실지 경계를 당해서 염불의 원리대로 해보라. 스스로 알게 될 것이다.

2) 자타가 없고 오욕 칠정이 공한 그 자리에 안주하면 분도 탐도 어

64) 나옹 화상이 누이에게 보내는 글
어려서 출가한 이후 세월을 잊고 친소를 생각지 아니하여 오직 도만을 생각하며 오늘에 이르렀습니다. 인의仁義를 가르치는 유가儒家에서는 육친에 대한 정과 사랑을 말하지 않을 수 없겠지만 우리 불가佛家에서는 이 생각 자체가 크게 어긋난 것인지라, 청하건대 이 뜻을 잘 알아서 육친을 보고자 하는 마음일랑 모두 끊고 항상 옷 입고 밥 먹으며 말하는 등 일체의 행위 할 때와 어느 곳 어느 때나 오직 아미타불을 생각하여 그 생각으로 가고 오며 그 생각을 지니고 오고 가서 생각지 아니하여도 생각하게 되는 경지에 이르게 되면 저를 보려는 마음도 벗어나고 육도 윤회의 고통도 또한 벗어날 것이니 반드시 그리하십시오.
아미타불이 어느 곳에 계신가/ 마음을 잡아두고 간절히 잊지 말아라./ 생각이 다하여 무념 처에 이르게 되면/ 육근문에서 항상 자금광이 빛났음을 알리라.

디 있겠는가?

7. 염불 일성이 능히 백천사마를 항복 받을 수 있는 실증을 들어라.

1) 염불의 진리를 체득한 사람이라야 실지 그렇게 될 것이요, 그 내역도 알게 될 것이니, 염불을 잘 해보라.

2) 염불로써 득력을 한 사람은 사마가 침입하지도 못할 것이요, 천만 순역경계에 처할지라도 능히 헤쳐나갈 수 있을 것이다.

8. 염불삼매의 경지는 어떠한가?

삼매의 진경을 말로 설명하기는 대단히 어려운 것이나 강연이 말하자면

1) 소리와 나와 우주가 하나로 뭉쳐져서 일관되는 경지.

2) 염불일념으로 한거불국閑居佛國하는 것이다.

※ 부르면 부를수록 부처도 나도 없다.
불佛과 내가 구공俱空커늘 천지인들 있을 소냐.
진대지 우주 안에 아미타불 소리뿐. <원산사圓山師>

※ 아미타불비롱한阿彌陀佛非聾漢 염념미타이내하念念彌陀爾奈何
공산설우무인경空山雪雨無人境 맥지상봉시자가驀地相逢是自家[65)]
<나옹>

※ 건너 마을 남 첨지.[66)]

---

65) 아미타불이 귀머거리가 아니거늘/ 생각 생각 미타를 부르니 너 어찌 하려는고/ 빈산에 눈 덮여 사람 경계 없는 곳을/ 뛰어넘은 경지에 서로 만날 때 이 내 집이더라.

66) 충북 단양군 가곡면에 전해오는 설화. <정성 들인 염불이라야 극락 가는 법> 옛날에 가곡면의 한 골짜기에 어떤 할망구네가 한집 살았는데 하루는 어떤 스님이 와서 시주를 청한 후 하는 말이 "나무관세음보살만 한 석 달 열흘을 찾으면 좋은 곳에 간다."라고 말했다. 그 후 할머니가 '나무아미타불 관세음보살'을 계속해서 외웠다. 어느 날 비가 계속 내리고 안개가 사방에서 몰려오는데 할머니가 바느질하다가 나무아미타불 하다가 관세음보살을 잊어버렸다. 그래서 그 며느리 보고 "내가 방금 뭐라고 말했지?" 하고 며느리 보고 말을 하니 저 건너 남 첨지가 살고 있었는데 그 건너 남 첨지가 얼마나 좋은지 "남 첨지가 좋다불"이라고 그랬다고 하

3. 염불의 공덕

염불을 오래 하면 자연히 염불 삼매를 얻어 능히 목적하는바 극락을 수용(受用)할 수 있나니 그 공덕의 조항은 좌선의 공덕과 서로 같으니라.

그러나 염불과 좌선이 한 가지 수양 과목으로 서로 표리가 되나니 공부하는 사람이 만일 번뇌가 과중하면 먼저 염불로써 그 산란한 정신을 대치하고 다음에 좌선으로써 그 원적의 진경에 들게 하는 것이며, 또한 시간에서는 낮이든지 기타 외경이 가까운 시간에는 염불이 더 긴요하고, 밤이나 새벽이든지 기타 외경이 먼 시간에는 좌선이 더 긴요하나니, 공부하는 사람이 항상 당시의 환경을 관찰하고 각자의 심경을 대조하여 염불과 좌선을 때에 맞게 잘 운용하면 그 공부가 서로 연속되어 쉽게 큰 정력(定力)을 얻게 되리라.

[단어 숙어 풀이]

◆ 수용 : 1) 받아서 씀. 2) 받아서 누리는 것.

◆ 번뇌 : 1) 마음이 시달려 괴로움. 2) 마음이 몹시 번거하고 괴로움.

니까 그 할머니는 그 소리를 곧이듣고 "남첨지 좋타불"이라고 계속 그랬다. 그러는데 손주와 일을 할 생각은 안 하고 계속해서 하던 소리를 계속하니 부부는 할 수 없이 어머니를 도통이 다 되었는데 자꾸 저러니 할 수 없이 높은 낭떠러지에 굴려야 하겠다고 결심하고 두 내외는 높은 산에 올라가서 빙장에 내려 떨쳐버렸다. 땅에 떨어지면서 연꽃에 떨어졌는데 선녀들이 보호하는 걸 봤다. 본인들도 어머니가 하는 걸 보고 염불을 석 달 열흘하고 이젠 도道가 텄다고 생각되어 그 빙장에 올라가서 그 높은 낭떠러지에서 떨어졌는데 다리가 찢어지고 사지가 조각이 나서 죽었다 한다. <단양군 홈페이지에서>

◆ 원적의 진경 : 1) 마음이 두렷하고 고요한 상태. 2) 마음에 일체 망념이 끊어지고 진성이 나타난 경지.

◆ 정력定力 : 1) 일정한 힘. 2) 정근定根. 3) 마음이 한 곳에 멎을 수 있는 힘. 4) 수양력.

[문제점]

1. 염불과 좌선은 차등이 있는가요?

그 원리에서는 약간 다른 점이 있으나 그 결과는 서로 같은 것이다. 염불의 공덕은 좌선의 공덕과 서로 같으니라.

2. 염불과 좌선이 수양하는데 서로 표리가 된다고 하시니 그 내역을 설명해 주시오.

1) 공부인이 번뇌가 과중하면 먼저 염불로써 그 산란한 정신을 대치하고 다음에 좌선으로써 진경에 들게 하고, 또

2) 외경이 가까운 시간에는 염불이 더 좋고 외경이 먼 시간에는 좌선이 더 낫다.

고로 항상 당시의 환경과 각자의 심경을 잘 관찰하고 대조하여 염불과 좌선을 때에 맞게 잘 활용하면 쉽게 큰 정력을 얻게 될 것이다. 그러기 때문에 서로 표리表裏가 된다고 하신 것이다.

3. 염불을 많이 하면 극락을 수용하게 된다고 하였고, 염불과 좌선을 때에 맞게 잘 사용하면 쉽게 큰 정력을 얻게 된다고 하였는데, 극락을 수용한다는 말과 정력을 얻는다는 말은 같은가요 다른가요?

말하는 입장에 따라 같을 수도 있고 다를 수도 있으나 일반적으로 극락을 수용한다고 하면 고락을 초월하고 죄복에 구애 없는 심락을 누리는 것이요, 정력을 얻는다고 함은 안으로 산란심이 없고 밖으로 천만 경계에 부동심이 되어 섞이고 물들지 않는 마음의 힘을 말

하는바 그 용처와 입장에 따라 달리 쓰일 뿐이요, 그 원리와 내용은 같다 할 것이다.

4. 염불을 오래오래 하면 극락을 수용하게 되는 내역을 설명해 주시오.

1) 도기道氣가 장존長存하면 사불입邪不入이라[67] 염불로서 득력을 해 놓으면 천만사마千萬邪魔가 가히 침입하지 못할 것이요, 또한 천만 순역 경계에 처할지라도 섞이거나 물들지 않고 무난히 헤쳐 나올 것이다. 고로 염불을 오래오래 하면 극락을 수용한다고 하신 것이다.

2) 염불의 원리와 내용이 자심미타를 발견하여 자성 극락에 돌아가는 것이므로 원리대로 잘하면 극락을 수용하게 되는 것은 당연한 귀결인 것이다.

※ 벽극풍동壁隙風動 심극마침心隙魔侵[68]

---

67) 도기장존道氣長存은 도교 경전에 많이 보인다. 수운의 입춘시立春詩로 일컬어지는 도기장존사불입道氣長存邪不入 세간중인부동귀世間衆人不同歸를 해석하면 '도의 기운을 길이 보존함에 사특한 것이 들어오지 못하고, 세간의 뭇사람과 같이 돌아가지 않으리라.'
『한 울안 한 이치에』 제7장에 다음과 같은 정산 종사의 법문이 있다. "새해를 맞이하여 박은국朴恩局에게 글을 주시었다. '입홍서원立弘誓願 배가정진倍加精進 일심지력一心之力 능파만난能破萬難 신년지신新年之新 일신월신日新月新' 번역하면, '큰 서원을 세우고 정진을 배가하라, 일심의 위력은 만난을 능히 돌파하리라, 새해의 새로움은 날로 새롭고 달로 새로울 진저.' '도기장존道氣長存 외경부동外境不動 일심청정一心清淨 만사평안萬事平安' 번역하면, '도기를 오래 갊으면 외경에 흔들리지 않고 일심이 청정하면 만사에 평안하리라.'"

68) 서산 대사의 『선가귀감』에 보인다. 해석하면 '벽에 틈이 생기면 바람이 들어오듯이 마음에 틈이 생기면 마구니가 침입한다.'

제4장 좌선법

[대의]

정신 수양의 한 방법으로서 마음에 있어 망념을 쉬고 진성眞性[진여본성]을 나타내며, 몸에 있어 화기를 내리고 청정한 수기를 불어내는 공부법이니, 오래 오래 계속하면 물아구공하고 시공을 초월하여 원적무별한 진경에서 한없는 심락을 수용하는 동시에 일심정력을 얻는 것이다.

<마음을 지키고 기운을 바루는 공부> 수심정기修心正氣[69)]

※ 식망현진息妄現眞, 수승화강水昇火降[70)] <영육쌍전의 정신에 입각>

1. 좌선의 요지

> 대범, 좌선이라 함은 마음에 있어 망념을 쉬고 진성을 나타내는 공부이며, 몸에 있어 화기를 내리게 하고 수기를 오르게 하는 방법이니, 망념이 쉰즉 수기가 오르고 수기가 오른즉 망념이 쉬어서 몸과 마음이 한결같으며 정신과 기운이 상쾌하리라.
>
> 그러나 만일 망념이 쉬지 아니한즉 불기운이 항상 위로 올라서 온몸의 수기를 태우고 정신의 광명을 덮을지니, 사람의 몸 운

---

69) 마음을 닦고 기운을 바로 잡는다는 뜻. 천도교의 『동경대전』 <수덕문>에는 "인의예지仁義禮智 선성지소교先聖之所敎 수심정기修心正氣 유아지갱정惟我之更定"이란 구절이 있다. 해석하면 '인의예지는 옛 성인이 가르친 것이고, 마음을 닦고 기운을 바로잡는 것은 내가 비로소 새로 마련한 것이다.'

70) 망념을 쉬고 진성을 나타내며, 수기를 오르게 하고 화기를 내리게 함. 주16), 주17) 참조(p.81).

전하는 것이 마치 저 기계와 같아서 수화의 기운이 아니고는 도저히 한 손가락도 움직이지 못할 것인바, 사람의 육근 기관이 모두 머리에 있으므로 볼 때나 들을 때나 생각할 때에 그 육근을 운전해 쓰면 온몸의 화기가 자연히 머리로 집중되어 온몸의 수기를 조리고 태우는 것이 마치 저 등불을 켜면 기름이 닳는 것과 같으니라. 그러므로 우리가 노심초사를 하여 무엇을 오래 생각한다든지, 또는 안력을 써서 무엇을 세밀히 본다든지, 또는 소리를 높여 무슨 말을 힘써 한다든지 하면 반드시 얼굴이 붉어지고 입속에 침이 마르나니 이것이 곧 화기가 위로 오르는 현상이라, 부득이 당연한 일에 육근의 기관을 운용하는 것도 오히려 존절히 하려든, 하물며 쓸데없는 망념을 끄리어 두뇌의 등불을 주야로 계속하리오. 그러므로 좌선은 이 모든 망념을 제거하고 진여(眞如)의 본성을 나타내며, 일체의 화기를 내리게 하고 청정한 수기를 불어내기 위한 공부니라.

[단어 숙어 풀이]

◆ 노심초사 : 1) 마음이 타도록 애쓰는 것. 2) 정신적으로 애쓰고 이 궁리 저 궁리로 생각을 태우는 것.

◆ 존절存節히 하다 : 1) 잘 보존하며 절도 있게 하다. 2) 잘 보존하며 아껴 쓰다.

◆ 진성[진여의 본성, 진여성] : 1) 참다운 성품. 2) 진리와 똑같은 본래의 성품. 3) 일원상의 진리와 똑같은 본래의 성품.
가) 원만구족하고 지공무사한 것. 나) 공空·원圓·정正이 한데 어울려 있는 것.

[문제점]

1. 망념과 번뇌의 차이는?

번뇌는 마음이 몹시 번거하고 괴로운 것이요, 흔히 오욕으로 시달리는 괴로움을 나타낸다. 망념은 필요 없는 생각이요 허망한 생각을 말한다. 고로 번뇌도 망념의 일종이다.

2. 망념과 진성의 차이와 그 관계를 설명해 주시오.

심불중생心佛衆生이 본무차별本無差別이요[71], 진망眞妄이 본래 다르지 않은 것이다.

1) 망념은 허망한 생각이요 필요 없는 마음 작용이며, 진성은 참된 성품이요 자기의 본성이며 거짓 없는 마음이다.

2) 심생성멸心生性滅 성현심멸性現心滅[72]

3) 무명無明이 발發하면 망념이요, 망념이 동動하면 불의不義이며, 반야般若가 발發하면 정심正心이요 정심이 동動하면 정의正義이다.

4) 자기 본성이 순발順發 직발直發하면 정심正心 정의正義요, 역발逆發 곡발曲發하면 망념妄念 불의不義이다.

3. 망념이 쉬면 수기가 오르는 것은 이해가 되오나 수기가 오르면 망념이 쉰다는 것은 이해가 잘 안 됩니다.

1) 모든 생물의 활동하는 원리는 기계와 같아서 수화의 두 기운이 조화를 이루면 건재하고, 조화를 이루지 못하면 병이 나고 만다.

---

71) 『화엄경』에 나오는 말. '마음과 부처와 중생, 이 세 가지는 본래 차별이 없다.'

72) 분별심이 드러나면 성품은 사라지며, 성품이 드러나면 분별심은 사라진다. 수심정경에는 다음과 같은 구절이 있다. "정위지성靜爲之性이나 심재기중心在其中이요 동위지심動爲之心이나 성재기중의性在其中矣로다. 심생성멸心生性滅하고 심멸성현心滅性現하느니 성현즉여공무상性現則如空無相하여 담연원만湛然圓滿이라."(정하면 성이라 하나 마음이 그 가운데에 있고 동하면 마음이라고 하나 성품이 그 가운데에 있음이로다. 마음이 생기면 성품이 멸하고 마음이 멸하면 성품이 나타나느니 성품이 나타나면 공해서 상이 없어 담연히 원만하도다.)

그것은 수화가 상극이나, 조화를 이루면 상생으로 화하여 큰 힘을 발휘하여 길이 활동하게 되기 때문이다.

예 : 가) 숯불 위에 물을 부으면 꺼져버리지만 숯불 밑에 물을 부으면 화기가 치성해진다. 나) 등잔의 기름은 수기로되 그 밑에 있기 때문에 끊임없이 화기를 내는 것이다.

2) 망념이 쉬면 그만큼 수기를 쓰지 않음이라 쓰지 않으면 그만큼 불어나는 것이다.

3) 수기가 불어나는 원천은 대개 음식물과 약물을 통해서 보충되고 특히 옥지玉池에서 나오는 감로수가 솟게 되면 가장 좋은 수기[진기眞氣]가 되어 천만 병고를 녹이게 되는 것이다. 고로 옥지에서 솟는 감로수를 개발하고자 정성을 들이면 자연 거기에 일심이 되어 망념이 쉬게 되는 것이다.

4. 좌선을 잘하면 몸과 마음이 한결같으며 정신과 기운이 상쾌하다 하셨는데 '몸과 마음이 한결같은 경지'와 '정신과 기운이 상쾌한 근경'을 말해 주십시오.

1) 몸과 마음이 한결같다는 것은 다리가 저리고 허리가 아픈 등 몸이 괴롭거나 사심 잡념과 번뇌 망상 등으로 마음이 괴로운 점이 없이 오직 한가하고 편안한 심경에 그치는 것이니, 달리 표현하면 물아구망物我俱忘의 경지에 있음을 말한다.

2) 정신과 기운이 상쾌하다 함은 정신이 고요한 가운데 초롱초롱하여 온전하고 신선한 상태와 상기가 되거나 열이 오르지도 않고 가슴이 답답하거나 호흡이 불편하지도 않으며, 오직 기운이 평순하고 기식氣息이 자연스러운 가운데 기분이 쇄락한 때를 말한다고 하겠다.

이것은 오로지 스스로 많은 단련을 해서 그 경지에 이르러야 맛

볼 수 있는 것이요, 설명이나 추측으로 사량하지 못하는 것이요, 사량해서는 안 될 것이니, 좌선의 방법대로 오래오래 수련해야 할 것이다.

5. 불기운이 정신의 광명을 덮는 실증을 보여주시오.

1) 몸에 고열이 있을 때 사고의 능력이 제대로 발휘되던가?

2) 번뇌 망상이 치성하거나 희·노·애·락의 감정이 복받쳐 있을 때 명랑한 생각이 솟아나던가? 이것이 비근한 실증이다.

※ 건전한 신체에 건전한 정신이 깃들고, 평온하고 고요한 마음에 밝고 바른 생각이 싹튼다.

6. 불의 성질은 원래 오르는 것이요 물의 성질은 내리는 것인데 화기를 내리고 수기를 오르게 하는 것은 역리가 아니겠는가? <수승화강의 진리성을 들어 주시오>

1) 극히 일방적이고 피상적인 견해로 생각할 때에 불의 성질은 오르고 물의 성질은 내린다고 판단하게 된다. 그러나 모든 기계가 움직이는 것은 수화의 두 기운이 조화를 이룸으로서 가능한 것이요, 수화의 조화는 오를 자리에 오르고 내릴 자리에 내려야 이루어지는 것이요, 또한 움직이는 기계에서는 불은 물이 없으면 그 기능을 발휘하지 못하고, 물은 불이 아니면 그 공덕을 나투지 못하는 것이다. 고로 수화를 조절하고 그 기능과 공덕을 오래도록 제대로 발휘하기 위해서는 수승화강을 시켜야 한다.

2) 이 문제는 '불의 성질은 원래 오르고 물의 성질은 내리는 것이라'고 생각하는 피상적인 견해에 집착하고 있기 때문에 생긴 것이니 그 생각을 고쳐야 하며, 또는 수화의 성질만을 따지지 말고 수화의 관계로 나타나는 변화와 그 기능을 생각하는 동시에 만물이 생동하는 원리를 연구하는 것이 좋을 것이다. 만물이 생동

하는 것은 수화의 두 기운이 불가분리의 관계로 작용하기 때문이니, 각각 다른 두 기운이 어떤 관계로 작용하는가를 구명하면 자연 그 의심이 풀릴 것이다.

2. 좌선의 방법

좌선의 방법은 극히 간단하고 편이하여 아무라도 행할 수 있나니,

1) 좌복을 펴고 반좌(盤坐)로 편안히 앉은 후에 머리와 허리를 곧게 하여 앉은 자세를 바르게 하라.
2) 전신의 힘을 단전에 툭 부리어 일념의 주착도 없이 다만 단전에 기운 주해 있는 것만 대중잡되, 방심되면 그 기운이 풀어지나니 곧 다시 챙겨서 기운 주하기를 잊지 말라.
3) 호흡을 고르게 하되 들이쉬는 숨은 조금 길고 강하게 하며, 내쉬는 숨은 조금 짧고 약하게 하라.
4) 눈은 항상 뜨는 것이 수마(睡魔)를 제거하는 데 필요하나 정신 기운이 상쾌하여 눈을 감아도 수마의 침노를 받을 염려가 없는 때에는 혹 감고도 하여 보라.
5) 입은 항상 다물지며 공부를 오래 하여 수승화강(水昇火降)이 잘 되면 맑고 윤활한 침이 혓줄기와 이 사이로부터 계속하여 나올지니, 그 침을 입에 가득히 모아 가끔 삼켜 내리라.
6) 정신은 항상 적적(寂寂)한 가운데 성성(惺惺)함을 가지고 성성한 가운데 적적함을 가질지니, 만일 혼침에 기울어지거든 새로운 정신을 차리고 망상에 흐르거든 정념으로 돌이켜서 무위자연의 본래 면목 자리에 그쳐 있으라.

7) 처음으로 좌선을 하는 사람은 흔히 다리가 아프고 망상이 침노하는 데에 괴로워하나니, 다리가 아프면 잠깐 바꾸어 놓는 것도 좋으며, 망념이 침노하면 다만 망념인 줄만 알아두면 망념이 스스로 없어지나니 절대로 그것을 성가시게 여기지 말며 낙망하지 말라.

8) 처음으로 좌선을 하면 얼굴과 몸이 개미 기어 다니는 것과 같이 가려워지는 수가 혹 있나니, 이것은 혈맥이 관통되는 증거라 삼가 긁고 만지지 말라.

9) 좌선을 하는 가운데 절대로 이상한 기틀과 신기한 자취를 구하지 말며, 혹 그러한 경계가 나타난다고 할지라도 그것을 다 요망한 일로 생각하여 조금도 마음에 걸지 말고 심상히 간과하라.

이상과 같이, 오래오래 계속하면 필경 물아(物我)의 구분을 잊고 시간과 처소를 잊고 오직 원적 무별한 진경에 그쳐서 다시없는 심락을 누리게 되리라.

[단어 숙어 풀이]

◆ 반좌盤坐 : 소반을 평탄한 곳에 놓은 것과 같이 반반하고 편안하게 앉는 것.

◆ 수마睡魔 : 일에 장애가 되리만큼 지나치게 오는 졸음.

◆ 혼침 : 1) 정신이 혼미함. 2) 무기無記, 공망空亡, 회심灰心. 3) 흐리멍덩한 정신상태.

◆ 침노하다 : 서서히 빼앗아간다. 성가시게 달라붙어 손해를 끼치거나 해치다.

◆ 성가시다 : 귀찮다.

◆ 요망하다 : 요사스럽고 망령되다.

◆ 심상尋常 : 1) 대수롭지 않고 예사로움. 2) 으레 있는 것. 보통 있는 일.

◆ 정념 : 바른 생각.

◆ 적적성성 : 1) 아주 고요하고 초롱초롱함. 2) 일체 사심邪心 잡념이 완전히 끊어졌으며, 혼침에도 떨어지지 않은 마음 상태.

◆ 관통 : 1) 꿰뚫음. 2) 하나로 뚫어 통함.

◆ 면목 : 1) 얼굴의 생김새. 2) 체면.

◆ 본래 면목 자리 : 1) 본래 자기의 성품. 2) 진여본성眞如本性.

[문제점]

1. 좌선은 반드시 정전에 밝혀 주신 방법대로만 해야 합니까?

특별한 사정이 없으면 이 법대로 하는 것이 원칙이요, 가장 좋은 것이다. 그러나 신체의 특수한 사정이나 체질상으로 어떤 장애가 있어서 반드시 그대로 할 수 없는 분도 많을 것이니, 밝혀주신 방법의 본의를 잘 알아서 대체에 어긋남이 없으면 되는 것이다.

식망현진息妄顯眞, 수승화강水乘火降이 좌선의 대체요,[73)]

적적성성寂寂惺惺, 성성적적惺惺寂寂이 선의 강령이다.[74)]

---

73) 망념을 쉬고 진성을 나타내며, 수기를 오르게 하고 화기를 내리게 함. 주16), 주17) 참조(p.81).

74) 선禪의 진경眞境을 나타내는 말. 적적은 고요하고 고요하여 일체의 사량, 분별, 번뇌, 망상이 텅 비어버린 경지. 성성은 소소영령한 것.
『영가집永嘉集』에는 삼매에 대하여 밝히며 "성성적적시惺惺寂寂是 무기적적비無記寂寂非 적적성성시寂寂惺惺是 난상성성비亂想惺惺非"라 하였다.(성성惺惺하고 적적寂寂함은 옳고 무기無記하고 적적寂寂함은 그르며, 적적寂寂하고 성성惺惺함은 옳고 난상亂想하고 성성惺惺함은 그르다.)
대종사께서도 수행품12장에서 "선종禪宗의 많은 조사가 선禪에 대한 천만 방편과 문로를 열어 놓았으나, 한 말로 통합하여 말하자면 망념을 쉬고 진성을 길러서 오직 공적 영지空寂靈知가 앞에 나타나게 하자는 것이 선이니, 그러므로 '적적寂寂한 가운데 성성惺惺함은 옳고 적적한 가운데 무기無記는 그르며, 또는 성성한 가운데 적

1) 신체와 체질에 맞게 먼저 편안히 앉으라.

2) 단전에 마음을 주하고 기운을 주하라. 심단을 먼저 하여 기운이 따라오게 하는 것이 좋다. 잘못하면 복부에 병을 산다.

3) 조식 : 호흡은 자연스럽게 고르라. 억지로 하면 기관지에 병을 산다.

4) 수마를 조심하라. 평소에 충분히 수면을 취할 것이며, 선을 할 때 조는 것은 금물이다.

5) 수승화강이 잘 되게 하라. 체질에 따라 혹 입에서 맑은 침이 나오지 않는 분도 있으나 옥지에서 나오는 수기는 백병을 근치根治한다.

6) 적적성성한 무위자연의 심경에 멎어라. 선의 표준 강령이다.

7) 순리자연하게 조신調身과 조심調心을 하라. 괴로워하거나 낙망하지 말고 꾸준히 계속하라.

8) 흔히 몸에 나타나는 이상이 있다. 조금도 긁고 만지지 말라.

9) 흔히 마음에 나타나는 이상이 있다. 조금도 마음에 두지 말고 심상히 간과하라.

2. 좌선은 앉아서만 하는 것인가요?

물론 좌선은 앉아서 하는 선이다. 그러나 염불도 행·주·좌·와 간에 할 수 있는 것 같이 선도 행선, 좌선, 입선, 와선을 할 수 있고 또 그렇게 할 수 있어야 한다.

※ 참고 : 휴휴암좌선문에서는 무시선의 내용으로 좌선의 표준을 잡으신 바 있다.

3. 단전에 힘을 툭 부리어 기운 주하기를 잊지 말라 하셨는데 그것이

적함은 옳고 성성한 가운데 망상은 그르다.' 하는 말씀이 선의 강령이 되니라." 하였다.

어떤 뜻인지 자세히 설명해 주십시오.

'툭 부리라' 함은 전신의 긴장을 완전히 풀라는 뜻인가 한다. 그리고서 다만 단전에만 기운이 남아있는 듯이 해 보라. 전신의 기운이 단전에 근원하는 것을 느끼고 자득自得하게 될 것이다.

단전주는 마음을 단전에 매어 놓자는 것이다.

4. 호흡 고르는 방법을 자세히 말해 주시오. 호흡 고르는 데에 신경을 쓰면 마음이 조식調息에 주住해지는 것이 아니겠습니까? 조식과 단전주의 관계를 설명해 주시오.

호흡 고르는 방법을 잘 모르고 억지로 하게 되면 호흡기에 병을 살 수 있고, 또는 상기上氣가 되는 수도 있으니 극히 조심할 바이다. 심신이 일여一如한 무위자연의 경지에 있는 것이 좌선의 진경이니 호흡 또한 자연스러운 것이 좋을 줄 안다. 좌선의 방법을 택하는 것은 체질과 습관에 따라 각각 다른 점이 있을 것이나 단전에 마음이 주해 있으면 자연히 호흡이 단전에까지 내려와 지는 것이니 억지로 내려 쉬려는 것은 삼갈 것이다. 특히 호흡을 고른다고 하여 콧구멍에서 나가고 들어오는 기식氣息을 생각지 말고 단전에다 마음을 주하고만 있으면 호흡은 자연히 골라지나니 명심할 것이다. 고로 조식과 단전주가 둘이 아니다.

5. 혼침에 기울어지지 않고 망상에 흐르지 않는 방법은?

1) 선의 표준을 성성적적하고 적적성성하게 잡아라.

2) 그때그때의 심경과 분위기雰圍氣를 잘 알아서 마음을 챙기라.

3) 신선한 공기, 밝은 분위기에서 하는 것이 혼침이 적고, 고요한 장소, 적적한 분위기에서 하는 것이 망상이 적을 수 있다.

4) 혼침이 많고 망상이 많으면 그 원인을 생각하여 그 원인을 제거하는 것이 중요하다. 그 원인은 일반적으로 내적 원인과 외적 요

인이 있을 것이니, 스스로 잘 조절하여 무위자연의 진경에 그치도록 끊임없이 오래오래 노력하라.

6. 좌선하는 중에 이상한 기틀과 신기한 자취가 나타나면 어떻게 할 것인가?

<허령과 이적異蹟의 처리 문제>

1) 허령은 성리[도덕의 근원]에 바탕을 둔 바 없이 일시적 독공으로 정신이 맑아졌을 때 나타나는 반딧불 같은 광명의 자취로서 계시, 영감, 예감 등 생각하지 않아도 우연히 알게 되고 느껴지는 것이요,

2) 이적은 일심이 되어 정신이 오롯하게 되면 불가사의하게 나타나는 행적으로서 신통이나 영적靈跡이 있을 수 있는 것이다.

   대도에 근원 한 바 없이 나타나는 허령이나 이적에 재미를 붙이거나 거기에 탐착하게 되면 사도에 떨어져 필경 아수라의 유類를 면치 못하는 것이니 크게 주의할 바이다.

3) 고로 무심히 간과해 버리고 오히려 요망한 것으로 알아서 바로 스승님에게 직고하여 제거해야 할 것이요,

4) 함부로 말하거나 그에 재미를 붙이지 않고 잘 비축해 두면 큰 광명이 되어 영통이 될 수도 있고 큰 지각을 얻는 근본이 될 수도 있는 것이다.

   예) 깡패의 무리에 들면 빠져나오기 어려운 것처럼 신통의 무리에 들면 불지佛地에 들기 어려운 것이다.

※ 참조 : 『대종경』 수행품 41, 42장.

※ 참고 : 허령불매 운운云云할 때의 허령은 적적성성을 뜻한다.

7. 좌선을 가장 잘할 수 있는 길을 일러 주십시오.

각자의 근기와 체질에 따라서 각각 다를 것이다. 그러나

1) 원만한 표준[적적성성, 성성적적]을 정하고 원만한 방법을 쓰라.

2) 좌선은 앉아서만 하는 것이 아니요, 행·주·좌·와 간에 선의 길이 잡히도록 하라. <무시선 무처선>

3) 나의 경험을 소개하면 정전의 방법대로 하며

가) 편안히 앉아 꽁무니뼈가 땅에 닿도록 하면 상체의 중력이 중심이 잡혀서 다리가 덜 아프다

나) 눈을 뜨기도 하고 감기도 하되 입은 다물고 혀끝을 상하 이 사이에 닿는 듯이 하며 호흡은 자연스럽게 두면 수승화강이 잘된다.

다) 전신의 긴장을 완전히 풀되 단전에만 기운이 남아있는 듯이 하고, 마음은 단전을 관하여 주관일치住觀一致가 되게 한다. 만일 주관일치가 잘되지 않을 때는 염불, 주송, 심고, 기도 등 무량방편을 동원하여 오직 망념만 제거하라. 무위자연의 진경에 들게 될 것이다.

라) 한 생각 거두면 그 자리가 진공의 체성이니 눈을 한 점에 정定하는 것도 좋다.

8. 스스로 하는 좌선이 잘되고 못 되는 것을 알려면?

1) 입에서 맑고 윤활한 침이 솟는가, 영명한 혜광[슬기]이 솟는가를 대조하라. 혹 체질에 따라서 맑은 침이 솟지 않는 경우도 있으나 혜광이 솟지 않으면 잘못된 줄로 알라.

2) 적적성성, 성성적적하여 무위자연한 심락을 누리는가를 대조하라. <마음이 편안하고 개운하여 아무 거리낌이 없는 상태에 멎어 있는가?>

3) 기타 좌선의 공덕에 밝혀 주신대로 되는가를 반조해 보면 알 수 있다.

9. 반좌盤坐와 가부좌跏趺坐에 대하여 설명해 주십시오.

1) 반좌는 평탄하고 반반하게 편안히 앉는 것이요,

2) 가부좌는 절집에 부처님께서 앉으신 식으로 앉는 것을 말하는바 전가부좌와 반가부좌가 있다.

3) 어떤 방식으로든지 편안히 앉으면 된다.

※ 신체에 이상이 없는 한 반좌로 편안히 앉는다.

10. 방법 6조에 망상에 흐르거든 정념으로 돌이켜서 운운云云하였는데 정념의 표준은?

여기서 정념이란 바른 생각으로 돌이켜 적적성성하고 성성적적한 마음 상태를 표준 하여 멎어 있게 하라는 뜻인가 한다.

여기서 정념이란 일반적인 선심善心과는 다르다. 금싸라기가 귀중한 것이지마는 눈에 들어가면 티가 되고 병이 되는 것과 같이 선심善心이 좋은 것이지마는 좌선할 때에는 잡념이요 망념이 되는 것이다. 그러므로 여기의 정념은 적적성성하고 성성적적한 표준으로 돌이키는 것을 말한다.

11. 저는 좌선만 하면 졸음이 오니 어찌하면 좋을까요?

1) 평소에 충분한 수면을 취하라.

2) 눈을 뜨고 신선한 분위기에서 해보라.

3) 그래도 되지 않을 때는 입선과 행선으로 먼저 질 박으라.

4) 사상선이 진활선이니 사상선으로 단련하여 심력이 쌓이는 대로 염불과 좌선을 해보라. 동정상선動靜常禪의 큰 법이 얻어질 것이다.

3. 좌선의 공덕

좌선을 오래 하여 그 힘을 얻고 보면 아래와 같은 열 가지 이익이 있나니,

1) 경거망동하는 일이 차차 없어지는 것이요,

2) 육근 동작에 순서를 얻는 것이요,

3) 병고가 감소하고 얼굴이 윤활하여지는 것이요,

4) 기억력이 좋아지는 것이요,

5) 인내력이 생겨나는 것이요,

6) 착심이 없어지는 것이요,

7) 사심이 정심으로 변하는 것이요,

8) 자성의 혜광이 나타나는 것이요,

9) 극락을 수용하는 것이요,

10) 생사에 자유를 얻는 것이니라.

[문제점]

1. 염불과 좌선을 잘하면 경거망동하는 일이 없어지는 이유는?

치연熾然 작용하는 번뇌 망상을 잠재우고 심신 간에 안정을 얻기 때문에 자연 그 행동이 정중해 질 것이다.

※ 수덕신여만곡주修德身如萬斛舟[75]<대종사>

※ 운신동정대지중運身動靜大地重[76]<원양>

---

75) 덕을 닦은 몸은 만 곡이나 실은 배와 같다. 『대종경』 전망품 2장.

76) 몸을 움직이되 대지처럼 무겁게 하라.

2. 염불과 좌선을 잘하면 육근 동작에 순서를 얻게 되는 이유는?

1) 육근 동작은 마음의 나타난 바라, 마음이 안온하여 망념과 정념의 구별이 분명하고 심란한 마음 부당한 생각을 능히 제거할 힘이 있으며, 마음의 기멸起滅을 자유로이 할 수 있을 것이므로 육근 작용 또한 순서를 얻게 될 것이다. 즉 선은 심신을 조복 받는 공부이기 때문에 육근 작용이 순서를 얻게 된다.

2) 염불·좌선은 망념을 정념으로 돌려 일심을 만드는 공부라, 마음의 기멸을 마음대로 할 수 있는 능력을 기르는 것이므로 능히 생각할 자리에 생각할 수 있고 생각을 거둘 자리에 거둘 수 있을 것이며, 눈을 뜰 자리에 뜰 수 있고 감을 자리에 감을 수 있어서 심신 작용이 모두 힘에 맞고 처지에 맞게 할 수 있을 것이다. 고로 육근 작용에 순서를 얻게 된다고 하신 것 같다.

3. 병고가 감소하고 얼굴이 윤활하여지는 이유는?

1) 모든 병고의 원인은 대개 심리 여하에 따라 발생하는 경우가 많은 데 염불과 좌선으로 마음의 안정과 평화가 깃들게 되므로 자연 병고가 적고 얼굴이 화평하게 될 것이요,

2) 수승화강이 잘 되면 혈액순환이 잘되고 소화효소의 분비가 원활하여 진액[진기]이 증장되기 때문에 자연 얼굴이 윤활해지고 병고가 감소할 것이다.

4. 기억력이 좋아지는 이유는?

1) 고요한 물은 물밑도 잘 보이고 물건도 잘 비치는 것과 같이 정신이 고요해지면 맑아지고 맑아지면 빛이 나기 때문이다.

2) 수승화강이 잘되고 정신이 맑아지면 뇌신경의 작용이 민활해지고 예리해질 것이므로 기억력이 좋아질 것이다.

청소년기에 기억력이 좋은 것은 수화의 조절이 잘되고 뇌신경의

작용이 원활하기 때문이 아닌가 한다.

5. 인내력이 생겨나는 이유는?

1) 감정이나 욕심이 나는 대로 다 하고서는 염불 좌선을 할 수 없다. 고로 그것을 참고 조절하는 힘이 쌓이기 때문에 생긴다.

2) 다리가 아프고 허리가 아프며 오는 잠을 참고하는 단련이 되기 때문에 인내력이 생긴다고 하신 것 같다.

6. 착심이 없어지는 이유는?

1) 착심이 있어서는 염불 좌선이 잘 될 수 없지 않은가?

2) 청정 무위한 자성에 의지하는 생활이 될 것이므로 자연 착심이 없어질 것이다.

7. 사심이 정심으로 변하는 이유는?

사심을 정심으로 돌리는 공부가 염불이요, 좌선이 아닌가?

8. 자성의 혜광이 나타나는 이유는?

1) 삼독 오욕 등 마음의 흑운이 걷히기 때문에,

2) 고요하면 맑아지고 맑아지면 밝아지기 때문에 혜광이 솟는 것이다.

3) 마음에 틈이 없기 때문에 빛이 난다.

9. 극락을 수용하게 되는 것은?

1) 고락을 초월한 자성 극락에 의지하게 되므로,

2) 마음을 마음대로 하는 능력이 있게 되므로 동정역순과 육도사생이 평등일미가 될 것이다.

10. 생사에 자유를 얻게 되는 것은?

1) 생사란 마음의 생멸에서 기원한다. 고로 마음의 생멸을 마음대로 하게 되면 육신의 생사도 걸림이 없을 것이다.

2) 일체유심조이니 마음을 마음대로만 한다면 곧 생사의 자유도 얻을 것이다.

4. 단전주의 필요

대범, 좌선이라 함은 마음을 일경(一境)에 주하여 모든 생각을 제거함이 예로부터의 통례이니, 그러므로 각각 그 주장과 방편을 따라 그 주하는 법이 실로 많으나, 마음을 머리나 외경에 주한 즉 생각이 동하고 기운이 올라 안정이 잘 되지 아니하고, 마음을 단전에 주한 즉 생각이 잘 동하지 아니하고 기운도 잘 내리게 되어 안정을 쉽게 얻느니라.

또한, 이 단전주는 좌선에만 긴요할 뿐 아니라 위생상으로도 극히 긴요한 법이라, 마음을 단전에 주하고 옥지(玉池)에서 나는 물을 많이 삼켜 내리면 수화가 잘 조화되어 몸에 병고가 감소하고 얼굴이 윤활해지며 원기가 충실해지고 심단(心丹)이 되어 능히 수명을 안보하나니, 이 법은 선정(禪定)상으로나 위생상으로나 실로 일거양득하는 법이니라.

간화선(看話禪)을 주장하는 측에서는 혹 이 단전주법을 무기(無記)의 사선(死禪)에 빠진다고 하여 비난을 하기도 하나 간화선은 사람을 따라 임시의 방편은 될지언정 일반적으로 시키기는 어려운 일이니, 만일 화두(話頭)만 오래 계속하면 기운이 올라 병을 얻기가 쉽고 또한 화두에 근본적으로 의심이 걸리지 않는 사람은 선에 취미를 잘 얻지 못 하나니라. 그러므로 우리는 좌선하는 시간과 의두 연마하는 시간을 각각 정하고, 선을 할 때는 선을 하고 연구를 할 때는 연구를 하여 정과 혜를 쌍전시키나니, 이와 같이 하면 공적(空寂)에 빠지지도 아니하고 분별에 떨어지지도 아니하여 능히 동정 없는 진여성(眞如性)을 체득할 수 있으니라.

[단어 숙어 풀이]

◆ 옥지玉池 : 1) 감로수가 나오는 샘[침샘]. 2) 혀끝과 치아 사이에서 맑은 침이 나오는 곳.

◆ 심단心丹 : 1) 한결같은 마음이 계속됨에 따라서 이루어진 조촐하고 오롯한 마음의 뭉쳐짐. 마음 덩치. 2) 청정한 마음으로 일관되는 정성스러운 힘.

※ 기단氣丹 : 가) 기운이 한 점에 어려 뭉쳐진 상태. 나) 흩어지는 기운을 단전 등의 한 점에 어려 있게 하여 뭉쳐 놓은 것.

※ 영단靈丹 : 가) 심단을 이룬 사람의 영혼. 나) 자주력이 확립된 영혼 덩치.

◆ 선정禪定 : 1) 일심을 만들기 위하여 마음을 단련하는 한 방법. 2) 마음에 안정을 얻기 위하여 수련하는 법. 3) 마음을 한군데 정定한 채 계속하는 것.

◆ 단전주丹田住 : 1) 선의 일종으로서 마음과 가운을 단전에 주하여 일심을 만드는 방법. 2) 단전에 마음을 매어 놓는 것.

◆ 간화선 : 1) 선의 일종으로서 화두[공안]에 마음을 묶어 일심을 만드는 방법. 2) 화두에 마음을 집주集住하여 일심을 만들어서 그 화두를 깨치게 하는 선법. 3) 화두에 마음을 매어 놓는 것.

◆ 무기無記 : 1) 정신이 멍한 상태. 혼침, 공망空亡, 회심灰心. 2) 정신이 혼몽한 상태.

◆ 사선死禪 : 1) 선을 하되 그 마음이 생생하지 못하고 적적하기만 하여 아주 무기력한 정신 상태에 빠진 것. 2) 선을 하다가 잘못하게 되면 정신이 멍한 상태. 3) 무기선無記禪.

◆ 공적空寂 : 1) 텅 비고 고요함. 2) 공적에 멎어만 있으면 사선이 될 염려가 있다.

◆ 분별 : 1) 이것저것 가려냄. 2) 성성하기는 하나 망상妄想에 흐를 염려가 많음.

◆ 화두 : 1) 말머리이니 말을 시작하는 근원이라, 그 자리를 깨치도록 하기 위해서 여러 조사祖師들이 내놓으신 의심 건. 2) 옛날 조사들이 진리를 깨칠 방법으로 제시한 간단한 명제. 3) 공안公案이라고도 함. 4) 참선할 때 정신을 통일하기 위하여 드는 제재題材.

[문제점]

1. 마음을 머리나 외경에 주하면 생각이 동하고 기운이 올라 안정이 잘 안 된다 하였는데 왜 그러는가요?

1) 마음 작용이 대개 경계 따라 일어나기 때문에 외경에 주하면 잘 동하게 되고,

2) 신경을 쓰면 기운이 따라 오르기 쉽고 머리나 외경에 주하면 자연 신경이 작용하기 쉬운 연고이다. 그러나 사람과 처지에 따라서는 외경에 주해도 잘 되는 수가 있느니라.

2. 마음을 단전에 주하면 안정을 쉽게 얻는 이유는?

1) 마음이 아래에 주하기 때문에 자연 기운이 내려가기 쉽고 기운이 내려가면 안정을 얻게 되고,

2) 마음이 외경에 주하는 것보다는 자기의 내부에 주하므로 외경의 부딪침이 크게 느껴지지 않을 수 있으므로 안정을 쉽게 얻을 수 있을 것이다. 그러나 단전주가 잘 안 되는 분도 있으니 그 점 유의할 바이며, 만일 단전 부근에 병상病傷이 있으면 단전주를 삼가야 할 것이다.

3. 단전주와 정혜쌍수定慧雙修에 대하여 설명해 주시오.

좌선하는 시간과 의두 연마하는 시간을 각각 정하고, 선을 할 때는

온전히 선을 하게 하여 적적성성하고 성성적적한 본성을 양성하게 하고, 연구할 때는 온전히 연구하게 하여 사리 간에 의심 건을 풀게 하여 정혜를 쌍수하게 하는 것이다.

※ 적적은 정이요, 성성은 혜라고 볼 수 있으나 이것은 본성 자체를 정혜로 분석해 본 것이요, 실제에 있어서 정혜를 쌍수하는 데에는 선하는 시간과 연구하는 시간을 따로 두어 수행하는 것이 치우치지 않는 쌍수가 될 것이다. 선할 때의 표준이 곧 적적성성이니 이것은 올바른 정의 표준이요 내용이 되는 것이다.

4. 간화선 측에서 단전주선을 비방하는 이유는?

1) 과거에 묵조선을 주장하는 측에서는 무위자연한 본성을 기르는 데 중점을 주어 연구하는 시간을 따로 정한 바 없이 종일토록 묵묵히 앉아있는 것만을 주장하였으므로 혹 적묵에 치우쳐 무기의 사선에 흐를 염려가 많았기 때문이다.

2) 적적성성한 심경이 소중한 것을 알지 못하거나 일심의 필요성을 느끼지 않는 분은 흥미를 갖지 못하고 무기에 떨어지기 쉽다.

5. 간화선의 폐단을 들어보라.

1) 화두란 너무 오래 계속하면 그 화두를 깨치고자 하는 욕심이 생겨 자칫하면 기운이 올라 머리 병을 얻기 쉽고 분별에 떨어질 염려가 많으며,

2) 화두에 근본적으로 의심이 걸리지 않는 사람은 선에 취미를 잃기 쉽다.

이상 문4, 문5에서 밝힌 바와 같이 묵조선과 간화선에 다 같이 부족한 점이 없지 않을 것이니, 우리는 단전주로서 선을 할 때는 온전히 선을 하여 무위자연한 진여성을 체득하고 맑고 명랑한 정신으로 반드시 의두 연마하는 시간을 가져서 사리 간 밝게 분

석하고 바르게 판단할 수 있는 혜력을 갖추어야 할 것이다.

6. 좌선의 방법을 자세히 밝혀주셨는데 다시 단전주의 필요성을 밝혀 주신 의도는?

1) 종래부터 있는 많은 선법으로 시비가 분분하고 주장이 각각 달라서 후인들이 그 방법을 선택하고자 할 때 방황하는 점이 없지 않을 것이므로 가장 원만하고 바른 방법을 선정해 주신 것이요,

2) 일원상의 진리에 근거한 영육쌍전의 이념에 맞으며 대종사님께서도 이 방법을 창안하여 단련하셨다. 고로 특별히 이 단전주법을 강조하신 것 같다.

7. 단전주의 필요성을 간단히 설명해 주시오

1) 마음을 머리나 외경에 주하는 것보다 안정이 잘되고,

2) 마음과 기운을 단전에 주하고 옥지에서 나는 물을 많이 삼켜 내리면 수화가 잘 조화되어 몸에 병고가 감소되고 원기가 충실해지며 기단과 심단이 되어 능히 수명을 안보할 수 있다. 고로 선정상으로나 위생상으로나 다 요긴한 방법이라 더욱 필요한 것이다.

8. 단전주를 잘하려면?

1) 좌선의 방법대로 오래오래 계속하라.

2) 전신의 기운이 쭉 빠진 듯이 하되 오직 단전에만 기운이 약간 남아있는 듯이 하여 마음이 그 남아있는 듯한 기운을 관하여 주관일치住觀一致에 노력하라. 기운이 주해 있음을 마음을 관하여 심신이 일여한 경지에 도달하면 정신과 기운이 상쾌하여진다.

3) 기운이 주해지지 않는 사람은 먼저 마음을 주하라. 심단이 되면 기운은 자연 서서히 내려가서 기단을 이루리라.

※ 심단心丹이 근본이요, 기단氣丹은 종말이다.

4) 주의점

가) 단전에 너무 힘을 주면 역기逆氣가 되어 두통을 얻기도 하고 하복부에 적이 생기기도 하나니 조심하라.

나) 처음부터 단전호흡을 강행하지 말라. 자칫하면 호흡기에 병을 사기 쉽다.

다) 초입자가 무리하게 호흡을 고르거나 식후에 바로 단전주를 강행하면 위하수가 생기기 쉽나니 식후에 단전주를 삼가라.

라) 초입자는 가급적이면 공복에 단련하는 것을 원칙으로 하고 호흡이 단전에까지 내려가지 않을 때는 누워서 해보라.

제5장 의두요목

1. 세존(世尊)이 도솔천을 떠나지 아니하시고 이미 왕궁가에 내리시며, 모태 중에서 중생 제도하기를 마치셨다 하니 그것이 무슨 뜻인가.
2. 세존이 탄생하사 천상천하에 유아독존(唯我獨尊)이라 하셨다 하니 그것이 무슨 뜻인가.
3. 세존이 영산회상에서 꽃을 들어 대중에게 보이시니 대중이 다 묵연하되 오직 가섭 존자(迦葉尊者)만이 얼굴에 미소를 띠거늘, 세존이 이르시되 내게 있는 정법안장(正法眼藏)을 마하 가섭에게 부치노라 하셨다 하니 그것이 무슨 뜻인가.
4. 세존이 열반(涅槃)에 드실 때 내가 녹야원(鹿野苑)으로부터 발제하(跋提河)에 이르기까지 이 중간에 일찍이 한 법도 설한 바가 없노라 하셨다 하니 그것이 무슨 뜻인가.
5. 만법이 하나에 돌아갔다 하니 하나 그것은 어디로 돌아갈 것인가.
6. 만법으로 더불어 짝하지 않은 것이 그 무엇인가.
7. 만법을 통하여다가 한마음을 밝히라 하였으니 그것이 무슨 뜻인가.
8. 옛 부처님이 나시기 전에 응연(凝然)히 한 상이 둥글었다 하였으니 그것이 무슨 뜻인가.
9. 부모에게 몸을 받기 전 몸은 그 어떠한 몸인가.
10. 사람이 깊이 잠들어 꿈도 없는 때에는 그 아는 영지가 어느 곳에 있는가.
11. 일체가 다 마음의 짓는 바라 하였으니 그것이 무슨 뜻인가.

12. 마음이 곧 부처라 하였으니 그것이 무슨 뜻인가.
13. 중생의 윤회 되는 것과 모든 부처님의 해탈하는 것은 그 원인이 어디 있는가.
14. 잘 수행하는 사람은 자성을 떠나지 않는다고 하니 어떠한 것이 자성을 떠나지 않는 공부인가.
15. 마음과 성품과 이치와 기운의 동일한 점은 어떠하며 구분된 내역은 또한 어떠한가.
16. 우주 만물이 비롯이 있고 끝이 있는가 비롯이 없고 끝이 없는가.
17. 만물의 인과 보복 되는 것이 현생 일은 서로 알고 실행되려니와 후생 일은 숙명(宿命)이 이미 매하여서 피차가 서로 알지 못하거니 어떻게 보복이 되는가.
18. 천지는 앎이 없되 안다고 하니 그것이 무슨 뜻인가.
19. 열반을 얻은 사람은 그 영지가 이미 법신에 합하였는데, 어찌하여 다시 개령(個靈)으로 나누어지며, 전신(前身) 후신(後身)의 표준이 있게 되는가.
20. 나에게 한 권의 경전이 있으니 지묵으로 된 것이 아니라, 한 글자도 없으나 항상 광명을 나툰다 하였으니 그것이 무슨 뜻인가.

[대의]

연구의 깊은 경지에 이르러 사리 간 명확한 분석력을 기르도록 과거 불성佛聖들의 화두[공안]나 대소 유무의 이치와 시비 이해의 일 중에서 의심나는 것을 해결하는 것으로 20여 종의 공안을 선정하였다.

<사리 간 명확한 분석력을 얻는 길>

[단어 숙어 풀이]

◆ 도솔천 : 1) 욕계欲界 육천六天 가운데 넷째 가는 하늘. 2) 불보살들이 중생을 제도하시다가 잠간 쉬신다는 곳, 또는 장차 중생을 제도하기 위하여 잠시 머물러 계시는 곳. 3) 미륵의 정토.

◆ 정법안장 : 1) 이심전심의 비법을 인허해 주는 것. 2) 불불 조사들이 법을 전할 때 쓰는 말로서 심인의 별칭. 3) 정법의 혜명.

◆ 열반涅槃 = 원적圓寂 : 1) 스님의 죽음. 2) 두렷하고 고요한 마음. 3) 본연 청정한 마음자리.

◆ 녹야원 = 녹원 : 중인도에 있던 동산으로 석존께서 교진여 등 다섯 비구에게 최초로 법을 설하신 곳.

◆ 발제하 : 중인도에 있는 '아시다 발제하'의 약칭인바, 이 강의 서안西岸에서 불타께서 열반하심.

◆ 응연 : 하나로 어려 있는 모습.

◆ 숙명 : 1) 날 때부터 타고난 운명. 2) 타고난 생명. 3) 전생의 생활. 4) 지난 생의 생명.

◆ 개령個靈 : 1) 중생의 자의식 ↔ 대령 = 천지의 식識. 2) 중생의 영식靈識.

※ 주의점 : 스승의 자비는 다 가르쳐 주지 않는 데 있다. 고로 이 장에서는 화두 해결의 방법과 순서만을 제시하고 가급적이면 판단과 단언은 피하고자 한다. 각자의 근기와 역량에 따라서 천만 층의 심도와 넓이가 있을 수 있기 때문이다.

[문제점]

1. 의두 연마하는 순서와 그 방법은?

1) 맑은 정신으로 잠깐잠깐 들어 보되 오직 간절한 마음으로 끝까

지 계속하라.

2) 가까운 데서, 쉬운 데서, 마음에서, 생활 속에서 찾아라.

3) 근본적인 것부터.

가) 추리 분석 [석공관析空觀]

나) 직관 점두 [체공관體空觀]

다) 실천 증득 [중도관中道觀]의 방법으로 통달하라.

2. 세존이 도솔천을 떠나지 아니하시고 이미 왕궁가에 내리시며 모태 중에서 중생 제도하시기를 마치셨다 하니 그것이 무슨 뜻인가?

1) 이 문제는 도솔천과 왕궁가의 개념과 그 관계를 확실히 파악하며, 중생과 부처의 개념을 분명히 알며, 중생과 부처의 근본을 정확히 알아서 분석하면 다소 이해가 될 것이다.

가) 성리품 16장, 그대가 실상사를 여의지 아니하고 몸이 석두암에 있으며 몸은 석두암에 있으나 중생 제도하기를 다 마쳤노라.

나) 전라북도를 여의지 않고 익산시가 있으며 익산시를 여의지 않고 총부가 있다. 또 일념미생전에 미오迷悟가 없고 모태 중에 범성凡聖이 있을 수 없다.

2) 대소상즉大小相卽 본무미오本無迷悟[77)]

3) 도솔천과 왕궁가를 직관하고 범부 중생과 제불 제성의 근본을 직관해 보라.

4) 불보살께서 쉬시는 곳이 어디이며 그 심경이 어떠한가? 그 심경으로 총부도 가고 산에도, 논에도, 장터에도 가보라. 부처와 중생이 따로 있겠는가? 그 심경으로 살아 보자.

---

77) 대大가 곧 소小이고 소小가 곧 대大이며, 본래는 미혹됨도 깨달음도 없는 것이다.

천지미분일상원天地未分一相圓 삼라만상각자원森羅萬象各自圓
신재남북불리원身在南北不離圓 심월상조천추원心月相照千秋圓[78)]
<청산사淸山師>

3. 세존이 탄생하사 천상천하 유아독존이라 하셨다 하니 그것이 무슨 뜻인가?

1) 이 문제는 아我의 개념[진아]과 천상천하의 개념을 정확히 파악하여 생각하면 이해가 될 것이다.
2) 본래자기시십마本來自己是什麼
3) 범부 중생의 본성이 무엇인고?
※ 예수님께서 하나님의 독생자라 하시니 그 뜻과 같지 않을까?

4. 부처님께서 꽃가지를 들어 대중에게 보이시니 대중이 묵연하되 오직 가섭존자만이 얼굴에 미소를 띠었다 하니 그것이 무슨 뜻인가?

1) 격외의 법문이니 평소에 부처님의 법문을 많이 받들고 부처님의 심법을 체득하여 부처님께서 각득하신 경지를 각득하신 분이라야 그 뜻을 알 것이다.
<진리관과 사고방식이 서로 같아야 알 수 있을 것이다>
2) 명명백초두明明百草頭에 명명조사의明明祖師意라[79)] 하니 그 뜻을 알면 이 뜻도 알 것이요, 여래如來의 적적대의的的大意가 정전백수자庭前柏樹子[80)]에 있다 하니 이 뜻을 알면 그 뜻도 알 것이다.

---

78) 천지가 나뉘기 전 한 상이 둥글었으며, 삼라만상이 각각 스스로 하나의 원이로다. 몸은 남북으로 나뉘어 있으나 결단코 이 원을 떠나지 않으니, 마음 달 밝게 드러나 천추에 둥근 원을 비추네.

79) 『방거사 어록』 중 그의 딸 영조와 나눈 문답에 나오는 말. 밝고 밝은 풀잎 끝마다 밝고 밝은 조사의 뜻이 있네.

80) 조주 선사의 유명한 화두. '달마 대사께서 서역에서 동토로 오신 뜻이 무엇입니까?' 하는 질문에 조주 선사는 '뜰 앞의 잣나무니라.'라고 대답하였다.

3) 만상역각일원萬像亦各一圓

※ 가) 인명因明 논리 : 명제, 이유, 예증의 삼단형식으로 논증함. 원인을 밝히는 논리. 캐묻고 생각하여 근본을 추구하는 법.

나) 격외格外 논리[격외문답, 격외법문] : 관점과 사고방식이 같을 때 통해진다. 예: 온다[비가, 눈이, 겨울이, 임이 …].

다) 형식形式 논리 : 일정한 형식[방식]을 갖춘 논법. 추리의 형식을 추상적으로 연구한다.

예) A는 B이다. B는 C이다. 고로 A는 C이다.

※ 삼처전심三處傳心 : 가) 영산회상거념화靈山會上擧拈花. 나) 다자탑전분반좌多子塔前分半坐 다) 쌍림수하곽시쌍부雙林樹下槨示雙趺[81]

5. 세존이 열반에 드실 때 내 일찍이 한 법도 설한 바가 없다 하셨으니 그것이 무슨 뜻인가?

1) 부처님께서 입적하실 때 최후로 부촉하신 말씀이신데 왜 이 말씀을 하셨을까? <이 말씀 또한 법이 아니겠는가?>

사십칠 년간 당신이 설하신 형식적 법에 얽매어 무상 대도의 참

---

81) 석가가 가섭에게 세 곳에서 불교의 진수眞髓를 전했다는 뜻.

1. 영산회상거염화 : 석가가 중인도 왕사성王舍城 북동쪽에 있는 영취산靈鷲山에서 설법할 때 석가가 꽃송이 하나를 들어 보이자, 제자들이 모두 무슨 뜻인지를 몰라 어리둥절해 하는데 가섭만은 빙그레 웃었다. 이에 스승은 '나의 정법안장을 가섭에게 전하노라.'고 선포하였다.

2. 다자탑전분반좌 : 다자탑은 중인도 비사리성 북서쪽에 있다. 이 탑은 어떤 장자長者가 산에 들어가서 도를 닦아 깨달은 뒤에, 그의 아들딸 60명이 아버지가 공부하던 곳을 기념하기 위하여 세운 것이라고 한다. 석가가 그곳에서 설법하고 있을 때 가섭이 누더기를 입고 뒤늦게 오자 여러 제자가 그를 얕보았다고 한다. 그러자 석가는 자기가 앉아 있던 자리 절반을 가섭에게 양보하여 거기 함께 앉도록 함으로써 그의 마음을 전하였다.

3. 쌍림수하곽시쌍부 : 석가가 북인도 쿠시나가라성 북서쪽의 사라수沙羅樹 여덟 그루가 둘씩 마주 서있는 사이에 침대를 놓게 하고 열반하자, 그 숲이 하얗게 변하였다. 가섭이 스승의 관 주위를 세 번 돌고 세 번 절하자, 관 속으로부터 두 발을 밖으로 내밀어 보임으로서 그의 마음을 전하였다.

뜻을 알지 못할까 염려하사 대자대비로서 간곡히 부촉하신 말씀이 아닌가 싶다.

2) 무상 대도의 참다운 경지는 언어도단의 입정처라 법은 고사하고 세존인들 어디 있으리오.

3) 아뇩다라삼먁삼보리[무유정법]가 어떠한 법인가를 생각해 보라.
<불타가 설하신 법은 아뇩다라삼먁삼보리라>
불타께서 각득하신 아뇩다라삼먁삼보리를 확실히 알면 이 말씀의 뜻을 알 뿐 아니라 사십구 년 설법과 평생의 행·주·좌·와·어·묵·동·정이 설법 아니심이 없음을 알 수 있을 것이다.

※ 계성편시장광설溪聲便是長廣舌 산색기비청정신山色豈非淸淨身[82)]

※ 공자 왈 오욕무언吾欲無言하노라. 천하언재天何言哉며 지하언재地何言哉아. 그러나 일월이 왕래하고 사시 순환하여 만물이 생성하니라.[83)]

6. 만법이 하나로 돌아갔다 하니 하나 그것은 어디로 돌아갈 것인가? <만법귀일萬法歸一하니 일귀하처一歸何處오>

※ 참조 : 『대종경』 성리품 10, 17, 24장.

1) 이 문제는 먼저 만법의 개념과 일의 개념을 정확히 알라. 만법은

---

82) 소동파의 시. "계성편시장광설鷄聲便是長廣舌 산색기비청정신山色豈非淸淨身 야래팔만사천게夜來八萬四千偈 타일여하거사인他日如何擧似人"(시냇물 소리가 그대로 부처님의 장광설법인데/ 산 빛 또한 어찌 청정법신 비로자나 부처님이 아니겠는가./ 밤이 되니 8만4천 게송이나 되는 것을/ 다른 날 다른 사람에게 어찌 들어 보일 수가 있으리오.)

83) 『논어』 양화편陽貨篇에 나오는 내용. "자왈子曰 여욕무언予欲無言하노라. 자공子貢이 왈曰 자여불언子如不言이시면 즉소자하술언則小子何述焉이리잇고. 자왈子曰 천하언재天何言哉시리오. 사시행언四時行焉하며 백물생언百物生焉하나니 천하언재天何言哉시리오."(공자가 말씀하시기를 '나는 아무 말 않으련다.' 자공이 말했다. '선생님께서 말하지 않으시면 저희가 어떻게 도를 전하겠습니까?' 공자가 말씀하시기를 '하늘이 무슨 말을 하던가? (그래도) 사계절이 운행되며 온갖 사물이 생겨나나니 하늘이 무슨 말을 하던가.')

삼라만상, 천만 교법, 모든 현상, 모든 사상이요. 일一은 만법의 근원을 강연이 일一이라 한 것이다. 과연 그 하나는 있느냐 없느냐 분명히 알라.

2) 예를 들어 추리적으로 분석해 보자. 청황적백 각양각색 천만 가지의 전등이 있다. 그 근원을 추구해 보면 전류[전력] 하나로 귀일하지 않는가?

그 전력의 근원은 무엇인가? 그 근원은 물과 기계요, 인간의 두뇌라 할 것이다. 다시 물과 기계와 인간의 두뇌의 근원을 추구해 보자. 과연 무엇이 있는가? 한 물건도 한 생각도 없는 그 자리를 알겠는가? 모르겠는가?

3) 또한 천만 가지 고락의 원인을 추구해 보라. 마음에 있다고 할 것이다. 다시 그 마음의 근원을 추구해 보라. 과연 있느냐? 없느냐?

4) 만법을 직관하라. 그 근원이 드러날 것이다. 그 자리를 일러 하나라고 한다. 과연 하나라고 할 수 있겠는가? 강명왈일强名曰一이니라.

※ 참고 : 모든 음식이 위로 들어가는데 위속의 음식은 필경 어디로 갈꼬?

5) 대즉일大卽一이요, 소즉다小卽多라, 대소상즉大小相卽하니 본래무일물本來無一物이로다. 차무일물중此無一物中에는 만법萬法이 구족具足하니라.[84)]

가) 달마 대사를 찾아온 혜가 행자가 항상 무엇이 걸린 듯이 가슴이 답답하고 마음이 불안하거늘 하루는 대사에게 '스님, 심히 괴롭습니다.' 한데

84) 대大란 하나인 본체이고 소小란 다양한 현상이다. 대와 소가 서로 즉해있으니 본래 한 물건도 없는 것이다. 한 물건도 없는 이 속에는 만법이 다 갖추어져있다.

사왈師曰 '무엇이 괴로운고.' 하니

혜왈慧曰 '마음이 괴롭습니다. 이 괴로움을 풀어 주소서.' 한데

사왈師曰 '그래! 마음이 어디 있는고? 마음을 찾아오면 그 고통을 풀어 주마.' 하니 며칠을 두고 찾다가,

혜왈慧曰 '아무리 찾아보아도 마음이 없습니다.' 한데

사왈師曰 '너의 고통이 이미 풀어졌노라.' 하시니라.

나) 백척간두진일보百尺竿頭進一步[85)]

7. 만법으로 더불어 짝하지 않은 것이 그 무엇인가?

<불여만법위려자시심마不與萬法爲侶者是甚麼>

1) 이 문제를 풀어 가는 순서는 만법의 개념과 짝한다는 것이 무슨 뜻인가를 먼저 잘 알아야 할 것이니, 만법은 삼라만상, 천만 교법, 모든 사상 및 모든 것들이요, '짝한다'[위려자爲侶者]는 상대한다, 또는 상대된다는 뜻이다. 고로 이 문제를 다시 말하면 그 무엇과도 상대할 수 없고 상대 지을 수 없다는 것이 그 무엇인가라는 것이다.

2) 과연 그러한 것이 있을 것인가? 있다면 무엇이며 어떻게 생겼을 것인가? 정심연마精深研磨하여 그 물건을 얻어라.

3) 진리적으로 분석해서 찾아보고 그 모습을 그려 보라.

가) 크기로도 그보다 더 큰 것이 없고[대포무외大包無外]
작기로도 그보다 더 작은 것이 없으며[세입무내細入無內]

나) 밝기로도 그보다 더 밝은 것이 없고

---

85) 『경덕전등록』에 나오는 장사경잠長沙景岑의 게.
백척간두좌저인百尺竿頭坐底人(백척간두 꼭대기에 주저앉은 사람아)
수연득입미위진雖然得入未爲眞(비록 도에 드나 참다움은 못되나니)
백척간두진일보百尺竿頭進一步(백척간두 그곳에서 한 걸음 더 내 딛어야)
시방세계시전신十方世界是全身(시방세계 그대로 부처님의 온몸일세)

[명막명어기명明莫明於其明]

어둡기로도 그보다 더 어두운 것이 없으며

[암막암어기암暗莫暗於其暗]

다) 오래 되기로도 그보다 더 오랜 것이 없고

[구막구어기구舊莫舊於其舊]

새롭기로도 그보다 더 새로운 것이 없으며

[신막신어기신新莫新於其新]

<선천지이무기시先天地而無其始

후천지이무기종後天地而無其終>[86]

라) 신묘하기로도 그보다 더 신묘한 것이 없고

[묘막묘어기묘妙莫妙於其妙]

간명하기로도 그보다 더 간명한 것이 없으며

[간막간어기간簡莫簡於其簡]

<조화무궁 신묘불측造化無窮神妙不測>[87]

마) 강하기로도 그보다 더 강한 것이 없고

[강막강어기강强莫强於其强]

유하기로도 그보다 더 유한 것이 없다.

[유막유어기유柔莫柔於其柔]

이것이 만법으로 더불어 상대할 수 없는 것이니, 과연 이것이 어떤 물건인고?

4) 실천적으로 나투어 보라. 이 물건을 확실히 증득한 분은 능대능소能大能小하고 능명능암能明能暗하며 능강능유能剛能柔하고 능구능

---

86) 천지보다 먼저 하여 그 시작이 없고 천지보다 뒤에 하여 그 종말도 없다. 함허의 『금강경오가해』 서문에 나오는 구절이다.

87) 조화가 무궁하여 그 신묘함을 헤아릴 수 없다.

신能舊能新하며 은현자재隱顯自在하여 걸림이 없는 대자유인이 될 것이다.

5) 우주 만유의 본원이요, 제불제성의 심인이며, 범부중생의 본성이라 언하에 직관하라. 이 법 외에 또 무엇이 있는가?

※ 참조 : 일원상의 진리 <정전>, 일원상의 진리와 그 운용법 <정산 종사>

8. 만법을 통하여다가 한마음을 밝히라 하였으니 그것이 무슨 뜻인가?

통만법명일심通萬法明一心

※ 참조 : 『대종경』 성리품 5장, 수행품 23장, 『정전』 솔성요론 16.

1) 여기서도 만법은 전 문제에서 말한 바와 같고 '통한다'는 '통달한다' 또는 '통과한다'라는 뜻으로 생각하면 좋을 것이요, '한마음'[일심]은 각자의 한마음 즉 본심을 뜻하는 것 같다.

2) 다음으로 알아야 할 것이 이 말씀을 주신 의도를 알아야 할 것이다. 그것은

가) 성불을 원하는 이가 천만 경전을 통달하고 천만 가지 경계를 넘기는 것은 결국 각자의 한마음을 밝히는데 그 의의가 있고,

나) 학사, 박사의 지식과 천하제일의 권력 재력이 있고 상통천문上通天文 하달지리下達地理하는 재주가 있다 할지라도 각자의 마음을 밝히지 못하면 윤회 전생하는 중생을 면할 수 없기 때문에,

다) 천만 경전과 천만 경계[역·순·공逆順空의 일체 경계]를 대할 때마다 오직 각자의 마음 밝히는데 대조하며 힘쓰라는 말씀이 아닌가 한다.

3) 인자견지위지인仁者見之謂之仁 지자견지위지지智者見之謂之智라[88] 하시니 심자견지위지심心者見之謂之心이라, 마음공부에 뜻을 가진 분은 천만사물과 일체경계를 대할 때마다 오직 마음공부의 자료를 삼는 것이다.

어느 절에서 행자들이 '풍동風動인가? 번동幡動인가?'로 시비하는 것을 보시고 육조 대사께서 '비풍동非風動이요, 비번동非幡動이며 인자심동仁者心動이라'[89] 하신 것도 통만법명일심의 길을 직시해 주신 것이 아닌가 한다. 고로 우리도 대인접물에나 일체 모든 경계를 대할 때 먼저 각자의 마음을 챙기고 그에 대조하고 반조하여 안으로 심력을 갖추고 마음 밝히는 데 노력할지언정 밖으로 시비를 따지거나 남을 허물해서는 안 될 것이다.

※ 망언득지忘言得旨 망의요심忘意了心.[90]

※ 우주가 법당이요 만유가 생불일세

---

88) 『주역』 계사전에 나오는 말. "일음일양지위도一陰一陽之謂道니 계지자繼之者는 선야善也요 성지자成之者는 성야性也요 인자견지仁者見之에 위지인謂之仁하며 지자견지知者見之에 위지지謂之知요."(한번 음 되고 한번 양 됨을 도라고 한다. 이것을 계승한 것이 선이요, 이것을 이룬 것이 성품이다. 어진 자는 이것을 보고 인이라 하고, 지혜 있는 자는 이것을 보고 지혜라고 한다.)

89) 『육조단경』에 나오는 말. "인풍찰번因風刹幡, 유이승대론有二僧對論. 일운번동一云幡動. 일운풍동一云風動. 왕복증미계리往復曾未契理. 조운불시풍동祖云不是風動, 불시번동不是幡動, 인자심동仁者心動. 이승송연二僧悚然."(바람이 불어 깃발이 흔들렸다. 두 승려가 한 사람은 바람이 움직인다고 하고 또 한 사람은 깃발이 움직인다고 하여 결론이 나지 않았다. 육조 대사 말하기를 바람이 흔들리는 것이 아니고, 깃발이 흔들리는 것도 아니다. 그대들 마음이 움직이는 것이라고 하여 놀라게 하였다.)

90) 말에 얽매이지 말고 뜻을 얻을 것이요 뜻에 얽매이지 말고 마음을 요달하라. 『육조단경』 <덕이본> 서문에는 망언득지忘言得旨라는 표현이 보인다. "묘도허현妙道虛玄 불가사의不可思議. 망언득지忘言得旨 단가오명端可悟明. 고故 세존世尊 분좌어다자탑전分座於多子塔前. 염화어영산회상拈花於靈山會上. 사화여화似火與火 이심전심以心傳心" 해석하면 '현묘한 도는 텅 비어 유현하여 불가사의한 것이니 말을 버리고 참뜻을 얻으면 곧 깨달아 밝게 될 것이다. 그러므로 세존이 다자탑 앞에서 자리를 나누셨고 영축산 모임에서 꽃을 잡으셨으니 불을 불에 준 것처럼 마음으로써 마음을 인가하는 것이다.

일마다 물건마다 모두가 경전이니

생각마다 걸음마다 부처 되고 중생 건지는 일 <원양>

4) 다른 사람의 그름을 꾸짖거나 허물만 하는 것은 아직 큰 공부를 할 줄 모르는 분이다. 스스로에게는 그런 잘못이 없는가 살펴보고 설사 그런 잘못이 없다면 나의 지혜와 역량과 법력 도력이 부족하여 그 사람이 그런 잘못을 범하지 않도록 미연에 대치對治해주지 못한 점을 반성하여 더욱 큰 지혜와 능력과 법력 도력을 갖추는 계기를 삼을 줄 알아야 비로소 큰 공부에 착안한 분이라 할 것이요, 이것이 통만법명일심의 한 예가 될 것이다.

9. 옛 부처님이 나시기 전에 응연히 한 상이 둥글었다 하였으니 그것이 무슨 뜻인가?

고불미생전古佛未生前 응연일상원凝然一相圓

석가유미회釋迦猶未會 가섭기능전迦葉豈能傳 <자각 선사>

※ 참조 : 『정전』 일원상의 진리, 『대종경』 서품 1장.

1) 이 문제를 이해하는 순서는 '고불'의 뜻과 '응연히'의 개념, '한 상'의 뜻을 알면 될 것이니, '고불'은 석가세존과 과거칠불을 비롯하여 그동안에 진리를 각하신 모든 부처님을 통칭하는 것 같고, '응연히'는 하나로 어려 있는 모습이니, 만유가 한 체성으로 되어 있음을 말하고 우주의 대기가 한 덩어리로 어려 있음을 나타낸 말이며, '한 상'은 한 모습이요 두 가지가 아님을 가리킨 것 같다.

2) 다음은 이 말씀을 하신 의도를 파악하는 것이 좋을 것인바 이는 우주의 대기는 응연하여 무시무종한 모습을 일러주시고 이 일원상의 진리는 옛 부처님들이 만들어 주신 것이 아니요, 오직 깨치신 진리를 발견하여 표준 하시고 활용하신 진리이다. 고로 누구

의 독점물이 아니요, 누구든지 각득하면 그 주인이 될 수 있음을 암시하신 것이 아닌가 싶다.

3) 고불古佛 금불今佛 후불後佛과 삼라만상 육도사생이 개시응연일상원皆是凝然一相圓이어니 하자설법何者說法이며 하자청법何者聽法이며 하필전법何必傳法고?

※ 우주시대일원宇宙是大一圓 만상역각일원萬象亦各一圓[91)]

※ 석가여래께서 그 진리를 깨달으사 가섭에게 정법안장을 전하여 대대로 그 법통이 계승되어 왔는데 자각 선사께서는 석가도 오히려 알지 못하셨으니 가섭이 어찌 전할 수 있으리오 하였으니 왜 그런 말씀을 할 수 있는가요?

이것은 일원상의 진공한 체성에 바탕을 두어 주체를 세우신 불법이기 때문에 돈공한 그 자리에는 석가도 가섭도 자각도 있을 수 없거니 어찌 알았다 전했다 할 수 있겠는가? 자각 자신도 있을 수 없거니 그런 말을 할 필요는 무엇이며 그런 말을 하는 것 자체가 심심풀이에 불과한 것이다. 자각 선사께서 그 자리를 강연이 보여 주시고자 하신 말씀인 것을 알아야 할 것이다.

그러나 일원의 진리는 그와 같이 돈공한 가운데 영명하여 조화무궁한 것이니 석가뿐 아니라 삼세제불이 그 자리를 능히 아시고 능히 전하여 그 법통을 이어오신 것이 모두 진리 아님이 없으신 것도 알아야 할 것이다.

4) 한 상이 둥글었다 하신 것은 그 진리의 모습을 강연이 그려 보이신 것이나 무슨 원리를 생각하고 그 내용을 따져서 그리신 것이 아니요. 대각의 지경에서 '셔터'로 찰깍 찍어 잡으신 진리의

---

91) 우주는 하나의 큰 일원이요, 만상 또한 각각 하나의 일원이다.

사진이요, 우주의 사진이며 하느님의 사진이며 본래 자기의 사진이다.

※ 참조 : 『대종경』 성리품 1장, 서품 1장.

10. 부모에게 몸(ㄱ)을 받기 전 몸(ㄴ)은 어떠한 몸(ㄷ)인가?

1) 이 문제는 '몸'의 개념을 정확히 파악함으로서 쉽게 이해할 수 있을 것 같다.

몸(ㄱ)은 부모에게 받은 몸으로서 '현재의 나'를 의미하고,

몸(ㄴ)은 '모태 중에 들기 직전의 나'를 의미하며,

몸(ㄷ)은 '어떻게 생긴 모습'을 가리키는 듯하다.

고로 이 문제를 다시 정리해 보면 '부모에게 몸을 받기 전의 나는 어떻게 생겼는가?'는 질문인 것 같다.

2) 삼생을 믿는 사람은 이것을 확실히 알아야 할 것이요, 이것을 알게 되면 전생과 내생을 믿지 않을 수 없을 것이다.

3) 불에 넣어도 타지 않고 물에 넣어도 썩지 않으며, 그 나이가 천지와 같고 영원히 죽지 아니하되 천만 가지로 얼굴을 나투는 것이 있으니 그것이 무엇인가? 그것을 찾아라.

4) 우리가 하는 말에 내 몸, 내 옷, 내 시계, 내 육근, 내 가슴, 내 마음, 내 정신이라 하니 과연 그 나는 무엇인가? 그것을 알면 이 문제를 알게 될 것이다.

5) 본래자기시십마本來自己是什麼?

6) 수심결에 사대四大가 불해설법청법不解說法聽法이요 허공虛空이 불해설법청법不解說法聽法이요 지여목전只汝目前에 역력고명歷歷孤明하야 물형단자勿形段者라사 시해설법청법始解說法聽法이라 하시니, 여아목전汝我目前에 역력고명歷歷孤明하야 물형단자勿形段者 시십마

是什麽?[92] 이것을 알면 알 수 있으리라.

※ 참조 : 천도법문, 『대종경』 천도품 12, 13장.

11. 꿈도 없이 잠이 든 때는 아는 영지靈知가 어느 곳에 있는가?

1) 이 문제는 꿈의 개념과 영지의 개념을 잘 알면 풀릴 것이다.

2) 꿈이란 육신의 신경은 쉬고 영식靈識[정신]만 작용하는 현상. 영지란 '알음알이'이니 생존 시에는 영지라 하고 사망 시에는 영식 또는 정령·영혼이라 하는 것 같다. 그러므로 현재 있는 곳에서 모든 신경을 쉬고 영식의 작용까지 쉬어 보면 알 수 있을 것이다.

3) 한 생각도 없을 때 내 마음은 어느 곳에 있는가? 몸에 있는가? 우주에 있는가?
강연이 일러 법신에 귀합했다. 또는 진공의 체성에 귀일했다고 하는 것이 아니겠는가?

4) 수심결에 운 「재태왈신在胎曰身이요, 처세왈인處世曰人이요, 재안왈견在眼曰見이요, 재이왈문在耳曰聞이요, 재비변향在鼻辨香이요, 재설담론在舌談論이요, 재수집착在手執捉이요, 재족운분在足運奔하야 편현徧現하야는 구해사계俱該沙界하고 수섭收攝하야는 재일미진在一微塵이니 식자識者는 지시불성知是佛性이요, 불식자不識者는 환작정혼喚作精魂이라 한다.[93] 하셨으니 그 뜻을 알면 이 문제도 알 수

---

92) 사대가 능히 법을 설하고 법을 듣지 못하고 허공이 능히 법을 설하고 법을 듣지 못하되 다만 너의 눈앞에 역력히 홀로 밝아서 형상할 수 없는 것이라야 비로소 법을 설할 줄도 알고 법을 들을 줄도 안다 하시니 이른바 형상할 수 없는 것 이것이 무엇인가?

93) 태중에 있을 때는 몸이요, 세상에 처할 때에는 사람이요, 눈에 있어서는 보는 것이요, 귀에 있어서는 듣는 것이요 코에 있어서는 냄새를 맡는 것이요, 혀에 있어서는 말하는 것이요, 손에 있어서는 잡는 것이요, 발에 있어서는 걸어 다니는 것으로서 펴놓으면 항하의 모래수와 같은 세계에 가득 차고, 거둬들이면 한 미진 속에 들

있으리라.

5) 심월무사心月無事하니 하처심何處尋고? 극락세계동귀진極樂世界同歸盡이로다.[94)]<원양>

12. 일체유심조一切唯心造라 하니 그것이 무슨 뜻인가?

1) 이 문제는 '일체'란 무엇이며 '심[마음]'이란 무엇이고 일체와 심과의 관계를 알면 풀리리라 믿는다.

2) 일체란 있는 것, 없는 것, 있을 수 있는 것 등 '모든 것'을 뜻하고, 심이란 우주의 중심이요 생각의 주체인 성품을 말하는 것 같다. 고로 모든 것이 마음의 짓는 바라 하니 그것이 무슨 뜻인가? 하는 문제이다.

3) '아사고我思故로 아재我在'라는 개념주의적으로 이해하는 길이 있으니 원효 스님이 해골 물을 마시고 그 다음날에 그것이 해골 물인 줄 알고서야 다 토했다는 예와 같이, 생각과 관념으로 안심도 하고 걱정도 하는 것이요,

4) 희·로·애·락·애·오·구喜怒哀樂愛惡懼 등의 일체 감정과 삼독 오욕의 심상心狀이며 은해恩害, 죄복, 상생, 상극, 빈부, 귀천 등 일체 생활상이 오직 마음의 짓는 바이요, 불佛과 중생, 악인과 선인이 오직 스스로의 마음이 지은 바이며, 육도 윤회와 사생의 차별상이 다 스스로의 마음이 지은 바이요, 일체 생령의 진강급이 모두 스스로의 마음이 짓는 바이다.

이 문제의 본지는 이상에 밝힌 바와 같은 것이다. 왜냐하면 원래

어가나니 아는 사람은 이것을 불성이라 하고 알지 못하는 사람은 정혼이라 이름합니다.

94) 마음 달은 형체가 없으니 그 어디에서 찾을꼬. 극락세계라니 모두가 티끌로 돌아갈 뿐.

불교의 목적은 일체 생령을 구제하는 데 있기 때문이다. 그러나 이렇게만 이해하고 있으면 '일체'라는 개념이 한정되는 것이며 우주 만유의 근본과 범부중생의 본성이 다른 것처럼 생각될 염려가 있기 때문에 '일체'의 의미를 문자 그대로 생각하고 우주와 나와의 관계를 좀 더 깊이 연마해 보아야 할 것이다.

5) 심心은 성性이요, 성性은 우주의 근본이니 우주 만물이 다 마음의 짓는바 아니겠는가? 현재의 분필, 시계, 집, 정원수를 무엇이 만들었는가?

6) 만유가 한 체성이요, 만법이 한 근원이라 하셨으니 우주 만물은 한 덩치이다. 연기 원리로 생각해 보면 우주의 근본인 마음과 관계없는 것이 어디 있으며, 현재의 나와 관계없는 것이 어디 있겠는가? 또한 윤회 전생하는 원리로 미루어 보더라도 우주의 어느 구석에 내가 가지 않은 바가 있으며 가지 않을 곳이 있겠는가? 고로 우주를 정화하고자 하거든 먼저 그 마음을 밝히는 것이요, 전 생령을 구제하는 근본은 우주를 정화하는 길이다. 그러기 때문에 삼세제불이 오직 그 마음을 알아 마음을 마음대로 쓰시고자 온갖 정성을 다하시는 것이다.

※ 대소유무심소현大小有無心所現 시비이해유심조是非利害唯心造[95)]
<원양>

※ 내 집 내가 쓸고 가꾸는 것은 결국 마음이 하는 것이다. 우주는 나의 큰집이요 큰방이며, 만물은 그 집안에 있는 가구요 방안 집물이다. 고로 내 방을 쓸어 깨끗이 할 수 있는 것 같이 우주를 정화할 수 있고 만물을 잘 가꿀 수 있는 것이 우리 마음이 아니겠

95) 대소 유무의 일체가 마음이 나타난 바요, 시비 이해 모든 것이 마음이 짓는 바이다.

는가?

※ 우주와 마음은 고정해 있는 실체가 아님을 알라.

※ 참조 : 『정전』 일원상의 진리, 『대종경』 교의품 3장, 서품 1장.

13. 마음이 곧 부처라 하였으니 그것이 무슨 뜻인가?

1) 이 문제는 '마음'과 '부처'의 정의를 정확히 하고 부처와 중생의 차이를 알면 풀려지리라 믿는다. 여기서 마음[심]은 육근 통솔자요 주재자主宰者이며 성품의 작용을 말하고, 부처[불佛]는 진리를 각득하여 마음을 마음대로 쓰는 분이요, 육근을 원만구족하고 지공무사하게 쓰시는 분을 말하는 것 같다. 그리고 부처와 중생의 차이를 간단히 들어 본다면 불은 심이 심을 깨치고 사리를 깨쳐 자심자유自心自由하는 것이요, 범부는 심이 심을 알지 못하고 사리를 알지 못하여 자심부자유自心不自由한 것이다. 고로 부처와 중생의 차이는 오직 마음 작용 여하에 있는 것이요, 학식이나 외모나 문벌, 권력, 성별, 연령 여하에 있는 것이 아니다.

2) 중생과 부처가 다 마음 작용 여하에 있는 것이니, 심즉시불心卽是佛이요, 심즉시범心卽是凡임을 알아야 할 것이다. 불과 중생의 갈림길이 오직 '한 생각'에 있음을 잘 알아서 일체 경계를 대할 때마다 그 한 생각을 '어리석지 않게' '그르지 않게' '요란하지 않게' 내게 되면 그 때가 곧 부처인 것이요, 그 한 생각이 어리석고 그르고 요란하면 그때가 곧 중생인 것이다.

고로 현재의 나는 부처인가? 중생인가? 이것을 확실히 알면 심즉시불 심즉시범을 알게 될 것이다. 부처와 중생은 고정되어 있는 것이 아니요, 그때그때의 마음작용에 있는 것이다.

3) 일체 처一切 處 일체 시一切 時에 오직 그 한 생각이 원만구족하고 지공무사하여 그르지 않고 어리석지 않고 요란하지 아니하면 안

심할 수 있는 완전하고 원만한 '부처'라 할 것이요, 모든 경계에 그 한 생각이 혹은 그르기도 하고 바르기도 하며 혹은 요란하기도 하고 고요하기도 하며 혹은 어리석기도 하고 밝기도 한 분은 '반 부처'요 '편벽된 부처'이며 '미숙한 부처'라 할 수도 있을 것이요, '혹은 범부 혹은 부처'라고 할 수 있을 것이며, 일체처 일체시에 생각 생각이 모두 바르지 못하고 밝지 못하고 고요하지 못한 분이 혹 있다면 '범부'라고 할 수 있을 것이다.

※ 참고 : 시심시불是心是佛 비심비불非心非佛 <대매 선사 일화>[96)]

14. 중생의 윤회되는 것과 제불諸佛의 해탈하는 원인이 어디 있는가?

1) 이 문제는 '윤회하는 것'과 '해탈하는 것'이 무엇인가부터 알아야 할 것이다.

'윤회'라 함은 '돌아가는 것'이니 '사생이 십이인연으로 생사 윤회하는 것'과 '일체 생령이 육도에 윤회 전생하는 것'을 말하고

96) 대매 법상 선사는 마조 도일 선사의 법을 이은 분이다. 어느 날 마조 선사에게 젊은 대매大梅가 찾아와서 물었다. "무엇이 부처입니까?" 마조 선사가 대답했다. "마음이 곧 부처니라.[卽心是佛]" 이 말에 대매가 바로 깨치고 그 길로 깊은 산중에 들어가 숨어 살며 수행을 계속했다. 마조 선사에게는 염관鹽官이라는 제자가 있었는데, 대매와는 사형 사제가 된다. 이 염관의 제자 한 명이 산에 들어갔다가 한 수좌를 만났는데, 그 제자가 수좌에게 물었다. "이 산중에 들어 온 지 얼마나 됐습니까?" "봄에 꽃이 피고, 가을에 낙엽 지는 것밖에 못 봤다." 다시 그 제자가 물었다. "이 산에서 나가려면 어떻게 나가야 합니까?" "계곡물을 따라서 나가라." 그 제자가 산에서 내려와서 스승인 염관에게 이 이야기를 하자, 염관이 대매라고 생각을 하고 그 제자에게 한 번 더 가서 모셔오라고 시켰지만 거절하는 시를 쓰고 내려오지 않았다. 마조 선사는 그 소식을 듣고 후일 그를 시험하기 위해서 시자를 보냈다. 그 시자가 대매를 찾아가 물었다. "스님은 마조 선사에게 무엇을 배웠기에 이 깊은 산중에 들어와 사시는지요." 대매가 말했다. "마조 선사께서 내게 말하셨소, 마음이 곧 부처라고[是心是佛]. 그래 산중에 들어와 살고 있소." 찾아간 스님이 말했다. "마조 선사의 요즘 말은 다른데요." 대매가 물었다. "어떻게 다르다는 말인가요?" "예, 요즘엔 마음도 아니고 부처도 아니라[非心非佛]고 말씀하십니다." 이에 대매는 그 말에 관심 없다는 듯이 말했다. "그 늙은이가 뭐라고 하던 나는 마음이 곧 부처요." 스님이 돌아와 마조 선사에게 그대로 보고하자 선사가 말했다. "매실이 익었구먼."

또 우주는 성·주·괴·공과 음양 상승으로 돌고 도는 것이다. 그러므로 중생의 윤회되는 것은 돌고 도는 진리[천업]에 끌려 다님을 말하는 것이요, [해탈]이라 함은 '벗어난 것'이니 마음에 걸림이 없으며 돌고 도는 진리를 활용하고 이용함을 말하는 것이다.

2) 고로 이 문제는 '중생이 진리의 수레바퀴[천업]에 끌려다니는 것과 제불이 진리의 수레바퀴[변화의 진리, 천업]를 활용하고 이용하게 되는 원인이 어디에 있는가?' 하는 것이다.

3) 천도법문에 왈 "제불은 자성의 본래를 각득하여 마음의 자유를 얻었으므로 천업을 돌파하고 육도와 사생을 자기 마음대로 수용하나 범부와 중생은 자성의 본래와 마음의 자유를 얻지 못한 관계로 천업에 끌려다닌다."라고 하셨다. 고로 윤회와 해탈의 원인은 자성의 본래와 마음의 자유를 얻고 얻지 못하는 데 있다고 할 것이다.

4) 한 생각 걸리고 막히는 것이 윤회의 원인이 되고 한 생각 걸림이 없고 막힘이 없는 것이 해탈의 근본이다. 고로 생각 생각에 착着이 없고 걸음걸음이 걸림이 없게 할 것이니라.

원래 착이 없는 그 자리를 알아서 착 없이 보고 착 없이 듣고 착 없이 말하고 착 없이 행하고 착 없이 생각하여 착 없는 진여성을 체득하며 걸림 없는 마음을 길들이라. 한 생각 붙잡히고 한마음 막히면 대해탈을 얻지 못하리라.

15. 잘 수행하는 사람은 자성을 떠나지 않는다고 하니 어떠한 것이 자성을 떠나지 않는 것인가?

1) 이 문제는 먼저 자성의 내용[성리]을 확실히 알아야 한다.

자성은 곧 일원상의 진리인바 그 내용을 말하면,

가) 돈공, 광명, 조화[공, 원, 정] – 일원상의 진리

나) 원만구족, 지공무사[불생불멸 인과보응] – 일원상 법어

다) 진공 묘유[불변·변] – 무시선법, 교리도

라) 무란無亂, 무치無痴, 무비無非 – 육조 대사, 교강 9조.

마) 희노애락지미발喜怒哀樂之未發을 위지중謂之中 : 진공,
발이개중절發而皆中節을 위지화謂之和 : 묘유 『중용』[97)]

이와 같이 삼면 또는 양면으로 설명할 수 있으나 각자의 근기와 수행 정도에 따라 다를 수 있고 그 일과 그때의 형편에 따라 그 표준은 달리 잡을 수 있다.

2) 고로 자성을 떠나지 않는 길은 늘 마음을 챙겨서

가) 동정 간에 마음이 그름이 없고 어리석음이 없으며 요란함이 없게 하는 공부를 할 것이며, 또는

나) 동정 간에 육근을 원만구족하고 지공무사하게 갖는 공부를 할 것이며, 또는

다) 육근이 무사하면 잡념을 제거하고 육근이 유사하면 불의를 제거하라.

라) 육근이 무사하면 진공의 체성을 나투고 육근이 유사하면 묘유의 조화에 계합하게 하라.

마) 경계를 대할 때마다 반드시 '온전한 생각으로 취사'하여 공·원·정을 시용施用하는 동시에 일상 생활하는 중에 한 생각 거두면 진공의 체성이 완연하고 한 생각 내면 묘유의 상모가

---

97) 『중용』 1장. "喜怒哀樂之未發을 謂之中이오 發而皆中節을 謂之和니라. 中也者는 天下之大本也요 和也者는 天下之達道也니라. 致中和면 天地位焉하며 萬物育焉하니라."(기뻐하고 노하고 슬퍼하고 즐거워하는 정情이 발發하지 않은 것을 중中이라 이르고, 발하여 모두 절도節度에 맞는 것을 화和라 이르니, 중이란 것은 천하의 큰 근본이요, 화란 것은 천하의 공통된 도이다. 중과 화를 지극히 하면 천지天地가 제자리를 편안히 하고, 만물萬物이 잘 생육生育될 것이다.)

완연하며 한 생각 내고 들이는 가운데 인과의 변화가 완연하여야 불리자성이 잘 된다고 할 것이다.

바) 삼학 병진의 원리를 확실히 알아서 실행하면 곧 동정일여의 불리자성이 될 것이요, 동정일원動靜一圓의 생활이 될 것이다.

사) 동정 간에 중화의 도를 쓰면 곧 불리자성이다.

※ 참조 : 『정전』 일원상의 진리, 일원상 법어, 무시선법, 『대종경』 교의품 27장, 수행품 53장.

※ 공 : 텅 비고 고요한 마음.

원 : 두렷하고 밝은 마음.

정 : 부드럽고 바른 마음. <법문>

16. 심성이기心性理氣의 동일한 점은 어떠하며 구분된 내역은 어떠한가?

1) 먼저 심성이기의 개념을 정확히 파악하여야 할 것이니 심心은 성지작용性之作用이요, 성性은 심지체心之體요 전체이며, 이理는 이법이요, 이치, 법칙, 또는 당행로當行路라 할 수 있고, 기氣는 활동의 근원이 되는 보이지 않는 힘, 즉 생명력이요 에너지라 할 수 있다.

2) 고로 동일한 점으로 볼 때는 성을 떠나서 심·리·기가 있을 수 없고, 심이 없이 성·이·기가 구실을 다 할 수 없으며, 이가 없는 심·성·기는 존재할 수 없고, 기가 없는 심·성·리가 무슨 가치가 있으리오.

이런 면으로 볼 때 심·성·리·기는 하나요, 넷이 아니다.

3) 그러나 가) 무엇을 골똘히 생각하는 순간 마음 하나로 귀일. 나) 선의 진경[일념미생전]은 성으로 귀일. 다) 꿈도 없이 깊이 잠이 들었을 때는 이로 귀일. 라) 무거운 짐을 들거나 기합을 넣을 때는 기로 귀일했다고 할 수 있지 않겠는가?

4) 이 문제를 확실히 알면 굴러가는 자동차를 놓고 또는 현재의 자

신을 놓고 심·성·이·기로 분석도 하고 하나로 합해 보기도 할 수 있을 것이다.

※ 참고 : 성품과 정신과 마음의 삼 구분은?

※ 참조 : 『대종경』 성리품 28장.

※ 참고 : 고래 학설 가운데 심·성·이·기로 설명할 때에 심·성은 인성으로 보고 이·기는 우주의 근본 원리로 보는 견해가 있으나 여기서 주신 의두는 인생과 우주를 나누어서 말한 것이 아니요 심·성·이·기의 동일한 점과 구분된 내역을 말해 보라는 것임을 유의하자.

17. 우주 만물이 유시유종인가, 무시무종인가?

1) 이 문제는 정전의 일원상 서원문과 대종경 천도품 13, 14, 15, 16장을 참조하고 과학에서 말하는 질량 불변의 법칙과 『정산종사법어』의 「원각가」를 참조하여 원만한 진리관이 확립되면 자연히 해결되리라 믿는다.

2) 서원문에 "유상으로 보면 상주불멸로 여여자연하여 무량세계를 전개하였고 무상으로 보면 우주의 성·주·괴·공과 만물의 생·로·병·사" 운운하신 바와 같이 견해와 입장에 따라서 유시유종이라고 할 수도 있고 무시무종이라고 할 수도 있으며 유시무종의 이론도 전개할 수 있을 것이다.

예를 들면 인이 시작이면 과는 끝이 되고, 과가 시작이면 인이 끝이 되며, 생이 시작이면 사가 끝이요, 사가 시작이면 생이 끝이라 할 수도 있고, 인因과 과果인 인과로 무한히 돌고 돌며 생·로·병·사로 길이 돌고 도는 것이요, 유시유종이라 할 수 없다고 볼 수도 있는 것이다.

3) 옛글에 개장자기변자이관지즉蓋將自其變者而觀之則 천지증불능이

일순天地曾不能以一瞬이요 자기불변자이관지즉自其不變者而觀之則 물여아개무진야物與我皆無盡也라[98] 한 바와 같이 천지 만물의 진리는 변·불변이 동도同道하므로 유상으로 보면 전체와 만상이 불생불멸하고 여여자연하여 한 없이 벌여있고, 무상으로 보면 전체와 만상이 시시각각으로 변화하여 우주의 성·주·괴·공과 만물의 생·로·병·사가 있다. 고로 유상 즉 불변하는 면으로 보거나 길이 돌고 도는 면으로 보면 무시무종이라 할 수 있고, 무상 즉 변하는 면에서 그때그때의 현실적인 단면을 보면 유시유종이 분명한 것이다.

18. 만물의 인과보복이 현생은 서로 알아서 실행되려니와 후생 일은 숙명이 이미 매하여 서로 알지 못하거니 어떻게 보복이 되는가?

1) 이 문제를 다시 요약하면 전생 일은 서로 알지 못하는데 전생에 지은 것을 이 세상에 와서 어떻게 주고받을 수 있을 것인가 하는 것이다.

2) 그러므로 이 문제를 풀어나가는 순서는 불생불멸의 진리와 인과보응의 진리가 어떤 것이며, 그 관계와 내역을 확실히 알고 믿으면 해결되리라 생각된다.

3) 그리고 죽음을 경계로 전생 차생을 구별하여 완전히 별개의 생으로 인식하는 데서 그와 같은 의심이 생길 것이다. 그러나 죽음이란 만물이 변화하는 하나의 과정에 불과한 것이요, 획일적인 완전한 별개의 생이 아님을 알아야 한다. 비컨대 어제와 오늘의 경계가 밤에 잠자는 것으로 구별된다면 전생과 차생을 구별 짓

---

98) 소동파의 '적벽부'에 나오는 글귀이다. 해석하면 '무릇 그 변하는 입장에서 그것을 본다면, 천지의 모든 것이 한순간도 변하지 않을 수 없는 것이요, 변하지 않는다는 입장에서 본다면, 만물이건 나이건 영원한 것이다.'

는 죽음은 좀 더 장시간 중음에서 잠자는 것이요, 다시 새 몸을 받게 되는 것은 자고 일어나서 새 옷으로 갈아입는 것과 같다 할 것이다. 그러므로 어제 진 빚이나 빌려준 것을 잠깐 잊었다고 해서 오늘 갚지 않을 수도 없고 받지 않을 수 없는 것 같이 전생에 지은 것도 금생에 주고받지 않을 수 없는 것이다.

4) 기억력이 좋은 사람은 어렸을 때의 일을 모두 기억하는 것 같이 소소영령한 영지의 광명은 조금도 가감이 없이 정확하게 발현되는 것이다. 고로 숙명통을 하신 분은 전생 사를 장중의 구슬처럼 다 알 수도 있는 것이다.

5) 인과보복은 반드시 인연과보의 법칙으로 되는 것이라 전생 차생에 인을 지었을지라도 그 연을 만나지 못하면 그 과보는 있을 수 없으므로 그 생에 지은 인이 그 생에 바로 그 연을 만나 보복할 수도 있고, 그 생에 그 연을 만나지 못하면 다음 생, 그다음 생에라도 그 연을 만나면 보복이 있게 되는 것이다. 예를 들면 몇 년 전에 진 빚은 그해 바로 갚으려 했으나 채권자가 여러 해 외유 중이라면 그 채권자가 귀국해서 만나야 갚을 수 있을 것이 아닌가?

※ 전생에 내가 누구인가를 알려면 어떻게 해야 할까요?

과연 삼생이 있는가 부터 생각해 보라. 그리고 이 문제를 풀려면 불생불멸과 인과보응의 진리를 확실히 깨쳐야 할 것이다. 열반경운涅槃經云 욕지전생사欲知前生事인덴, 금생수자시今生受者是요, 욕지래생사欲知來生事인덴 금생작자시今生作者是라.[99]

『수심결』에는 사대四大는 궤산潰散하야 귀화귀풍歸火歸風호대 일

99) 전생 사를 알고자 하면 금생에 받는 것이 그것이요 내생 사를 알고자 하면 금생에 지은 것이 곧 그것이다.

물一物은 장령長靈하야 개천개지운盖天盖地[100] 云 ….

19. 천지는 앎이 없으되 안다 하니[무지이지無知而知] 그것이 무슨 뜻인가?

1) 이 문제는 '앎이 없다'는 것이 무슨 뜻인가부터 알고, '안다'는 것은 무슨 뜻인가를 알아야 할 것이니, '앎이 없다'는 것은 '사량함이 없다' '생각함이 없다'는 뜻 같고, '안다'는 것은 분별한다는 뜻으로서 이 문제는 '생각하고 헤아리지 않되 소소영령하게 분별하는 작용'을 뜻하는 것 같다.

2) 그 아는 것이 시간상으로 기한이 있어서 어느 때는 알고 어느 때는 모르고, 기억했다가 잊고 잊었다가 기억해 내는 등의 간단히 있는 것이 아니요, 무소불기無所不記이며 공간적으로 국한이 있어서 무엇을 알고 무엇을 모르는 것이 아니라 무소부지無所不知임을 말하는 것이다.

고로 무소불기無所不記요 무소부지無所不知라, 무지이지無知而知라 하고 대지여우大智如愚라 하는 것 같다.[101]

3) 사람이 '안다, 모른다' 하는 것은 모두 감성과 이성이 미칠 수 있는 한도 내에서 하는 것이다. 세입무내細入無內하여 아주 작은 것이나 대포무외大包無外하여 아주 큰 것은 우리의 감성과 이성으로는 촌탁할 수 없는 것이다.

예) 지구가 돌아가는 소리를 듣지 못하고 세포가 성장하는 소리를 듣지 못하는 것이다. 고로 대음무성大音無聲, 대명무광大明

100) 지·수·화·풍 사대로 이루어진 육체는 썩고 흩어져 불과 공기로 돌아가지만 한 물건은 길이 신령하여 하늘을 덮고 땅을 덮는다.

101) 기억하지 못하는 바가 없고, 알지 못하는 바가 없어서 분별없는 가운데 일체를 알며, 큰 지혜는 마치 어리석은 듯하다.

無光, 대은무은大恩無恩이라 하는 것이요, 대지여우大智如愚요 무지이지無知而知라 하는 것인가 한다.

4) 천지는 우리 사람과 같이 안다고 말하지 않지마는 콩 심은데 팥을 내주지 않는 것이다. 고로 앎이 없으되 안다고 하신 것 같다.

※ 가) 일원상의 진리에서 시방삼계가 장중에 한 구슬같이 드러나고 운운.

나) 열반기념축원문에서 반야대지는 시방에 통철하시와 ….

다) 변의품 1장, 천지의 식에 대하여 ….

라) 사은의 천지의 지극히 밝은 도,

마) 금강경의 여래실지실견 운 ….

바) 예수교의 하나님은 전지전능 ….

※ 대지大智는 안다는 관념이 없고 스스로 밝다는 생각이 없다.

※ 불신간아不信看我가 지각知覺이다.

20. 열반을 얻은 사람은 그 영지가 이미 법신에 합하였는데 어찌하여 개령으로 나누어지며 전, 후신의 표준이 있게 되는가?

1) 이 문제의 실마리는 '열반' '영지' '법신' '개령'의 개념을 잘 파악하는 동시에 '합한다'는 의미를 정확히 알면 풀릴 것이다.

여기서 '열반'은 죽음 또는 원적무별한 진경에 멎어있는 마음상태라 할 수 있고, '영지'는 알음알이 또는 영혼이라 할 수 있으며, '법신'은 법·보·화 삼신三身 중의 하나인 법신으로 생각할 수도 있고, 법신불 일원상이라 할 때의 법신으로서 공·원·정이 하나인 일원상의 진리[즉 대령]를 말할 수도 있을 것이다. 또 '개령'은 일체 생령의 자의식 또는 사생 하나하나의 영식으로 보는 것이 좋을 것이며, '합한다'는 의미는 '무분별의 경지가 되다' 또는 '동일하게 되다' 또는 '그 원리와 내용에 여합부절하다'라는 뜻으로 이해될 수 있을 것이다. 고로 이 문제를 요약하면 "사람이 열반에 들면 그 영혼이 대령에 합한다는데 그것이 무슨 뜻이며, 대령과 개령의 관계는 어떠하며, 전생과 후생의 표준이 있게 되는 이유를 설명하라"는 것 같다.

2) 법신을 대령으로 생각하고 대령을 생령의 자의식으로 생각하여 일원상의 진리에 대령과 개령을 찾아보면 대령은 우주 만유의 본원이요, 개령은 일체중생의 본성이라고 하신 곳에서 관련을 지을 수가 있으며, 그 내용은 다 같이 공·원·정으로 요약할 수 있을 것이다. 고로 대령에 합일했다는 것은 엄연히 말해서 심신 작용이 우주 만물의 본원인 일원상의 진리 즉 공·원·정[원만구족 지공무사]에 합일했다는 뜻이요, 각자의 본성을 완전히 회복하여 불리자성이 된다는 뜻으로 이해하는 것이 좋을 것이다.

대령 – 우주 만유의 본원 – 공·원·정	그 원리와 내용의 동일
개령 – 일체 중생의 본성 – 공·원·정	

고로 동정일원動靜一圓의 생활이라야 참으로 합했다고 할 것이다.

3) 이 문제에서 의혹이 생기기 쉬운 곳은 법신에 합한다고 하는 것을 마치 컵에 담긴 물이 바다에 부어지는 것처럼 자의식이 없는 물체가 혼합되는 것과 같이 생각되기 때문에 의혹이 풀리지 않는 경우가 많다. 위에서 밝힌 바와 같이 대령과 개령은 그 원리와 내용이 원래 똑같은 것으로 하나이며 동시에 둘인 불가분리不可分離의 관계 속에 있는 것이다. 그러므로 사람이 한 생각 거두어 진공의 체성이 나타날 때는 대령과 개령의 구별마저 있을 수 없는 것이다. 강연이 말해서 개령의 진공한 체성이 대령의 진공한 체성에 합했다고 할 수 있는 것이요, 티 없는 한 생각으로 묘유의 상모가 완연하게 드러날 때는 개령의 영지가 대령의 영지

와 합했다고 할 수 있을 것이며, 거짓 없고 가림 없는 심신 작용으로 지공무사한 취사가 될 때는 개령의 조화가 대령의 지공무사한 조화에 합일했다고 할 수 있을 것이 아닌가 한다.

4) 이상과 같이 이해한다면 전후신前後身의 표준이 있게 되는 것은 문제 18과 같이 생각하면 풀릴 것이며, 본문제에서 법신法身[대령]에 합했다가 개령으로 나누어진다는 것도 원래 하나이면서 둘인 관계로 그렇게 생각할 수 있으나 자의식이 없는 물질들이 혼합되었다가 외적 조건에 의하여 구분되는 것처럼 이해되지는 아니할 것이다.

5) 또는 법신·보신·화신의 삼신 중 하나인 법신에 합했다가 개령으로 나온다고 생각한다면 '한 생각 날 때' 개령으로 나누어지며, 그 한 생각을 기점으로 전후신의 표준이 있게 된다고 할 수 있을 것이다.

※ 참조 : 가) 일원상 서원문. 나) 불생불멸, 인과보응의 진리와 일체유심조되는 것을 확실히 알면 모든 문제는 풀릴 것이다.

6) 대령과 개령의 관계는 비컨대 한 그릇의 물이 수많은 물 분자의 결합과 응결로 이루어진 것 같이 대령은 무수한 개령의 응결체이다.

21. 아유일권경我有一卷經하니 불인지묵성不因紙墨成이라 전개무일자展開無一字나 상방대광명常放大光明이라[102] 하니 그것이 무슨 뜻인가?

1) 이 문제는 경전이란 무엇이며, 그 종류는 몇 가지나 될 것인가를 알아야 할 것이요, 다음으로 이 말씀을 하신 의도가 어디에 있는가를 알아야 할 것 같다.

---

102) 나에게 한 권의 경전이 있으니 종이와 먹으로 만든 것이 아니다. 펼쳐 여니 한 글자는 없으나 항상 큰 광명을 비친다.

2) 여기서 말한 경은 '성불제중의 표준'을 말하는 것 같고, 경의 종류는 대개 지묵경紙墨經, 세상경世上經, 만물경萬物經, 진리경眞理經, 심성경心性經으로 나누어 생각할 수 있을 것 같으며, 이 말씀을 주신 의도는 이상 여러 가지 경 가운데 가장 원만하고 바른 경전이 무엇이며, 일분 일각도 간단없이 배우고 활용할 수 있는 경이 무엇인가를 깨우쳐 누구나 성불할 수 있게 하신 것 같다.

3) 지묵 등 형상 있는 경전은 원만하고 영원할 수 없고 유무식 남녀노소가 다 보기 어려울 뿐 아니라 간단없이 볼 수 없으며, 진리와 심성은 원래 둘이 아니나 진리라고 하면 거리감을 느끼기 쉬우므로 우리는 각자의 심성을 발견하여 거기에 표준 하는 것이 가장 원만하고 영원하며 누구나 간단없이 보고 활용할 수 있는 경을 갖게 되는 것이다.

4) 일체유심조一切唯心造라 하니 심체하처재心體何處在아? 심체여하心體如何?[103)]

5) 심시불心是佛이요 성시법性是法이라 하니, 심心은 무엇이며 성性은 무엇인가?

※ 참고 : 가) 공문불긍출空門不肯出 투창야대치透窓也大痴

백년찬고지百年鑽古紙 하일출두래何日出頭來 <기期>[104)]

---

103) 일체가 마음이 짓는 바라 하니 심체[마음 본체]는 어디에 있으며 어떻게 생겼는가?

104) 고령 신찬 선사의 게偈이다. 불법연구회 회보 57호에는 송나라 보제가 쓴 『오등회원五燈會元』의 내용을 번역하여 소개하고 있다. 회보에 실린 내용을 그대로 소개한다.

고령 신찬 선사高靈神讚禪師는 어려서 출가하야 복주대중사福州大中寺에서 수업하였는데 그 스님은 강승講僧인만큼 항상 선리禪理를 배척하든 것이었다. 그러자 사師는 수업을 마친 후 백장 화상의 문하에 참배하야 대도의 진리를 깨달고 본산本山으로 돌아와 그 스님에게 뵈온데 스님 뭇되 "네가 나를 떠나 다른 데에 가서 그동안 무슨 일을 하였느냐."

사師-"아무 것도 한 일이 없습니다."하니

나) 심심별무심尋心別無心 심심자시심心心者是心

심심본래심心心本來心 비심비비심非心非非心[105] <원양圓養>

22. 하나님은 전지전능하시고 무소부재하시다 하니 그것이 무슨 뜻인가?

일원상의 진리를 알면 이것도 알 것이다.

23. 대인大人은 여천지합기덕與天地合其德하고 여일월합기명與日月合其明하며 여사시합기서與四時合其序하고 여귀신합기길흉與鬼神合其吉凶이라[106] 하니 그것이 무슨 뜻인가?

24. 도가도道可道면 비상도非常道요 명가명名可名이면 비상명非常名이

스님- 그러면 가서 다른 사람과 함께 사중사무寺中事務나 보살피라 하였다. 그 후 하루는 같이 창하窓下에 앉자 경을 보다가 때마침 벌 한 마리가 들어와서 창지(窓紙)에 대지르면서 나가기를 구함을 보고
사師- 혀를 껄껄 차며 "이 어리석은 벌아 왜 빈 문으로 나가지 아니하고 저와 같이 창에만 대지르느냐." 하며 인因하야 한 수의 시를 읊으니
"공문불긍출空門不肯出 빈 문으로 즐겁게 나가지 아니하고, 투창야대질投窓也大疾 창에 대지르니 네가 크게 어리석도다. 백년찬고지百年鑽古紙 백년이나 옛 종이를 뚫은들 하일출두래何日出頭來 어느 날에 출두함을 얻으리오."라고 하였다.
그 스님 이 말을 듣고 크게 놀래 경책을 덮어놓고 물어 가로되 "네의 읊은 글이 하도 이상하니 마음 가운데 무슨 깨달은 바가 있지 않느냐." 한즉 사師- 무릎을 고처 공순히 앉으며 여쭈오니 "과연 소자가 저간這間에 백장 화상의 가르침을 힘입어 다소의 발오한 바가 있음으로 스님의 은혜를 갚고자 하여 본산으로 돌아왔나이다." 하였다.
그 스님- 크게 즐거하여 이에 대중을 모으고 재를 올린 후에 사師를 청하여 설법하라 하거늘
사- 법좌에 올라서 백장문풍百丈門風을 거양擧揚해 가로대
영광독요靈光獨耀 형탈진근逈脫塵根(영광이 홀로 빛나서 멀리 '진'과 '근'을 떠났도다.) 체로진상體露眞常 불포문자不拘文字(체가 나타나 참되고 떳떳하니 문자에 억매이지 않도다.) 심성무염心性無染 본자원성本自圓成(마음 성품은 물듦이 없어서 본래에 스스로 두렷하니,) 단리망연但離妄緣 즉여여불卽如如佛(다못 망연만 여이면 곳 여여한 부처니라.)

105) 마음을 찾았으나 특별한 마음 따로 없어, 마음 마음 하는 그것이 마음이네. 마음 마음이 본래 마음이며, 또한 마음이라 할 것도 마음 아니라 할 것도 없네.

106) 『주역』에서 건괘乾卦를 설명하는 말이다. 해석하면 '대저 대인이란 천지와 더불어 그 덕을 합하고, 일월과 함께 그 밝음을 합하여, 사시와 더불어 그 차례를 합하고 귀신과 더불어 그 길흉을 합한다.'

라[107] 하니 그것이 무슨 뜻인가?

25. 도는 무위자연하다 하니 그것이 무슨 뜻인가?

26. 도는 가히 잠깐도 떠날 수 없다 하니 그것이 무슨 뜻인가?

<도수유불가리야道須臾不可離也니 가리加離면 비도야非道也라>[108]

27. 과거심過去心도 불가득不可得이요 현재심現在心도 불가득不可得이며 미래심未來心도 불가득不可得이라 하처何處에 점심點心고[109] 하니 그것이 무슨 뜻이며 어찌 하여야 점심點心을 먹을 수 있을까?

---

107) 『도덕경』에 나오는 내용. 도道라 말할 수 있는 도는 절대 불변의 도가 아니고, 부를 수 있는 이름은 영원한 불변의 이름이 아니다.

108) 『중용』 제1장에 나오는 말. "천명지위성天命之謂性이오 솔성지위도率性之謂道요 수도지위교修道之謂敎니라 도야자道也者는 불가수유리야不可須臾離也니 가리可離면 비도야非道也라 시고是故로 군자君子는 계신호기소부도戒愼乎其所不睹하며 공구호기소불문恐懼乎其所不聞이니라 막현호은莫見乎隱이며 막현호미莫顯乎微니 고故로 군자君子는 신기독야愼其獨也니라 희노애락지미발喜怒哀樂之未發을 위지중謂之中이오 발이개중절發而皆中節을 위지화謂之和니라 중야자中也者는 천하지대본야天下之大本也요 화야자和也者는 천하지달도야天下之達道也니라 치중화致中和면 천지위언天地位焉하며 만물육언萬物育焉하니라."(하늘이 명命하신 것을 성性이라 이르고, 성을 따름을 도道라 이르고, 도를 품절品節해 놓음을 교敎라 이른다. 도란 것은 잠시도 떠날 수 없는 것이니, 떠날 수 있으면 도가 아니다. 이러므로 군자는 그 보지 않는 바에도 계신戒愼하며 그 듣지 않는 바에도 공구恐懼하는 것이다. 은隱보다 드러남이 없으며 미微보다 나타남이 없으니, 그러므로 군자는 그 홀로를 삼가는 것이다. 기뻐하고 노하고 슬퍼하고 즐거워하는 정情이 발發하지 않은 것을 중中이라 이르고, 발하여 모두 절도節度에 맞는 것을 화和라 이르니, 중이란 것은 천하의 큰 근본이요, 화란 것은 천하의 공통된 도이다. 중과 화를 지극히 하면 천지天地가 제자리를 편안히 하고, 만물萬物이 잘 생육生育될 것이다.)

109) 금강경에 관한 덕산 선사와 떡 파는 노파의 이야기가 유명하다. 금강경에 능통하여 세상에서 '주금강'이라 불렸던 덕산 선사는 남방에서 교학을 무시하고 견성성불을 주장하는 선종의 무리가 있다는 이야기를 듣고 분개하여 금강경 소초를 짊어지고 길을 떠났는데, 한 떡 파는 노파를 만난다. 노파에게 떡을 달라고 하자 질문에 답하면 주겠다고 한다. 노파가 "스님의 걸망 안에는 무엇이 들어있습니까?"라고 묻자 덕산 선사가 "금강경 소초다"라고 말한다. 이에 노파는 "그러면 금강경에 '과거의 마음도 얻을 수 없고 현재의 마음도 얻을 수 없고 미래의 마음도 얻을 수 없다(過去心不可得 現在心不可得 未來心不可得)는 말씀이 있는데 스님은 지금 어느 마음에 점심點心을 하시려고 하십니까?" 묻는다. 이에 덕산 선사는 아무 말도 못했다고 한다.

제6장 일기법

[대의]

재가·출가와 유무식의 모든 공부인이 일 분 일각도 끊임없이 공부한 내용과 결과를 스스로 반성 대조하는 동시에 공부를 더욱 정진하기 위하여 상시 일기와 정기 일기를 한다.

<반성 대조하는 공부>

※ 상시 일기 : 상시 훈련을 더욱 효과적으로 수행하기 위하여 당일의 유무념 처리[태조사], 학습상황, 계문 범과 유무를 반성 대조하는 것. <상시로 삼학병진을 대조함>

※ 정기 일기 : 정기 훈련을 더욱 효과적으로 수행하기 위하여 당일의 작업 시간 수, 수입지출, 심신 작용 처리 건, 감각 감상을 기재하는 것. <이사병행 영육쌍전의 정신에 입각한 사리 연구>

1. 일기법의 대요

재가·출가와 유무식을 막론하고 당일의 유무념 처리와 학습 상황과 계문에 범과 유무를 반성하기 위하여 상시 일기법을 제정하였으며, 학원이나 선원에서 훈련을 받는 공부인에게 당일 내 작업한 시간 수와 당일의 수입·지출과 심신 작용의 처리 건과 감각·감상을 기재시키기 위하여 정기 일기법을 제정하였나니라.

[문제점]

1. 본교 일기법의 특징을 말해 주시오.

<일반사회에서 하는 일기와 정전에서 밝혀 주신 일기법의 차이>

세상 사람들이 일반적으로 쓰는 일기를 보면 자유 일기, 생활 일기, 시간 일기, 사업 일기, 청춘 일기 등으로 각자의 심경과 감상 및 생활상과 사업 현황을 기록하여 반성을 하되 극히 일반적인 각자의 감상과 능력에 따라 하게 될 뿐이요 일정한 표준이 없으나, 본교의 정전에서 밝힌 일기법은 어디까지나 일원상의 진리를 각득하고 활용하며 생활화하기 위하여 교리의 실천과 심신 작용을 반성 대조하며 기재하는 방법으로서 상시 일기와 정기 일기가 있다.

교리의 실천과 진리의 각득 및 진리의 생활화에 표준이 있다.

2. 상시 일기는 언제부터 쓰게 되었는가요? <상시 일기의 연원>

교단 초창 당시에 대종사님께서 구인을 비롯한 여러 제자의 마음공부 하는 실적을 조사하는 방법으로 「성계명시독誠誡明示讀」이라는 수첩을 주고 각자의 마음 작용하는 바를 청·황·적·백·흑의 점으로 표시하여 일주일 만에 한 번씩 대종사님께 이실직고하여 스승님과 대중의 감정을 받게 하신 바가 있었다. 이 법을 좀 더 구체적이고 자각적으로 실천하도록 하신 것이 현재의 상시 일기법인가 한다.

2. 상시 일기법

> 1) 유념·무념은 모든 일을 당하여 유념으로 처리한 것과 무념으로 처리한 번수를 조사 기재하되, 하자는 조목과 말자는 조목에 취사하는 주의심을 가지고 한 것은 유념이라 하고, 취사하는 주의심이 없이 한 것은 무념이라 하나니, 처음에는 일이 잘 되었든지 못 되었든지 취사하는 주의심을 놓고 안 놓은 것으로 번수를 계산하나, 공부가 깊어 가면 일이 잘되고 못된 것으로 번수를 계산하는 것이요,

2) 학습 상황 중 수양과 연구의 각 과목은 그 시간 수를 계산하여 기재하며, 예회와 입선은 참석 여부를 대조 기재하는 것이요,

3) 계문은 범과 유무를 대조 기재하되 범과가 있을 때는 해당 조목에 범한 번수를 기재하는 것이요,

4) 문자와 서식에 능하지 못한 사람을 위하여는 따로 태조사(太調査) 법을 두어 유념 무념만을 대조하게 하나니, 취사하는 주의심을 가지고 한 것은 흰콩으로 하고 취사하는 주의심이 없이 한 것은 검은콩으로 하여, 유념·무념의 번수를 계산하게 하는 것이니라.

[문제점]

1. 유무념의 표준과 구체적인 방법을 일러 주십시오.

1) 표준은 상시 일기표의 범례를 밝혀 주신 바와 같이 경계를 대할 때마다 온전한 생각으로 취사하는 주의심을 가지고 했으면 유념, 그 표준을 챙기는 대중심이 없었으면 무념으로 한다. 즉 처음에는 경계를 대할 때마다 일단 마음을 멈추어서 생각하여 취사했으면 유념으로 기록하고 마음이 멈춰지지 않고 생각할 여유도 없이 무작정 반사적으로 말이나 행동이 되었으면 무념으로 한다. 그러나 이 공부를 오래오래 하여 일단 마음을 멈추어 생각하여 취사하는 심법이 순숙되면 이때부터는 유무념 기록의 표준을 그 일의 결과까지 잘 되었으면 유념, 온전한 생각으로 취사를 했을지라도 그 결과가 잘못되었으면 무념으로 기록한다.

2) 방법은 근기와 수행 정도에 따라 여러 가지로 다를 수 있을 것이나 경계를 대할 때마다 온전한 생각으로 취사하는 것을 원칙으

로 하되 초입자는 경계를 정해 놓고 대조하는 것도 좋을 것이니

가) 하루에 6, 12, 14, 20건으로 정하여 그때만 그 대중심을 챙겨 유무념으로 기록하는 것이요,

예) 기침, 세수, 심고, 좌선, 청소, 식사, 작업[학업], 취침 ….

나) 자기의 습관을 고치기 위해서는 그 악습이 나타날 때마다 멈춰지는가 멈춰지지 않는가를 대조하는 것이요,

예) 말할 때 사투리, 반말, 곱지 않은 말, 신 신고 벗을 때, 문 닫고 열 때, 앉고 설 때,

다) 계문, 솔성요론, 일상수행의 요법, 상시 훈련과목 등을 실행했는가 못했는가를 대조 반성하는 것이요,

예) 계문은 지켰으면 유념, 범했으면 무념, 솔성요론은 실행했으면 유념, 못했으면 무념

라) 각자의 특별한 심계를 정하여 그것을 실행하는가 못하는가를 반성 대조하는 것이요,

예) 끝까지 참고 호렴하는 일, 한 물건도 버리는 바가 없는 생활 등.

이상의 모든 방법으로 단련하여 잘 되면 서서히 그일 그 일에 일심이 되었는가, 그일 그 일에 불공이 잘 되었는가, 그일 그 일에 시중時中이 되었는가, 또는 불리자성不離自性이 되었는가, 응용 무념이 되었는가 반성 대조해 가야 할 것이다.

이와 같이 유무념을 대조하는데 가장 중요한 것은 상시 일기를 아침부터 저녁까지 잊지 않고 사는 것입니다.

3) 주의점

가) 초학자가 너무 챙기게 되면 혹 잘못 집심執心이 되어 속이 답답하고 두통이 생기기 쉬운 것이니, 그런 경우에는 경계 건

수를 대폭 줄여서 수월스럽게 하되 그래도 풀리지 않을 때는 너무 조급한 마음을 내지 말며 당분간 유무념 대조를 쉬라.

나) 처음부터 너무 버거운 경계를 잡거나 공부가 약간 순숙되었는데도 너무 수월한 경계를 잡게 되면 형식화하고 기계화되어 싫증이 나기 쉽나니, 이런 경우에는 오직 유무념의 필요성과 소중성을 절실히 느끼고 그 원리를 철저히 깨달아 오래오래 계속하라.

이상과 같은 점에 주의하면 자신의 근기에 맞는 순서 있는 방법이 열리게 될 것이다.

4) 공덕

경계를 대할 때마다 온전한 생각으로 취사하는 공부를 오래오래 하게 되면 필경 동정일원動靜一圓이 되어 백천 삼매를 얻고, 만행이 원만하며, 만사가 시중이 될 것이니, 이 법이 돈오돈수의 길이요 마음공부의 핵심이 되는 것이다. <동시삼학動時三學이며 활용 삼대력을 증진하는 요긴한 법이다>

5) 참고 : 돈을 잘 벌 줄 아는 사람은 아낄 자리에 아끼므로 안에서 돈이 불어나고 쓸 자리에 잘 쓸 줄 알기 때문에 밖에서 돈이 들어오는 것같이 공부를 잘하는 분은 필요 없는 생각, 필요 없는 일을 하지 않기 때문에 안에서 심력이 스스로 배양되고 경계에 대해서 치연 작용하되 반드시 온전한 생각으로 취사하기 때문에 날로 삼대력이 증진되는 것이다.

2. 정전의 일기법에 취사하는 주의심이 있고 없는 것에 표준을 두고 일기표의 범례에는 온전한 생각으로 취사하는 주의심을 가지고 한 것에 표준을 두었는데 그 근거와 관계는 어떠한가요?

그것은 상시 일기가 상시 훈련을 효과적으로 실행하는데 그 목적이 있으므로 상시 훈련 과목 중 취사의 표준은 상시응용 주의사항 제1조에 온전한 생각으로 취사하기를 주의할 일로 되어 있고, 그뿐만 아니라 취사를 할 때 일원상의 진리를 법 받고 활용하는 길은 곧 이 법이기 때문이다.

3. 어떻게 하든지 일만 잘하면 될 것이지 구태여 반드시 온전한 생각으로 취사할 것이 무엇인가?

1) 일을 참으로 잘하기 위해서는 이 법대로 하지 않을 수 없는 것이요, 한 예를 들어보자면 운동에 취미와 소질이 있는 사람이라도 법도 없이 아무렇게나 연습한 분과 법도 있게 훈련받은 분의 결과는 천지의 차가 있게 되는 것이요, 또 글씨를 쓰는 분도 그 필법을 잘 배워서 익힌 분과 자작自作으로 써본 분의 생명은 전연 다른 것과 같다 할 것이다.

2) 법도 있게 훈련받는 분은 비룡등천飛龍登天의 공을 이루고 필법 있게 써보는 글씨는 투필성자投筆成字의 공을 이루는 것이다.

4. 유무념 대조가 그렇게 중요하다면 무엇 때문에 학습상황을 대조하라 하였는가?

문자와 서식에 능하지 못한 분은 태조사로써 유무념 대조만을 하게 하신 소이를 생각하더라도 그 중요성을 짐작할 수 있다. 그러나 학습상황을 조사 기재하게 하신 것은 예를 들면 육신에 있어서 밥이 비록 중요한 것이지마는 밥만으로는 건강을 유지하기 어렵고 여러 가지 영양가를 고루 섭취하여야 하는 것과 같다 할 것이요, 또한 우리의 생활은 동정 두 때로 나눌 수 있으며 이에 따라 마음공부도 동할 때와 정할 때 하는 공부가 있게 되는 것이니, 유무념은 동할 때 삼학 공부로서 정할 때 공부의 기초와 자료가 되는 것이다. 아무리 자료가 필요하고 기초가 잡혔다 하더라도 그 위에 쌓는 것이 없고 더욱 마탁하여 노력하는 바가 없다면 큰 공을 이루지 못하는 것이다. 고로 학습상황을 두어 정야청신靜夜淸晨이든지 기타 여가 있는 대로 염불, 좌선, 심고, 기도, 주송 등으로써 잡념을 제거하고 일심을 기르며 순연한 본성을 양성하는 동시에 경전, 강연, 회화, 의두, 성리, 정기 일기, 청법, 예회 입선 등으로 원만한 혜두를 단련함으로써 동시 공부의 기초와 자료로 삼게 하며, 대소 유무의 이치와 시비 이해의 일에 걸림 없는 혜력을 간단없이 기르기 위하여 학습상황을 기재하게 한 것이요, 다시 보은 봉공의 건수를 기재하는 것은 진혜眞慧는 불리복不離福이요 대복大福은 불리혜不離慧라 초입자로 하여금 사중은四重恩에 보은하고 세계[공중]에 봉공하는 정신을 아울러 기르게 함으로써 참다운 지혜, 무궁한 복덕을 갖출 수 있는 훈련을 하는 길이다.

정시삼학靜時三學이요 저축삼대력을 양성하는 길이다.

5. 보은 봉공을 기재하는 표준과 방법에 대하여 말해주시오.

뜻있는 공부인의 생활은 곧 보은 봉공이 되겠지마는 우리가 공사公私 간에 생활하는 가운데 각자의 책임 이외의 선행을 하자는 것인바, 각별히 마음을 챙겨 사은에 보은하고 공중을 유익 주는 일을 힘써 함으로써 인생의 가치를 충분히 발휘하는 동시에 무궁한 복전을 장만하자는 것이니, 보은미와 일일일선一日一善의 정신을 실행하는 것이다.

6. 바쁜 생활에 쫓기고 시달리다 보면 학습상황은 거의 해볼 틈이 없사오니 어찌하면 좋으리까?

정 부득이한 분은 유무념 대조만이라도 해야 하겠지마는 법의 소중함을 알고 큰 공부를 성취하고자 하는 분은 아무리 바쁠지라도 틈을 낼 수 있을 것이요, 처음에는 잘 실행되지 않을지 모르지만 공부심만 지극하면 일과를 그렇게 정하여 실행해야 할 것이다. 물론 이렇게 주장하면 전무출신이기 때문에 또는 현재의 생활이 바쁘지 않기 때문에 이런 말을 한다고 할지 모르나 일생 또는 영생을 놓고 본 말을 알아서 계획성 있는 생활로서 공부하는 사업인, 일하는 공부인이 되도록 철저한 훈련이 되어야 할 것이다.

학습상황을 실행하는 구체적인 방법은 정기 훈련 과목에서 확실히 말한 바가 있으니 여기서는 생략한다.

7. 유무념 대조만 잘하면 계문은 저절로 지켜질 텐데 특별히 범계 유무를 기재하여 대조하게 하신 이유는?

온전한 생각으로 취사하는 공부만 잘되면 범계하지 않을 뿐 아니라 지범개차持犯開遮[110]할 수 있는 능력도 생기고 중도행이 될 것이다. 그러나 특별히 계문을 실행하게 하신 것은 먼저 악습을 고치고 기질화를 시켜 중생심을 제거하여 항마하도록 빠른 길을 밟게 하심인가 한다. 그러므로 설사 그일 그 일에 온전한 생각으로 취사하는 공부는 미진할지라도 우선 30계를 잘 지킴으로써 중생의 탈을 벗고 초성위初聖位에 오르게 함이요, 스스로의 앞길에 지옥문을 닫는 동시에 세상의 평화를 파괴하는 무서운 불씨를 잠재우고 제거하자는 것이다. <지옥 길을 막는 방패다>

8. 계문을 지키려면 애매한 것이 많습니다. 특히 연고 없이 운운한 것

---

110) 계율을 잘 지키되, 지키고, 못 지키고, 방편으로 삼기도 하고, 하지 말아야 할 것은 하지 않아야 한다는 뜻. 목우자 지눌이 찬술한 『계초심학인문誡初心學人文』에는 "부초심지인夫初心之人은 수원리악우須遠離惡友하고 친근현선親近賢善하야 수오계십계등受五戒十戒等하야 선지지범개차善知持犯開遮니라. 단의금구성언但依金口聖言이언정 막순용류망설莫順庸流妄說이어다." 하였다. 해석하면 '처음으로 마음을 낸 사람은 반드시 나쁜 벗(공부가 안 된 사람)을 멀리 여의고 어진이(공부가 잘 된 사람)를 가까이 해서 5계와 10계를 받아서 지키고 범하고 트고 막음을 잘 알지니라. 다만 부처님의 말씀만을 의지할 것이고 변변치 못한 이의 허망한 말을 따르지 말지어다.

은 그 연고의 한계가 모호합니다. 그것을 밝게 설명해 주십시오.

이 문제는 대단히 중요한 것이다. 적당히 해석하거나 자기 중생심을 변호하는 결과가 되어서는 안 될 것이다. 대종사님께서 교문을 여신 목적은 제생의세하는 데 있고 모든 교법은 그 목적을 수행하는 원리와 방법이며, 또한 우리가 공부하는 목적은 성불제중하는 데 있고 모든 교법을 실천궁행하는 것은 그 목적을 달성하고자 노력하는 것이다. 그러므로 교법의 일부인 계문에서 연고라 함은 성불제중하고 제생의세 하는 데 없어서는 안 될 까닭이니, 그 한계는 고정할 수 없는 것이요 오직 중도를 잡아야 할 것이다. 즉 연고 없이 담배를 피우지 말고 술을 마시지 말고 쟁투를 말고 사육을 먹지 말라 하신 것은 성불제중하고 제생의세 하는 데 필요 없이는 그것을 마시고 먹지 말라는 말씀인 것이다.

가) 지범개차持犯開遮 : 지계持戒와 범계犯戒로 그 막힌 것을 열라는 뜻이다.

나) 무용자 출입금지 : 용무가 없이 또는 쓸데없이 또는 필요 없이 출입을 말라는 것이다.

9. 계문을 이해하고 실행하는데 있어, 많은 문제가 있습니다. 예를 들면 살생, 음주, 흡연, 식사육食四肉 등은 모두 실지 생활상에 문제가 되며 논쟁의 실마리가 되기도 합니다. 이점에 대하여 올바른 이해로 논쟁의 실마리가 되지 않도록 설명해 주십시오.

이것은 계문을 주신 근본 의도를 잘 모르고 한 점에 집착하거나 너무도 지배적인 생각으로 분별 사량만 하기 때문에 왕왕히 그런 논쟁이 없지 않은 것 같다. 위에서도 말한 바와 같이 대종사님께서 계문을 주신 것은 영원한 세상에 성불제중하고 제생의세의 큰 목적을 실행하도록 하기 위하여 주신 것이다.

첫째 인격완성[성불]의 수행에 중점을 둘 것이요,

둘째 사회에 미치는 영향을 고려할 것이며, <제중의 이념>

셋째 지공무사하게 돌고 도는 인과보응의 진리를 고려하여[영생의 죄복] 이해하고 실행해야 할 것이다.

이상과 같이 그 본의와 세 가지 점을 원만히 고려한다면 다른 의심이나 논쟁이 없을 것이다.

10. 범계 유무를 기재하다 보면 그 건수와 표준이 애매한 것이 있습니다. 예를 들면 쟁투를 한 경우는 진심瞋心과 악구惡口가 같이 범해지는데 어느 계문에 기록해야 할지요? 또 진심과 치심의 경우에도 잠깐 잠깐 스쳐가는 경우까지 다 범계로 기재할 것인지 아니면 다른 표준이 있는지요?

1) 쟁투를 한 경우는 탐심보다 쟁투가 더 중계이니 무고쟁투無故爭鬪만 범계로 하는 것이 가可할 것이나 쟁투를 할지라도 악구는 하지 않을 수 있는 것이니 만일 쟁투하면서 악구를 했으면 악구 계문도 범한 것으로 하는 것이 가할 것이다.

2) 탐심, 진심, 치심, 아만심 등은 그 마음이 대인처사對人處事에 나타났거나 얼굴빛에 나타난 것을 표준 하되 한 경계마다 한 건으로 계산하는 것이 좋을 것이며, 부유난상浮遊亂想으로 잠깐 잠깐 스쳐가는 것은 범계로 볼 것이 없을 것이다. 그러나 처사에나 얼굴빛에 나타나지는 않았을지라도 스스로 아닌 생각인 줄 알면서도 바로 그 마음을 대치하지 않고 계속 그 아닌 생각을 한 경우는 범계로 하는 것이 가할 것이다.

※ 계문 하나 하나에 대한 설명은 뒤로 미루고 여기서는 생략하겠다.

11. 계문을 범해서는 안 될 줄 알면서도 경계를 당하면 늘 범하오니 계문을 잘 지킬 수 있는 방법을 설명해 주시오.

1) 항마가 그렇게 쉬운 것이 아니요 성위聖位가 배고플 때 밥 먹듯이 되어지는 것은 아니다. 팔만사천 무량 마군의 대표를 삼십 종만 가린 것이니 육근문에서 불이 나도록 고전하는 노력이 아니면 승전할 수 없는 것이다. 그러므로 여기에는 군인이 치밀한 전법과 백절불굴의 용기와 완전무장으로 철저하고 꾸준한 훈련이 선행되어야 하며 실전의 경력이 필요한 것 같이, 우리 공부인도 큰 서원과 깊은 신심으로 완전무장을 하고 철저한 공부심으로 훈련하며 대분지大忿志로써 용기를 삼아 순서 있는 방법으로 전법戰法을 정하여 끝까지 싸우는 정성심으로 경력을 삼아 나아가면서, 늘 챙기고 조심하는 마음으로 사심邪心의 기미를 포착하는 정탐군偵探軍을 삼고, 끝까지 구원해 주실 법 높으신 스승님으로 맹방盟邦을 삼아 살아가노라면 반드시 승리할 것이다.

※ 전법戰法

가) 스스로 가장 크다고 여겨지는 것부터 제거하는 것. <가장 많이 괴롭히는 것. 예: 오욕>

나) 마음의 간첩을 방지 색출하라. <딴 트집>

다) 적장들을 제거하기에 노력하라. <탐심, 진심, 치심, 아만심>

라) 마왕을 항복 받으라. <무명심, 육신>

큰 고기는 깊이 숨는 것 같이 대악은 깊이 숨는 것이니 잘 수색하라. <스스로 찾고 동지와 스승님의 충고를 빌리라>

2) 농사를 지어보면 잡초가 무성하면 곡식이 성하지 못하고 곡식이 무성하면 잡초가 힘을 못 쓰는 것 같이 30계의 잡초를 제거하는 동시에 솔성요론, 삼학, 사은 보은, 사요 실천의 곡초穀草를 부지런히 잘 가꾸면 30계는 자연 지켜지는 것이다.

12. 계문을 기재할 때 보통급 특신급은 완전히 지켜지기 때문에 거의

기재할 것이 없다면 어떻게 할 것인가요?

1) 그런 경우에는 특신급까지는 완전히 실행이 된 것이니, 그 난에는 각자의 심계를 적어서 하는 것도 무방할 것이다.

2) 계문의 근본정신을 잘 알아서 응용하고 활용할 줄 알아야 할 것이다.

13. 항마降魔의 복마伏魔와 해마解魔에 대하여 설명해 주십시오.

1) 삼독을 항복받는 것은 복마요 삼독을 삼학으로 풀어 활용함으로써 삼대력의 자료를 삼는 것은 해마이며, 악을 끊고 벌하는 것은 복마요 악을 선으로 돌리며 원망을 감사로 돌리는 것은 해마다.

2) 30계를 완전히 지키기만 하는 것은 복마요 그 계문에 얽매이지 아니하는 공부로 지범개차하는 것은 해마의 길이다.

3) 복마는 상극으로 맺히기 쉽고 해마는 상생으로 화한다. 고로 팔만사천 마군을 항복받으면서 팔만사천 법문으로 만들어 쓰라.

※ 금욕은 복마가 될 수 있고 절욕은 해마가 될 수 있다.

※ 이 박사의 위대한 점 : 포로를 석방하여 아군을 만든 점.

14. 수지 대조의 정신과 그 방법은?

1) 수지 대조는 원래 영육쌍전과 이사병행의 이념 하에서 정신·육신·물질 간에 항상 수지예축으로 그 균형을 맞추는 동시에 날로 그 생활이 향상할 수 있도록 하는 방법이다. 특히 일기법에 있는 수지 대조는 의·식·주의 향상을 위하여 경제적인 생활도 법도 있게 해나가는 훈련을 하는데 그 의의가 있다. 수도인이라 하여 경제적인 면에 너무 등한하거나 분명하지 못하다면 그는 유용한 인격을 이뤘다 할 수 없을 뿐 아니라 그 생활이 안정을 얻지 못할 것이기 때문이다.

2) 수지 대조를 기재하는 원칙적인 방법은 그날의 생활에 있어 각

자의 총수입과 지출을 계산 기재하여 지출보다 수입을 증가시킬 수 있도록 계획적인 생활, 규모 있는 생활로 항상 여유 있게 살자는 것인바 각자의 처지와 사정을 따라

가) 현금수입과 지출을 기재하였다가 월말에 정리하여 반성 대조하여 새 계획의 자료를 삼기도 하고,

나) 혜수惠收 혜시惠施를 기재해 두었다가 후일 보고와 보은의 자료를 삼기도 하며,

다) 차입과 대출을 기재하여 여수與受를 분명하고 원만하게 할 수 있는 자료를 삼기도 한다.

여기에 한 가지 부연해 둘 것은 수입과 지출을 대조할 때 이상과 같이 현실의 수지를 맞추는 경우도 있고, 좀 더 장구한 안목으로 영생의 수지를 맞추는 경우도 있다. 즉 보시나 혜시를 하는 것은 현실적인 장부상으로는 지출이 분명하지만 영생의 진리 창고에는 수입이 된 것이요, 혹시라도 불의한 금품을 수입했거나 정당한 노력 없이 도움을 받았다면 현실적인 장부상으로는 수입이 분명하지마는 진리의 창고에서는 지출이 된 것이다. 그러므로 우리는 좀 더 높은 차원에서 원만한 수지 대조의 훈련이 되어야 할 것이다.

15. 태조사는 문자와 서식에 능하지 못한 분만 하는 것인가?

물론 그런 것만은 아니다. 문자와 서식에 능하지 못한 분도 속깊은 마음공부로 삼대력을 얻어 나갈 수 있는 구체적인 방법으로 삼고 실행할 수 있도록 태조사를 하게 하신 것이요, 문자와 서식에 능한 분도 유무념을 할 때는 태조사가 좋은 방법이 되는 것이다. 즉 그때 그때 온전한 생각으로 취사했으면 흰콩을 넣고 그런 주의심이 없이 취사했으면 검은 콩을 넣었다가 저녁 일기할 때에 종합해서 기

재하면 아주 편리한 것이다. 일이 많고 복잡한 경우에는 밤에 앉아서 하루 일을 반성대조할 때에 빠짐없이 기억해서 기재하기가 어렵기도 하고 시간이 많이 걸릴 뿐 아니라 그렇게 하다보면 건성으로 해지거나 아니면 형식화 기계화되어 싫증이 나는 수가 없지 않은 것이다. 그러므로 그런 경우에는 그때그때 유무념의 표식을 하든지 아니면 태조사로써 계산해 두든지 하는 것이 좋다. 그러나 일이 적거나 생활이 단순한 분은 밤에 조용히 앉아서 기침 시부터 취침까지 반성해 보면 기억력을 좋게 할 뿐 아니라 처음에는 장시간을 요하지마는 차차 시간이 단축되어 정신작용이 민활해지는 훈련도 된다.

16. 일기할 때 이상과 같이 유무념의 방법도 여러 가지로 하고 또 의두 연마도 그 문제가 일정하지 않을 텐데 건수와 시간만을 기재하게 되면 조사자가 검사하는 기준이 애매하지 않겠는가?

상시 일기는 원래 자각적 수행을 촉진하는 정진표이니 스스로의 공부를 스스로가 반성 대조하고 조사 촉진하는 것이요 검사받는데 그 목적이 있지 않은 것이다. 만일 채점에 지나친 관심을 갖게 되면 검사를 받지 않는 것만 못할 것이다. 지도인이나 단장의 조사를 받게 한 것은 지도인과 대중의 감정을 받으며 타력을 빌려 공부를 더욱 촉진시키는데 그 의의가 있는 것임을 잘 알아야 할 것이다. 조사자의 편의를 위해서나 본인 스스로의 참고를 삼기 위해서는 각 난 위에 각자의 표준과 방법과 연마의 제목을 간단히 기록하는 것도 좋을 것이요, 혹 일기를 못한 때는 그 사유를 간단히 표시해 두는 것도 좋을 것이다.

예) 유무념은 ① 일일 ○○건을 정하여 유념을 대조함.
② 그일 그 일에 유무념을 대조함.

의두는 ① 부모 출생 전 몸은 어떠한 몸인가?
② 일체유심조란?
사유는 '병고' 혹은 기타 사유를 표시

17. 반성 대조하는 공부가 일기법의 요지라면 상시 일기를 하지 않더라도 밤마다 반성하는 공부만 하면 될 것 같은데 모든 교도가 상시 일기를 하게 하신 이유는?

일기를 하지 않고 반성만 하는 것도 큰 공부가 되겠지마는 일기를 하지 않고 반성만 할 때와 일기를 하면서 반성하는 것이 비컨데 머리를 빗는 사람이 얼레빗으로 머리를 빗어 대강 머리 손질을 하는 것과 참빗으로 머리를 빗어 머릿속에 있는 때까지 빗어내는 것과 같다 할 것이다. 그러므로 철저하고 속 깊은 공부를 하고자 하는 분은 반드시 상시 일기를 하는 것이 좋을 것이다. 그러나 건강이 여의치 못하여 세밀한 심신 작용을 낱낱이 조사하기 어려울 때는 반성만 하는 것도 무방할 것이며, 또는 일기를 많이 해서 마음이 순숙되어 경계를 대할 때마다 온전한 생각으로 취사가 되고 언제나 불리자성이 되며 사사事事에 시중時中이 됨으로써 세밀한 마음을 조사할 필요가 없는 분은 특별히 일기를 하지 아니해도 좋을 것이다. <강을 건너거든 배는 버려도 좋을 것이다>

◎ 결어

1. 상시 일기는 상시 훈련을 효과적으로 수행하는데 그 목적이 있고, 상시 훈련은 교리를 상시로 훈련하는 것인바, 이는 동정일여 영육쌍전 이사병행의 이념 하에 교리를 원만히 수행하는 것이다. 고로 우리는 유무념, 학습상황, 계문을 철저히 실행하여 동정 간에 삼대력을 증진시키고 수지 대조를 실행하여 현실의 생활도 날로 향상하

는 동시에 영원한 세상에 복혜양족의 원만한 생활이 될 수 있도록 원만한 훈련을 할 것이다.

2. 상시 일기는 인간개조표요, 마음개조의 수첩이다.
당일의 죄복 계산표요, 결산서이다.
혜복증진 그래프요, 수행정진표다.

3. 정기 일기법

1) 당일의 작업 시간 수를 기재시키는 뜻은 주야 24시간 동안 가치 있게 보낸 시간과 허망하게 보낸 시간을 대조하여, 허송한 시간이 있고 보면 뒷날에는 그렇지 않도록 주의하여 잠시라도 쓸데 없는 시간을 보내지 말자는 것이요,
2) 당일의 수입·지출을 기재시키는 뜻은 수입이 없으면 수입의 방도를 준비하여 부지런히 수입을 장만하도록 하며 지출이 많을 때에는 될 수 있는대로 지출을 줄여서 빈곤을 방지하고 안락을 얻게 함이며, 설사 유족한 사람이라도 놀고 먹는 폐풍을 없게 함이요,
3) 심신 작용의 처리 건을 기재시키는 뜻은 당일의 시비를 감정하여 죄복의 결산을 알게 하며 시비 이해를 밝혀 모든 일을 작용할 때 취사의 능력을 얻게 함이요,
4) 감각이나 감상을 기재시키는 뜻은 그 대소 유무의 이치가 밝아지는 정도를 대조하게 함이니라.

[문제점]

1. 잠시라도 쓸데없는 시간을 보내지 말자는 이유와 그 구체적인 방법은?

1) 그 이유는 모든 사업의 성공과 실패, 수도인이 불과佛果를 이루는 것이나 제중濟衆의 실적을 나투는 것이 모두 시간문제요, 사회의 발전과 국가의 건설, 세계의 평화와 역사의 변천이 오직 시간문제이며, 우주의 성·주·괴·공과 만물의 생·로·병·사가 다 시간의 변화에 따른 것이기 때문이다. 고로 성불제중의 큰 뜻을 가진 이라면 일분 일각도 허송할 수 없는 것이다. 고언에 시간은 황금보다 소중하고 세월은 부대인不待人이라 하시니 그 소이가 바로 여기에 있는 것이다.

2) 그 방법은 먼저 계문에 '나태하지 말라'는 법문과 솔성요론에 '주색낭유하지 말고 그 시간에 진리를 연구하라' 하신 법문, 그리고 상시응용주의 사항에 '여가 있는 대로 경전 법규를 연습하고 틈나는 대로 염불 좌선하기를 주의하라' 하신 법문을 명심하여 늘 챙기는 마음으로 간단없는 정성이 계속되어야 할 것이다. 또 계획적인 시간 생활로 허송을 방지하는 것이니, 수면과 휴양과 작업[노동] 시간을 잘 균배하여야 할 것이다. 수면 8시간[세면, 청소, 안면安眠] 휴양 8시간[휴식, 소창, 운동] 작업 8시간[학습, 근로, 노동, 봉사]으로 하되 정기 훈련을 하는 분은 그 훈련 과정에 따라 실행하고 상시 훈련을 하는 분은 상시 응용 주의 사항에 의거하여 시간 생활을 조절하면 좋을 것이다.

3) 수면과 휴양과 작업 시간을 균배하는 것은 일반적인 원칙으로 생각해 본 것이요 각자의 형편과 처지에 따라 적의히 조절해서 아무쪼록 허송하는 시간이 없도록 하되 육체의 건강, 의·식·주

의 안정, 수도의 정진이 잘 조화될 수 있는 시간 생활이 되게 할 것이다.

2. 작업 취사라 할 때의 작업 개념과 작업 시간이라 할 때의 작업 개념은 같은가요 다른가요?

작업이라는 개념이 다를 수는 없지만 작업 취사라 할 때는 작업의 방법에 역점을 두고 작업 시간이라 할 때는 마음먹고 값있게 한 시간 수에 역점을 둔 것이다. 고로 작업 시간을 기재할 때는 수면, 휴양, 작업을 삼등분하는 것을 원칙으로 하되[형편과 처지에 맞는 배정] 마음먹고 노력한 시간이 8시간만 되면[각자의 형편에 배정된 시간] 허송세월을 하지 않은 것으로 해도 좋을 것이다.

3. 수지 대조의 근본적인 의의는?

정신·육신·물질생활에 있어 항상 수입과 지출을 맞춤으로써 활발하고 넉넉한 생활을 하게 하는 데 있는 것이다. 그러나 정기 일기에서 실행하게 한 수지 대조는 주로 물질의 수지 대조에 역점이 있는 것 같다.

4. 정기 일기는 정기 훈련 과목인데 전문입선의 정기 훈련을 받으면서 수입 지출을 기재하게 하신 의도는?

정기 훈련은 원만한 인격의 기초를 함양하는 동시에 상시 훈련의 자료를 준비하는 전문공부 기간이요, 상시 훈련은 원만한 생활을 영위하는 동시에 원만한 인격을 양성하는 공부인바, 이는 모두 영육쌍전 이사병행의 이념 하에 구성된 법이다. 고로 정기 훈련 과정에서도 수지 대조 등 생활의 기본법을 철저히 연마하고 단련하여 원활한 생활을 개척하며 상시 공부를 더욱 잘 할 수 있도록 하신 것 같다. 만일 정기 훈련이라 하여 생활에 대한 기본적인 훈련이 없다면 공부와 생활이 나뉘어져서 설사 공부는 잘 할지라도 의·식·주

생활은 곤궁을 면치 못할 것이다. 그러므로 세세생생 마음공부와 의·식·주 생활을 원만구족하게 향상할 수 있도록 수지 대조의 원리를 밝혀 정기나 상시나 정신·육신·물질의 수지를 맞추어 늘 예축하게 하신 것이다.

<빈곤을 방지하고 안락을 얻게 하며 놀고먹는 폐풍을 없애는 기본적인 훈련이다>

5. 수지를 늘리는 방법은?

1) 낭비를 막고 소비를 절약하며 더욱 노력하여 생산성을 높이라.

<필요 없이는 한 푼도 쓰지 말고 부지런히 활동하라>

당용처불용當用處不用, 일일부작一日不作이면 일일불식一日不食이니라.

2) 원업과 부업을 갖되 일인일기一人一技가 있어야 한다.

6. 정기 일기는 사리 연구 과목인데 수지 대조가 사리 연구에 속할 수 있는 이유는?

이는 막연히 수지만을 기재하여 대조해 보라는 것이 아니다. 수지 대조의 원리를 연구하여 혜복 증진의 방법을 연구하는 데 그 목적이 있는 것이다. 고로 사리 연구 과목인 정기 일기에 넣은 것인가 한다.

진혜眞慧는 불리복不離福이요 대복大福은 불리혜不離慧라 참다운 지혜와 참으로 큰 복을 장만하는 길이다. <영원무궁한 복덕을 쌓는 연구다>

7. 심신 작용 처리 건은 취사 과목 같은데 어찌하여 사리 연구 과목인 정기 일기에 넣으셨는지요?

심신 작용 그 자체는 취사라고 할 수 있지마는 그 처리 건을 기재하는 뜻은 그 일의 시비와 이해를 감정하고 죄복의 근원을 연구하며 밝고 원만한 판단력을 기르는 데 있다. 그러므로 이 공부는 시비 이해를 연마하고 단련하는 것으로서 사명공부事明工夫에 중점을 두신 것이다. <심신 작용을 잘할 수 있는 연구 공부다>

※ 원만하고 공정한 취사는 모든 일에 밝고 원만한 판단이 선행되어야 한다.

8. 심신 작용 처리 건을 기재하는 구체적인 방법은?

이는 경계를 대할 때마다 온전한 생각으로 취사함은 물론 그 경계를 지낸 뒤에 그 처리의 마음 자세와 순서 및 방법과 결과를 냉정하고 엄밀하게 반성하여 선후 본말과 시비 이해를 감정 기록하는 것으로서 심신 작용을 법에 따라 길들여 가는 데 없지 못할 방법이다. 일상적인 일에서보다 특별한 대인접물에서 작용한 처리 건을 반드시 반성해 보라.

1) 마음 자세와 방법과 결과가 본래 서원과 스승님의 본의와 일원상의 진리에 어긋남이 없게 되었는가? 또는 원만구족하고 지공무사하게 처리가 되었는가? 또는 불리자성하고 응용 무념한 처리가 되었는가? 또는 시중의 처리가 되었는가?

2) 잘된 처리 건은 그대로 기록해 두면 후일의 참고가 되고 세상의 법이 되며 중생들의 복음이 될 것이며, 잘못된 처리 건이라도 기록하여 감정함으로써 후일의 거울이 되어 두 번 실수를 하지 않게 될 것이요 세상의 참고가 될 것이다.

3) 이 처리 건은 반드시 스승님[지도인]과 대중의 감정을 받아 원만한 사명事明이 되게 할 것이다.

9. 감각감상을 기재하는 목적과 그 구체적인 방법을 일러 주시오.

까닭 있는 생활을 하게하며 사리 간에 밝아지는 정도를 대조하게 하는 것으로 특히 대소 유무의 이치가 밝아지는 이명공부理明工夫에 중점을 두어 기록하는바,

1) 감각은 공부하는 가운데 불조들의 화두나 기타 의심 건에 깨침이 있는 것과 또는 어떤 사물을 통하여 대소 유무의 이치에 스스로 의심 없이 알아져서 확신하게 된 것이 있으면 그 깨친 내용과 확신하게 된 내역을 기록하는 것이요,

2) 감상은 자연 현상이나 대인접물 간에 우연히 느껴진 생각으로서 진리성이 있다고 여겨지는 것과 또는 어떤 사물을 통하여 미루어 생각되는 것이 있으면 그것을 기록하는 것이다. 그 예를 들면

가) 감각~『대종경』 서품 1장.

스스로의 그림자를 없애려면?

① 그늘로 들어간다. ② 스스로 발광체가 된다 등.

나) 감상

① 화재보험 제도를 보시고 영생보험을 생각한 것.

② 돼지의 자웅이 노는 것을 보고 인생의 무상을 느낀 것.

3) 감각과 감상은 반드시 스승님<지도인>과 대중의 감정을 받아 사지邪智와 사견邪見에 흐르지 않도록 유의할 것이다.

10. 정기 일기를 한 결과는 어떠한가?

1) 정기 훈련이 효과적으로 추진될 것이요,

2) 영육쌍전 이사병행의 생활신조가 확립되고, 복혜가 날로 증진될 것이며, 동정 간 끊임없는 공부 길이 잡힐 것이요,

3) 대소 유무와 시비 이해에 걸림 없는 연구력이 생길 것이며, 원만하고 공정한 취사의 표준이 잡힐 것이요, 무량 법문 교화의 자료가 마련될 것이다.

4) 글씨와 문장이 날로 익숙하게 될 것이다.

제7장 무시선법

대범, 선(禪)이라 함은 원래에 분별 주착이 없는 각자의 성품을 오득하여 마음의 자유를 얻게 하는 공부인바, 예로부터 큰 도에 뜻을 둔 사람으로서 선을 닦지 아니한 일이 없으니라.

사람이 만일 참다운 선을 닦고자 할진대 먼저 마땅히 진공(眞空)으로 체를 삼고 묘유(妙有)로 용을 삼아 밖으로 천만 경계를 대하되 부동함은 태산과 같이하고, 안으로 마음을 지키되 청정함은 허공과 같이하여 동하여도 동하는 바가 없고 정하여도 정하는 바가 없이 그 마음을 작용하라. 이같이 한즉, 모든 분별이 항상 정을 여의지 아니하여 육근을 작용하는 바가 다 공적 영지의 자성에 부합이 될 것이니, 이것이 이른바 대승선(大乘禪)이요 삼학을 병진하는 공부법이니라.

그러므로, 경(經)에 이르시되 「응하여도 주한 바 없이 그 마음을 내라」 하시었나니, 이는 곧 천만 경계 중에서 동하지 않는 행을 닦는 대법이라, 이 법이 심히 어려운 것 같으나 닦는 법만 자상히 알고 보면 괭이를 든 농부도 선을 할 수 있고, 마치를 든 공장(工匠)도 선을 할 수 있으며, 주판을 든 점원도 선을 할 수 있고, 정사를 잡은 관리도 선을 할 수 있으며, 내왕하면서도 선을 할 수 있고, 집에서도 선을 할 수 있나니 어찌 구차히 처소를 택하며 동정을 말하리오.

그러나, 처음으로 선을 닦는 사람은 마음이 마음대로 잘 되지 아니하여 마치 저 소 길들이기와 흡사하나니 잠깐이라도 마음의 고삐를 놓고 보면 곧 도심을 상하게 되니라.

그러므로 아무리 욕심나는 경계를 대할지라도 끝까지 싸우는 정신을 놓지 아니하고 힘써 행한즉 마음이 차차 조숙(調熟) 되어 마음을 마음대로 하는 지경에 이르나니, 경계를 대할 때마다 공부할 때가 돌아온 것을 염두에 잊지 말고 항상 끌리고 안 끌리는 대중만 잡아갈지니라. 그리하여 마음을 마음대로 하는 건수가 차차 늘어가는 거동이 있은즉 시시로 평소에 심히 좋아하고 싫어하는 경계에 놓아 맡겨 보되 만일 마음이 여전히 동하면 이는 도심이 미숙한 것이요, 동하지 아니하면 이는 도심이 익어가는 증거인 줄로 알라. 그러나 마음이 동하지 아니한다고 하여 즉시에 방심은 하지 말라. 이는 심력을 써서 동하지 아니한 것이요, 자연히 동하지 않은 것이 아니니, 놓아도 동하지 아니하여야 길이 잘 든 것이니라.

사람이 만일 오래오래 선을 계속하여 모든 번뇌를 끊고 마음의 자유를 얻은즉, 철주의 중심이 되고 석벽의 외면이 되어 부귀영화도 능히 그 마음을 달래어 가지 못하고 무기와 권세로도 능히 그 마음을 굽히지 못하며, 일체 법을 행하되 걸리고 막히는 바가 없고, 진세(塵世)에 처하되 항상 백천 삼매를 얻을지라, 이 지경에 이른즉 진대지(盡大地)가 일진 법계(一眞法界)로 화하여 시비선악과 염정제법(染淨諸法)이 다 제호(醍醐)의 일미(一味)를 이루리니 이것이 이른바 불이문(不二門)이라 생사 자유와 윤회 해탈과 정토 극락이 다 이 문으로부터 나오느니라.

근래에 선을 닦는 무리가 선을 대단히 어렵게 생각하여 처자가 있어도 못할 것이요, 직업을 가져도 못할 것이라 하여, 산중에 들어가 조용히 앉아야만 선을 할 수 있다는 주견을 가진 사람이 많나니,

이것은 제법이 둘 아닌 대법을 모르는 연고라, 만일 앉아야만 선을 하는 것일진대 서는 때는 선을 못 하게 될 것이니, 앉아서만 하고 서서 못하는 선은 병든 선이라 어찌 중생을 건지는 대법이 되리오. 그뿐만 아니라, 성품의 자체가 한갓 공적에만 그친 것이 아니니, 만일 무정물과 같은 선을 닦을진대 이것은 성품을 단련하는 선공부가 아니요 무용한 병신을 만드는 일이니라. 그러므로 시끄러운 데 처해도 마음이 요란하지 아니하고 욕심 경계를 대하여도 마음이 동하지 아니하여야 이것이 참 선이요 참 정이니, 다시 이 무시선의 강령을 들어 말하면 아래와 같으니라.

「육근(六根)이 무사(無事)하면 잡념을 제거하고 일심을 양성하며, 육근이 유사하면 불의를 제거하고 정의를 양성하라.」

[대의]

남녀노소 유무식을 막론하고 어느 때 어느 곳에서나 분별 주착이 없는 각자의 성품을 오득하여 마음의 자유를 얻을 수 있도록 일원상의 진리에 근거하여 그 원리와 방법과 결과 및 주의점을 구체적으로 밝혀주신 법문인바, 그 강령은 육근이 무사하면 잡념을 제거하고 일심을 양성하며, 육근이 유사하면 불의를 제거하고 정의를 양성하는 것이다.

<누구든지 어느 때 어느 곳에서나 끊임없이 불심佛心을 배우고 법받으며 단련하는 공부>

※ 동정상선動靜常禪, 삼학병진三學竝進, 정혜등지定慧等持, 일상삼매一相三昧, 일행삼매一行三昧.

[단어 숙어 풀이]

◆ 선禪 : 1) 심성을 단련하는 공부. 2) 일심을 만드는 수양법. 3) 원래 분별 주착이 없는 각자의 성품을 오득하여 마음의 자유를 얻게 하는 공부.

◆ 대승선 : 1) 대승불교에서 닦는 선법禪法. 2) 큰 서원을 세우고 대도에 발심하여 때와 곳과 경계에 구애 없이 진공으로 체를 삼고 묘유로 용을 삼아 수행에 정진하는 것. 3) 구세도중救世度衆의 큰 서원을 세우고 동정과 처소에 구애 없이 공부하는 길.

◆ 공장工匠 : 물건을 만드는 것을 직업으로 하는 사람.

◆ 관리 : 1) 국가 공무원. 2) 벼슬살이 하는 사람.

◆ 마음의 고삐 : 1) 챙기는 마음. 2) 공부심. 3) 마음의 표준.

◆ 도심 : 1) 도덕적인 마음. 2) 불심佛心. 3) 도에 어긋나지 않는 마음. 4) 불도를 닦아 불과佛果를 이루고자 하는 마음.[공부심]

◆ 조숙調熟 : 1) 고루 익숙해짐. 2) 잘 숙련됨. 3) 조화되고 숙련된 것.

◆ 염두念頭 : 마음속.

◆ 대중 : 1) 어떠한 기준. 2) 표준.

◆ 거동 : 1) 몸을 움직이는 태도. 2) 어떠한 기미.

◆ 진세塵世 : 1) 티끌세상. 2) 오욕이 충만한 오탁汚濁 세계.

◆ 백천삼매 : 1) 백천 가지 행사가 정定을 여의지 않는 것을 표현한 말. 즉 불리자성의 생활을 말함. 2) 일상삼매 일행삼매가 되어 일체처 일체 시에 일체 행이 정定을 여의지 않는 상태.

◆ 진대지盡大地 : 온 천지. 온 세상.

◆ 일진법계一眞法界 : 1) 청정법계. 2) 한 가지 참다운 법계. 3) 한결같이 참된 공부심으로 살면서 스스로 느끼고 발견할 수 있는 세계[경지]를 말함.

◆ 염정제법染淨諸法 : 1) 더럽고 깨끗한 모든 법.[현상] 2) 번뇌와 보리의 모든 마음.

◆ 제호醍醐 : 1) 우유를 정제하여 만든 것으로 가장 맛있는 것을 표현한 말. 2) 세상에서 가장 맛이 좋은 일종의 선미仙味.

◆ 제호의 일미 : 오직 공부심으로 일관될 때 스스로 느낄 수 있는 법열의 진경을 나타낸 말.

◆ 불이문不二門 : 1) 대도는 원융하여 유무가 둘이 아니요 이사가 둘이 아니며, 생사가 둘이 아니요 동정이 둘이 아니니, 이 원융한 대도를 닦아 증득하는 길을 말함. 2) 일체 차별이 없는 대도를 나타낸 말로서 모든 불성佛聖이 각득하는 길 또한 둘 아닌 문이기 때문에 불이문이라 함.

◆ 생사자유 : 1) 생사에 걸림이 없는 것. 2) 마음을 마음대로 할 때 얻어짐. 3) 한 생각 내고 들이는 것을 마음대로 하는 것.

◆ 윤회해탈 : 1) 십이인연으로 돌고 도는 데 걸림이 없고, 육도로 승강윤회하는 데 걸림이 없는 것. 2) 진리의 돌고 도는 수레바퀴를 마음대로 굴리고 다니는 것.

◆ 주견 : 1) 주장이 되는 의견. 2) 주장하는 견해.

◆ 연고 : 그러한 까닭.

◆ 구차하다 : 1) 몹시 가난하고 군색스럽다. 2) 몹시 옹색하고 불편하다.

◆ 심력 : 1) 마음의 작용. 2) 마음과 힘. 3) 마음으로 힘쓰는 것.

◆ 체를 삼는다 : 1) 본체로 표준하다. 2) 정시靜時의 표준을 삼다.

◆ 용을 삼다 : 1) 작용의 표준을 두다. 2) 작용하다. 3) 동시動時의 표준을 삼다.

체 : 본체–정위지체靜謂之體–진공–(불생불멸) } 일원상의 진리
용 : 작용–동위지용動謂之用–묘유–(인과보응)

[문제점]

1. 마음의 자유란?

마음을 마음대로 하는 것이니, 한 생각 내고 들이는 것을 마음대로 하며, 일체 경계를 대하되 마음에 걸리고 막힘이 없으며, 구경에는 일체 고락과 생사에도 걸림이 없는 것을 말한다.

2. 진공으로 체를 삼는다는 것은?

1) 일원의 진공한 체성에 표준을 두고 허공 같은 마음을 단련시키는 것이니, 주로 일 없을 때 일념미생전의 본래와 생멸이 없는 진경에 안주하는 것이다.

2) 무엇이나 다 갖출 수 있는 원만구족한 마음을 기르는 것으로, 물아구공物我俱空하고 천지미분天地未分의 자연경自然境에 소요하는 것이다.

※ 진공으로 체를 삼아 심성을 오래오래 단련하면 흔적이 없으며 지극히 크고 지극히 깊고 지극히 넓어서 가히 헤아릴 수 없는 심량을 갖게 될 것이다.

3. 묘유로 용을 삼는다는 것은?

1) 일원의 소소영령한 묘유의 조화에 표준을 두고 지공무사한 마음을 단련시키는 것이니, 주로 일이 있을 때 인과 있는 진리에 따라 원만하고 공정한 생각으로 취사하는 것이다.

2) 무엇이나 다 응할 수 있는 지공무사한 마음을 기르는 것으로 순리 자연하고 주착한 바 없이 마음을 쓰는 것이다.

※ 묘유로 용을 삼아 오래오래 심성을 단련하면 인과보응의 내역이

분명해지며 지극히 밝고 지극히 묘하고 지극히 발라서 가히 전지전능한 심력을 갖추게 될 것이다.

4. 진공으로 체를 삼고 묘유로 용을 삼는다는 것을 한 말로 표현해 주십시오.

1) 동정 간에 일원상의 진리를 여의지 않고 살자는 것이다.
2) 동정 간에 일원상의 진리를 활용하자는 것이다.
3) 동정 간에 원만구족하고 지공무사하게 마음을 길들이는 것이다.

5. 공적 영지의 자성이라 하니 공적 영지와 자성과의 관계는 어떠한가?

자성은 각자의 본성을 이름이고, 공적 영지는 그 성품의 내용을 말하는 바 이는 원만구족하고 지공무사한 각자의 본성이라 해도 같은 말이다.

6. 경계를 대하되 부동함은 태산과 같이한다는 것은?

1) 태산은 어떠한 비바람과 눈보라에도 흔들리지 않는 것 같이 우리 공부인의 마음이 선악과 순역과 팔풍八風[111]의 어떠한 경계가 온다고 할지라도 거기에 자기 뜻과 마음이 요동되지 않음을 비유한 말이다.
2) 진공으로 체를 삼기 때문에 자타와 일체 경계가 있을 수 없고, 묘유로 용을 삼기 때문에 원·근·친·소遠近親疎와 역리강작逆理强作[112]이 있을 수 없다. 고로 언제나 그 마음이 편안하고 동요되지 않을 것이다.

---

111) ①이利 : 이로운 것. ②쇠衰 : 사업이나 일이 잘 안되고 실패함. ③예譽 : 찬사와 명예를 얻음. ④훼毁 : 헐뜯고 비방함. ⑤칭稱 : 칭찬. ⑥기譏 : 나무라고 꾸짖음. ⑦고苦 : 괴로움. ⑧낙樂 : 즐거움.

112) 이치에 맞지 않는 일을 억지로 하고자 함.

※ 진공은 일 없을 때의 자기 모습이니, 육근이 무사하면 곧 진공의 체성을 나투는 것이다. 진공은 불변의 자리요 자타가 없는 자리라 여여 부동한 것이다.

※ 묘유는 일 있을 때의 자기 모습이니, 육근이 유사하면 곧 묘유의 조화를 나투는 것이다. 묘유는 변화의 자리요 자타가 분명하며 소소영령하고 지공무사한 인과의 보응이 역력한 것이라 원·근·친·소와 역리강작이 없는지라 편안하여 요란함이 없는 것이다.

7. 마음을 지키되 청정함은 허공과 같다는 것은?

1) 허공은 만상을 포함하되 걸리고 막힘이 없고 더럽히려 하나 더럽힐 수 없으며 맑히고자 하나 더 맑힐 수 없는 것을 강연이 일러 청정하다 하는 것 같이 우리 공부인도 원래 착이 없고 염정이 없는 본래 성품에 바탕을 두어 삼독오욕과 일체 사량 분별이 치연히 기멸하되 진망眞妄이 본래 없는 성체性體가 항상 나타남을 비유한 말이다.

2) 진공으로 체를 삼기 때문에 염정染淨과 진망眞妄이 없고, 묘유로 용을 삼기 때문에 모든 욕심과 감정이 절도에 맞아서 일체 행사가 다 덕으로 화하여 무위자연에 돌아온다. 고로 청정함은 허공과 같아서 그 마음이 항상 넉넉하고 걸림이 없는 것이다.

※ 흑운黑雲이 만천滿天하고 풍우風雨가 대작大作이나 허공 전체는 청정하여 여여부동하고, 흑운이 걷히고 풍우가 쉬면 원근고저가 일매一枚로 청정한 것 같이 오욕이 발동하고 삼독이 치성하나 일념미생전一念未生前[진공의 체성]의 자기 심성은 청정하여 여여부동하고, 오욕이 잠을 자고 삼독이 가셔지면 동정역순이 한결같이 청정한 것이다. 고로 고인이 운云 풍과소죽風過疏竹에 죽불유성竹不留聲하고 안도한담鴈渡寒潭에 담불유영潭不留影이라 달인達人은

사래심수기事來心隨起요 사거심수멸事去心隨滅이라[113] 한 것이다.

※ 나도 남도 그 마음이 변화할 때는 소소영령하고 지공무사하게 인과로 변화하는 것이요, 나와 남이 서로 만나서 변화할 때도 소소영령하고 지공무사하게 인연과보로 변화하는 것이다. 그러므로 나의 소소영령한 심성의 발현만을 믿거나 고집하여 주장하지 말고 남의 소소영령한 심성의 발현도 인정하고 이해함은 물론 피차의 영명한 심성이 서로 만나서 변화할 때도 소소영령하고 지공무사하게 인과보응이 있음을 알아서 취사하여야 원만하고 공정한 행이 되어 자타 간에 해를 보지 않고 모든 욕심과 모든 감정이 절도에 맞게 될 것이다.

8. 무시선이 삼학병진이 되는 것을 자세히 설명하라.

이 문제는 무시선과 삼학의 의의 및 교전 상의 위치와 그 관계를 이해하는 것이 중요할 것이다.

1) 여기서 선이란 일심을 만드는 공부 즉 수양 과목으로만 고정하여 이해하지 말고 본문에 있는 바와 같이 성품을 단련하여 마음의 자유를 얻는 공부로 이해하라. 고로 선은 곧 삼학 공부를 하는 것이요, 무시선은 삼학 병진의 수행을 끊임없이 하는 것이다.

2) 삼학은 먼저 진리의 내용[공·원·정]에 입각해서 거기에 근거하여 마음공부의 길[원리]을 밝힌 것인바, 정전 교의편에서 주로 그 원리에 중점을 두고 밝힌 것이요, 무시선은 먼저 끊임없는 마

113) 『채근담』에 같은 내용이 나온다. "풍래소죽風來疎竹 풍과이죽불류성風過而竹不留聲 안도한담雁度寒潭 안거이담불류영雁去而潭不留影 고군자故君子 사래이심시현事來而心始現 사거이심수공事去而心隨空"(바람이 성긴 대숲에 불어와도 바람이 지나가고 나면 대숲은 소리를 남기지 않고, 기러기가 차가운 연못을 지나가도 기러기가 가고 나면 연못은 그림자를 남겨 두지 않는다. 그러므로 군자는 일이 다가오면 비로소 마음에 나타나고, 일이 지나가고 나면 마음도 따라 비게 되느니라.)

음공부의 진행에 따라서 진리의 내용을 체, 용[진공 묘유]으로 나누어 동정 간에 마음의 표준을 잡게 한 것인바, 『정전』 수행편에서 주로 그 방법에 중점을 두고 밝힌 것이라고 할 수 있겠다.

3) 무시선은 어느 때 어느 곳에서나 끊임없이 심성을 단련하는 법인바 우리의 생활을 시간상으로 나누면 동정 두 때로 구분할 수 있기 때문에 일원상의 진리를 체, 용으로 나누어, 일이 없을 때[정시체靜是體]는 주로 일원의 진공한 체성[불생불멸한 자리]에 표준하고, 일이 있을 때[동시용動是用]는 주로 일원의 영명한 조화[인과보응의 변화]에 표준 하여 마음을 길들이는 공부로써 동정 간에 끊임없이 일원상의 진리를 활용하여 원만구족하고 지공무사하게 심성을 단련하는 법이요, 삼학은 누구나 일원의 진리에 입각한 원만한 심성을 회복하고 단련할 수 있도록 일원상의 진리[공·원·정]에 근거하여 수양·연구·취사의 길을 밝힌 것이니, 즉 원만구족하고 지공무사[진공 묘유]한 각자의 마음을 그대로 기르고, 원만구족하고 지공무사한[진공 묘유]한 각자의 마음을 그대로 밝히며, 원만구족 지공무사[진공 묘유]한 각자의 마음을 그대로 사용하는 공부로 필경 해탈·대각·중정의 크고 원만한 심력을 얻어갈 수 있는 크고 원만한 길이요 원리이다. 고로 무시선은 삼학 공부를 끊임없이 계속하는 것이요, 끊임없는 삼학 공부는 삼학을 병진함으로써 가능한 것이니, 무시선은 곧 삼학병진으로 일관함을 말하는 것이다.

예를 들면

※ 응무소주이생기심應無所住而生其心[114)]

---

114) 『금강경』에 나오는 말. 주한 바 없이 그 마음을 쓰라.

가) 경계를 대할 때마다 온전한 생각으로 취사하는 것은 곧 동시삼학動時三學이요 동할 때 심성을 단련하는 첩경인바, 이 법이 경계를 대할 때 하는 원만한 선법이다.

나) 한 생각 거두면 진공의 체성이 완연하고 한 생각 내면 묘유의 상모가 완연하며 한 생각 내고 들이는 가운데 인과의 변화가 완연하게 되는 것은 동정 간에 간단없이 삼대력을 증진하는 묘방인바, 이것은 동정 간에 삼학을 병진하는 선법이다.

다) 일 잡으면 전일하고 틈만 나면 염불 좌선으로 일심을 모으는 것은 동정 간에 주로 진공한 체성을 기르는 선법이요 청정한 정력定力을 단련하는 선이다. 사물에 접하여 먼저 대소 유무의 이치와 시비 이해를 분석하고 판단하며 안으로 사리를 생각하고 밖으로 배우는 것은 동정 간에 주로 영명한 혜력을 단련하는 선법이며 영지의 광명을 밝히는 선이다. 일에 당해서 불의를 제거하고 정의를 실행하며 안으로 계율을 지키고 밖으로 선을 행하는 것은 동정 간에 주로 공정한 계력戒力을 단련하는 선법이며 묘유의 조화를 활용하는 선이다.

※ 고로 삼학 공부에 착안하여 끊임없이 적공하게 되면 삼학을 병진하지 않을 수 없고 무시선이 되지 않을 수 없는 것이다.

9. 동動하여도 동動하는 바가 없고, 정靜하여도 정靜하는 바가 없다는 것은?

1) 동하여도 동한다는 생각이 없고 그 동에 집착됨이 없으며, 정하여도 정한다는 생각이 없고 그 정에 집착하지 않는 것이다.

2) 대도는 원융하여 동과 정이 둘이 아니요 생生과 사死가 둘이 아니라 동하되 동하는 바가 없고 정하되 정하는 바가 없으며, 생하되 생하는 바가 없고 사하되 사하는 바가 없는 것이다. 그러므로

생하되 생에 애착할 것이 없고 사하되 사에 공포할 것이 없으며, 고통을 당하나 그 마음에 괴로워 싫은 생각과 타락함이 없고, 즐거움을 당하나 그 마음에 즐거워 탐착하거나 넘침이 없이 오직 동정과 생사와 고락에 그 길을 알아 살아갈 뿐이다.

10. 모든 분별이 항상 정定을 여의지 않는다는 것은?

여기서 '정'이란 정정定靜을 뜻하는 것으로 마음이 하나에 정하여 고요하고 온전하여 편안한 상태를 말한다. 그러므로 천만 가지로 마음을 쓰되 본래 자기 정신을 잃지 않고 자신의 본래 세운 뜻이 흔들리지 않으며 마음이 온전하고 편안함을 말한다.

※ 치연작용熾然作用이나 정체여여正體如如한 것이다.

※ 불리자성不離自性이 됨을 말한다.

※ 망망대해에서 아무리 높은 파도가 일어날지라도 해저는 드러나지 않는 것과 같다.

11. 육근 작용이 공적 영지의 자성에 부합된다는 것은?

이는 육근 작용이 원만구족하고 지공무사한 일원의 진리[각자의 본성]에 부합이 된다는 말로서

1) 육근이 유사할 때는 원만평등하고 지공무사한 영지의 광명과 묘유의 조화가 나타나고, 육근이 무사할 때는 원만구족하고 지공무사한 진공의 체성이 나타나서 동정 간에 심신 작용이 오직 일원상의 진리에 어긋남이 없음을 뜻하는 것 같다.

2) 불리자성不離自性

12. 응하여도 주한 바 없이 그 마음을 낸다는 것은?

경계를 대하되 오욕과 칠정에 주착한 바 없이 그 마음을 내서 쓰는 것이니, 즉 경계에 대하여 한 생각을 낼 때 선입관념, 감정, 욕심, 습관, 상식, 지식, 취미, 상 등에 주착하지 않고 오직 청정하고 텅 빈

마음에서 가림 없이 그 생각을 내는 것이다.

13. 지난 일이 잘 잊히지 않는 형型과 잘 잊히는 형은 어느 것이 더 좋은지요?

일장일단이 있다고 본다.

1) 잘 잊지 못하는 형은 자신의 습관이나 허물은 고치기가 쉬우나 허심을 만드는 수양은 더딜 수 있고,

2) 잘 잊히는 형은 허심을 만드는 수양은 잘 될 수 있으나 악습과 허물을 고치기는 어려울 수 있을 것이다.

14. 지난 일을 잘 잊을 수 있는 방법을 일러 주시오.

1) 무념공부에 특별히 유의하여 정성을 들이면 될 것이다.

돈망과거頓忘過去하고 불사미래不思未來하야 즉현허심卽現虛心으로 적적성성寂寂惺惺을 위지좌謂之坐요,

외사만착外捨萬着하고 내무일상內無一相하야 대인접물對人接物에 시중자재時中自在를 위지선謂之禪이니라.[115]

2) 진공으로 체를 삼고 묘유로 용을 삼는 공부를 잘하자.

15. 농부가 괭이를 들고 하는 선의 실경實境을 들어 주시오.

1) 괭이를 들고 일할 때는 오직 그 일 하는데 전일 하는 것이니,

가) 괭이 잡는 법, 찍는 법을 잘 배우고 생각하는 것은 연구요,

나) 그 일 이외의 다른 생각을 하지 않고 오직 온전한 마음으로 그 일에만 전일하는 것은 수양이며,

다) 그 일을 하는 가운데 여러 가지 바른 판단을 얻어 실수함이

---

115) 과거를 모두 잊고 미래도 생각지 않으며, 곧바로 텅 빈 마음이 드러나 적적한 가운데 성성함을 좌라 하고, 밖으로는 모든 착심을 버리며 안으로는 하나의 상도 없어서 일체의 대인접물에 있어서 그때그때에 맞게 적절히 하여 자재함을 선이라 한다.

없도록 잘 실행하는 것은 취사이다.

이처럼 계속하면 곧 이것이 삼학병진이요 선인 것이다. <동動>

2) 24시간 괭이를 들고만 있는 것은 아니니 괭이를 놓고 쉴 때는 충분한 휴양과 염불, 좌선 등으로 허심을 기르기도 하고 기틀을 보아 미리 연마도 하는 것이다. <정靜>

이상과 같이 계속하면 동정 간에 끊임없는 무시선이 되어 삼대력이 증진되는 것이다.

16. 망치를 든 공장이 선을 할 방법을 들어 주시오.

이 문제는 <15>번과 같이 생각하면 큰 차이가 없을 것이다.

17. 주판을 든 점원이 선하는 실경을 들어 주시오.

주판을 놓는데 전일 하는 것이니, 숫자를 정확히 알고 바르고 빠른 방법을 생각하는 것은 연구요, 그일 외에 다른 일을 생각하지 않고 그 일에만 전일 하는 것은 일심이며, 틀림없이 계산을 잘하는 것은 취사다. 이것이 곧 선이요 삼학병진이 되는 것이며, 쉴 때는 충분한 휴양과 허심으로 청정한 체성을 기르기도 하면 동정일여의 무시선이 되는 것이다.

18. 관리가 선을 하는 실증을 들어 주시오.

정치를 잘하기로 원을 세운 후 오로지 정사에만 전심하는 것이니, 모든 일을 원만히 처리하는 법을 강구하는 것은 연구요, 자기 맡은 책임에 전념하는 것은 일심이요, 모든 정사에 중도를 행하는 것은 취사다. 이렇게만 해가면 그것이 곧 삼학병진이요 참다운 선이 되는 것이요, 또 일이 없을 때 틈나는 대로 염불, 좌선, 적당한 운동, 소창, 휴양 등으로 수양도 하고, 기틀을 보아 미리 연마도 하는 것이니, 이것이 곧 삼학을 병진하는 것이요 무시선이 되는 것이다.

19. 운전대를 잡은 기사가 선하는 법은?

오직 책임 있는 마음으로 운전에 전심하는 것이니, 운전법과 교통법규를 배우고 생각하고 챙기는 것은 연구가 되고, 운전 이외의 일에 생각을 옮기지 않는 것은 일심이 되며, 운전법과 교통법규대로 잘 실행하는 것은 취사가 된다. 운전하지 않을 때는 충분한 휴양과 염불, 좌선 등으로 수양도 하고 틈 있으면 다른 일도 미리 연마하는 것이다.

이처럼 하면 이것이 곧 동정일여의 무시선이 되는 것이다.

20. 왕래하면서 하는 선은?

행선의 표준대로 하는 것이니, 발걸음에 마음을 두기도 하고, 발을 맞추어 수를 세기도 하며, 염불이나 주송을 하기도 하고, 교통법규와 공중도덕에 어긋남이 없이 내왕하되 힘에 맞고 그 처지에 맞게 하는 것이다. <행선을 잘하면 마음이 편안하고 몸에 피로가 적다>

21. 마음의 고삐를 놓고 보면 도심을 상하게 되는 이유는?

마음의 고삐란 곧 법에 표준 하여 살고자 하는 마음이니, 길들기 전의 송아지를 고삐로 말뚝에 매 놓는 것과 같이 우리의 마음을 법에 매어 놓는 것을 말하는바 예를 들면 잡념과 망상이 치성하고 사량 분별이 잠을 자지 않을 때는 염불이나 좌선으로 그 마음을 잡기도 하고, 악습이 자주 나타나고 욕심이 늘 동하는 분은 계문에 표준을 두고 죽기로써 지키는 결심을 하는 것이다. 고로 그와 같이 챙기는 마음과 결심이 풀어지게 되면 공부가 미숙한 때는 자연 법도 있는 생활이 될 수 없고 공부가 퇴보되며 불심이 사라지게 될 것이 아닌가?

22. 놓아도 동하지 않는다는 것은?

법에 표준 하여 심신을 길들여 가는 적공이 완전히 순숙되어 습관이 되고 보면 챙기고 결심하는 바가 없을지라도 저절로 그 법에 어긋남이 없게 되고 진리에 어긋남이 없을 뿐 아니라 욕심 경계에 처하되 끌려가지 않고 진세에 처하되 물들지 않는 것을 말한다.

<무심의 경지를 표현한 말이다>

23. 마음을 길들이는 방법에 집심執心**, 관심**觀心**, 무심**無心**, 능심**能心**이 있다는데 거기에 대하여 설명해주시오.**

1) 집심은 일정한 법에 마음을 묶어 놓고 악한 경계에 전연 가지 못하게 하는 것이니, 염불·좌선·주송에 그 마음을 묶기도 하고 계문에 그 마음을 묶어 놓는 것 등이다. 잘못하면 법박法搏이 되기 쉽다.

2) 관심은 특별히 묶어 놓는 바는 없으나 마음의 방향을 잘 조사하여 악한 경계에 흐르는 것만 제지하는 것이니, 동정 간에 늘 마음 나가는 것을 조사하는 것이다.

3) 무심은 집심과 관심이 완전히 순숙되어 일체 행사가 저절로 법에 어긋남이 없는 경지이니, 챙기고 조사하는 마음도 없는 것이다.

4) 능심은 마음의 거래를 자유자재로 하여 집심 관심 무심에 걸림이 없고 어떠한 경계라도 능히 극복하되 극복한다는 상이 없을 뿐 아니라 능대능소能大能小하고 능명능암能明能暗하며 능선능악能善能惡하여 중생제도에 만능을 갖춘 경지라 할 것이다.

그러나 이것은 마음공부의 일정한 순서로 아는 것보다는 이 네 가지 표준을 그때그때 심경과 처지에 따라 잘 활용할 줄 알아야 할 것이다.

24. 일체법을 행하되 걸리고 막히는 바가 없다는 것은?

1) 동정 역순과 행·주·좌·와 간에 심신 작용이 진리에 어긋남이 없고 자연스러우며 조금도 구애됨이 없이 자유자재하다는 것이요.

2) 대인접물에 육근 작용이 모두 순서를 얻고 모든 욕심과 일체 감정이 절도에 맞아서 서로 어긋남이 없고, 심량이 능대능소能大能小하여 포용하지 못하는 바가 없으며, 지량이 광대하여 막히고 버리는 바가 없는 것을 말하는 것 같다.

25. 진세에 처하되 항상 백천삼매를 얻는다는 것은?

1) 어느 세계에 가더라도 거기에 물들지 않을 뿐 아니라 자성을 여의지 않고 그일 그 일에 전일할 수 있는 심력을 갖춘 경지를 말한다.

2) 오욕이 충만한 오탁한 세상에 처하되 불의 부당한 욕심이 동하지 않으며 온전하고 편안한 마음으로 자기 책임에 충실할 뿐 아니라 일체 행이 일원의 진리에 어긋남이 없는 경지.

※ 온전한 생각으로 취사하라.

26. 진대지盡大地가 일진법계一眞法界로 화한다는 것은?

1) 온 천지가 다 한가지로 참다운 공부 도량이 되고 낙원으로 화함을 말한다.

2) 한 마음이 참되면 일체가 참으로 화하고 한 마음이 선하면 일체가 다 선으로 나타나는 것 같이 간절한 공부심으로만 살게 되면 온 천지가 다 선도량이 되고 만물이 다 공부의 재료가 되어 일체 행이 다 법이 되고 복덕의 인因이 되며 일체 생령의 복음으로 화하는 것이다.

27. 시비선악과 염정제법이 제호의 일미가 되는 실경을 들어 주시오

1) 무시선을 잘하게 되면 동정역순이 오직 삼매가 되고 공부의 기회가 되는 고로 삼매 즉 청정일념 그 자리에는 시비선악과 염정제법이 본래 없는지라 거기에 안주하여 한결같은 심락을 누리게 되는 것이요, 또는

2) 공부심으로 일관하는지라 시是는 시是이니 좋고, 비非는 시是로 돌리는 법을 배우는 자료가 되니 좋고 선은 선이니 좋고, 악은 선으로 돌리는 공부의 자료가 되니 좋은 것 같이 염정제법이 다 이와 같은 것이니 언제나 법열이 충만할 것이다.

28. 생사 자유와 윤회 해탈과 정토 극락이 다 불이문에서 나온다고 하니 왜 그런가?

대도는 원융하여 동과 정이 둘이 아니요, 생과 사가 둘이 아니며, 피차와 미오가 둘이 아니며, 염정과 고락이 따로 없나니, 원융한 그 자리에 바탕을 두어 시비선악과 생사 거래와 염정제법에 오직 제호의 일미를 이루는 연고인가 한다.

29. 조용히 앉아야만 선을 하는 것은 아니로되 처자와 직업이 있는 것보다는 없는 것이 더 낫지 않을까요?

1) 대도는 원융하여 포함하지 않은 바가 없나니, 둘 아닌 이 문에 표준 하여 수행하는 이는 있으면 있는 데서 닦고 없으면 없는 데서 닦는 것이니 있고 없는 데 무슨 차이가 있으며 이해利害와 호오好惡가 있겠는가. 있으면 있는 대로 좋고 없으면 없는 대로 좋은 것이다.

2) 대도에는 도속道俗과 염정染淨이 따로 없나니 유무에 무슨 상관이 있겠는가?

30. 시끄러운데 처해도 마음이 요란하지 아니하고 욕심 경계를 대하여도 마음이 동하지 아니하려면?

1) 오직 굳은 각오와 결심으로 철저하고 간절한 공부심이 날로 살아나서 삼학병진의 표준이 잡혀야 할 것이다.

2) 진공으로 체로 삼고 묘유로 용으로 삼아 동정 간에 간단없는 공부를 해야 할 것이다.

3) 일원상의 진리를 각득하여 동정 간에 원만구족하고 지공무사한 마음으로 일관하면 될 것이다.

4) 원래 요정擾靜이 없고 욕심이 없는 그 자리를 체득하고 경계를 대할 때마다 온전한 생각으로 취사하라.

31. 육근이 무사하면 잡념을 제거하고 일심을 양성하는 방법은?

1) 일이 없을 때는 잡념만 제거하면 그때가 곧 일심이니 따로 일심을 찾지 말 것이요,

2) 일이 없을 때는 진공의 체성이 드러나게 하라.

3) 염불, 좌선, 심고, 기도, 주송, 무심, 허심 등을 챙기라.

32. 육근이 유사하면 불의를 제거하고 정의를 세우는 방법은?

1) 일을 할 때는 불의만 제거하면 곧 정의행이 되는 것이니 따로 정의를 구하지 말 것이다.

2) 일을 할 때는 묘유의 조화가 나타나게 하라.

3) 솔성요론, 계문, 사은 사요, 삼학 팔조 및 스승님의 법문에 맞게 실행하라. 그러기로 하면 경계를 대할 때마다 온전한 생각으로 취사하는 것이다.

※ 잡념이 동하면 불의요, 일심이 동하면 정의다.

33. 무시선의 원리를 간단히 설명하시오.

일원상의 진리에 바탕을 두어 동정 간에 끊임없이 심성을 단련하는 공부로서 진공으로 체로 삼고 묘유로 용으로 삼아 육근이 무사할 때는 진공의 체성이 드러나고 육근이 유사할 때는 묘유의 조화를 나투어 동정 간에 원만구족하고 지공무사하게 심성을 단련하는 것이다.

34. 무시선을 잘할 수 있는 마음가짐과 그 방법을 들어 주시오.

1) 큰 공부와 큰 인격은 선이 아니면 그 터전을 닦을 수 없고 선은

곧 심성을 단련하는 공부이니, 먼저 이 선의 필요성을 절실히 느끼고 끝까지 정성을 다해 보기로 해야 한다.

2) 공부심만 간절하면 순·역·공順逆空 간에 어느 경계가 공부의 자료가 아님이 없고 천지 만물 어느 것 하나 공부의 자료가 아님이 없으며 동정 간에 공부의 기회 아님이 없는 것이다.

3) 무시선의 원리를 잘 알아서 근기에 맞게 꾸준히 해가면 되는 것이다.

4) 늘 마음을 조심하면 그것이 곧 무시선이 되는 것이다.

5) 삼학 공부에 끊임없는 정성을 들이면 자연 삼학병진이 되어 동정 간에 삼매를 증득하게 될 것이다.

6) 경계를 대할 때마다 항상 온전한 생각으로 원만구족하고 지공무사하게 취사하고 일 잡으면 전일 하라.

7) 틈만 나면 염불 좌선 등으로 일심을 만들고 허심으로 진공의 체성을 나투라. <무시선이란 동할 때의 선만이 아니요 동정 간에 끊임없는 선임을 알라>

8) 경계를 대할 때마다 공부할 때가 왔다는 심경으로 그 자리 그 자리에서 삼학 공부를 할 줄 아는 것이 무시선이다.

35. 무시선의 공덕[결과]을 설명하라.

마음의 자유를 얻게 되어

1) 부귀영화도 그 마음을 달래어 가지 못하고 무기와 권력으로도 그 마음을 굽히지 못하며,

2) 일체법을 행하되 걸리고 막히는 바가 없고 진세에 처하되 백천 삼매를 얻으며,

3) 진대지盡大地가 일진법계一眞法界로 화하여 염정제법이 제호의 일미를 이루어서 무상대도를 증득하게 되고 삼대력을 갖추어 생사

에 자유를 얻고 윤회에 해탈하여 정토극락을 수용하게 된다.

36. 무시선을 하는 분이 주의할 점은?

1) 선을 너무 어렵게도 쉽게도 생각하지 말라.

2) 편벽된 수행을 삼가라.

3) 시간과 처소에 구애하지 말라.

4) 선의 의의와 목적을 원만하고 뚜렷하게 알며 심성의 원리를 원만히 파악하라.

5) 시끄러운데 처해도 마음이 요란하지 않고 욕심 경계를 대하되 마음이 동하지 않게 하라.

6) 방심은 대적大敵이니 늘 챙기는 마음을 놓지 말라.

※ 참고 : 동정 간 보림하는 법

가) 여리박빙如履薄氷[116)] 나) 신기독愼其獨[117)]

---

116) 살얼음을 밟는 것과 같이 매우 위험한 것을 말함. 『시경詩經』 '소아편小雅篇'의 '소민小旻'이라는 시詩의 마지막 구절에 나오는 내용. 모신謀臣이 군주의 측근에 있으면서 옛 법을 무시한 정치를 하고 있음을 개탄하고 있음. "불감포호不敢暴虎 불감빙하不敢憑河 인지기일人知其一 막지기타莫知其他 전전긍긍戰戰兢兢 여림심연如臨深淵 여리박빙如履薄氷(감히 맨손으로 범을 잡지 못하고, 감히 걸어서 강을 건너지 못한다. 사람들은 그 하나는 알고 있지만 그 밖의 것은 전혀 알지 못하네. 두려워서 벌벌 떨며 조심하기를 마치 깊은 연못에 임하듯 하고 살얼음을 밟고 가듯 하네.)

117) 홀로 있을 때에 더욱 조심하고 삼가히 하는 것을 말함. 『대학』과 『중용』에 보인다. 『대학』에는 "소위所謂 성기의자誠其意者는 무자기야毋自欺也니 여오악취如惡惡臭하며 여호호색如好好色이 차지위자겸此之謂自謙이니 고故로 군자君子는 필신기독야必愼其獨也니라. 소인小人이 한거閑居에 위불선爲不善하되 무소부지無所不至하다가 견군자이후見君子而后에 염연기불선厭然其不善하고 이저기선而著其善하나니 인지시기人之視己 여견기폐간연如見其肺肝然이니 즉하익의則何益矣리오. 차위성어중此謂誠於中이면 형어외形於外니 고故로 군자君子는 필신기독야必愼其獨也니라. 증자왈曾子曰 십목소시十目所視며 십수소지十手所指니 기엄호其嚴乎인저 부윤옥富潤屋이오 덕윤신德潤身이니 심광체반心廣體胖하나니 고故로 군자君子는 필성기의必誠其意니라"(이른바 그 뜻을 정성 되이 한다는 것은 자신을 속이지 않는 것이니, 고약한 냄새를 싫어함과 같으며, 좋은 색을 좋아함과 같은 것을 일컬어 스스로 기꺼워함이라 하나니, 그 때문에 군자는 반드시 그 홀로 삼가는 것이다. 소인이 혼자 있어 선하지 못한 짓을 하여 이르지 않는 곳이 없다가 군자를 보곤 슬쩍 시침을 떼고, 그 선하지 못함을 가리고 그 선함을 드러내려 한다. 사람들이 자기를 알아봄이 마치 그

다) 수심정기守心正氣[118]　라) 사무사思無邪[119]

마) 불방심不放心 부동심不動心　바) 무불경無不敬[120]

사) 일심불란一心不亂　아) 면면밀밀綿綿密密[121]

자) 평상심平常心　차) 화이불류和而不流[122]

폐와 간을 봄과 같으니 곧 무슨 이익이 있겠는가. 이런 것을 일러 안에서 정성 되면 밖으로 나타난다고 하나니, 그러므로 군자는 반드시 그 홀로를 삼가는 것이다. 증자가 말하기를 '열 개의 눈이 보는 바이며 열 손가락이 가리키는 바이니 그 엄함이여!' 부는 집을 윤택하게 하고 덕은 몸을 윤택하게 하는 것이니, 마음이 넓어짐에 몸이 편안할 것이다. 그러므로 군자는 반드시 그 뜻을 정성 되게 하는 것이다.)

118) 동학의 『동경대전』 「논학문論學文」에는 "인의예지仁義禮智 선성지소교先聖之所教 수심정기守心正氣 유아지갱정惟我之更定(인의예지는 앞의 성인들의 가르침이 된다면, 수심정기는 바로 내가 정한 수행의 법이다.)"라는 구절이 있는데, 수심정기의 '수심守心'이란 인의예지를 회복하는 길이며, 동시에 내 안에 모셔져 있는 한울님을 깨닫고, 이 회복한 마음을 지키는 것을 뜻하고 있다.

119) 생각함에 사악함이 없다는 뜻. 『논어』 위정편에 "자왈子曰 시삼백詩三百에 일언이폐지一言以蔽之하니 왈사무사曰思無邪니라."(공자가 말씀하셨다. 시경詩經 삼백 편을 한 마디로 말한다면 '생각함에 사특함이 없다' 라 하겠다.)

120) 『예기』 곡례편에 "무불경毋不敬하며 엄약사儼若思하며 안정사安定辭하면 안민재安民哉인저" 하였다.(공경하지 않음이 없으며, 생각하는 듯이 몸가짐을 엄숙하게 하며, 말을 안정되게 하면 백성이 편안해진다.)

121) 가느다란 실이 끊어지지 않고 이어져 있듯이 마음의 챙김을 놓지 않아야 한다는 뜻. 『수심정경』에 다음과 같은 구절이 있다. "유면면밀밀唯綿綿密密하여 염이불망즉念而不忘則 자연일심부동自然一心不動하고 백맥百脉이 귀원歸源하여 화강수승火降水昇에 기정신청氣定神淸하여 상통천계上通天界하고 하달지부下達地府하여 공공통통空空洞洞에 광명光明이 무변無邊하고 동이무간動而無間하여 일체현묘지경一切玄妙之境을 통철개오洞撤開悟하리라."(오직 간단이 없이 지속하여서 일념을 잊어버리지 아니하여야 자연히 한마음이 움직이지 아니하고 일백 맥이 근원에 돌아가 불은 내리고 물은 올라서 기운은 하나에 정하고 정신은 맑아서 위로는 천상계를 통하고 아래로는 지리를 사무쳐서 비고비어 맑고 맑아서 그 광명이 끝이 없고 동하되 사이기 없어서 일체 현묘한 경지를 맑고 밝게 깨우쳐서 열릴 것이니라.)

122) 화합하되 흘러가지 않는다는 뜻. 『중용』에 "자로문강子路問强한대 자왈子曰 남방지강여南方之强與아 북방지강여北方之强與아 억이강여抑而强與아 관유이교寬柔以教요 불보무도不報無道는 남방지강야南方之强也니 군자거지君子居之니라. 금혁金革하야 사이불염死而不厭은 북방지강야北方之强也니 이강자거지而强者居之니라. 고故로 군자君子는 화이불류和而不流하나니 강재교强哉矯여. 중립이불의中立而不倚하나니 강재교强哉矯여. 국유도國有道에 불변색언不變塞焉하나니 강재교强哉矯여. 국무도國無道에 지사불변至死不變하나니 강재교强哉矯여"(자로가 굳셈을 물으니 공자께서 말씀하시

카) 동정삼매動靜三昧 타) 동정일원動靜一圓

※ 참고

가) 외수양外修養은 수양지의修養之意가 재어대치외경在於對治外境이니

① 피경공부避境工夫라 초학지시初學之時에 당원피외유경계當遠避外誘境界가 시야是也

② 사사공부捨事工夫라 불긴지사不緊之事라 번잡지단煩雜之段을 당사이불작當捨而不作이 시야是也

③ 의법공부依法工夫라 신수상승해탈지법信受上乘解脫之法하야 구안심어진리求安心於眞理가 시야是也

④ 다문공부多聞工夫라 다문위인관대실화多聞偉人寬大實話하야 상존심어대국常存心於大局이 시야是也

주공지제做工之際에 행차사사行此四事하면 즉자연외경평정則自然外境平定하야 무유오심지단無有忤心之段하리니 고어古語에 운云 수욕정이풍부지樹欲靜而風不止라하니 풍자風者는 외경야外境也라 풍지즉수정風止則樹靜하고 경치즉심안境治則心安이니라

나) 내수양內修養은 수양지의修養之意가 재어내수자심在於內修自心이니

① 집심공부執心工夫니 염불좌선念佛坐禪과 급일체시중及一切時中에 상념집심부동常念執心不動하야 사오심신使吾心身으로 부득유방외경不得流放外境이니 여순우인집비불사如馴牛人執轡不捨가 시야是也

기를 「남방의 강함인가? 북방의 강함인가? 그렇지 않으면 너의 강함인가? 너그럽고 부드러움으로 가르치고 무도함에 보복하지 않는 것은 남방의 강함이니 군자가 그렇게 산다. 창검과 갑옷을 깔고 죽어도 한하지 않는 것은 북방의 강함이니 강폭한 자가 그렇게 산다. 그러므로 군자는 화하되 흐르지 아니하니 강하다. 꿋꿋함이여! 중에 서서 기울어지지 아니하니 강하다. 꿋꿋함이여! 나라에 도가 있으면 옹색함을 변치 아니하니 강하다. 꿋꿋함이여! 나라에 도가 없으면 죽게 되더라도 변치 아니하니 강하다. 꿋꿋함이여!」)

② 관심공부觀心工夫니 집심초가執心稍可면 즉우방임자적則又放任自適 이단관심소지而但觀心所之하야 제기망념이이制其妄念而已니 여순우인如馴牛人이 사비관우捨轡觀牛하되 단제기착행但制其錯行이 시야是也

③ 무심공부無心工夫라 관심이숙즉우사관상觀心已熟則又捨觀相하고 명적자재明寂自在히 관이무소관觀而無所觀이라 여순우인如馴牛人이 시입인우불이지경始入人牛不二之境하야 동정일진動靜一眞 시야是也니라

④ 능심공부能心工夫라 무심이숙즉無心已熟則 상심불리성常心不離性하야 수기응변隨機應變하되 시중자재時中自在하고 염념도중念念度衆하며 보보위법步步爲法하야 만능겸비자萬能兼備者가 시야是也

경經에 운云 심정즉일체정心淨則一切淨하나니 심자心者는 포허공만상자야包虛空萬相者也라 심일정心一淨이면 즉백천외경則百千外境이 일체청정一切淸淨하야 경아무간境我無間하야 동성정토同成淨土니라

다) 외정정자外定靜者는 정정지의定靜之義가 재어입지부동在於立志不動이니

① 발대원심發大願心이니 원심願心이 이극已極하면 즉우만세연則于萬世緣이 수당면횡재雖當面橫在라도 시약불견視若不見하야 소불괘심小不掛心이니 여석가세존如釋迦世尊이 발심대도發心大道하야 왕궁지락王宮之樂과 설산지고雪山之苦를 무류심내저사상無留心內底思想이 시야是也

② 발대신심發大信心이니 신심이극信心已極이면 즉천만세법則千萬世法이 수분운병처雖紛紜並處라도 갱무사량更無思量 취사지심取捨之心에 여혜가지어달마야如慧可之於達磨也니 일신결지一信決志에 망구구법저사상忘驅求法底思想이 시야是也

③ 발대분지發大忿志이니 분심이극忿心已極이면 즉천만장애則千萬障碍가 수포위중첩雖包圍重疊이라도 무유공포퇴축지심無有恐怖退縮之心이니 여야소지십이사도如耶蘇之十二司徒가 모험수도冒險守道하야 사이불이저사상死而不已底思想 시야是也

주공지제做工之際에 유차삼사상즉자연입지有此三思想則自然立志가 여산如山하야 무유동요無有動搖하리리라

라) 내정정자內定靜者는 정정지의定靜之義가 재어내심무란在於內心無亂이니

① 염불좌선念佛坐禪 급일체무사지시及一切無事之時에 난상불기亂想不起하야 분이지시分而至時하고 시이지일時而至日하야 적요무일념寂寥無一念이 이지어망미망형以至於忘味忘形이 시야是也

② 행주동작급일체유사지시行住動作及一切有事之時에 기지일정其志一正하야 수찰나간雖刹那間이라도 망념부동妄念不動이니 고성소위古聖所謂 일직심一直心이 시야是也

③ 사상이공四相已空하고 육진六塵이 돈정頓淨하야 대경망경對境忘境에 무착무염無着無染이니 여응무소주如應無所住 행무소행行無所行 동무동動無動이 시야是也

주공지제做工之際에 득차삼력得次三力이면 즉자연심해則自然心海가 평정平淨하고 번뇌煩惱가 영단永斷하리리라

마) 외도정자外道定者는 불식자성원정不識自性元淨과 급정혜인연及定慧因緣하고 혹이사념或以邪念으로 기원起願하고 혹이기괴或以奇怪로 신법信法하며 혹이외식或以外飾으로 구도求道하야 불수기내不修其內하며 존념외신存念外神하고 송주명상誦呪瞑想하야 고집불변固執不變하야 구구성숙久久成熟하면 즉역유잠정지도則亦有暫定之道나 연然이나 약정중이적소현若定中異蹟小現이면 즉심내황홀則心乃恍惚

하야 위혜소발僞慧小發이면 즉욕내익창則欲乃益昌 침침요요沈沈撓撓하야 정부위난定復爲亂이라 비단정부위란非但定復爲亂이라 차간此間에 우유행사작죄자심다又有行邪作罪者甚多니라

바) 자성정자自性定者는 선식자성원정先識自性元淨과 급정혜인연及定慧因緣이니 의차이수依此以修하면 공색불이空色不二하고 동정動靜이 시일是一하며 원친怨親이 평등平等하고 선악성공善惡性空과 생·로·병·사生老病死와 일체인과一切因果에 무소괘애이여여자연無小罣碍而如如自然하야 망본영멸妄本永滅하고 성체상현性體常現하나니 비여거초지인譬如擧草之人이 초근영제草根永際하면 불가복맹不假復萌이 시야是也

사) 소승정자小乘定者는 의재독선意在獨善이니 불사도중不思度衆이라 구법편소求法便小하야 단취무사但取無事에 혹피속첩산或避俗捷山하야 이종신무문以終身無聞으로 위자결爲自潔하며 혹피경독처或避境獨處하야 이종신무사以終身無事로 위자시爲自是하고 염염근수念念勤修에 불염세속不染世俗이라사 내성기정乃成其定이라 하나 연然이나 약출세응물若出世應物에 순역제경順逆諸境이 포위공격包圍攻擊하면 즉당황지간則唐惶之間에 수실기정遂失其正하리니 비여소와지수譬如小窪之水는 수청雖淸이나 이오지격易汚之格이 시야是也

아) 대승정자大乘定者는 존신대도尊信大道하야 서원도중誓願度衆에 습정어료習定於鬧하고 구안어고求安於苦하며 취무사어유사取無事於有事하고 구무욕어가욕求無慾於可慾하며 인욕정진忍辱精進하야 치화불유致和不流하며 희노애락喜怒哀樂과 애오호염愛惡好厭을 임운자재任運自在라 동불리정動不離靜하고 정불리동靜不離動하야 이동정而動靜에 상안常安하리니 비여대해지수譬如大海之水는 양양호호洋洋浩浩하야 욕청이불가청欲淸而不可淸하며 욕탁이불가탁지격欲濁

而不可濁之格 시야是也

<이상은 수심정경의 강요에서 발췌했음>[123)]

123) 가) 외수양의 뜻은 바깥 경계를 대치하는 데 있다. 바깥 경계를 대치하는 데는 첫째, 경계를 피하는 공부이다. 처음 공부할 때는 마땅히 밖에서 유혹하는 경계를 멀리 피해야 한다. 둘째, 일을 놓는 공부다. 중요하지 않은 일과 번잡한 일을 마땅히 버리고 다시 짓지 않는다. 셋째, 법에 의지하는 공부다. 상승의 해탈법을 믿어 받아서 진리에 마음을 편안하게 한다. 넷째, 많이 듣는 공부이다. 위인의 관대하고 실다운 말을 들어서 항상 국이 큰마음을 보존한다.
공부하는 때에 이 네 가지 공부를 수행하면 자연히 바깥 경계가 평정해져 거슬리는 마음이 없다. 옛 경에 말하기를 '나무가 고요하고자 하나 바람이 그치지 않는다' 하였으니 바람은 외경이다. 바람이 그치면 나무는 고요하고 경계를 다스리면 마음이 편안하다.

나) 내수양은 수양의 뜻이 자기 마음을 안으로 닦는다는 뜻이 있으니 안으로 자기 마음을 닦는 사람은 첫째, 마음을 붙잡는 공부이다. 염불이나 좌선할 때 또는 아무 때나 항상 마음을 붙잡아 부동함을 생각하여 내 심신으로 하여금 바깥 경계에 흘려 놓아 보내지 말 것이니 마치 소를 길들이는 사람이 고삐를 잡아 놓지 않는 것과 같다. 둘째, 마음을 보는 공부이다. 마음 잡는 공부가 점점 익숙해지면 놓아 맡겨 스스로 나아가게 하되 다만 가는 마음을 보아서 그 망념을 제재할 뿐이니 마치 소 길들이는 사람이 고삐를 놓고 소를 보고서 다만 그 소가 잘못 가는 것만 제재하는 것과 같다. 셋째, 무심 공부이다. 관심 공부가 이미 순숙되었으면 또한 상을 보는 것도 놓아 버려 밝고 고요함을 자유로 하여 보되 보는 바가 없으니 마치 소 길들이는 사람이 비로소 사람과 소가 둘이 아닌 경지에 들어 동과 정이 하나로 참됨과 같은 것이 이것이다.
경에 이르기를 '마음이 청정하면 일체가 청정하다' 했으니 마음이라 하는 것은 허공만상을 포함한 것이라 마음이 한 번 청정하면 백천의 경계가 모두 청정하여 경계와 내가 없어 한 가지 정토를 이룬다.

다) 외정정은 정정의 뜻이 뜻을 세워 동하지 않는데 있다. 뜻을 세워 동하지 않는다는 것은 첫째, 큰 서원심을 내는 것이다. 서원심이 이미 지극하면 곧 모든 세상 인연이 모름지기 앞에 당하여 비껴 있다 할지라도 보아도 보이지 않는 것 같아서 조금도 마음에 걸리지 않는다. 마치 석가세존이 큰 도에 발심하여 왕궁의 즐거움과 설산의 고행을 마음속에 두지 않았던 것과 같다. 둘째, 큰 신심을 내는 것이다. 신심이 이미 지극하면 곧 모든 세상 법이 비록 어지러이 어울려 있는 곳이라도 다시 사량하고 취사하는 마음이 없다. 이는 혜가가 달마에 바친 신심과 같다. 하나의 믿음으로 뜻을 결정함에 몸을 잊고 법을 구하는 생각이 이것이다. 셋째, 크게 분심을 내는 것이다. 분심이 지극하면 모든 장애가 겹겹이 포위할지라도 두려워 물러나 움츠리는 마음이 없으니, 마치 예수의 십이 사도가 위험을 무릅쓰고 도를 지키는 것과 같이 죽어도 마치지 않을 생각을 하는 것이 이것이다.
공부하는 때에 이 세 가지 생각이 있으면 자연히 뜻 세움이 태산 같아서 동요함이 없으리라.

라) 내정정은 정정의 뜻이 마음 안에 어지러움이 없는 데에 있으니 내심이 어지럽지 않게 하려면 첫째, 염불·좌선으로 일체 일이 없는 때에 어지러운 생각이 일어나지 않게 해서 분에서 시간에 이르고 시간에서 날에 이르도록 고요하고 고요하여서 한 생각도 없고 형상도 잊어버리는 데에 이르는 것이 이것이다. 둘째, 행하고 머물고 동작하는 모든 일이 있는 때에 그 뜻이 한 번 올발라 비록 순간이라도 망념이 동하지 않는 것으로 옛 성인의 일직심이 이것이다. 셋째, 사상이 이미 공하고 육진이 문득 청정하여 경계를 대하되 경계를 잊으며 착됨이 없고 물듦이 없는 것이니 응하되 주착이 없고 행하되 행함이 없으며 동하되 동함이 없는 것같이 함이 이것이다. 공부하는 때에 이 세 가지 힘을 얻으면 곧 심해가 자연히 평정하고 번뇌가 길이 끊어진다.

마) 또한 외도의 정은 자성이 원래 청정하고 정과 혜가 서로 인연함을 알지 못하고, 또는 사념으로 원을 세우고, 또는 기괴한 것으로 법을 믿으며, 또는 겉으로 꾸민 것에서 도를 구하여 그 내심을 닦지 않고 바깥 신을 생각하여 주문을 외우고 명상하며 굳게 마음을 잡아 변치 않고 오래오래 성숙하면 곧 잠깐 정하는 길이 있으나 정 가운데 이적이 조금 나타나면 욕심이 여기에 더욱 번창해서 빠지고 빠져 얽매어져 정이 다시 어지럽게 된다. 이 사이에 또한 사도를 행하고 죄를 짓는 사람이 많다.

바) 자성이 정하고 고요하다 함은 먼저 자성이 원래 청정하고 정과 혜가 서로 인연해 있음을 알아 이에 의지하여 닦으면 공과 색이 둘이 아니고 동과 정이 하나이며 원망과 친함이 평등하고 선악의 성품이 공하여 생·로·병·사와 모든 인과에 조금도 구애됨이 없어 여여 자연하여 망녕됨이 근본적으로 길이 없어지고 성체가 항상 나타난다. 비유하면 풀을 뽑는 사람이 풀뿌리를 길이 제거하면 다시는 싹이 나지 않는 것과 같다.

사) 소승의 정은 뜻이 독선에 있다. 중생을 제도할 생각을 않는 것이다. 작은 법을 구하는 데 치우쳐 다만 일 없음을 취하며, 또는 세속을 피하고 산에 깃들어 평생을 속세의 말을 듣지 않는 것으로 스스로 결백으로 삼으며, 또는 경계를 피하여 홀로 처해서 몸을 마치도록 일 없는 것으로 스스로 옳다 하고, 생각 생각을 부지런히 닦아 세속에 물들지 않는 것으로 그 정을 이룬다. 그렇지만 세상에 나와 사물을 접응하면 순역의 모든 경계가 포위하여 공격함에 당황하는 사이에 드디어 그 정을 잃어버린다. 비유하면 작은 웅덩이 물은 비록 맑으나 더럽혀지기 쉬운 격이 이것이다.

아) 대승의 정은 대도를 받들어 믿어서 중생제도를 서원하여 시끄러운 곳에서 정을 익히고 괴로운 곳에서 편안함을 구하며, 일 있는 곳에서 일 없음을 취하고, 욕심나는 곳에서 욕심 없음을 구하며, 인욕 정진하여 조화를 이루되 세속에 흐르지 않는다. 희·로·애·락과 사랑하고 미워하고 좋아하고 싫어함을 자유자재하게 임의로 운전하는 것이다. 동하되 정을 떠나지 않고 정하되 동을 떠나지 아니하여 동정에 항상 편안하다. 마치 대해의 물은 넓고 넓어서 맑히고자 해도 더 맑힐 수가 없고 흐리게 하고자 해도 더 흐리게 할 수 없는 것과 같다.

제8장 참회문

음양 상승(陰陽相勝)의 도를 따라 선행자는 후일에 상생(相生)의 과보를 받고 악행 자는 후일에 상극(相克)의 과보를 받는 것이 호리도 틀림이 없으되, 영원히 참회 개과하는 사람은 능히 상생상극의 업력을 벗어나서 죄복을 자유로 할 수 있나니, 그러므로 제불 조사가 이구동음으로 참회문을 열어 놓으셨노라.

대범, 참회라 하는 것은 옛 생활을 버리고 새 생활을 개척하는 초보이며, 악도를 놓고 선도에 들어오는 초문이라, 사람이 과거의 잘못을 참회하여 날로 선도를 행한즉 구업(舊業)은 점점 사라지고 신업은 다시 짓지 아니하여 선도는 날로 가까워지고 악도는 스스로 멀어지느니라. 그러므로 경에 이르시되 「전심 작악(前心作惡)은 구름이 해를 가린 것과 같고 후심기선(後心起善)은 밝은 불이 어둠을 파함과 같으니라.」하시었나니, 죄는 본래 마음으로부터 일어난 것이라 마음이 멸함을 따라 반드시 없어질 것이며, 업은 본래 무명(無明)인지라 자성의 혜광을 따라 반드시 없어지나니, 죄고에 신음하는 사람들이여! 어찌 이 문에 들지 아니하리오.

그러나 죄업의 근본은 탐·진·치(貪瞋痴)라 아무리 참회를 한다고 할지라도 후일에 또다시 악을 범하고 보면 죄도 또한 멸할 날이 없으며, 또는 악도에 떨어질 중죄를 지은 사람이 일시적 참회로써 약간의 복을 짓는다고 할지라도 원래의 탐·진·치를 그대로 두고 보면 복은 복대로 받고 죄는 죄대로 남아 있게 되나니, 비하건대 큰 솥 가운데 끓는 물을 냉(冷)하게 만들고자 하는 사람이 위에다가 약간의 냉수만 갖다 붓고, 밑에서 타는 불을 그대로 둔즉 불의 힘은 강하고 냉수의 힘은 약하여 어느 때든지 그 물이 냉해지지 아니함과 같으니라.

세상에 전과(前過)를 뉘우치는 사람은 많으나 후과를 범하지 않는 사람은 적으며, 일시적 참회심으로써 한두 가지의 복을 짓는 사람은 있으나 심중의 탐·진·치는 그대로 두나니 어찌 죄업이 청정하기를 바라리오.

참회의 방법은 두 가지가 있으니, 하나는 사참(事懺)이요 하나는 이참(理懺)이라, 사참이라 함은 성심으로 삼보(三寶) 전에 죄과를 뉘우치며 날로 모든 선을 행함을 이름이요, 이참이라 함은 원래에 죄성(罪性)이 공한 자리를 깨쳐 안으로 모든 번뇌 망상을 제거해 감을 이름이니 사람이 영원히 죄악을 벗어나고자 할진대 마땅히 이를 쌍수하여 밖으로 모든 선업을 계속 수행하는 동시에 안으로 자신의 탐·진·치를 제거할지니라. 이같이 한즉, 저 솥 가운데 끓는 물을 냉하게 만들고자 하는 사람이 위에다가 냉수도 많이 붓고 밑에서 타는 불도 꺼버림과 같아서 아무리 백천 겁에 쌓이고 쌓인 죄업일지라도 곧 청정해지나니라.

또는, 공부인이 성심으로 참회 수도하여 적적 성성한 자성불을 깨쳐 마음의 자유를 얻고 보면, 천업(天業)을 임의로 하고 생사를 자유로 하여 취할 것도 없고 버릴 것도 없고 미워할 것도 없고 사랑할 것도 없어서, 삼계 육도(三界六途)가 평등 일미요, 동정 역순이 무비 삼매(無非三昧)라, 이러한 사람은 천만 죄고가 더운물에 얼음 녹듯 하여 고도 고가 아니요, 죄도 죄가 아니며, 항상 자성의 혜광이 발하여 진대지가 이 도량이요, 진대지가 이 정토라 내외 중간에 털끝만한 죄상(罪相)도 찾아볼 수 없나니, 이것이 이른바 불조의 참회요, 대승의 참회라 이 지경에 이르러야 가히 죄업을 마쳤다 하리라.

근래에 자칭 도인의 무리가 왕왕이 출현하여 계율과 인과를 중히 알지 아니하고 날로 자행자지를 행하면서 스스로 이르기를 무애행(無碍行)이라 하여 불문(佛門)을 더럽히는 일이 없지 아니하나니, 이것은 자성의 분별 없는 줄만 알고 분별 있는 줄을 모르는 연고라, 어찌 유무 초월의 참 도를 알았다 하리요. 또는, 견성만으로써 공부를 다 한 줄로 알고, 견성 후에는 참회도 소용이 없고 수행도 소용이 없다고 생각하는 사람이 많으나, 비록 견성은 하였다 할지라도 천만 번뇌와 모든 착심이 동시에 소멸하는 것이 아니요 또는 삼대력(三大力)을 얻어 성불하였다 할지라도 정업(定業)은 능히 면하지 못하는 것이니, 마땅히 이 점에 주의하여 사견(邪見)에 빠지지 말며 불조의 말씀을 오해하여 죄업을 경하게 알지 말지니라.

[대의]

과거의 허물을 진정으로 뉘우치고 다시는 범하지 않기로 결심하는 동시에 그 허물을 고쳐가며 날로 선업을 지음으로써 그릇된 생활을 버리고 올바른 생활을 개척하여 악도를 놓고 선도에 들게 하며 구경에는 마음의 자유를 얻어 천업을 임의로 하고 생사의 자유를 얻는 법문인바 그 길은 사참과 이참의 두 가지가 있다.

<과거의 잘못을 뉘우치고 후과를 범하지 않으며 날로 선업을 짓는 것>

[단어 숙어 풀이]

◆ 참회 : 1) 과거의 허물을 뉘우치며 고쳐가는 동시에 후과를 범하지

않고 날로 선업을 짓는 공부. 2) 과거의 허물을 실심으로 뉘우치고 후과를 범하지 않기로 맹서하여 결심하는 동시에 날로 선업을 짓는 공부.

◆ 음양상승 : 1) 우주변화의 기본적인 법칙으로서 음중양陰中陽 양중음陽中陰이 상추相推하여 순환 불궁하는 원리이다. 2) 천지 만물의 생성 변화하는 가장 기본적인 원리로서, 오면 가고 가면 반드시 오는 순환 불궁하는 이치이다.

※ 참고 : 인과보응

가) 만물이 변화하는 가장 기본적인 원리로서, 인중과因中果 과중인果中因 인중과因中果로 돌고 도는 이치.

나) 천지 만물의 생성 변화하는 가장 기본적인 철칙이다.

이상 음양상승과 인과보응은 일원상의 진리가 변화하는 가장 기본적인 법칙인바, 음양상승은 주로 우주 변화에 쓰이고 인과보응은 주로 만물 변화에 쓰이는 말이다.

◆ 상생 : 서로 살리고 돕는 변화.

◆ 상극 : 서로 죽이고 해害하는 변화.

상생상극은 천만 사물[인연]이 서로 만날 때 변화하는 내용과 모습을 나타내는 말.

◆ 업력 : 1) 인연에 따라 서로 끌리는 힘. <인연력> 2) 습관에 따라 자동적으로 끌리는 힘. <습관력> 3) 욕심에 따라 자동적으로 끌리는 힘. <욕심력> 4) 변화작용을 오래오래 반복함에 따라 스스로 끌려가는 힘이 생기는 것. 5) 가까운 인연이 되는 힘.

◆ 과보 : 1) 인과응보의 준말. 2) 원인에 따라 받아지는 결과.

※ 업보 : 몸과 마음으로 선악 간 작용한 결과로 받아지는 것.

◆ 구업舊業 : 1) 전에 지은 업. 2) 전에 지은 일.

◆ 신업新業 : 1) 새로 짓는 업. 2) 새로 짓는 일.

◆ 업 : 1) 짓는 일. 지은 일. 2) 심신 작용. 3) 행위. 4) 무명에 의한 행위.[업에는 선업과 악업이 있다.]

◆ 선도 : 1) 선업을 짓는 일. 2) 선업이 많은 세계.

◆ 악도 : 1) 악업을 짓는 일. 2) 악업이 많은 세계.

◆ 무명 : 1) 밝지 못한 마음. 2) 어두운 마음 ↔ 반야. 3) 성품이 바로 발현되지 못하고 무엇[감정, 습관, 욕심, 선입관념, 친소, 상식, 지식, 아집 등]에 가려서 발현되는 작용. 4) 자체의 상에 가려서 나오는 마음. 예) 태양이 구름에 가리면 그 광명이 제대로 비치지 못하고 전구에 색을 칠하면 그 빛이 순색純色으로 비치지 못하는 것 같이 우리의 마음도 무엇엔가 가려서 발현되는 작용은 제대로 비치지 못하기 때문에 밝고 바르게 작용될 수 없는 것이다. 그러므로 무명에 의한 그 행이 죄업으로 나타나는 것이다.

◆ 전과前過 : 1) 과거에 지은 죄과 ↔ 후과後過 2) 지난날의 허물.

◆ 삼보 : 1) 불교의 종단을 구성하는데 세 가지 기본적인 요건으로서 불佛, 법法, 승僧을 말함. 2) 교조[불], 교법[불타의 가르침], 승가[대중, 스승님들]를 말하기도 하는바 이는 현실 삼보이요. 3) 우주 만유 전체[불], 질서정연한 법칙[법], 삼라만상[승]. <우주 삼보> 4) 자심불自心佛 자성법自性法 양심승良心僧. <자성 삼보> 5) 불시각佛是覺, 법시정法是正, 승시정僧是淨. <육조 대사의 수행 삼보>

◆ 죄성 : 1) 죄짓는 마음. 2) 죄의 성품.

◆ 번뇌 : 삼독오욕으로 시달리는 마음.

◆ 망상 : 허망하고 필요 없는 생각.

◆ 사참 : 1) 현실적인 참회로서 밖으로 삼보 전에 죄과를 뉘우치며 날로 모든 선을 행하기로 결심하는 것. 2) 스스로의 잘못을 깨달아 진

심으로 뉘우치고 진리와 법과 스승님과 대중의 앞에서 자기의 허물을 낱낱이 반성 고백하며 다시는 범하지 않을 뿐 아니라 마음의 고삐를 돌려 날로 선을 행하기로 결심하고 맹세하는 동시에 가호와 편달을 애원하는 일.

◆ 이참 : 1) 진리적인 참회로서 원래 죄성이 공한 자리를 깨쳐 안으로 삼독의 모든 번뇌 망상을 제거하는 공부. 2) 선악이 없고 죄성이 공한 성품 자리에 늘 반조하여 삼독의 뿌리를 녹이고 무명을 파하며 신업은 다시 짓지 않는 것.

※ 사참은 밖으로 선업 수행하는데 중점이 있고,
이참은 안으로 탐·진·치를 제거하는데 중점이 있다.

◆ 천업 : 1) 하늘의 행위, 진리의 작용, 진리가 하는 일로서 음양상승, 인과보응, 성·주·괴·공, 생·로·병·사, 십이인연, 육도 윤회 …. 2) 자연의 공도.

◆ 정업定業 : 1) 육도사생이 몸과 마음으로 이미 지어놓은 업. 2) 이미 과보가 결정된 업. 3) 이미 행동하여 업보가 결정된 것.

※ 필연성.

※ 자업 : 1) 스스로 짓는 업. 2) 스스로의 행위.

※ 자율성.

◆ 죄업 : 죄의 모습. 예) 살생, 도적 ….

◆ 무애행 : 1) 걸리고 막히는 바가 없는 행. 2) 마음대로 하되 진리에 어긋남이 없는 행.

※ 제멋대로 자행자지하는 행으로 오용되기도 함.

◆ 사견 : 1) 올바르지 못한 의견. 2) 바르지 못한 견해 ↔ 정견

◆ 탐심貪心 : 지나친 욕심.

◆ 진심瞋心 : 지나치게 거슬려 나온 감정.

◆ 치심痴心 : 굳어진 상에 가려 나오는 어리석음.

[문제점]

1. 음양상승의 도와 상생상극의 관계는?

1) 음양상승의 도는 우주 변화의 기본적인 법칙이요, 상생 상극은 그 변화의 법칙에 따라 천만 사물과 인연이 서로 만날 때 변화되는 내용과 그 모습이다. 고로 그 관계는 원리에 따라 변화하는 모습의 차이가 있을 뿐 둘이 아니다.

2) 모든 물건이나 일이나 인연들이 서로 만나서 변화하게 되는데 서로 같거나 가깝거나 거슬리지 않는 성질이나 기운이나 인연은 서로 살리고 도우면서 변화하게 되는 것이니 이것은 상생의 변화요, 서로 다르거나 맞지 않거나 거슬리는 성질이나 기운이나 인연은 서로 죽이고 해하면서 변화하게 되는 것이니 이것은 상극의 변화다. 이와 같이 만물萬物 만사萬事 만인연萬因緣이 변화하는 것은 음양상승의 순환 불궁하는 도에 따라 있게 되는 것이다.

예) 가) 금목수화토의 상생상극. 나) 선행자는 상생으로 악행자는 상극으로. 다) 좋은 일은 상생으로 악한 일은 상극으로.

2. 영원히 참회 개과한다는 것은?

1) 길이길이 끊임없이 잘못을 뉘우치고 후과를 범하지 않기로 결심하는 동시에 고쳐가는 것을 말한다.

2) 일시적으로 한두 차례의 참회만 하고 마는 것이 아니라 끊임없이 계속 참회 수도하여 죄업이 청정하게 될 때까지 이참 사참을 쉬지 않는 것을 말한다.

3. 상생상극의 업력을 벗어나서 죄복을 자유로 한다는 것은?

1) 선업력이나 악업력에 얽매이지 않고 죄복을 마음대로 한다는 것

이니, 선악 간에 인연이나 습관이나 욕심에 끌려가는 힘을 조절하고 부려 쓸 줄 알아서 죄에 끌려 타락하지 않고 복에 끌려 넘치지 않으며 일체를 마음대로 하는 것을 말한다.

2) 선악 간 인연력이나 습관력이나 욕심력에 끌리지 않고 순역경계에 걸림이 없는 심력을 갖춘 것.

※ 도력으로써 업력을 마음대로 하는 것을 말한다.

4. 알고 지은 죄와 모르고 지은 죄의 과보는 그 경중이 어떠한가?

선악과 죄복의 내역을 알고는 죄지으려는 마음이 근본적으로 크게 작용하지는 못할 것이다. 만일 알고도 부득이 짓는 경우가 있다면 조심하는 마음이 앞설 것이요, 지은 뒤에는 바로 참회할 마음이 나게 될 것이다. 그러나 선악과 죄복의 내역을 전연 알지 못하고 보면 근본적으로 본능적인 충동이나 욕심에 끌려 자행자지로 작용하게 될 것이며 따라서 참회할 마음도 나지 않을 것이다. 그러므로 그 과보도 모르고 짓는 것이 더 중하게 나타날 것이다.

예) 가) 불 속에 넣었다 내놓은 쇳덩이를 알고 잡는 것과 모르고 잡는 것이 어느 편이 더 많이 화상을 입겠는가?

나) 그러나 여기 한 가지 부연해 둘 것은 지능적으로 법망을 피해가면서 지은 죄업은 그 과보가 더 큰 것이다. 여기서 말하는 것은 인과보응의 내역을 알고 지은 것과 모르고 지은 것을 말하는 것이요 지능범의 죄과를 말한 것이 아니다.

5. 신업은 다시 짓지 아니하여 운운하였는데 선업이나 악업이나 신업은 짓지 않는다는 것인가?

여기서 업이라 함은 죄업, 악업, 무명업을 말한다.

6. 죄는 본래 마음으로부터 일어난 것이라 하였는데 그것이 무슨 뜻인가?

일체유심조라 죄복이 다 마음으로부터 일어난 것이다. 한 생각 선하면 복이 되고 한 생각 악하면 죄가 되는 것이니, 여기서 죄만을 든 것은 참회문이기 때문인가 한다.

7. 업은 본래 무명이라 하였는데 그것이 무슨 뜻인가?

죄업의 씨가 무명임을 말한 것이다. 즉 죄업은 우리의 심신 작용이 무엇엔가 주착되어 밝지 못하고 바르지 못하게 작용하는 데서 기원하기 때문에 업은 본래 무명이라고 한 것 같다.

8. 자성의 혜광을 따라 업이 없어지는 내역을 설명해 주시오

1) 자성의 혜광은 가림 없고 주착한 바 없는 마음의 발현이니, 무명이 걷힌 심신 작용이면 그때가 자성의 혜광이요,

2) 주착한 바 없이 마음을 쓰게 되면 그때가 바로 무명이 걷힌 것이요 자성의 혜광이 나타난 것이다.

고로 무명이 아니면 자성의 혜광이 나타나게 되고 자성의 혜광이 발현되면 무명은 사라지는 것이라, 무명이 없게 되면 악업 또한 스스로 사라지는 것이다.

9. 무명과 탐·진·치와의 관계?

무명은 밝지 못한 마음이니 탐심에 가려서 어두워지기도 하고 진심에 가려서 어두워지기도 하며 또는 치심에 가려서 어두워지기도 한 것이니, 이 삼독심은 일체중생의 마음이 어두워지는 가장 근본적인 요인이 되는 것이다. 즉 무명은 어두운 마음이요 죄업의 뿌리라면 탐·진·치는 무명을 이루는 가장 근본적인 요건이라 하겠다.

10. 탐·진·치 가운데 어느 것이 근본이 되는가요?

본능적으로 갖추어 있는 욕심, 감정, 이성이 중도를 잃고 발현되는 마음이 탐·진·치로 나타나는 것이니, 그 가운데 어느 것이 근본이 되는 것이 아니라 서로 근본이 되기도 하고 경계 따라 달리 나타날

뿐인 것이다.

11. 일시적 참회란?

잠깐 전과前過를 뉘우치기만 하는 것이요, 후과後過를 다시 범하게 될 때 하는 말이다.

12. 참회는 전과前過를 뉘우치고 후과後過를 범하지 않는 것인데 '참회를 한다고 할지라도 후일에 또다시 악을 범하고 보면 운운' 하였으니 모순된 말이 아닌가?

말과 글에 너무 얽매이지 말라. 참회의 방법은 한결같지 않고 그 성격 또한 다른 바가 있으니 여기서 말한 참회란 일시적으로 뉘우치기만 하는 것을 뜻하는 것 같다. <자칭 도인의 무리 운운한 것 같이 일시적 참회를 뜻한다>

13. 참회의 방법에 대하여 자세히 설명해 주시오.

참다운 참회는 불생불멸과 인과보응의 진리를 여실히 깨닫고 믿어서 남을 속이고 해하는 것이 곧 나를 속이고 해하는 것임을 알아야 행해지는바, 그 방법은 두 가지로 요약할 수 있다.

첫째는 사참이니, 외적 현실 참회로서 매일 마음을 대중 잡고 반성하며 고쳐가는 방법으로

1) 삼세에 신·구·의 삼업으로 알고도 짓고 모르고도 지은 일체 죄업을 삼보 전에 진심으로 참회하고 그 과보의 두려움을 깨닫는 길이요,
2) 늘 마음을 챙기고 스스로 경계하여 고쳐 나가서 신·구·의 삼업을 처음부터 청정하게 지을 수 있도록 계문을 지키고 솔성요론을 실행하는 길이다.
3) 도력으로써 늘 업력을 대치하되 정업은 난면難免이니 빨리 달게 받고 고치는 길이다.

도력道力
- 대공력大空力 { 정력-그치는 힘 / 혜력-연마하는 힘 / 계력-실행하는 힘 } 삼대력
- 대공력大公力 = 자심慈心, 비심悲心, 희사심喜捨心 = 무아경無我境

업력業力
- 애정력-애정과 은의로 맺어진 인연력-상생
- 원증력-원망과 미움으로 맺어진 인연력-상극
- 무명력-오욕과 삼독으로 절인 인연력-무명

둘째는 이참이니, 내적 진리 참회로서 죄성이 공한 각자의 성품에 반조해서 삼세의 업장을 녹여 버리는 방법으로

가) 걸림 없는 선정에 드는 길이요, 나) 염불삼매에 드는 길이요, 다) 송주일념에 드는 길이다.

※ 참고 : 청정한 지혜는 다 선정으로부터 나오는 것이요, 혜일慧日이 솟아올라야 일체 음기陰氣가 녹고 사기邪氣가 제거되어서 업장이 풀리는 것이다.

<본제의 답은 『교전대의』의 법문을 그대로 옮겼음>

14. 사참과 이참과의 관계는 어떠한가?

사참은 밖으로 선업을 계속 수행하는데 그 중점이 있고, 이참은 안으로 탐·진·치를 제거하는데 그 중점이 있어서, 비컨데 끓는 물을 냉하게 만들고자 하는 사람이 위에다 냉수도 많이 붓고 밑에서 타는 불도 꺼버리는 것 같이 영원히 죄악을 벗어나고자 하는 사람은 밖으로 악업을 쉬고 선업을 계속 수행하는 동시에 안으로 삼독의 뿌리를 녹여 버려야 할 것인바 사참과 이참은 표리의 관계가 있는 것이다.

15. 천업을 임의로 한다는 것은?

하늘이 짓는 일에 끌려다니지 않고 그것을 운용하고 활용하여 그 마음에 걸리고 막힘이 없음을 말하는바 즉 십이인연, 육도 윤회, 성·주·괴·공에 끌려다니지 않고 그것을 마음대로 운용하며, 상생 상극으로 변화하는 인과보응의 진리에 얽매이지 않고 그 진리를 알아 대인접물과 심신 작용의 생활에 활용하는 것을 말한다.

16. 취할 것도, 버릴 것도, 미워할 것도, 사랑할 것도 없다는 것은?

1) 사참과 이참을 잘하여 적적성성한 자성불을 깨치면 대도는 원융하여 원래 선악과 고락이 따로 없기 때문에 따로 취하고 버릴 것이 없을 것이요, 좋고 나쁜 것이 없고 걸리고 막힘이 없으므로 따로 미워하고 사랑할 것이 없다.

2) 시비선악과 염정제법이 다 제호의 일미를 이루기 때문에 특별한 취사나 애증이 없는 것이다.

17. 삼계육도가 평등일미요 동정역순이 무비삼매無非三昧가 되는 실경을 들어 주시오.

1) 사참과 이참으로 자성불을 깨치고 보면 그 심경은 욕계, 색계, 무색계와 천상, 인간, 수라, 축생, 아귀, 지옥의 차별이 없고, 때의 동정이나 경계의 역순에 구애함이 없이 일체 시 일체 처에 오직 자성을 여의지 않고 끊임없이 공부심으로 삼대력을 익혀 나가며, 본래의 서원 실행에 전심하는 경지이다.

2) 어느 경계에 가든지 거기에 물들지 않고 넘치지도 않으며 타락하지도 않고 일체 행이 다 진리에 어긋남이 없는 경지를 말한다.

18. 자성의 혜광이 발하면 진대지가 도량이 되고 정토가 된다는 것은?

무엇에도 가리고 막힌 바 없이 마음을 쓰게 되면 원만구족하고 지공무사한 마음의 작용이 되어 대하는 인연마다 상생으로 화하며 짓는 일마다 복락이 되어 동정 간에 복혜가 증진될 것이니, 온 천지가 다 법당이 되고 선방이 되어 가는 곳마다 낙원이 될 것이다.

19. 내외 중간에 털끝만한 죄상도 찾아볼 수 없다는 것은?

내는 육근이요 외는 육경이며 중간은 육식이라 할 수 있는바, 즉 마음에도 죄성이 없고 육신의 습성도 죄성이 없으며 일체 인연에도 죄지을 악연이 없음을 말하는 것 같다.

20. 유무 초월의 참 도란?

1) 유라고도 할 수 없고 무라고도 할 수 없으나 능유능무能有能無할 수 있는 무상대도를 말한다.
2) 불생불멸 인과보응이 서로 바탕을 두어 두렷한 기틀을 지은 진리.
3) 변·불변이 동도同道한 진리.

21. 성불을 한 사람도 정업은 면치 못한다는 것은?

이미 결정된 과보는 없앨 수 없다는 말이다. 그러나 그것을 받을 때 그 받는 심경과 방법은 공부의 실력에 따라 천차만별로 다를 수 있는 것이다. 똑같은 문제를 초등학생이 풀어내는 방법이나 시간과 중학생 고등학생 대학생이 풀어내는 방법이나 시간은 각각 다른 것과 같다. 그러므로 그 받는 심경과 방법에 따라서 새로 지어지는 원인[업인]은 각각 달라지는 것이요, 또한 이미 지은 것을 받지 않을 수는 없되 마음에 느끼는 심도와 강도는 얼마든지 다를 수 있는 것이다. 그러기 때문에 정업은 난면이라고도 하는 것이요, 참회하게 되면 중한 업은 가벼워지고 경한 업은 소멸한다고 말씀하신 것 같다.

22. 『대종경』 인과품 9장에서 정업도 점진적으로 소멸하는 길도 없지 않다고 하셨는데 정업불면定業不免이라는 말과는 서로 모순이 되지 않는가?

『대종경』의 내용을 잘 검토해 보라. 이미 지어놓은 업을 영원히 받지 않을 수 있다고 하신 것은 아니다. 마음과 위력으로써 그것을 가볍게 받을 수 있고 다시 짓지 않기 때문에 악도가 멀어진다고 하셨다.

즉 마음으로 소멸하는 길은

1) 육도사생의 변화되는 이치를 알아서 지악수선止惡修善하면 악도는 멀어지고 선도가 가까워지는 것이요,
2) 악연의 과보가 있을 때는 도심道心으로 감수불보甘受不報하면 그 업연이 쉬어지는 것이요, 죄성이 공한 자리에 반조하면 그 마음에 느끼는 정도가 거의 없을 것이다.

위력으로써 소멸하는 길은

1) 근수득력勤修得力하여 항상 향상의 길을 밟게 되면 나는 높고 그는 낮으므로 그 받는 것이 적을 것이요,
2) 덕을 공중에 쌓은즉 어느 곳에 당하든지 항상 공중의 옹호를 받기 때문에 그 악연이 함부로 침범하기 어려울 것이요, 설령 받는다고 하더라도 공중의 옹호로써 바로 회복될 것이다.

23. 자성의 분별없는 줄만 알고 분별 있는 줄은 모른다는 것은?

1) 대大 자리와 무無 자리만 알고 소小 자리와 유무有無 자리는 알지 못한 것을 말한다.
2) 변·불변이 동도同道한 것인데 불변의 진리만 알고 변화의 진리는 모른다는 것이다.
3) 자성은 진공 묘유한 자리인데 진공한 자리만 알고 묘유한 자리는 모른 것을 말한다.

24. 참회하지 않는 분에게는 어떻게 하여야 참회를 할 수 있게 할 것인가요?

먼저 불생불멸과 인과보응의 진리를 깨치고 믿게 한 뒤에 참회의

필요성을 일러줄 것이니

1) 세상에 제일 두렵고 근심될 때는 악을 범한 때이요, 제일 가볍고 기쁠 때는 악을 고치고 선을 행한 때이다.

2) 삼세에 신·구·의 삼업으로 알고도 짓고 모르고도 지은 모든 불선업을 깨끗이 참회 개과하고 마음의 고삐를 돌려놓는 그 시각부터 선의 싹이 돋는 것이요, 제불제성이 돕고 북돋아서 광명한 새 천지에서 새 생활을 하게 되는 것이다.

3) 진리는 과거를 묻지 않으며 언제나 돕고 언제나 시험한다.

4) 악업을 지은 순간 죄과는 결정되고, 선업을 지은 순간 복과는 결정된 것이다. 고로 죄복의 조물주는 각자의 마음이다.

5) 원인이 결과가 되고 일생이 영생이 되는 것이니, 한 때인들 방심할 수 있겠는가?

6) 알게 모르게 지은 죄업이 그 얼마나 많겠는가? 그러나 백 년 때묻은 옷도 양잿물로 삶아서 빨면 깨끗해지는 것 같이 숙겁에 지은 죄업도 이참 사참만 잘하면 곧 청정해질 수 있는 것이다.

복전福田농부 : 선종자=상생이타심相生利他心=복의 싹=신·구·의 삼덕심三德心=행솔성요론行率性要論=삼계육도 임의거래

죄전罪田농부 : 악종자=상극이기심相克利己心=죄의 싹=탐·진·치 삼독심三毒心=범삼십계犯三十戒=삼악도 타락

25. 참회는 신앙의 행위인가 수행의 방법인가?

이것은 신앙심에 입각한 속 깊은 수행이라 할 수 있을 것이다. 즉 깊은 신앙심에 바탕하여 속 깊은 정신 수양과 작업 취사 공부가 주가 되는 것 같다.

◎ 결어

1. 참회하라. 중한 업은 경해지고 경한 업은 소멸하느니라. <대종사>

2. 일념청정一念清淨하면 숙업자멸宿業自滅하고
   상생상화相生相和하면 만복흥륭萬福興隆하나니라. <정산 종사>

3. 천지대운天地大運은 강어일심대중降於一心大衆이요
   상생상화지도相生相和之道라야 천하태평하리라. <대산 종사>

4. 참회하라. 극락문이 열리나니라. <석가세존>

5. 회개하라. 천국이 가까워져 오느니라. <예수>

6. 개과천선하면 곧 군자니라. <공자>

7. 아석소조제악업我昔所造諸惡業 개유무시탐진치皆由無始貪瞋痴
   종신구의지소생從身口意之所生 일체아금개참회一切我今皆懺悔
   <사참게>
   죄무자성종심기罪無自性從心起 심약멸시죄역망心若滅時罪亦亡
   죄망심멸양구공 罪亡心滅兩俱空시즉명위진참회是卽名謂眞懺悔
   <이참게>[124)]

※ 참고 : 불조의 참회와 대승의 참회란?

이참과 사참을 병진하는 참회로서 천업을 임의로 하고 생사와 고락을 마음대로 할 수 있는 참회를 말한다.

---

124) 『천수경』에 나오는 내용이며, 사참게의 경우 『화엄경』 '보현행원품'에 보인다. 해석하면 '지난 동안 지은바 모든 악업은 무시이래 탐 · 진 · 치로 말미암아서 몸과 말과 뜻으로 지은 것이니 내가 이제 그 모두를 참회한다. 죄라는 것은 본래 실체가 없는데 마음으로 좇아서 일어나는 것이므로 마음이 소멸되면 죄 또한 없어진다. 마음도 없어지고 죄도 없어져서 그 두 가지가 함께 공空해져서 없어져 버릴 때 이것이 진짜 참회이다.'

제9장 심고와 기도

사람이 출세하여 세상을 살아가기로 하면 자력(自力)과 타력이 같이 필요하나니 자력은 타력의 근본이 되고 타력은 자력의 근본이 되나니라. 그러므로 자신할 만한 타력을 얻은 사람은 나무뿌리가 땅을 만남과 같은지라, 우리는 자신할 만한 법신불(法身佛) 사은의 은혜와 위력을 알았으니, 이 원만한 사은으로써 신앙의 근원으로 삼고 즐거운 일을 당할 때는 감사를 올리며, 괴로운 일을 당할 때는 사죄를 올리고, 결정하기 어려운 일을 당할 때는 결정될 심고와 혹은 설명 기도를 올리며, 난경을 당할 때는 순경될 심고와 혹은 설명 기도를 올리고, 순경을 당할 때는 간사하고 망녕된 곳으로 가지 않도록 심고와 혹은 설명 기도를 하자는 것이니, 이 심고와 기도의 뜻을 잘 알아서 정성으로써 계속하면 지성이면 감천으로 자연히 사은의 위력을 얻어 원하는 바를 이룰 것이며 낙 있는 생활을 하게 될 것이니라.

그러나 심고와 기도하는 서원에 위반이 되고 보면 도리어 사은의 위력으로써 죄벌이 있나니, 여기에 명심하여 거짓된 심고와 기도를 아니 하는 것이 그 본의를 아는 사람이라고 할 것이니라.

심고와 기도를 올릴 때는 「천지 하감지위(下鑑之位), 부모 하감지위, 동포 응감지위(應鑑之位), 법률 응감지위, 피은자 아무는 법신불 사은 전에 고백하옵나이다.」하고 앞에 말한 범위 안에서 각자의 소회를 따라 심고와 기도를 하되 상대 처가 있는 경우에는 묵상 심고와 실지 기도와 설명 기도를 다 할 수 있고, 상대 처가 없는 경우에는 묵상 심고와 설명 기도만 하는 것이니, 묵상 심고는 자기 심중으로만 하는 것이요, 실지 기도는 상대 처를 따라 직접 당처에 하는 것이요, 설명 기도는 여러 사람이 잘 듣고 감동이 되어 각성이 생기도록 하는 것이니라.

[대의]

일원상의 진리를 신앙하는 구체적인 방법의 하나로서 고락순역苦樂順逆의 일체경계와 결정하기 어려운 일을 당해서 무형한 허공 법계를 통하여 법신불께 드리는 진리불공인바, 안으로 서원과 결심이 다져져서 확고한 심력을 얻게 되고 밖으로 법신불[사은 전체]의 위력을 빌려 서원을 성취하는 동시에 자타력 병진의 크고 원만한 힘을 갖추며 무궁한 천권을 잡아 쓰는 길이요, 허공 법계의 음기와 사기를 녹여 우주를 정화하고 세계를 건지는 음부공사다.

<무형한 허공 법계를 통해서 드리는 진리불공으로 무궁한 천권을 잡아 쓰는 길이다>

속 깊은 공부 길로서 깊은 양심의 소리를 듣고, 하나님의 소리를 들으며, 진리와 직통하는 길이요, 신神을 이루는 길이며, 수양의 첩경이 기도 하다.

※ 참조 : 『대종경』 서품 13, 14장, 교의품 16, 17장.

[단어 숙어 풀이]

◆ 법신불 : 1) 사은 전체를 하나로 뭉쳐 말할 때 쓰는 말로서 일원상 진리의 이명異名. 2) 불교에서 말하는 최고 진리의 대명사.

◆ 사죄謝罪 : 1) 죄에 대한 용서를 비는 것. 2) 자기 허물을 사과함.

※ 사죄赦罪 : 죄를 용서함.

◆ 심고 : 1) 마음속으로 자기의 소회所懷를 고백하는 것. 2) 진리 앞에 자기의 소회를 마음으로만 묵묵히 고백하는 것.

◆ 기도 : 1) 신神, 불佛, 진리를 향해서 소원 성취할 수 있도록 위력을 비는 일. 2) 원하는 바가 이루어지기를 신神, 불佛에게 비는 일.

◆ 간사 : 간교하고 바르지 못함.

◆ 망영妄佞(망령妄靈) : 1) 허망하고 부질없는 말과 행동. 2) 평범하지 못하고 어긋나는 행위.

◆ 지성감천 : 지극한 정성에는 진리의 감응이 있음을 표현한 말.

◆ 하감지위下鑑之位 : 1) 내려다보시는 자리. 2) 위에서 아래로 비춰주고 살펴주는 대상을 마음에 모시는 자리.

◆ 응감지위應鑑之位 : 1) 응하여 보시는 자리. 2) 서로 응하여 살펴주는 대상을 마음에 모시는 자리.

◆ 묵상심고 : 1) 소리를 내지 않고 묵묵히 속마음으로 법신불 사은 전에 소회를 고백하는 것. 2) 마음속으로 자기의 소회를 고백하는 것.

◆ 실지기도 : 기원해 주어야 할 상대가 있을 때 법신불 사은의 위력을 빌려 그 사람[상대처]에게 기도하는 것으로 즉 사은 전체의 위력을 받아 상대처에 심력을 드리는 것이다.

예) 병석에 누워있거나 실의에 빠져 있는 분을 위해서 하는 것 등이다.

◆ 설명기도 : 여러 사람이 잘 듣고 감동이 되어 각성이 생기도록 기원의 내용을 글로 적어 낭독하거나 또는 소리를 내어 말로 그 내용을 밝혀 법신불 사은 전에 고백하고 기원하는 것이다.[합동기도에서 많이 한다.]

[문제점]

1. 심고와 기도를 드리면 감응되는 원리를 설명해 주시오.

심고와 기도의 감응되는 이치를 잘못 이해하면 미신에 흐르기 쉽고 의타심과 요행심이 길러지기 쉬우며, 그 원리를 알지 못하거나 체험하는 바가 없으면 허망하게 여겨 버리기 쉬운 것이다. 심고와 기도의 감응되는 이치는 차원 높은 과학적 진리에 속하는 것을 알아야 한다. 그 몇 가지의 진리적인 실증을 들어 보면

1) 우주에는 동기상응同氣相應하는 진리가 있고,

2) 가면 오는 진리가 있으며, <인과의 이치>

3) 극하면 급변하고 크게 변하는 진리가 있고, <얼음과 물, 수증기>

4) 만사 만물은 자타력이 아울러 이루어지고 있는 진리가 있다.

이처럼 진리에 의하여 심고와 기도를 드리면 반드시 정성들인 만큼 감응이 있는 것이다. 기적, 이적은 현대의 과학으로는 해결하지 못하는 과학이다.

2. 자력과 타력이 서로 근본이 되는 실증을 들어 주시오.

천지 만물의 생존이 자력과 타력이 아울러 이루어지는 것은 자명한 원리이다. 즉 자력은 스스로의 힘이요 타력은 나 이외의 남의 힘이니, 나의 생존 자체를 엄밀히 분석해보면 나와 천지·부모·동포·법률의 합력으로 생존하고 있는 것이다. 내가 있을지라도 나 이외의 다른 힘[사은]이 없으면 나의 생존을 생각할 수가 없는 것이요, 또 내가 없는 나 이외의 다른 힘을 생각할 수도 없는 것이다. 고로 여기서 자력과 타력은 서로 근본이 되는 관계에 있고 자신할 만한 타력은 자신할 만한 자력을 기르게 되고, 자신할 만한 자력은 자신할 만한 타력을 얻게 되는 것이다.

3. 자신할만한 타력이란?

진리적으로나 사실적으로 믿을만한 남의 힘을 말하는바, 나의 원하는 바를 이루는 데 없을 수 없고 근본적인 관계가 있으며 결정적인 역할을 할 수 있는 힘을 말한다. 우리는 법신불 사은 속에 생존하기 때문에 우리가 관계하는 것은 곧 사은이요, 모든 일은 사은과의 관계 속에서 이루어지는 것이니, 법신불 사은이야말로 자신할 만한 타력이 되는 것이다.

4. 법신불 사은이라 하였으니 법신불과 사은과의 관계가 어떠한가?

법신불과 사은은 동체이명同體異名일 뿐이요 다른 것이 아니다. 다만 법신불은 전체를 하나로 뭉쳐서 부르는 진리의 이름이요, 사은은 그 전체의 내용을 주로 형상 있는 면에 주체를 두고 네 가지로 나누어서 부르는 이름이라 할 수 있다.

공·원·정은 주로 형상하기 어려운 면에 주체를 두고 진리의 내용을 삼분하여 요약한 것이라고 할 수 있을 것이다.

5. 즐거운 일을 당했을 때 감사기도를 드려야 할 필요성과 기도드리는 구체적인 방법을 일러주시오.

나에게 즐거운 일이 오게 된 것은 내가 노력을 했을지라도 사은의 감응이 없었으면 있을 수 없는 것으로 먼저 감사함으로써 보은의 정신을 배양하여 상생의 인을 마련하며, 또는 즐거운 일에 넘쳐서 나태와 교만의 씨가 싹트기 쉬운 것이니, 겸허한 마음을 기르며 그 즐거움이 널리 미쳐서 천하가 다 같이 즐거움을 누리는 동시에 끊임없는 즐거움이 올 수 있도록 법신불 사은의 가호와 위력을 기원하는 것이다.

6. 괴로운 일을 당했을 때 사죄 기도를 드려야 할 필요성과 그 구체적인 방법은?

내가 괴로움을 당하는 것은 반드시 나의 허물이 있기 때문이요, 그 괴로움은 나 하나에만 그치는 것이 아니므로 법신불 사은 전에 먼저 참회와 사죄를 드리는 것은 당연한 도리인 동시에 사죄 기도를 드림으로써 더욱 굳은 결심과 각오가 서지고, 다시는 그런 고통이 오지 않도록 합리적인 노력의 방법이 강구되는 계기가 되는 것이다. 그러므로 괴로운 일을 당했을 때는 반성 참회의 기도와 새로운 서원을 올리고 사은의 가호와 위력을 비는 것이다.

7. 결정하기 어려운 일을 당해서 결정될 심고와 기도를 드리는 구체적인 방법은?

이것은 두 가지 이상의 문제 중에서 어느 한 가지로 결정하여 추진하고자 할 때 결정하기 어려운 경우 진리에 어긋남이 없는 결정을 얻고자 하는 방법이다. 그러므로 처음부터 기도로써 결정을 하는 것이 아니라 여러 가지 문제들을 합리적으로 분석 검사하고 원만하고 공정한 판단을 해 보되 자신 있는 판단이 나오지 않을 때는 동지들의 의견을 종합해볼 것이요. 그래도 미상未詳할 때는 스승님에게 여쭈어 보라. 그런 뒤에 스승님의 지도를 받들어 실행하되 스승님께서 심고나 기도로써 결정하라고 하실 때는 먼저 오직 일체를 진리에 맡긴 심경으로 개인적으로나 가정적으로나 교단과 세계를 위해서 가장 원만하고 공정한 길로 나갈 수 있기만을 염원하고 기도를 드린 후 청정한 마음에서 떠오른 첫 생각으로 결정하되 이, 삼차 그렇게 해본 뒤 같은 생각이 나오면 확정 추진하는 것이니, 이 결정은 오직 스스로가 진리와 상통한 심경에서 택정擇定한 것이니 성여불성成與不成은 진리에게 맡기고 성심성의껏 노력할 것이다.

8. 순역경계를 당했을 때 드리는 심고와 기도의 방법은?

순경을 당했을 때는 도심을 말살하는 위태로운 경계가 될 수도 있음을 알아서 그 마음이 간사하고 망령된 곳으로 흐르지 않도록 다

집하고 챙기는 동시에 그렇게 될 수 있도록 법신불 사은의 광명과 위력을 기원하는 것이요, 역경을 당했을 때는 낙망하거나 타락하지 않도록 챙기고 결심하는 동시에 순경이 되어 모든 일이 뜻대로 이루어 질 수 있도록 법신불 사은의 광명과 위력을 기원하는 것이다.

9. 사은의 위력이란?

인과보응의 진리에 따라서 법신불 사은이 나에게 주는 과보의 힘이니, 사은이 발휘하는 진리적인 힘이라고 할 수 있다. 이 위력은 사은 전체가 무형한 가운데 불가사의하게 발휘되는 경우와 사은 당처 당처에서 사실적으로 발휘되는 경우가 있는바

1) 전체의 위력은 일호의 사사가 없는 마음으로 일백 골절이 힘이 쓰이고 일천 정성이 사무쳐서 나의 간절하고 지극한 정성이 사은 전체에 미쳐갈 때 전체의 감응을 얻어 나타나게 되는 것이요,
2) 당처의 위력은 그 사물의 성질에 따라 그일 그 일에 사심 없는 마음으로 정성을 다하여 그 사물의 성질에 맞도록 미쳐 가면 감응되어 나타나게 되는 것이다. 고로 참다운 위력은 안으로 사사가 끊어지면 큰 신념이 생기고 큰 신념은 큰 용기를 내며 큰 용기는 불가사의한 내적 심력을 나투게 된다. 이처럼 내적인 심력과 외적인 위력이 아울러질 때 발휘되는 것이다. 신앙과 수행을 겸하는 소이가 여기에도 있다 할 것이다.

10. 거짓 심고와 기도란 어떤 것이며, 그에 대한 사은의 죄벌이 있게 되는 이유와 내역은?

1) 본래 서원에 어긋난 심고와 기도를 드리는 것이니, 즉 성불제중의 서원을 세운 사람이 오욕의 달성을 기원하거나 남의 앞길이 막힐 것을 기원하는 것 등과 또는 심고와 기도하는 서원에 위반되는 일을 거리낌 없이 자행하며 조금도 참회가 없는 것 등이다.

양심적인 생활 이타적인 생활을 하겠노라고 허공 법계에 맹서하고 기원하면서 비양심적인 일과 이기적인 생활만 하게 되면 진리를 속이는 결과가 되어 거짓 심고와 헛된 기도가 되고 마는 것이다.

2) 일체의 심신 작용은 인과보응의 진리에 따라서 지공무사하게 보복이 되기 때문에 무형한 가운데 진리의 감응이 소소하여 죄벌과 복덕이 있게 되는 것이니, 즉 거짓 심고와 기도를 하게 되면 자신의 양심에 가책을 느끼게 되고 신념이 약화하며 큰 용기가 솟아나지 못하게 되어 밖으로 사은 전체의 기운과 당처 당처의 감응이 상생으로 오지 않고 상극으로 오게 되므로 죄벌이 있다고 하신 것 같다.

진리는 하는 대로 이루어지고 짓는 대로 보응되기 때문에 참회懺悔 수선修善하면 한만큼 선심을 길러주고 악행을 자행하면 한만큼 죄벌을 주시는 것이다. 이 진리를 모르고 한갓 참회의 공덕만을 믿거나 사은의 위력만을 믿는 사람은 한때의 참회로 숙업이 소멸하는 것으로만 알고 한때의 기도로 사은의 위력이 감응되는 줄만 알아서 도리어 죄업을 가볍게 알거나 현실의 생활을 중히 여기지 않는 경우가 없지 않다. 그러므로 우리는 은隱과 현顯이 둘이 아니요, 이理와 사事가 둘이 아니며, 진리불공과 실지불공이 그 형식과 방법과 대상의 범위만 다를 뿐 그 원리에 있어서는 다름이 없음을 알아서 거짓 심고와 헛된 기도가 되지 않도록 각별히 유의를 해야 할 것이다.

※ 대중적 공약을 해놓고 개인에게 위약違約을 한다면 그 개인과 대중의 마음이 어떠하겠는가?

11. 심고와 기도를 할 때 무엇 무엇을 하겠노라고 허공 법계를 향하

여 결심과 맹서를 하고서 만일 그대로 하지 않을 때는 어떠한 죄벌이라도 내려 주시라고 고백하는 경우가 있는데 너무 극단적인 표현이 아닐까요?

물론 사람에 따라서, 그 일의 성질에 따라서 그와 같은 극단적 표현으로 결심한 맹서를 함으로써 불이과不二過의 계기가 되고 심력이 쌓일 수도 있을 것이지마는 누구나 무슨 일이나 다 그와 같이 기도할 수 없다고 보며, 또한 그렇게 해서도 안 될 줄 안다. 왜냐하면 숙겁의 습성이 일조일석에 고쳐지는 것이 아니요 삼독의 뿌리가 완전히 제거되기가 어렵고, 그에 따라 거짓 심고가 되어 버릴 수 있기 때문이다. 그러므로 특별한 경우 외에는 서원과 결심을 굳혀가는 동시에 그 원과 결심을 끝까지 추진하고 달성할 수 있도록 광명과 위력을 기원하는 것이 좋을 줄로 안다. <진리에 어긋남이 없는 심고와 기도라야 한다>

12. 심고와 기도를 올리는 실례를 들어 주시오.

1) '법신불 사은이시여!' 할 때 우주 만유 허공 법계가 한 기운 한마음으로 뭉치고 연해지는 심경이 되어야 한다. 이렇게 하기로 하면 간절하고 지극한 마음이 하늘에 사무치고 시방에 충만해야 하며 일백 골절에 힘이 쓰이는 것이다.

2) '천지하감지위!' 할 때 천지에 다북 차 있는 진리가 바로 내 몸과 마음에 하감하시도록 염원하고, '부모하감지위!' 할 때 정신 육신의 삼세 일체부모가 진정으로 내 몸과 마음에 하감하시도록 염원하며, '동포응감지위!' 할 때 사·농·공·상과 유정 무정의 만유 동포가 빠짐없이 응감하시도록 염원하고, '법률응감지위!' 할 때 도덕 정치 과학의 일체 법률과 역대 유명 무명의 일체 성현 및 입법 치법하시는 분들이 다 응감하시도록 염원하되 정성스럽

게 올려야 하며, 평소부터 먼저 척을 푸는 동시에 보은행에 힘을 쓰며 배은을 아니 하여야 사은 전체가 내게 감응해서 큰 위력을 얻을 수 있다.

평소에 배은행을 자행하고서 감응과 위력을 비는 것은 곧 역리이니, 콩 심어 놓고 팥 나기를 바라는 것과 같다. 그러므로 혹 배은한 일이 있거든 먼저 진심으로 참회하고 척을 푼 뒤에 기원하는 것이 순서 있는 기도가 될 것이다.

가) 동포 중에 혹 응감해주지 않을 동포가 있거든 반드시 무슨 해가 있어서 그러는 것이니 그 해를 내가 차지하라. 무엇이나 자리이타로 하다가 한편이 양보해야 하겠거든 내가 먼저 양보하라. 이렇게 하면 일체동포가 다 응감하실 것이다. <자리이타와 양보>

나) 시간은 짧게 기간은 길게 하는 것이 좋다.

다) 기도 기간 내에 정신·육신·물질로 남을 위해서 봉사하거나 자기 심공으로 수행하는 바를 모두 그 기원하는 데에 바쳐서 기도하면 쉽게 큰 위력을 얻을 수 있다. <봉사와 수행>

라) 일생에 올리는 큰 기도는 전 심신을 바치고 공도 사업에 전력하면서 올려야 더욱 큰 위력을 얻을 수 있다. <전무출신과 기도>

마) 항상 일심으로 계속되지 않는다고 낙망하거나 중단하지 말고 끝까지 계속하되 특별기도 중 혹 병이 날 때는 잠깐 쉬었다가 다시 계속하라. <정성과 병고>

13. 심고와 기도를 드려서 사은의 위력을 얻는 것도 결국은 자기 마음에서 작용하는 힘이 아닌가요?

물론 자력의 입장에 편중해서 추구해 보면 결국 자력의 발현이라고 생각할 수가 있으나 반대로 타력의 입장에서 생각해보면 순전한 사은의 위력이라고 할 수도 있는 것이다. 이것은 자타력이 원래 둘이 아니요 하나이며 불가분리의 관계에 있기 때문이다. 여기서 우리가 한 가지 주의할 점은 자력에 편중하게 되면 그 마음에 자만과 오만이 커기 쉽고, 타력에 편중하게 되면 의타심과 요행심이 자라기 쉬운 것이다. 그러므로 우리는 항상 자타력을 병진한다는 정신을 확립하여야 할 것이다.

또한 평소 심고와 기도를 드리되 먼저 마음을 밝히고 수행 길을 밝히는 기도와 일체중생을 건지고 전 세계를 위한 기도를 하라. 미신에 떨어지거나 소승에 떨어지지 않을 것이다.

14. 심고와 기도의 종류는?

1) 정례기도 : 일전한 기일 또는 시간에 하는 기도로서 매월 초 1일, 15일, 말일에 모시는 것이다.
2) 특별기도 : 특별한 원이나 특별한 일이 있을 때 하는 심고와 기도로서 때와 장소를 정하여 특별히 심신을 재계하고 모시는 것이다.
3) 수시기도[심고] : 때와 장소가 없이 어느 때나 본원을 챙기고 마음을 챙기는 심고와 기도. <수시기도라는 말은 수시심고라는 말과 같다>
4) 개인기도 : 개인적으로 각자의 소원을 기도하는 일.
5) 합동기도 : 대중이 함께 하는 기도.

15. 기도 기간에 특별히 주의해야 할 점은 없는가?

1) 거짓 원願. 2) 요행심. 3) 배은행. 4) 살생. 5) 원증. 6) 조급심.

16. 심고와 기도를 잘 모시려면 먼저 어떠한 마음의 준비가 필요한가요?

1) 서원이 크고 철저하여 스스로의 무력無力과 부족을 절실히 자각해야 한다.

2) 우리의 마음에는 천의天意를 감동시킬 요소가 있음을 알고 믿어야 한다.

3) 신심이 크고 깊어서 진리와 스승님을 늘 모시는 마음이 있어야 한다.

4) 반성 참회의 생활로 새로운 서원을 세워야 한다.

17. 심고와 기도를 드릴 때의 마음가짐은?

1) 신성과 실천의 기도라야 한다. : 철저히 믿고 해보면 된다.

2) 심신을 재계하라. : 이참 사참으로 먼저 참회하고 계문을 엄수하여 마음을 재계하고 목욕으로 몸을 재계하여 정성심을 일으키라.

3) 경건한 심념으로 일관하라. : 진리는 전지전능하고 무소부재함을 알고 믿어서 여재기상如在其上하고 여재기좌우如在其左右한 심경을 가져라.

4) 진리·스승·교단·법·세계에 직통하는 신심과 서원으로 하라. : 전부를 맡기고 전부를 위해 기도하라.

5) 지극하고 간절한 마음으로 사은을 호명하라. : 전체가 곧 하감, 응감하시도록.

6) 그 일과 형편에 따라 기간을 정하고 끝까지 진심으로 정성을 다하자. 내 일을 방해하거나 미운 사람이 있을 때는 본원을 반조하여 그를 위해서 먼저 심고하고 기도하라. 잡념과 번뇌가 괴롭히거든 먼저 그것을 제거하는 심고와 기도를 하라.

18. 잘못된 심고와 기도로 사은이 주는 죄벌의 형태는 어떠한가?

1) 신심이 타락하여 영생을 그르치기도 하고, 2) 죽는 수도 있으며, 3) 병신이 되는 수도 있다.

19. 종교인들[신심도 있고 공부심도 있는 분]이 갑자기 죽는 경우도 있고 반신불수의 병신이 되는 경우도 있는데 그분들이 다 그릇된 심고와 거짓 기도를 했기 때문일까요?

패가망신의 경우에도 신심과 공부심이 여전한 분이라면 전생의 여업餘業을 받는 예로 생각할 수 있고, 신심과 공부심이 타락했다면 생각해볼 일일 것이다.

◎ 결어

1) 자력을 기르고 타력을 빌려 공부와 사업에 공을 이루는 길이니 자타력 병진이라야 백발백중하는 성공법이 된다.

2) 들에 핀 꽃이 제 홀로 피운 것 같지마는 실상은 사은의 응결체로서 발현된 것이요 제불제성과 위인달사가 모두 천지 만물 허공 법계의 감응으로 이루어졌고 홀로 되신 것이 아님을 알아서 올바른 심고와 기도에 끝까지 정성을 다하자.

끝까지 구하라. 얻어지나니라. 진심으로 원하라. 이루어지나니라. 정성껏 힘써라. 되나니라. <대산 종사>

※ 참고

가) 수지무처手之撫處와 족지답처足之踏處와 음지향처音之響處와 심지념처心之念處가 개공성불제중지연皆共成佛濟衆之緣하여지이다.[125)]

나) 성화聖畵 몇 가지

① 충무공의 갑판기도상 ② 예수님의 산상기도상 ③ 밀레의

---

125) 대산 종사의 심원송. "원위願爲 족지답처足之踏處 수지무처手之撫處 음지향처音之響處 심지념처心之念處 개공皆共 성불제중지연成佛諸衆之緣"(간절히 원하옵건대 내 발길이 닿는 곳마다 내 손길이 미치는 곳마다 내 음성이 메아리치는 곳마다 내 마음이 향하는 곳마다 한결같이 부처 되고 세상 구제하는 좋은 기연이 되게 하여지이다.)

만종

다) 대종사의 삼령기원상, 구인 선배의 혈인서천상, 아인슈타인의 평화기원상.

라) 과거 성자들의 기도에 대한 법문.

① 예수님 : 기도하라. 회개하라. 천국이 너의 것이니라. 일생을 기도 생활로 일관하시고, 법문하신 뒤에나 큰 행사를 치르신 뒤에는 반드시 산곡山谷을 찾아 기도하셨다고 한다.

② 공자 : 재명성복齋明盛服하야 이승제사以承祭祀하고 양양호여재기상洋洋乎如在其上하여 양양호여재기기좌우洋洋乎如在其其左右니라.[126]

<내 일찍이 기도한 지 오래로다>[127]

③ 부처님 : 기도 일념으로 선을 하셨으며 나옹 화상의 발원문은 곧 위대한 기원문이다.

---

126) 『중용』에 나오는 내용이다. "자왈子曰 귀신지위덕鬼神之爲德은 기성의호其盛矣乎인저 시지이불견視之而弗見하며 청지이불문聽之而弗聞이로되 체물이불가유體物而不可遺니라. 사천하지인使天下之人으로 제명성복齊明盛服하야 이승제사以承祭祀하고 양양호여재기상洋洋乎如在其上하며 여재기좌우如在其左右니라. 시왈신지격사詩曰神之格思를 불가탁사不可度思어늘 신가역사矧可射思아 부미지현夫微之顯이니 성지불가엄誠之不可揜이 여차부如此夫인저"(공자께서 말씀하시기를「귀신의 덕됨은 성하기도하다. 그것은 보려 해도 보이지 않으며 그것을 들으려 해도 들리지 아니하되, 만물의 본체가 되어 있어 버릴 수가 없는 것이다. 천하의 사람으로 하여금 명결이 재계하고 성복을 하여 제사를 받들게 하고 양양이 그 위에 있는 것 같으며 그 좌우에 있는 것 같은 것이다. 시경에 이르기를「신의 강림하심은 헤아릴 수 없는 것이어늘 하물며 꺼려할 수 있으랴!」라고 했다. 대저 은미함이 나타나는 것이니, 성의 가릴 수 없음이 이와 같은 것이다」)

127) 『논어』 술이편에 나오는 말. "자子 질병疾病이어시날 자로子路 청도請禱한대 자왈子曰 유저有諸아 자로대왈子路對曰 유지有之하니 뇌誄에 왈曰 도이우상하신기禱爾于上下神祇라 하도소이다. 자왈子曰 구지도丘之禱 구의久矣니라."(공자가 질병에 걸리자 자로가 기도를 청하니, 공자가 말씀하시길 과거에도 그런 일이 있었느냐? 자로가 답했다. 있었습니다. 뇌에 말하기를 천지신명에게 기도한다고 하였습니다. 공자가 말씀하셨다. 그런 정도라면 내가 기도한 지가 오래되었다.)

④ 충무공 : 맹산초목지盟山草木知 서해어룡동誓海魚龍動[128)]

⑤ 세종대왕 : 한글 제작 당시 난제를 해결하실 때 기도하셨다 한다.

⑥ 대종사 : 교전에 그 정로를 밝히시고 무궁한 천권을 잡아 쓰는 길이라고 하시다.

---

128) 바다에 다짐하니 물고기와 용이 움직이고 산에 맹세하니 초목이 안다.
『난중일기』에 있는 충무공 이순신의 시 「진중음陣中吟」의 한 구절.
천보서문원天步西門遠 동궁북지위東宮北地危
고신우국일孤臣憂國日 장사수훈시壯士樹勳時
서해어룡동誓海魚龍動 맹산초목지盟山草木知
수이여진멸讐夷如盡滅 수사불위사雖死不爲辭
(임금의 행차는 서쪽에서 멀어지고, 왕자는 북쪽 땅에서 위태롭다.
외로운 신하는 나라를 걱정할 날이요, 사나이는 공훈을 세워야 할 때이다.
바다에 맹세하니 물고기와 용도 감동하고, 산에 맹세하니 초목도 알아준다.
원수를 모두 멸할 수 있다면 비록 죽음일지라도 사양하지 않겠노라.)

※ 대통大統 기원문 <원양>

원아세세생생처願我世世生生處 상어반야불퇴전常於般若不退轉

여피본사대원력如彼本師大願力 여피석가대각과如彼釋迦大覺果

여피노자대해탈如彼老子大解脫 여피공자중도행如彼孔子中道行

여피기독박애심如彼基督博愛心 여피종사대원만如彼宗師大圓滿

시방세계무불현十方世界無不現 보령생령입무위普令生靈入無爲

문아명자도고해聞我名者渡苦海 견아형자성정각見我形者成正覺

여시교화무량겁如是敎化無量劫 천상천하낙원성天上天下樂園成

원제삼세시방신願諸三世十方神 위아옹호불리신爲我擁護不離身

어제난처무제난於諸難處無諸難 여시대원능성취如是大願能成就[129)]

<나옹화상 발원문을 참고하여 만듦>

---

129) 원하건대 세세생생 영원토록 항상 반야의 지혜로 물러나지 않으며, 대종사의 대원력을 본받고, 석가모니 부처님의 대불과를 이루며, 노자님의 대해탈을 본받고, 공자님의 중도행을 나투며, 예수님의 박애심을 본받고, 역대 종사님들의 대원만을 이어받으며, 시방세계 어디에나 현현하지 않음이 없어서, 널리 일체중생을 무위의 극락으로 들게 하오리다. 나의 이름을 듣는 모든 이들은 고해에서 벗어나며, 나의 모습을 보는 모든 이들은 정각을 얻게 하소서. 이와 같이 무량겁을 교화하여 천상천하에 광대무량한 낙원 이루어질지니, 원하건대 삼세의 모든 신명이시여! 저를 옹호하시어 함께 하옵시고, 모든 어려운 곳 처할 때마다 모든 어려움 물리쳐 주시와 이와같은 대원을 원만 성취하게 하옵소서.

제10장 불공하는 법

과거의 불공법과 같이 천지에게 당한 죄복도 불상(佛像)에게 빌고, 부모에게 당한 죄복도 불상에게 빌고, 동포에게 당한 죄복도 불상에게 빌고, 법률에게 당한 죄복도 불상에게만 빌 것이 아니라, 우주 만유는 곧 법신불의 응화신(應化身)이니, 당하는 곳마다 부처님(處處佛像)이요, 일일이 불공 법(事事佛供)이라, 천지에게 당한 죄복은 천지에게, 부모에게 당한 죄복은 부모에게, 동포에게 당한 죄복은 동포에게, 법률에게 당한 죄복은 법률에게 비는 것이 사실적인 동시에 반드시 성공하는 불공 법이 될 것이니라.

또는, 그 기한에 있어서도 과거와 같이 막연히 한정 없이 할 것이 아니라, 수만 세상 또는 수천 세상을 하여야 성공될 일도 있고, 수백 세상 또는 수십 세상을 하여야 성공될 일도 있고, 한두 세상 또는 수십 년을 하여야 성공될 일도 있고, 수월 수일 또는 한 때만 하여도 성공될 일이 있을 것이니, 그 일의 성질을 따라 적당한 기한으로 불공을 하는 것이 또한 사실적인 동시에 반드시 성공하는 법이 될 것이니라.

[대의]

일원상의 진리를 신앙하는 구체적인 방법의 하나로서 원하는 일의 성질에 따라 사은 당처 당처에 드리는 실지불공인바, 우주 만유는 곧 법신불의 응화신이라 천지 만물이 어느 것 하나 진리 아님이 없고 죄복의 권능을 갖지 않은 것이 없기 때문에 천지 만물 허공 법계를 전부 산부처님으로 모시고 천만 사물의 당처에 직접 불공을 잘하여 당처 당처의 감응을 얻어 그일 그 일을 성공시키는 요긴한 법이다.

<원만한 전체 신앙에 입각한 진리적 사실 신앙의 방법인바 사은 당처 당처에 드리는 실지 불공으로 그일 그 일에 소원을 성취하는 길이다>

※ 참조 : 『대종경』 교의품 4. 9. 10. 12. 14. 15장.

[단어 숙어 풀이]

◆ 불공 : 1) 부처님께 공양하는 일. 부처님께 정성을 바치는 것. 2) 부처님의 위력을 얻기 위하여 정신·육신·물질로 정성을 바치는 일.

◆ 불상 : 1) 부처님의 형상을 새기거나 그린 것. 2) 부처님의 초상이나 동상.

◆ 응화신 : 1) 인연에 응하여 화현한 몸, 즉 인연 따라 나타난 실체. 2) 진리 그대로 나타나 있는 실체 또는 모습.

[문제점]

1. 우주 만유가 곧 법신불의 응화신이란?

우주 만유 그대로가 곧 진리의 화현이요 진리의 실체라는 뜻으로 만유가 다 불생불멸 인과보응의 진리요 원만구족하고 지공무사한 권능이 있으며, 공·원·정의 진리를 갊아 있기 때문에 천지 만물이 곧 진리의 실체임을 말한다.

우주시대일원宇宙是大一圓 만상역각일원萬象亦各一圓[130)]

2. 천지에 당한 죄복은 어떠한 것인가?

천지를 통해서만이 나타날 수 있는 죄복이요 다른데서는 보응이 될

---

130) 우주는 하나의 큰 일원이요, 삼라만상 또한 각각 하나의 일원이다.

수 없는 죄복으로서

1) 천지의 죄벌이란 : 현실적으로 주의와 관리를 잘못해서 비과학적 생활로 당하는 천재지변과 자연적 손실을 들 수 있고, 비도덕적 생활에서 천지 배은의 결과로 받는 심성의 악업력惡業力을 들 수 있다.

2) 천지의 복덕이란 : 현실적으로 주의와 관리를 잘해서 과학적인 생활로 천지에서 얻어지는 무궁한 복덕을 들 수 있고, 도덕적인 생활에서 천지 보은의 결과로 받는 심성의 선업력善業力을 들 수 있는바, 물질생활의 향상과 도덕적 인격의 완성을 얻는 것이다.

3. 부모에게 당한 죄복이란?

부모를 통해서만이 나타날 수 있는 죄복으로서 부모 배은의 결과와 보은의 결과를 들 수 있는바

1) 부모에게 당한 죄벌이란 : 현실적으로 부모의 사랑과 지도를 다 받지 못하고 세상의 배척을 받게 되는 것이요, 인과적으로 불효자를 두게 될 것이며, 중인의 버림을 받게 될 뿐 아니라 세세생생 부모 없는 괴로움을 받게 되는 것이다.

2) 부모에게 당한 복덕이란 : 현실적으로 부모의 사랑과 지도를 다 받게 되고 세상의 환영을 받게 되는 것이요, 인과적으로 효자를 두게 되는 것이며, 중인의 도움을 받게 될 뿐 아니라 세세생생 좋은 부모를 만나게 되는 것이다.

4. 동포에게 당한 죄복이란?

동포를 통해서만이 받고 얻을 수 있는 죄복으로서 동포 배은의 결과와 보은의 결과를 들 수 있는바

1) 동포의 죄벌이란 : 현실적으로 개인에 있어서는 미워하고 싫어하고 원망하는 인연이 많을 것이며, 대인접물의 모든 일이 상극

으로 화하여 막히는 일이 많을 것이요, 사회·국가·세계에 있어서는 평화를 보기 어려운 것이요, 인과적으로 세세생생에 악연이 많은 것이요, 매사가 순조롭지 못한 것이다.

2) 동포의 복덕이란 : 현실적으로 개인에 있어서는 사랑하고 즐거워하고 옹호하며 감사하는 인연이 많은 것이며, 대인접물의 모든 일이 상생으로 화하여 막히는 일이 적은 것이요, 사회·국가·세계에 있어서는 길이 평화를 누리게 되는 것이며, 인과적으로 세세생생 선연히 많은 것이며, 매사 성공을 하게 할 것이다.

5. 법률에게 당한 죄복이란?

법률을 통해서만이 받고 얻을 수 있는 죄복으로서 법률 배은의 결과와 보은의 결과를 들 수 있는바

1) 법률의 죄벌이란 : 현실적으로 법망에 걸려 부자유한 구속을 당하게 되고 인격이 타락되며, 세상은 질서가 혼란해지고 수라장이 되고 마는 것이요, 인과적으로 세세생생 부자유스러운 생활과 저열한 인격을 면하기 어려운 것이며, 강급되는 것이다.

2) 법률의 복덕이란 : 현실적으로 법률의 보호를 받게 되고 인격은 향상되며, 세상은 질서가 성립되고 사·농·공·상의 모든 기관이 날로 발전되어 호화 안락한 사회가 되는 것이요, 인과적으로 세세생생 자유스럽고 고상한 인격의 소유자가 되는 것이며 진급이 되는 것 등이다.

6. 부모에게 당한 죄복은 반드시 부모에게만 빌어야 하고 불상[법신불상]에게 빌어서는 안 된다는 것인가?

천지나 부모나 동포나 법률에게 당한 죄복을 당처는 무시하고 다 불상에게만 비는 개체 신앙이나 미신적 신앙을 경계하신 것이요 허공 법계를 통해서 법신불께 드리는 진리 불공에만 치우칠까 염려하

사 실지 불공을 아울러 밝혀주신 것으로 안다. 특히 본장에서 과거의 불공법을 예로 드신 것은 편협한 개체 신앙을 원만한 전체 신앙으로, 형식적 미신 신앙을 진리적 사실 신앙으로, 자력이나 타력 편중 신앙을 자타력 병진 신앙으로 돌리시고 진리 불공에만 치우쳤던 신앙생활을 실지 불공까지 아울러 원만한 신앙생활을 하게 하신 데 그 의의가 있다고 생각한다.

7. 사은 당처에 불공의 방법을 구체적으로 설명해 주시오.

먼저 사은의 피은지도被恩之道를 알아 보은을 잘하는 것이 불공을 잘하는 것이요. <보은 즉 불공>

또한 그 사물의 성질을 잘 알아서 솔성을 잘하는 것이 불공을 잘하는 것이다. <솔성 즉 불공>

그러므로

1) 사은의 보은지도報恩之道를 잘 실행할 것이니

천지에 보은 불공하는 강령은 응용 무념의 도를 실행할 것이요,
부모에게 보은 불공하는 강령은 약자보호의 도를 실행할 것이요,
동포에게 보은 불공하는 강령은 자리이타의 도를 실행할 것이요,
법률에게 보은 불공하는 강령은 준법지계遵法持戒의 도를 실행할 것이다.

2) 그 사물의 특성[천성과 습성]과 심기心機[원하는바, 생각하는 바]를 잘 알아서 순·솔·용順率用으로 진리[도道]에 어긋남이 없이 제구실을 잘할 수 있도록 하는 것이다.

3) 이와 같이 보은을 하고 솔성을 하되 반드시 자리이타에 표준을 두고 성·경·신誠敬信을 들이대야 한다. 즉 대인접물에 항상 거짓 없고 정성스러운 마음[성誠]으로, 공경하고 조심하는 마음[경敬]으로, 믿음 있고 알뜰한 마음[신信]으로 할 것이다. 여기서 한 가

지 유의할 점은 사사불공을 한갓 처세의 수단으로만 생각하여 자기의 현실적인 목적만을 달성하기 위해서 언필칭 불공을 잘하라는 식으로 이해되고 쓰인다면 이것은 전연 본의와는 달리 영약靈藥을 독약으로 만들어 버리는 결과가 되고 말아서 아첨과 비굴과 맹종의 생활이 되기도 하고 이중인격자로 전락할 수도 있을 것이니, 이 점에 특별히 유의하여 위에서 밝힌 대로 반드시 본래의 서원과 경건한 생활태도에 입각해서 자리이타의 표준으로 성·경·신誠敬信을 놓지 않는 불공이라야 할 것이다.

천지 만물의 본성은 하나도 다른 것이 없고 천지 만물의 특성은 하나도 같은 것이 없다. 그러므로 진리 불공과 실지 불공이 똑같이 필요한 것이다.

천지 만물이 어느 것 하나 나를 위해 있지 않는 것이 없고 천지 만물이 어느 것 하나 죄복의 권능을 갖지 않은 것이 없다. 그러므로 보은으로 불공하고 성·경·신으로 불공하는 것이다.

천지 만물이 어느 것 하나 진리 아님이 없고, 천지 만물이 어느 것 하나 책임과 용도가 없는 것이 없다. 그러므로 순·솔·용順率用으로 솔성을 잘해야 하는 것이다.

8. 불공의 기한을 정하는 실례를 들어 주시오.

실지 불공은 주로 현실적인 당처에 드리는 불공이라 그 기한을 정하기가 쉽다. 그러나 그 사물의 성질과 각자의 근기와 역량에 따라 그 기한은 천차만별로 다른 것이다. 예를 들면 천지·부모·동포·법률 전체에 불공하여 완전히 보은 합덕 하고자 하는 일은 사람에 따라서는 수만 세상 수천 세상을 해야 할 분도 있을 것이요, 수백 수십 세상을 또는 수 세상 수년의 기한과 노력이 필요할 분도 있을 것이다. 또 감나무에 불공하여 수확을 얻고자 하면 적어도 수년의 기한에 거기 맞는 여러 가지 물질과 노력이 필요할 것이며, 목마른 사람에게 불공하는 것은 한때의 물 한 그릇이면 족할 것이다. 성불제중과 제생의세의 큰일을 원하는 이는 수만 세상이 걸릴 것이니 너무 조급한 마음을 갖지 말라.

9. 일마다 불공을 잘하려면?

1) 천지 만물을 대할 때마다 오직 부처님을 모시고 불공하는 심경을 챙기라.
2) 어떠한 일을 당하더라도 반드시 은혜를 발견하라. <지은知恩>
3) 사사물물을 접할 때마다 불공할 때가 왔다는 심경을 가지고 보은, 감사심을 챙기라.
4) 대소사 간에 일을 처리할 때는 반드시 자리이타의 표준을 세우고 성·경·신을 들이대라.
5) 경계를 대할 때마다 항상 온전한 생각으로 취사하라.
6) 평소에 삼대력을 양성하라.

※ 참고 : 일본 속담에 "그릇이 깨졌다 하면 벌을 주고 그릇을 깼다 하면 용서한다."라는 말이 있다.

10. 곳곳이 부처님[처처불상]이라 하니 언제 어디서나 어떤 부처님을 뵈올 수 있는가?

1) 전체불 : 진리불[법신불] 2) 만유불 : 당처불[사은불]
3) 자신불 : 심불

※ 참고

견성	본연지성=제일천성第一天性=만유동근지성萬有同根之性	대성자大性者
	기질지성=습관성 =만유각이지성萬有各異之性	

◎ 결어

1. 우리가 잘살고 못사는 것과 일을 잘하고 못하는 것은 숙겁을 통해서 오직 불공 잘하고 못한데 있는 것이요 다른 데 있지 않음을 알라.
2. 불공은 곧 보은이요 솔성이니, 먼저 지은으로써 보은을 잘하고 견성과 양성으로써 솔성을 잘하자.
3. 처처불상인 줄을 확실히 알면 견성이요, 사사불공을 잘하면 곧 솔성이다. 고로 일마다 불공이 잘 안 될 때는 완전한 견성이 되지 못한 것으로 알라. <법문>

※ 참고

견성을 하고서도 불공할 줄 모르면 견성한 보람이 없고,
불공하는 이가 견성을 못하면 참다운 불공이 되지 못한다.

※ 우주가 법당이요 이 몸도 법당이라.
가나오나 자나 깨나 부처님 모셨으니,
몸과 마음 가는 곳에 불국정토 이뤄보세. <원양>

제11장 계문

[대의]

개인에 있어서 악습을 고쳐 악도를 방지하고 중생심을 제거하여 본연성에 이탈하지 않게 하며 항마입성降魔入聖케하는 동시에 참다운 자유를 누리게 하는 초보적인 공부로서 사회에 있어 불안과 무질서의 근원을 불식拂拭하고 행복과 평화를 유지하는 근본이다.

<성불제중의 사다리요, 제생의세의 첫걸음이다>

※ 계문 이해의 표준

대종사님께서 모든 법을 내놓으신 의도는 성불제중과 제생의세를 위함이다. 즉 영원한 세상에 일원상의 진리[불생불멸, 인과보응]에 근거하여 각자의 마음을 고치고 기질을 잘 변화 단련시켜 인격을 완성하며 사회·국가·세계를 정화하여 광대무량한 낙원을 건설하고자 하심이다.

고로 계문 공부의 표준은

1) 각자의 수행[마음공부]에 비추어 이해하고 실행할 것이요, <수행에 대조>
2) 사회에 미치는 영향을 고려하여 이해하고 실행할 것이요, <제중의 본의에 대조>
3) 인과보응의 진리에 비추어 이해하고 실행할 것이다. <진리와 영생에 대조>

1. 보통급 십계문

1) 연고 없이 살생을 말며,
2) 도둑질을 말며,
3) 간음(姦淫)을 말며,
4) 연고 없이 술을 마시지 말며,
5) 잡기(雜技)를 말며,
6) 악한 말을 말며,
7) 연고 없이 쟁투(爭鬪)를 말며,
8) 공금(公金)을 범하여 쓰지 말며,
9) 연고 없이 심교 간(心交間)금전을 여수(與受)하지 말며,
10) 연고 없이 담배를 피우지 말라.

남녀노소 유무식을 막론하고 입교를 하게 되면 법명과 동시에 10계를 주어 지키게 함으로써 세속에 절인 무거운 악습을 고치도록 하신 법문이요 불지에 오르는 첫 사다리이다.

[각 조문 해의]

◎ 1조 연고 없이 살생을 말며[무고불살생無故不殺生**]**

◆ 연고 : 없어서는 안 될 까닭.

◆ 지범개차持犯開遮 : 지계持戒와 범계犯戒를 그 막힌 것만 열어주는 것.[성불제중하는데 대차大差 없도록]

◆ 살생 : 생명을 죽이는 것.

1조를 다시 풀어 말하면 성불제중하고 제생의세하는데 필요 없이

는 절대로 생명을 죽이지 말라는 말씀이다.

[모든 생명을 사랑하며 모든 생명을 존중하라.]

1. 살생을 말라는 이유는?

살생을 하게 되면,

1) 개인적으로 잔인성이 길러져서 불성佛性이 매각되어 성불의 길이 멀어지고 자비심이 말살되어 제중의 본원이 어긋난다.

2) 사회적으로 생명의 존엄성과 생명존중 사상이 희박해져서 공생공영의 평화를 보지 못한다.

3) 진리[인과]적으로 상극의 인연이 많이 맺어져 내생의 악도를 자초하게 될 것이요, 세상은 길이 살상의 세계가 되고 말 것이다. 단명보短命報, 다병보多病報를 받게 된다. 고로 연고 없이는 절대로 살생을 말게 하신 것이다.

2. 연고 있는 살생이란?

성불제중하고 제생의세 하는데 없어서는 안 될 부득이한 살생으로서 그 예를 들면

1) 생명의 위험에 직면하여 정당방위로서 하는 경우.

가) 전쟁이나 도적 독수毒獸 등의 위험시.

나) 육친 관계자의 위험을 방지할 때.

다) 법률상으로나 도의상으로 의무와 책임을 졌을 때.

2) 중병重病의 필수 약용.

3) 도살업이나 어업 등의 생업으로 인한 불가피한 경우.

4) 농업상의 밭갈이 논갈이 구충작업으로 인한 경우.

5) 위생상으로 불가피한 경우.

가) 병균전염의 염려가 있을 경우 .

나) 의학연구와 실험의 경우. <일살다생一殺多生>

6) 보행 시 등 무의식적인 경우.

3. 불살생不殺生의 방법

1) 성불제중의 서원 특히 일체 생령을 남김없이 제도하리라는 원력이 철저해야 한다.

2) 사생일신이요 만유가 동기同氣임을 철저히 자각해야 한다.

3) 불생불멸 인과보응의 진리를 믿고 깨쳐야 한다.

4) 밖으로 방생에 노력하고 안으로 삼독심을 완전히 제거하라.

5) 살생 업을 직업으로 하는 경우는 점차 전환하라.

4. 불살생不殺生의 결과

1) 개인적으로 인순仁順 온유한 성격과 자비심이 증진되어 성불의 길이 가까워지고,

2) 사회적으로 생명존중의 사상이 앙양昂揚되어 공생공영의 길이 열리며,

3) 진리[인과]적으로 세세생생 선도에 수생함은 물론 상생의 인연으로 무병장수의 복을 누릴 것이요 세상은 길이 평화로울 것이다.

5. 유고有故 살생과 무고無故 살생의 과보 받는 차이는?

과보 받는 것은 동일하다. 다만 그 살생의 목적과 방법과 심경에 따라 차이가 있을 것이다. 과보 받는 자의 심경에 따라 차이가 있을 것이요, 과보 받는 자의 심경과 방법에 따라서 느끼는 정도에 차이가 있을 것이다.

6. 유고有故 살생의 경우는 그 마음가짐을 어떻게 할 것인가?

1) 측은한 마음을 갖되 공포심을 갖지 말며, 그에 대한 관념을 없애고 무심하라.

2) 더욱 수행에 정진하고 선업에 노력하라.

◎ 2조 도둑질을 말며[불절도不竊盜]

즉 남의 물품을 주인의 승낙 없이 가져가는 것으로 강도, 절도, 사기, 횡령 등을 말라는 것이다. <정당한 노력으로 정당한 대가를 받아 정당한 생활을 하자>

◆ 강도 : 폭력이나 협박으로써 남의 물건을 빼앗아가는 도둑.

◆ 절도 : 비밀리에 남의 물건을 훔치는 것.

◆ 사기 : 남을 꾀로 속여 재물을 받거나 불법으로 소득을 보는 것.

◆ 횡령 : 남에게 위탁받은 금품을 불법으로 가로채어 갖는 것.

1. 도둑질을 말라는 이유는?

도둑질하게 되면

1) 스스로 마음에 탐욕심이 증장되고 불성이 매각되어 성불의 길이 멀어지며 사회·국가의 법률적인 제재를 받고 도덕적으로 배척을 당하여 부자유한 생활을 면치 못한다.

2) 세상은 안녕질서를 유지하지 못하고 불안한 세계가 되고 만다.

3) 진리적으로 빈천보貧賤報 내지 우마지고牛馬之苦 등의 악도를 면하지 못한다. 고로 도둑질을 말라고 하신 것이다.

2. 도둑질하게 되는 원인은?

1) 불생불멸 인과보응의 진리를 모를 때.

2) 예의와 염치가 없는 성격에서.

3) 습관력[도벽]과 탐욕을 이기지 못해서.

4) 일터가 없거나 일할 능력이 없어서 벌지 못하고 춥고 배고플 때.

5) 게을러서 불로소득 하고 싶거나 욕심이 많고 우치해서 일확천금 하려는 무지한 중생심에서.

6) 주의심이 없어서 무의식중에 남의 물품을 손대다가 가져가는 경우.

3. 도둑질을 안 하려면 그 방법은?

1) 불생불멸 인과보응의 진리를 철저히 믿고 깨쳐라.

2) 참으로 자유스럽고 넉넉하고 편안한 생활은 정당한 노력으로 정당한 생활을 하는 것임을 알아서 분수에 맞는 생활을 하기로 굳게 뜻을 세울 일.

3) 은현隱顯이 불이不二함을 알아 무기천無欺天, 무기인無欺人, 무기심無欺心의 공부와 생활을 할 일.

4) 보시심을 배양하여 정신·육신·물질로 무념보시에 노력할 일.

5) 예의와 염치심을 배양하고 사회 국가의 공법과 도덕적인 보응이 두려움을 깊이 느낄 일.

4. 이 계문을 잘 지키게 되면 그 과보는?

1) 안으로 인욕행과 근실역행 공부가 쌓이고, 세세생생 선도에 수생하여 정당한 노력으로 정당한 생활을 하게 되고, 사회의 지탄을 받지 않을 것이며,

2) 사회·국가·세계에는 각진기력各盡其力하고 각수소치各受所値하는 공명정대한 제도가 확립될 것이며, 산무도적山無盜賊하고 도불습유道不拾遺하는 평화 안락한 세계가 될 것이다.[131)]

5. 문단속을 잘못해 놓고 도적을 맞게 도면 전생의 빚으로만 간단히 여겨버리는 경우가 가끔 있는데 그에 대한 올바른 판단을 내려주시오.

1) 인과의 진리는 삼생三生을 일관하고 있기 때문에 어떤 사실을 단편적인 인과관계로만 간단히 생각해 버리는 것은 큰 잘못이다.

---

131) 각진기력各盡其力 : 각각 자기의 능력껏 최선을 다함. 각수소치各受所値 : 각자 자기가 처한 상황을 감수함. 산무도적山無盜賊 도불습유道不拾遺 : 산에는 도적이 없고, 길에서는 흘린 물건도 줍지 않음.

2) 이상의 문제를 인과적으로 규명해 보면 먼저 현실적으로 문단속을 잘못한 것이 원인이 되어 도둑을 맞게 된 결과가 있는 것이니, 전생의 빚으로만 간단히 미루어 버릴 수 없는 것이요, 또 그렇게만 생각하는 것은 현실도피의 숙명론에 흐를 염려가 있는 것이다. 또 문단속을 잘하지 않고 사는 분이 나만이 아닌데 왜 내 물건만을 훔쳐 갔는가 하는 점도 생각해 볼 필요가 있고, 문단속하지 않은 그 원인을 추구해 보면 역시 전생의 수행과 평소 공부를 재검토하지 않을 수 없는 것이다. 고로 현실적으로만 그 원인을 판단하게 되면 현실주의에 떨어질 염려가 없지 않은 것이다. 내가 않는 것도 중요하지마는 남이 하지 않도록 문단속을 잘하는 것도 중요하다.

◎ 3조 간음姦淫을 말며[불간음不姦淫]

다시 말하면 남녀 간 정식 결혼으로 공공연하게 인증을 얻은 부부 이외의 육체적[성적] 관계를 갖지 말라는 것이다. 약혼 남녀에 있어서도 정식 결혼을 하기 전에는 범계로 하며 속 깊은 공부인에 있어서는 부부간이라도 난음남색亂淫濫色은 범계로 간주하라. <정당한 사랑과 건전한 성도덕을 실행하라>

1. 간음을 말라는 이유는?

간음하게 되면

1) 심성이 방탕해지고, 도심이 말살되며, 신성해야 할 성생활의 타락으로 인격의 타락을 초래하고, 다른 여러 가지의 죄악을 병발竝發하게 된다.

2) 난치의 성병을 얻게 되고, 불구 자손을 두게 되며, 건강을 상할 뿐 아니라 내생에는 부정한 부부관계를 맺게 될 수 있고, 악도를

면하기 어렵다. <오리, 축생, 지옥의 불기둥을 안게 된다>

3) 이성 간의 정당한 사랑의 윤리가 파괴되고 가정불화의 원인이 되며 사회의 풍기가 문란해진다.

2. 간음하게 되는 원인은?

1) 인과보응의 진리를 모르거나 설사 안다고 할지라도

2) 정욕의 충동을 극복하지 못할 때

3) 마음이 약하거나 지조가 약할 때

4) 서원과 신심과 공부심이 약할 때

3. 간음하지 않으려면 그 방법은?

1) 서원과 신심과 공부심이 날로 살아나게 하라. <생사 결단의 계기가 있어야 할 경우도 있다>

2) 오온五蘊이 공한 자리에 늘 반조하여 탐심을 녹여라.

3) 자신의 심력을 과신하지 말고 그러한 경계를 짓지 말며 멀리하라.

4) 부부간의 신의를 존중하며 지조를 굳게 세워라.

※ 참고

가) 유하혜와 노남자[132)] 나) 지족 선사와 서화담[133)]

---

132) 노나라에 안숙자라는 남자가 혼자 살고 있었는데, 이웃에 사는 과부가 밤중에 폭풍우로 집이 무너지자 그를 찾아와 하룻밤 재워 줄 것을 청하니 문을 잠그고 열어주지 않았다. 과부가 "당신은 어찌하여 유하혜처럼 하지 않소?" 하자, 그는 "유하혜는 그래도 되지만 난 안되오. 나는 장차 나의 할 수 없는 점을 가지고 유하혜의 할 수 있는 점을 배우려고 하오."라고 하였다. 이에 공자가 "유하혜를 배우고자 하는 사람 중에 이와 비슷한 경우는 아직 없었다."고 치하했다 한다. <공자가어>

133) 황진이는 평소에 지족 선사와 서화담을 다 흠모하던 중 한번은 그 인물의 됨됨이를 시험하여 보려고 먼저 화담 선생을 찾아가서 수학하기를 청하니 선생은 조금도 난색이 없이 승낙하였다. 황진이는 얼마 동안 선생에게 공부하러 다니다가 하루는 밤에 집으로 돌아가지 않고 선생의 침실에서 같이 자며 공부하기를 청하니 선생은 또한 허락하였다. 그렇게 황진이는 별별 수단을 다 써서 선생을 유혹시키고자 하였으나 선생은 목불과 같이 조금도 동요하지 않았다. 황진이는 이미 여색의 경지를 넘어선 화담 앞에 무릎을 꿇고 정중히 말했다. "역시 선생님은 송

다) 진묵스님의 예[134)]

라) 부설 거사의 부부생활 <침상에 물그릇을 놓고 잤다>

마) 급기소시及其少時엔 계지재색戒之在色,[135)] 재색지화財色之禍는 심어독야甚於毒也[136)]

도 3절의 하나이십니다."

황진이는 이처럼 서화담을 한번 시험하여 본 뒤에 다시 지족 선사를 시험하여 보려고 지족암을 찾아갔다. 황진이가 제자로서 수도하기를 청하니 지족 선사는 여자는 원래 가까이할 필요가 없다고 하며 처음부터 절대 거절하였다. 황진이는 며칠 있다가 다시 소복단장으로 청춘과부의 복색을 하고 지족암으로 가서 그 선사가 있는 바로 옆방에다 침소를 정하고 자기의 죽은 남편을 위하여 백일 간 불공을 한다고 가칭하며 밤마다 불전에 가서 불공을 하는데 자기의 손으로 축원문을 지어서 청아한 그 좋은 목청으로 처량하게 읽으니 그야말로 천사의 노래와도 같고 선녀의 음률과도 같아서 아무 감각이 없는 석불이라도 놀랄만하거늘 하물며 감정이 있는 사람으로서 그 누가 감히 귀를 기울이고 듣지 않을까 보냐. 이처럼 며칠 동안을 계속하여 불공 축원을 하니 노 선사가 처음에는 무심하게 들었으나 하루 이틀 들을수록 자연히 마음에 감동이 생겨서 그 30년 동안이나 잔뜩 감고 옆에 사람도 잘 보지 않던 눈을 번쩍 떠서 황진이의 태도를 한번 보고 두 번 보니 보면 볼수록 선계의 정념은 점점 없어지고 사바의 욕화가 일어나기 시작하여 불과 며칠에 황진이와 서로 말을 붙이게 되니 황진이는 예의 그 능란한 교제술과 영롱한 수완으로 그 선사를 마음대로 놀리어서 최후에는 그만 파계를 하게 되니 지금까지 세상에서 쓰는 '망석중 놀리듯 한다'는 말이라든지 '십년공부 도로 아미타불'이라는 말은 그 사실을 일러서 하는 말이라 한다.

134) 『대종경』 불지품 7장. 한 제자 여쭙기를 "진묵震默 대사도 주색에 끌린 바가 있는 듯하오니 그러하오니까." 대종사 말씀하시기를 "내 들으니 진묵 대사가 술을 좋아하시되 하루는 술을 마신다는 것이 간수를 한 그릇 마시고도 아무 일이 없었다 하며, 또 한 번은 감나무 아래에 계시는데 한 여자가 사심을 품고 와서 놀기를 청하는지라 그 원을 들어주려 하시다가 홍시가 떨어지매 무심히 그것을 주우러 가시므로 여자가 무색하여 스스로 물러갔다는 말이 있나니, 어찌 그 마음에 술이 있었으며 여색이 있었겠는가. 그런 어른은 술 경계에 술이 없었고 색 경계에 색이 없으신 여래如來시니라."

135) 『논어』 계씨편에 나오는 말. "공자왈孔子曰 군자유삼계君子有三戒하니 소지시少之時에 혈기미정血氣未定이라 계지재색戒之在色이오 급기장야及其壯也하여 혈기방강血氣方剛이라 계지재투戒之在鬪오 급기노야及其老也하여 혈기기쇠血氣旣衰라 계지재득戒之在得이니라."(공자가 말씀하셨다. 군자에게는 세 가지 조심할 것이 있다. 젊었을 때는 혈기가 안정되지 않았기 때문에 여색을 경계해야 하고, 장성해서는 혈기가 바야흐로 강하기 때문에 싸움을 경계해야 하고, 늙어서는 혈기가 이미 쇠했기 때문에 재물에 대한 욕심을 경계해야 한다.)

136) 지눌의 『계초심학인문』에 나오는 말. "재색지화財色之禍 심어독사甚於毒蛇 성기지비

바) 사십이장경의 거음법문去陰法門[137]과 일부일처一夫一妻이니 성불成佛 운운云云 ….

사) 가족계획운동과 욕심조절운동[138]

4. 이 계문을 잘 지키게 되면 그 결과는?

1) 개인적으로 고상한 인격을 이루어 천하의 존경과 사랑을 받게 되고 세세생생 색으로 인하여 악도에 타락하지는 않을 것이다.

2) 사회풍기가 확립되며 건전한 성도덕이 실현될 것이다.

예) 가) 전주 신부, 수녀의 정절

나) 계룡산 오누이 탑 일화[139]

省己知非 상수원리常須遠離"(재물과 여색의 화는 독사의 독보다 더 심하다. 항상 자신의 마음자리를 관하고 그릇됨을 밝혀 모름지기 이를 멀리 여의도록 할 일이다.)

137) 『사십이장경』 31장. "유인有人이 환음정부지患婬情不止하야 거부인상距斧刃上하야 이자제기음以自除其陰이어늘 불佛이 위지왈謂之曰 단음斷陰이 불여단심不如斷心이니 심위공조心爲功曹라 약지공조若止功曹면 종자도식從者都息이어늘 사심부지邪心不止하고 단음하익斷陰何益이리오 하시고 불위설게佛爲說偈하사대 욕생어여의欲生於汝意하고 의이사상생意以思想生이라 이심二心이 각적정各寂靜하면 비색역비행非色亦非行이로다 하시니라."(한 사람이 색욕이 그치지 않음을 걱정하여 칼날로써 그 음을 끊으려 하거늘 부처님께서 말씀하시되 그 음을 끊음이 그 마음을 끊음만 같지 못하나니 마음은 곧 운전사라 운전만 그치면 모든 기관은 스스로 다 쉴 것이거늘 사심은 제하지 아니하고 그 음만 끊은들 무슨 이익이 있으리오 하시고 부처님께서 다시 게송으로 설하시되 욕심은 네 뜻에서 나오고, 뜻은 생각에서 나도다. 뜻과 생각을 끊으면, 색과 행에 안 끌리리라.)

138) 부부간이라도 난음남색亂淫濫色을 피하라는 의미이다.

139) 충청남도 공주시 동학사에서 갑사로 가는 도중의 청량사지淸凉寺址에 있는 2개의 탑. 7층탑을 오라비탑이라 하고 5층탑을 누이탑이라 하여, 오누이탑·남매탑이라고도 불린다. 고려 시대에 세워졌다고 전하며, 백제 석탑 양식으로 다음과 같은 전설이 얽혀 있다. 백제의 왕족 하나가 이곳에 와서 수도하고 있을 때, 목구멍에 가시가 걸린 호랑이를 구해주었더니 호랑이가 며칠 뒤 예쁜 처녀를 업어왔다. 왕족은 그 처녀를 고이 돌려보냈으나, 그 부모가 딸을 다른 데로 시집보낼 수 없다며 다시 왕족에게로 보냈다. 왕족은 그녀를 누이로 삼고 남매가 함께 수도하여 마침내 성도했다. 그들이 죽은 뒤 몸에서 많은 사리가 나와, 사람들이 이 탑을 세워 오누이를 공양했다고 한다.

◎ 4조 연고 없이 술을 마시지 말며[무고불음주無故不飮酒]

다시 말하면 성불제중하고 제생의세 하는데 필요 없이는 절대로 술을 마시지 말라는 것이다. <보람 있고 풍성하고 힘찬 생활을 위해서 술은 적당히 사용하여야 한다>

물질과 심성은 상호 조화를 이루어 건전한 생존이 가능케 된다. 물질로 인하여 심성이 손상되어도 안 될 것이요, 수도로 인하여 물질의 손해를 보아도 안 될 것이다. 고로 물심物心의 조화, 영육靈肉의 쌍전을 대도라고 한다.

비상도 약으로 활용하면 생명을 구하는 것 같이 술 그 자체가 죄가 있는 것이 아니요, 술을 마시는 사람이 중도를 잃어서 죄를 짓게 되는 것이다.

1. 연고 없이 술을 마시지 말라는 이유는?

1) 술의 성질은 원래 벌성지락伐性之樂이라 과음하게 되면 정신을 마취시켜 심성을 혼탁하게 하고 방탕하게 만든다.

2) 금전과 시간을 낭비하게 되고 건강을 상하게 되며 가정불화의 원인이 되고 여러 가지 범죄의 원인을 짓게 되어 진리적으로 악도에 떨어질 가능성이 크다. <정신이 탁하고 심신 쇠약자가 되기 쉽고 성성이류가 될 수 있을 것이다>

3) 사회적으로 질서와 풍기가 문란해지고 경제의 소비와 문화의 퇴보를 초래한다.

2. 연고 있는 음주란?

1) 약용으로 사용하는 경우.

2) 중노자重勞者의 피로회복과 기한饑寒 방지의 경우.

3) 사회교제 시 부득이한 경우. <법강항마위 이상 인물로서>

예) 연회, 경축

단, 여하한 경우라도 과음은 범계로 한다. 심성을 상하거나 본분을 망각할 경우는 전부 과음이다.

가) 유주무량唯酒無量하사대 불급란不及亂이러시다. <논어>[140)]

나) 대종사와 일경日警.

다) 진묵 대사와 간수[141)].

라) 전주 중바위에서 대승과 소승 이야기와 증명 분실자.

마) 천금지석산위침天衾地席山爲枕 월촉운병해작준月燭雲屛海作樽 대취거연잉기무大醉倨然仍起舞 각혐장수괘곤륜却嫌長袖掛崑崙 <진묵 대사>[142)]

3. 술을 과음하게 되는 원인은?

1) 일시적 쾌락을 위해서. 2) 객기로, 객분으로. 3) 울화가 났을 때. 4) 친구의 권에 못 이겨. 5) 호기심으로. 6) 습관적 중독으로.

4. 술을 마시지 않으려면[과음하지 않으려면] 그 방법은?

1) 주독酒毒의 해점을 철저히 알아서 절주節酒와 금주禁酒로 중도를 잡아야 한다.

2) 음주의 경계를 멀리하고 처음부터 배우지 않는 것이 좋다.

---

140) 『논어』 향당편에 나오는 말. 해석하면 '술은 무한정으로 마시되 흐트러지지는 않았다.'

141) 『대종경』 불지품 7장. "한 제자 여쭙기를 [진묵(震默) 대사도 주색에 끌린 바가 있는 듯하오니 그러하오니까.] 대종사 말씀하시기를 [내 들으니 진묵 대사가 술을 좋아하시되 하루는 술을 마신다는 것이 간수를 한 그릇 마시고도 아무 일이 없었다 하며, 또 한 번은 감나무 아래에 계시는데 한 여자가 사심을 품고 와서 놀기를 청하는지라 그 원을 들어주려 하시다가 홍시가 떨어지매 무심히 그것을 주우러 가시므로 여자가 무색하여 스스로 물러갔다는 말이 있나니, 어찌 그 마음에 술이 있었으며 여색이 있었겠는가. 그런 어른은 술 경계에 술이 없었고 색 경계에 색이 없으신 여래(如來)시니라.]"

142) 하늘이 이불이요 땅은 방석이며 산을 베개 삼고 달은 촛불이고 구름은 병풍이며 바다는 술동이로다. 크게 취해 거연히 일어나 춤을 추니 도리어 긴 소매가 곤륜산에 걸릴까 염려하노라.

3) 연고 있는 경우라도 절대로 과음하지 않기로 뜻을 세우라.
4) 그 시간을 진리 연마에 활용하고 그 금전을 공익사업에 합력하라.
5) 사람이 술을 마시고, 술이 술을 마시고, 술이 사람을 마시는 것이니, 술의 마력에 속지 말라.

5. 술을 마시지 않게 되면 그 결과는?

1) 정신·육신·물질 간에 술로 인한 해독을 입지 않을 것이요, 심성이 고상해지고 청정하게 되어 항상 건전한 정신을 갖게 될 것이다.
2) 사회적으로 범죄가 소멸될 것이요, 윤리 도덕의 타락이 적을 것이며, 사회의 질서와 가정의 파괴가 적을 것이요, 국가경제의 소비가 절약되어 생산과 예축이 증장될 것이다.

◎ 5조 잡기雜技를 말며

즉 습관적인 오락 잡기로 허송세월을 하지 말고 불로소득과 일확천금의 사행심으로 취재聚財를 목적하는 도박 잡기를 말라는 것인바, 윷, 투전, 골패, 화투, 마작, 트럼프, 헬머Halma, 골프, 쌍윷, 파친코 등을 금하는 것이다.

<건전한 운동과 명랑한 소창으로 심신을 단련하며 여가를 선용하자>

1. 잡기를 하지 말라는 이유는?

잡기를 하게 되면

1) 무료도일로 허송세월을 하게 되고 심성이 나태해지며 사행심이 길러져서 인격이 타락된다.
2) 시간과 금전 낭비로 가산을 탕진하게 되고 주색, 절도, 강도 등의 여죄餘罪를 유발하며 승부심과 삼독심이 깊어져서 세세생생 악도를 면하기 어렵게 된다.
3) 사회적으로 불순한 풍기가 조성되고 허황한 세계가 되고 말 것

이다.

2. 잡기를 하게 되는 원인

1) 인생의 목적이 크고 뚜렷하지 못하며 여가를 선용하지 못할 때.

2) 욕심과 사행심이 많을 때.

3) 공부심이 적을 때.

4) 부당한 벗을 사귀게 될 때.

3. 잡기를 하지 않으려면 그 방법은?

1) 상시응용 주의 사항 3조를 실행하고 솔성요론 5조를 명심하여 틈나는 대로 수양과 연구에 전심하라. <심신단련, 사리의 연구>

2) 안으로 불의한 욕심을 제거하고 인과의 이치를 철견徹見하여 보다 큰 목적을 향해서 부지런히 노력하자.

<수양, 대각, 철학, 예술, 과학, 문학…>

3) 부당한 벗을 삼가라.

※ 호박한망택好博閑忘宅[143]

4. 잡기를 하지 않게 되면 그 결과는?

1) 공부와 생활이 날로 향상될 것이며 세세생생 정당한 노력으로 정당한 생활을 할 수 있는 습관이 될 것이요,

2) 세상은 건전하고 근실한 풍토가 조성될 것이다.

5. 장기와 바둑은 잡념 망상으로 시간을 보내는 것보다는 낫지 않겠는가?

물론 건전한 오락은 잡념과 망상보다는 낫다. 그러나 거기에 심취되어 허송세월을 한다거나 본분을 망각하게 되거나 나아가 승부심

143) 『추구推句』에 나오는 말. "호박한망택好博閑忘宅 간장세각정看章細覺情"(도박을 좋아하면 집안일에는 관심이 없어지고, 학문을 닦으려면 작은 일에 관심을 버려야 한다.)

과 사행심이 길러지게 되면 그것 또한 무서운 죄고의 원인이 되지 않겠는가?

◎ 6조 악한 말을 말며[악구惡口를 말라.]

즉 악의가 있는 말, 독기가 서린 말, 비열한 욕설 등 남의 뜻을 거스른 말을 말라는 것이다. <아름답고 명랑한 말, 고운 말씨를 쓰라는 것이니, 언어의 정화 운동이다>

1. 이유는?

악한 말을 하게 되면

1) 구습口習이 나빠져서 상대편의 감정을 상하게 되며, 대중으로부터 인격적 천시를 받게 되고, 스스로의 마음이 악해지기 때문이다.

2) 불화와 쟁투의 원인이 되어 소란한 사회가 된다.

3) 진리적으로 상극의 악연이 많아지며, 악구를 많이 듣게 될 것이다.

4) 자녀교육에 악영향을 미치게 된다.

※ 한담서화閑談敍話 가기풍진可起風塵
한담서화閑談敍話 능소풍진能掃風塵[144)]

※ 심심창해수心深滄海水 구중곤륜산口重崑崙山[145)] <정산 종사>

※ 수구여병守口如甁 방의여성防意如城[146)] <주자朱子>

---

144) 『대순전경』에 나오는 말. 한가롭게 주고받는 말로 천하의 난리를 일으킬 수 있고 한가롭게 주고받는 말로 천하의 난리를 쓸어낼 수도 있다.

145) 『정산종사법어』 권도편 53장. 말씀하시기를 「옛 말씀에 '심심창해수心深滄海水요 구중곤륜산口重崑崙山'라 하였나니, 마음을 쓰되 창해수 같이 깊고 깊어서 가히 헤아릴 수 없이 하고, 입을 지키되 곤륜산 같이 무겁게 하라. 안으로 큰 사람이 되어 갈수록 그 심량을 가히 헤아리지 못하나니, 작은 그릇은 곧 넘쳐흐르나 큰 그릇은 항상 여유가 있나니라.」
『대순전경』에는 "심심황하수心深黃河水 구중곤륜산口重崑崙山"라는 구절이 있다.(마음은 황하수같이 깊이 쓰고, 입은 곤륜산처럼 무겁게 하라.)

146) 『명심보감』에 나오는 말. "주문공왈朱文公曰 수구여병守口如甁하고 방의여성防意如

2. **악구를 범하게 되는 원인은?**

1) 교양이 없어서. 2) 진심이 많을 때. 3) 성질은 급하고 일은 뜻대로 되지 않을 경우. 4) 허물없는 사이에 대화가 심할 때. 5) 환경의 영향으로. 6) 습관적으로 나오는 경우.[악의는 없지마는 습관이 되어서] 7) 애정으로 하는 경우도 있다.

3. **악구계를 범하지 않으려면 그 방법은?**

1) 교양 있는 인격을 갖추기로 뜻을 세우고 고운 말 쓰기 운동을 하자.

2) 경계를 대할 때마다 일단 마음을 멈추어서 성질을 늦추고 진심을 가라앉히자.[수양을 하자.]

3) 악의 없는 말이라도 그 의미를 생각해서 좋은 뜻으로 돌리자. [예 : 오살놈→성불할 놈]

4) 지도의 입장에서 크게 경책해야 할 경우라도 체면과 위신에 손상되지 않는 말을 하라.

5) 말하는 공부를 하되 살리는 말, 진실한 말, 명랑한 말, 책임질 수 있는 말을 하자.

예) 가. 죽겠다 →피로하다. 답답하다.

못 살겠다 → 어렵다. 고단하다. 살겠다.

나. 말로 천량 빚을 갚는다.

다. 석숭石崇과 항우項羽의 일화[147)]

城하라"(주문공이 말하기를 '입을 지키는 것은 병과 같이 하고, 뜻을 막기를 성을 지키는 것 같이 하 라.')

147) 옛날 진나라 때 엄청나게 부자인 석숭이 살고 있었다. 그는 원래 매우 가난한 소금장수였다. 하루는 소금을 팔고 돌아오는데 날이 저물어 어느 집에든 가서 하룻밤을 묵고 가야할 처지가 되었다. 마침, 적당한 집이 있어 묵고 가기로 마음을 먹고 대문을 두드리니 그 집 딸인 듯한 과년한 처녀가 나왔다. 밤이 깊어 하룻밤만 쉬었다 가겠다고 했더니 거절을 당했다. "손님을 재워드리기 싫어서가 아니라,

4. 악구를 하지 않게 되면 그 결과는?

1) 인격이 품위가 있어진다.

2) 길이 상생의 인연이 많아지며 말에 덕이 있어 큰 교화가 베풀어 진다.

3) 사회적으로 평화롭고 명랑한 사회가 될 것이다.

◎ 7조 연고 없이 쟁투爭鬪를 말며

즉 성불제중하고 제생의세 하는데 필요 없이는 언쟁, 쟁투, 전쟁 등

한밤중이 되면 괴변이 있어서 그러니, 부디 다른 곳에 가서 묵으면 좋을 듯싶습니다." 그러나 한낱 소금장수인 석숭은 그래도 좋으니 그냥 문간방에서라도 자고 가겠다고 애원을 했다. 그러자, 그 처녀는 어쩔 수 없이 그렇게 하라고 했다. 그런데 그날 밤 한밤중이 되자, 요란스런 말발굽소리가 나더니, 이어 문을 열라는 소리와 함께 대문을 두드리는 소리가 요란하게 들렸다. 석숭은 잠자다 말고 깨서 겁이 나 벌벌 떨다가 할 수 없이 나가서 대문을 열어줬다. 그런데 대문 밖에는 아주 준수하게 생긴 호걸이 버티고 서 있는 것이 아닌가. 문을 열어주는 석숭을 보고 그 호걸이 대뜸 물었다. "그대는 누구시오?" "예, 저는 소금장수 석숭입니다." "그래, 그럼 자네는 초패왕을 아는가?" "예, 알고말고요. 초패왕으로 말하면 영웅이온데 때를 잘못 만나서 그의 큰 포부를 펴보지 못하고 그만 억울하게도 세상을 마친 분이옵니다. 아니, 그런데 어째서 초패왕을 물으시는가요?" 하자, 그 호걸은 사뭇 만족하다는 표정을 지으면서 크게 한숨을 내쉬며 말을 했다. "그래, 그러면 그렇지. 내가 바로 초패왕일세. 그런데 바로 이 집주인 되는 사람이 나하고 무슨 원한이 맺혔기에 내 화상을 그려놓고는 '요따위가 무슨 영웅이여! 지가 뭣을 했다고. 에고 말라비틀어진 거야!' 하며 나를 공연히 모독하기에 나도 하도 어이가 없어서 언제나 이맘 때 즈음 이 집을 찾아와서 도대체 그렇게 나를 모독하는 이유가 무엇인지나 좀 알아보려고 왔다. 그러면 그 때마다 미처 묻기도 전에 모두 죽는 게 아닌가? 결국 이 때문에 가족들이 모두 죽고 마지막으로 이 집 주인의 딸인 처녀가 하나 남아서 오늘 저녁은 그 처녀를 만나 물어보려고 왔는데 마침 그대를 만나 나의 원을 풀었다. 그러니 참으로 기쁘다. 내가 자네로 인해 내 원을 풀었으니 자네한테 좋은 선물을 하나 주겠네." 한 뒤 그 호걸은 석숭에게 "아무 곳에 가면 군량미를 확보하기 위해 금을 묻어놓은 게 있는데 그걸 파서 이 집 처녀와 결혼해서 잘 살게." 하고는 바로 사라져 버렸다. 석숭은 날이 새자마자, 바로 처녀를 만나 어제 들었던 사실을 확인했다. 그런데 과연 그대로였다. 그래서 바로 어제 밤 초패왕이란 자가 알려준 곳을 가서 땅을 파보니 역시 금괴가 묻어있었다. 석숭은 이 금괴를 가져다 팔아서 큰 부자가 되었고 초패왕이 말한 대로 그 집 처녀와 결혼해서 행복하게 잘 살았다는 얘기가 전해오고 있다.

을 절대로 하지 말라는 것이다. <모든 일을 의롭고 합리적으로 해결할지언정 부당하게 역리적으로 해결하지 말라는 것이요, 불의에 아첨하라는 것은 아니다>

1. 쟁투를 말라는 이유는?

1) 심성이 잔인해지고 스스로의 마음이 괴로우며 인격이 손상되고 중병과 생명의 위험까지 있게 된다.

2) 가정불화의 원인이 되고 자녀교육에 악영향이 있을 뿐 아니라 세상은 불안과 공포의 사회로 화한다.

3) 심하게 되면 법률의 제재를 받아 스스로의 자유를 구속하게 되고 동지 간의 정의가 소원해지며 상극의 원증연怨憎緣이 많아지고 악도를 면하기 어렵다.

2. 투쟁을 하게 되는 원인은?

1) 감정과 이해의 대립으로.

2) 진심嗔心이 많아서 습관적으로.

3) 승부심, 경쟁심, 시기심의 상대적 발로로.

4) 공부심이 없고 자비심이 없으므로.

5) 인과를 모르기 때문에.

3. 유고有故 쟁투인 경우는?

1) 파사현정破邪顯正의 경우.

2) 국토방위의 경우.

3) 정책수립의 경우: 정당한 주의주장으로 언쟁하는 경우.

4) 정당방위의 경우. [정당한 일로 제재制裁]

가) 불의의 침해에 대한 이법종사以法從事의 경우. [스피노자와 매

형妹兄의 재판][148]

나) 불의의 침해에 피할 수 없는 정당방위. [맹수의 공격 시]

부득이한 경우에는 적극적으로 추진하되 그 인간을 미워하지 말며, 한 뒤에는 깨끗이 잊고 감정을 두지 말자.

4. 무고無故 쟁투를 하지 아니하려면 그 방법은?

1) 가는 방망이 오는 홍두깨라는 속담과 같이 인과의 진리를 철저히 믿고 깨쳐야 한다.

2) 진심과 객기의 만용을 잠재우는 수양을 쌓자.

3) 감정과 이해를 초월하고 사생일신, 만유동기萬有同氣의 대자비를 기르자.

4) 승부심, 경쟁심, 시기심, 상대심을 없애자.

5) 유고有故 투쟁이라도 수도인의 도에 어긋남이 없게 하자.

6) 보살의 항마법 중에 최상의 방법은 사치법捨置法[149]이다.

7) 작게 이김을 동지와 남에게서 구하지 말고 크게 이김을 자기와 세계에서 구하라. <법문>

---

148) 철학자 스피노자의 아버지는 암스테르담에서 상업으로 크게 성공했으며, 네덜란드 내의 당시 유대인 교회의 중요한 인물이기도 했다. 철학을 공부한 스피노자가 19세 때 인격신人格神의 존재를 부인하는 논문을 발표한 사건 때문에 이단異端으로 몰리게 되었으나, 유대인들 사이에서 명망이 높았던 아버지 덕택으로 파문破門만은 면할 수 있었다. 파문은 겨우 면했으나, 스피노자는 렌즈를 갊으로써 겨우 입에 풀칠을 하며 살아갔다.
1653년에 부친을 여의고 그는 결국 1656년에 유대 교회로부터 파문을 당했다. 그는 아버지 유산의 많은 부분을 상속받았으나, 파문당한 신분으로 무력하게 된 약점을 노리고, 그가 상속받은 유산을 누이와 매부가 강탈하려고 들었다. 스피노자는 자신의 재산을 지키기 위해 법정투쟁을 감행했고, 다행히 승소하여 재산을 빼앗기지 않게 되었다. 그러나 그는 그가 얻은 유산의 대부분을 누이에게 주고 말았다. 재산을 강탈당하는 것은 불의不義에 굴복하는 것이므로 법정투쟁까지 하며 용납하지 않았으나, 재산에 대한 욕심은 없었으므로 자진하여 그것을 누이에게 희사한 것이다.

149) 대응하지 않고 내버려 둠.

예) 맞은 사람은 다리를 뻗고 잠을 자나 때린 사람은 다리를 뻗고 자지 못하는 것이다.

5. 무고無故 쟁투를 하지 않게 되면?

1) 마음이 편안하고 평화 안온한 생활을 하게 될 것이요,

2) 세세생생 건강하고 인상 좋은 인물이 될 것이며,

3) 세상은 자연 평화롭고 안락한 사회가 될 것이다.

◎ 8조 공금公金을 범하여 쓰지 말며

즉 교단의 재산, 국가의 공금, 합자금 등 공중의 재산이나 금전이나 물품을 허가 없이 사용하지 말고, 또는 공중에 납부해야 할 것은 그 기한 내에 반드시 납부하라는 것이다. <개인은 공중의 분자이니 공중의 재산이나 금품을 더 아끼고 보호하자는 것이다>

1. 공금을 범하여 쓰지 말라는 이유는?

1) 공익심이 말살되고 빙공영사憑公營私하기 쉬우며, 신용이 타락되고 대중의 원망과 천시와 멸시를 부르며, 사회적으로 법률의 제재를 받아 지위를 상실하고 부자유한 구속을 당하게 된다.

2) 공중의 복지가 파괴되고 천하가 크게 어지러워진다.

2. 공금을 사용하게 되는 원인은?

1) 공사의 관계와 그 한계가 분명하지 못할 때.

2) 공익심이 없을 때.

3) 사욕이 치성할 때, 잔 인정이 많을 때.

4) 인과의 진리가 무서운 줄을 모를 때.

5) 변하는 진리를 몰라 가능한 것만 알고 불가능할 수도 있음을 모를 때.

3. 공금을 범용하지 아니하려면 그 방법은?

1) 한 사람에게 빚을 지면 한 사람에게만 갚지마는 공중에게 빚을 지면 공중에게 다 갚아야 하는 인과보응의 진리를 믿고 깨치자.
2) 안으로 사욕을 버리고 공익심을 불러일으키자.
3) 공사의 관계와 그 한계를 분명히 알라.
4) 빙공영사하지 말고 선공후사先公後私 내지는 지공무사至公無私한 생활신조를 확립하자.

4. 공금을 범용하지 아니하면 그 결과는?

1) 공중의 복지가 향상됨에 따라 개인의 복지가 영원히 향상될 것이며, 대중의 우대와 존경을 받을 것이다.
2) 세상은 서로 믿고 안심하고 살 수 있는 복지사회가 될 것이다.
3) 진리적으로 세세생생 무서운 죄고가 없을 것이다.

◎ 9조 연고 없이 심교心交 간 금전을 여수與受하지 말며

즉 성불제중하고 제생의세 하는 데 필요 없이는 마음을 터놓고 진리와 정의로 사귀는 사이에 이식利殖을 목적하거나 반드시 반상反償을 필요로 하는 금품의 여수나 또는 그런 일에 보증을 서지 말라는 것이다. <심교 간의 의리와 정의는 금품으로 바꿀 수도 없고 바꿔서도 안 되는 것이니, 돈 때문에 의리와 정의를 상하지 않게 하심이다>

가) 잡기에 돈을 대주는 부당한 대여 관계는 말할 것도 없고 보증을 서는 것도 조심해야 할 것이다.
나) 특히 교역자는 금전 여수에 조심할 것이다. 돈 잃고 사람 잃는 경우가 허다하다.

1. 연고 없이 심교 간 금전을 여수하지 말라는 이유는?

1) 진리는 모든 가능성이 있고 인심은 사소한 일에 변할 수 있어서 최초 의도와는 달리 돈 잃고 사람 잃고 정의를 상하며 마음에 불

안과 초조의 원인이 될 수 있기 때문이다.

2) 심교 간의 의리와 정의는 금품보다 소중하다.

3) 사회적으로는 불신 풍조가 싹트기 쉽고 본의와는 달리 의리와 정의가 말살된다.

4) 진리적으로는 상생의 인연이 적을 수 있고 지기지간知己之間이 적을 것이다.

5) 현실적으로는 쟁투의 근본이 되기 쉽고 교당 내왕이 멀어지기 쉬우며, 동지간의 정의가 소원해진다.

2. 여수를 하게 되는 원인과 경우는?

1) 원만구족하고 지공무사한 진리를 모르기 때문에 눈앞 일에 집착되어 장래의 변화를 생각 못 해서.

2) 큰 의리보다 작은 인정에 끌려서.

3) 이식利殖도 아는 처지라야 할 수 있다고 생각하기 때문에.

4) 의리보다 이해가 앞서기 때문에.

3. 연고 있는 여수란?

1) 심교 간 생명에 위협을 느끼는 경우 즉 천재지변, 화재, 도난, 중병 등.

2) 이식利殖의 목적이 없으며 반상反償을 못하더라도 내 마음에 조금도 섭섭한 생각이 없을 경우.

4. 심교 간 금전을 여수하지 아니하려면 그 방법은?

1) 이식을 필요로 하는 금품은 국법이 보증하는 공공기관에 위탁할 것이요, 단, 부득이 개인에게 줄 경우에는 법률적인 효력을 발휘할 수 있는 증빙證憑서류를 갖추어 공공연한 서약을 할 것이다.

2) 위험한 경우 외에는 절대로 심교 간에는 금품의 여수를 않기로 신조를 세우라.

단, 부득이한 경우 연고 있는 여수를 했을 때는 생명을 바쳐서라도 의리와 정의를 상하지 않도록 하라.

3) 소소한 인정에 끌려 여수하는 것보다는 한때 인정이 박하다는 말을 듣더라도 끊을 자리에는 분명히 끊는 것이 좋다.

4) 부득이 여수한 경우에는 돈을 잃을지언정 사람은 잃지 않도록 하라.

5. 연고 없이 심교 간 금전을 여수하지 않게 되면 그 결과는?

1) 심교 간에 길이 참다운 의리와 정의가 지속될 것이요, 세세생생 상생의 인연과 대의로 결합되는 인연이 많을 것이다.

2) 금은보화보다 인간성이 소중한 사회가 될 것이요, 금품보다는 정의와 의리가 우위 하는 세상이 될 것이다.

3) 국고國庫가 불어날 것이요, 전체의 복리가 증진될 것이다.

◎ 10조 연고 없이 담배를 피우지 말라

즉 성불제중하고 제생의세 하는 데 필요 없이는 담배를 피우지 말라는 말씀이다. <기호품에 끌려 정신을 상하거나 금전의 낭비를 말자는 것>

1. 담배를 피우지 말라 하신 이유는?

1) 건강 유지에 이利보다 해害가 많기 때문에.

2) 정신 수양에 해독이 많다. 니코틴의 중독으로 정신력이 약화한다.

3) 경제의 낭비.

4) 화재의 원인이 될 수 있고,

5) 좋지 않은 기호품이다.

2. 피우게 되는 원인과 경우

1) 호기심에서,

2) 무료한 시간을 메꾸기 위해서,

3) 공부심은 없고 화가 날 때,

4) 습관적으로 중독이 되어서.

3. 연고 있는 흡연이란?

1) 사교 상 부득이한 경우.

2) 병적으로 먹어야 할 경우 즉 약용으로 쓰는 경우. 비상도 약으로 쓰는 것 같이 가슴앓이 병을 가진 분이 피우는 경우.

3) 사색을 돕는 경우.

4. 담배를 피우지 아니하려면 그 방법은?

1) 당초에 배우지 말자.

2) 용단을 내어 공부심으로 끊자.

3) 거기에 쓰이는 금전을 공금에 활용하자. <보은미 등으로>

예) 가) 함양 주무님 총부에 오셔서 담배 끊으신 일화.[150)]

나) 완도 김 소남 선생 양로당에 오셔서 담배 끊으신 일화.[151)]

---

150) 함양교당 이근수화 교도에 대한 이야기이다. 함양지역 교화는 처음 이근수화 교도의 집에서 출장법회를 보면서부터 시작되었다. 당시 출장법회를 보던 신제근 교무는 이근수화 교도를 총부 정기 훈련에 참석시키고자 하였다. 이근수화 교도는 남편으로부터 담배를 끊는다는 조건으로 훈련 참석을 허락받았다. 이근수화 교도는 하루에 두 갑 정도의 담배를 피울 정도로 담배에 중독이 되어있었으며, 얼굴이 새카맣게 타고 위장이 나빠 밥을 잘 못 먹을 정도였다. 훈련에 참석하고 싶은 마음에 남편과 약속은 하였으나 담배에 대한 미련을 놓을 수 없어 담배 한 갑을 몰래 숨기고 훈련에 참석코자 하였으나 신제근 교무가 알고는 '담배를 택하든지 훈련을 택하든지 양자택일하라'는 말을 듣고 맹세코 담배를 끊기로 하고 훈련에 참석하였다. 총부에 와서 처음에는 담배를 피우고 싶은 욕망에 주변에 가게가 있는지 찾아다니기도 하고 나중에는 남자 화장실을 뒤지며 피우다 남은 담배꽁초가 있는지 찾아다니기도 하였다. 마침내 금단 현상으로 인하여 앓아눕게 되었으나 5일이 지나자 금단 현상이 끝나고 밥맛이 돌아오게 되었으며, 건강도 훨씬 좋아지고 완전히 담배를 끊게 되었다. 그러자 그 남편도 크게 좋아하였고 지역 교화에도 큰 활력소가 되었다 한다.

151) 소남 김정관 대호법님은 소남훈련원 부지를 희사하신 분이다. 평소 담배를 즐겨 피웠지만, 만년에 양로당에서 다른 분들이 모두 담배를 피우지 않는 것을 보고

5. 담배를 피우지 않게 되면 그 결과는?

1) 심신이 건전해진다.

2) 용단력과 좋은 습관이 길러진다.

3) 사회적으로 세세생생 건전한 심신의 소유자가 될 기연이 많고 불의의 화재의 죄과罪果가 예방될 것이다.

2. 특신급 십계문

보통급 10계를 대체로 실행하는 분에게는 다시 10계를 더 주어 지키게 하는 것으로 법과 교단에 특별한 신심을 가져야 능히 지킬 수 있는 것들이다.

1) 공중사(公衆事)를 단독이 처리하지 말며,
2) 다른 사람의 과실(過失)을 말하지 말며,
3) 금은보패 구하는 데 정신을 빼기지 말며,
4) 의복을 빛나게 꾸미지 말며,
5) 정당하지 못한 벗을 좇아 놀지 말며,
6) 두 사람이 아울러 말하지 말며,
7) 신용 없지 말며,
8) 비단 같이 꾸미는 말을 하지 말며,
9) 연고 없이 때 아닌 때 잠자지 말며,
10) 예 아닌 노래 부르고 춤추는 자리에 좇아 놀지 말라.

일시에 담배를 끊었다 한다.

◎ **1조 공중사公衆事를 단독이 처리하지 말며,**

즉 교단사나 국사國事나 어느 단체를 물론 하고 중인이 모아서 같이 의논하고 공동책임이 있는 일을 단독적 의사로 처리하지 말라는 것이니, 직권남용, 월권행사, 단결單決 처리, 무결재 처리, 미결사안 처리 등을 말라는 것이다.[민주주의의 원칙과 공화의 정신으로 살라 함이다.] 가족끼리도 가족회의를 하는 것이 좋고, 국가나 단체에서는 결의기관의 의결을 거쳐야 할 사항은 반드시 의결을 거쳐서 처리하는 정신을 세우라.

1. 단독이 처리하지 말라 하신 이유는?

1) 원활한 취사가 되기 어렵고, 개인적으로 신용이 타락되어 지위를 상실하게 되고, 인심의 배리背離와 중인의 원망을 초래하여 화합이 안 된다.

2) 전체의 참여 의식이 희박해지고, 사회적으로 통제가 문란해지며, 신의 없는 세상으로 화한다.

3) 진리적으로 중죄의 원인이 되기 쉽고 악도惡道 타락을 면하기 어렵다.

2. 단독처리하게 되는 원인과 경우는?

1) 인심이 곧 천심인 줄 모르고 자기 능력을 과신할 때.

2) 공명심이 앞설 때.

3) 성질이 급하거나 마음이 원만하지 못하며 일도 급하고 성질도 급할 때.

4) 고집이 세고 아만심이 많아서 공중의 의견을 무시할 때.

3. 단독처리를 하지 아니하려면 그 방법은?

1) 아는 길도 물어서 가야 헛길을 걷지 않는 것 같이 아는 일도 물어서 하는 습관을 기르자.

2) 나의 인격을 존중하는 것 같이 남의 인격을 존중하고, 독권獨權 뒤에는 독한獨恨이 따른다는 것을 알자.
3) 같이 생각하고 같이 의논하고 같이 책임지고 같이 복락을 누리는 공화주의의 사상을 확립하자.
4) 대중의 마음은 곧 하늘마음임을 알자.
5) 원만한 인격, 원만한 처사에 표준을 두자.
6) 회람 공지回覽共知의 생활 태도와 공명정대한 처사에 표준을 두자. 공사公事도 사의私意로 처리하면 사사私事가 되어 공사公私 간에 다 해를 보고, 사사私事도 공의公儀로 처리하면 공사公事가 되어 공사公私 간에 다 이利를 본다. <대산 종사>

4. 단독처리하지 않는 결과는?

1) 개인적으로는 마음이 원만해지고 대중의 합력과 옹호擁護를 받아 모든 일에 의혹이 없을 것이며 매사가 순조로울 것이요.
2) 사회적으로는 서로서로 주인이 되는 민주주의의 사상이 확립되고 공화제도가 널리 실현될 것이요, 통제가 이루어져서 질서 있는 세상이 될 것이다.
3) 세세생생 중인의 원망을 사지 않고 옹호를 받을 것이며, 길이 평화 안락한 세계에서 살게 될 것이다.

5. 일은 급하고 공중의 의견을 다 들어볼 겨를이 없을 때는 어떻게 하리까?

부득이한 경우에는 선 처리 후 결재의 방법으로 택하되 매사를 미리미리 연마해 두었다가 선 결재 후처리의 원칙을 지켜야 한다. 공중사는 대중의 호응과 합력이 없으면 크게 성공할 수 없는 것이다. 고로 공중사를 단독이 처리하여 혹 잘된 일이 있다 하더라도 그것은 요행이요, 후일 대실수의 원인이 된다. 고로 일의 성패를 불문하고 단독처리는 범계로 하라. 그 일보다 심법이 더 중요한 것이다.

◎ 2조 다른 사람의 과실過失을 말하지 말며

즉 남의 허물을 말하거나 흉을 보거나 험담을 말라는 것이다. <내 허물은 철저히 찾아 고치고 남의 허물은 널리 이해하고 관용하라>

1. 남의 과실을 말해서는 안 되는 이유는?

1) 구습口習이 나빠져서 인격이 손상되고, 쟁투의 원인이 되어 원수를 맺게 되며, 남의 미움을 살 뿐만 아니라 성불의 길이 멀어지고 제중의 본원에 어긋난다.

2) 듣는 이에게 그 사람에 대한 나쁜 인상을 심게 되어 본의 아닌 이간이 되기 쉬우며, 불신사회가 형성되고 세상은 풍진이 일어나서 대질의 소란이 있게 되는 등 평화를 보지 못한다.

3) 진리적으로 상극의 인연이 많을 것이요, 구설口舌이 많을 것이며, 길이 소란한 세상이 되고 말 것이다.

※ 가. 한담서화閑談敍話 가기풍진可起風塵
한담서화閑談敍話 능소풍진能掃風塵[152)]

나. 타인과他人過를 하는 자는 스승의 자격이 없다.[진리를 모르기 때문에 타인과他人過를 하는 것이다.]

2. 타인과를 하게 되는 원인과 경우는?

1) 원만구족하고 지공무사한 진리를 모르기 때문이요,

2) 자기 허물을 찾아 고치는 공부가 없기 때문이요,

3) 성불제중의 서원이 크고 철저하지 못하기 때문이요,

---

152) 『대순전경』에 나오는 말. 한가롭게 주고받는 말로 천하의 난리를 일으킬 수도 있고, 한가롭게 주고받는 말로 천하의 난리를 쓸어낼 수도 있다.

4) 상대심과 시기심이 많은 경우,

5) 호기심으로, 공부심이 없을 때 하는 경우,

6) 습관적으로 나오는 경우,

7) 지나친 걱정에서.

3. 타인과를 하지 아니하려면 그 방법은?

1) 서원 신심 공부심이 날로 철저해야 한다.

2) 자기 허물을 찾아 고치는데 노력하면 선악이 개오사皆吾師가 되는 것이다.

3) 상대심과 시기심이 없어져야.

4) 원만구족하고 지공무사한 진리를 철저히 믿고 각득해야. <내가 남의 말을 하면 남도 내 말을 하는 것이다>

5) 멈추는 공부에 유념하라.

4. 잘 지키게 되면 그 결과는?

1) 입이 무거워지고 처사가 원만해지며 대중의 존경을 받게 될 뿐만 아니라 상대심과 시기심이 적어져서 성불의 길이 가까워진다.

2) 세상은 자연 은악양선이 되어 좋은 점이 많이 드러나서 명랑하고 건설적인 세계가 될 것이다.

3) 진리적으로 상생상화의 인연이 많아져 길이 화락한 세상이 건설된다.

5. 지도인으로서 부득이 타인과를 할 때에도 범계가 되는가?

1) 물론 지도인이나 부모 사장師長이 지도하기 위해서 부득이한 경우에 하게 되는 것은 범계로 하지 않는다. 그러나 될 수 있는 대로 그 일의 시비는 가려서 제시하는 것은 좋으나 그 사람의 이름을 지칭하는 것은 삼가야 할 것이다. 왜냐하면 그 사람에게 좋지 못한 인상을 심어 주기 때문이다.

2) 또는 본인에게 직접 충고하거나 그 사람의 단점을 진정으로 고쳐주기 위해서 또는 대중에게 미치는 악영향을 고려해서 그 사람을 직접 지도하는 분에게만 조용히 말씀드리는 것은 범계가 아니요 동지간의 신의이며 공심인 것이다.

◎ 3조 금은보패 구하는 데 정신을 뺏기지 말며

즉 사람의 의무와 책임은 놓아버리고 돈만을 벌거나 금은 칠보 등 고급 패물을 모으는데 정신이 빠져 예의염치를 저버리지 말며, 또는 성불제중과 제생의세를 원하는 사람이 혹시라도 사사로이 돈 모으는데 정신과 시간을 낭비하지 말자는 것이다. 인격을 갖추어 의무와 책임을 다함으로써 금은보패가 돌아오게는 할지언정 배금주의로 타락은 말며 황금의 노예가 되지 말라. <돼지 목에 진주 목걸이를 걸어준들 무슨 가치가 있으리오>

1. 금은보패 구하는데 정신을 빼앗기지 말라고 하신 이유는?

금은보패 구하는데 정신을 빼앗기게 되면

1) 배금주의拜金主義로 타락하여 황금의 노예가 되며 예의와 염치가 없어져서 인격이 타락되고 중인衆人의 원성怨聲을 사게 되며, 도심이 약해지고 착심이 증장되어 내생의 악도를 면하기 어렵다.

※ 가) 금사망보金蛇網報[153)]

나) 배금주의Mammonism[154)]

2) 황금만능주의가 팽창되어 정신적인 문화와 생활은 타락되고 인

---

153) 내생에 뱀이 되는 과보. 『대종경』 교단품 9장에는 '많은 생生에 금사망 보報 받을 죄인은 속인에게 보다도 말세 수도인에게 더 많다는 말이 있사오니 어찌 그러하나이까?' 하는 질문에 답변하는 내용이 있다.

154) 배금주의拜金主義. 황금만능주의.

간의 가치와 권위는 말살되며 만사의 가치척도를 금은보패에 두게 되는 사회로 전락하여 암담한 세계가 될 것이요,

3) 정신과 도덕은 형상 없는 것이라 빼앗아 갈 수 없기 때문에 그로 인한 전쟁 등 일이 있을 수 없지마는, 금은보패는 형상 있는 것이라 도적질할 수 있기 때문에 사기횡령 절도 전쟁이 쉬지 않게 될 것이다.

2. 금은보패 구하는데 정신을 빼앗기는 원인은?

1) 원만한 진리 원만한 생활을 알지 못하고 형상 있는 육신생활만 인생의 전부로 착각하기 때문에.

2) 재욕이 많기 때문에.

3) 인생사의 본말을 알지 못하거나 공부심이 없을 때.

4) 인간 만사를 돈만 있으면 가능하다고 생각하기 때문에.

3. 금은보패 구하는데 정신을 빼앗기지 아니하려면 그 방법은?

1) 원만한 진리 원만한 생활관을 확립하고 영육쌍전의 이념으로 본말을 알아서 살아야 한다.

2) 형상 있는 것은 필경 공에 돌아가는 이치를 깨쳐 착심을 놓아야 한다.

3) 인생의 참다운 행복은 마음의 문제요 인류평화의 근본은 도덕임을 알아야 한다.

4) 날로 공부심이 살아나야 한다.

※ 가. 처자권속삼여죽妻子眷屬森如竹 금은옥백적사구金銀玉帛積似邱
임종독자고혼서臨終獨自孤魂逝 사량야시허부부思量也是虛浮浮[155)]

155) 부설 거사 사부시四浮詩의 일부. 처자와 권속들이 삼대같이 무성하고/ 금은보화 비단이 언덕만큼 쌓였어도/ 임종에는 독신으로 고혼 되어 가나니/ 생각하면, 이 또한 허허 무상 무상하구나.

<부설>

나. 삼일수심천재보三日修心千載寶 백년탐물일조진百年貪物一朝塵[156)]

보탑필경쇄위진寶塔畢竟碎爲塵 일념청정성정각一念淸淨成正覺[157)]

4. 정신을 빼앗기지 아니한 결과는?

1) 황금을 부려 쓰는 참다운 인격을 갖출 것이요, 형상 있는 물질에 착심이 적을 것이며, 금은보패로 인하여 악도에 타락하지는 않을 것이다.

2) 참다운 문화가 형성되어 본말이 바로 서지고, 인간의 가치가 존엄하게 되며, 참다운 행복을 느껴서 인류평화의 정신적 기초가 확립될 것이다.

◎ 4조 의복을 빛나게 꾸미지 말며,

즉 자기 생활의 분수 밖에 화려한 옷만 자주 입거나 대중 생활하는 이가 특별하게 화려한 옷을 입지 말라는 것이니, 고급 장신구나 지나친 화장으로 겉치레만 하는 것을 삼가라는 것이다.[다이야 반지, 금목걸이] 의복이 날개라지만 갖추지 못한 인격에 의복만 꾸미거나 화장만 하는 것은 허수아비에 비단옷을 걸치는 것 같고, 돼지 목에 진주목걸이를 걸치는 것과 같다.

---

156) 야운 각우野雲覺玗의 저작으로 알려진 『자경문』에 나오는 내용.
사흘 동안 닦은 마음은 천년의 보배가 되고/ 백 년 동안 탐한 재물은 하루아침에 티끌이 되느니라.

157) 지눌 저 『정혜결사문』에 나오는 내용. "문수게운文殊偈云 일념정심시도량一念淨心是道場 승조하사칠보탑勝造河沙七寶塔 보탑필경쇄위진寶塔畢竟碎爲塵 일념정심성정각一念淨心成正覺."(문수 게에 한 생각의 깨끗한 마음이 바로 도량이다. 이는 강의 모래처럼 많은 칠보탑을 만드는 공덕보다 훌륭하다. 보배 탑은 결국 부서져 티끌이 되지만 한 생각의 깨끗한 마음은 정각正覺을 이룬다.)

1. 의복을 빛나게 꾸미지 말라는 이유는?

1) 외식外飾에 흘러 내심이 허황해지기 쉽고, 심신이 나태해지며 정신이 타락하여 의복과 외식의 노예가 되며, 경제적 손실로 생활에 파탄이 오며, 자타 간에 사심이 증장되어 여죄의 원인이 클 수 있으며, 일반 대중과 간격이 생길 수 있고, 성불의 길이 멀어지며 제중의 본의에 어긋난다. <다이어 반지가 끼고 싶어서 몸을 팔기도 하고 도둑질을 할 경우가 있다>

2) 사회적으로 사치풍조가 조성되고 풍기가 문란해지며, 퇴폐적인 사조가 형성되고 향락적인 세상으로 전락하기 쉽다.

3) 진리적으로 경조부박輕躁浮薄한 성격을 갖기 쉽고 악도를 면하기 어려우며 세상은 길이 참다운 발전을 보기 어렵다.

2. 의복을 빛나게 꾸미는 원인은?

1) 허영심이 많고 명예욕이 많기 때문에.

2) 실력과 신념이 없는 경우에 위장하기 위해서. <못난 사람이 잘난 체 하며, 없는 사람이 있는 체하며, 모르는 사람이 아는 체 하고, 가난한 사람이 겉치레하고, 박색이 화장하는 것이요, 덧니가 금니 하는 것이며, 사치 머리에 물들이는 것이다>

3) 인과의 이치를 모르고 은현이 둘이 아닌 것을 모르기 때문에.

4) 외화에 치우친 사조와 풍조에 끌려서. <유행병>

5) 공부심이 없기 때문에.

3. 의복을 빛나게 꾸미지 아니하려면 그 방법은?

그 해독과 원인을 잘 알아서

1) 의복을 입는 본의는 한서寒暑 방지와 예의를 갖춤에 있음을 알자.

2) 허영은 모든 죄악의 근본이 되고 내실 공부를 방해하는 원인이 됨을 자각하자.

3) 사치는 낭비의 원인이 되어 복을 크게 멸하는 일임을 알자.

4) 순박하고 검소한 생활신조를 굳게 세우고 무루복無漏福을 짓기에 노력하자.

가) 의·식·주 간에 중도의 생활로 표준을 두라. 상하가 다 통한다.

나) 여유가 있거든 공도 사업에 합력하라. 무루의 복전이 생긴다.

4. 의복을 빛나게 꾸미지 아니하면 그 결과는?

1) 주체성이 확립되고 순박하고 검소한 생활로 내실의 건전한 인격을 이루며 형식에 흐르지 않고 경제의 소비가 줄어져서 안으로 재산이 불어난다.

2) 사회적으로 건실한 풍토가 형성되고 실질적인 사상이 크게 발전하여 국가와 세계의 건전한 발전이 이루어질 것이다.

3) 사치와 허영으로 인하여 세세생생 악도에 떨어지지는 아니할 것이다.

5. 이 계문을 받기 전에 이미 해놓은 의복이 있으면 어떻게 할 것인가?

1) 팔아서 바꿔 입을 수 있으면 좋고 그렇지 못한 경우라면 그것만은 그대로 입되 마음이 끌려서는 안 될 것이요, 대중 생활과 교화에 지장이 있다면 강연强然이 고쳐 입어야 할 것이다.

2) 의·식·주의 생활은 언제나 중도를 잡는 것이 좋은바
첫째 각자의 분수에 맞게 수용하고,
둘째 그 사회 그 시대의 중류中流 정도의 생활을 하는 것이 좋을 것이다. 중류라야 상하가 다 통할 수 있기 때문이다.

◎ 5조 정당하지 못한 벗을 좇아 놀지 말며

즉 정신의 자주력이 약한 처지에서나 제도의 능력이 없으면서 뜻이 삿되고 저속하거나 공부심과 신심이 없거나 악습이 많은 벗을 함부로

사귀지 말라는 것이다. <나보다 나은 벗을 가까이하여 좋은 점을 배우고 닮아가라는 것이요 나보다 못한 벗을 업신여기거나 버리라는 것이 아니다>

1. 정당하지 못한 벗을 좇아 놀지 말라는 이유는?

1) 사람은 서로 가까이 사귀게 되면 선악 간 물들기 때문에 좋지 못한 점이 물들게 되면 자연 심성이 삿되고 패악해지기 쉬우며, 뜻이 비열하거나 신심과 공부심이 타락해져서 성불의 길이 멀어지고 강급의 길을 걷게 된다.

2) 유유상종이라 세세생생 삿된 인연이 많아서 악도에 떨어질 가능성이 크다.

3) 세상은 자연 정당하지 못한 사람들이 득세하여 정의가 힘을 잃고 향상과 발전에 크게 저해가 될 것이다.

가) 삿된 사람을 도와주는 것은 잡초에 거름 하는 것과 같다.

나) 친구 따라 강남 간다.

2. 좇아 놀게 되는 원인은?

1) 유유상종이라 그 뜻이 고상하지 못하고 공부심이 없을 때.

2) 제 능력을 헤아리지 않고 제생의 본의만 생각할 때.

3) 전생의 인연으로.

4) 대의를 모르고 잔 인정에 치우쳐서. <중생의 마음에는 예쁜 사람 미운 데 없고, 미운 사람 고운 데 없는 것이다>

5) 만물이 상종하게 되면 서로 닮아가는 이치가 있음을 모를 때. <특히 약한 것이 강한 것에 물들고 합류되는 것이다>

3. 좇아 놀지 아니하려면 그 방법은?

그 진의와 원인을 잘 알아서

1) 크고 굳센 원력과 속 깊은 공부심이 있어야 한다.

2) 인정보다 대의를 앞세우고 힘에 맞는 제중사업을 하기에 노력하자.

3) 시기심, 승부심을 놓고 나보다 나은 사람을 받들며 본받기에 노력하자.

4) 평소에 인연 작복을 잘하자. 그 사람을 알려면 먼저 그 벗을 보는 것이다.

4. 좇아 놀지 아니하면 그 결과는?

1) 날로 진급이 되어 서원, 신심, 공심, 공부심, 자비심이 살아나서 성불의 길이 가까워질 것이요, 세세생생 좋은 인연이 많을 것이다.

2) 세상은 자연 정의가 힘을 타서 공명정대한 세계로 발전할 것이다.

5. 나보다 못한 사람을 사귀지 않게 되면 그 사람은 언제 제도할 수 있는가?

불문에 들어와서 큰 서원으로 공부하는 사람이 모진 사람을 제도하기 위해서 그 사람을 가까이 사귀고자 하는 것은 대단히 좋으나 화이불류和而不流[158)]할 만한 능력이 없이 무조건 제중의 이념만 내세우

158) 화합하되 흘러가지 않는다는 뜻. 『중용』에 "자로문강子路問强한대 자왈子曰 남방지강여南方之强與아 북방지강여北方之强與아 억이강여抑而强與아 관유이교寬柔以教요 불보무도不報無道는 남방지강야南方之强也니 군자거지君子居之니라. 금혁金革하야 사이불염死而不厭은 북방지강야北方之强也니 이강자거지而强者居之니라. 고故로 군자君子는 화이불류和而不流하나니 강재교强哉矯여. 중립이불의中立而不倚하나니 강재교强哉矯여. 국유도國有道에 불변색언不變塞焉하나니 강재교强哉矯여. 국무도國無道에 지사불변至死不變하나니 강재교强哉矯여"(자로가 굳셈을 물으니 공자께서 말씀하시기를 「남방의 강함인가? 북방의 강함인가? 그렇지 않으면 너의 강함인가? 너그럽고 부드러움으로 가르치고 무도함에 보복하지 않는 것은 남방의 강함이니 군자가 그렇게 산다. 창검과 갑옷을 깔고 죽어도 한하지 않는 것은 북방의 강함이니 강포한 자가 그렇게 산다. 그러므로 군자는 화하되 흐르지 아니하니 강하다. 꿋꿋함이여! 중에 서서 기울어지지 아니하니 강하다. 꿋꿋함이여! 나라에 도가 있으면 옹색함을 변치 아니하니 강하다. 꿋꿋함이여! 나라에 도가 없으면 죽게 되더라도 변치 아니하니 강하다. 꿋꿋함이여!」)

는 것은 흡사 헤엄칠 줄 모르는 사람이 물에 빠진 사람을 건지고자 물에 뛰어드는 것과 같다 할 것이다.

※ 익자삼우益者三友[정당한 벗]

가) 우직友直 : 직충고直忠告. 나) 우량友諒 : 신실信實. 다) 우다문友多聞 : 학식, 교양, 기술.

※ 손자삼우損者三友

가) 우편벽友偏僻 : 편심偏心이 많은 사람

나) 우선유友善柔 : 유유복종형唯柔服從型, 지나치게 부드러움.

다) 우편녕友便佞 : 말로 잘 꾸며 아첨하는 것.

◎ 6조 두 사람이 아울러 말하지 말며,

즉 사람이 한자리에 모여 의견을 교환하거나 토론할 때 상대편의 말이 끝나기도 전에 말을 말라는 것이다. <대중과 더불어 말할 때는 남의 의견도 잘 들어 이해한 후에 자기의 의견을 순서 있고 침착하고 분명하게 말하라>

1. 아울러 말하지 말라는 이유는?

1) 경솔하고 박덕한 습관이 길러지고 상대편의 의사를 충분히 이해할 수 없으며 상호 간의 의사가 소통하지 않을 것이요 오해와 투쟁의 원인이 될 뿐 아니라 상대편의 발언권을 막게 되어 감정이 상하게 되고 공중질서를 문란히 하여 인격을 의심받게 된다.

2) 대중이 모인 경우에는 회의질서를 문란케 하고 대중의 미움과 배척을 받아 자기의 의견도 충분히 반영되지 못하며 대중의 의견이 원만한 통일을 보기 어렵다.

3) 진리적으로 볼 때는 대중의 미움을 사는 인물이 되고 말 것이다.

2. 아울러 말하게 되는 원인은?

1) 교양이 없기 때문에.

2) 급한 성질에 언쟁할 경우.

3) 독재성이 많은 사람이 자기주장이 옳다고만 고집하는 경우.

4) 남을 무시할 때.

5) 승부심이 많은 사람이 학업 시學業時나 회의석상에서 자기주장을 내세울 때.

3. 아울러 말하지 아니하려면 그 방법은?

그 해독과 원인을 잘 알아서

1) 남의 의견을 존중하고 어떤 사람의 의견이라도 일고一顧의 가치가 있음을 인정하고 충분히 이해하기에 노력하자.

2) 승부심을 없애고 대중과 합력하는 자세를 갖자.

3) 사기종인捨己從人[159]의 교양을 갖추자.

4) 대중의 회의 석상에서는 반드시 발언권을 얻어서 순서 있고 침착하고 간명하게 말하는 훈련을 하자.

5) 말할 때마다 일단 멈추는 습관을 들이자.

원만구족하고 지공무사한 진리를 깨달아 그 마음을 쓰자.

4. 아울러 말하지 아니하면 그 결과는?

1) 누구와도 대화가 통할 수 있는 인격이 갖추어지고 민주주의적인 교양이 갖추어져서 성불제중의 실적이 크게 쌓일 뿐 아니라 세세생생 대중의 환영을 받을 것이다.

2) 민주주의 사상과 공화제도가 순조롭게 실현되어 질서정연하고

---

159) 자신을 버리고 대중의 뜻을 따른다. 『서경』 '대우모'에는 요임금의 덕을 칭송하기를 "계우중稽于衆하여 사기종인捨己從人하며 불학무고不虐無告하며, 불폐곤궁不廢困窮"이라 하였다.(여러 사람에게 의논하여 자기를 버리고 남을 따르며, 의지할 곳 없는 이를 학대하지 않으며, 곤궁한 이들을 버려두지 않는다.)

공명정대한 세상이 될 것이다.

5. 내가 먼저 발언권을 얻은 경우 상대편에서 말하는 경우도 나의 범계가 되는가?

물론 그것은 상대편의 범계요, 나의 범계는 아니다. 그러나 무례한 사람이 떠들고 나올 때 같이 상대하여 대중의 감정을 상하게 하는 것은 고려할 문제이다. 그때는 응당 사회자의 제재가 있어야 할 것이요, 사회자가 없는 경우에는 잠깐 양보했다가 그분의 말을 충분히 듣고 완전히 이해한 뒤에 선후를 밝혀 나의 소신과 의견을 재론함이 좋을 것이다.

6. 대합실 같은 데서 여러 사람이 떠드는 것은 어떠한가?

그것은 범계가 아니다. 그러나 그때도 상대자가 있는 경우에는 범할 수도 있으니 조심하자.

◎ 7조 신용 없지 말며

즉 대인관계에서나 스스로에게나 진리에 약속한 것을 어기지 말라는 것이다. <서로 믿고 살자> 거짓말도 이에 속한다.

1. 신용 없지 말라는 이유는?

1) 자신의 인격에 향상이 없고 남이 믿어주지 않으며 매사에 성공하기 어려울 뿐 아니라 대중의 버림을 받을 것이요, 남을 지도할 자격이 없다. <신용이 없는 인간은 부도수표와 같다>

2) 습관이 되면 사기 등 죄악을 범하게 되고 세상은 불신사회로 전락하여 불안과 공포의 삭막한 세계가 되고 만다.

3) 진리적으로 세세생생 대중의 배척을 받을 것이요, 악도를 면하기 어려울 것이다.

2. 신용이 없게 되는 원인과 경우는?

1) 진실성이 없고 변태성이 많은 성격에서.

2) 인간사회에 있어 신용이 생명보다 중함을 알지 못할 때.

3) 은隱과 현顯이 둘이 아님을 알지 못할 때.

4) 공부심이 없어서 망각할 때.

3. 신용을 잘 지키려면 그 방법은?

해독과 원인을 잘 알아서

1) 은과 현이 둘이 아닌 이치를 알아서 거짓 없는 공부와 생활을 하자.

2) 신용이 인격이요 모든 사업을 이루는 근본임을 알자.

3) 남을 속이는 것이 자기를 속이는 것이요, 진리를 속이는 일임을 알자.

4) 변화하는 진리를 알아서 약속을 함부로 말자.

5) 약속을 지킬 수 없는 부득이한 경우에는 바로 물러 버리자.

4. 신용을 잘 지키면 그 결과는?

1) 진실하고 지조 있고 신용 있는 인격을 갖추며 모든 일에 큰 성공을 하게 될 것이요, 세세생생 대중의 믿음을 얻고 환영을 받게 될 것이다.

2) 세상은 믿음 있고 안심하고 살 수 있는 세계가 될 것이다.

5. 신용을 지킨다고 하여 융통성이 없는 고집불통이 되면 어찌할까요?

물론 고지식하여 대의를 잊거나 큰일을 그르쳐서는 안 되겠지마는 융통성이 있다 하여 함부로 변태를 부리거나 신용을 가볍게 여겨서는 안 될 것이다.

◎ 8조 비단 같이 꾸미는 말을 하지 말며,

즉 온당하지 못한 자기의 목적을 달성하기 위하여 밖으로 감언이설이나 교언영색은 절대로 말라는 것이니, 마음속에 없는 것을 입으로만 아름답게 꾸미지 말라는 것이다. <순박하고 실實다운 말을 하라> 거짓말도 이에 속한다.

1. 꾸미는 말을 하지 말라 하신 이유는?

1) 이중성격이 형성되고 양심이 말살되며 신용이 타락되고 중인의 배척을 받아 성불의 길이 멀어지고 제중의 실적을 나투기 어렵다.

2) 남의 전도를 그르치게 되고 사회의 화목을 파괴하며 불신과 불안의 세계가 될 것이다.

3) 진리적으로 하천한 악도를 면하기 어려울 것이다.

2. 꾸미는 말을 하게 되는 원인과 경우.

1) 남에게 좋게 보이기 위해서. <아첨형>

2) 솔직하지 못한 성격에서.

3) 이중성격의 소유자가 은현이 둘이 아닌 줄을 몰라서.

4) 사리에 부당한 욕심을 채우기 위하여 교묘한 수법을 쓰는 경우. <이기주의적인 성격>

5) 자기의 주장을 관철시키기 위해서. <어른을 업고 말하는 경우>

6) 정상배政商輩, 장사꾼.

7) 불량인이 여자를 꼬일 때.

3. 꾸미는 말을 아니 하려면 그 방법은?

그 해독과 원인을 잘 알아서

1) 진실하고 솔직한 언행을 공부할 일.

2) 일체의 부당한 욕심을 놓고 오직 자리이타의 표준으로 살 일.

3) 진리를 깨쳐 은현이 둘 아닌 줄을 알아서 허위와 조작이 없게 할 것.

4) 언행을 같이 할 일.

4. 꾸미는 말을 하지 않게 되면 그 결과는?

1) 진실하고 솔직하고 해심害心이 없는 인격을 이루어 가는 곳마다 환영을 받을 뿐 아니라 그 언행이 진리에 어긋남이 없어서 성불의 길이 가까워질 것이요 제중의 실적이 크게 드러날 것이다.

2) 서로서로 믿고 이해하고 안심하고 살 수 있는 세상이 될 것이다.

3) 진리적으로 선도수생의 가능성이 클 것이다.

5. 표면으로 반갑게 응대하는 것도 범계가 되는가?

반갑고 다정하게 응대하는 것은 범계라고 할 수 없을 것이다. 그러나 속은 그렇지 않으면서 지나친 칭찬을 한다거나 지나친 인정을 쏟고서 뒤로 불평을 하거나 불만을 품는 것은 범계로 해야 할 것이다.

◎ 9조 연고 없이 때 아닌 때 잠자지 말며,

즉 성불제중하고 제생의세 하는데 필요 없이는 정한 시간 외에는 절대로 잠을 자지 말라는 것이다. <심신 간 피로회복과 새로운 힘을 기르기 위하여 잠은 알맞게 잘 필요가 있다>

잠자야 할 시간, 잠잘 수 있는 시간 외에는 잠을 자지 말자.

1. 때 아닌 때 잠자지 말라는 이유는?

1) 심신이 나태해지고 정신이 몽롱해지며, 매사에 희망과 정성이 끊어지기 쉽고, 병고 유발의 원인이 될 수 있으며, 시간 낭비가 되어 사은에 배은이 되는 동시에 공부와 사업에 성공을 보기 어렵다. <성불제중의 길이 막히게 된다>

2) 사회 국가에 무기력의 병폐를 조장, 모든 문명이 퇴보할 요인이 된다.

3) 진리적으로 악도를 면하지 못하게 된다.

※ 가) 재여宰予 주침晝寢이어늘 자왈子曰 후목朽木은 불가조야不可雕也며 분토지장糞土之牆은 불가오야不可杇也니라.[160]

나) 게으름뱅이가 낮잠을 잘 때 한 치라도 땅을 파라.

2. 때 아닌 때 잠자게 되는 원인과 경우

1) 할 일이 없을 때. 2) 나태한 습관으로. 3) 시간이 황금보다 귀한 줄을 모를 때. 4) 공부와 사업에 분발심이 없을 때.

3. 연고 있는 수면이란?

1) 정당한 사정으로 소정의 수면을 취하지 못하여 건강과 활동에 지장이 있을 때.

2) 병고나 심신의 과로로 인하여 안정을 요하거나 원기회복을 요할 때.

3) 앉아서 잠깐 조는 것은 범계라 할 수 없다.

4. 때 아닌 때 잠자지 아니하려면 그 방법은?

그 해독을 철저히 알아서

1) 큰 서원과 큰 공부심을 발하여 자기의 건강에 지장이 없고 남에게 해가 미치지 않는 한 때 아닌 잠은 절대로 안자겠다는 뜻을 세우자.

2) 부지런한 습관을 길러 공부와 사업에 무엇인가 할 일을 장만하자.

3) 시간은 황금보다 중하고 때 아닌 때의 잠은 사은에 배은이 됨을 철저히 자각하자.

4) 계획성 있는 생활을 하자.

---

160) 『논어』 공야장편에 나오는 말. "재여宰予 주침晝寢이어늘 자왈子曰 후목朽木은 불가조야不可雕也며 분토지장糞土之牆은 불가오야不可杇也니 어여여於予與에 하주何誅리오"(재여가 낮에 잠을 자니, 공자가 말씀하셨다. "썩은 나무에는 조각할 수 없고, 거름흙으로 만든 담장에는 흙손질할 수 없으니, 여[予:재여]에게 더 무엇을 꾸짖겠는가?")

5. 때 아닌 때 잠을 자지 않게 되면 그 결과는?

1) 건전한 심신을 보존하게 되며 공부와 사업에 크게 진취가 있을 것이요, 세세생생 부지런한 성격의 소유자가 될 것이다.

2) 가정·사회·국가에 청신하고 진취적이고 활동적인 기풍이 조성되어 날로 크게 발전을 가져올 것이다.

6. 고대소설에 나오는 소대성蘇大成은 잠을 많이 잤다는데 그 잠은 어떤 잠인가?

1) 사심 잡념 번뇌 망상을 잠재웠을 것이요,

2) 미래의 큰일을 준비하기 위하여 쉬었을 것이다.

◎ 10조 예 아닌 노래 부르고 춤추는 자리에 좇아 놀지 말라.

즉 자신의 심성이 방탕해지고 사회의 풍기가 문란해질 수 있는 유흥가 흥행가 등의 출입을 말라는 것이니 말초신경을 자극하거나 일시적인 향락으로 세월을 보내지 말라는 것이다. <건전한 정서 생활로 명랑하고 활발하게 살자>

※ 타락의 근본이 된다.

1. 예 아닌 가무석歌舞席에 좇아 놀지 말라는 이유는?

1) 정신이 산란해지고 심성이 방탕해지기 쉬우며 삿된 벗을 사귀기 쉽고 시간과 금전 소비로 타락할 수 있어서 성불의 길이 막히게 된다.

2) 세상은 퇴폐적인 풍조가 만연되고 도의가 타락하는 혼탁한 사회가 되고 말 것이다.

3) 진리적으로 하천한 곳에 수생하여 대중의 장난감이 되는 등 악도를 면하기 어려울 것이다.

2. 좇아 놀게 되는 원인과 경우는?

1) 공부심이 철저하지 못하여 놀기를 좋아하고 쾌락을 즐기는 경우.
2) 심성이 방탕하거나 향락적인 성격.
3) 사교의 미명하에 요정料亭이나 유곽遊廓에 출입하게 되는 경우.
4) 그릇된 교양 관념.
5) 호기심에서.
예) 바(Bar) 홀에서 쇼 등을 보거나 음란한 영화, 연극 등 ….

3. 유례가무석有禮歌舞席이란?

1) 교당과 가정, 기타 단체에서 행하는 도의적인 경축 행사의 여흥회.
2) 송별 환송회 등의 축하 자리에 참석하는 것.
3) 지도인의 승낙을 받거나 공의에 의하여 교양이 될 만한 영화 연극 음악회 등에 참석하는 것.
4) 대중적인 건전한 소창회에 참석하는 것.
5) 배우로서 직업적인 경우. <직업이 배우인 경우>

4. 비례非禮가무석에 참석하지 아니하려면 그 방법은?

1) 공부심을 일으켜야. <주색낭유하지 말고 그 시간에 진리를 연마할 것>
2) 마음의 자력을 얻지 못한 처지에서는 마음 빼앗아 갈 유곽이나 요정 출입을 삼가자.
3) 공중사에 합력하는 생활신조를 세우고 불순한 유혹에 흐르지 않기로 뜻을 세우자.
4) 도덕적인 절도 있는 생활을 길들이자.
5) 건전한 정서의 함양과 적당한 감정의 발산이 필요하다.

5. 비례가무석에 참석하지 아니하면 그 결과는?

1) 공부와 사업이 날로 건전하게 향상될 것이요, 삿된 벗이 적을 것

이며, 악도에 타락할 기연이 적을 것이다.

2) 세상은 퇴폐적인 풍조가 적어지고 도의가 향상될 것이다.
자연을 즐기는 사람에게는 범죄가 적고, 음악을 아는 사람은 악인이 없다.

3. 법마상전급 십계문

1) 아만심(我慢心)을 내지 말며,
2) 두 아내를 거느리지 말며,
3) 연고 없이 사육(四肉)을 먹지 말며,
4) 나태(懶怠)하지 말며,
5) 한 입으로 두 말 하지 말며,
6) 망녕된 말을 하지 말며,
7) 시기심(猜忌心)을 내지 말며,
8) 탐심(貪心)을 내지 말며,
9) 진심(瞋心)을 내지 말며,
10) 치심(痴心)을 내지 말라

보통급 10계와 특신급 10계를 대체로 지키는 분에게 다시 10계를 더 주어 지키게 하는 것으로 속 깊은 공부를 하는 분이라야 능히 지킬 수 있는 것들이다.

◎ 1조 아만심我慢心을 내지 말며,

즉 자기 능력[권리, 돈, 학식, 인품, 연령 등]에 만족하고 집착하여 남을 멸시하는 마음을 갖지 말라는 것이다. <자기 책임과 사명에 대한 자부심과 긍지는 갖되 언제나 겸허한 마음은 놓지 말라>

1. 아만심을 내지 말라는 이유는?

1) 모든 일에 향상이 없고 고립되기 쉬우며 아첨 받기를 좋아하며 시비를 원만하게 판단하지 못하고 남의 원망을 사기 쉬우며 국局이 한정되고 큰 인물이 될 수 없다.

2) 세상은 융화와 협조로 풍토가 이루어지지 않고 알력軋轢과 대립과 상충의 삭막한 세계가 되고 말 것이다.

3) 진리적으로는 고단한 생활과 강급을 면하기 어려울 것이다. <심신 간 키가 작은 과보를 받는다고 하셨다>

2. 아만심을 내게 되는 원인은?

1) 자존심의 잘못된 발로, 자기만족, 허영심, 무교양 등에서도 묻어나올 수 있고,

2) 서원이 크지 못하거나 아만심의 해독이 무서운 줄을 모르기 때문에,

3) 진리의 광대 무량함을 알지 못하여 그릇이 한정되어서,

4) 공부나 사업하는 가운데 어느 정도 능력과 공로가 드러나서 대중이 흠앙欽仰하고 받들게 되면 자신도 모르게 상相이 생겨서,

5) 마음에 이상의 스승님을 모시지 않고 살기 때문에,

6) 상 없는 공부를 못할 때.

3. 아만심을 내지 아니하려면 그 방법은?

1) 서원을 한량없이 키워 그릇을 키우며 진리를 크게 깨쳐 큰 진리에 표준 하여 수행을 하자.

2) 아만심은 사람과 진리의 버림을 받게 되는 것임을 알자.

3) 마음에 늘 스승님을 모시고 처처불상 사사불공의 생활을 하자.

4) 만즉초손 겸수익滿則招損 謙受益[161) 『서전書傳』의 진리를 알아서 굴기하심과 무념지도無念之道를 잘 실행하자.

5) 언제나 스스로의 인격에 부족을 발견하고 느끼자.

6) 체공관體空觀을 힘쓰고 사중은四重恩을 깨달아 보은생활에 노력하자.

※ 가. 고막고어자시孤莫孤於自恃[162)]

나. 일은 앞서고 공功은 미룬다.

다. 폭이 찬 배추는 속을 감추고, 알찬 이삭은 고개를 숙인다.

※ 미국 대통령 당선 인물은 국민의 사랑과 존경을 받는 분이다.

가. 사랑은 약자에게, 순진한 자에게, 겸손한 자에게
나. 존경은 위엄 있고 실력 있고 믿음성 있는 분에게
} 지도력이 생김

4. 아만심을 내지 아니하면 그 결과는?

1) 모든 점에 향상이 있고 대중의 사랑과 옹호를 받게 되며 한없이 성장할 수 있다.

2) 세상은 융화와 겸양과 협조의 미덕이 넘치는 세계가 될 것이다.

◎ 2조 두 아내를 거느리지 말며

즉 남자는 본처를 두고 소실小室을 두지 말며, 여자는 본처가 있는 남자에게 소실[첩]로 들어가지 말라는 것이다. <일부일처로 순수한 가정을 이룩하고 수도에 정진하자>

---

161) 『서전』 '대우모'에 나오는 말. "익찬우우왈益贊于禹曰 유덕동천惟德動天하여 무원불계無遠弗屆하니 만초손滿招損하고 겸수익謙受益은 시내천도時乃天道니이다."(익이 우를 도와 말하였다. 오직 덕만이 하늘을 움직이어 아무리 먼 곳이라 할지라도 이르지 못하는 곳이 없습니다. 자만하는 자는 손해를 부르게 되고 겸손한 자는 이익을 받음은 바로 하늘의 도입니다.)

162) 『황석공 소서』에 나오는 말. 스스로 잘난 체 하는 것보다 더 외로운 것은 없다

1. 두 아내를 거느리지 말라는 이유는?

1) 도심이 말살되기 쉽고 정욕과 편애심이 증장되어 성불의 길이 멀어지고 인격이 타락되며, 상호 간에 원증이 맺혀 제중의 본의에 어긋날 뿐 아니라 세세생생 상극의 인연이 많을 것이다.

2) 가정불화의 원인이 되고 자녀에게 불행을 주며 사회의 소란과 풍기문란의 요인이 될 수 있다.

2. 두 아내를 두게 되는 원인은?

1) 정욕이 많거나 성격이 방탕해서.

2) 윤리 관념과 교양이 없어서.

3) 마음이 약해서 남의 세정에 끌리거나 감언이설에 유혹이 되어. <여자의 경우가 많음>

4) 돈이 많고 시간이 남고 정력이 남아서 그것을 선용할 줄 모를 때 음탕한 데로 떨어지는 경우.

5) 부득이한 업연에 끌려서.

※ 가. 인간 세상에 중생은 하자미何滋味요 일왈식一日食이요 이왈색二日色이니라.[163)]

나. 사람이 그 하나 있음이 다행이요 만일 둘을 가졌다면 천하에 도를 행할 이가 하나도 없으리라.[164)] 『사십이장경』

3. 두 아내를 두지 아니하려면 그 방법은?

1) 수도에 큰 뜻을 세우고 절욕과 금욕으로 공부로 삼으라.

2) 남는 시간 남는 정력을 공부와 사업에 쏟아라.

3) 자녀들의 건전한 교육을 생각하며 사회 정의와 윤리를 생각하라.

---

163) 중생들은 살아가는 데 있어서 무슨 재미로 사는가 하면 첫째는 먹는 것이요, 둘째는 이성과의 만남이다.

164) 『사십이장경』 24장에 나오는 말. '그 하나'란 색욕色慾을 두고 하는 말이다.

4) 사소한 인정과 불의한 세정에 끌리지 말고 대의와 영생을 생각하자.

5) 업망을 벗어나는 공부에 노력하자.

※ 인간 세상에 불보살은 하자미何滋味요? 일왈성불一曰成佛이요 이왈제중二曰濟衆이니라.[165)]

4. 두 아내를 두지 아니하면 그 결과는?

1) 그로 인한 가정불화와 자녀교육의 지장이 없을 것이요, 그로 인한 인격의 타락이 없을 것이며, 세세생생에 상극의 악연이 적을 것이다.

2) 순수한 가정의 발달로 사회의 올바른 윤리가 서질 것이요, 그로 인한 사회의 혼란은 없을 것이다. <가정의 평화는 곧 사회·국가의 평화가 된다>

5. 현실적으로 이 계문을 범하고 있는 경우가 없지 않을 것인데 그런 경우는 어떻게 할 것인가?

물론 예외가 없지 않을 것이다.

1) 배우자가 난치병이나 기타 부득이한 사정으로 가정생활이 불가능한 때 본인의 양해와 교단이나 대중의 공인을 얻었을 때,

2) 법률적으로 정식 이혼을 한 경우,

3) 입교 전이나 수계受戒하기 전에 이미 양처兩妻하고 있는 경우는 범계로 할 수 없을 것이다.

◎ 3조 연고 없이 사육四肉을 먹지 말며,

즉 성불제중하고 제생의세 하는 데 필요 없이는 맛을 취하여 함부

---

165) 불보살들은 살아가는 데 있어서 무슨 재미로 사는가 하면 첫째는 성불하는 일이요, 둘째는 중생을 제도하는 일이다.

로 육식을 말라는 것이다. <맑고 조촐한 음식으로 청정하고 건전한 심신을 가져서 성불제중하는 일에 지장이 없게 하라>

사육이란 네 발을 가진 동물의 고기를 말하는바, 여기서 사육四肉이라 지정하신 데도 뜻이 있겠으나 어육魚肉으로 이해하는 것이 더 원만하지 않을까 싶다.

일체 생령 중에 사족四足을 가진 동물이 우리 인간과 가장 가까운 관계에 있기 때문에 특히 사육으로 말씀하신 것이 아닌가 싶다.

1. 사육을 먹지 말라 하신 이유는?

1) 채식보다 정신이 탁해지기 쉽고 잔인성이 길러지기 쉬우며 향락적인 생활을 추구하기 쉽고 자비가 길러지기 어려울 뿐 아니라 간접적으로 살생을 방조하는 결과가 된다.

2) 인간성이 거칠어짐에 따라 순후淳厚한 사회풍토가 형성되기 어렵고 영원한 세상에 살벌한 기운이 사라지기 어려울 것이다.

2. 사육을 먹게 되는 원인과 경우는?

1) 공부심이 없거나 제중의 서원이 철저하지 못할 때.

2) 사생일신의 진리를 모르기 때문에. <사생오권四生吾眷>

3) 습관적으로 맛을 취해서.

4) 생명을 존중하고 아끼는 마음이 없을 때.

5) 육식보다 채식이 좋은 점을 모를 때.

3. 연고 있는 식사육食四肉이란?

1) 중병에 약용으로 사용하는 경우. <원기회복, 채독菜毒의 제거 등>

2) 외처에서 채식할 수 없는 부득이한 경우.

3) 초대를 받아 음식을 먹게 되는 경우.

4) 활동에 필요한 영양 섭취의 경우.

4. 사육을 먹지 아니하려면 그 방법은 어떠하며, 부득이 먹는 경우는

그 마음의 자세를 어떻게 가질 것인가?

1) 성불제중의 크고 철저한 원력과 속 깊은 공부심을 일으키자.
2) 사생일신의 원리를 믿고 자각하자.
3) 채식을 장려하여 육류에서 섭취할 수 있는 영양가를 채식에서도 발굴할 수 있도록 연구 활용하자.
4) 부득이 먹는 경우에는 공부에 더욱 정진하고 전 세계와 일체 생령을 위하여 더욱 크게 사심 없이 봉사하자.
5) 육식만 하는 사회나 가정에서는 무육일無肉日을 정하여 실행하는 것도 좋을 것이다.

5. 육식을 먹지 아니하면 그 결과는?

1) 인자한 성격이 배양되고 정신이 맑아질 것이요,
2) 세상은 인심이 순후해지고 생명존중 사상이 앙양될 것이요, 도덕적인 기풍이 이루어질 것이다.

6. 선원이나 총부에서 대중공양에는 으레 사육을 쓰게 되는데 그것은 범계가 되지 않는가?

1) 현재 총부나 선원의 식생활이 너무도 빈약하여 선남선녀들의 건강보존에 크게 염려되는바 현재와 같은 식생활 과정에서는 범계로 보지 않는 것이 좋을 것이다.
2) 그러나 여기서도 각자의 건강 정도와 심경 여하에 따라 건강 유지보다는 맛을 취해서 먹는 경우가 있다면 범계를 자인하고 주의함이 좋을 것이다.

◎ 4조 나태懶怠하지 말며,

즉 공부나 사업 간에 즉시 해야 할 일을 하기 싫은 마음에서 뒤로 미루거나 내가 할 일을 남에게 미루지 말라는 것이다. <게으름 부리지

말고 부지런히 일하며 부지런히 공부하라>

게으른 자에게는 오던 복도 달아나고 밝은 마음이 묻히며 부지런한 자에게는 가던 복도 돌아오고 묻혔던 지혜가 다시 솟는다.

1. 나태하지 말라는 이유는?

1) 심신이 무력해지고 모든 일에 향상이 없으며 부당한 의뢰심이 생길 뿐 아니라 정신은 타락하고 생활은 빈곤해지며 패가망신의 원인이 되고 길이 강급을 면하지 못할 것이다. 빈곤과 무지의 원인.

2) 무기력한 사회로 전락하여 인류의 모든 문화는 퇴보가 될 것이요, 암담하고 혼란한 세상이 되고 말 것이다.

2. 나태해지는 원인은?

1) 크고 뚜렷한 목적이 없기 때문에.

2) 하면 한만큼 진보되고 놀면 논만큼 퇴보되는 진리를 모르기 때문에.

3) 나약하고 우유부단한 성격에서.

4) 분발심이 없기 때문에.

5) 의·식·주가 풍족할 때.

6) 몸이 약한 분이 게으른 습관이 들기 쉽다.

3. 나태하지 아니하려면 그 방법은?

1) 크고 철저한 서원과 깊은 신심을 발하고 분발심을 일으키자.

2) 세월은 인생을 기다리지 않음을 깊이 느끼자.

3) 세욕世慾에는 게으르되 도업에는 부지런한 습관을 들이자.

4) 계획성 있는 생활을 하자.

5) 진취적인 생각, 선견지명을 가지고 자력 생활을 철저히 하는 동시에 과단성 있는 실천력을 기르자.

※ 세월은 부대인不待人이니라.[166)]

4. 나태하지 아니하면 그 결과는?

1) 공부와 사업 간에 공을 이룰 것이요, 활동적인 인격을 갖추어 세세생생 진급할지언정 강급은 하지 아니할 것이다.

2) 근로 성실한 사회, 활불의 세계가 될 것이다.

※ 부지런한 것과 조급한 것은 다르고 게으른 것과 넉넉한 것은 다르다.

◎ 5조 한 입으로 두말 하지 말며,

즉 자기가 한 말에 대하여 책임을 회피하거나 부인하지 말고 또는 자기에게만 유리하도록 달리 번복하여 두 가지로 말하지 말라는 것이니, 한 말도 안 했다, 하지 않은 말도 했다, 또는 여기서는 이렇게 말하고 저기서는 저렇게 말하여 이간시키는 말을 말라는 것이다. <한번 한 말은 끝까지 책임을 질 것이요, 무책임한 말은 하지 말라>

※ 거짓말도 이에 속한다.

1. 거짓말을 말라는 이유는?

1) 간사한 계교심이 증장되고 이간과 배신이 되어 신용이 타락되며 대중의 배척을 받게 되고 악도를 면하기 어려울 것이다.

2) 신의 없는 세상, 불목不睦의 사회로 화하여 소란한 세계가 될 것이다.

2. 거짓말을 하게 되는 원인은?

1) 신념이 없고 신의가 없기 때문에.

2) 치심이 많고 책임감이 없어서.

---

166) 세월은 사람을 기다려주지 않는다.

3) 경망한 성격과 다변다언해서.

4) 이기심에서.

3. 거짓말을 아니 하려면 그 방법은?

1) 확실히 모르거나 관계없는 일이나 책임질 수 없는 일에 대해서는 함부로 말하지 말자.

2) 신념과 신의는 생명보다 중함을 알자.

3) 침묵은 달변보다 낫고 황금보다 나은 경우가 많음을 알자.

4) 말하기 전에 일단 멈추어서 생각을 궁굴려서 해보자.

※ 장부일언중천금丈夫一言重千金,[167] 수구여병守口如甁,[168] 언전정즉불겁言前定則不跲[169]

※ 신념이 없는 인간은 산송장이다.

4. 거짓말을 하지 아니하면 그 결과는?

1) 그 말은 언제나 진실하여 법이 될 것이며, 언행이 정중한 인격의 주인공이 될 것이요, 중인의 믿음을 받게 될 것이다.

2) 세상은 자연 믿음 있고 안심할 수 있는 신의의 세계가 이루어질 것이다.

※ 신용 있는 말은 인생의 보증수표요, 신용 없는 말은 인생의 부도수표다.

---

167) 장부의 한 마디는 천금보다 무겁다.

168) 『명심보감』에 나오는 말. "주문공왈朱文公曰 수구여병守口如甁하고 방의여성防意如城하라"(주문공이 말하기를 '입을 지키는 것은 병과 같이 하고, 뜻을 막기를 성을 지키는 것 같이 하라.')

169) 말을 미리 정하면 결함이 없다. 『중용』 20장에는 이런 구절이 있다. "범사凡事는 예즉립豫則立하고 불예즉폐不豫則廢하니라. 언전정즉불겁言前定則不跲하고 사전정즉불곤事前定則不困하고 행전정즉불구行前定則不疚하고 도전정즉불궁道前定則不窮하니라."(모든 일은 준비하면 성립되고, 준비하지 않으면 폐지된다. 말을 미리 정하면 차질이 없고, 일을 미리 정하면 곤궁하지 않다. 행동을 미리 정하면 결함이 없고, 도를 미리 정하면 궁하지 않다.)

◎ 6조 망녕된 말을 하지 말며,

즉 때와 장소에 맞지 않는 말이나 격에 맞지 않는 말이나 근거 없는 유언비어나 부황한 말[불합리한 궤변]을 말라는 것이니, 엉뚱한 말, 비뚤어진 말, 이상하게 비꼬는 말이나 밥 먹을 때 변소 이야기, 슬픔에 잠겼을 때 웃는 이야기, 웃을 자리에 슬픈 이야기 등을 말라는 것이다. <명랑하고 유머 있게 하되 예의 있고, 믿음 있고, 합리적이고 격에 맞는 말을 하라>

1. 망어를 말라는 이유는?

1) 경망심이 조장되고 신용이 타락되며 남의 마음에 불쾌감을 주어 원망을 사기도 하고 남의 정신을 현혹하며 전정前程을 그르치기도 하고 비밀을 누설할 수 있어서 중죄를 짓기도 한다.

2) 불신사회, 원망의 세계로 화하여 소란한 세상이 될 수 있다.

2. 망어를 하게 되는 원인은?

1) 예의가 없고 교양이 없고 경솔한 성격에서.

2) 주의심이 없고 농담이 지나칠 때.

3) 시기심에서.

4) 시비분간을 못 할 때.

5) 공부심이 없을 때.

3. 망어를 하지 아니하려면 그 방법은?

1) 시비 정사 진위를 분명히 알고 늘 주의심으로 챙기자.

2) 진중하고 교양 있는 언행을 길들이며 지나친 농담은 삼가자.

3) 나의 말 한마디가 세상에 미치는 영향을 생각하자.

4) 언전言前에 일단 멈추는 습관을 들이자.

4. 망어를 하지 아니하면 그 결과는?

1) 진중하고 신용 있는 인격의 소유자가 될 것이요, 말로 짓는 죄업

이 적어질 것이며, 정력定力이 쌓여 성불제중의 길이 가까워질 것이다.

2) 믿음 있는 세상, 예의 있고 명랑한 사회가 되어 도의道義가 크게 앙양될 것이다.

※ 그 사람의 말은 보증수표와 같은 것이다.

5. 유머는 망어가 되는가 안 되는가?

망어가 될 경우도 있고 안 되는 경우도 있을 것이다. 때와 곳에 맞게 쓰는 유머는 망어라 할 수 없고 때와 곳에 맞지 않게 하는 유머는 망어가 될 것이다.

◎ 7조 시기심猜忌心을 내지 말며,

즉 남이 잘하는 것을 미워하지 말고, 남이 잘되는 것을 싫어하지 말며, 남이 잘못되는 것을 기뻐하지 말라는 것이니, 지나친 시새움을 내지 말라는 것이다. <남 잘되는 것을 기뻐하고, 남 잘하는 것을 진심으로 칭찬할 줄 알라>

1. 시기심을 내지 말라는 이유는?

1) 증오심과 투쟁심이 조장되고 반발적인 타락심이 날 수도 있으며 시비 이해의 판단을 그르치게 되어 자신의 전정前程을 그르치고 남의 앞길을 막는 등 무서운 죄악을 짓게 된다.

※ 질투, 모략, 중상, 음모의 원인이 된다.

2) 상대방과 공연한 원한을 맺어 사회의 정의와 발전을 저해하며 질서를 파괴하고 소란을 일으키게 된다.

※ 사회 국가와 교단과 세계를 망치는 암이다.

3) 진리적으로 강급되어 악도를 면하기 어려움은 물론 모든 일에 장해障害가 많을 것이요, 대중의 천시를 받게 되며 그 앞길이 막

히게 될 것이다.

※ 내가 남을 시기하고 모략하고 질투하면 남도 나를 시기 모략 질투하는 것이다.

2. 시기심이 나는 원인은?

서원이 크지 못하고 진리를 각득하지 못한 사람으로서 흔히 가질 수 있는 중생심으로

1) 독점욕이 치성할 때. <동미상투同美相妬 동리상기同利相忌 동귀상해同貴相害[170]>
2) 명예심이 치성할 때. <동예상규同藝相規[171]>
3) 동등한 위치에서 자기 실력이 부족할 때.
4) 상대심이 많을 때.
5) 부러워하는 마음이 지나칠 때.

※ 언제나 약자弱者가 불평하는 것이다.

3. 시기심을 내지 아니하려면 그 방법은?

1) 크고 원만한 서원이 끊임없이 살아나게 하자.
2) 동원도리 동기연계 동척사업의 도리를 확실히 체득하자.
   나보다 나은 사람, 못한 사람이 다 내 일을 하는 분인 것을 알아야 한다. 고로 나보다 나은 분이 더 많이 나와야 내 일이 더욱 잘 되는 것이다.
3) 피차와 우열이 없는 그 자리를 알아서 거기에 표준하자.
4) 무엇인가 자신할만한 실력을 갖추자.
5) 인과의 진리를 깨쳐서 내가 남을 시기하고 모략하면 남도 나를

---

170) 『소서』에 나오는 말. 아름다움이 같으면 서로 질투하며, 이로움이 같으면 서로 꺼리며, 귀함이 같으면 서로 해치게 된다.

171) 『소서』에 나오는 말. 재주가 같으면 서로 경계한다.

시기하고 모략하는 것이요, 내가 남을 칭찬하고 도와주면 남도 나를 좋아하고 도와주는 것을 알자.

6) 나보다 나은 이를 대할 때 같이 좋아하고 따르면 나는 힘 안들이고 올라가고 커버리는 것을 알자. <법문>

7) 대인은 남의 재주를 내 재주로 삼을 줄 알고 상없는 마음으로 양보하는 금도襟度가 있는 것이다.

※ 악막대어투현질능惡莫大於妬賢嫉能
선막선어호현낙선善莫善於好賢樂善[172)]

※ 일체 생령의 부모가 되자.

※ 형보다 아우가 낫다 하면 그 형이 노지怒之하나 그 아들이 선어부善於父라면 기부其父는 희지喜之하는 것이다.[173)]

4. 시기심을 내지 아니하면 그 결과는?

1) 스스로의 앞길에 도와주는 분이 많을 것이요, 모든 일이 순조로울 것이며, 날로 진급이 되어 이루지 못할 일이 없을 것이다.

2) 세상은 서로 돕고 화하는 세계가 될 것이요, 모든 문화는 크게 향상할 것이다.

가) 모든 선진, 모든 동지, 모든 후진들로 하여금 그 자리 그 자리에서 기쁜 마음으로 공부와 사업에 정진 합력할 수 있도록 음으로 양으로 정성을 다하자.

나) 이사궁구알선진理事窮究謁先進 자비부조찰후진慈悲扶助察後進
개공성불유동배皆共成佛遊同輩 상하좌우대덕현上下左右大德現[174)]

---

172) 어진 사람을 시기하고 유능한 자를 질투하는 것보다 더 악함이 없고, 어진 사람을 좋아하고 착한 사람을 좋아하는 것보다 선한 것은 없다.

173) 형보다 아우가 낫다고 하면 그 형은 화를 내지만 아버지보다 아들이 낫다고 하면 그 아버지는 기뻐한다.

174) 이치와 일을 궁구하는 것으로 선진을 배알하고, 자비롭게 돕는 마음으로 후진을

<원양>

◎ 8조 탐심貪心을 내지 말며,

즉 모든 것을 상도常道에 벗어나게 과히 취하려는 마음을 갖지 말고 보는 대로 듣는 대로 이것저것 욕심을 내어 마음을 요란하게 말라는 것이다.

탐심이란 지나친 욕심이요 욕심에 가린 마음이니 지나친 욕심을 내지 말라는 것이다.

1. 탐심을 내지 말라는 이유는?

1) 허욕이 동하고 불만이 그칠 날이 없으며 정신이 요란하고 고통이 쉬지 않으며 자성의 혜광을 덮어 시비 이해의 판단이 바르지 못하고 염치없는 성격이 길러지며 모든 죄악의 근본이 된다.

2) 이기심과 해물심害物心의 원인이 되어 세상에는 온갖 죄악이 범람하게 되고 예의염치가 없는 금수禽獸의 세계가 될 것이다.

2. 탐심이 나는 원인은?

1) 본래 자기의 참모습을 알지 못하고 현재 생존하고 있는 자기의 근원을 확실히 체득하지 못하기 때문에. <텅 비고 큰 자리와 사은의 공물인 현재의 자기>

2) 성불제중의 원력이 크고 철저하지 못하기 때문에. <작은 욕심에 치우쳐 큰 욕심이 없기 때문에>

3) 탐심이 모든 죄악의 근본이 되는 줄을 확실히 모르기 때문에.

4) 안분을 못하기 때문에.

3. 탐심을 내지 아니하려면 그 방법은?

살피며, 다함께 성불하는 것으로 동년배들과 교유하면 상하 좌우에 큰 덕이 나타나리라.

1) 성불제중의 원력을 날로 새롭고 크고 철저하게 하자.
2) 인생은 빈손으로 왔다가 빈손으로 가는 것을 철저하게 알자.
3) 탐심이 날 때마다 본래 공한 자리에 늘 돌이켜 청정법신불을 뵙자. <진아眞我를 확실히 발견하자>
4) 일원의 진리를 각득하여 사생일신의 대아大我를 발견하고 시방일가의 큰살림을 벌이자.
5) 나의 생존은 사은의 공물임을 자각하여 보은 봉공의 신조를 세우자.
6) 탐심이 천만 고통과 모든 죄악의 근본이 되는 줄을 알아서 절욕, 금욕, 무욕의 마음을 길들이자.

※ 고막고어다원苦莫苦於多願[175)]

7) 대욕은 무욕이니 작은 욕심을 큰 서원으로 돌려 뭉치자.
8) 안분의 생활, 검박한 생활을 하자.
9) 청렴을 예禮를 삼아 공부하자.

4. 탐심을 내지 아니하면 그 결과는?

1) 청정한 마음 청렴한 인격이 길러질 것이요, 대공심大公心과 대자비심과 대보시심이 솟아나서 부처의 행과 제중의 실이 나타날 것이요.
2) 세상은 서로 돕고 서로 즐기며 길이 참다운 행복과 평화를 누리게 될 것이다.
3) 탐욕생시貪慾生時에 쌍안암雙眼暗이요 보시일념布施一念에 쌍안명雙眼明이라[176)] 하니 마음에 큰 광명이 솟아서 원만한 지혜를 갖출

---

175) 황석공 『소서』에 나오는 말. 괴로움은 바라는 것이 많은 것만큼 괴로운 것이 없다.
176) 탐욕심이 생겨날 때 두 눈이 멀어질 것이요, 보시의 한 마음에 두 눈이 밝아진다.

것이다.

5. 욕심慾心과 욕심欲心과 서원은 같은가 다른가?

慾心은 탐낼 욕 자이니 탐심과 같고, 欲心은 하고자 할 욕 자이니 생생약동하는 의욕을 말하는 것이요, 서원은 일정한 목적을 세우고 그것을 달성하고자 하는 마음이다.

◎ 9조 진심瞋心을 내지 말며,

즉 마음에 못마땅한 일이나 역경을 당할 때 분한 마음을 내어 스스로 마음을 태우거나 남에게 화를 내어 불평불만을 함부로 표시하지 말라는 것이다. <성내지 말고 언제나 평화로운 마음을 갖자>

진심이란 감정이 지나치게 거슬러 나오는 것이요, 거슬린 감정에 가린 마음이니 감정을 거슬러 쓰지 말고 잘 골라 쓰자는 것이다.

1. 진심을 내지 말라는 이유는?

1) 자신의 마음이 불안하고 수기를 태우며 자성의 혜광을 덮어 시비 이해를 바르게 판단하지 못하고 예의염치를 망각하여 신경질이 되어 남의 배척을 받게 되고 쟁투의 원인이 되며 자행자지하게 되어 육근 동작이 중도를 잃게 될 뿐 아니라 모든 죄악의 근본이 된다.

2) 남의 마음을 거슬리게 되고 가는 곳마다 상극相克 상충相衝이 되어 세상은 자연 쟁투와 불목不睦과 소란의 세계가 될 것이다.

3) 진리적으로 지옥 등의 악도를 면하기 어렵다.

※ 마음이 어두워 천지 분간 못하기 때문에 지옥행.

2. 진심을 내는 원인과 경우는?

1) 마음이 깊고 크고 넓지 못해서.

2) 속 깊은 공부심이 없기 때문에.

3) 진심이 모든 죄악의 근본이 되는 줄을 몰라서.

4) 원만구족하고 지공무사한 진리를 몰라서 모든 일을 자기중심으로만 생각할 때.

5) 수양력은 약하고 생리적으로 이상이 있거나 역경을 당할 경우.

6) 욕구불만에서.

7) 내 뜻대로 되지 않을 때.

8) 나는 성심껏 했는데도 다른 사람으로부터 꾸중을 듣거나 잘못한다는 말을 들을 때.

3. 진심을 내지 아니하려면 그 방법은?

1) 진심瞋心이 곧 자심중自心中의 지옥이요 신경질은 남의 마음을 거슬려 고통과 배척의 원인이 됨을 알자.

2) 원만구족하고 지공무사한 진리를 각득하자.

3) 한량없이 깊고 넓게 마음을 쓰자.

4) 본래 공한 그 자리에 바탕을 두어 속 깊은 수양을 쌓자.

5) 길흉화복이 돌고 도는 이치를 알아서 한 생각 잘 돌리는 공부를 하자.

6) 일단 마음을 멈추어서 생각하여 취사하자.

7) 인욕 공부에 특별 유의하며 화가 나거든 수를 세거나 염불을 하거나 물을 머금거나 노래를 부르거나 이를 악물어 보자.

※ 신경질이 나거든 노래를 불러라.

8) 공심公心으로 체를 삼아 공부하자.

4. 진심을 내지 아니하면 그 결과는?

1) 안온한 마음 원만한 인격이 갖추어져서 자타 없는 대공심과 희열심이 솟아나며 대중의 환영을 받을 뿐 아니라 부처의 심행心行을 갖추고 제도의 실적이 드러나게 될 것이요,

2) 세상은 상생상화의 세계가 되고 전쟁 없는 낙원이 될 것이다.

5. 그 일을 바루기 위하여 진심을 내는 것도 범계가 되는가?

1) 내 마음이 요란하지 않고 그 사람에게 미운 마음이 없이 그 일만을 바루기 위해서 또는 그 사람을 가르치기 위해서 내는 경우는 범계가 아니다.

2) 여래는 희·로·애·락을 노복같이 부려 쓰시는 것이다. <그러나 성색지어이화민聲色至於以化民 말야末也.[177] 천하만사 다 알아도 부처님 속은 모르겠더라>

◎ 10조 치심痴心을 내지 말라.

즉 상에 끌려 없는 것을 있는 체 하거나 잘못한 것을 잘한 체 하거나 모르는 것을 아는 체하지 말고 불합리한 제도와 습관 등의 체면에 끌려 마땅히 해야 할 일을 하지 아니하지 말며 부당한 습관이나 관념에 끌려 부끄러워하지 않을 자리에 부끄러워하거나 무서워하지 않을 자리에 무서워하지 말라는 것이다. <일과 이치를 정확하게 판단하며 바르고 슬기 있게 살자>

※ 치심痴心이란 상과 관념과 습관에 가린 마음이니 상이나 관념이나 습관 등에 가리지 않게 하자

1. 치심을 내지 말라는 이유는?

1) 일과 이치를 바르게 판단하지 못하고 요행과 허망한데 떨어져 심신 작용에 바른 표준이 없으며 모든 죄악의 근본이 된다.

---

177) 『중용』 33장에 나오는 말. "시운詩云 여회명덕予懷明德의 부대성이색不大聲以色이라 하거늘 자왈子曰 성색지어이화민聲色之於以化民에 말야末也라 하시니라."(『시경』에 이르기를 '명덕으로써 천하를 교화시키려고 하는 사람은 신경질적인 소리와 노기 띤 얼굴을 보일 필요가 없다.'고 하였다. 공자는 말하기를 '소리와 얼굴색으로 백성을 교화시키는 것은 말단적이다.'라고 했다.)

2) 대인접물에 본의 아닌 혼란과 사회악이 조성되며 모든 문화가 발전할 수 없다.

3) 진리적으로 축생보 등의 악도를 면하기 어렵다.

2. 치심이 나는 원인과 경우는?

1) 대소 유무와 시비 이해를 대강 알았으나 철저히 모를 때. <모르는 것을 모른다고 하는 것은 치심이 아니다>

2) 치심이 모든 죄악의 근본이 되는 줄을 모르거나 치심이 무엇인지를 모를 때.

※ 양심은 부끄럽지 않다면서 잘한 체 하는 마음, 자기 잘못은 전혀 모르고 나에게는 허물이 없다고 주장하는 것 등.

3) 상, 관념, 습관, 욕심 등이 가릴 때.

4) 원만구족하고 지공무사한 진리를 모를 때.

3. 치심을 내지 아니하려면 그 방법은?

1) 욕심, 감정, 관념, 지식, 상식, 주관, 습관, 상 등에 가린 바 없이 그 마음을 쓰자. <응무소주이생기심應無所住而生其心>

2) 경계를 대할 때마다 일단 마음을 멈추어 생각을 궁굴려서 취사하는 공부를 잘하자.

3) 평상시에 어리석음도 없고 요란함도 없고 그름도 없는 자리에 마음을 길들이자.

4) 원만구족하고 지공무사한 각자의 마음을 확실히 자각하자.

5) 삼학 공부를 꾸준히 계속하자.

6) 늘 반성대조하는 공부로 자기 잘못과 스스로의 어리석음을 늘 발견하여 바루고 깨우치며 고쳐가자.

7) 묻고 배우기를 좋아하자.

8) 명심明心 공부를 계속하자.

※ 불치하문不恥下問 절학선각切學先覺[178)]

9) 언제나 자기 허물과 부족을 모두 인정하자.

4. 치심을 내지 아니하면 그 결과는?

1) 대소 유무와 시비 이해에 걸림이 없어서 심신 작용이 모두 진리에 어긋남이 없을 것이요 복족 혜족의 길을 알게 될 것이다.

2) 세상은 밝고 바른 사회가 되며 모든 문화가 크게 향상될 것이다.

3) 진리적으로 타락하거나 강급하지 않고 길이 상승 진급할 것이다.

5. 치심과 우愚는 같은가 다른가?

치심은 주로 상에 가린 무명심이라면 우는 알아야 할 것을 알지 못하고 알 수 있는 것을 알지 못한 채 제멋대로 살려는 마음이다.

6. 치심과 무명은 같은가?

치심은 어리석은 마음이니 주로 상에 가린 무명이요, 무명은 밝지 못한 마음 작용이니 모든 악업의 근본인바 탐·진·치 등에 가려 작용되는 마음이다.

◎ 결어

1. 30계문은 모든 중생들이 흔히 가지고 있는 악습과 중생심을 끊어 죄업을 짓지 않고 악도를 방지하게 하는 법문이다.
2. 30계문은 팔만사천 무량 마군의 대표급을 간추린 것으로 항마 성도降魔成道의 사다리다.

   ※ 오대맹장五大猛將 : 아만심, 시기심, 탐심, 진심, 치심.
3. 옛 부처님께서는 이계위사以戒爲師라 하셨다.[179)]

---

178) 아래 사람에게 묻기를 부끄러워하지 않고, 선각자에게는 간절한 마음으로 배움을 구한다.

179) 『금강경소기과회金剛經疏記科會』 중 규봉 종밀의 소疏에 다음과 같은 내용이 보인

4. 계문은 마음공부의 기초적인 표준이며 기질변화의 표준이다.
5. 이상의 30계를 완전히 지켜서 악을 절대로 범하지 않는 습관이 든 분은 30계에 얽매일 것은 없으나 스스로의 심계를 정하여 불지佛智를 더 갖추고 자비를 더욱 갖추는데 노력하라.
6. 정당한 연고가 있거나 부득이 범계를 하는 경우는 그 계문에 얽매이지 말고 깨끗이 잊어버릴 것이요, 상구보리上求菩提 하화중생下化衆生에 계속 정진하자.
   ※ 한 가지 계문을 범할지라도 남은 29계는 지키라. 『대종경』 수행품 29장.
7. 살·도·음殺盜淫의 중계를 범한 자일지라도 한마음 돌리면 곧 불심佛心이 되는 것이니, 너무 낙망하지 말고 계속 참회 수도하자. <진리는 과거를 묻지 않고 언제나 짓는 대로 되게 하신다>
8. 반성이 없는 인생은 참다운 진전이 있을 수 없고 참회가 없는 인생은 새로운 서원이 솟지 않는다. 사람이 그 누가 허물이 없으리오마는 반성하고 참회하는 이 적으며, 혹 반성과 참회는 하나 새로운 계획과 참다운 서원을 굳게 다지는 이 적을 뿐이다.
9. 사참과 이참으로 묵은 업을 청산하고 참다운 서원 새로운 계획으로 새로운 인생 새로운 세계를 창조하자.

다. "즉불림멸도則佛臨滅度 아난청문사사阿難請問四事 불일일답佛一一答 아멸도후我滅度後 일의사념처주一依四念處住 이이계위사二以戒為師 삼묵빈악성비구三默擯惡性比丘 사일절경초四一切經初 개운여시아문일시皆云如是我聞一時 불재모처佛在某處 여모중약간등與某眾若干等"(곧 부처님이 열반 즈음에 이르러서 아난이 부처님께 네 가지 일을 청해 물으신데, 부처님이 일일이 답하시되 내가 멸도한 후에 첫째는 사념처에 의지하여 머무를 것이요, 둘째는 계로써 스승을 삼을 것이요, 셋째는 악성 비구를 침묵으로 대처할 것이요, 넷째는 일체의 경전 첫머리에 모두 '이와 같이 내가 들었사오니, 일시에 부처님이 모처에 계셔서 대중 약간 명 등과 함께하니라'라고 쓰라고 답하셨다.) <卍新纂續藏經 第二十五冊>

제12장 솔성요론

1. 사람만 믿지 말고 그 법을 믿을 것이요,
2. 열 사람의 법을 응하여 제일 좋은 법으로 믿을 것이요,
3. 사생(四生) 중 사람이 된 이상에는 배우기를 좋아할 것이요,
4. 지식 있는 사람이 지식이 있다 함으로써 그 배움을 놓지 말 것이요,
5. 주색낭유(酒色浪遊)하지 말고 그 시간에 진리를 연구할 것이요,
6. 한편에 착(着)하지 아니할 것이요,
7. 모든 사물을 접응할 때에 공경심을 놓지 말고, 탐한 욕심이 나거든 사자와 같이 무서워할 것이요,
8. 일일시시(日日時時)로 자기가 자기를 가르칠 것이요,
9. 무슨 일이든지 잘못된 일이 있고 보면 남을 원망하지 말고 자기를 살필 것이요,
10. 다른 사람의 그릇된 일을 견문하여 자기의 그름은 깨칠지언정 그 그름을 드러내지 말 것이요,
11. 다른 사람의 잘된 일을 견문하여 세상에다 포양하며 그 잘된 일을 잊어버리지 말 것이요,
12. 정당한 일이거든 내 일을 생각하여 남의 세정을 알아줄 것이요,
13. 정당한 일이거든 아무리 하기 싫어도 죽기로써 할 것이요,
14. 부당한 일이거든 아무리 하고 싶어도 죽기로써 아니할 것이요,
15. 다른 사람의 원 없는 데에는 무슨 일이든지 권하지 말고 자기할 일만 할 것이요,
16. 어떠한 원을 발하여 그 원을 이루고자 하거든 보고 듣는 대로 원하는 데에 대조하여 연마할 것이니라.

[대의]

성품을 거느리는 가장 기초적인 요긴한 표준으로서 심성을 개발하고 생활을 향상하는 좋은 습관을 들여 선도로 지향하게 하는 동시에 불심을 기르며 보살도를 실행하는 공부인바 사회의 건전한 질서를 유지하고 평화를 생산하는 근본이다.

<기질변화로 좋은 습관을 기르는 공부>

성불제중의 첫걸음이요, 제생의세의 기초 작업이다.

[솔성의 의의]

1. **성품**性稟**이란?**

1) 일원상의 진리이니 여기서 말한 '성性'은 성품, 성리, 성질, 성격을 전부 포함한 것이다.

※ 일반적으로 성품은 일념미생전一念未生前, 또는 본연지성本然之性을 지칭.

성리는 우주 만유의 본래 이치와 자성 원리를 지칭.

성질은 천지 만물의 특성 또는 기질지성氣質之性을 지칭.

성격은 모든 사람의 습관성을 지칭.

2) 일원상은 곧 우주 만유 전체이니 어느 것 하나 진리 아님이 없고 성품 아님이 없는 것이다. 고로 본래의 같은 성질이나 현재의 각각 다른 특성과 습관성이 전부 성품 아님이 없는 것이다.

※ 참고 : 성품이란 마음바탕[심생지心生地]이요 성리란 자성의 원리이니, 즉 생멸의 원리와 심생지心生地를 통칭한다.

※ 일원상의 진리란

성품의 내용 <모습>	① 우주시대일원宇宙是大一圓	만상역각일원萬像亦各一圓
	대성大性(전체)	개성個性(만상萬像 개체個體)
	② 형이상形而上(무형)	형이하形而下(유형)
	형이상왈위지도形而上曰謂之道	형이하왈위지기形而下曰謂之器
		※ 기器는 도道를 담는 그릇이다
	(심心)	(신身)
	③ 본연지성本然之性	기질지성氣質之性
	(동근지성同根之性)	(각이지성各異之性)
성품의 원리 <성리>	④ 원만구족圓滿具足	지공무사至公無私
	⑤ 진공眞空(정靜)	묘유妙有(동動)
	공적空寂	영지靈知
	(체體)	(용用)

2. 솔성이란 이상에 말한 일원상의 진리에 어긋남이 없이, 즉 우주 안에 존재하는 모든 것[천지 만물]을 마음대로 쓰되 도에 어긋남이 없이 자타 간에 손해가 없고 제구실을 할 수 있도록 하는 것이다. 즉

1) 일원상의 진리를 잘 활용하는 것이다.

2) 솔성을 잘하기로 하면 이상과 같은 일원상 즉 성품을 따라주고[순順], 거느리고[솔率], 활용[용用]해야 하는 것이다.

가) 순順은 본받고 따라주는 것이니, 좋은 것은 본받고 버거운 것은 따라주는 것이다.

※ 예) 약마부弱馬夫와 강마强馬, 신身이 심心을, 인심人心이 도심道心을

나) 솔率은 거느리고 부리는 것이니, 마음대로 하되 피차가 손해를 보지 않거나 스스로의 힘에 홀가분한 것을 거느리고 부리는 것이다.

※ 예) 강마부强馬夫와 약마弱馬, 스승과 신심 있는 제자, 도심道心이 인심人心을.

다) 용은 활용해 쓰는 것이니 우선 만물의 특성을 알아 용도에 맞게 살려 쓰는 것이다.

※ 예) 전력과 수력, 적재적소, 인人이 만물을 과학적으로.

고로 때에 따라서는 순·솔·용을 겸용해야 할 때도 있고, 순·솔·용을 각각 써도 좋은 경우가 있다.

※ 순·솔·용은 용도에 따라서 또는 입장과 근거에 따라서 달리 쓰일 뿐이요, 그 본의는 똑같은 것이다.

※ 솔성을 잘하기로 하면 형상 있는 것은 주로 과학적인 방법으로, 형상 없는 것은 주로 도덕적인 방법에 근거한다.

[각 조문 해의]

각 조문의 본의를 어떻게 이해하겠느냐 하는 것도 중요하지마는 법문대로 실행하느냐 못하느냐가 더욱 중요한 것을 먼저 알자.

◎ 1조 사람만 믿지 말고 그 법을 믿을 것이요,

사람도 믿되 그 법을 잘 믿으라는 것이요, 원만하고 끊임없고 변함없는 신앙과 수행을 하게 함이다.

◆ 사람 – 육신을 가진 살아있는 인간.

◆ 법 – 교법, 진리, 법문.

◆ 믿는다 – 의지한다, 신앙한다, 신임한다. <믿고 배우고 본받는다>

1. 사람만 믿지 말라는 이유는?

여기서 사람이란 육신을 가지고 언어 동작하는 인간을 말하는바

1) 아무리 원만하고 완전한 인격의 소유자라도 육신을 가진 사람은 생멸과 이별을 면할 수 없기 때문에 내가 믿는 그 사람이 죽거나 헤어지게 되면 의지할 곳이 없고 배울 곳이 없게 되는 것이요,
2) 또는 인간이란 학습과 성격의 차이로 서로 간에 허물이 보일 수 있고 일반 교역자[성직자, 지도자]가 다 원만하고 완전할 수도 없기 때문에 혹 기대에 어긋나는 점이 보이게 되면 그 사람이 전하는 법까지도 무시하게 되고 그 사람의 지도를 받지 않게 되어 필경 마음의 의지처와 수행의 표준을 잃어버리게 되는 수가 많다.
3) 사람만 믿고 그 법을 믿지 아니하면 인정에 떨어져 육친의 인연은 가까울 수 있으나 심법을 체 받지 못하여 법연은 멀 수 있으며 성불의 길은 열리지 않을 것이다.
4) 사람만 믿게 되면 한 스승님이나 몇 분 스승만 믿게 되어 편심이 생겨서 대의를 그르치기 쉽고 법연이 한정되어 영생을 거래하면서 내가 믿던 스승님들을 만나지 못할 때는 수도의 기연이 막히게 되고 성불의 길이 더딜 것이다. 고로 사람만 믿지 말라고 하신 것 같다.[여기서 사람이란 교조(대종사)를 비롯하여 역대 종통(종법사) 내지 모든 스승님과 지도자 또는 선도자를 통칭한다.]

2. 법을 믿으라는 이유는?

1) 사람의 비영겁성과 불완전성에서 받아질 수 있는 부족한 점을 극복하고 보충하면서 더욱 영원하고 완전한 신앙처와 수행 표준을 정하게 하신 것이다.
2) 법이란 교조께서 내놓으신 경전과 스승님들의 법문과 그 어른들이 깨치신 진리를 말하는바 이 법을 믿고 거기에 의지하게 되면

스승님들의 거래와 지도인이나 선도자들의 이별과 관계없이 믿음과 수행에 계속 정진할 수 있고, 지도인들의 실수에 따라 나의 믿음과 수행에 조금도 변동이 없을 것 같다. 고로 법을 믿으라고 하신 것 같다.

여기서 한 가지 유의할 점은 법만 믿고 사람을 믿지 말라는 것이 아니요, 사람도 잘 믿고 법도 잘 믿으라는 것이다. 사람을 잘 믿으려면 법을 잘 믿어야 하고 법을 잘 믿으려면 사람을 잘 믿어야 한다. 그 법을 잘 믿지 않고 잘 알지 못하면 그 스승님의 참다운 인격과 그 심법을 잘 체득할 수 없고, 그 법을 내신 분이나 그 법을 체득하신 그 스승님을 철저히 믿지 아니하면 구전심수의 바른 지도를 받을 수 없을 뿐 아니라 자기 주견대로 그 법을 이해하게 되어 자칫하면 사견에 떨어지고 와전될 염려가 있는 것이다.

※ 이계위사以戒爲師[180)]

◎ 2조 열 사람의 법을 응하여 제일 좋은 법으로 믿을 것이요,

신앙과 수행과 생활과 처사를 원만하고 밝고 바르게 하자는 것이다. 신앙 수행 사업 생활 등 무슨 일이나 그 원을 세우고 그 일을 하고자 할 때는 반드시 여러 사람의 법[의견]을 두루 살펴서 제일 좋은 법을 택하여 믿고 배우고 쓰라는 것이다.

열 사람은 중인衆人이요 여러 사람을 뜻하고, 법은 주장, 의견, 방법, 교법 등을 말한다.

1. 이유는?

1) 진리는 무궁무진하고 세상의 모든 법은 천만 갈래가 있으며, 일

---

180) 계문을 스승으로 삼는다. 주179) 참조(p.657).

또한 천만 가지요, 사람의 근기도 천만 층이라, 그 일과 각자의 근기와 처지에 가장 알맞은 법을 택하여 믿고 써야 그 원을 쉽게 달성할 수 있기 때문이다.

※ 예) 아무리 값비싼 약이라도 그 병에 맞지 않거나 그 예절에 맞지 않는 것은 도리어 해를 보는 것이요, 아무리 값싼 약이라도 그 병과 체질에 맞으면 큰 효과를 내는 것 같이 아무리 좋은 법이라도 그 사람의 근기와 성격에 맞지 않으면 이利를 보기 어려운 것이다.

2) 물각유주物各有主요 만물은 다 그 책임이 있으며, 천 가지 병에 만 가지 약이 있지마는 두루 살피지 않고 널리 구하지 아니하면 한 편에 고착되어 원만하고 적절한 법을 찾기 어려울 것이다.

고로 열 사람의 법을 응하여 제일 좋은 법을 택하여 믿으라고 하신 것 같다. <민주주의와 공화제도의 실현 방법이다>

2. 제일 좋은 법의 표준과 실례

1) 그 표준은 사실적[현실에 맞는 법]이고 진리적[영원한 법]이고 원만한 법[전체에 맞는 법]이라야 할 것이다.

2) 실례를 들면

가) 종교 : 신앙과 수행을 병진하는 원만한 종교인가? 생활과 신앙, 수도와 생활을 병행하는가? 도학과 과학, 공부와 사업은 병행하는가?

나) 신앙 : 원만한 전체 신앙인가, 편집된 개체 신앙인가? 진리적 사실 신앙인가, 미신적 형식 신앙인가? 자타력 병진 신앙인가, 자력이나 타력 편중 신앙인가?

다) 수행 : 삼학병진인가, 편수인가? 동정일여인가, 동정편중인가? 이사병행인가, 이사편중인가?

라) 공부하는 법 : 각자의 근기에 맞고 시대에 맞고 한편에 치우침이 없는가? <중도>

마) 일하는 법 : 힘에 맞고 처지에 맞고 참다운 복락이 되는가?

※ ① 박문약례博文約禮(논어)[181] : 널리 보고 듣되 정선精選해 쓴다.

② 순舜 자경가自耕稼 도어陶漁로 이지위제以至爲帝히 무비취어인자無非取於人者러시다. <맹자>[182]

③ 이천하지목以天下之目으로 위목爲目하고 이천하지이以天下之耳로 위이爲耳하야 광구지식어만방廣求知識於萬邦하라.[183]

◎ 3조 사생四生 중 사람이 된 이상에는 배우기를 좋아할 것이요,

사생 중 최령한 가치를 발휘하고 그 구실을 다 하라는 것이다. 즉 육도사생의 무수한 생령 중에 가장 잘 배울 수 있는 소질을 가진 생령은 오직 사람이니 사람 된 구실을 다하기 위해서는 무엇이나 묻고 배우기를 좋아하라는 것이다.

1. 이유는?

1) 돌고 도는 이치 따라 무수한 생령들이 육도사생으로 변화하는 가운데 사람 몸 받기가 가장 어려운데 잘 배울 수 있는 소질을 기르고 발휘하지 아니하면 자연 그 소질이 묵어지고 또 잘 배우지 못한 만큼 사람이 도리를 다할 수 없게 되어 자연 강급이 되

---

181) 박학어문博學於文 약지이례約之以禮에서 유래한 말. 『논어』옹야편에 있는 말. "자왈子曰 군자君子 박학어문博學於文이요 약지이례約之以禮면 역가이불반의부亦可以弗畔矣夫인저"(공자가 말씀하시기를 '군자가 문헌에서 널리 배우고, 간략하게 예로 단속하면, 또한 도에 어긋나지는 않을 것이다.')

182) 『맹자』 공손추상편에 나오는 말. 순임금은 농사짓고, 질그릇을 굽고, 고기 잡는 이에서부터 황제가 되기까지 남에게서 취하지[배우지] 않은 것이 없었다.

183) 천하 모든 사람의 눈을 나의 눈으로 삼고, 천하 모든 사람의 귀를 나의 귀로 삼아 만방에서 널리 지식을 구하라.

고 악도에 떨어질 것이다.

2) 만물의 영장으로서 구실을 다 할 수 없고 보람을 느낄 수 없을 뿐 아니라 자기가 원하는 모든 일에도 향상이 없어서 그 원을 이룰 수 없는 것이다. 고로 사생 중 사람이 된 이상에는 배우기를 좋아하라고 하신 것 같다.

2. 사람의 구실을 다하기 위해서는 무엇을 배울 것인가?

1) 도덕 : 인생의 요도와 공부의 요도, 솔성의 도와 인사의 덕행.

2) 정사 : 가정·사회·국가·세계를 다스리는 법.

3) 생활 : 의·식·주

4) 학술 : 학문과 기술.

5) 상식 : 교양.

6) 사람의 도리를 다할 수 있는 것은 무엇이나 다 배우자는 것이니, 진리에 어긋남이 없고 자타 간에 해가 없는 것은 다 배워야 한다.

3. 잘 배우려면 어떻게 할 것인가? 실례를 들어 설명해 주시오.

1) 그일 그 일에 스승과 법과 경전을 정하여 늘 묻고 배우기를 좋아하자.

2) 본말을 아울러 배우되 본에 더욱 힘을 쓰며 선후를 알아 배우자.

3) 큰 서원을 세우고 항상 부족감을 느끼자.

4) 선악이 다 나의 스승임을 알자. 예를 들면 선한 일을 보고 들을 때는 나에게도 그런 선이 있는가 살펴서 있으면 더욱 길러가고 없으면 그 선을 본받을 것이요, 악한 일을 보고 들을 때는 나에게는 그런 악이 없는가 살펴서 작은 악이라도 있으면 나는 그렇게 하지 않기로 고쳐가고 그런 악이 없으면 그런 악을 행하지 않기로 하는 것이다.

※ 필요한 것부터 먼저 배우라

◎ 4조 지식 있는 사람이 지식이 있다 함으로써 그 배움을 놓지 말 것이요,

인생은 나면서부터 죽을 때까지 학생이니 언제나 배움을 놓지 말라는 것이다. 진리는 머물러 있지 않고 언제나 새롭게 변화한다. 고로 복습이 없으면 알던 것도 잊어버리고 배움이 없으면 새 시대에 뒤지지 않을 수 없나니 옛것을 더욱 갈고 새것을 더욱 습득하여 언제나 신구를 겸한 원만하고 밝은 인격을 갖추는 요법이다.

※ 참고 : 온고이지신溫故而知新[184)]

교불권教不倦[가르치는 것은 두 번 배우는 것이다.]

학불염學不厭[배우게 되면 새로운 지식이 함양된다.][185)]

1. 이유는?

1) 이치의 종류도 한이 없고 일의 종류도 수가 없어서 그 많은 일과 이치를 다 알기도 어려울 뿐 아니라, 또한 세상은 날로 변화하고 날로 새로워지고 있어서 그 지식이 있다는 것도 한정이 있고, 설혹 한때의 상당한 지식을 가졌다 할지라도 그 배움을 놓아 버리면 아는 것도 잊어버리고 새로운 시대에 적응할 수 없는 것이다. 고로 끊임없이 배움을 놓지 말아야 할 것이다.

2) 일원상의 진리는 한없이 깊고 크고 넓으며 끊임없이 돌고 돌아 변화하고 있다. 고로 그 진리를 확실히 잘 알아서 그대로 쓰기로 하면 끊임없이 배워야 한다.

3) 그일 그 일에 아는 것이 없으면 그일 그 일에 소경이 되고 만다.

---

184) 『논어』 위정편에 나오는 말. "자왈子曰 온고이지신溫故而知新이면 가이위사의可以爲師矣니라."(공자가 말씀하시기를 '옛 것을 연구하여 새로운 것을 알아내면 남의 스승이 될 수 있다.')

185) 『맹자』 공손추상편에 나오는 말. "아我는 학불염이교불권야學不厭而教不倦也로다."(나는 배우기를 싫어하지 않고, 가르치는 데 게으르지 않을 뿐이다.)

소경의 앞길이 얼마나 답답하고 위태롭겠는가?

※ 지식은 눈이요 인격이다. <법문>

2. 지식이란 무엇이며 그 배우는 순서와 방법은?

1) 지식이란 천조의 이치나 인간 만사에 대해서 알고 있는 것이니 즉 사리 간에 상당히 알고 있는 정도를 말한다.

※ 문자적 지식과 사리 간의 지식으로 구분할 수 있다.

2) 그 순서는 주로 소년기에는 과학을, 청장년기에는 도학을 배워 원만한 기초지식을 함양하되 날로 새로워지는 시대에 어둡지 않도록 끊임없이 도덕, 정사, 생활, 상식 등의 모든 지식을 배워야 할 것이요.

3) 그 방법은 사요의 지자 본위와 일상수행의 요법 7조를 잘 실행하면 될 것인바,

가) 그릇이 차면 넘치는 것이니, 먼저 큰 원력으로 그릇을 더욱 키우고 언제나 허공같이 그 마음을 비워 두는 동시에 간절한 마음으로 묻고 생각하고 실행하여 배워가야 할 것이다.

나) 근본적인 것과 필요한 것부터 먼저 배우자.

다) 우주는 큰 학교요, 인생은 영원한 학생이니 평생 내지 영생을 통해 배우는 일을 놓지 말자.

라) 경험은 위대한 수업이다.

마) 생각 있게 보고, 생각 있게 듣고, 생각 있게 살자.

※ ① 이능以能으로 문어불능問於不能하고 이다以多로 문어과問於寡니라. <논어>[186)]

---

186) 『논어』 태백편에 나오는 말. 유능하면서도 무능한 사람에게도 묻고, 박학다식해도 잘 알지 못하는 사람에게 묻는다.

② 순舜은 호문이호찰이언好問而好察邇言 云云.[187] <중용>

③ 학여불급學如不及 유공실지唯恐失之.[188]

④ 절성기지絶聖棄智[189]

⑤ 나는 그 무지無知를 아노라. <소크라테스>

◎ 5조 주색 낭유酒色浪遊하지 말고 그 시간에 진리를 연구할 것이요,

마음과 정력精力과 시간은 공부와 사업에 가장 기본적인 불가결의 요건들이요, 진리를 아는 것은 큰 공부와 큰 사업의 열쇠인바 주색으로 허비하는 마음과 정력과 시간을 진리연구에 돌려서 공부와 사업에 대성을 이룸으로써 인생의 참다운 보람을 갖자는 것이다.

※ 마음과 정력과 시간을 아껴 틈나는 대로 진리를 연구하자 함이니, 변화하는 진리를 잘 활용하는 요법이다.

※ 시간은 변화하는 진리의 대명사요, 시부대인時不待人이니라.[190]

1. 이유는?

1) 주색의 해독은 계문에서 밝힌 것과 같고,

2) 시간의 소중함은 황금보다 더한 것이다.

---

187) 『중용』에 나오는 말. 순舜은 기대지야여其大智也與신저 호문이호찰이언好問而好察邇言하사대 은악이양선隱惡而揚善하시고 집기양단執其兩端하사 용기중어민用其中於民하시다.(순은 큰 지혜를 가지신 분이구나. 순은 묻기를 좋아하시고 가벼운 말도 살피기 좋아하시며, 악함은 숨기고 선함을 드러내시었다. 그 양 극단을 잡으시어 그 중간을 백성들에게 쓰셨다.)

188) 『논어』 태백편에 나오는 말. 학문을 하는 데는 아무리 해도 따라가지 못하는 듯이 하고, 오히려 배운 것을 잃어버릴까 걱정해야 한다.

189) 『도덕경』 19장에 나오는 구절. "절성기지絶聖棄智 민리백배民利百倍, 절인기의絶仁棄義 민부효자民復孝慈"(-정치하는 사람이- 재주와 지혜를 버리면 백성의 행복과 이익은 백배가 되고, -정치하는 사람이- 인과 의를 버리면 백성은 본래의 사랑과 효도로 돌아가게 된다.)

190) 시간은 사람을 기다려주지 않는다.

3) 인간 만사의 성공도 실패도 시간문제이기 때문이다.

가) 한 톨의 씨알이 썩어 새싹을 내고 털끝만 한 새싹이 교목喬木이 되는 것도 시간이 걸려야 하고, 어린이가 어른이 되고 중생이 변하여 불보살이 되는 것도 시간문제인 것이다.

나) 지구가 돌아가는 것도 붙잡을 수 없고, 서산에 지는 해를 붙들 수 없으며, 청춘이 늙어가는 것도 막을 수 없다.

다) 흘러가는 세월은 너와 나를 기다리지 않고 검은 머리 백발로 젊은 청춘 앗아갈 뿐이다.

4) 쏜살같이 지나가는 시간을 가장 많이 가장 잘 활용한 분이라야 성공하는 것이요, 흩어져 가는 마음 넘치는 정력精力을 오직 공부와 사업에 가장 유효적절하게 쏟은 분이라야 성공하는 것이 진리이다.

5) 마음과 정력과 시간을 함부로 소비하고서는 성공할 수 없는 것이 진리이다. 고로 주색낭유하지 말고 그 시간에 진리를 연마하라고 하신 것 같다.

※ 참고 가) 홍안거여홍안거紅顔去與紅顔去
백발래장백발래白髮來將白髮來
거이불래래이거去而不來來而去
천시인사최차중天時人事催此中 <나옹화상>
소년이로학난성少年易老學難成
일촌광음불가경一寸光陰不可輕
미각지당춘초몽未覺池塘春草夢
계전오엽이추성階前梧葉已秋聲[191] <주자>

191)『주문공문집朱文公文集』 권학문에 나오는 내용. 소년은 늙기 쉬우나 학문을 이루기는 어렵다네./ 순간순간의 세월을 헛되이 보내지 말라./ 연못가의 봄풀이 채

나) 대우석촌음大禹惜寸陰[192]

2. 진리란 무엇이며 그 연구하는 방법은?

1) 일원의 진리이니 즉 우주의 대소 유무인바, 우주 만유의 본래 이치와 각자의 심성 원리를 비롯해서 음양상승의 이치, 죄복의 원리, 생사의 원리, 고락의 원리, 육도 승강의 원리, 사생의 내역, 성·주·괴·공, 생·로·병·사, 중생 되고 부처 되는 이치, 남자 되고 여자 되는 이치, 잘 살고 못사는 이치, 잘 나고 못 나는 이치, 강약 변화되는 이치, 재주 있고 멍청한 이치, 선연 되고 악연 되는 이치 등등.

2) 항상 모든 진리에 대하여 의심을 갖되 그 해결의 순서를 알아서 풀어가야 한다.

가) 근본적인 것부터 의심하되 그 의심을 풀어가는 순서를 먼저 알아야 한다.

나) 맑은 정신으로 잠깐 잠깐 들어보되 끝까지 계속하자.

다) 문問·사思·수修의 방법을 실행하자.[193]

라) 사리 연구의 방법대로 하자.

우인愚人은 시간을 낭비하기 위하여 애쓰며 살고, <무료한 시간을 처리하기에 골치를 앓는다>

지인智人은 시간을 활용하기 위해서 애쓰며 산다. <바쁜 시간을 선용하기에 여념이 없다>

마) 틈만 나면 경전 연마와 독서에 노력하자.

꿈도 깨기 전에/ 계단 앞 오동나무 잎이 가을을 알린다네.

192) 『진서晉書』에 나오는 구절. 대우[우임금]는 아주 짧은 시간도 아꼈다.

193) 보고 듣고서 얻는 지혜를 문혜聞慧, 고찰하여 얻는 지혜를 사혜思慧, 입정入定한 뒤에 수득修得하는 수혜修慧를 삼혜三慧라 한다.

◎ 6조 한편에 착着하지 아니할 것이요,

무슨 일이나 어느 한편에 치우치거나 집착하지 말라는 것이니 원만한 진리를 그대로 본받고 그대로 활용하자는 것이다. 신앙과 수행도 원만하게 할 것이요, 대인접물에 있어서도 자타 피차 전후좌우 원·근·친·소의 어느 한편에 치우쳐 집착하여 처리하지 말고 원만한 처사를 하자는 것이다.

1. 이유는?

1) 진리는 원래 원만구족하고 지공무사한 것인데 한편에 착하게 되면 진리에 어긋난다.

2) 편애심이 생겨 원·근·친·소의 차별심이 증장되고 편협한 인격이 형성되고 모든 일에 편벽된 취사를 하게 되어 다른 편의 원망과 불평을 산다.

3) 한편에 착하게 되면 그 마음이 두루 밝지 못하고, 한편에 착하게 되면 그 마음이 두루 넓지 못하며, 한편에 착하게 되면 상대가 생겨 두루 화하지 못한다.

4) 한편에 착하게 되면 업망을 벗어나지 못한다.

가) 중생들의 사업은 집착심으로 성공시키는 고로 업망이 되어 윤회를 벗어나지 못하고, 불보살들의 사업은 착 없는 마음으로 추진하기 때문에 업망이 따로 없고 윤회를 자유 한다.

나) 중생들의 공부와 사업은 편착심으로 추진하기 때문에 상대가 끊어지고 가없는 대업을 성취하지 못하며, 불보살들의 공부와 사업은 원만심으로 추진하기 때문에 상대가 없는 대업을 성취하는 것이다. 고로 한편에 착하지 말라고 하신 것 같다.

2. 한편에 착하지 아니하려면?

1) 언제나 높은데서 두루 멀리 살피자. <모든 사물을 객관화하여

생각하라>

2) 반드시 역지사지易地思之하라.

3) 상대성 원리를 생각하여 언제나 양면을 살피자.

4) 원만구족하고 지공무사한 진리를 알자.

5) 마음이 원만, 말이 원만, 행이 원만해야 한다.

※ 예 : 신앙 – 원만한 전체 신앙, 진리적 사실 신앙, 자타력 병진 신앙

수행 – 삼학병진, 동정일여, 이사병행

생활 – 자리이타, 영육쌍전

※ 참고 가) 군자君子 주이불비周而不比, 소인小人 비이부주比而不周[194)][비比는 편당야偏黨也]

군자君子 화이부동和而不同, 소인小人 동이불화同而不和.[195)]

나) 성인聖人 이천지위량以天地爲量 양동태허量同太虛 무소불포無所不包 무소불편無所不遍.[196)]

◎ 7조 모든 사물을 접응할 때에 공경심을 놓지 말고, 탐한 욕심이 나거든 사자와 같이 무서워할 것이요,

모든 경계를 대할 때마다 오직 경외심을 놓지 말라는 것이니, 몸을 두호하고 마음을 지키는 요긴한 법이 되는 것이다. <『대종경』 인도품 33>

---

194) 『논어』 위정편에 나오는 말. 군자는 두루 하고 치우침이 없으며, 소인은 치우치고 두루 함이 없다.

195) 『논어』 자로편에 나오는 말. 군자는 화합은 하지만 뇌동은 하지 않고, 소인은 뇌동은 하지만 화합은 하지 않는다.

196) 성인은 천지를 국량 삼으므로 그 크기가 태허와 같아서 포함하지 않는 것이 없고 두루 하지 못하는 것이 없다.

우리의 생활은 천만 경계 속에서 천만사물을 접응하는 가운데 이루어지고 생활의 선불선善不善과 행불행幸不幸은 심신을 잘 수호하고 못하는데 있으며, 대인접물 하는 중에 심신을 잘 수호하는 길은 오직 늘 공경하고 두려워하는 마음을 갖는 데 있다. 고로 심신을 잘 수호하여 진리에 어긋남이 없는 편안하고 행복한 생활을 할 수 있도록 경외심의 표준을 잡아 주신 것이다. <심신을 원만하게 수호하는 법>

※ 참고 : 무불경無不敬[197], 사무사思無邪[198].

1. 이유는?

1) 공경심이란 예를 다하여 높여주고 조심하는 마음이니, 모든 사물을 접응할 때에 공경심이 없게 되면 무례히 함부로 하는 습관이 생겨 모든 일에 실패를 초래하고 상극의 인연이 많을 것이다.
2) 탐욕이란 상도常道에 벗어난 지나친 욕심이니, 보는 대로 듣는 대로 다 갖고자 하거나 힘에 겹게 과히 취하고자 하면 자신의 마음에 안정을 얻지 못하고 모든 죄악의 근본이 되어 세상을 어지럽히는 화근이 된다.
3) 경외심이 없으면 삿된 욕심과 경박한 습성이 길러지고 탐욕이 나고 보면 육근이 마왕의 군사가 되어 자신을 망치고 세상을 망치며 지옥으로 직행한다.
4) 작은 일을 경홀히 하면 큰일을 그르치는 원인이 된다.

※ 사자獅子는 일생의 몸만 상하지마는 탐욕은 영생의 마음마저 상

---

197) 『예기』 곡례편에 "무불경毋不敬하며 엄약사儼若思하며 안정사安定辭하면 안민재安民哉인저" 하였다.(공경하지 않음이 없으며, 생각하는 듯이 몸가짐을 엄숙하게 하며, 말을 안정되게 하면 백성이 편안해진다.)

198) 생각함에 사악함이 없다는 뜻. 『논어』 위정편에 "자왈子曰 시삼백詩三百에 일언이폐지一言以蔽之하니 왈사무사曰思無邪니라."(공자가 말씀하셨다. 시경詩經 삼백 편을 한 마디로 말한다면 '생각함에 사특함이 없다.'라고 하겠다.)

하게 한다.

2. 경외심을 내려면?

1) 전지전능하시고 무소부재하신 진리를 믿고 깨치자.

2) 천지 만물 어느 것 하나 부처 아님이 없고 죄복의 권능을 갖지 않음이 없음을 믿고 알아야 한다. <무불경無不敬>

3) 공경하고 두려워하는 마음이 없으면 스스로의 마음이 방일해지기 쉽고 넘쳐서 스스로 타락의 구렁에 빠지기 쉬움을 알라. <사무사思無邪>

4) 언제나 부처님과 스승님들을 모시고 살자.

※ 가) 전전긍긍戰戰兢兢, 여리박빙如履薄氷[199] 『시전詩傳』

나) 산중지적山中之敵은 가피可避나 심지적心之敵은 불가피不可避, 외적外敵이 불여가적不如家敵이요 가적家敵이 불여심적不如心敵.[200] <왕양명>

다) 염념요여임전일念念要如臨戰日 심심상사과교시心心常似過橋時[201] 『명심보감』

---

199) 『시경詩經』 소아편小雅篇의 '소민小旻'이라는 시詩의 마지막 구절에 나오는 내용. 모신謀臣이 군주의 측근에 있으면서 옛 법을 무시한 정치를 하고 있음을 개탄하고 있음. "불감포호不敢暴虎 불감빙하不敢憑河 인지기일人知其一 막지기타莫知其他 전전긍긍戰戰兢兢 여림심연如臨深淵 여리박빙如履薄氷(감히 맨손으로 범을 잡지 못하고, 감히 걸어서 강을 건너지 못한다. 사람들은 그 하나는 알고 있지만 그 밖의 것은 전혀 알지 못하네. 두려워서 벌벌 떨며 조심하기를 마치 깊은 연못에 임하듯 하고 살얼음을 밟고 가듯 하네.)

200) 산중의 적은 피할 수나 있지만 마음속의 적은 피할 수도 없다. 바깥의 적이 집안의 적만 못하고, 집안의 적이 마음의 적만 못하다.

201) 생각하는 것은 항상 싸움터에 나아갔을 때와 같이 하고, 마음은 언제나 다리를 건너는 때와 같이 조심해야 한다.

◎ 8조 일일 시시日日時時로 자기가 자기를 가르칠 것이요,

간단없는 자가 반성自家反省과 자기 성찰로 속 깊은 공부를 추진하는 자기완성의 요법이다. 즉 날로 때로 자신의 그름을 발견하여 고쳐가고 무지를 발견하고 배우며 부족을 발견하여 보충해 가는 공부를 하라는 것이니, 자수自修·자각自覺·자립自立의 요체가 되는 것이다. 정심이 사심을, 불심이 중생심을, 양심이 비양심을, 도심이 인심을 다스리고 거느리게 하는 것이다.

※ 구어자기求於自己 선교자신先教自身[202)]

1. 이유는?

1) 속 깊은 공부가 아니면 참다운 인격을 갖추지 못하고 자각적인 수행이 아니면 속 깊은 공부가 되지 않는 것이며 일일 시시로 스스로가 자신을 가르치지 아니하면 자각적인 수행은 될 수 없기 때문이다.

2) 스승이 가르치고 동지가 충고하는 것은 간단히 있고 밖으로 나타난 점을 지적하고 훈계하는데 그칠 수 있는 것이요, 자기 자신을 속 깊이 알 수 있는 것은 오직 자신이며 간단없이 할 수 있는 공부는 역시 스스로 하는 길이다. 고로 스스로가 자신을 간단없이 반성하고 살펴서 법문과 양심과 진리[자성]에 늘 비추어 깨우치고 바루고 단련하게 하는 것이 길이 참다운 공부가 되고 진리에 어긋남이 없는 솔성이 될 수 있기 때문이다.

여기서 한 가지 유의할 점은 남의 가르침은 받지 말고 자기가 자기를 가르치기만 하라는 것은 아니다. 밖으로 스승님을 모시고 늘 배움을 받되 자각적인 수행을 겸하여 원만하고 간단없는 공

---

202) 자기 내면에서 찾아[스스로 깨달아] 자신을 먼저 가르친다.

부로 원만한 인격을 성취하라는 것이다.

2. 자기가 자기를 잘 가르치려면?

1) 큰 서원과 굳은 결심을 하고 자기 허물을 찾는 데 노력하자.

2) 양심적인 생활, 진리적인 생활에 표준을 세우자.

3) 법과 스승님을 정하고 늘 닮아가는 생활에 표준을 두자.

3. 자기가 자기를 가르치는 구체적인 방법과 그 실례를 들어 주시오.

1) 좌우명이나 교강 9조[203] 등을 적어놓고 그것을 실행했는가 챙기는 공부.

2) 상시 응용 6조를 그대로 실행했는가?

3) 계문 솔성요론 등을 실행했는가?

4) 기타 자기의 단점 등을 발견하여 고치고 무지를 발견하여 배우며 악습을 발견하여 바루는 것이다.

5) 스스로 격려하고, 스스로 꾸짖고, 스스로 고쳐가는 노력을 끊임없이 하자.

※ 가) 증자왈曾子曰 오일삼성오신吾日三省吾身 위인모이불충호爲人謀而不忠乎아 여붕우교이불신호與朋友交而不信乎아 전불습호傳不習乎아.[204] 『논어』

나) 정심지시正心之始 이심위사以心爲師[205]

---

203) 일상수행의 요법을 지칭함.

204) 『논어』 학이편에 나오는 말. 증자가 말하기를 '나는 하루에 세 가지로 나 자신을 반성한다. 남을 위해 일을 꾀함에 충실히 하지 않았는가? 친구와 사귀는데 신의가 없지 않았는가? 스승에게 배운 것을 열심히 익히지 않았는가?'

205) 『근사록』 존양류存養類에는 다음과 같은 구절이 있다. "정심지시正心之始, 당이기심위엄사當以己心爲嚴師, 범소동작凡所動作, 즉지소구則知所懼. 여차일이년如此一二年, 수득뇌고守得牢固, 즉자연심정의則自然心正矣"(마음을 바르게 하는 시초에는 자기의 마음을 엄한 스승으로 하여서 움직일 때마다 삼가서 두려운 것을 알아야 한다. 이렇게 하여서 1년 2년이 지나면 굳게 지킬 수가 있는 것이니 저절로 마음이 바르게 될 것이다.)

다) 석기이교인자釋己而教人者는 역逆하고, 정기이화인자正己而化人者는 순順이니 역자逆者는 난종難從이요 순자順者는 이행易行이라 난종즉란難從則亂하고 이행즉리易行則理니 운운.[206)]

◎ 9조 무슨 일이든지 잘못된 일이 있고 보면 남을 원망하지 말고 자기를 살필 것이요,

일체유심조라 모든 일은 나로부터 시작되고 나로 인해서 결정되며 나에게서 끝나는 것이다. 고로 모든 문제의 원인은 나에게 있고 모든 일의 책임은 내가 져야 하는 것이니, 남을 원망할 수 없고 허물할 수 없는 것이요 오직 자신을 살피는 것이 자아완성의 첩경捷徑이며 원만한 솔성의 요체가 되는 것이다. 즉 무엇이나 나에게서 찾으라는 법문이니 무슨 일을 당하든지 나를 살피고 그 책임을 나에게서 찾는 공부는 자기완성과 원만한 솔성의 요체가 되는 것이다.

모든 책임을 나에게서 찾아라.

1. 이유는?

1) 무슨 일이든지 지난 뒤에 그 시비 이해를 반성 감정하는 것은 좋지만 그 잘못된 일로 인하여 남을 원망해서 그 일이 바르게 되는 것도 아니요 도리어 상대편의 좋지 않은 감정만 일으키게 될 뿐 아니라 자신의 마음에도 불평불만과 진심瞋心만 증장하고 만다.

2) 남을 원망하게 되면 상대편도 나를 원망하게 되어 상극의 악연이 맺혀서 여망餘望이 있는 후사後事마저 막히게 된다.

3) 자신을 살피게 되면 자신의 무지와 무능이 발견되어 한없는 지혜

---

206) 황석공 『소서』 6장. 내 몸을 놓고서 남을 가르치는 자는 거슬리고 자기 몸을 바루고서 남을 교화하는 자는 따르나니, 역은 따르기가 어렵고 순은 행하기 쉬운 것이다. 따르기 어려운즉 어지럽고 행하기 쉬운 즉 다스려진다.

와 능력이 생기고 모든 인연이 상생으로 화하여 실수가 적어지고 남의 합력과 대중의 협조를 얻게 되어 뒷일이 잘 될 것이다.

4) 남을 원망하게 되면 작은 허물이 큰 허물로 화하고 작은 재앙이 큰 재앙으로 화하며 세상은 원망과 암흑의 세계가 될 것이요, 자신을 살피게 되면 큰 잘못이 작아지고 큰 재앙이 큰 복을 낳을 수 있으며 세상은 자연 감사와 명랑한 사회로 화할 것이다.

5) 원망의 가슴 속에는 삼독심이 커나고 반성의 등불에는 사마邪魔가 녹는다. 원망의 앞길에는 원수가 나타나고 반성의 채찍에는 스승이 나타난다. 원망의 발길에는 지옥문이 열리고 반성의 발길에는 극락 문이 열린다.

※ 가) 불경일사 부장일지不經一事 不長一智[207], 번뇌즉보리煩惱卽菩提, 전화위복轉禍爲福.

나) 반구저기反求諸己[208]

다) 소원불사 대원필생小怨不赦 大怨必生.[209]

---

207) 『명심보감』에 나오는 말. 한 가지 일을 겪지 않으면, 한 가지 지혜가 자라지 않는다.

208) 잘못이 있을 때는 자신을 돌아본다는 뜻. 『맹자』에 "인자仁者는 여사如射하니 사자射者는 정기이후正己而後에 발發하야 발이부중發而不中이라도 불원승기자不怨勝己者오 반구저기이이의反求諸己而已矣니라"(어진 이는 활 쏘는 사람과 같다. 활 쏘는 사람은 자기 몸을 바로잡은 뒤에 화살을 쏜다. 활을 쏘아 맞지 않더라도 자기에게 이긴 자를 원망하지 않고 활을 쏜 자기를 반성할 따름이다.'
또 "맹자왈孟子曰 애인불친愛人不親이어든 반기인反其仁하고 치인불치治人不治어든 반기지反其智하고 예인부답禮人不答이어든 반기경反其敬이니라. 행유부득자行有不得者어든 개반구제기皆反求諸己니 기신其身이 정이천하귀지正而天下歸之니라."(남을 사랑하는 데도 친해지지를 않거든 자기의 인에 대해서 반성해 볼 것이며, 남을 다스려도 다스려지지 않으면 그 지혜로움에 대해서 반성해 볼 것이며, 예로써 남을 대하는 데도 응답이 없으면 그 공경에 대해서 반성해 볼 것이며, 행동을 했는데도 기대하는 바를 얻는 것이 없으면 자기 자신에 대해서 반성해 볼 것이니, 자기 한 몸이 올바르게 되면 천하가 모두 귀순하게 될 것이다.)

209) 『소서』에 나오는 말. 작은 원망을 놓지 아니한즉 큰 원망이 반드시 생긴다.

2. 일이 잘못되는 원인은?

깊이 생각해보면

1)현실적 원인으로

가) 시비를 모르거나 습관이나 욕심에 끌리거나 주의심이 없어서.

나) 지혜와 능력과 역량과 성력誠力의 부족으로.

다) 몰아 말하면 나의 삼대력이 부족한데서.

2) 진리적 원인으로는 나와 전생 인과관계로 되는 것을 알 수 있다. 운명이니 복·불복福不福이니 하는 것은 모두 전생의 과보인 것이다.

3. 남을 원망하지 않고 자기를 잘 살피려면?

1) 영생이 있는 진리를 믿고 알아서 크고 굳센 원력을 세워 모든 문제의 원인은 언제나 반드시 나에게 있음을 확실히 알자.

2) 일에 당해서는 주인이 되고 일이 지난 뒤에는 손이 되자. 주인은 불평과 불만이 없고 손님은 다른 욕심이 없나니라.

3) 모든 일을 자력과 타력이 아울러 이루어지되 반드시 인과관계로 얽혀지는 것을 알자.

4) 현실적인 면이나 나타난 결과만을 보지 말고 그 원인을 규명해 보라. 누구를 원망하고 누구를 허물할 것인가?

5) 이 법문을 실행하기로 굳게 뜻을 세우라.

※ 가) 상불원천上不怨天 하불우인下不尤人.[210) 『논어』

---

210) 『논어』 헌문편. "자왈子曰 막아지야부莫我知也夫인저. 자공子貢이 왈曰 하위기막지자야何爲其莫知子也잇고. 자왈子曰 불원천不怨天하며 불우인不尤人이오 하학이상달下學而上達하노니 지아자知我者는 기천호其天乎인저."(공자가 말씀하셨다. "나를 알아주는 사람이 없구나." 자공이 물었다. "어찌하여 선생님을 알아주는 사람이 없다고 하십니까?" 공자가 말씀하셨다. "하늘을 원망하지 않고, 사람을 탓하지 않는다. 아래에서 배워 위로 통달하니, 나를 아는 이는 하늘뿐이로구나!")

유소불득有所不得 반구저기反求諸己 불구어인不求於人.[211)]

나) 군자君子 애인불친愛人不親 반기인反其仁 치인불치治人不治 반기지反其智 예인부답禮人不答 반기경反其敬 행유부득자行有不得者 개반구저기皆反求諸己 기신정이천하귀지其身正而天下歸之.[212)] 『맹자』

다) 사유사호군자射有似乎君子 실저정곡失諸正鵠 반구저기신反求諸其身.[213)] 『중용』

◎ 10조 다른 사람의 그릇된 일을 견문하여 자기의 그름은 깨칠지언정 그 그름을 드러내지 말 것이요,

남의 허물을 드러내지 말고 내 허물 고치는 교과서로 삼아 내 허물을 부지런히 고치자.

즉 남의 허물을 전혀 모르고 살라는 것은 아니요, 남의 허물로 인하여 나의 허물을 발견할지언정 그 사람을 미워하거나, 업신여기지 말고 흉보거나 드러내지 말라는 것이니 내 허물을 찾아 고치는 계기로 삼으라는 것이다.

1. 이유는?

1) 남의 허물을 함부로 드러내면 나의 마음에 시기심과 상대심이 자라나고 그 사람과 나는 상극의 인연이 되며 서로 앞길이 막히게 된다.

---

211) 뜻대로 되지 않으면 그 원인을 자신에게서 찾으며 남의 탓을 하지 않는다.

212) 『맹자』 이루상편. 남을 사랑하는데도 친해지지를 않거든 자기의 인에 대해서 반성해 볼 것이며, 남을 다스려도 다스려지지 않으면 그 지혜로움에 대해서 반성해 볼 것이며, 예로써 남을 대하는데도 응답이 없으면 그 공경에 대해서 반성해 볼 것이며, 행동을 했는데도 기대하는 바를 얻는 것이 없으면 자기 자신에 대해서 반성해 볼 것이니, 자기 한 몸이 올바르게 되면 천하가 모두 귀순하게 될 것이다.

213) 활쏘기는 군자와 비슷함이 있으니 정곡을 맞추지 못하면 돌이켜 그의 자신에게서 [그 잘못된 원인을] 구하는 것이다.

2) 스스로의 허물을 찾아 고치기에 힘쓰면 남의 허물을 드러낼 겨를이 없고, 남의 허물을 드러내다 보면 스스로의 허물은 발견하기 어려우며 부지중에 그 허물을 닮아가게 된다.

3) 허물만 드러내면 허물만 있는 사람 같고 허물만 가득 찬 세상이 될 수 있다.

※ 중구삭금衆口削金[214)]

※ 언론계에서도 이 점을 알아서 악惡은 반半만, 선善은 구분九分만 들어내는 것이 좋을 것이다.

※ 막장심내사莫藏心內事 설여고인지說與故人知 공혹정소일恐或情疎日 번성대시비飜成大是非[215)] <우암尤庵>

2. 남의 허물을 드러내지 않고 자기 허물을 살피려면?

1) 먼저 그 사람의 입장에 들어가서 그 열정을 이해하기에 노력하자.

2) 나의 허물이 세상에 유포되면 어떠하던가를 반조하여 입장을 바꿔 생각해서 죽기로써 남의 허물을 숨겨 두자.

3) 나는 어떤가를 늘 살피자. 나에게도 그와 같은 허물이 없는가? 또한 한 번도 없었던가? 늘 반성 대조하자.

4) 드러내지 않을 만한 심력이 없거나 선입관념으로 대하지 않을 수 있는 심력이 없으면 보지도 않고 듣지도 않는 것만 못 할 것이다.

5) 자타가 없는 마음으로 살자.

※ 예수님과 여인의 죄벌

214) 대중의 입은 쇠붙이도 자른다.

215) 마음 안에 비밀은 아무리 친구라 하더라도 다 말하지 말라. 혹 서로 정이 안 좋아지면 큰 시비가 될 수가 있음이라.

※ 농아비구聾啞比丘[216]

※ 목무소견무분별目無所見無分別 이청무성절시비耳聽無聲絶是非 분별시비도방하分別是非都放下 단간심불자귀의但看心佛自歸依[217]

6) 자기 허물을 아는 분이 가장 두렵고 가장 싫을 수 있다. 고로 남의 허물은 알고도 철저히 모른 척 할 것이요, 남의 허물이나 비밀을 알려고 말자.

남의 비밀을 알려고 말라. 공연한 오해와 누명을 쓸 수 있다. <아는 것이 병>

3. 남의 허물을 보고 내 허물을 고치는 방법은?

1) 남의 잘못은 '그럴 수도 있겠지'로 이해하고 용서하며, 나의 허물은 '그럴 수가 있나?'로 채찍하며 고쳐 가라.

2) 챙기고 대조하는 마음 : 나에게도 그와 같은 허물이 없는가 먼저 살피라.

3) 통만법명일심通萬法明一心하는 생활.

비풍동 비번동 인자심동非風動 非幡動 仁者心動.[218]

※ 문인지과실聞人之過失어어든 여문부모지명如聞父母之名하야 이가득

---

216) 『대산종사법문』 5집 제1부 무한동력無限動力 13. 동정삼매動靜三昧
자운산중 농아비구慈雲山中 聾啞比丘(자운산에 귀먹고 벙어리인 비구)
사래심현 사거심멸事來心現 事去心滅(일이 옴에 마음이 나타나고 일이 감에 마음이 멸하도다.)

217) 부설 거사의 시. 눈에 보이는 바가 없으니 분별이 없어지고 귀에 들리는 소리 없으니 시비가 끊어지도다. 분별시비 모든 망상을 놓아버리고 다만, 내 마음 부처를 찾아 스스로 의지하리라.

218) 『육조단경』에 나오는 말. "인풍찰번因風刹幡, 유이승대론有二僧對論. 일운번동一云幡動. 일운풍동一云風動. 왕복증미계리往復曾未契理. 조운불시풍동祖云不是風動, 불시번동不是幡動, 인자심동仁者心動. 이승송연二僧悚然."(바람이 불어 깃발이 흔들렸다. 두 승려가 한 사람은 바람이 움직인다 하고 또 한 사람은 깃발이 움직인다 하여 결론이 나지 않았다. 육조 대사 말하기를 바람이 흔들리는 것이 아니고, 깃발이 흔들리는 것도 아니다. 그대들 마음이 움직이는 것이라고 하여 놀라게 하였다.)

문耳可得聞이언정 구불가언口不可言야니라.[219]

4) 남의 허물을 내 허물 고치는 교과서로 삼으라.

4. 남의 허물은 잘 보이고 내 허물은 잘 보이지 않는 까닭은?

『대종경』 수행품 26장 참조

◎ 11조 다른 사람의 잘된 일을 견문하여 세상에다 포양하며 그 잘된 일을 잊어버리지 말 것이요,

남의 잘한 일은 반드시 널리 드러내주고, 나도 그와 같이 잘 하기에 노력하자는 것이다. 즉 남의 잘하는 것을 보고 들을 때 무관심하거나 부러워만 하거나 또는 공연히 싫어하거나 시기하지 말고 오직 선도자로 알아서 스스로 깊이 명심하여 배우고 본받는 동시에 널리 알려서 모든 사람들로 하여금 그를 본받게 하자는 것이다.

※ 남의 선행을 복 짓는 재료와 세계 정화의 무기로 삼고 내 심신 작용의 거울을 삼으라.

※ 선막선어호현낙선善莫善於好賢樂善[220]

1. 이유는?

1) 남의 잘한 것을 드러내게 되면 내 마음에 시기심과 상대심이 끊어지고 나는 상생의 인연이 되며 세상은 자연 좋은 일로 가득 차게 될 수 있다.

2) 남의 잘한 점을 마음에 새겨 잊어버리지 아니하면 자연 나도 그렇게 닮아가게 된다.

---

219) 『명심보감』에 나오는 말. 남의 과실을 듣거든 부모의 이름을 듣는 것과 같이 하여 귀로 들을지언정 입으로는 말하지 말 것이니라.

220) 선善은 어진 사람을 좋아하고 다른 사람의 선善을 즐거워하는 것 보다 뛰어난 선善은 없다.

3) 그 사람의 앞길이 크게 열릴 수 있고 나도 따라서 좋아지는 법이다.

4) 남의 선을 안으로 활용하면 수신의 거울이 되고 밖으로 드러내면 복 짓는 길이 된다. 나의 입은 능히 사람을 살리기도 하고 죽이기도 하는 것을 알아 은악양선으로 많은 사람을 살리라.

2. 타인의 잘된 일을 보고 들으면 언짢은 생각이 날 때는 어떻게 할까요?

1) 큰 원력과 큰 신심이 부족하고 공부심이 약하여 남을 이해하지 못하여 마음에 시기심이 남아 있는 까닭이니, 먼저 성불제중의 큰 원력을 세우고 시방일가 사생일신의 진리를 믿고 깨달아서 내 힘 덜어주는 은인으로 알아 오직 감사히 여기고 나의 스승이 되신 것을 감사히 받들며 나의 부모 자녀가 잘된 것으로 알면 풀릴 것이다. <서원 반조>

2) 오직 법문에 의지하여 무조건 법문대로 살기로 하면 자연 그 생각이 없어질 것이요. <신성 반조>

3) 자기라는 생각[아상]이 남아 있거나 어떤 선입관념이 남아 있어서 그러는 경우가 있으니 이때는 자타가 없고 선후가 없으며 선악미추가 원래 없는 자리를 관하면 자연 풀릴 것이다. <자성 반조>

※ 득일선즉권권복응得一善則拳拳服膺이 불실지의弗失之矣.[221)]『중용』

※ 우禹는 문선언즉배聞善言則拜러시다.[222)]『맹자』

---

221) 『중용』에 나오는 말. "자왈子曰 회지위인야回之爲人也 택호중용擇乎中庸하야 득일선즉권권복응이불실지의得一善則拳拳服膺而弗失之矣니라."(공자께서 말씀하시기를 회의 사람됨은 중용을 택하여 한 가지 선을 얻으면 받들어 가슴에 꼭 지니고 그것을 잃지 않았다.)

222) 『맹자』 공손추상에 나오는 말. "맹자왈孟子曰 자로子路는 인人이 고지이유과즉희告之以有過則喜하더라. 우禹는 문선언즉배聞善言則拜러시다. 대순大舜은 유대언有大焉하시니 선여인동善與人同하샤 사기종인舍己從人하시며 낙취어인樂取於人하야 이위선以

※ 순舜은 기대지야여其大智也與신저 호문이호찰이언好問而好察邇言하사되 은악이양선隱惡而揚善하시고 집기양단執其兩端하사 용기중어민用其中於民하시다.[223)]『중용』

◎ 12조 정당한 일이거든 내 일을 생각하여 남의 세정을 알아줄 것이요,

내 형편과 심경을 미루어서 남의 어려운 형세를 딱한 정상情狀과 불안한 심경을 충분히 이해하고 도와주자는 것이다.

즉 시방일가요 사생이 권속이며 지친至親이며 일신一身이니, 정당한 일이거든 자타自他 없는 마음으로 힘 미치는 데까지 남의 어려움과 고통과 불안과 초조 등의 딱한 세정을 충분히 이해하고 도와주자는 것이다.

단, 부당한 일까지 그 세정을 도와주라는 것은 아니니 이 점에 유의할 것이다.

가) 정당한 일이란? : 바르고 마땅한 일 즉 정의.

나) 세정이란? : 생활의 형세와 일의 정상과 처지의 심경을 통칭한 것.

다) 알아준다는 것은? : 이해하고 도와줌을 뜻하는 것 같다.

爲善이러시다. 자경가도어自耕稼陶漁로 이지위제以至爲帝히 무비취어인자無非取於人者러시다. 취제인이위선取諸人以爲善이 시여인위선자야是與人爲善者也니 고故로 군자君子는 막대호여인위선莫大乎與人爲善이니라."(맹자가 말하였다. 자로는 남이 그에게 잘못이 있다고 일러주면 기뻐했고, 우임금은 선한 말을 들으면 절을 했다. 위대한 순임금은 이보다도 더 대단했다. 선한 일은 남과 같이 하고, 선하지 않은 것은 버리고, 남을 따라서 선한 것을 취해서 행하기를 즐겨했다. 그가 밭 갈고 옹기 굽고 고기잡이하던 그때부터 천자가 될 때까지 남에게서 선을 취하지 않은 일이라고는 없었다. 남한테서 선한 것을 취해서 선한 일을 하는 것은 바로 남과 함께 선한 일을 하는 것이다. 그러므로 군자에게는 남과 함께 선한 일을 하는 것보다 더 중대한 것은 없다.)

223) 순은 큰 지혜를 가지신 분이구나. 순은 묻기를 좋아하시고 가벼운 말도 살피기 좋아하시며, 악함은 숨기고 선함을 드러내시었다. 그 양 극단을 잡으시어 그 중간을 백성들에게 쓰셨다.

1. 이유는?

1) 누구나 자기의 세정을 알아줄 때 안심과 용기를 얻게 되고 생의 보람을 느끼게 된다.

2) 내가 남의 세정을 알아주면 남도 나의 세정을 알아주어서 나의 어려운 고비에 힘이 되어 주고 의지처가 되어 준다.

3) 누구나 의지하고 의논할 수 있는 금도襟度가 길러지며 세상은 서로 이해하고 상부상조하는 세계가 될 것이다.

※ 세정을 알아주어도 안심과 용기가 솟지 않을 때는?

가) 진정으로 알아주었는가를 살피고, 나) 때를 기다리라.

2. 남의 세정을 알아주지 못하는 원인은?

1) 서원이 크지 못하고 자기 입장에 집착하기 때문에.

2) 인과의 이치를 모르고 믿지 않기 때문에.

3) 자기가 그런 경우를 겪지 않았기 때문에.

4) 마음이 밝지 못해서 : 눈이 밝으면 작은 것, 먼 것이 다 보이고 마음이 밝으면 남의 세정을 잘 볼 줄 안다.

5) 큰 진리를 모르기 때문에.

3. 서로 세정을 잘 알아주려면 어떻게 할 것인가? 그 구체적인 실례를 들어 설명해 주시오.

1) 서로 세정을 잘 알아주지 않으면 서로 고독하게 되는 것을 알아서 역지사지하는 것이 가장 중요한 것이다.

2) 부귀한 처지에 빈천한 입장을, 건강한 사람이 병약한 사람을, 노인이 젊은이를, 젊은이가 노인을, 지식인이 무식인을, 죄 없는 사람이 죄지은 심경을 등등, 강자가 약자의 세정을 약자가 강자의 세정을 잘 알아주는 것이니 그 구체적인 방법을 들면 부자는 가난한 분을 대할 때 못 먹고 못 입고 못 쓰고 사는 고통과 불안한

심경을 이해하고 도와주며, 가난한 분은 부자를 대할 때 애쓰고 노력한 것과 그것을 지키고 길러가는 불안하고 초조한 심경을 이해하는 것이 좋을 것이다.

4. 부당한 일까지 그 세정을 알아서 도와주지 말라는 이유는?

1) 불의를 돕는 것은 잡초에 거름 하는 것과 같아서 그 사람의 죄를 더 키워주는 것이 되고 세상에 악을 조장하는 결과가 되기 때문이다.

2) 일반적으로 정사正邪와 진위眞僞를 확실히 모르거나 잔 인정에 끌리면 부당한 일까지 도와주는 수가 있는 것이니 특별히 이 점에 유념할 것이다.

※ 추기급인推己及人[224)]

※ 기소불욕 물시어인己所不欲 勿施於人[225)]

※ 중생의 눈은 남의 허물이 잘 보이지만 불보살의 눈은 남의 장점과 남의 세정을 잘 볼 줄 안다.

---

224) 자신을 미루어 다른 사람의 입장을 이해한다. 증자는 공자의 가르침을 일관하는 것은 '충서忠恕'라 하였으며(논어), 이에 대하여 주자朱子는 자신의 마음을 다하는 것을 충이라 하고(盡己之謂忠) 자신을 미루어 남을 헤아리는 것을 서라 하였으며(推己之謂恕), 정자程子는 인仁이란 곧 추기급인推己及人이라 주석하였다.

225) 『논어』 안연편에 나오는 말. "중궁仲弓이 문인問仁한대 자왈子曰 출문여견대빈出門如見大賓하며 사민여승대제使民如承大祭하고 기소불욕己所不欲을 물시어인勿施於人이니 재방무원在邦無怨하며 재가무원在家無怨이니라. 중궁왈仲弓曰 옹수불민雍雖不敏이나 청사사어의請事斯語矣로다."(중궁이 인에 관해서 묻자, 공자가 말씀하셨다. 문밖에 나서거든 큰손님을 뵙는 듯이 하며, 백성을 대하기를 큰 제사 받들 듯이 하고, 자기가 하고 싶지 않은 것을 남에게 시키지 말아야 할 것이다. 이렇게 하면 나라에서 원망이 없으며, 집에서도 원망이 없을 것이다. 중궁이 말했다. 제가 비록 민첩하지는 못하지만 이 말씀을 실천하도록 노력하겠습니다.)
위령공편에는 "자공子貢이 문왈問曰 유일언이가이종신행지자호有一言而可以終身行之者乎잇가. 자왈子曰 기서호其恕乎인저. 기소불욕己所不欲을 물시어인勿施於人이니라."(자공이 물었다. 한 마디 말로써 평생토록 받들어 시행할 것이 있습니까? 공자가 말씀하셨다. 그것은 서恕이다! 자기가 하고 싶지 않은 일을 남에게 시키지 말라.)

◎ 13조 정당한 일이거든 아무리 하기 싫어도 죽기로써 할 것이요,

옳은 일은 어떠한 일이 있더라도 끝까지 하자는 것이다.

즉 진리에 어긋남이 없고 양심에 부끄러움이 없으며 남에게 손해가 없는 일은 밖으로 어떠한 난관에 부딪히고 안으로 아무리 하기 싫은 마음이 날지라도 죽기로써 하자는 것이니, 자신의 마음을 이기고 경계를 이겨 자유자재할 수 있는 실천력을 얻는 묘방이다.

1. 이유는?

1) 매사에 정당한 결실을 거두는 것은 오직 정당한 일을 하는 데 있다.

2) 중생이 불보살이 되고 마음을 마음대로 하는 힘이 쌓이며 세상은 자연 정의의 세계, 선의 사회로 화하게 될 것이다. <자기개조와 세계변혁의 결정적 계기가 되며 승급의 첩경이 될 것이다>

3) 정당한 일을 능히 실행할 수 있어야 천만 경계와 천만 가지 생각을 자기 마음대로 할 힘이 쌓여서 능히 중생을 제도하고 대의를 위하여 생명을 다할 수 있을 것이다.

4) 죽기로써 하는 곳에 되지 않는 일이 없는 것이다. <사무여한>

2. 죽기로써 못하는 원인은?

1) 인생관이 올바르지 못하거나 인생의 가치와 목적이 뚜렷하지 못하여 불의의 삶보다 정의의 죽음이 더 중함을 모르기 때문에. <서원이 약할 때>

2) 욕심과 습관에 끌려서.

3) 용단력이 없거나 게을러서.

4) 신심이 없거나 약할 때.

3. 정당한 일을 죽기로써 하려면 그 방법은?

1) 일시적인 나태가 영겁의 악도를 초래하고 대의와 사명이 생명보다 소중함을 자각하자.

2) 모든 일이 즉시 실행이 되지 않는다고 낙망하지 말고 끝까지 정성을 계속하자.

3) 자기를 이기는 힘을 길러야 능히 세계를 이길 수 있다.

4) 한 불의를 행치 아니하여 죽음이 온다고 할지라도 행치 않는다는 뜻을 세워야 한다.

가) 극기지심克己之心 능승세계能勝世界, 사신후지신思身後之身[226]

나) 살신성인殺身成仁, 위법망구爲法忘軀,

무아봉공無我奉公, 사무여한死無餘恨.

다) 견위수명 견리사의見危授命 見利思義[227] <안중근>

라) 중명의어태산 경생사어홍모重名義於泰山 輕生死於鴻毛[228]

---

226) 자신을 이기는 마음이 세계를 이기는 것이니 죽은 이후의 자신[명예]을 생각하라. 『채근담』에는 "서수도덕자棲守道德者 적막일시寂幕一時 의아권세자依阿權勢者 처량만고凄凉萬古. 달인達人 관물외지물觀物外之物 사신후지신思身後之身 영수일시지적막寧受一時之寂寞 무취만고지처량毋取萬古之凄凉"이라 하였다.(도덕을 지키는 자는 한때 적막해도 권세에 아부하는 자는 만고에 처량하리라. 달인은 눈앞의 이욕을 보고도 불멸의 진리와 사후死後의 명예를 헤아리나니, 차라리 한때의 적막을 받을지언정 만고의 처량을 취하지 말지니라.)

227) 『논어』 헌문편에 나오는 말. "자로문성인子路問成人한대 자왈子曰 약장무중지지若臧武仲之知와 공작지불욕公綽之不欲과 변장자지용卞莊子之勇과 구지예求之藝에 문지이예락文之以禮樂이면 역가이위성인의亦可以爲成人矣니라. 왈曰 금지성인자今之成人者는 하필연何必然이리오. 견리사의見利思義하며 견위수명見危授命하며 구요久要에 불망평생지언不忘平生之言이면 역가이위성인의亦可以爲成人矣니라."(자로가 성인에 관해 묻자, 공자가 말씀하셨다. 장무중의 지혜와 공작의 욕심 없음과 변장자의 용기와 염구의 재주에다 예악을 덧보태 세련시킨다면, 성인이라고 할 수 있다. 요즘의 성인이란 반드시 그렇지는 않다. 이익을 보면 의를 생각하며, 위태로움을 보면 목숨을 바치며, 오랜 약속을 평생 잊지 않으면 또한 성인이라고 할 수 있다.)
안중근安重根 의사가 나라의 앞날을 걱정하며 뤼순 감옥에서 쓴 글귀로 유명한 말이다.

228) 『명심보감』에 나오는 말. "경행록景行錄에 운云 대장부大丈夫는 견선명고見善明故로 중명절어태산重名節於泰山하고 용심정고用心精故로 경사생어홍모輕死生於鴻毛니라."(경행록에 이르기를, 대장부는 착함을 보는 데 밝으므로 명분과 절의를 태산보다 더 무겁게 여기고, 마음 씀이 밝고 깨끗하므로 삶과 죽음을 기러기 털보다 더 가볍게 여긴다.)

4. 구체적인 실례를 들어 설명해 주시오.

1) 사은 사요, 삼학 팔조, 계문, 솔성요론을 실행하기로 결심했을 때 하기 싫은 마음이 나거든 죽기로써 실행하자.

2) 좋은 습관을 들이기로 결심했을 때.

3) 이유 없이 좌선이나 염불이나 일이 하기 싫을 때.

4) 진리에 맞고 양심에 흡족하며 자타 간에 이로운 일은 미루지 않고 그때그때 바로 처리하는 습관을 들이자.

5) 끝까지 천만 번 반복 수행하자.

인간혁명의 첩경이요 새 세계창조의 역동적 계기가 된다.

◎ 14조 부당한 일이거든 아무리 하고 싶어도 죽기로써 아니할 것이요,

그른 일은 어떠한 일이 있을지라도 끝까지 하지 말라는 것이다. 진리에 어긋나고 양심에 꺼리는 바가 있으며 남에게 손해될 일은 밖으로 어떠한 부귀영화가 유혹하고 안으로 아무리 불같은 욕심이 일어날지라도 죽기로써 말자는 것이니 부당한 욕심을 이기고 불의한 경계에 이겨서 정정당당한 실행력을 얻는 요체이다.

1. 이유는?

1) 부당한 결실을 거두지 않는 것은 오직 부당한 일을 하지 않는 데 있다.

2) 악습이 고쳐지고 길이 퇴전하지 아니하여 강급을 막고 죄고를 방지하며 타락을 예방하고 마음을 마음대로 하는 힘이 쌓이며 세상은 자연 불의가 없게 될 것이다.

3) 하늘이 무너져도 솟아날 구멍이 있는 것이요 죽는 땅에 살길이 열리는 것이니, 죽음을 각오하면 안 될 일이 없는 것이다.

가) 항마의 첩경이다.

나) 살길만 생각하면 되는 일이 적다.

2. 부당한 일을 행하게 되는 원인은?

1) 시비를 몰라서.

2) 욕심에 끌려서.

3) 습관에 끌려서, 체면에 끌려서.

4) 유혹을 물리치는 용단력이 없어서.

5) 올바른 인생관이 확립되지 못했거나 신심이 약해질 때.

6) 인과보응의 진리가 소소영령함을 모르거나 확신하지 않을 때.

7) 일시적인 향락에 끌리어 영원한 가치를 망각할 때.

3. 행치 아니하는 구체적인 실례를 들어 설명해 주시오.

1) 부당한 일을 행한 결과와 행하게 되는 원인을 잘 알라.

2) 삼독심과 객기의 충동을 조복 받자.

3) 참 자유는 방종을 절제하는 데서 오고 큰 이익은 사욕을 버리는 데서 옴을 알자.

4) 각자의 근기에 따라서 하되 부당한 일을 하면서 백 년을 사는 것보다는 차라리 부당한 일을 하지 않고 하루를 사는 것이 나은 것을 알아서 굳은 뜻을 세워야 한다.

5) 또 하고 또 하는 반복된 훈련이 필요하다. 끝까지 정성을 계속하자.

6) 진리에 어긋나는 일, 양심에 차마 할 수 없는 일, 남에게 손해 보는 일은 꿈에라도 해서는 안 되며 생각이라도 하지 않으리라는 결심을 늘 세우자.

※ 생역아소욕야生亦我所欲也며 의역아소욕야義亦我所欲也언마는 이자二者를 불가득겸不可得兼인댄 사생이취의자야捨生而取義者也로니

라.[229) 『맹자』

◎ 15조 다른 사람의 원 없는 데에는 무슨 일이든지 권하지 말고 자기 할 일만 할 것이요,

원 없는 일을 억지로 권하지 말고 자기 일에 충실하여 먼저 모범을 보이라. 신앙이나 수행이나 생활이나 내 생각만을 본위로 원이 없고 뜻이 없는 일을 무조건 억지로 권하여 반발심을 일으키게 말고 먼저 그 원을 갖게 한 뒤에 권할 것이요, 몸소 솔선하여 모범을 보여서 자연 감화를 받게 하는 것이니, 교화의 근본이요 참다운 지도법이다. <무위이화의 대교화법이다>

※ 참조 : 『대종경』 인도품 57장, 실시품 2, 3장.

1. 이유는?

1) 밥이 좋은 것이나 먹기 싫을 때 먹으면 체하는 것이요, 일이 좋은 것이나 하기 싫은 일을 하게 되면 그르치기 쉬운 것 같이 선행이 좋은 것이지마는 원 없는 선행을 억지로 권하면 뜻을 상하게 되어 도리어 반발심을 일으키게 된다.

2) 내가 할 일은 제대로 못 하면서 남에게만 권하게 되면 그 권을 받아들이지 않는 것이다. <하루 세끼 밥도 못 먹는 사람에게 기업企業을 권한다면 그 누가 받아들이겠는가?>

3) 특히 과거에는 각계의 지도자들이 말로만 지도하는데 치우쳐 왔기 때문에 말보다 실적이 없으면 믿지 않게 되었다.

4) 권선의 본의와 목적은 다 같으나 그 방법은 상대편의 근기와 성격과 시대에 따라 각각 다른 것이다.

---

229) 『맹자』 고자상편에 나오는 말. 삶도 내가 바라는 것이고 의도 내가 바라는 것이다. 두 가지를 함께 얻을 수 없다면 사는 것을 버리고 의를 취하겠다.

2. 원 없는 일을 억지로 권하게 되는 원인은?

1) 성품[진리, 우주 만유의 본원, 범부 중생의 본성]을 모르기 때문에.

2) 상대편의 인격을 존중하지 않기 때문에.

3) 자기 생각을 본위로 만사를 판단하기 때문에.

4) 자自, 타他, 시時에 통달하지 못하므로.

5) 처처불상의 도리를 잘 모르고 사사불공을 잘 못 하기 때문에.

6) 부모가 자녀에게, 상사가 부하에게, 스승이 제자에게, 정부가 국민에게, 강자가 약자에게, 무조건 권하는 일이 더러 있으나 이것은 깊이 생각할 일이다.

   만물은 한 가지도 그 특성이 같은 것이 없고 또한 그대로 멎어 있는 것이 없다.

3. 권자勸者가 있어야 선자善者가 있는 것인데 너무 권하지 않으면 독선獨善에 흐르지 않을까요?

우리가 권선을 하는 것은 개인과 세상을 위해서 없지 못할 일이요 그 목적 또한 좋은 것이다. 그러나 사람의 근기와 능력은 천만 층이요 성격도 천만 가지라 일률적인 방법으로 권할 수는 없는 것이요 거기에는 오직 도가 있는 것이다. 고로 먼저

1) 실적과 공덕을 나투어 보여서 그 마음에 원을 일으키고 뜻을 갖게 하여 스스로 그 일을 할 수 있도록 하는 것이 가장 원만한 방법일 것이요, <무언실천無言實踐, 불언이교不言而教> <인간성의 의적면意的面에 호소>

2) 말로써 그 일의 좋은 점과 그 일을 추진하는 합리적인 방법을 잘 설명하여 납득한 뒤에 스스로 발심하여서 하게 하는 것이요, <무량법문, 합리적 설득> <인간성의 지적면知的面에 호소>

3) 인간적으로 먼저 친숙하게 하여 깊은 정의와 인연이 맺어진 뒤

에 서서히 그 일에 관심을 끌게 하고 동정同情을 하게 하여 그 일을 하게 하는 것이다. <자비인정, 동업동사同業同事> <인간성의 정적면情的面에 호소>

아무쪼록 상대편의 뜻을 상하거나 감정을 상하거나 납득이 가지 않거나 관심이 없는 일을 무조건 권해서는 안 될 것이요, 이상 세 가지 방법을 끝까지 잘 활용하면 반드시 권선이 될 것이다.

가) 다른 사람을 바루고자 하거든 먼저 나를 바루고 다른 사람을 가르치고자 하거든 먼저 내가 배우라.

나) 세상에 어리석은 사람은 제 마음도 제 마음대로 쓰지 못하면서 남의 마음을 제 마음대로 쓰려는 사람이다.

※ 예) 최수인화님과 대타원님 입교.[230]

◎ 16조 어떠한 원을 발하여 그 원을 이루고자 하거든 보고 듣는 대로 원하는 데에 대조하여 연마할 것이니라.

까닭 있는 생활로 사리에 능통하여 원하는 바를 이룩하자. 뚜렷한

---

230) 최수인화(1889~1980)는 법호가 경타원慶陀圓이며, 전북 임실에서 출생하였다. 1934년(원기19)에 입교하고 1937년(원기22)에 출가하였다. 처음에 동학교도였으나 소태산 대종사를 뵙고 나서는 최수운의 후신이라 믿게 되어 독실한 신성을 바쳤다. 익산과 전주 지방의 교세 발전에 공헌하였다. 대타원 이인의화(1879~1963)는 16세에 결혼하였으나 일찍 부군을 잃고 음식점과 여관을 경영하며 세파에 시달렸다. 1935년(원기20)에 소태산 대종사에게 귀의하였고, 이로부터 스승에 대한 신성과 교단에 대한 공심이 특출하였으며, 수행 정진하였다. 동산선원, 이리교당, 동이리교당 등의 창설은 그의 원력에 크게 힘입었다. 재가교도였으나 출가교도 못지않게 신심·공심·수행심이 있었고, 특히 수행력으로는 특별한 경지를 얻기도 했다. 최수인화는 이리역 앞에서 전주여관을 운영하고 있는 이인의화를 입교시키기 위하여 그 앞을 지나칠 때마다 전주여관에 들러 대종사 이야기와 불법연구회 이야기를 하였다. 이인의화는 마침내 최수인화의 방문을 귀찮아하며 다시는 불법연구회 이야기를 꺼내지도 말고 찾아오지도 말라며 거절하였으나 최수인화의 끈질긴 교화로 마침내 입교하게 되었으며, 교단에 큰 역할을 하게 되었다.

원[목적]을 세우고 천만 사물을 대할 때마다 그 원[목적]하는 바에 대조하여 연마하는 습관을 들이자는 것이니 만사원성萬事圓成의 첩경이다. <통만법명일심通萬法明一心>

※ 참조 :『대종경』 인도품 35장.

1. 이유는?

1) 사람이 무슨 원을 세우기보다 그 원을 달성하기가 어려운 것인데 그 원을 달성하는 가장 빠르고 원만한 방법이 곧 이 길이다.
2) 특별한 생각이나 위대한 착상은 대개 정신이 맑을 때 또는 오랜 궁구 끝에 또는 어떤 계기를 통해서 우연히 떠오르는 경우가 많다.
3) 어떤 원[목적]을 달성하는 데는 그 길이 천만 가지가 있는 것이니, 천만 가지 길 가운데 가장 좋은 방법을 택하게 된다.
4) 큰 지혜는 남의 지혜를 내 지혜로 삼는데 있다.

※ 새로운 역사는 언제나 창조와 혁신과 모방으로 이루어진다.

2. 보고 듣는 대로 원하는 바에 대조하지 못하는 이유는?

1) 원이 크지 못하거나 철저하지 못하기 때문에 즉 인생의 목적이 뚜렷하지 못하기 때문에.
2) 특별한 것을 바라기 때문에.
3) 자기 생각에만 집착하기 때문에.
4) 막연한 생각으로 살기 때문에.

3. 구체적인 실례를 들어서 그 방법을 설명해 주시오.

1) 외국어 공부를 원하는 분은 보고 듣는 것을 모두 외국어로 생각해 보고 말해 보는 것이다. <즉, 책이 있으면 Book, 연필이 있으면 Pencil …>
2) 농사를 잘하고자 하는 분은 보고 듣는 것을 모두 농사에 대조하여 생각해 보는 것이다. <즉, 풀 한포기, 개똥 하나, 벼 종자 하나

하나를 건성으로 보아서는 안 되는 것이다>

3) 양계를 잘하고자 하는 분은 보고 듣는 것을 모두 양계에 대조하여 생각해 보는 것이다. <즉, 닭과 대화를 할 수 있어야 하고 기후나 사료 등이 건성으로 보이는 것이 아니다>

4) 법학을 전공하여 고시를 보고자 하는 분은 세상에서 일어나는 민사나 형사 등의 모든 사건을 보고 들을 때 검사의 논고도 써보고 변호사의 입장에서 변론도 써보며 판사의 입장에서 판결문도 지어보는 것이다.

5) 진리를 연마하는 이는 신문 하나를 보더라도 시비를 가볍게 판단하거나 비평하기에 앞서 세상의 변태와 그 표면의 내용을 살피고 그 인과관계를 연마하는 것이요,

6) 교화를 뜻한 분은 먼저 그 책임감을 느끼고 교화의 재료를 삼아 교화의 방법을 연마하는 것이며,

7) 수행에 뜻하신 분은 그 사실을 마음과 행실에 돌이켜 반성 대조하는 것이다. 고로 뜻있는 분은 신문의 광고 하나, 사건 하나하나를 건성으로 보아 넘기지 않고 사사물물이 다 그 원을 이루는데 직접 간접으로 도움이 되는 것이다.

※ 신문뿐만 아니라 천지 만물 세상만사가 다 교과서가 되는 것이다.

가) 수양에 뜻하는 분은 풀 한 포기가 수양의 재료가 되고,

나) 연구에 뜻하는 분은 풀 한 포기가 연구의 재료가 되고,

다) 취사에 뜻하는 분은 풀 한 포기가 취사의 재료가 된다.

성불제중을 원하는 분은 보고 듣는 대로 성불제중에 대조하여 보는 것이니, 생각마다 걸음마다 부처되고 중생 건지는 일로 일관하게 되어 날을 기약하고 그 원을 이루게 될 것이다.

◎ 결어

1. 솔성요론은 모든 공부인으로 하여금 바로 불보살의 행을 단련하게 하신 요긴한 법이다.
2. 이상 16조만 제대로 실행하면 이루지 못할 일이 없을 것이요, 가는 곳마다 환영을 받을 것이며, 바로 불보살의 공덕이 나타날 것이다.
3. 이론적인 이해보다 실천해야 그 진가를 알게 되고 체득하게 될 것이다.
4. 계문은 지옥 길을 막는 법문이라면, 솔성요론은 극락 문, 불문佛門을 열어주는 법문이다.

제13장 최초법어

[대의]

대종사님께서 대각을 이루시고 파란고해의 일체 생령을 광대 무량한 낙원으로 인도하시고자 설하신 최초의 법문[원기 원년 5월]으로서 '인류의 생활은 개인·가정·사회·국가·세계가 서로 근본이 되어 불가분리의 관계 속에 이루어진 것'을 직시하시고 이에 광대 무량한 낙원을 건설하는[제생의세] 순서와 방법을 사실적으로 제시해 주신 묘방이다.

<수신·제가·치국·평천하의 사실적인 방법이요 제생의세의 현실적인 묘방이다>

1. 수신의 요법

1) 시대를 따라 학업에 종사하여 모든 학문을 준비할 것이요,
2) 정신을 수양하여 분수 지키는 데 안정을 얻을 것이며, 희·로·애·락의 경우를 당하여도 정의를 잃지 아니할 것이요,
3) 일과 이치를 연구하여 허위와 사실을 분석하며 시비와 이해를 바르게 판단할 것이요,
4) 응용할 때에 취사하는 주의심을 놓지 아니하고 지행(知行)을 같이 할 것이니라.

[의의]

1. 제생의세의 대업의 실현은 먼저 가정·사회·국가·세계 구성의 기

본요소인 개인의 완전한 구제에 있고 진리에 부합되는 완전하고 원만한 인격 양성에 있다고 보신 것 같다. <시대에 적응할 수 있고 시대를 향도할 수 있으며 진리에 어긋남이 없는 원만한 인격의 양성>

2. 개인은 가정·사회·국가·세계의 근본이요 핵이다. 고로 이 세상에 낙원을 건설하기로 하면 먼저 그 근본인 개인을 완전하게 해야 할 것이요, 그 개인을 완전하게 하기로 하면 다음의 조항을 다 같이 스스로 실행해야 한다.

※ 참고

가. 수신의 천하의 근본이다.

나. 욕득평천하자欲得平天下者는 선치기국先治其國하고 욕치기국자欲治其國者는 선제기가先齊其家하고 욕제기가자欲齊其家者는 선수기신先修其身하고 욕수기신자欲修其身者는 선정기심先正其心하라.[231)]

[각 조문 해의]

◎ 1조 시대의 학문을 준비할 일

231) 『대학』 1장. "고지욕명명덕어천하자古之欲明明德於天下者는 선치기국先治其國하고 욕치기국자欲治其國者는 선제기가先齊其家하고 욕제기가자欲齊其家者는 선수기신先修其身하고 욕수기신자欲修其身者는 선정기심先正其心하고 욕정기심자欲正其心者는 선성기의先誠其意하고 욕성기의자欲誠其意者는 선치기지先致其知하니 치지致知는 재격물在格物하니라."(옛날에 명덕을 천하에 밝히고자 하는 자는 먼저 그 나라를 다스리고, 그 나라를 다스리고자 하는 자는 먼저 그 집안을 가지런히 하고, 그 집안을 가지런히 하고자 하는 자는 먼저 그 몸을 닦고, 그 몸을 닦고자 하는 자는 먼저 그 마음을 바루고, 그 마음을 바루고자 하는 자는 먼저 그 뜻을 성실히 하고, 그 뜻을 성실히 하고자 하는 자는 먼저 그 앎을 지극히 하였으니, 앎을 지극히 함은 사물의 이치를 궁구함에 있다.)

[문제점]

1. 시대를 따라 학업에 종사해야 할 이유는? <진리적 근거와 사실적 이유>

1) 시시각각으로 변화하는 진리에 따라 모든 사상, 문화, 정치, 경제, 산업, 기술, 제도, 인심 등이 날로 새롭게 변화하게 되며, 인류의 역사와 새로운 생활에 적응하기로 하면 시대를 따라 모든 학문을 준비하지 않을 수 없는 것이다. <변화를 따라 학업에 종사하는 것은 변화하는 진리에의 순응이요 활용이다>

2) 시대적인 학업에 등한히 하게 되면 그 시대에 적응할 수 없고 그 시대를 향도할 수 없으며 그 시대의 인류를 교화할 수 없다.

3) 학업은 지식의 어머니요, 지식은 세상을 살아가는 눈이며, 그 시대의 학문과 지식은 그 시대의 사물을 이해하고 판단하는 기초가 된다.

4) 시대에 맞는 학문이라야 생활 능력이 생긴다. 고로 시대를 따라 학업에 종사하지 않는 것은 진리의 역행이요 스스로의 낙후성을 면치 못하며 역사의 퇴보를 자초하는 것이다.

2. 시대를 따라 준비해야 할 학문의 종류와 그 표준은?

1) 종류

<과학>

가) 사회과학[인문과학] 부문 : 정치, 경제, 법률, 교육, 문화, 제도.

나) 자연과학[생활과학] 부문 : 기술, 생활 ….

<의·식·주의 생활 향상에 관한 학문>

<도학>

가) 종교 부문 : 그 시대의 모든 종교. 예) 기성종교와 신종교

나) 사상 부문 : 그 시대의 모든 사상, 철학. 예) 공산주의, 실용주

의, 실존주의 ….

<정신생활의 향상에 관한 학문>

2) 표준

가) 그 시대 그 사회의 고등교육 정도. <그 시대의 대학생 수준>

나) 각자의 전공분야는 걸림 없어야 할 것이요, 일반교양과 상식은 누구와도 대화가 통할 수 있어야 한다.

<특히 시대적인 용어는 바로 바로 배워두는 것이 좋다>

3. 시대의 학문을 준비할 수 있는 길은?

1) 일정한 교육기관에서 소정의 교육을 받는 길.

2) 소정의 고등교육을 받았을지라도 그것을 기초로 하여 새로운 지식과 학문에 계속적인 배움이 있어야 한다.

※ 참고

가) 일일신 우일신日日新 又日新[232], 온고이지신溫故而知新[233]

나) 현재는 대학을 나왔을지라도 계속적인 학문의 수습이 없으면 10년, 20년 후에는 시대에 맞지 않는 인격과 생활이 되고 만다.

비록 대학의 과정은 못 마쳤을지라도 끊임없는 노력으로 계

---

232) 『대학』에 나오는 말. "탕지반명湯之盤銘에 왈曰 구일신苟日新이어든 일일신日日新하고 우일신又日新이라 하며, 강고康誥에 왈曰 작신민作新民이라 하며, 시왈詩曰 주수구방周雖舊邦이나 기명유신其命維新이라 하니, 시고是故로 군자君子는 무소불용기극無所不用其極이니라."(탕왕의 반명에 말하기를 "진실로 날로 새로워지려면 나날이 새로워지고 또 날로 새롭게 하라." 했고, 강고에서는 "새로이 백성을 만드셨다." 했으며, 시에서는 말하기를 "주 비록 오랜 나라이나 그 명은 새롭기만 하다."고 했으니 이러므로 군자는 그 극을 쓰지 않는 바가 없는 것이다.)

233) 『논어』에 나오는 말. 위정편에 "자왈子曰 온고이지신溫故而知新이면 가이위사의可以爲師矣니라."(공자가 말씀하셨다. 옛 것을 연구하여 새로운 것을 알아내면 남의 스승이 될 수 있다.)
『중용』 27장에도 군자의 덕목으로 온고이지신溫故而知新을 들고 있다.

속 배우게 되면 언제나 시대에 뒤지지 않는 인격을 갖추며 생활을 하게 될 것이다.

3) 그 시대의 교양지[월간 잡지]나 신문, 라디오를 통해서 배워진다.

4) 아만심, 자존심, 자기 주견, 고집을 놓고 미상未詳한 것, 새로운 것은 늘 묻고 배우자.

◎ **2조 분수와 정의를 지킬 수 있는 수양력을 기를 일.**

<정신을 수양하여 마음의 안정을 얻을 일>

[문제점]

1. 분수 지키는데 안정을 얻는다는 뜻과 그 방법은?

1) 분수에 안정을 얻는다는 것은 정신·육신·물질 간에 모든 생활이 현재의 능력과 입장과 형편을 잘 알아서 헛된 욕심을 부리지 않고 현실에 만족하며, 현실에 따라서 가능한 한 미래를 개척함으로써 양양한 희망 속에 그 마음이 언제나 편안하고 그 생활이 항상 향상을 보게 되는 것이라 하겠다.

2) 그 방법은 불생불멸의 도와 인과보응의 진리를 믿고 깨달아서 언제나 본래의 자기를 지키며, 현재의 생활은 전생과 이생에 스스로 지은 결과임을 알아 달게 받고 부지런히 개척하는 정신을 세워야 할 것이다.

※ 가) 천지와도 바꿀 수 없는 본래의 자기를 철견徹見하여야 한다.

나) 틈만 나면 염불, 좌선, 심고, 기도, 주송, 허심 등으로 본래 자기를 기르며, 일체의 유有가 본래 공한 것을 자각하자.

다) 현재의 자기를 잘 알아서 현실에 충실한 생활을 하자.

라) 천만 가지 욕심 경계가 유혹할지라도 자기를 잃지 않는 생활

을 하자.

2. 희·로·애·락의 경우를 당하여도 정의正義를 잃지 않는다는 뜻과 그 방법은?

1) 희·로·애·락·애·오·구(욕)喜怒哀樂愛惡懼(慾)의 모든 감정이 일어날 수 있는 경계를 대하거나 그와 같은 감정이 일어날지라도 그 감정에 끌려 순연한 근본정신[본심]이 흐려지거나 인도의 대의[사람의 도리]를 망각하는 등 육근 작용이 잠시라도 진리에 어긋남이 없어야 한다는 것이다.

정의正義 : 본심이 흔들리지 않고 대의와 도리를 잃지 않는 것.

2) 감정으로 인해서 원만구족하고 지공무사한 각자의 본심을 잃거나 대인접물 할 때 그 본성에 어긋남이 없는 것을 말한다.

3) 그 방법은

가) 정서의 순화와 감정의 조화에 노력할 것. <모든 일에 깊은 정을 두지 말라>

※ 약어전처불류정若於轉處不留情 번흥영처나가정繁興永處那伽定[234]

나) 자기 책임에 충실하며 책임 이외의 일에 지나친 신경을 쓰지 말 일.

※ 외단번연外斷煩緣 부동무관지사不動無關之事 내보자성內保自性 면면자임지사勉勉自任之事[235]

다) 틈만 있으면 염불, 좌선, 주송 등으로 일심과 순연한 근본정신을 기를 일.

---

234) 『육조단경』에 나오는 말. 만약에 구르는 곳에 정을 머물지 않는다면 복잡다단한 곳에서도 길이 원만한 선정에 살리로다.

235) 밖으로 번거로운 인연을 끊어서 나와 상관없는 일에 동하지 말 것이며, 안으로 자성을 잘 보림하고 자신이 맡은 일에 힘써야 한다.

라) 자기 힘에 버거운 일을 억지로 말 일.

안으로는 자성에 반조하여 불리자성하고 밖으로는 은혜를 발견하여 보은에 노력하며 응용 무념하자.

◎ 3조 허위와 사실을 분석하고 시비와 이해를 바르게 판단할 연구력을 기를 일.

<사리를 연구하여 이치의 대소 유무와 일의 시비 이해를 밝힐 일>

[문제점]

1. 허위와 사실이란 무엇이며 그것을 분석하는 방법은?

1) 허위란 거짓이니, 불합리, 비진리성, 허망한 일, 요망스러운 일, 인과에 어긋나는 일, 대소 유무의 이치에 맞지 않는 일이요,

2) 사실이란 실지로 있는 일인 합리적인 일, 진리성이 있는 일, 실다운 일, 당연한 일, 인과에 맞는 일, 대소 유무의 이치에 맞는 일이라 하겠다.

3) 분석하는 방법은 사리 연구를 많이 하여 진리와 사실에 걸림 없는 공부를 하는 것이다.

<대소 유무에 걸림 없는 공부를 하자>

예를 들어 보면 어떠한 사물을 대할 때

가) 대소 유무의 이치에 맞는가 안 맞는가를 생각해보라.

대는 전체이니 전체에 어긋남이 없는가? 소는 부분이니 부분에 모순이 없는가? 유무는 변화이니 인과에 어긋나는 점은 없고 상극되는 점은 없는가? 어느 한 부분에는 좋으나 전체에 어긋나는 점이 있으면 전체의 입장에서는 허위가 되고, 목전의 일로는 좋은 것 같으나 상극으로 변화하는 것은 장래

의 입장에서 보면 허위가 되고 만다.

나) 합리적인가 비합리적인가? 윤리에 모순이 없는가? 경위에 어긋남이 없는가? 천리와 인간의 도리에 맞는가 안 맞는가?

다) 실지로 있었는가, 거짓 꾸밈인가를 늘 대조하고 살펴보면 바로 분석될 것이다.

2. 시비 이해란 무엇이며 그것을 판단하는 방법은?

1) 시비란 객관적인 가치판단의 기준으로서 대소 유무의 이치에 맞는 것은 시是요 맞지 않는 것은 비非다. <합리적인 것은 시요 불합리한 것은 비다>

2) 이해란 주관적인 가치 판단의 기준으로서 직접 간접으로 나에게 이득이 있는 일은 이利요 손해가 있는 일은 해害다.

3) 판단의 방법은 사리 연구를 많이 하여 시비 이해[사물]에 걸림 없는 공부를 하자. 그 표준을 들어보면 일반적으로

가) 전체에도 부분에도 모순이 없고 인과적으로도 어긋남이 없으며 상극이 없겠는가?

나) 중생의 생활에 있어서는 어떤 일에나 상대적으로 이해와 시비는 따르는 것이요 모든 일에는 주종과 본말이 있는 것이니, 어느 것을 택할 것인가?

다) 만사가 처지와 형편에 따라 선후가 있는 것이니 그 선후가 어떠한가를 늘 대조하고 살펴보면 바른 판단이 나올 것이다. 여기서 한 가지 유의할 점은 그일 그 일을 원만하고 바르게 판단하는 동시에 그 일에 관여하는 사람들의 마음을 어떻게 쓰게 하느냐에 따라서 판단과 취사가 원만하게 또는 편협하게 또는 불평으로 또는 합력으로 진행되어 선·불선의 결과가 결정되는 것이다. 고로 그 일만 바루기에 앞서 그 마음을 잘

쓰게 하는 것이 더욱 중요하다.

◎ 4조 지행을 같이 할 수 있는 취사력을 기를 일

<작업 취사를 바르게 하여 지행을 같이 할 일>

[문제점]

1. 응용할 때 취사하는 주의심이란 무슨 뜻이며 그 방법과 표준은?

1) 응용이란 경계에 대하여 육근을 사용하는 것이요, 취사란 정의는 취하고 불의는 사捨함을 말하며, 주의심이란 대중심을 말하는 바 어떤 표준[정의는 취取하고 불의는 사捨하는 표준]에 의해 생각 있게 취사하는 것을 말하는 것 같다.

2) 그 방법은 작업 취사 공부를 잘하는 것인바

가) 경계를 대할 때마다 온전한 생각으로 취사하는 것이요,

나) 정의는 죽기로써 실행하고 불의는 죽기로써 행치 않는 것이며,

다) 법대로[사의師意] 본원本願대로 한편에 치우침이 없이 원만하게 하리라는 신념이 있어야 할 것이다.

3) 표준은 지행을 같이 하는데 둘 것이요, 교전의 정신에 탈선됨이 없도록 세우자.

2. 지행이 같이 되지 않는 원인과 같이 할 수 있는 방법은?

1) 지행합일이 되지 않는 원인은?

가) 습관에 끌려서.

나) 욕심과 애착 때문에.

다) 공부의 표준을 아는 데만 치중해 세웠기 때문에.

2) 지행합일의 방법은 인격의 표준을 실행면에 더 두고 한 가지를 알면 반드시 한 가지를 실행하는데 노력하자. <지행합일에 표준

을 두고 적공하자>

※ 가) 언행일치 : 언고행言顧行 행고언行顧言[236)]

지행합일 : 지고행知顧行 행고지行顧知[237)]

나) 문일지십다반재聞一知十茶飯才나 지십행일희견사知十行一稀見士.[238)]

다) 극기의 방법은?

① 감정과 습관을 이기자. ② 욕심을 이기자.

③ 지식을 이기자.

◎ 결어

수신 { ① 마음에 거짓이 없는 진심眞心 / ② 도학과 과학을 갖춘 지인智人 / ④ 세상에 유용한 덕인德人 } 신구新舊를 겸한 원만한 인격자 (마음개조 →인간개조)

---

236) 말은 행동을 돌아보고 행동은 말을 돌아본다. 『중용』에 "군자지도사君子之道四에 구미능일언丘未能一焉이로니 소구호자所求乎子로 이사부以事父를 미능야未能也하며 소구호신所求乎臣으로 이사군以事君을 미능야未能也하며 소구호제所求乎弟로 이사형以事兄을 미능야未能也하며 소구붕우所求朋友로 선시지先施之를 미능야未能也로니 용덕지행庸德之行하며 용언지근庸言之謹하야 유소부족有所不足이어든 불감불면不敢不勉하며 유여有餘어든 불감진不敢盡하야 언고행言顧行하며 행고언行顧言이니 군자호불조조이君子胡不慥慥爾리오."(군자의 도는 네 가지가 있는데 나는 아직까지 한 가지도 완성하지 못하였다. 자식에게 바라는 것으로써 부모를 섬기지 못하였으며, 신하에게 바라는 것으로써 군주를 섬기지 못하였으며, 아우에게 바라는 것으로써 형을 섬기지 못하였으며, 친구에게 바라는 것을 내가 먼저 베풀지 못하였다. 평상시에 해야 할 덕행을 진력하여 실천하고, 평상시에 하는 말들을 조심하고, 만일 부족한 곳이 있으면 감히 노력하지 않을 수 없고, 필요 없는 말들은 감히 하지 않는다. 말을 할 때는 반드시 실천할 수 있는가를 생각하고 일을 할 때는 이미 한 말을 생각해야 하는데 군자가 어떻게 독실하게 노력하여 실천하지 않을 수 있겠는가.)

237) 아는 것이 있을 때는 행동을 돌아보아야 하고 행동을 할 때는 아는 것을 돌아보아야 한다.

238) 한 가지를 듣고 열 가지 일을 아는 것은 흔히 있는 일이나 열 가지를 알지만 한 가지라도 실행하는 사람을 보기는 어렵다.

2. 제가의 요법

1) 실업과 의·식·주를 완전히 하고 매일 수입 지출을 대조하여 근검저축하기를 주장할 것이요,
2) 호주는 견문과 학업을 잊어버리지 아니하며, 자녀의 교육을 잊어버리지 아니하며, 상봉하솔의 책임을 잊어버리지 아니할 것이요,
3) 가권(家眷)이 서로 화목하며, 의견 교환하기를 주의할 것이요,
4) 내면으로 심리 밝혀주는 도덕의 사우(師友)가 있으며, 외면으로 규칙 밝혀주는 정치에 복종하여야 할 것이요,
5) 과거와 현재의 모든 가정이 어떠한 희망과 어떠한 방법으로 안락한 가정이 되었으며, 실패한 가정이 되었는가 참조하기를 주의할 것이니라.

[의의]

1. 한 가정은 곧 작은 나라인 동시에 큰 나라의 근본이다. <『대종경』 인도품 42장> 그러므로 국가를 축소하면 가정이요, 가정을 확대하면 국가인바 여기서 밝힌 제가의 요법은 가정의 안정과 복지향상뿐 아니라 국가의 안정과 복지향상으로 확대하여 아울러 생각하고 활용하자.
2. 가정은 생민生民의 터전이요 만복의 근원이며 국가의 기초가 된다. 국가를 다스리고 생민을 구제하고자 할 때는 먼저 가정의 안정과 국민복지 향상의 길이 있어야 한다.
3. 가정은 사회·국가·세계의 기초이므로 세상에 낙원을 건설하기로

하면 각 개인의 수신과 더불어 가정과 국가를 다스리고 가권과 국민이 실행할 법도와 도리가 있는 것이니 이 제가의 요법이 곧 그것이다. 고로 다음 조항을 가정 가정과 나라 나라에서 다 같이 실행하여야 할 것이다.

※ 참조 : 『대종경』 인도품 41, 42, 43장.

[각 조문 해의]

◎ 1조 완전한 직업으로 의·식·주를 안정하고 수지 대조와 근검저축으로 생활을 향상할 일.

<완전한 직업으로 수지를 대조하여 근검저축 생활을 할 일>

[문제점]

1. 실업과 의·식·주를 완전히 한다는 것은 무슨 뜻이며, 그 구체적인 방법은 어떠한가?

1) 안심하고 일할 수 있는 직업을 갖는 것이니 요행성, 비생산성, 부당성, 폭리성, 의타성 등이 없는 건전하고 충실한 직업을 갖고 최저한最低限 불편이 없는 의·식·주의 생활을 하는 것이요,

2) 그 방법과 표준은

가) 가정마다 사·농·공·상 간 일정한 직업[원업과 부업]을 가짐은 물론 놀고먹는 가족이 없도록 개성과 시대에 맞는 기술을 습득해야 할 것이다.

나) 시대에 맞고 생활에 편리한 의·식·주를 향유하되 허영이나 외화에 치우치지 말고 실질적이고 분수에 넘침이 없는 생활로 표준을 잡아야 할 것이요, 철학과 예술이 깃들게 하여 인간성이 병들지 않도록 유의해야 할 것이다.

2. 매일 수입과 지출을 대조하여 근검저축하기를 주장하라는 의도와 그 방법은?

1) 수입 없이 지출만 하거나 수입은 적고 지출이 많게 되면 그 생활을 지속할 수 없게 될 것이요, 수입은 늘리고 지출을 줄이게 되면 그 생활은 여유가 있게 된다. 고로 부지런히 일하여 수입을 늘리고 검박한 생활로 지출을 줄여서 언제나 저축하는 생활이 되어 길이 풍부하게 살자는 것이다.

2) 그 방법은?

가) 계획성 있는 생활로 그날그날의 수입과 지출을 분명하게 기재하여 대조하는 습관을 들이자. <당일 시산試算 원칙을 확립하자>

나) 계획에 없던 일은 예비비의 한도 내에서 할 것이요, 다른 목적 사업의 예산을 함부로 남용하거나 유용하지 말자.

다) 어떤 일이나 수지가 맞지 않는 사업은 변경할 수 있는 용단력이 있어야 한다.<명분, 대의, 다른 측면과의 관계, 실리 등을 참고할 일>

라) 사업계획을 세우는 데는 장기계획과 단기계획을 세워 수지를 대조하되 현실에만 급급하지 말고 그 사업의 전망과 날로 변하는 물가지수 등을 잘 감안하여 착오가 없게 할 것이다.

① 수익성이 있는 지출에까지 인색해서는 안 될 것이요, 정당한 지출은 아끼지 말고, 무용한 낭비는 단단히 방지할 것이다.

② 현실적인 수지도 맞추는 동시에 영원히 잘살 수 있는 진리적인 수지도 대조해야 할 것이니, 특히 힘 미치는 대로 복짓는 일에 게으르거나 인색하지 말자.

3. 이 조문을 국가에 확대 활용하려면?

1) 국민 개직皆職[개기皆技]의 보장.[239]

2) 계획성 있는 사업추진..

◎ 2조 호주와 윗사람은 견문과 학업을 잊지 말고 자녀 및 아랫사람의 교육과 상봉하솔의 책임을 다할 일.

<윗사람은 견문과 학업을 잊지 말고 지행을 같이 하며 상봉하교의 도를 지킬 일>

[문제점]

1. 호주는 견문과 학업을 잊지 말라고 하신 의도와 그 방법은?

1) 견문과 학업이 없으면 생각이 단촉하고 정신과 육신생활에 향상이 없을 것이다. 더욱이 호주와 상사上士는 지도자의 위치인바 지도인이 견문과 상식과 학업이 없으면 문명이 발전할 수 없고 지도인의 자격이 없게 되기 때문이다.

2) 그 방법은?

가) 널리 묻고 배우자.

나) 건성으로 살지 말고 보고 듣는 것을 까닭 있게 생각하며 무엇에서든지 무엇인가 배우고 깨우치는 정신을 갖자.

다) 보고 듣는 대로 원하는 바에 대조하여 연마하기를 주의하자.

---

239) 국민 모두가 건전한 직장과 한 가지 이상의 기술을 가져야 한다는 뜻.
대산 종사께서는 세계평화 사대운동으로 1. 인류개진운동人類皆眞運動[참을 길러서 오늘도 참되게 살자.] 2. 인류개기운동人類皆技運動[자력을 길러서 오늘도 내 힘으로 살자.] 3. 인류개선운동人類皆禪運動[대선정大禪定에 들어 오늘도 선심禪心으로 살자.] 4. 인류보본운동人類報本運動[은혜를 알아서 오늘도 보은하며 살자.]을 밝힌 바 있다.

라) 여가 있는 대로 독서, 신문, 라디오 등을 활용하자. <독서는 스스로 하는 일에 관계있는 것을 하는 것이 좋다>

① 학생은 학업에 관계있거나 진리탐구에 관계있는 것.

② 농부는 농업에 관계있거나 수신修身에 관계있는 것.

2. 자녀 교육을 잊지 말라고 하신 의도와 그 방법은?

1) 제2세는 미래 세상의 주역이니 2세의 교육에 정성을 들이지 아니하면 가정과 국가는 퇴보를 면치 못한다.

2) 선진이 후진을, 상사가 부하를 가르치는데 소홀히 하게 되면 사회의 발전을 기할 수 없고 그 사업을 효율적으로 추진할 수 없다.

3) 그 방법은?

가) 호주는 가정교육과 학교교육에 특별한 관심과 노력이 있어야 하고,

나) 상사는 도의道義교육과 기술교육에 직접 간접으로 노력해야 한다.

다) 국가와 개인이 다 같이 의무교육과 의무 장학으로 노력해야 한다.

※ 참조 : 사요四要의 타자녀 교육

3. 상봉하솔의 책임을 잊지 말라고 하신 의도와 그 방법은?

1) 선조와 부모가 없으면 이 몸과 이 가업을 받을 수 없고, 자녀와 후손이 없으면 가정과 사업을 길이 유전할 수 없으며, 또한 선진과 상사가 없으면 사회 국가의 근원이 서지 못하고, 후진과 부하가 없으면 모든 사업을 유전할 수 없는 것이다. 그뿐만 아니라 가정·사회·국가는 반드시 선진 후진이 한데 어울려 그 자리 그 자리에서 각자의 도리와 구실을 다함으로써 질서를 유지하게 되고 발전을 기하는 것이다. 고로 호주는 물론 그 사회 국가의 주

인 된 이는 상봉하솔을 의무와 책임으로 알지 않을 수 없다.

2) 그 방법은 천만 가지 길이 있겠으나 요약하면,

가) <경敬> 상봉上奉은 웃어른을 받들어 어른의 구실을 다 하실 수 있도록 해드리는 일이니 공경이 그 기본자세가 될 것이요, 정신·육신·물질로 그 심신과 생활을 편안히 해드리는 일이다.

정신 – 심지안락 – 심지의 안락

육신 – 건강하게 } 육체의 봉양

물질 – 부족 없이 쓰실 수 있게

나) <애愛> 하솔下率은 아랫사람을 거느려 아랫사람의 구실을 다 할 수 있도록 해주는 일이니 자애가 그 기본자세가 될 것이요, 정신·육신·물질로 그 심신과 생활을 편안하고 건전하게 해주는 일이다.

정신 – 희망과 포부를 갖게 하고 – 도의道義 교육

육신 – 건강하게 } 생활生活 교육

물질 – 자립할 수 있도록

① 잘난 자녀는 못난 부모를 잘 모시고 받드는 것이요, 잘난 후진은 못난 선진을 잘 받들고 보충해서 모시는 것이다. <상봉>

② 잘난 부모는 부모보다 나은 자녀를 많이 낳아 기르신 분이요, 잘난 선진은 나보다 나은 후진을 많이 맞아 기르신 분이며, 훌륭한 스승은 자기보다 나은 제자를 많이 두신 분이다. <하솔>

4. 과거의 호주 및 상사의 상像과 여기서 밝힌 호주와 상사의 상을 비교해서 설명하라.

1) 과거에는 호주 상속과 군주 상속이 세습제도였고 권세와 형식이 위주였기 때문에 호주와 군주의 능력과 역량이 없을지라도 그 자리를 그대로 지키다가 마침내 그 가정 그 국가는 패망을 초래

하였다.

2) 여기서 말하는 호주는 민법상의 호주만을 뜻하는 것이 아니라 가정이나 단체나 국가의 책임자를 말하는바, 세습적이건 선출選出이건 일단 그 책임을 부여받았으면 스스로의 능력과 역량을 배양하여 의무와 책임을 다하게 하는데 그 요지가 있다.

3) 주인 된 이의 할 일은?

가) 스스로 배우고 익혀 능력을 기르고,

나) 자녀와 후진의 교육에 정성을 다하며,

다) 상봉하솔의 책임을 다하여야 한다는 것이다.

◎ 3조 가권과 국민이 서로 화목하며 의견교환하기를 주의할 일.

<서로 화목을 위주하고 의견교환을 놓지 말 일>

[문제점]

1. 가권과 국민이 서로 화목하려면?

1) 서로 세정을 이해하고 상대편의 의견을 존중하자.

2) 각자의 책임을 다하며 일은 앞서 하고 공은 겸양하는 양보의 표준을 세우자.

3) 서로 은혜를 발견하여 감사함을 느끼고 예의를 잃지 말자.

4) 경제의 안정과 웃음이 샘솟게 하자.

5) 서로 장점을 발견하고 스스로의 부족을 찾자.

6) 원 없는 일을 억지로 권하지 말고 남의 뜻을 잘 받아주자.

이같이 하면 화락한 가정[천당], 평화로운 국가[천국]가 이루어 질 것이다.

2. 가권과 국민이 의견교환을 잘하려면?

1) 석반 후 가권이 한 자리에 모여 신앙 수행 생활에 대한 자기반성과 상호반성을 하는 동시에 좋은 의견을 교환하는 가도家道를 확립하자. <상시응용주의 6조>
2) 국가에서는 언론을 발달시켜 각계각층의 의견을 기탄없이 교환할 수 있게 하자.
3) 일원주의와 민주주의의 사상이 철저하게 수립되고 공화제도의 체제가 확립되어야 한다. 공화제도란 같이 생각하고 같이 의논하고 같이 일하고 같이 걱정하고 같이 즐길 수 있는 원만한 제도다.
4) 원만구족한 진리를 알아서 자기 생각만이 가장 옳다고 고집하지 말자. 다른 사람의 생각도 일고一顧의 가치가 있음을 알자.

이와 같이 하면 중지衆智가 계발되고 중지가 종합되어 모든 일이 원만하게 추진 처리되고 공화제도의 가정과 민주주의가 실현된다.
<전반氈盤세계의 기초 작업>
<민주 공화제도의 실현으로 원만한 가정, 원만한 국가가 이룩된다>

3. 한 사람의 천재天才는 백 사람의 둔재보다 낫다는 말과 같이 천재적인 역량이 있는 분도 여러 사람의 의견을 들을 필요가 있을까?

1) 참으로 큰 천재는 여러 사람의 의견과 재주를 잘 듣는데 있다.
2) 무슨 일이나 여러 사람의 의견을 잘 들어야 그 일이 참으로 원만하게 구상되어 허점이 없게 된다.
사람은 누구나 각자의 입장에서 생각하게 되고, 그 입장에서 생각하는 것은 누구보다 투철하게 열리기 때문이다.
3) 사람은 자기가 알고 있지 않는 일에 대해서는 깊이 생각하지 않고 그때 느낀 대로 생각나는 대로 말하게 되고, 또는 대개의 경우 이성보다 감성이 앞서기 때문에 자기 모르게 한 일에 대해서는 의식적으로 합력을 회피하는 경우가 많다. 고로 전체가 합력

해야 할 일은 전체가 알고 있는 것이 중요하고, 전체가 알아서 전체의 합력을 얻기로 하면 의견교환이 가장 중요하다.

4) 그러므로 무슨 일이나 원만한 계획을 세우고 원만한 추진으로 완전한 결실을 얻고자 할 때는 회람공지回覽共知하고 널리 의견교환을 해야 할 것이다. <대종사님께서는 무슨 일이나 계획을 하실 때면 식당 임원, 산업부 임원에게까지 두루 의견을 물으셨다 한다>

4. 과거의 가정과 국가의 제도와 대종사님께서 염원하신 가정과 국가의 제도를 비교하여 설명하라.

1) 과거에는 주로 독재적인 제도로 호주나 군주의 일인 책임 하에 운영된 것이 보통이었다. 그에 따라 강제성이 많았고, 전제적이고 독단적인 정치가 되었고 불평과 원망도 많았다.

2) 대종사님께서 민주주의적인 체제와 공화제도의 운영으로 다 같이 자발적인 참여에 따라 스스로 주인이 되어 책임을 지게 하시고 합력으로 불평과 원망이 없이 살게 하신 것이다.

◎ 4조 안으로 도덕의 사우를 모시고 밖으로 규칙 밝혀주는 법률에 순응할 일

<도덕의 사우와 법에 복종할 일>

[문제점]

1. 도덕의 사우를 모시려면?

1) 전 가권全家眷이 다 같이 도명덕화하고 제생의세하는 종교를 신앙하자.

<가급적이면 가족의 신앙을 통일하는 것이 좋을 것이다>

2) 법 높으신 선지식을 늘 가까이 모시거나 또는 마음속에 늘 모시고 신앙 수행 등 마음공부 하는데 지도받자. <내 수행과 영생을 책임지고 지도해 주실만한 스승님과 동지>

가) 훈도薰陶[훈육薰育]. 나) 사사師事. 다) 사숙私淑 - 직접 가르침은 받지 않으나 은근히 법 받는 일.

※ 스승이 없으면 교만이 나오고 교만이 나오면 인생은 더 크지 못하며 신앙이 없으면 복잡다단한 인생사에 안정을 얻기 어렵고 방향을 잡기 어렵다.

※ 이처럼 살면 도의道義 가정과 도의 국가가 건설될 것이다.

※ 국교國敎와 국사國師 제도가 이루어질 것이다.

※ 정교동심.

2. 법률에 순응하려면?

1) 법률의 은혜를 알아 법률 보은의 도를 다할 일.

2) 권면하는 일에 순응하고 금지하는 조건을 잘 지키자. 이처럼 실행하면 법치주의가 실현되어 가정마다 법도 있는 가정이 건설될 것이요, 나라마다 법치국가가 건설되어 사회는 안녕질서가 유지되며 날로 크게 발전할 것이다.

◎ 5조 고금의 모든 가정과 국가가 어떤 희망과 방법으로 살았기에 흥망했는가를 참조할 일.

<고금의 흥망사興亡史를 거울할 일>

[문제점]

1. 일반적으로 흥왕한 가정은 어떤 희망과 방법으로 살았는가?

1) 이소성대의 정신.

2) 화합 단결의 생활.

3) 법도 있는 생활.[규모 있는 생활]

4) 근면 성실한 생활.

5) 신앙과 교육.

※ 수신의 요법과 제가의 요법을 그대로 실행하는 가정이다.

2. 여기서 말한 안락한 가정이란?

1) 정신·육신·물질 간에 불편과 부족이 없는 가정.

2) 의·식·주에 걱정이 없는 가정.

3) 흥왕한 가정, 성공한 가정을 말하는 것 같다.

3. 흥망한 가정의 실례를 몇 가지만 들어 주시오.

1) 흥한 가정과 국가

가) 신대박씨新垈朴氏 : 서울 부호의 소금지게 모신 사당의 이야기. 민주주의 방식으로 재건한 호주 이야기.

나) 이스라엘, 덴마크, 독일, 미국.

2) 망한 가정과 국가 : 조선 시대의 당쟁.

◎ 결어

제가 치국을 잘하게 되면

가정	① 상봉하교의 의무와 책임 ② 생산저축의 자립적 생활	자립생활 → 천당 건설
국가	① 국민개진國民皆眞의 교화훈련 ② 국민개기國民皆技의 부강운동	정교동심 → 천국 건설

※ 가정마다 천당을 건설하고 나라마다 천국을 건설하는 요도要道가 된다.

3. 강자 약자 진화상 요법

1) 강·약의 대지(大旨)를 들어 말하면 무슨 일을 물론하고 이기는 것은 강이요, 지는 것은 약이라, 강자는 약자로 인하여 강의 목적을 달하고 약자는 강자로 인하여 강을 얻는 고로 서로 의지하고 서로 바탕 하여 친불친이 있느니라.

2) 강자는 약자에게 강을 베풀 때에 자리이타 법을 써서 약자를 강자로 진화시키는 것이 영원한 강자가 되는 길이요, 약자는 강자를 선도자로 삼고 어떠한 천신만고가 있다 하여도 약자의 자리에서 강자의 자리에 이르기까지 진보하여 가는 것이 다시 없는 강자가 되는 길이니라. 강자가 강자 노릇을 할 때에 어찌하면 이 강이 영원한 강이 되고 어찌하면 이 강이 변하여 약이 되는 것인지 생각 없이 다만 자리타해에만 그치고 보면 아무리 강자라도 약자가 되고 마는 것이요, 약자는 강자되기 전에 어찌하면 약자가 변하여 강자가 되고 어찌하면 강자가 변하여 약자가 되는 것인지 생각 없이 다만 강자를 대항하기로만 하고 약자가 강자로 진화하는 이치를 찾지 못한다면 또한 영원한 약자가 되고 말 것이니라.

[의의]

1. 세상의 구성요소와 그 원리를 분석해 보면 표면에 나타난 인간을 중심으로 형식적인 면으로 생각할 때 개인·가정·사회·국가의 단위적인 요소로 분석해 볼 수 있고, 표면의 실질적인 힘[세력]을 중심하여 내용적인 면으로 생각할 때 강자와 약자의 상대적인 대립과

조화의 원리로 분류해 볼 수 있는바, 제생의세의 대업을 실현하는 데 있어 수신의 요법과 제가의 요법은 주로 구성요소들의 정화淨化와 발전에 중점을 두었다면 강약 진화상 요법은 원리의 선용善用에 중점을 두어 세계평화와 인류행복의 길을 밝혀주신 것 같다.

2. 그러므로 여기서는 개인과 개인에 있어서의 강약, 가정과 가정에 있어서의 강약, 사회와 사회에 있어서의 강약, 국가와 국가에 있어서의 강약의 관계와 그 진화요법을 다 같이 생각해야 할 것이다.
3. 개인·가정·사회·국가·세계가 다 함께 영원히 잘살기로 하면 강약 진화 요법을 실현하는 길이 가장 빠르고 원만한 길이 될 것이다. <세계평화와 전 인류의 행복을 끊임없이 향상시키는 요법이다>

※ **강약 진화란?**

1. 강자는 영원한 강자가 되고 약자는 그 강을 회복하여 영원한 강자가 되게 하는 것을 말한다.
2. 강자와 약자가 다 같이 잘살 수 있는 길로서 원만하고 영원한 방법으로 진리에 어긋남이 없는 길이다.

※ **과학계 특히 생물학에서[다윈의 학설] 말하는 진화론과는 전연 관계가 없는지요?**

생물학에서 말하는 진화론은 종의 기원과 생물의 진화과정을 설명하는 학설이요, 정전에서 말씀하신 진화의 요법은 일원상의 진리에 근거하여 전 인류의 영원한 복지향상과 세계의 평화를 도덕적으로 정치적으로 건설하게 하는 법이다. 즉 강약이 상부상조하여 서로 진화하면서 균등사회를 만드는 길이다. 고로 전연 관계가 없고 관계 지을 필요도 없는 것이니 그 개념을 혼동하지 않도록 주의할 것이다.

[각 조문 해의]

1. 강약의 의의와 그 관계.

[문제점]

1. 강약의 대지大旨를 설명하라.

세상의 구성을 상대적인 내용으로 볼 때 강과 약의 대립과 조화로 운행됨을 알 수 있는바 무슨 일이나 이기는 것은 강이요 지는 것은 약이라 한 것이다.

2. 강자는 약자로 인하여 강의 목적을 달한다는 것은?

1) 약자가 있기 때문에 강자가 있는 것이요, 또한 강자가 영원한 강을 유지할 수 있는 터전과 길이 있게 된다.

2) 약자가 없다면 그 강을 어디에 쓸 수 있겠는가? 고로 강자는 약자로 인하여 강의 목적을 달한다고 하신 것 같다.

3. 약자는 강자로 인하여 강을 얻는다는 것은?

1) 강자가 없으면 약자가 어디에서 그 강을 배우며 강자가 되려는 분발심이 나겠는가?

2) 강자는 약자로 하여금 강자되는 법을 직접 간접으로 일러주고 깨우쳐 주는 선도자가 되고 표본이 되어주는 것이다. 고로 약자는 강자로 인하여 강을 얻는다고 하신 것 같다.

4. 강약은 서로 의지하고 바탕이 되며 친·불친이 있다는 것은?

1) 서로 의지하고 바탕이 된 것은 문제 2번 3번과 같은 것이요,

2) 친·불친이 있다는 것은 강자와 약자 간에 친·불친이 있음을 말하는바 강약이 서로 교제할 때 이해관계와 마음작용 여하에 따라 서로 상생으로 영원히 친근하게 될 수도 있고 상극으로 영원히 원망하게 될 수도 있음을 말하는 것 같다. 즉,

가) 강자가 약자를 친자와 같이 여기고 잘 길러서 자기와 같은 강자를 만들면 약자는 강자를 부모같이 여기고 받들어 서로 화친하게 되고, 강자가 약자를 초개같이 여기고 착취의 대상으로 삼으면 약자는 강자를 원수같이 여기고 원망하여 서로 불친하게 된다.

나) 약자가 강자를 선도자로 삼아 부모 사장師長같이 여기고 배우면 강자는 약자를 아우와 자녀같이 알아 서로 화친하게 되고, 약자가 강자를 공연히 대항하기로만 하면 강자의 적이 되어 원수가 되고 만다.

2. 강약 진화의 방법.

[문제점]

1. 강자가 영원한 강자가 되는 길은?

음지가 양지가 되고 양지가 음지 되며, 성盛하면 쇠衰하고 쇠하면 성하며, 길하면 흉하고 흉하면 길하며, 화 뒤에 복이 오고 복 뒤에 화가 오는 순환 불궁의 이치와 인과보응되는 진리를 알아서 강자는 약자를 대할 때 반드시 자리이타 법을 써서 약자를 강자로 진화시키자.

2. 약자가 강자되는 길은?

스스로 약자임을 자각하는 동시에 약자 된 원인을 발견하고 끝까지 구하면 얻어지고 진심으로 원하면 이루어지고 정성껏 힘쓰면 되는 진리가 있으며 인과보응으로 순환 불궁되는 이치를 알아서 낙망하지 말고 강자를 선도자로 삼아 반드시 자리이타 법으로 꾸준히 노력하자. <쥐구멍에도 볕들 날이 있다>

3. 강자와 약자가 서로 자리이타 법을 쓰는 실례를 들어주시오.

1) 강자가 약자를 대할 경우

가) 스승[강자]이 제자를 가르칠 때 스스로 아는 것을 자만하거나 어린 제자를 멸시하는 일이 없이 오직 공부심으로 자신의 부족을 찾는 동시에 어떤 방법으로 지도하는 것이 가장 원만하게 지도할 수 있을 것인가를 생각하고 연구하면 자연 자리이타가 되는 것이요, 즉 제사가 있기 때문에 스스로 공부하게 되므로 자리이타가 되는 것이다.

나) 경상도 최 부자와 같이 천석千石을 고정해 놓고 모든 소작인들에게 유익을 주게 되면 소작인들이 지주의 매답買畓을 기원해주는 것이 곧 자리이타 법이다. 고로 약자와 교제할 때는 반드시 그 약자의 유익을 먼저 생각하고 다음 나의 이득을 생각하면 된다.

2) 약자가 강자를 대하는 경우

가) 제자가 스승을 대할 때 온갖 신성을 다하여 그 스승의 아는 것을 배우고 행하는 것을 그대로 배우는 동시에 그 스승의 뜻을 그대로 받들어 드리는 것은 곧 자리이타가 되는 것이다.

나) 부하가 상사에게 충성을 다하는 것은 타리他利요, 그 상사의 능력과 재주를 배우는 것은 자리自利이다.

예) 대종사님께서 일본 사람을 대하시던 일.

4. 강자가 약자로 변하는 원인은?

1) 순환 불궁하는 도와 강약이 변화되는 이치를 모르거나 강약 진화의 도를 모르고 다만 생각 없이 현재의 강을 남용만 하여 약자를 업신여기거나 자리타해에만 그치고 보면 약자의 원망을 사게 됨은 물론 스스로의 타락을 불러들이어 약자가 되고 만다.

2) 안일과 만족에 그치고 창조와 노력이 없으면 약자가 되고 만다.

5. 약자가 영원히 약자가 되어버리는 원인은?

강약이 변화되는 이치와 강약 진화의 도를 모르고 다만 생각 없이 현재의 생활에 만족하거나 또는 낙망하거나 공연히 강자를 대항만 하게 되면 강자의 미움과 멸시를 살 뿐 아니라 스스로 타락하여 영원히 약자가 되고 만다.

6. 만물은 곧 진리의 화현이요, 세상은 진리의 생동하는 모습이라 할 수 있다. 그런데 만물의 생활상을 보면 약자는 강자의 먹이[약육강식]가 되고 있으며 약자가 강자되기 위해서는 약자들이 단결하여 강자를 상대로 투쟁하고 있는 것이 불가피하고도 당연한 현실 같은데 그와 같은 현실을 원불교에서는 어떻게 생각하는가?

1) 선악 간 모든 행위가 마음의 화현이요, 심신 작용이 모두 성품의 생동하는 모습인 것 같이 만물은 곧 진리의 화현이요 세상만사가 진리의 작용 아님이 없다. 그러나 그 변화하는 심성의 작용이 선변善變 악변惡變이 있는 것 같이 진리의 작용 또한 상생, 상극의 변화가 있음을 먼저 알아야 할 것이다. 따라서

2) 약육강식이나 강약의 대립 투쟁은 상극의 변화로 길이 상충相衝과 투쟁鬪爭을 일으키게 된다. 고로 우리는 그와 같은 현실을 심히 걱정하고 한심스럽게 여기지 않을 수 없으며 그것을 예방하고 개선하기 위해서 강약 진화상 요법을 내놓으신 것 같다.

여기서 한 가지 유의할 점은 약자들이 단결하여 강자와 대립 투쟁하는 것은 걱정이 되는 바이나 강자들의 철없는 횡포를 방치함으로써 강자로 하여금 큰 죄를 짓지 않게 해주는 것은 대단히 좋은 일로 생각한다.

7. 강약이 서로 화합하여 각각 그 도를 다할 수 있는 길이란? <진리

적 근거와 그 방법>

일원의 절대 평등한 진리와 음양상승의 도를 따라 상생상극의 과보가 나타나는 인과보응의 진리를 믿고 깨달으며, 남이 없으면 내가 있을 수 없고 내가 없으면 남이 있을 수 없어서 세상은 강약이 서로 의지하고 바탕이 됨을 알아 거기에 근거하여

1) 강자는 약자를 대할 때 친자같이 하고 자녀와 아우같이 하며, 남이 궁할 때 더 도와주고 약할 때 더 보살펴 줄 것이요, 언제나 자리이타 법을 써서 자기와 같은 강자를 만들어 주는데 노력하자.

2) 약자는 강자를 대할 때 부모 사장같이 하고 선도자로 삼아서 묻고 배워 강자에 대한 보은에 노력하는 동시에 언제나 자리이타 법을 써야 할 것이다.

8. 약육강식과 사은의 은恩과의 관계는?

1) 사은은 만물 생존의 근본적인 상호관계를 말한 것이요, 약육강식은 그 관계되는 내용에 있어서 상생상극으로 변화하는 작용이 문제되는 것이다. 고로 사은은 죄복의 터전이 됨을 알아야 하며, 약육강식은 은의 관계로 생각하는 것보다 죄복 문제로 생각하는 것이 좋을 것이다.

2) 사은의 문제와 죄복의 문제는 그 차원이 다른 것이다.

◎ 결어

독자적인 노력	①선심수도善心修道 ②도명덕화道明德化	도덕세계道德世界	낙원세계 건설
상대적인 노력	①상부상조相扶相助 ②강약진화强弱進化	균평세계均平世界	

4. 지도인으로서 준비할 요법

1) 지도 받는 사람 이상의 지식을 가질 것이요,

2) 지도 받는 사람에게 신용을 잃지 말 것이요,

3) 지도 받는 사람에게 사리(私利)를 취하지 말 것이요,

4) 일을 당할 때마다 지행을 대조할 것이니라.

[의의]

1. 제생의세의 대업을 실현하기로 하면 개인 스스로를 개조하여 인간을 구제하며 가정과 국가를 정화하고 국리민복國利民福을 증진시키며 전 인류가 다 같이 마음 놓고 살 수 있는 균등사회와 도덕세계를 건설할 수 있는 법이 있어야 하는데 그 법이 있을지라도 그 법을 실현하고 그 법으로 훈련시키며 지도하는 지도자가 없다면 활발하게 추진되지 않을 뿐 아니라 탁상공론으로 화할 수 있다.
2. 윗물이 맑아야 아랫물이 맑은 것 같이 가정·사회·국가·세계를 정화하기로 하면 그 지도층의 정신과 능력이 문제가 되는 것이다.
3. 가정·사회·국가·세계의 실질적인 운영에는 구성원 하나하나의 자질과 능력과 합력이 중요한 것이지마는 그 가정·사회·국가·세계의 중심적인 인물의 정신 자질과 지도능력이 더욱 중요한 것이다. 고로 어느 곳 어느 시대를 물론하고 먼저 원만하고 역량 있는 지도자의 양성이 가장 시급한 것이다. 그러므로 제생의세의 대업을 실현하고 남의 지도인이 되고자 할 때는 누구나 다음의 조항을 다 같이 실행해야 할 것이다. <미래의 지도자상 : 지도인의 도道>

[각 조문 해의]

◎ 1. 지도받는 사람 이상의 지식을 갖출 일. <지식 지도知識指導>

[문제점]

1. 피지도자 이상의 지식을 갖추라고 하신 이유는?

1) 지식은 인생 행로에 있어서 눈이요, 모든 일을 처리하는 힘이다.

2) 알아야 지도할 수 있기 때문이다. 소경이 길을 인도할 수 없는 것 같이 그 길에 대해서 알지 못하고서는 그 길을 인도할 수 없는 것이다.

2. 여기서 말한 지식이란 그 표준과 내용이 어떠한가?

1) 넓게는 각 분야에 걸쳐 모든 지식을 다 말하는 것이요, 최소한 지도하는 분야에 있어서는 걸림 없는 지식을 말한다.

2) 그 내용은 이론적으로나 실천적으로 걸림 없는 지식을 말한다.

가) 종교의 지도자는 각 종교의 교지에 정통해야 할 것이요, 적어도 자기가 신앙하고 수행하는 종교의 교리에 대해서는 걸림 없는 지식을 갖추어야 지도의 자격이 있을 것이다.

나) 농업 지도자는 농사에 대한 이론적 실천적 지식을, 상업 지도자는 상업에 대한 이론과 실천의 지식을, 공업 지도자는 공업에 대한 이론과 실천의 지식을, 교사는 자기가 가르치는 과목은 무엇이나 걸림 없어야 학생들이 그 지도를 받는다.

3. 걸림 없는 지식을 갖추려면?

1) 많이 배우고 견문을 넓히며 생각하고 실천하여 깨쳐야 하고,

2) 많이 가르치고 경험하여 두루 걸림 없는 역량이 터져야 하며,

3) 지식을 활용하고 구사驅使하는데 요령이 있어야 한다. <글이나 말로 표현하는데 걸림이 없어야 한다>

4. 교역자로서 갖추어야 할 지식의 표준과 그 내용은?

1) 교리에 대한 지식 : 신앙과 수행에 대한 이론과 실천적 지식과 교서에 대한 정통.

2) 각 종교 교리에 대한 지식.

3) 시대적인 지식 : 시대 학문에 대한 지식.

4) 생활에 대한 지식 : 사회생활과 의·식·주 생활.

이상의 내용에 대해서는 언제나 선도적인 달관의 경지에 이르도록 해야 할 것이다.

◎ 2. 지도받는 이에게 신용을 잃지 말 일. <신용 지도信用指導>

1. 신용을 잃지 말라고 하신 이유는?

믿어지지 않으면 금언옥설도 받아들이지 않고, 확신이 되지 않으면 아무리 좋은 일도 따르지 않는 것이다. 고로 지도자는 지도받는 이에게 신용을 잃지 말라고 하신 것 같다.

2. 교역자로서 지켜야 할 신용의 표준과 그 내용은?

1) 서원과 신심에 어긋남이 없고 그에 의심받지 말 일. <대의명분에 대한 신용> <종명宗命과 공명公命에 대한 자세>

2) 재색명리에 의심받지 말 일. <수행에 대한 신용> <계문엄수>

3) 사소한 일이라도 언약을 어기지 말 일. <대인관계의 신용> <언약>

※ 교역자로서 2) 3)은 지킬지라도 1)을 지키지 못하면 가장 위험한 지도자가 되고 만다.

3. 신용을 잃지 아니하려면?

신용을 생명보다 소중하게 알아서

1) 영겁에 퇴전하지 아니할 서원과 신심을 기르자. <언제나 대의를

앞세우고 명분을 지키자>

2) 속 깊은 공부로 자신을 이기자. <양심을 속이지 말고 자신에게 신용을 잃지 말자>

3) 함부로 언약을 말자. <약속은 함부로 할 것이 아니요, 했거든 죽기로써 지킬 것이며 부득이 지킬 수 없는 경우에는 바로 물러버리자>

◎ 3. 지도받는 이에게 사리를 취하지 말 일. <공심 지도公心指導>

1. 사리私利란 무엇인가?

정당하고 공정하지 못한 사사로운 이득을 말하는바

1) 물욕이 앞을 서서 지도의 이념을 망각하고 혹세무민으로 기인취재欺人取財하거나 빙공영사憑公營私로 부당하게 물질적인 이득을 취하는 것이요,

2) 명예욕이 앞을 서서 대의를 망각하고 대중의 인심을 부당하게 집중시키거나 자기의 위신과 지위를 부당하게 확보하려는 것이요,

3) 지도자의 본분과 이념이 봉사에 있음을 망각하고 피지도자에게 현실적인 보수를 지나치게 요구하거나 자기 안분에 치우치는 것 등이다.

2. 사리를 취하지 말라고 하신 이유는?

1) 지도자의 본분은 오직 지도받는 이의 앞길과 이득을 위해서 정신·육신·물질로 봉사하는 것이며, 사회 전체의 복지와 공익을 위하여 개인과 대중을 지도하는 것이 그 본분이다.

2) 지도하는 이가 사사로운 이해에 눈이 가리면 올바른 지도를 할 수 없고 남의 전정을 그르치게 되면 사회 국가의 장래를 망치게 되는 것이다.

3) 지도받는 이에게 이해할 수 없고 납득할 수 없는 물심의 손해가 있게 되면 그 지도에 따르지 않는다.

가) 종교 지도자가 사리를 취하면 혹세무민하고 기인취재欺人取財하는 사교邪敎로 전락하게 되고,

나) 정치 지도자가 사리를 취하면 부정부패와 불신 혼란의 타락 정치로 끝나며,

다) 교육자가 사리를 취하면 원만하고 올바른 교육이 되지 못하며 편협한 교육으로 편벽된 성격이 길러지고 인간성이 매각昧却되는 결과가 될 것이다.

3. 아무런 대가를 바라는 바 없이 지도한 결과 개인적으로 어떤 사례 금품이 들어온 경우나 또는 교육자의 법정 봉급을 받는 경우나 또는 도덕을 갖추고 실력을 갖춤에 따라 구하지 아니하되 돌아오는 인심이나 명망 등은 어떠한가?

그런 경우는 사리를 취한 것이 아니다. 그러나 추호라도 사례를 바라거나 그 사례에 대하여 계교하거나 사량하는 일이 있어서는 안 될 것이다.

4. 사리를 취하지 아니하려면?

1) 성불제중과 제생의세의 서원 일념으로 살자.

2) 나는 사은의 공물이요, 선각先覺은 후학을 가르치는 것이 사회적인 의무인 동시에 인생의 가치가 거기에 있음을 알아서 오직 보은일념과 의무이행의 일념으로 살자.

3) 숙겁을 거래하면서 특별히 가까운 인연이 없는 것은 아니나 누구든지 전체 중의 일개체이기 때문에 전체와 상통하는 것이 당연한 도리임을 알아서 모든 인심은 공공연하게 돌릴 것이요, 인심의 귀취歸趣에 대하여 조금도 계교하지 말고 오직 스스로의 덕

만 갖출 뿐이니라.

◎ 4. 일을 당할 때마다 지행을 대조할 일. <실천 지도實踐指導>

1. 지도자로서 지행을 대조하라 하신 이유는?

1) 세상에서는 아는 것이라도 바로 실행할 수 없는 일이 많은 것이다. 스스로 실행하지 못한 일과 서로가 아직 실행할 수 없는 것을 가지고 지도하면 믿지 않고 실행할 의욕도 내지 못하며 결국 공론이 되고 만다.

2) 자기도 알지 못하면서 남을 가르치는 것은 소경이 길을 안내하는 것 같고 스스로도 행하지 못하면서 남에게 실행하도록 권하는 것은 앉은뱅이가 길을 인도하는 것 같다.

3) 원만하고 완전한 지도는 원만하고 완전한 인격에서 풍기는 감화라야 하고, 원만하고 완전한 인격은 지행을 겸전하는데 있다. <자비인정 무량법문 무언실천> 고로 지행을 대조하라 하신 것 같다.

※ 참고 : 석기이교인자역釋己而教人者逆 정기이화인자순正己而化人者順 역자난종逆者難從 순자이행順者易行 난종즉란難從則亂 이행즉리易行則理 여차如此 이신이가이국理身理家理國 가야可也. 『소서素書』[240)]

※ 참조 : 『대종경』 실시품 2장.

2. 일을 당할 때마다 지행을 대조하는 실례를 들어주시오.

1) 일을 하기 전에 그에 대해서 아는 것과 실행 정도를 챙겨 대조

---

240) 『소서』 6장. 내 몸을 놓고서 남을 가르치는 자는 거슬리고 자기 몸을 바루고서 남을 교화하는 자는 따르나니, 거슬리는 것은 따르기가 어렵고 따르는 것은 행하기 쉬운 것이다. 따르기 어려운즉 어지럽고 행하기 쉬운 즉 다스려지니 이와 같이 하면 자신을 다스리고 집을 다스리고 나라도 다스릴 수 있다.

하고,

2) 일을 하면서도 대조하며 일을 하고 나서도 반성하여 대조해 보는 것이요,

3) 일을 당할 때마다

가) 그 일을 한번이라도 실행해 본 적이 있는가?

나) 그 일에 대하여 알고 있는 정도와 실행하는 정도가 어떠한가?

다) 피지도자의 지능과 실행력 정도가 어떠한가?

라) 피지도자의 경험이 어떠한가를 늘 대조하고 스스로 지행이 겸전하게 하는 동시에 피지도자로 하여금 지행이 가능한 정도에서 지도 권면하는 것이 중요하다.

<실례實例>

1. 연령과 연조年調로 미루어 나는 그 나이 그 연조에 어떠했던가?
2. 환경으로 미루어 나는 그런 환경에 처하여 어떠했던가 하는 등 그 입장에 들어가서 생각해 보고 지도하는 것이 좋다. 즉,

① 경책할 경우라면 나는 그런 일이, 그런 마음이 한 번도 없었던가? <예수님과 창녀娼女의 벌罰>

② 좌선법을 이해하는 것과 좌선의 실지를 대조.

③ 삼학병진법과 삼학병진의 실경.

④ 신앙의 방법과 신앙생활의 실제.

⑤ 일원상의 진리와 실지 나의 심경과 생활.

⑥ 일원상 서원문과 일원의 위력을 얻고 체성에 합일한 경지와 그 체득의 경지.

⑦ 인과보응의 진리와 불생불멸의 도에 입각한 나의 생활 태도와 처사.

◎ 결어

1) 솔선수범의 지도
2) 지행합일의 교화
} 원만한 지도자 상

◎ 결론

1) 재생의세를 하기로 하면

   개인 개인의 수신
   가정 가정의 안정과 복지
   사회 국가의 안녕과 평화
   세계 인류의 강약 진화
   } 원만하고 완전한 지도자가 중요하다.

2) 최초법어는 인류의 헌장이다. <법문>

   가) 인류헌장 표어 : 솔성은 도로써 하고 인사는 덕으로써 한다.

   나) 교역자 표어 : 도道로써 세계를 밝히고 덕德으로써 창생을 건진다.

제14장 고락에 대한 법문

[대의]

1. 모든 인생 문제를 요약하면 고를 놓고 낙을 찾는 문제요, 온 인류에게 종교가 필요한 근본적인 조건이 여기에 있는 것이다. 그러므로 종교 문에서 고통을 해결하고 낙을 누릴 수 있는 길이 없다면 종교 본연의 임무를 다할 수 없는 것이다. 고로 이 장은 인생 문제를 해결하는 요긴한 길이요, 처방이다.
2. 인생 문제와 종교의 필요성 : 천태만상의 인생 문제를 요약하면 이고득락離苦得樂의 문제로 귀결한다. 그러기 때문에 삼세 제불제성이 다 같이 일체중생의 고통을 해소하고 낙 생활을 개척해 주시고자 모든 법을 내놓으셨다.
   1) 불타께서는 고의 원인과 그 해결 방법으로서 사제법문[고집멸도]을 설하여 고락을 초월한 극락 문을 개척해 주셨고,
   2) 노자께서는 고락이 원래 없는 무위법을 설하셨으며,
   3) 공자께서는 천하의 고통을 해소하시고자 수·제·치·평의 도를 열어 주시고,
   4) 예수님께서는 온 인류의 죄고를 대속代贖하시고자 십자가를 지셨으며,
   5) 대종사께서는 파란고해의 일체 생령을 광대 무량한 낙원으로 인도하시고자 교문을 여시었다.
3. 대종사께서 대각을 이루시고 모든 사람들의 생활을 보시니 죄고에 신음하지 않는 자가 거의 없기 때문에 이 장은 특히 일체중생이 느끼는 고락의 양상과 고락의 원인을 밝혀 누구든지 영원한 낙 생활을 할 수 있도록 그 방법을 제시해 주신 법문이다.

※ 참고 : 불교의 삼대목적 – 이고득락離苦得樂, 전미개오轉迷開悟, 지악수선止惡修善.[241]

1. 고락의 설명

대범, 사람이 세상에 나면 싫어하는 것과 좋아하는 것 두 가지가 있으니, 하나는 괴로운 고요 둘은 즐거운 낙이라, 고에도 우연한 고가 있고 사람이 지어서 받는 고가 있으며, 낙에도 우연한 낙이 있고 사람이 지어서 받는 낙이 있는바, 고는 사람사람이 다 싫어하고 낙은 사람사람이 다 좋아하느니라. 그러나 고락의 원인을 생각하여 보는 사람은 적은지라, 이 고가 영원한 고가 될는지 고가 변하여 낙이 될는지 낙이라도 영원한 낙이 될는지 낙이 변하여 고가 될는지 생각 없이 살지마는 우리는 정당한 고락과 부정당한 고락을 자상히 알아서 정당한 고락으로 무궁한 세월을 한결같이 지내며, 부정당한 고락은 영원히 오지 아니하도록 행·주·좌·와·어·묵·동·정 간에 응용하는 데 온전한 생각으로 취사하기를 주의할 것이니라.

[문제점]

1. 우연한 고락이란?

1) 생각하지 않았던 고와 낙으로서 현실적으로 그 원인을 알 수 없는 고락을 말하는바

---

241) 괴로움을 벗어나 즐거움을 얻고, 어리석음을 벗어나 깨달음을 얻으며, 악행을 멈추고 선행을 닦는 것.

가) 전생에 지은 것은 그 원인을 알기가 어렵고,

나) 무심으로 지은 것은 그 원인을 스스로 알기 어려운 것이다. 그러나 알고 보면 짓지 않고 받는 고락은 없는 것이다.

2) 예를 들어 횡액 횡재 등이 모두 우연한 고락에 속한다.

2. 짓지 않고 받는 고락이 없다면 우연한 고락이 있다고 하신 것은 잘못된 표현이 아닐까요?

우연이란 인식할 수 없는 필연으로서 그 소이연所以然을 알 수 없이 불시에 그렇게 되는 일을 말하는 것이요, 그 원인이 없게 된 것을 말하는 것은 아니다. 여기서 특히 우연이라고 하신 것은 인연과보의 내역과 그 진리를 모르는 중생들에게 하신 법문이기 때문에 중생의 입장에서 생각하면 세상에는 우연한 일이 수없이 많은 것이다. 그러므로 인연과보의 진리를 믿고 아는 분의 입장에서는 우연이란 있을 수 없는 것이요, 알고 보면 모두 지어 받는 고락인 것이다.

3. 영원한 고란?

1) 현재 하는 일[원인]도 괴롭고 장래의 결과도 괴로운 것으로 영원히 괴로운 생활이니 삼독심을 일으켜 상극의 생활로 고통하며 사는 것.

2) 고락의 원인을 모르고 역경에서 낙망하고 타락하여 더욱 죄업을 짓는 괴로운 생활.

예) 양심을 속이는 것. 원망생활, 신경질 등으로 일관되는 생활.

4. 영원한 낙이란?

1) 현재 하고 있는 일[원인]도 즐겁고 장래의 결과도 즐거운 것으로 영원히 즐거운 생활이니 공부심, 보시심, 희열심, 감사심을 일으켜 상생의 생활로 사는 것.

2) 고락의 원인을 깨달아 법 있게 누리는 낙으로 순경에 넘치지 않

고 더욱 선업을 짓는 즐거운 생활.

예) 양심적이고 진리적인 생활. 감사생활, 평화로운 생활로 일관되는 생활.

5. 고가 변하여 낙이 된다는 것은?

1) 현재는 괴로우나 그 결과는 낙으로 되는 것.

2) 역경에 굽히지 않고 죽기로써 선업 짓기에 노력하는 괴로움.

3) 전화위복, 은생어해恩生於害.

6. 낙이 변하여 고가 된다는 것은?

1) 당장은 즐거우나 그 결과는 괴로운 것.

2) 순경에 넘치고 자만하여 향락享樂에 떨어져서 필경은 죄고를 받게 되는 것.

3) 은반위구恩反爲仇,[242] 해생어은害生於恩.

7. 정당한 고락이란?

1) 정당한 고 : 고가 변하여 낙이 되는 고로써,

가) 극기의 고 : 성불 수행의 고.

나) 이타의 고 : 제도 중생의 고.

※ 영원한 낙을 장만하기 위한 일시적인 고.

2) 정당한 낙 : 정당한 노력의 대가로 받는 낙.

가) 공부에 적공하여 불지에 오르는 낙.

나) 정신 육신의 정당한 노력으로 얻는 복락.

8. 부정당한 고락이란?

1) 부당한 고 : 부당한 심신 작용으로 받는 고로서 영원히 고의 원인이 되는 고.

---

242) 은혜가 도리어 원수가 됨.

가) 도둑질의 고, 도박의 고, 기타 범법의 고.

나) 양심을 속이는 고.

2) 부당한 낙 : 정당한 노력을 들인 바 없이 받는 낙이나 부당한 일의 대가로 받는 일시적인 쾌락.

가) 모험적인 쾌락, 향락적인 쾌감.

나) 부당한 이득으로 누리는 일시적인 쾌감.

9. 정당한 고락으로 무궁한 세월을 한결같이 살려면?

고락의 원인과 고락의 양상을 자세히 알아서 행·주·좌·와·어·묵·동·정 간에 응용하는데 항상 온전한 생각으로 취사하기를 주의할 것이다.

※참고

1) 군자의 삼락三樂 『맹자』[243)]

가) 부모구존父母俱存 형제무고兄弟無故 일락야一樂也

나) 앙불괴어천仰不愧於天 부부작어인俯不怍於人 이락야二樂也

다) 득천하영재이得天下英才而 교육지敎育之 삼락야三樂也

2) 불보살의 이락二樂 : 일왈 성불一曰成佛 이왈 제중二曰濟衆.

3) 범부중생의 이락二樂 : 일왈 식야一曰食也 이왈 색야二曰色也.

10. 인생에 있어서 근본적인 고[사고팔고四苦八苦]를 해탈하는 방법을 설명해 보라.

1) 사고四苦[생·로·병·사]는 만물의 변화 과정을 고로 본 것이니 불생불멸의 도와 생사윤회의 진리를 믿고 깨달으면 될 것이다.

---

243) 『맹자』 진심상편에 나오는 말. 부모가 모두 살아 계시고 형제들이 아무 탈이 없는 것이 첫째의 즐거움이요, 우러러 하늘을 보아도 부끄럽지 아니하고, 굽어 사람을 보아도 부끄럽지 아니함이 둘째의 즐거움이요, 천하의 빼어난 인재를 모아 교육하는 것이 셋째의 즐거움이다.

그러나 여기서 한 가지 주의할 것은 생사 윤회하되 인과보응의 소소영령한 진리에 따라 윤회함을 알아야 할 것이다.

2) 팔고八苦는 인생생활에 있어서 느껴지고 부딪히는 괴로운 사실이니 다음과 같은 진리에 근거하여 노력하면 될 것이다.

가) 애별리고愛別離苦

① 자타와 증애가 없는 자리와

② 생자필멸生者必滅, 이합집산離合集散의 진리를 깨닫고 믿자.

나) 원증회고怨憎會苦

① 친소가 원래 없는 자리와

② 사은의 근본적인 은恩의 관계를 깨달아 감사생활로 돌리는 노력이 필요하다.

다) 구부득고求不得苦

① 원만구족하여 취부득取不得 사부득捨不得한 자리와

② 지공무사하여 하면 한만큼 되는 진리를 알고 믿어 법 있게 구하자.

라) 오음성고五蔭盛苦

① 오온五蘊이 개공皆空한 자리를 알고

② 심신이 만사만리의 근본이 되며 성불제중의 근본임을 알라.

3) 이상에 밝힌 대로 노력하면 일체 고의 근본을 해결하는 동시에 한걸음 나아가서는 일체 고를 모두 낙으로 돌릴 수 있는 것이다. 일체유심조라, 한마음 돌리고 노력하는데 따라 낙을 누릴 수 있는 것이니,

가) 생生이 괴롭다 하나 잘살면 즐거운 것이요, 또 살아야 성불제중의 대업을 이룰 수 있는 것이며,

나) 노老가 괴롭다 하나 장차 새 몸으로 갈아입을 장본이라 생각

하면 괴로울 것이 없으며 또 진리 따라 도는 것이니 싫을 것이 무엇이겠는가?

다) 병病이 괴롭다 하나 수양기간으로 잘 활용하면 오히려 즐거울 수 있고,

라) 사死가 괴롭다 싫다 하나 다시 올 것을 알면 싫을 것도 없고 진리의 순환이니 괴로워 할 것도 없는 것이다.

마) 애별리고愛別離苦는 헤어지면 다시 만날 것이니 후일 만날 때를 생각하면 기쁘고 즐겁지 아니한가?

바) 원증회고怨憎會苦는 원수를 은인으로 만들고 미움을 사랑으로 돌렸다면 그 보다 더 큰 즐거움이 어디 있겠는가?

사) 구부득고求不得苦는 우주가 내 집이요, 만유가 내 소유이며 법 있게 구해서 이루지 못할 일이 없다면 그보다 즐거운 일이 어디 있겠는가?

아) 오음성고五蔭盛苦는 넘치는 정력精力과 치성하는 정열을 성불제중하는 데 돌려 활용하면 곧 활불이 될 것이니 그보다 더 즐거운 일이 어디 있겠는가? 고故로 우리는 일체의 고를 낙으로 돌리는 공부를 지성으로 하자.

2. 낙을 버리고 고로 들어가는 원인

1) 고락의 근원을 알지 못함이요,
2) 가령 안다 할지라도 실행이 없는 연고요,
3) 보는 대로 듣는 대로 생각나는 대로 자행자지로 육신과 정신을 아무 예산 없이 양성하여 철석 같이 굳은 연고요,

4) 육신과 정신을 법으로 질박아서 나쁜 습관을 제거하고 정당한 법으로 단련하여 기질 변화가 분명히 되기까지 공부를 완전히 아니한 연고요,

5) 응용하는 가운데 수고 없이 속히 하고자 함이니라.

◎ 1조 고락의 근원을 알지 못함이요,

1. 고락의 근원은 무엇이며 어디에 있는가?

1) 고苦←죄罪←악惡←위僞←삼독三毒←아我←한 생각

낙樂←복福←선善←진眞←삼덕三德[三學]←아我←한 생각

2) 전생과 차생에 내가 짓고 내가 받는 것이니 고락의 근원은 나에게 있으며 한 생각 상극으로 작용하면 고의 씨가 되고 한 생각 상생으로 작용하면 낙의 씨가 되는 것이다.

예) 가) 부처님 당시 여러 제자들이 고의 근원을 찾다가 甲왈 "나는 탐심이 제일 괴롭고 모든 고의 원인은 탐심이라" 하고, 乙왈 "진심이라", 丙왈 "치심이라", 丁왈 "공포심이라" 한데, 佛왈 "유신고唯身苦니라" 하시다. 『팔상록』

나) 예수님 왈 "욕심이 잉태하면 죄를 낳고 죄가 크면 죽는다."

2. 고락의 근원은 사은이 아닐까요?

고락이란 스스로 느끼는 감정이요 마음의 문제이다. 사은은 죄복의 터전은 될 수 있다. 고락은 죄복을 받을 때 느껴지는 마음이기 때문에 사은이 고락의 근원이라고 할 수는 없을 것이다.

◎ 2조 안다 할지라도 실행이 없는 연고요,

1. 고락의 근원과 낙을 버리고 고로 들어가는 원인을 알면서도 실행

하지 않는 이유는?

1) 영생이 있고 인과가 있는 이치를 확실히 모르기 때문에.

2) 철석같이 굳은 습관에 끌려서.

3) 불같이 치성하는 욕심에 끌려서.

4) 상相에 가려서.

2. 이고득락離苦得樂의 실천적인 방법은?

1) 인고忍苦 : 참을 수 있는 것을 참는 것은 참으로 참는 것이 아니요, 참을 수 없는 것을 참는 것이 참으로 참는 것이다. <극복하는 노력>

2) 안고安苦 : 옛 빚을 갚는 심경으로 달게 받으며 고락이 없는 자리에 안주하는 것이다. <감수불보甘受不報 선업결연善業結緣> <초월하는 심경>

3) 낙고樂苦 : 진리의 시험으로 알고 공부의 기회로 삼아 고를 낙으로 돌리는 것이다. <전화작복轉禍作福> <활용하는 능력, 자유하는 능력>

사고팔고四苦八苦를 해탈하는 방법을 참고할 일.

◎ 3조 자행자지하는 악습이 굳어 있기 때문이요,

1. 정신과 육신을 아무 예산 없이 양성한다는 것은?

심신을 아무 까닭 없이 자유방종하게 길러서 기분 내키는 대로 생각나는 대로 욕심나는 대로 살아가는 습관이 되어 버린 것을 말하는 바,

1) 정신을 예산 없이 기르게 되면 기분파 인생, 신경질적인 인생, 감정적인 인생이 되며 삼독심이 주재하는 인간이 될 것이요,

2) 육신을 예산 없이 기르게 되면 객기와 향락과 나태의 인생이 되

어 오욕에 절인 타락한 인생이 되고 말 것이다. 고로 삼독오욕이 주인이 되면 그 인생이 어찌 되겠는가?

허무주의[니힐리즘]에 떨어질 염려가 많다.

2. 보는 대로 듣는 대로 생각나는 대로 자행자지를 하지 않는 방법과 그와 같은 습관을 고치려면?

1) 특별한 각오와 결심을 가지고 적공하자.

2) 행·주·좌·와·어·묵·동·정 간에 응용하는데 온전한 생각으로 취사하는 공부로 습관을 들이자.

3. 심신 작용이 모두 성품의 작용이라면 곧 진리의 작용인데 보는 대로 듣는 대로 생각나는 대로 하게 되면 죄고가 된다고 하니 왜 그런가?

1) 진리는 누구에게나 있으며 원만구족하고 지공무사하여 호리도 틀림이 없다.

2) 성품이 정한 즉 무선무악하지만 동한 즉 능선능악한 것이다. 보는 대로 듣는 대로 생각나는 대로 살게 되면 혹은 상생 혹은 상극으로 작용되어 대상이 없는 경우에는 시간이 흐름에 따라 지은 대로 성장하여 상생의 생활은 선한 습관으로 상극의 생활은 악한 습관으로 익혀져서 고질적인 습관이 될 것이요, 대상이 있는 경우에는 상대편에 있는 진리[성품]도 원만구족하고 지공무사하여 소소영령하게 반응이 있게 되는바 선행은 상생의 복과가 있게 될 것이요, 악행은 상극의 죄보가 올 것이 아닌가? 그러므로 자행자지하게 되면 낙보다 고가 많은 생활이 되지 않겠는가?

◎ 4조 완전한 기질변화가 되지 못한 것이요,

1. 완전한 기질변화가 되지 아니하면 낙을 버리고 고로 들어간다 하

니 그 이유는?

기질이라 함은 그 사람의 인격을 형성하는데 있어 선천적으로 타고났건 후천적으로 익혀진 것이건 심신의 모든 성질 가운데 가장 근본이 되고 주장이 되는 성질을 말하는 것 같다. 그러므로 정신과 육신을 법으로 질박아서 원만하고 완전한 기질을 형성하지 못하면 스스로의 악습이 나타나고 주위의 악연에 유혹되거나 물들어져서 부지중 악업을 짓게 된다.

고로 완전한 기질변화가 되지 아니하면 낙을 버리고 고로 들어간다고 하신 것 같다. <심신 간에 오래 익혀진 성질이 기질이 된다>

2. 완전한 기질변화를 잘 하려면?

정신과 육신을 법으로 질박아야 하는바 진리에 표준하고 스승님의 지도[교리]에 근거하여 양심에 거리낌이 없도록 심신을 오래오래 단련하는 것이니 그 초보적인 강령을 들자면,

1) 계문을 잘 지켜 악습을 고치고, 솔성요론을 잘 실행하여 좋은 습관을 들여야 한다.
2) 일시적인 괴로움으로 영생을 낙으로 사느냐, 일시적인 향락으로 영생을 고로 사느냐를 잘 판단하여 죽기로써 노력하는 적공이 있어야 한다.

◎ 5조 무슨 일이나 정당한 수고를 들이지 않고 속히 하고자 하는데 있다.

1. 무슨 일이나 수고 없이 속히 하고자 하는 마음은 어찌해서 나오는가?

욕속심은 진리를 모르고 욕심이 많고 성질이 급해서 나오는 경우가 많다.

2. **욕속심을 없애려면?**

무슨 일이나 반드시 도道가 있고 일정한 시간과 노력이 아니면 이루어질 수 없다는 진리[하면 한만큼 이루어지는 소소영령한 인과의 진리]를 깨닫고 부질없는 욕심을 제거하며 급한 성질을 안정하여 매사를 도道가 있게 하는 공부에 노력하자.

가) 솔성은 도로써 한다.

나) 노력 없이 성공을 바라는 것은 씨 뿌리지 않고 거두려는 것과 같고, 적공 없이 도통이나 성불을 바라는 것은 도가道家의 모리배謀利輩다. <법문>

다) 천만 수행의 적공과 천인만용千認萬容의 수덕修德.

◎ 결론

1. 인생 문제를 해결하는 요긴한 길.
2. 인과의 진리를 밝혀 천만 가지 고통을 다 소멸하고 참다운 낙을 누리는 법이다. <고락을 자유로이 할 수 있는 법>
3. 고통 속에 신음하는 일체 생령을 구제하는 동시에 천하의 고통을 해소하고 복락을 개척하는 처방이다.
4. 대종사께서 광대 무량한 낙원을 건설하시고자 교문을 여신 뒤에 먼저 천태만상의 인간고[인생 문제]를 해소해 주시고자 이 '고락에 대한 법문' 법을 설해 주신 것 같다.

제15장 병든 사회와 그 치료법

사람도 병이 들어 낫지 못하면 불구자가 되든지 혹은 폐인이 되든지 혹은 죽기까지도 하는 것과 같이, 한 사회도 병이 들었으나 그 지도자가 병든 줄을 알지 못한다든지 설사 안다고 할지라도 치료의 성의가 없다든지 하여 그 시일이 오래되어지고 보면 그 사회는 불완전한 사회가 될 것이며, 혹은 부패한 사회가 될 수도 있으며, 혹은 파멸의 사회가 될 수도 있나니, 한 사회가 병들어가는 증거를 대강 들어 말하자면 각자가 서로 자기 잘못은 알지 못하고 다른 사람의 잘못하는 것만 많이 드러내는 것이며, 또는 부정당한 의뢰 생활을 하는 것이며, 또는 지도받을 자리에서 정당한 지도를 잘 받지 아니하는 것이며, 또는 지도할 자리에서 정당한 지도로써 교화할 줄을 모르는 것이며, 또는 착한 사람은 찬성하고 악한 사람은 불쌍히 여기며, 이로운 것은 저 사람에게 주고 해로운 것은 내가 가지며, 편안한 것은 저 사람을 주고 괴로운 것은 내가 가지는 등의 공익심이 없는 연고이니, 이 병을 치료하기로 하면 자기의 잘못을 항상 조사할 것이며, 부정당한 의뢰 생활을 하지 말 것이며, 지도받을 자리에서 정당한 지도를 잘 받을 것이며, 지도할 자리에서 정당한 지도로써 교화를 잘할 것이며, 자리(自利)주의를 버리고 이타주의로 나아가면 그 치료가 잘 될 것이며 따라서 그 병이 완쾌되는 동시에 건전하고 평화한 사회가 될 것이니라.

[대의]

1. 대종사께서 대각을 이루시고 광대무 량한 낙원을 건설하시고자 교

문을 여신 뒤에 인간은 사회적인 생활을 벗어날 수 없으므로 개인적인 인간고를 해결하는 동시에 이상적인 완전한 사회를 책임지고 건설하여 영원한 세상에 평화 안락한 세계의 방향을 잡아 주시고자 사회의 병리와 처방을 밝혀주신 법문으로서, 구세안민救世安民의 요법과 이상적인 사회의 건설도建設圖를 제시해 주신 것이다. <구세안민의 처방이요 이상사회의 설계도다>

2. 인생의 요도를 사회에 활용하여 사회정화와 개조로서 영원한 평화를 누리게 하신 법문이다.

[단어 숙어 풀이]

◆ 불구자 : 1) 심신 간에 한 부분이 온전하지 못한 사람. 2) 몸의 어느 한 부분이 온전하지 못한 사람.

◆ 폐인 : 1) 병이나 못된 습관으로 쓸모없이 되어버린 사람. 2) 기인棄人.

◆ 부패 : 1) 썩음. 2) 타락하여 생기가 없는 것.

◆ 파멸 : 1) 깨어져 멸망해 버림. 2) 완전히 부서져 없어짐.

[문제점]

1. 불완전한 사회상을 설명해 주시오. <불완전한 사회란?>

1) 정신과 물질, 도학과 과학, 정치와 종교, 현실과 이상, 전체와 개인 등의 상대적인 현실이 병진과 조화로운 발전을 이루지 못하고 편중되거나 대립적인 사조思潮가 이루어지고 있거나,

2) 상하, 귀천, 빈부, 남녀, 노소, 유식 무식 등의 차별제도가 성행하거나 하여 어느 한편은 건전하나 다른 한편은 건전한 점이 없고, 어느 한편은 좋으나 다른 한편은 불만과 원망이 잠재하는 사회상을 말하는 것 같다. 즉 사상과 제도와 풍토의 측면에서 살펴볼

때 완전과 불완전 여부를 생각할 수 있을 것 같다.

2. 부패한 사회란?

인간관계에 있어서 윤리와 도덕의 질서가 문란해지고 정당한 법질서가 확립되지 못하여 양심과 의리와 법만으로는 살 수 없는 사회로서 권력과 금력金力이 난무하고 이해와 정실情實만이 주장이 되어 본말과 선후를 알 수 없는 사회상을 말하는 것 같다. 즉 윤리와 도덕이 그 빛을 잃고 준법정신이 희박해져서 금력과 권력이 횡행하며 이권과 정실이 주장되는 혼란한 사회로서 주로 인간관계의 측면에서 살펴본 사회상이라 할 것이다.

예) 가. 전주가 썩는다. <증산사甑山師>

부불부父不父 군불군君不君 부불부夫不夫.[244)]

나. 삼강오륜 도끼절 운 ….

다. 사바사바 사회, 배경, 출세 ….

3. 파멸의 사회란?

1) 각자의 본분과 책임을 망각하고 이기심에 가려 원망과 불평불만이 충만하고 상충과 투쟁이 계속됨으로써 가정이 파괴되고 단체

---

244) 아버지가 아버지 역할을 못하고, 임금이 임금 역할을 다 못하며, 남편이 남편의 역할을 못한다. 『대순전경』에는 "소원인도所願人道는 원군願君 불군不君하고 원부願父 불부不父하고 원사願師 불사不師라"(인도가 원하는 바는 인군다운 인군이길 원하나 인군답질 못하고 아비다운 아비이길 원하나 아비답질 못하고 스승다운 스승이길 원하나 스승답질 못하니라.)는 구절이 있으며, 『논어』 안연편에는 "제경공齊景公이 문정어공자問政於孔子한대 공자대왈孔子對曰 군군신신부부자자君君臣臣父父子子니이다. 공왈公曰 선재善哉라. 신여군불군信如君不君하며 신불신臣不臣하며 부불부父不父하며 자부자子不子면 수유속雖有粟이나 오득이식제吾得而食諸아"(제 경공이 정치를 공자에게 묻자 공자가 대답했다. "임금은 임금답고, 신하는 신하답고, 아비는 아비답고, 자식은 자식다워야 합니다." 경공이 말했다. "좋은 말입니다. 참으로 임금이 임금답지 못하고, 신하가 신하답지 못하고, 아비가 아비답지 못하고, 자식이 자식답지 못하면, 비록 곡식이 있을지라도 내가 먹을 수 있겠는가?")라는 구절이 있다.

가 파괴되며 국가가 망하게 되고 세계가 전쟁의 화구에 빠지게 되는 현상을 말하는 것 같다.

2) 배우지 않고 가르치지 않고 게으르고 깨치지 못해서 정신과 육신의 무지와 질병과 빈곤이 만연하여 미개한 사회로 타락되는 현상도 파멸의 사회상일 것이다. <미신의 성행>

4. 사회가 병들어가는 증거를 들어라. 『대종경』 교의품 34장 사회의 병리.

1) 자기 잘못은 알지 못하고 다른 사람의 잘못하는 점만 많이 드러내어 미워하는 것. <원망병>

가) 남에게 은혜 입은 것은 잊어버리고 내가 은혜 베푼 것만 생각하여 갚지 않는다고 원망하는 것.

나) 자신의 부족과 무능은 찾지 않고 남의 잘못만 발견하여 공연히 헐뜯고 미워하는 것.

2) 부정당한 의뢰 생활을 하는 것. <의뢰병>

가) 정신·육신·물질 간에 스스로 할 수 있는 일을 남에게 미루거나 의뢰하여 마침내 나약해지고 자력을 상실하며 인권을 잃게 되는 것. <차별사회의 요인이 된다>

나) 지나친 의뢰 생활은 불화와 불목의 원인이 되고 연대적인 파탄을 초래하게 된다. 장병長病에 효자 없는 것이요, 무리한 의뢰는 좋은 마음으로 받아질 수 없는 것이다.

3) 지도받을 자리에서 정당한 지도를 잘 받지 않는 것.

가) 미래의 양양한 희망이 없거나 자신의 부족[불학병不學病]을 알지 못하거나 현실에 만족하여 배움의 필요성을 느끼지 못하여 배움에 대한 성의가 없는 것. <도학·정사·학술·생활·상식 등에 향상이 없게 되어 미개한 사회의 원인이 된다>

나) 되지 못한 아만심에 사로잡혀 충고와 지도를 잘 받지 않는 것. <원만한 인격을 갖추지 못하고 편협한 고집불통의 인간이 되어 파벌과 붕당朋黨만 형성되며 질서 없는 사회의 요인이 된다>

4) 지도할 자리에서 정당한 지도로 교화할 줄 모르는 것. <불교병不敎病>

가) 가르치는 것이 곧 참으로 배우는 것임을 알지 못하거나 서원이 크지 못하고 인과보응의 진리를 알지 못하여 가르칠 필요성을 느끼지 못하고 그에 대한 성의가 없는 것. <미개한 사회의 요인이 된다>

※ 현실적으로 두 번 배우는 법이요, 인과적으로 영원히 잘 배울 수 있는 길이다. 나보다 나은 부처님이 많이 나오시면 나의 일이 더욱 빨리 이루어진다. <제생의세의 대업>

나) 지도하는 방편이 바르지 못하거나 지도의 능력이 부족하여 원만하고 완전한 교화가 되지 못하는 것. <각 방면에 원만하고 균형 있는 발전을 보기 어렵고 차별사회의 요인이 되며 불보살의 사회를 이루지 못하는 원인이 된다>

5) 자비심 이타심 공익심이 없는 것. <이기병>

가) 착한 사람은 찬성하고 악한 사람은 불쌍히 여기는 풍조가 없고 착한 사람은 바보로 여기거나 이용물로 알며 악한 사람은 소외시키거나 벌만 주는 풍토가 조성되어 살벌하고 냉혹한 사회.

나) 이로운 것은 저 사람에게 주고 해로운 것은 내가 갖는 이타적인 미덕이 없고, 이로운 것은 나만이 차지하고 해로운 것은 남에게만 돌리며 편안하고 명예로운 것은 내가 차지하고

괴롭고 책임 될 것은 남에게 미루는 풍토가 조성되어 생존 투쟁하는 사회.

다) 개인의 안일보다는 전체의 평화와 질서를 더 생각하고 개인의 이해보다는 전체의 이해를 먼저 생각하는 공익의 사조思潮가 사라지고 개인 본위의 이기주의가 만연되는 사회.

6) 돈과 물질의 노예가 되어가는 것.

가) 현실적인 물질생활에만 치우쳐 이상적인 정신생활은 등한시하고 예의와 의리와 도덕이 무시되는 사회.

나) 돈만이 모든 욕망을 충족시킬 수 있다는 황금만능주의가 성행하여 돈을 벌기 위해서는 수단과 방법을 가리지 않는 살벌한 사회.

다) 금력과 권력 앞에 인간성이 매각되어 주체성이 말살되고 현세적인 세속주의로 타락하여 영원한 진리 생활이 도외시되는 사회.

5. 사회의 병리를 예방하고 치료하려면?

1) 예방법

가) 진리적인 종교의 신앙과 사실적 도덕의 훈련으로 수신제가 치국평천하의 법이 끊임없이 실현되어야 한다. <인생의 요도와 공부의 요도가 실현되어야 한다>

나) 시대를 따라서 성자들이 출세하여 무량 방편을 베푸신다.

※ 참고 : 모든 병을 예방하려면?

① 평소에 충분한 섭생攝生과 위생에 주의하는 것이요,

② 형편 따라 예방주사를 맞는다.

2) 치료법

가) 근본적인 은혜를 발견하여 감사심을 기르고 보은 생활을 하

는 동시에 언제나 자신의 잘못을 발견하여 참회 개과하는 생활풍토가 이루어져야 한다. <남이 잘하는 것은 같이 기뻐하고 잘못하는 것은 같이 걱정하며 진정으로 상부상조하는 정의 어린 풍토가 이루어져야 한다>

나) 정신·육신·물질 간에 자력을 세워 인권을 확립하고 남을 도와줄지언정 부당한 의뢰 생활은 할 수 없는 제도를 확립하는 동시에 자력 생활의 풍토가 이루어져야 한다.

다) 도덕, 정사, 학술, 생활, 상식 등을 누구나 고루 배울 수 있는 원만한 제도를 수립하는 동시에 성심으로 배우는 향학向學의 풍토가 이루어져야 한다. <원만한 교육의 목표와 의무교육제의 확립>

라) 누구나 교육과 장학에 참여할 수 있는 제도를 수립하고 각계각층에 원만하고 유능한 지도자를 많이 양성하는 동시에 성심으로 가르치는 교육과 장학의 풍토가 이루어져야 한다.

마) 상선벌악賞善罰惡하고 공도자 부양제도를 확립하는 동시에 이타적인 사상과 공도자 숭배의 정신이 함양되고 보급되어 겸양과 공익의 풍토가 이루어져야 한다.

바) 천하의 본말과 주종을 바로 세워 천하의 인심이 근본에 돌아오게 하는 동시에 원만하고 투철한 진리관을 세우며 인류의 사상이 일원주의로 지향하는 풍토가 이루어져야 한다. <세상은 도덕이 근본이요, 물질은 그 끝이며 사람은 양심이 근본이요, 권모술수는 그 끝이다>

6. 이상적인 사회란? 이상적인 사회상은?

건전하고 밝고 평화로운 사회, 완전하고 원만 평등한 사회를 말하는바,

1) 과학과 도학이 병진 되고 정치와 종교가 건재하며 전체와 개인이 공생공영하고 인권·교육·생활이 평등한 사회.

2) 영과 육의 빈곤, 질병, 무지가 없는 사회.

3) ㉠ 지은보은으로 감사 생활하는 사회.

㉡ 자기 부족과 허물을 먼저 찾는 사회.

㉢ 자력으로 사는 사회.

㉣ 잘 배울 수 있고 배우는 사회.

㉤ 잘 가르치고 잘 가르칠 수 있는 사회.

㉥ 호현낙선好賢樂善[245]하고 공도자를 숭배하며 이타주의가 실현되는 사회.

㉦ 본말과 주종이 바로 세워진 사회.

◎ 결어

1. 몸에 병이 없으면 의약이 필요 없는 것이요, 세상이 병들지 아니하면 교법이 필요 없는 것이다. 그러나 우주가 순환하고 사생이 심신 작용하는 데 따라 육도의 승강이 있게 되고 육도의 승강이 있음에 따라 예방이 없으면 자연 병들게 되는 것이요, 병든 사회는 치료하지 않을 수 없는 것이다.

2. 큰 병을 예방하기 위해서 미약한 병균을 접종하여 체내의 저항력을 기르고 평소에 충분한 섭생攝生과 위생관리로 병균의 발생과 기생을 막는 것 같이 사회의 병리를 예방하기 위해서도 구세 성자들이 각 방면으로 무량 방편을 베푸는 것이요, [작란자 성인作亂者 聖人, 정란

245) 어진 사람을 좋아하고 선행을 즐거워함.

자 성인靖亂者 聖人[246)] 평소에 진리적 종교의 신앙과 사실적 도덕의 훈련으로 수신·제가·치국·평천하의 법이 잘 실현되어야 할 것이다. <노자의 무위설無爲說은 유위설有爲說의 폐단을 치료하는 법이다>

3. 하나의 병균이 전체의 생명을 앗아가고 하나의 세포가 부패하면 전체의 세포가 부식되는 것같이 한 마음이 병들면 일체 마음이 병들고 한 사람의 마음 병이 전 사회를 망치는 요인이 되는 것이니 자신의 마음에 병균을 철저히 제거하는 것이 건전한 사회를 만들고 병든 사회를 치료하는 근본이 된다.
4. 사람은 사회적 동물이라 그 사회를 떠나서 살 수 없다. 따라서 그 사회가 병이 들면 개인도 병들기 쉬운 것이니 사회의 병리를 발견하여 전체가 다 같이 예방하고 치료할 수 있는 제도를 확립하여 실현하는 것이 건전한 사회를 만들고 병든 사회를 치료하는 근본이 되는 것이다. <나는 곧 사회의 핵이요, 사회는 곧 나의 생활 근원이다>

---

246) 『정산종사법어』 도운편 18장. "말씀하시기를 '동란자動亂者도 성인이요 정란자靖亂者도 성인이라' 하셨나니, 때를 맞추어 일으키고 때에 맞게 진정시키는 이를 성인이라 하고 그렇지 못한 이를 배은자라 하나니라. 일에는 순서가 있나니, 사체事體의 순서를 알아 그에 맞는 방편을 베푸는 것이 곧 성인의 자비 방편이니라."

제16장 영육쌍전법

과거에는 세간 생활을 하고 보면 수도인이 아니라 하므로 수도인 가운데 직업 없이 놀고먹는 폐풍이 치성하여 개인·가정·사회·국가에 해독이 많이 미쳐 왔으나, 이제부터는 묵은 세상을 새 세상으로 건설하게 되므로 새 세상의 종교는 수도와 생활이 둘이 아닌 산 종교라야 할 것이니라. 그러므로 우리는 제불조사 정전(正傳)의 심인인 법신불 일원상의 진리와 수양·연구·취사의 삼학으로써 의·식·주를 얻고 의·식·주와 삼학으로써 그 진리를 얻어서 영육을 쌍전하여 개인·가정·사회·국가에 도움이 되게 하자는 것이니라.

[대의]

1. 우주의 순환하는 도를 따라 원시반본原始反本하는 시기에 맞추어 묵은 세상을 새 세상으로 건설하시고자 만유가 한 체성인 일원상의 진리에 근거하여 새 세상 새 종교의 강령을 정하사 광제창생廣濟蒼生의 처방과 천하의 중도를 제시해 주신 법문이다. <수도와 생활이 둘이 아닌 산 종교의 생명이요, 새 세상 새 종교의 모습이다>
2. 교리적인 근거를 세우면 공부의 요도를 생활에 활용하여 인간개조와 생활개선으로 마음 마음에 극락을 수용하고 가정 가정에 천당을 건설하며 나라 나라에 불국佛國을 이룩하고 세상 세상에 낙원을 건설하게 하신 법문이다.

[문제점]

1. 과거에는 세간 생활을 하고 보면 수도인이 아니라고 한 연유는?

※ 참조 : 『정전』 교법의 총설, 『대종경』 서품 19장.

1) 시대가 차별시대인 데다가 세간 생활을 하면서 수도하는 법이 크게 밝혀지지 못하고 모든 법과 제도가 출세간 위주로 밝혀졌고,

2) 수도인들이 심력이 충실하지 못하여 세속생활을 하게 되면 본분사를 매각했던 사례가 많았으며,

3) 일반적으로 실천적인 교육보다는 이론적인 교육에 치우쳤고 동적인 인격보다는 정적인 인격에 우위성을 두었던 점 등으로 생각할 수 있으며,

또한 특히 불가佛家에서는 잘 먹고 잘 입으면 빚만 되고 도통을 못한다 하여 오신채五辛菜[247]와 어육魚肉, 주초酒草 등을 철저하게 먹지 않았다.

2. 과거의 수도 생활이 개인·가정·사회·국가에 끼친 해독은?

일반적으로 영혼 구제에만 치우쳐서 현실 생활을 등한시했으며, 교리와 제도가 원만하지 못하여 편협한 인격과 편협한 생활을 조장하게 되었으니 그 실례를 들어 보면,

1) 개인에게 끼친 해독은

가) 불교에서는 염불종, 선종, 교종, 율종 등의 편벽된 수행과 신앙으로 원만한 인격을 갖추지 못하고 원만한 진리관이 확립되지 못할 뿐 아니라 내생적來生的인 영혼 구제에만 치우쳐 왔다.

---

247) 오신채五辛菜는 파, 마늘, 달래, 부추, 흥거(미나리과, 이란이나 아프가니스탄이 원산지)를 말하며, 오신채를 날것으로 먹으면 성내는 마음을 일으키고, 익혀 먹으면 음심을 일으켜 수행에 방해가 된다고 하여 금한다고 한다.

나) 유교에서는 기記, 송誦, 사詞등의 공리공론에만 치우치고 현실 위주로 편벽된 생활이 되고 말았으며,

다) 기독교에서는 타력적인 신앙과 봉사에만 치우쳐 개인의 수행이 무시되고 내세적인 영혼 구제에만 치우쳤다.

라) 노장老莊에서는 수양에 치우치고 무위 주의에 치우쳐 현실도피의 풍조를 끼치게 되었다.

2) 가정에 끼친 해독은

특히 불교에서 할애사친割愛辭親으로 직업과 처자 부모를 불고하게 되어 가정의 빈곤 내지 파멸을 초래하는 사례가 많았다.

3) 사회에 끼친 해독은

출세간 생활을 위주하였으므로 독선기신 내지 은둔주의가 성행하여 사회발전과 공동복지 향상에 직접적인 참여가 적었다.

4) 국가에 끼친 해독은

납세, 교육, 국방, 근로 등의 의무와 책임을 등한시하여 국가발전에 저해沮害가 적지 않았다.

3. 세상은 언제나 새롭게 변화하고 있는데 '이제부터는 묵은 세상을 새 세상으로 건설하게 된다' 하시니 '이제부터'라고 하신 기점이 언제인가?

1) 대종사께서 대각하신 이후부터.

2) 우주 순환의 도를 따라 선후천의 교역기를 기점으로 하는바 지난 갑자甲子년[원기 9년]을 새 세상의 시작으로 보셨다 함.

4. 새 시대의 새 종교란?

1) 새 시대에 맞는 종교. <시대화, 생활화, 대중화된 종교>

2) 새 시대를 만드는 종교. <진리에 근거하여 새 역사를 창조하는 종교이며 묵은 법을 새 법으로 만드는 종교>

5. 일원상의 진리와 수양·연구·취사의 삼학으로써 의·식·주를 얻는 방법과 실례를 들어 주시오.

※ 참조 : 『대종경』 교의품 18, 19장.

1) 원만구족하고 지공무사한 일원상의 진리 즉 각자의 근본 마음에 표준 하여 수양력, 연구력, 취사력을 들이대면 이루지 못할 일이 없을 것이요, 세세생생 거래 간에 완전한 의·식·주를 해결하게 될 것이다.

2) 만유가 한 체성이요, 만법이 한 근원임을 알고 불생불멸과 인과보응의 진리에 표준 하여 모든 처사를 하게 되면 영원한 세상에 모든 일이 크게 열릴 것이다.

3) 각자의 마음 근본을 알고, 마음을 마음대로 쓰게 되어야 의·식·주를 얻는 데에도 정당한 도가 실천될 것이며, 생·로·병·사를 해탈하여 영생의 길을 얻고 인과의 이치를 알아 혜복을 구하게 될 것인바 이것이 참되고 영원한 의·식·주를 구하는 법이 된다.

4) 그 실례를 들면, 원만구족하고 지공무사한 진리와 불생불멸과 인과보응의 진리에 어긋나게 의·식·주를 구하게 되면 죄가 따라 붙게 되고 영원하고 참다운 의·식·주를 얻지 못한다.

가) 대인접물 : 온전한 생각으로 취사하되 원만구족하고 지공무사한 표준을 갖자.

나) 농사를 짓는 경우 : 씨 뿌리고 거둘 때까지 모든 조건과 상황을 빠짐없이 잘 알아서 어느 한편에 치우치거나 실기失期함이 없이 정성을 들이면 곧 원만구족하고 지공무사한 진리와 삼학으로 농사를 짓는 것이니 풍성한 수확을 기약할 것이다. <땅의 성질, 천후天候, 곡물의 성질, 비료의 성질, 시기 등을 빠짐없이 잘 알아서 치우치거나 실기失期함이 없어야 할 것이다>

6. 산 종교란?

1) 수도와 생활이 둘이 아닌 종교로서 개인·가정·사회·국가·세계에 유익을 줄 수 있는 종교.

2) 영육을 쌍전하는 종교.

3) 진리와 삼학으로 의·식·주를 얻고 의·식·주와 삼학으로 진리를 얻는 종교.

7. 의·식·주와 삼학으로써 그 진리를 얻는다는 말의 뜻과 그 실례를 들어 설명해 주시오.

1) 의·식·주가 아니면 육신의 생활을 유지할 수 없고 삼학이 아니면 정신의 생활을 유지할 수 없다. 심신의 생활이 안정되지 못하면 진리를 얻고자 하는 마음이 나기 어렵고, 설혹 진리를 얻고자 하는 공부심이 났다 할지라도 삼학이 아니면 그 진리를 완전히 얻을 수 없는 것이다. 또한 그 진리를 얻지 못하면 영원한 세상에 완전한 생활을 영위할 수 없기 때문에 의·식·주와 삼학으로써 진리를 얻으라고 하신 것 같다.

2) 그 실례를 들어보면

가) 최소한 먹고 입고 거처할 곳이 있어야 진리를 탐구할 수 있는 여건이 될 것이다.

나) 학생은 학비가 마련되어야 학업에 지장이 없을 것이요, 선원禪員은 선비禪費가 있어야 정기 훈련을 받는 데 지장이 없으며, 학업과 정기 훈련에 지장이 없어야 진리를 빨리 얻을 수 있을 것이다.

다) 삼학으로써 진리를 얻는다는 것은 그 진리를 깨쳐 아는 것만을 뜻하지 않고 배우고 생각하고 실천하여 완전히 증득 활용함을 뜻하는바 삼학의 병진으로 삼대력을 얻는데 그 표준이

있을 것이다.

8. 진리와 삼학과 의·식·주와의 관계는 어떠한가?

진리는 곧 일원상의 진리요, 삼학은 그 진리에 근거하여 밝혀주신 마음공부의 길이요 진리를 얻어 나가는 방법이며, 의·식·주는 먹고 입고 거처하는 육신생활을 유지하는데 불가결한 조건이다. 또한 일원상의 진리는 우주 만유 전체로서 천지 만물은 잠시도 그 진리를 떠나서 존재할 수 없고, 우리의 마음은 삼학의 원리를 떠나서 작용될 수 없으며, 사람의 생활은 의·식·주를 떠나서 영위될 수 없는 것이다. 그러므로 진리와 삼학과 의·식·주는 우리의 수도와 생활과 불가분리의 관계가 있으며 서로서로 근본이 되는 것이다.

즉 진리와 삼학이 아니면 영원하고 완전한 의·식·주를 얻을 수 없고, 의·식·주와 삼학이 아니면 진리를 얻지 못할 뿐 아니라 완전한 생활을 영위할 수 없는 것이다.

9. 영육쌍전하여 개인·가정·사회·국가에 도움이 되게 하는 구체적인 방법과 실례.

1) 영육쌍전법의 이념은 일원상의 진리와 삼학으로써 의·식·주를 구하여 건전하고 완전한 경제력을 확립하여 영원한 세상에 육신생활을 원만하게 하고, 의·식·주와 삼학으로써 진리를 체득하여 건전하고 완전한 정신력[삼대력]을 확립하여 영원한 세상에 정신생활을 원만하게 하자는 것인바 그 방법은

가) 개인의 인격은 건전한 정신[영혼]과 건전한 육체가 조화되어 원만하고 완전한 인격을 갖게 하고,

나) 사람의 생활은 정신과 물질에 부족이 없게 하여 원만하고 바람직한 생활을 하게 하며,

다) 인류의 사회는 도학과 과학이 병진 되게 하여 원만한 낙원을

건설할 것이요,

라) 인류의 사상은 유심唯心과 유물唯物의 통일조화로 원만한 철학을 확립하여 원만한 새 사람 새 생활 새 사회 새 세계를 이루자는 것이다.

2) 실례

가) 혈인기도와 영산방언 작답作畓과 주경야독晝耕夜讀의 생활, 저축조합.

나) 사·농·공·상 간 일정한 직업을 갖고 정기 훈련과 상시 훈련을 하는 점.

다) 국민개기운동國民皆技運動과 국민개진운동國民皆眞運動.

라) 교화, 교육, 자선, 생산 등의 각 기관 확립.

마) 이사병행의 교단운영과 공부와 사업의 동등한 평가 사정査定 [원성적元成績]

※ 참고 : 단전주 선법. <공부하는 사업인, 일하는 공부인>

3) 이상과 같은 방법과 제도로써 개인에 있어서는 영원한 세상에 혜복을 증진하고, 가정은 평화롭고 윤택하게 하며, 사회·국가·세계에는 유용한 인물이 되어 정신·육신·물질로 가는 곳마다 유익을 줄 수 있는 종교인이 되자는 것이다.

◎ 결론

1. 삼대력을 얻어 나가면서 맡은 일에 충실하고, 맡은 일에 충실하면서 삼대력을 얻어 나가는 것이 영육쌍전법의 가장 기본적인 방법이다.
2. 몸과 마음을 늘 조심하고 정신과 육신을 아울러 단련한다. <단전주 선법도 여기에 근거하여 택하신 것 같다>
3. 공부와 사업을 반드시 병진한다. <개인의 수행과 교단의 운영>

가) 공부하는 사업인이 되고 일하는 공부인이 되자.

나) 일하면서 공부하고 공부하면서 일하자.

다) 힘 미치는 대로 정신·육신·물질로 복을 짓고 틈나는 대로 수양·연구·취사로 공부하자. <복혜양족>

4. 도학과 과학이 병진 되는 세계에 지향하도록 노력하자. <세계>

5. 유심唯心과 유물唯物이 통일 조화된 철학과 사상을 확립하자. <철학>

6. 영육쌍전법은 여래의 표준생활이요, 새 세계 새 종교의 강령이며 새 역사의 기초적인 지표가 될 것이다.

제17장 법위등급

공부인의 수행 정도를 따라 여섯 가지 등급의 법위가 있나니 곧 보통급·특신급·법마상전급·법강항마위(法强降魔位)·출가위(出家位)·대각여래위(大覺如來位)니라.

[대의]

교리에 근거하여 공부한 정도[신앙심과 수행력의 정도]를 측정하며 공부를 촉진하는 동시에 불지에 이르는 이정표를 밝혀주신 법문인바 보통급·특신급·법마상전급·법강항마위·출가위·대각여래위의 삼급 삼위로 되어 있다.

<신앙과 수행의 결과를 측정[사정査定]하는 표준이요, 성불의 이정표다>

1. 보통급 : 초심初心, 입문, 불지출발佛地出發, 큰집 발견 <교도>

1. 보통급은 유무식·남녀·노소·선악·귀천을 막론하고 처음으로 불문에 귀의하여 보통급 십계를 받은 사람의 급이요,

남녀노소, 유무식, 선악, 귀천 간에 누구를 막론하고 본교에 입교하여 법명을 받고 보통급 10계를 표준 삼아 악습을 고치고 새로운 선업에 힘쓰고자 사종의무를 이행하기 시작하는 정도의 사람.

<정법 문하에 입참入參한 초심의 경지로서 성불의 학교에 입학한 것이다>

[문제점]

1. 입교할 때는 연원을 대는데 그 연원을 대는 이유는?

1) 직접 지도를 받고 가까운 인연을 맺기 위해서.

2) 법에 먼저 귀의한 감사 보은의 길을 의무로 알고 그 의무실행을 하고자.

3) 입교한 인연의 근거와 교화훈련의 조직을 위해서.

2. 연원의 종류는?

연원은 법의 계통을 잇고 그 법을 이어받는 의미와 법의 선을 널리 전하고 바로 이어주는 의미가 있으니

1) 입교 연원 2) 출가[입지立志] 연원 3) 견성[성불] 연원이 있다.

※ 참고 : 견성 연원은 사람이 아닐 수도 있다.

3. 구인 이상의 연원을 달게 하신 이유는?

시방을 응기應氣하여 시방세계의 일체 생령을 구원하시고자 함이 대종사님의 의도이신바 이런 원리에 의하여 교화단을 조직하시고 그 교화단의 훈련과 교화의 방법인 조단법에 따라 구인 이상을 달게 하신 것이다.

4. 스스로 입교하지 않고 타의[부모, 형제, 친지의 뜻]에 의하여 입교된 경우도 보통급이 되는가?

남녀노소, 유무식, 선악, 귀천 간에 누구든지 도문에 입교하면 그날부터 보통급으로 인정하지 않을 수 없다. 그러나 신앙과 수행이 전연 없으면 인연만 걸린 교도이며 형식상의 보통급이다.

5. 다른 종교에서 상당한 신앙과 수행의 공부를 하고서 입교한 분도 보통급의 계단을 밟아야 하는가?

1) 누구를 막론하고 입교한 순간부터 특신급 이상의 법위를 인정할 수는 없을 것이다. 왜냐하면 다른 종교의 신앙과 수행의 근원인

교리가 같을 수 없고, 교리가 다름에 따라 신앙과 수행이 같을 수 없으니 본교의 법위와는 관계를 지을 수 없는 것이 아니겠는가. 그러나 이 법에 따라 공부해갈 때 그 시일과 노력이 적게 들 수는 있을 것이다.

2) 그러므로 누구를 막론하고 반드시 보통급을 거치지 않을 수는 없는 것이다.

6. 법문에 보통급을 불지 출발, 큰집 발견이라 하셨는데 그 의지는?

1) 천 리의 멀리 있는 길도 첫걸음의 출발이 있는 것 같이 불지의 크고 높은 자리도 반드시 보통급의 첫 문을 통해서 올라갈 수 있고, 또는 불문에 입참하는 것은 누구나 불지에 가는 것이 그 목적이기 때문이다. <불지 출발佛地出發>

2) 범부의 사생활은 아무리 크고 넓고 오래다 하나 유한한 생활이요, 불보살의 생활은 아무리 작고 초라한듯하나 시방 일가의 생활이요 영원무궁한 생활일 뿐 아니라 본교의 목적이 한량없는 세계사업이기 때문에 본교의 입교는 곧 큰 집을 찾아온 것이다. <큰집 발견>

이처럼 큰 집을 찾아야 큰 신심, 큰 서원이 생겨난다.

2. 특신급 : 발심發心, 입지立志, 정법정신正法正信, 마음공부 <교선教選>

2. 특신급은 보통급 십계를 일일이 실행하고, 예비 특신급에 승급하여 특신급 십계를 받아 지키며, 우리의 교리와 법규를 대강 이해하며, 모든 사업이나 생각이나 신앙이나 정성이 다른 세상에 흐르지 않는 사람의 급이요,

본교의 진리와 스승님과 법과 교단을 믿고 여기에 의지할 뿐이요, 세상의 천만 유혹에 조금도 흔들리지 않고 이 공부 이 사업에 호리도 의심이 없이 바치는 경지로서 보통급 10계를 일일이 지키고 사종의무를 철저히 이행하며 다시 특신급 10계를 받아 지키는 동시에 교리와 법규를 대강 이해하는 정도의 사람.

<무엇과도 바꾸지 않을 신심이 서져서 수도인의 일생사一生事가 이에서 결정된다>

※ 허공 법계에서는 성성식成聖式이 거행된다.

[문제점]

1. 예비 특신급과 정식 특신급의 차이점은?

1) 예특은 보통급 10계를 일일이 실행하고 사종의무를 이행하기 시작하는 정도로서 특신급 10계를 받아 지키고자 하며 교리와 법규를 이해하려고 하는 정도의 사람이라면 정특은 특신급 승급조항을 받은 분을 비롯하여 20계를 일일이 지키는 정도의 사람까지라고 할 것이다.

2) 예특은 입교 후 특별한 진전은 없을지라도 약 2, 3년간 신앙을 바꾸지 않고 교단을 잊지 않으며 법회의 출석이 반수 이상 되는 분이며 조석심고와 보은미를 실행하려고 노력하는 정도이요, 정특은 20계와 솔성요론 등을 외우고 실행하기로 노력하는 동시에 일원상의 진리와 삼학 팔조, 사은 사요에 대하여 대체로 이해하는 분이며 이 법 외에 더 좋은 법이 없고 우리 스승님 외에 더 높은 스승이 없으며 우리 동지 외에 더 좋은 동지가 없게 여겨져서 모든 재미가 이 공부 이 사업하는데 돌아오며 생각이나 정성이 다른 세상에 흐르지 않는 정도이다.

2. 모든 사업이나 생각이나 신앙이나 정성이 다른 세상에 흐르지 않는다는 것은?

1) 경영하는 모든 사업의 목적과 방법이 교전의 정신에 근거하여 개인·가정·사회·국가·세계에 유익을 주는 동시에 교단사업의 발전을 위하여 직접 간접으로 합력한다.

2) 모든 사상 즉 우주관, 세계관, 인생관이 교전의 정신에 입각하고 사고방식과 생활양식 또한, 거기에 근거하게 될 뿐 아니라 생각하는 바가 모두 이 공부 이 사업하는 데로 귀일한다.

3) 법신불 일원상의 진리와 우리 교법과 우리 스승님들과 우리 교단에 귀의하고 의지할 뿐 신앙의 대상과 귀의처를 바꾸지 않는 것이다. <어떠한 일이 있을지라도 개종하지 않는 정도>

4) 수행이나 신앙이나 사업에 바치는 정성이 오직 이 법에 의할 뿐이요, 다른 세상의 법에 유혹되지 않는다.

예 : 1) 무당 등의 미신적 정성. 2) 일시적 독공 등의 편벽된 정성.
3) 권모술수 등의 부정당한 노력.

3. 특신급에서 흔히 나타나는 특징과 특별히 유의할 점은?

1) 특징은

가) 진리를 알지 못하고 오직 신심과 서원으로 일관하는 때라 그 심행心行이 원만하지 못하며 선후와 본말을 구분하지 못하여 천방지축하지 마는 때로 여래행이 나오기도 하며 불평불만이 나오기 쉬울 때다.

나) 자기의 능력이나 실천 정도를 생각하지 않고 오직 원불교의 이념과 교법에 도취하여 자나 깨나 이상만을 간직하고 가나 오나 선전에 여념이 없는 때다.

다) 이 공부 이 사업을 위해서는 이해利害와 생사를 불고할 수 있

는 자신이 생기고 성불제중의 입지가 싹트며 세세생생 이 공부 이 사업에 원불교의 냄새가 풍기는 때다.

2) 유의할 점은?

가) 자기의 능력과 실천을 반성하고 모든 책임을 자기에게 돌려 자신의 허물을 찾아 고치고 부족을 찾아 보충하고 키우는 데 노력할지언정 불평불만을 품거나 발설하지 말자.

나) 교법에 심취된 나머지 이상에 치우치거나 배타적인 편협한 마음이 생기기 쉽고 상대심이 나타나기 쉬우며 실이 없는 생활로 그칠 수 있는 것이니 교리의 원만한 연마와 교리에 입각한 자기훈련에 심공을 쌓아야 한다.

다) 진리와 법과 스승님들과 교단에 대한 원만한 사대불이신심四大不二信心의 뿌리가 깊어지고 사방일가와 제생의세의 대서원이 구천에 사무치도록 일관하게 되면 일초직입여래지一超直入如來地 하는 수도 있는 것이니 대신근 대원력을 뭉쳐가자.

4. 수도인의 일생사가 특신급에서 결정된다고 하시니 그 의지는?

여기서 일생사라 함은 일생의 법기法器와 인격의 판국을 의미하는 것 같고, 특신급에서 법기와 인격의 판국이 결정된다는 것은 법기와 인격의 판국은 신근과 원력 여하에 따라서 형성되기 때문이요, 특신급에서는 주로 신근과 원력으로 일관하는 경지이기 때문에

1) 그때의 신근이

가) 사대불이四大不二의 원만한 신심인가 아니면 편벽된 신심인가?

나) 이해 불고의 신심인가 또는 생사 불고의 신심인가?

다) 일시적인 신심인가 또는 영생을 일관하려는 신심인가?

2) 그때의 서원이

가) 개인의 행복과 성불만을 위한 서원인가 아니면 가정을 위한

서원인가, 또는 사회 국가를 위한 서원인가 아니면 세계 인류를 위한 서원인가?

나) 시방일가 사생일신으로 성불제중하고 제생의세할 서원인가?

다) 금생만의 공부 사업인가 영생을 통한 공부 사업인가?

여기에 따라서 법기와 판국이 결정될 것이다.

※ 참고

가) 신위도원공덕모信爲道源功德母라[248] 신이 없는 공부는 죽은 나무에 거름하는 것 같은 것이요.

나) 신은 법을 담는 그릇이 되고 모든 의두를 해결하는 원동력이 되며 계율을 지키는 근본이 된다. <『대종경』 신성품 7장>

다) 사람의 인격은 선악 간 최초 한 생각의 성장으로 형성되고 불보살의 법기는 대소 간 그 신근信根과 원력願力에 따라 이루어진다.

5. 특신이 되면 허공 법계에서는 이미 성성식이 거행되었다 하는 법문의 의지는?

허공 법계는 곧 진리계이니, 우주 전체에 충만해 있는 현묘한 진리이요 제불제성과 범부중생의 본성이다. 특신급에서는 각자의 마음에 무엇과도 바꿀 수 없는 확고부동한 신념과 성불제중의 뜻이 확립되는 때라 그와 같은 대신념과 대원력이 확립되면 그 순간 명명冥冥한 가운데 소소영령하게 성불제중의 종자가 심어 짐으로써 삼세제불의 마음에 그 뜻이 전해져서 다 같이 기뻐하시고 축하하시며 힘을 밀어주실 것이요, 일체 생령의 마음에도 소소昭昭하게 은연중

248) 『화엄경』에 나오는 말. "신위도원공덕모信爲道源功德母 장양일체제선근長養一切諸善根."(믿음은 진리의 근원, 공덕의 어머니며, 길이 모든 선업의 뿌리를 영원히 키운다.)

전해져서 다 같이 기대하고 의지하며 힘을 합하게 될 것인바 이와 같은 결정적 시기를 허공 법계의 성성식이라고 표현하신 것 같다.

※ 참고 : 연등불에게서 수기 받으신 서가 세존께서도 그때가 특신이 아니셨든가 싶다.

6. 법문에 특신급을 '정법정신正法正信**, 마음공부'로 표준 잡아 주신 의지**意旨**는?**

1) 정법정신은 원만하고 바른 법을 원만하고 바르게 믿어야 하고 또는 그렇게 믿는 정도임을 밝혀 주신 것 같다.

2) 마음공부는 밖으로 믿는 마음만 철저하다 보면 자기 마음은 대조 성찰할 겨를이 없이 남의 허물만 눈에 띄어 불평불만이 나와서 본원이 전도될 염려가 있으므로 마음공부에 착안하여야 하고 또는 정법정신을 하려면 자연 마음공부에 착안하게 됨을 밝혀 주신 것 같다.

7. 출가교도와 재가교도에 있어서 특신의 표준을 구별해 주시오.

우리 교법은 출가 재가에 차등이 없으므로 그 표준 또한 따로 있을 수 없는 것이다. 그러나 알기 쉽게 정특을 식별하는 기준을 생각해 본다면 재가에서는 이해와 생사의 경우에도 신앙을 바꾸지 않는 정도로 보는 것이 좋을 것이요, 출가에서는 대개의 경우 어떠한 경우를 당하여도 퇴속하지 않을 정도로 보면 어떨까 싶다.

※ 여기서 한 가지 유의할 것은 퇴속했다고 해서 전부가 정특이 못되는 것은 아닐 것이니 오해가 없어야 할 것이다.

3. 법마상전급 : 대체大體, 육근고전六根苦戰, 심리心裏공부, 중근조심中根操心 <교정教正>

> 3. 법마상전급은 보통급 십계와 특신급 십계를 일일이 실행하고 예비 법마상전급에 승급하여 법마상전급 십계를 받아 지키며, 법과 마를 일일이 분석하고 우리의 경전 해석에 과히 착오가 없으며, 천만 경계 중에서 사심을 제거하는 데 재미를 붙이고 무관사(無關事)에 동하지 않으며, 법마상전의 뜻을 알아 법마상전을 하되 인생의 요도와 공부의 요도에 대기사(大忌事)는 아니하고, 세밀한 일이라도 반수 이상 법의 승(勝)을 얻는 사람의 급이요,

교리 이해에 큰 착오가 없고 20계를 일일이 실행하며 다시 법마상전급 10계를 받아 지키는 데 악전고투하되 무관사無關事에 동하지 않고 어떠한 마군이라도 발견하여 속 깊은 공부를 해나가는 경지로서 육근 작용이 반 이상 법으로 화하는 정도의 사람이다.

<만난萬難 중에서도 교리에 근거하여 속 깊은 공부로 법과 마를 일일이 분석하여 고전하는 경지로서 수도인이 걸리기 쉬운 중근의 위기이다>

[문제점]

1. 법과 마란?

1) 법法은 곧 정正이니 성불제중의 본원을 달성하는 마음과 그 표준으로 도심, 공부심 즉 진리에 근거한 신앙과 수행과 생활의 표준

[인생의 요도와 공부의 요도] 등을 말할 것이요,

2) 마魔는 곧 사邪이니 성불제중의 본원을 방해하는 마음과 경계[육신과 인연]로, 인심人心 방심放心[중생심] 즉 아무런 표준이 없이 자행자지하는 마음이나 자행자지하게 만드는 인연들을 말할 것이다.

※ 심마心魔 – 탐·진·치, 시기심, 아만심 등.

신마身魔 – 병고와 오욕. <식·색·재·수면·안일>

인연마因緣魔 – 지친至親. <내 마음을 빼앗아 가는 인연들>

이상 세 가지의 근원에서 일체 마군이 일어나는 것이니, 심·신·인연心身因緣의 근본을 요달하고 그것을 선용하는 방법을 알면 항마하는데 빠른 길이 열릴 것이요, 해마解魔의 묘술이 생길 것이다.

※ 마왕이 주재하면 일체가 마민魔民이 되고 마군이 되지마는 법왕이 주재하면 일체가 양민이 되고 법이 되는 것이다.

2. 법과 마를 일일이 분석하려면 그 표준과 방법은?

1) 그 표준은

가) 솔성요론과 30계문.

나) 사은 보은 조목과 사요 실천, 삼학과 진행 사조와 사은 배은 조목과 사연 사조를 명심불망銘心不忘하고,

다) 진위眞僞 공사公私 시비是非를 알며,

라) 각자 마음의 기멸起滅과 거래를 분명히 알아서 늘 살펴야 하고, 행실의 선·불선을 늘 반성하며 가까운 인연들[사람, 수용도구, 환경 등]을 잘 관찰해야 할 것이요,

2) 그 방법은 순·역·공順逆空 간에 경계를 대할 때마다 온전한 생각으로 취사하여 법과 마를 이상의 표준에 따라 분석하여 취사 실행하면 될 것이다.

3. 우리 경전 해석에 과히 착오가 없다는 것은?

1) 교전과 각 교서의 대의를 이해하고 그에 근거하여 자기 수행의 표준을 세워가는 정도.

2) 교리의 이념과 교단의 목표를 대강 이해하고 거기에 노력하는 정도.

가) 성불제중 제생의세.

나) 정각정행 지은보은 불법활용 무아봉공.

3) 성리의 추리적 이해로 의리적 해석을 하는 정도, 공空 자리를 추리적으로 짐작하거나 가상적으로 짐작하며, 또는 공적한 소식을 점두點頭하는 정도일 것이다.

4. 천만 경계 중에서 사심을 제거하는데 재미를 붙이는 것을 실례를 들어 설명해 주시오.

동정역순의 일체 경계 중에서 사심 잡념과 번뇌 망상을 제거하는데 재미를 붙이고 있는 것이니 염불, 좌선, 심고, 기도, 주송 등의 수양에 재미를 붙이기 시작하고 주로 피경避境 사사捨事공부에 표준을 두게 되는바

1) 일 잡으면 전일하려고 노력하고 틈만 나면 염불 좌선에 공을 들이며 모든 책임을 남에게 미루지 않고 어떤 경계를 당하든지 거기에서 무엇인가 배우고 익히며 기르려고 노력하는 것이요,

2) 마음 빼앗아 갈 경계를 멀리하고 그와 같은 일을 짓지 않으며 긴급하지 않은 일로 서성대지 않고 지나버린 일에 붙잡히지 않으려고 노력한다.

3) 순경에 넘치지 않고 역경에 타락하지 않을 뿐 아니라 그 자리 그 자리에서 오직 분수를 알아 편안한 마음으로 일심을 양성하는데 적공할 뿐 옆도 돌아보지 않는 것 등이다.

5. 무관사無關事에 동하지 않는다는 것은?

1) 자기 책임 이외의 일이나 본원에 어긋나는 일이나 본원에는 어긋남이 없을지라도 자기 능력으로 할 수 없는 일에는 관여하지 않고 여가가 있으면 일심 양성이나 진리 연구, 교리 연마에 적공하는 것을 말한다.

2) 자기 책임에 충실하면서 자기 수행에 충실할 뿐 옆도 돌아보지 않는 것을 말하는 것 같다.

6. 법마상전法魔相戰의 뜻을 안다는 것은?

1) 상전相戰의 목적을 알고,

2) 상전相戰의 방법을 아는 것이니 즉 법과 마를 분석하여 피할 것은 피하고 싸울 것은 싸우며, 법을 기르고 마를 조복 받는 길과 그 목적을 분명하게 하는 것을 말한다.

7. 법마상전을 하되 고통을 적게 할 방법은 없을까요?

고통 없이 이기고자 하는 그 마음이 곧 큰 마가 될 수 있으니 그 마음부터 놓는 것이 좋을 것이요, 그 방법을 생각해 보면 각자의 근기와 경계 따라 다르겠지마는

1) 각자의 근기를 먼저 알고,

2) 마의 근원을 알아서 피할 것은 피하고 싸울 것은 싸우며 미룰 것은 미루고 판결할 것은 판결하되,

3) 무거운 업장이나 근본적인 마장으로 고투할 때는 생사를 불고하는 일대 결단이 있어야 할 경우도 없지 않은 것이다.

4) 마공색공공역공魔空色空空亦空[249)]한 데 멎어라. 무슨 싸울 것이 있겠는가?

---

249) 마魔도 본래 텅 빈 것이요 색色도 본래 텅 빈 것이며 공空 또한 본래 공이라 할 것도 없는 것이다.

8. 무관사에 동하지 아니하려면?

1) 무관사에 동하게 되면 정신과 정력이 소모되고 마음 빼앗아 갈 인연이 되며, 자기 책임을 다하기 어려울 뿐 아니라 남이 간섭하는바 되어 시비 중에 들기 쉬운 것이요, 사회의 질서를 어지럽히는 요인이 될 수도 있으니 먼저 이상과 같은 해점害點을 절실히 느끼고 깨달아야 할 것이다.

2) 자기 책임과 입장과 능력을 잘 알아서 자기 책임에 충실하고 분수 밖의 일을 짓지 않기로 결심하는 동시에 안으로 삼대력 갖추는데 전력을 다해야 할 것이다.

경솔하고 경박한 성격이나 일 좋아하는 성격이 많이 동하게 되는 것이니 먼저 정력定力을 익히는 데 특별히 노력할 것이요, 각자의 책임에 충실하고 남의 책임과 권리를 침해하지 않는 교양을 갖출 것이다.

※ 참고 : 가) 외단번연 부동무관지사外斷繁緣 不動無關之事.

내보자성 면면자임지사內保自性 勉勉自任之事.[250]

나) 잠거포도潛居抱道 이대기시以待其時[251],

---

250) 밖으로 번거로운 인연을 끊어서 나와 상관없는 일에 동하지 말 것이며, 안으로 자성을 잘 보림하고 자신이 맡은 일에 힘써야 한다.

251) 『소서』에 나오는 말. 『대산종사법문』 5집 파수공행에 소개하고 있다. "예자禮者는 인지소리人之所履니 숙흥야매夙興夜寐하야 이성인윤지서以成人倫之序니 부욕위인지본夫欲爲人之本이 불가무일언不可無一焉이니라. 현인군자賢人君子는 명어성쇠지도明於盛衰之道하고 통호성패지수通乎成敗之數하고 심호치란지세審乎治亂之勢하고 달호거취지리達乎去就之理라 고故로 잠거포도潛居抱道하고 이대기시以待其時하야 약시지이행즉능극인신지위若時至而行則能極人臣之位하고 득기이동즉능성절대지공得機而動則能成絶代之功하나니 여기불우如其不遇면 몰신이이沒身而已라 시이是以로 기도족고이명중어후대其道足高而名重於後代니라."(예는 사람의 행할 바니 일찍 일어나고 밤에 자서 인륜의 차례를 이룸이니 무릇 사람이 되고자 할 근본이 가히 하나도 없지 못할 바니라. 성인 군자는 성쇠의 도에 밝고 성패의 수에 통하며 치란의 형세를 살피고 거취의 이치에 달하나니라. 고로 잠겨 살며 도를 안고 때를 기다리나니 만일 때가 이르러 행한 즉 능히 인신의 위를 다하고 기틀을 얻어서 동한 즉 능

괄낭순회括囊順會[252].

다) 남의 밭 매다가 내 밭 묵힌다.

9. 인생의 요도와 공부의 요도에 대기사란?

사은 배은, 사연 사조捨捐四條, 30계문 등.

10. 법마상전을 하되 반 이상 법의 승을 얻는다고 하는 반 이상의 표준은 어디에 둘 것인가?

1) 법마상전급 10계문 중 반 이상.

2) 일체 육근 작용을 통해서 법과 마를 분석하여 상전하되 혹승혹패或勝或敗하는 것이나 반 이상 법의 승을 얻는 것.

동 : 정의 양성에 표준을 두고 취사하되 반 이상 정의행을 하는 것.

정 : 일심 양성에 표준을 두고 잡념을 제거하되 반 이상 일심이 계속하는 것.

3) 한 가지 마군을 놓고 퇴치하는 노력을 하되 10번 싸워 5, 6차 이상 지지 않는 경우를 말할 것이다.

11. 법마상전급에서 흔히 나타나는 특징과 특별히 유의할 점은?

<특징>

1) 교리의 대체를 알고 법과 마를 구별할 줄 알며 마음의 거래를 알아서 속 깊은 공부에 착안하는 때라 공부하려고 애쓰는 모습이 보이기도 하며 때로 밝은 말이나 글이 솟아나기도 하여 남의 감탄을 얻기도 하고 허령이 뜨기도 하여 거기에 만족해서 뿔<상相>이 나오기 쉽다.

히 절대의 공을 이루나니 만일 그 시기를 못 만나면 몸을 빠뜨릴 따름이다. 이럼으로써 그 도가 족히 높아서 이름이 후대에 중하나니라.)

252) 『소서』에 나오는 말. "괄낭순회括囊順會 소이무구所以無咎"(주머니를 묶어 두고 모음에 따름은 허물이 없는 것이다. 자신의 주머니 사정을 잘 안 연후에 사람을 모아야 허물이 없다는 뜻.)

2) 철저히 증득한 바는 없으나 전연 모르지도 아니하여 자기 나름의 주견이 서기 시작하고 공에 떨어지기도 하고 유에 떨어지기도 할 뿐 아니라 스승을 저울질하기도 하고 진리와 법과 교단에 대하여 호의狐疑가 생기기 시작하는 수도 있다.

3) 자기 수행에 철저하다 보면 소승에 떨어져 고집불통이 되기도 하고 법박法縛이 되어 자유를 잃기도 하며, 마魔에게 질지언정 마가 숨지는 못하는 때라 악전고투하다가 자기 무력自己無力만을 통감한 나머지 용기를 잃고 자학으로 타락하는 경우도 있다. <자포자기로 될 대로 되라는 심경과 처사가 나온다>

4) 언필칭 대승을 내세워 함부로 인정에 끌리기도 하고 외화에 빠지기도 하며 공에 집착되어 무애행이 나오기 쉽고, 정의의 탈을 쓰고 불의를 자행하여 자기의 마음 상태와 거래를 잘 알기 때문에 남의 마음도 미루어 짐작하거나 함부로 속단하여 대과를 범하기도 쉬울 때다.

5) 대신근 대서원에 바탕을 두며 법마상전을 철저히 하는 분은 옆도 돌아보지 않고 오직 법마상전하는 재미로 살아가기도 하고 고전이 적고 바로 승급하는 분도 있다.
어제는 패배, 오늘은 투쟁, 내일은 승리의 신념으로 살아가되 패배에 낙망하지 말고 승리에 오만하지 않으면 영원한 승자가 될 것이다.

<유의점>

이상에 밝힌 바와 같이 상전급은 수도인이 걸리기 쉬운 중근의 위기인 동시에 여래의 만능이 여기서 단련되는 것이니 늘 조심하되 낙망하지 말아서 끝까지 싸우는 정신을 놓지 말아야 할 것인바

1) 교리를 이해하고 법과 마를 분석하다 보면 아는데 치우쳐 신심과 서원이 풀어지기 쉬운 것이니 대신성과 대원력을 더욱 챙겨 지원至願, 지성至誠으로 뭉쳐가야 할 것이요, 대승적인 큰 서원과 소승적인 철저한 수행이 아울러 계속되어야 할 것이다.

2) 교리를 실천하고 성리를 완전히 투득透得하는데 특별한 공을 들여 원만구족하고 지공무사한 각자의 마음을 철저히 증득할 것이요, 신앙과 수행을 병진하여 반드시 일원의 위력을 얻고 일원의 체성에 합하는 체험이 있어야 하고 삼학병진의 실천적 적공으로 삼대력의 증진이 있어야 한다. <정력과 계력에 더욱 노력하자>

3) 한 불의不義를 행하여 천하를 얻고 한 불의不義를 행치 아니하여 죽음이 온다고 할지라도 행치 않는다는 뜻을 세우고 각자의 근기와 능력을 잘 알며 마의 근원을 철저히 알아서 피할 것은 피하고 싸울 것은 싸우되 육근문에서 불이 나야 할 경우도 있어야 한다.

4) 자기의 능력과 지혜를 함부로 믿지 말고 늘 조심할 것이요, 나의 마음을 남김없이 통할 수 있고 신심과 서원을 끊임없이 이끌어 주는 동지와 스승을 반드시 모시고 살자. <영생을 서로 책임질 수 있는 스승과 동지면 더욱 좋을 것이다>

※ 고자배기[253]에 의지하지도 말고, 고자배기가 되지도 말라. 자타를 망치느니라.

※ 썩은 새끼줄을 붙들지 마라. 위험하기 그지없다. 신근이 철저하지 못한 것은 고자배기요, 신맥이 튼튼하지 못한 것은 썩은 새끼줄이니라.

---

253) 뿌리가 석은 나무 밑둥치를 말함.

※ 대지大地는 욕절욕절欲節欲節[254]하다가 이루어지고, 큰 공부는 천인만내리千忍萬耐裡에 이루어지며, 대업大業은 천신만고중千辛萬苦中에 이루어지는 것이요, 소년다병少年多病은 장수長壽의 근본이 되는 것이니, 법마상전급에서 시달리며 혹승혹패或勝或敗하되 최후에 승리만 하면 여래의 만능이 여기서 단련되었음을 알게 될 것이다. <부처가 부처된 분은 쓸모가 적은 부처가 되고 중생이 변하여 부처된 분이라야 쓸모 많은 부처니라>

※ 벽 틈에서 센바람이 들어오는 것 같이 마음에 틈이 나면 마군이 침입하는 것이니 마음에 틈이 나지 않도록 늘 챙기는 공부에 적공하자. 방심은 삼독보다 무서운 적이다.

※ 사물잠四勿箴 : 비례물시非禮勿視 비례물청非禮勿聽
비례물언非禮勿言 비례물동非禮勿動[255]

※ 급히 말고 쉬지 말라. 이것이 대정진이다.

---

254) 끊어질듯 끊어질듯하면서 이어진다는 뜻. 대산 종사는 신도안에 계시면서 '계룡산이 무학無學 이전 삼한三韓(五千年 前)부터 말이 있었는데 진안 마이산에서부터 시작하여 끊길 듯 끊이지 않고 영남 영동으로 거슬러 욕절욕절 올라와 양정 고개에서 끊어진 것 같으나 밑으로 힘이 뻗어 계룡산을 만들었다.' 며 '이는 도가道家나 정치가政治家나 사업가事業家나 큰일을 하고 큰 성공을 하려면 막 꺾이고 끊기여서 죽을 고비를 넘겨야 한다. 전탈전여全奪全與의 진리를 뜻하는 것이다.'며 이 지역의 지형에 대해서 '욕절욕절하다가 이루어진다'는 표현을 많이 쓰셨다.

255) 『논어』 안연편에 나오는 말. "안연顔淵이 문인問仁한대 자왈子曰 극기복례위인克己復禮爲仁이니 일일극기복례一日克己復禮면 천하귀인언天下歸仁焉하나니 위인유기爲仁由己니 이유인호재而由人乎哉아. 안연顔淵이 왈曰 청문기목請問其目하노이다. 자왈子曰 비례물시非禮勿視하며 비례물청非禮勿聽하며 비례물언非禮勿言하며 비례물동非禮勿動이니라. 안연顔淵이 왈曰 회수불민回雖不敏이나 청사사어의請事斯語矣로리이다."(안연이 인에 대해서 묻자 공자가 말씀하셨다. 자기를 이겨내고 예를 회복하는 것이 인을 하는 것이다. 하루라도 자기를 이겨내고 예를 회복하면 천하가 인으로 돌아갈 것이다. 그러므로 인을 하는 것은 자기로부터 비롯되는 것이지 남으로부터 비롯되는 것이겠는가? 안연이 말했다. 그 조목을 하나하나 듣고 싶습니다. 공자가 말씀하셨다. 예가 아니면 보지 말며, 예가 아니면 듣지 말며, 예가 아니면 말하지 말며, 예가 아니면 하지 않는 것이다. 안연이 말했다. 제가 비록 민첩하지는 않으나 이 말씀을 실천하도록 하겠습니다.)

※ 큰 공부와 큰 사업을 성취하기로 서원한 분에게는 진리는 항상 도와주시고 항상 시험하시는 것이다. 그 시험에 합격하라. 팔만사천 무량 마군이 총동원되는 것이니 무량 방편을 사용할 줄 알라.

※ 타심중생他心衆生을 제도하는 데도 무량 방편이 필요하고, 자심중생自心衆生을 제도하는 데도 무량 방편이 필요하다.

12. 중근의 원인과 병세와 그 치료법을 일러주시오.

※ 참조 : 『대종경』 수행품 38, 39장. 부촉품 6, 9장.

1) 원인

가) 신성과 서원은 강한데 모든 지혜가 열려서 큰 공부의 성의가 없어지고, 모든 권리와 신망이 돌아와서 사욕私慾이 동動하고 교만이 생기기 시작하며 또는 일시적인 독공으로 허령이 나타나는 것이요,

나) 교리와 진리를 해석적으로만 배우고 익혀서 너무 쉽게 알며 실천과 체험이 없고 증득이 없는 것이다.

2) 증세

가) 공부에 권태증이 생겨서 모든 것이 괴롭기만 하고 지루한 생각이 나며 어떤 때는 비공부인 보다도 못한 경우가 있다.

나) 제가 저를 믿고 제 허물을 용서하며 위 스승을 함부로 비판하고 법과 진리에 호의狐疑를 가져서 제 뜻에 고집하는 것이다.

3) 치료법

가) 법 있는 스승에게 마음을 가림 없이 바치는 동시에 옛 서원을 자주 반조하고 중근의 말로가 위태함을 자주 반성하자.

나) 대각성불과 제생의세에 표준을 두고 끝까지 노력하자.

13. 상전급에서 지원至願 지성至誠으로 일관만 하면 고전이 적고 바로

승급한다고 하셨는데 대서원과 대신근이 끊임없이 솟을 방법을 말씀해 주시오.

1) 가장 보람 있는 인생의 목적이 무엇인가를 생각하여 그 목적을 스스로 세우자.

2) 현재의 자신을 정확하게 파악하여 그 목적을 달성하기로 하면 어떤 힘을 갖추어야 하겠는가를 알자.

가) 우주와 나를 대비해 볼 때 얼마나 나약한가 자신의 무력無力을 체감하여 진리의 위력을 빌리라.

나) 나약한 것 같지마는 천의를 감동을 줄만한 요소가 있고 우주를 요리할 수 있는 원천이 나의 마음에 있음을 알아 무궁한 자력을 개척하라.

3) 심고와 기도로 결심과 원력을 키우며 정성을 뭉치고,

4) 신심과 서원을 좌우명으로 삼아 늘 대조하고 챙기고 뭉치라.

5) 대원견성大圓見性을 하라. 육도사생의 진강급과 시방일가十方一家 사생오권四生吾眷을 알게 되면 큰 사명감이 솟을 것이다.

6) 제불제성을 닮아가기로 표준을 세우고 늘 마음에 모시고 살자.

14. 상전급의 삼대력 정도는 어떠한가?

1) 수양력

가) 사심을 제거하는데 애를 쓰는 정도이니 염불, 좌선, 주송이나 심고, 기도 등에 취미가 생기는 정도요,

나) 불긴지사不緊之事나 번잡한 일은 짓지 않고 자기책임 이외의 일에는 신경을 쓰지 않으며 경계마다 마음을 멈추어 부동심을 기르기에 적공하는 정도.

2) 연구력

가) 교리를 이해하는데 있어 대체에 어긋남이 없고 법과 마를 구

별할 수 있으며,

나) 각자의 마음 상태와 그 거래를 분명히 알고 성리에 대해서도 대강 짐작하는 정도.

※ 성리의 대大 자리와 무無 자리는 대강 짐작하고 만법귀일의 자리를 추리적으로 분석할 수 있거나 공적한 자리를 점두點頭하는 정도.

3) 취사력

가) 헌규와 30계에 큰 과오가 없고 솔성요론을 대개 실행하며 특히 삼독심과 시기심, 아만심을 애써 뿌리 뽑는 데 재미를 붙이는 정도.

나) 육근 작용과 대인접물의 모든 일이 혹중或中 혹부중或不中하는 정도이니 육근 작용은 때와 곳과 힘에 맞게 표준을 두고 대인접물의 모든 처사는 자리이타에 표준을 두되 반수 이상 그 표준대로 실행이 되는 정도라 하겠다.

4. 법강항마위 : 세밀細密, 육법六法, 도심道心, 공심公心, 심정心正, 신정身正, 마음조복, 생활 법도. <정사正師>

4. 법강항마위는 법마상전급 승급 조항을 일일이 실행하고 예비 법강항마위에 승급하여, 육근을 응용하여 법마상전을 하되 법이 백전백승하며, 우리 경전의 뜻을 일일이 해석하고 대소 유무의 이치에 걸림이 없으며, 생·로·병·사에 해탈을 얻은 사람의 위요,

30계를 일일이 실행하고 교리에 정통하며 성리에 막힘이 없고 육근 작용이 모두 법이 되며 생·로·병·사에 해탈을 얻은 경지로서 자신 제도는 마치고 남의 스승이 될 수 있는 초성위初聖位.

<교리와 성리에 걸림이 없고 육근 작용이 법이 되며 일체 고락과 생사에 해탈을 얻은 경지로써 결정보를 얻을 수 있는 것이다>

가) 자신 제도를 애써서 마치고 안도의 한숨을 내쉬는 때다.

나) 결정보 : 마음먹는 내로 과보[수생]를 받는 것.

다) 항마 : 해마解魔와 복마伏魔.

[문제점]

1. 육근을 응용하여 법마상전을 하되 법이 백전백승한다는 것은?

1) 육근 작용이 모두 법이 됨을 말하는 것이니 30계 등 일체 중생심[아닌 마음]이 전연 일어나지 않는 것은 아니로되 그 중생심으로 인하여 자신의 마음을 괴롭히거나 자신의 일을 그르치거나 자신의 뜻이 좌절되지 않으며 아닌 마음이 날 때마다 바로바로 대치하여 안으로 평상심[정심正心]을 유지하고 밖으로 정의를 잃지 않는 것을 말한다.

2) 그 마음에 법의 표준[성리의 표준]이 확립되어 일체 심신 작용을 오직 그 표준대로 하되 자신의 마음에 조금도 고통과 불편을 느끼지 않고 일체 행이 그 표준에 어긋남이 없도록 숙련된 경지를 말한다.

※ 위법망구爲法忘軀.[256)]

※ 자행자지하던 송아지가 새끼줄에 매달려 시달리다가 이제 안심

256) 법을 위하여 몸을 잊는다.

을 얻고 목동이 끄는 대로 잘 듣는 경지.

※ 일정한 방법으로 반복 수행하여 능이 난 숙련공의 예.

※ 험한 산길로 많이 다녀본 등산 안내인들의 한가한 심경과 자신있는 등산.

3) ㉠ 마음에 잡념이 일어날 때마다 바로바로 챙겨서 정념으로 돌이키는 것이 마음대로 되는 경지.

㉡ 모든 일에 순역의 경계가 유혹하고 엄습할지라도 거기에 끌리지 않고 바로바로 챙겨 바른 취사가 마음대로 되는 경지.

2. 좌선할 때 부유난상浮遊亂想도 없이 몇 시간이고 전일할 수 있는 경지는 어느 위에나 올라가야 하는지요.

그것은 법위와는 상관이 없는 것이니 항마를 못한 분도 일방적인 좌선에 공을 많이 들인 분은 그리되는 수가 있고, 항마위 이상 도인들도 그 면에 전력하지 않으신 분은 그리 안 되는 분도 계실 것이다. 그러므로 대종사님의 법위표준의 의의를 잘 이해하고 여기에 근거하여 법력을 길러가야 할 것이다. 그런 것은 일종의 기술이요 심법의 전부는 아니며 법위[법력]와는 큰 관계가 없음을 알아야 할 것이다. 왜냐하면 일 없이 앉아 있을 때는 몇 시간이든지 전일한 것 같은 분도 일에 당하면 시비와 이해의 문제나 오욕 경계에 끌리고 동하는 경우가 많기 때문에 그것으로 법위의 표준에 관련지을 수는 없는 것이다.

3. 법마상전급에서 오래 머무는 것은 근기가 약해서 그러는가요?

약해서 그러는 경우도 있겠지마는 반드시 꼭 그런 것만은 아닐 것이다. 큰 집과 작은 집을 같이 시작하여 같이 지어갈 때 큰 집이 더디게 지어질 수 있는 것 같이 경륜과 포부의 대소와 장단에 따라 법마상전의 기간에 차이도 있을 수 있을 것이요, 또 같은 집일지라도 자본과 방법과 노력에 따라 그 기간에 장단이 있을 수 있는 것 같다. 법마상전에서 악전고투하는 것이 결코 나쁜 것만은 아니니 만 번 싸워 졌을지라도 만 한 번째 이기면 그것이 승리인 것이요, 싸우지 않고 이긴 분보다 역전歷戰의 경험이 많아서 만능을 갖추는데 다시 공들이지 않더라도 되는 이점이 있는 것이다. 그러나 만 번 싸워 만 한 번에 이길 수 있는 유일한 방법은 서원과 신심을 끝까지 이끌어 주실 수 있는 동지와 스승님을 뒤에 모시고 낱 없이 통할 수 있어야 한다.

4. 우리 경전의 뜻을 일일이 해석하고 대소 유무의 이치에 걸림이 없다는 것은?

교전과 각 교서의 뜻을 정확하게 알고 성리에 걸림이 없음을 말하는 것 같다. <성리에 토가 떨어지고 교리에 막힘이 없는 것>

※ 대소 유무는 곧 일원상의 진리요 성리이니

가) 우주에 있어서 대소 유무와 심성에 있어서 대소 유무를 정확히 알고,

나) 대大 중에 소小·유무有無가 있고, 소小 중에 대大·유무有無가 있으며 유무에도 대소가 있음을 정확히 알 것이요,

다) 대를 나누어 소를 만들기도 하고, 소를 합해서 대를 만들 줄도 알며, 유를 무로 무를 유로 만들 줄도 알며, 변하여도 변하지 않고 불변하는 가운데도 변하는 진리를 확연히 알아야 한다. <불생불멸의 도와 인과보응 되는 진리를 여실히 아는 것>

※ ㉠ 원만구족하고 지공무사한 각자의 마음을 정확히 알자.

㉡ 만유가 한 체성이요 만법이 한 근원이며, 이 가운데 불생불멸의 도와 인과보응 되는 이치가 서로 바탕을 두어 두렷한 기틀이 지어진 자리를 확실히 알아 다시 의혹이 없게 하라.

㉢ 대소상즉大小相卽하고 변·불변이 동도同道한 진리를 정확히 알며, 각자의 근본[진아眞我와 현재의 아我]과 심성 원리[원만구족하고 지공무사한 자리]를 정확히 아는 것이 중요하다.

5. 생·로·병·사에 해탈을 얻는다는 것은?

1) 불생불멸의 진리를 요달하여 나고 죽는 데에 끌리지 않음을 말한다. 『대종경』 변의품 37장.

2) 불생불멸의 도와 인과보응의 진리가 순환 불궁하는 것을 요달하여 나고 죽는데 끌리지 않음을 말한다.

6. 고락을 초월한다는 것은?

고락이 원래 없는 자리를 요달하고 인과보응으로 순환되는 이치를 알아서 고통에 낙망하거나 타락하지 않고 복락에 넘치거나 탐착하지 않으며 고락에 심상尋常함을 말한다.

※ 참고 : 인고忍苦, 안고安苦, 낙고樂苦.[257]

7. 항마위에서는 '대소 유무에 걸림이 없어야 한다' 하셨고 대종경 변의품 34장에는 '견성을 못한 사람은 정식 법강항마위에 승급할 수 없다'고 하셨으니 견성과 항마는 어떤 관계가 있는가?

1) 완전한 정식항마는 어떤 경우를 당하더라도 진리에 근거한 법의 표준이 확립되어 육근 작용이 전부 법으로 화하는 경지요 견성은 성리에 요달함이니, 성리라 함은 우주 만유의 본래 이치와 우리의 자성 원리인바 천만 경계[우주 만유]를 따라 우리의 육근[자성이 작용하는 기관]을 작용할 때 우주 만유의 본래 이치[대소 유무]와 자성 원리[원만구족하고 지공무사한 각자의 심성]를 확실히 알지 못하면 육근 작용이 모두 법이 될 수 없을 것이다.

---

257) 『정전』 수행편 제14장 고락에 대한 법문 참고.

2) 계문을 완벽히 지키고 솔성요론이나 기타 교전과 경전에 밝혀 주신 법문을 표준 하여 실천하면 항마를 할 수 있다. 그러나 경전에 밝혀있지 않은 문제와 경계를 당했을 때와 또는 경전 자체의 해석에 있어서 의견이 다를 수 있는 것이다. 이때 대소 유무의 이치에 확실한 투득透得이 없으면 정당한 판단을 내리지 못하고 정확한 해석을 하지 못하여 주체가 흐려지기 쉽고 본의를 오해할 수 있는 것이다. 그러므로 완전한 항마를 하기로 하면 성리를 요달하지 않으면 안 되는 것이요, 경전의 뜻을 바르게 이해하려면 견성을 해야 하는 것이다.

※ 원시불교에서 불멸 후 경전 결집 시에 다문제일 아난존자이지마는 성리에 토가 떨어지기 전에는 경전 결집에 입실을 안 시켰던 것을 역사에서 배워왔다.

8. 성리에 바탕을 두어 수행하는 실례를 들어주시오.

성리는 곧 일원상의 진리이니 이에 근거하여 짜 놓으신[신앙과 수행을 하게 하신] 우리 교전대로 해가면 되는 것이요, 성리에 표준을 두어 생활하고자 하면 가장 원만한 방법과 표준은 역시 이렇게 하지 않을 수 없다. 그러나 가장 가까이 성리를 대소 유무의 이치로 밝히셨으니 그에 바탕을 두어 처사하는 실례를 들어보면 내 마음과 그 처사가 전체를 위함인가, 소小를 위함인가, 소小가 희생되지는 않는가, 대大의 질서에는 지장이 없는가, 오늘만 위함인가, 상생인가, 상극인가를 대조하는 처사가 되고 마음가짐이 되며 안으로 재·색·명예와 시기·질투·명상 등의 일체중생심이 날 때도 공空[대大]한 자리에 비추어 녹여 버리고 소小 자리와 유무有無[변화] 자리에 비추어 분명하게 잘 살피고 잘 돌려 활용할 수 있으며 감수불보하고 선업결연하고자 하는 마음과 힘이 생기는 것이다.

※ 항마에 적공하여야 참 견성이 될 수 있고, 참 견성을 하여야 항마하기가 수월스럽다.

※ 참조 : 가) 『원광』 48호 「성리의 표준」 나) 『정전』 「사리 연구의 목적」

9. 견성을 하면 바로 항마가 되는 것인가요?

1) 근기에 따라서는 견성하는 즉시 완전 항마하는 분도 있을 것이요, 일반적으로 같은 경계 같은 습관이면 견성 전보다는 훨씬 수월하게 대치가 되고 조복이 될 것이다.

2) 또 사람에 따라서는 비컨대 글씨 쓰는 법을 완전히 알았을지라도 바로 명필이 되지 못하고 운동하는 법을 완전히 알았을지라도 바로 선수권을 얻기 어려운 것 같이 무시습기를 졸연히 제거하기가 어려운 고로 그만한 적공이 있어야 완전한 항마위에 승급하는 것이 보통이다. <돈오점수>

3) 성리를 요달하고서 공부하는 것은 밝은 낮에 아는 길을 가는 것 같고 견성을 하지 못하고서 공부하는 것은 어두운 밤에 확실히 알지 못하는 복잡한 길을 헤쳐 가는 것 같다. 그러므로 견성은 꾸어서라도 해야 한다고 하신 것 같다.

4) 성리에 비추어 재색 명리를 조복 받는 것은 흡사 양잿물에 세탁하는 것 같고, 성리의 표준이 없이 무조건 끊고자 하는 노력은 흡사 찬물로 기름 묻은 빨래를 하는 것 같을 것이다. 그러나 이것도 오래오래 믿고 끝까지 하게 되면 빨아지는 것이요, 견성을 한 뒤에도 닦지 않는 것은 양잿물을 선반에 얹어둔 체 그것만 믿고 빨래를 하지 않는 것과 같다.

10. 생사해탈과 좌탈입망, 시해법은 어떻게 다른가?

※ 참조 : 『대종경』 변의품 26, 27장.

1) 생사해탈은 생·로·병·사에 끌리지 않는 것이니 끌리지 않는다는 것은 생·로·병·사의 경계를 당하여 인간의 본분사를 잃지 않는 것인바 인도의 대의와 자기 자신을 잃어버리지 않는 것이다.

2) 좌탈입망과 시해법은 거의 비슷한 것으로서 하나의 기술이라 법 없이 배운 운동선수와 같아서 쓸모가 없다.

가) 좌탈입망은 육신의 통증을 완전히 잊고 앉은 채로 영혼을 날리기도 하고 선 채로 영혼을 날려 몸을 바꾸기도 하는 기술로서 골육骨肉을 분형分形하는 특수기술이다.

나) 시해법은 육신은 놓아두고 영식만 빠져나가서 주유하고 다닐 수 있는 기술이다.

예) 전달마 후달마

※ 법이 없는 권투와 당수는 깡패가 되어 세상을 어지럽히고 자신을 망치기 쉬운 것 같이 법이 없는 수양은 신통이나 간사한 말변지사末邊之事에 떨어져 도덕을 어지럽히고 자신의 악도를 초래하기 쉽다.

11. 자신 제도는 마치고 남의 스승이 될 수 있다고 하니 그 이유는?

1) 성리에 걸림이 없고 생·로·병·사에 해탈을 얻으며 결정보를 받을 능력이 있으니 금래생今來生에 악도에 떨어질 염려는 없으므로 자신 제도는 마쳤다 하신 것 같고,

2) 법과 마를 명확히 분석하고 30계가 방해롭지 않으며 성리에 걸림이 없고 생·로·병·사의 길과 인과보응의 이치를 정확히 아실 것이니, 나의 전도를 그릇 인도할 염려는 없을 것이므로 스승이 될 수 있다고 하신 것 같다.

12. 항마위부터는 일체 고통의 경계가 없는 것인지요?

고락 생사의 일이 없는 것은 아니로되 그 마음에 걸리거나 얽매이

지 않기 때문에 고를 고로 받지 않고 낙을 낙으로만 받지 않는지라 고도 고가 아니요, 낙도 낙이 아닌 극락의 생활을 할 수 있는 것이다. 비컨대 험악한 산길로 많이 다녀본 사람은 그 길의 내용도 잘 알고 심신의 단련도 잘 되었기 때문에 험악한 산길을 수월하게 다닐 뿐 아니라 조난할 염려가 없는 것 같이 항마위에 오르신 분은 순역경계를 많이 겪고 산전수전 다 경험하면서 쌓으신 법력이라 일체 고락의 경계가 심상尋常할 뿐인 것이다.

13. 항마위에서 흔히 나타나는 특징과 유의할 점[심계心戒]은 어떠한가?

<특징>

항마 즉시 여래위에 승급하는 근기도 혹 있겠지마는 일반적으로

1) 교리에 정통하고 성리에 걸림이 없으며 정당한 표준에 의하여 육근 작용이 법으로 순숙[백전백승]되었기 때문에 비법非法을 용납하지 못하는 수가 많다.
2) 죽어도 과오는 범하지 않고 무엇이나 마음먹은 대로 이루어지며 결정보를 받을 수 있는 능력이 있기 때문에 독선과 안일에 떨어지기도 하고 일능一能에 치우치기도 하며 향락에 떨어지기도 쉬운 때다.
3) 어떤 세상에 처해도 그 마음에 물듦이 없고 누가 무엇이라 해도 자기 마음은 의연하며 천만 경계가 포위 공격할지라도 그 마음에는 조금도 상처가 나지 않는다. 그러므로 천인 아수라가 먼저 알아 따르게 되며 거진출진居塵出塵하고 백전백승하는 것이 대중의 눈에 뜨이게 되어 대중의 기대는 더욱 커지기 시작한다.
4) 도심道心[공부심]과 공심公心[자기의 전책임全責任]으로 일관하고 위법망구의 신조로 살기 때문에 자타의 마魔를 불용不容하며 작

은 공심에 치우치거나 법상에 걸릴 염려가 없지 않다. 그러므로 때로 대중들로부터 편협하다, 독선이라는 등의 비방과 오해를 받기도 한다.

5) 어른에게는 칼을 주어도 피해가 되지 않는 것 같이 일체 권리가 나에게 있어서 30계의 경계가 방해되지 않으며, 일체 마魔가 제자가 되어 마음대로 부려 쓰되 마음이 걸림이 없고 염착되지 않는다. <재색명리에 끌리지 않는다> 그러나 심정心正 신정身正하여 곧은 자[척도尺度]만 가진 때라 굽은 곳을 재지 못하여 대덕을 상하는 수가 있고, 여래위가 자취를 감추면 항마위로서는 알아보지 못하는 것이다.

<유의점>

법에 얽매이고 계문에 붙잡히는 공부는 아니 하나 안으로 심계가 있나니

1) 자신의 수도와 안일만 위하여 소승에 흐를까 조심하고,
2) 결정보를 받을 수 있는 때라 부귀향락에 빠져 본원이 매각될까 조심하며,
3) 혹 신통이 나타나 함부로 중생의 눈에 띄어 정법에 방해될까 조심하는 것이요,
4) 일능一能에 치우쳐 시승詩僧 부승賦僧이 되기도 하고 삼대력 가운데 어느 한 면에만 치우치기도 하며 청병清病, 지병知病, 선병善病에 걸려 하위자나 불결한 자를 능멸하기 쉽고 대원정각을 이루지 못한 채 자족하여 소승 나한에 떨어지기도 하는 것이니, 성불[대원정각] 제중과 제생의세의 대원력에 표준을 두고 안으로 삼학병진에 더욱 적공하여 무루無漏의 불지佛智를 갖추고 밖으로 대

자대비를 더욱 길러서 제중의 실적을 쌓는 등 불식지공不息之功을 쌓아야 할 것이다.

5) 사사私邪가 끊어진 때라 한번 괘씸하다는 생각을 내게 되면 상상할 수 없는 위력이 나타나기도 하여 상대편에 큰 피해가 있을 수도 있으니 절대로 미운 마음을 내지 말아야 할 것이다. <예: 진묵 스님과 곡차穀茶 공양주[258]>

6) 자타의 관념이 있으면 출가위에는 승급할 수 없으니 큰 자리에 바탕을 두어 시방일가 사생일신의 표준을 세우자.

※ 참고

가) 기여영산십육우寄汝靈山十六愚 낙촌재반기시휴落村齋飯幾時休
신통묘술수난급神通妙術雖難及 대도응문노비구大道應問老比丘[259]

---

258) 초의 선사草衣禪師의 『진묵조사유적고』에는 아래와 같은 내용이 전해진다.
진묵은 술을 마시기를 아주 좋아하였다. 그러나 그는 술을 곡차라고 하면 마시고 술이라고 하면 마시지 않는 계행戒行을 지키고 있었는데, 어느 날 한 중이 술을 거르고 있는 것을 보고 그에게 물었다. "그것이 무엇이냐?" 그러자 술을 거르고 있던 그 중은 진묵을 시험해 보고 싶은 생각이 들었다. '진묵은 지금 이 술을 마시고 싶은 생각이 꿀떡 같을 것이다. 진묵은 내가 이것을 곡차라고 해야 편히 마실 수 있겠지만 설령 내가 술이라고 해도 술을 좋아하는 진묵은 결국 이 술을 마시고야 말 것이다. 어디 두고 보자.' 이렇게 생각한 그 중이 대답했다. "이것은 술이요." 진묵은 그 중에게 세 차례나 물었으나, 중은 진묵을 시험하기 위하여 모두 술이라고 대답하였다. 그러자 진묵은 말없이 그 자리를 떠났다. 그런데 그날 밤 금강역사金剛力士가 그 중을 타살하였다

259) 영산회상의 열여섯 어리석은 너희들아/ 낙촌의 잿밥이 몇 때가 그칠 건가./ 묘한 신통술은 비록 네게 못 미쳐도/ 대도는 응당 늙은 비구에게 물어라.
여기서 말하는 열여섯은 십육 나한을 가리킨다. 낙촌(樂村)은 낙촌(落村)이라고도 하며, 절 밑 동네 이름으로 전해지고 있다. 늙은 비구는 진묵 스님 자신을 가리킨다. 대체적인 뜻은 '영산회상 당시부터의 십육 나한들아, 불교의 흥망성쇠가 어떻게 될지 너희가 알겠느냐. 너희가 비록 묘한 신통은 있지만, 대도를 알고자 하거든 나에게 물어라.' 정도로 해석할 수 있을 것이다. 이 시의 뜻을 이해하기 위해서는 이 시가 읊어진 연유를 알아야 한다. 스님이 낙촌의 개울을 건너려는데, 소낙비가 온 뒤여서 급류가 흐르고 있었다. 스님은 물살도 세고, 깊이도 알 수 없어 머뭇거리고 계셨다. 그때 어린 사미승이 뒤따라와서는 바지를 무릎까지만 걷어 올리고 첨벙첨벙 건너갔다. 스님은 안심이 되시어 가볍게 물에 발을 들여놓으

<진묵 대사>

나) 종욕지병가의 집리지병난의縱慾之病可醫 執理之病難醫

사물지장가제 의리지장난제事物之障可除 義理之障難除[260)]『채근담』

다) 원통 율사와 달마 대사

라) 맹자의 삼성三省 : 애인불친 반기인愛人不親 反其仁

예인부답 반기경禮人不答 反其敬

치인불치 반기지治人不治 反其智[261)]

7) 법가지法可止의 표준으로 일체를 주법主法에 그쳐서 법통을 바로 잇고 교단과 세상의 통제와 질서에 어긋남이 없도록 유의하자. <법가지를 못하면 여래위에 승급할 수 없다>

※ 원효 스님과 대안, 방울, 뱀복이.[262)] 석가세존과 유마거사.

※ 국회의원 중에는 의장보다 나은 분이 없지 않지마는 일체의 의

셨다. 발이 쑥 빠지면서 몸이 기우뚱 앞으로 기울었다. 몸이 물에 빠져드는 찰나였다. 누군가 스님을 등 뒤에서 덥석 안아 올렸다. 스님은 후유 한숨을 쉬시고 고마운 사람이 누군가 돌아보셨다. 등 뒤에는 아무도 없었다. 건너간 사미승도 보이지 않았다. 스님은 호통을 치셨다. '너 이놈 나한이로구나!' 스님은 길가의 바위에 걸터앉아 그렇게 읊으신 것이다.

260) 욕심에 날뛰는 병은 고칠 수 있으되 이론을 고집 하는 병은 고치기 어려우며, 사물의 장애는 없앨 수 있으되 의리에 얽매인 장애는 없애기가 어렵느니라.

261) 『맹자』 이루상편에 나오는 말. "맹자왈孟子曰 애인불친愛人不親이어든 반기인反其仁하고 치인불치治人不治어든 반기지反其智하고 예인부답禮人不答이어든 반기경反其敬이니라. 행유부득자行有不得者어든 개반구저기皆反求諸己니 기신其身이 정이천하귀지正而天下歸之니라."(맹자가 말하였다. 남을 사랑하는데도 친해지지를 않거든 자기의 인에 대해서 반성해 볼 것이며, 남을 다스려도 다스려지지 않으면 그 지혜로움에 대해서 반성해 볼 것이며, 예로써 남을 대하는데도 응답이 없으면 그 공경에 대해서 반성해 볼 것이며, 행동을 했는데도 기대하는 바를 얻는 것이 없으면 자기 자신에 대해서 반성해 볼 것이니, 자기 한 몸이 올바르게 되면 천하가 모두 귀순하게 될 것이다.)

262) 법가지法可止란 주법主法의 책임을 진 사람이 자기보다 법력이 못하다 할지라도 자신의 법력을 감추어 버리고 주법을 잘 받들어 모시는 것을 말한다. 대안, 방울, 뱀복이[사복蛇福]는 모두 뛰어난 법력을 지닌 스님이었으나 원효 대사에게 법가지를 잘했다고 알려져 있다.

사 진행은 의장에게 맡긴다. 지난 국회의 의장이 있을지라도 새로운 의장이 선출되면 신임의장에 맡긴다.

14. 정사正師 이상 되신 분을 바로 알아볼 수 있는 방법은 없는가요?

글로도 모르고 말로도 모르며 그 사람이 아니면 그 사람을 모르는 것이니 스스로 공부하여 그 사람이 되는데 먼저 노력할 것이다. 그러나 정사正師 이상이라고 단정할 수는 없을지라도 그 심법을 가히 법 받을만한 분은

1) 법통의 연원을 잘 대고 위로 큰 스승님을 많이 모시고 사는 분과

2) 시기 질투 명상이 공했다고 여겨지는 분과

3) 남의 허물을 함부로 말하지 않는 분과

4) 성리의 토가 떨어지고 부단히 적공하는 분이면 좋을 것이다.

15. 누구나 항마할 수 있는 가장 원만하고 빠른 방법은 없을까요?

일체 경계를 당하여 육근을 응용할 때마다 오직 항마하리라는 결심을 굳게 간직하고, 보시하기 힘들 때도 '항마하자!' 하는 마음으로 하고, 색욕이 일어날 때도 '항마하자!' 하는 마음으로 하고, 명예 욕심이 일어날 때에도 '항마하자!' 하는 마음으로 하고, 공부가 하기 싫을 때도 '항마하자!' 하는 결심으로 추진하고, 환경이 뜻에 맞지 않을 때도 '항마하자!' 하는 공부심으로 참고 끊고 극복하고 정진하되 먼저 가장 괴롭히는 것과 근본적인 마군을 항복받되 그 기본적인 방법으로는

1) 신성반조 : 심심상련心心相連 만리무간萬里無間, 지극한 신앙심으로.

2) 서원반조 : 입지立志와 목적에 반조.

3) 자성반조 : 오온개공五蘊皆空, 인과보응으로 돌리는 것.

4) 사치법捨置法 : 부당한 시비와 비평이 있을 때.

이상을 병행하는 것이 가장 원만하고 튼튼하다.

고로 경계를 대할 때마다 항상 온전한 생각으로 취사하되 이상과 같은 결심과 방법으로 하게 되면 바로 항마하게 될 것이다.

※ 교역자는 개인을 위해서나 부모를 위해서나 세상을 위해서나 최소한 항마는 해 놓고 가야 할 것이다.

가) 개인은 악도를 면하고,

나) 부모님을 희사위에 모시며,

다) 세상은 좋은 종자가 심어지기 때문이다.

※ 내 목석이 아닌데 어찌 감정이 없으며 내 핫덩이가 아닌데 어찌 시비를 모르랴? 그러나 천심을 상할까 두려워 내 그를 참노라. <해월 대신사>

※ 가족계획 운동은 항마 운동으로 ….

※ 항마는 해마解魔 위주로 하여 상극의 연을 없게 하는 것이 좋고, <外>, 조화調和 위주로 하여 승화시키고 순화시키는 것이 좋다. <內>.

16. 항마는 극기라 할 수 있는데 극기란 자기의 무엇을 이기는 것인가요?

1) 욕심을 이기고 : 조절과 승화,

2) 감정을 이기고 : 순화와 조화,

3) 습관을 이기고 : 고치고 기르며,

4) 지식을 이기는 것이다 : 실천과 선용.

17. 공포심이 많은데 그것을 조복 받으려면?

1) 기력을 충장하고,

2) 신념[사불범정邪不犯正]을 가지며,

3) 보은생활과 정기正氣의 생활로 살아가며,

4) 일체 개공의 자리에 주住,

5) 자비심과 희사심을 기르자.

18. 삼독오욕을 조복 받는 빠른 길은?

1) 삼독은 성리에 비추어 녹여가고

가) 공空에 비추어 뿌리를 뽑고,

나) 유有에 비추어 잘 돌려 활용.

2) 오욕은 신심·서원·자성에 반조하되 조절과 금욕으로 순화시키고 승화시키자.

가) 억지로 누르지 말고 달래면서 시기를 기다리자.

나) 재욕을 조복 받으면 천하의 재물이 귀지歸之, 색욕을 항복 받으면 천하의 존경이 귀지歸之, 명예욕을 항복 받으면 천하의 명예가 귀지歸之.

다) 좋은 일도 착이 붙으면 마魔가 된다. 밥이 좋은 것이나 과식하면 병이 되고, 꿀이 좋은 것이나 꿀에 빠진 벌은 죽고 만다.

라) 도道가 없는 사람은 법도 오히려 마魔가 되고, 도가 있는 사람은 마가 도리어 법이 된다.

19. 항마위의 삼대력 정도는 어떠한가?

1) 수양력 : 세밀

무시선을 잘 하며 고락 생사에 해탈하고 순역경계에 부동할 수 있고 삼독오욕을 성리에 비추어 녹여 버리는 정도이니 다시 일념을 더 기르는 데 여념이 없다.

2) 연구력 : 세밀

교전과 각 교서에 정통하고 성리에 통달하여 대소 유무의 이치에 걸림이 없으며 시비 이해를 정확하게 분석할 수 있는 정도이니 삼학병진에 더욱 적공하여 무루의 불지를 얻는 데 여념이 없다.

3) 취사력 : 세밀

30계를 완벽히 지키고 언행이 일치되며 지행이 합일되어 일체 행이 법도가 있는 정도이니 다시 심계를 두어 제중의 실적을 쌓는 데 여념이 없다.

5. 출가위 : 합덕合德, 육덕六德, 대공심大空心, 대공심大公心, 심화, 기화, 인화, 시방일가 사생일신, 시방오가 교단 내 일. <원정사圓正師>

> 5. 출가위는 법강항마위 승급 조항을 일일이 실행하고 예비 출가위에 승급하여, 대소 유무의 이치를 따라 인간의 시비 이해를 건설하며, 현재 모든 종교의 교리를 정통하며, 원근 친소와 자타의 국한을 벗어나서 일체 생령을 위하여 천신만고와 함지사지를 당하여도 여한이 없는 사람의 위요,

모든 종교의 교리를 정통하고 일원상의 진리[대소 유무의 이치]에 바탕을 두어 인사人事의 법[시비 이해의 법도]을 마련할 수 있는 제법制法의 능력이 있고, 자타의 국한을 벗어나 전 교단 일이 내 일이 되고 전 세계 일이 내 일이 되어 버린 경지이니, 일체 생령을 내 권속으로 삼아 순일한 도심·공심·희열심으로 우주의 큰살림[일원세계]을 개척하는 위位로서 가는 곳마다 심화·기화·인화가 되어 전체가 덕으로 화하여 세세생생 퇴전하지 않는다.

<시대에 따라 법을 내고 들이는 제법주로서 시방일가 사생일신이 되어 일원 세계의 큰 사업을 경영하고 육도 세계를 임의 거래하되 길이 미迷한데 떨어지지 않는 불퇴전 위이다>

[문제점]

1. 대소 유무의 이치를 따라 인간의 시비 이해를 건설한다는 것은 무슨 뜻이며 그 이유와 실례를 들어 주시오.

※ 참조 : 『대종경』 불지품 5장.

1) 의의 : 일원상의 진리[대소 유무]에 걸림이 없으시고 제생의세의 큰 원력이 계시므로 시대를 따라 천조天造의 이치에 근거하여 인사人事의 모든 법도를 개폐 제정하는 것이다.

2) 이유 : 대소 유무의 이치에 근거한 바 없이 중생들이 그때그때의 편의에 따라 만든 법은 원만하지 못하며 일체중생이 그 법을 고루 받아 실행할 수 없고 시대에 따라 주체가 흐려져서 길이 세계의 질서를 바로잡지 못하여 근본 의도와는 달리 세상의 질서를 파괴하고 창생의 도탄을 만들어 주는 결과가 되기 쉬운 것이다. 그러므로 구세 성자들이 영원한 세상에 일체중생을 구제하고자 하실 때는 시대에 따라 낡은 법은 고치기도 하시고 폐지하기도 하시며 새로운 법을 내기도 하시되 반드시 대소 유무의 이치[천리天理]에 근거하여 인간 만사의 모든 법도를 먼저 제정하는 것이다.

3) 실례

㉠ 대소 유무의 이치에 근거하지 않고 중생들이 만든 법은 대개

전체주의 : 대大만을 위하여 소小는 희생을 강요당하므로 원만하지 못하다. 개성이 무시되고 집단의 노예가 되기 쉽다.

개인주의 : 소小만을 위하고 대大는 무시되므로 전체의 질서가 문란해지기 쉽다.

현실주의 : 현생에만 급급하게 되어 영생을 보장하기 어렵다.

내생주의(이상주의) : 현실이 무시되어 목전이 비참하게 되기

쉽다.

이 외에도 어느 한편만을 주장하거나 편벽된 진리에 근거하여 일어난 사상과 풍조가 많이 있다.

㉡ 대소 유무에 근거한 불성佛聖들의 법은 시대를 따라 다를 뿐 전체와 개인과 현실과 영생이 다 잘 살 수 있는 법이다.

4) 본교 교리가 대소 유무에 근거해서 제정된 점을 간단히 들어보면 일원주의이니 일원주의의 교리는 일원상의 진리에 바탕한 것으로

㉠ '일원상의 진리' 장은 주로 대大자리에 근거하여 전체를, 사은 사요와 삼학 팔조는 주로 소小자리에 근거하여 개체들의 관계와 단련을 주로 하여 전체에 미쳐가게 하였고, 인과보응은 주로 유무 자리에 근거하여 변화하는 길과 영원히 순환하는 도를 밝혀 전체와 개체가 영원한 세상에 길이 표준할 수 있도록 원만 무결하게 짜였음을 알 수 있다.

㉡ 최초법어를 놓고 보면 수신의 요법은 주로 소 자리에 근거하여 개인을 중심으로 전체에 미쳐가는 법이요, 제가의 요법과 지도인으로서 준비할 요법은 주로 대 자리에 근거하여 전체를 본위로 개인도 다 같이 잘 살 수 있도록 하는 법이라면, 강약 진화상 요법은 주로 유무 자리에 근거하여 개인과 전체가 영원히 잘 살 수 있는 법을 밝히신 것이라 하겠다.

㉢ 계문이나 솔성요론은 소 자리와 유무 자리에 근거하여 개인의 현실과 영생을 위하는데 중점을 두고 전체에 미쳐가게 한 법이다.

※ 천지방척척수량天地方尺尺數量 인명의복활조전人名衣服活造傳[263)]

※ 참고 : 시대를 알고 천지의 도수를 보아서 짜낸 법이라야 트집을 못 잡고 만 생령이 다 같이 힙입을 대법이 된다. <법문>

2. 시대를 알고 천지의 도수를 보려면 어떻게 하는가요?

대소 유무의 이치를 확철廓徹히 각득하면 우주의 성·주·괴·공하는 모습을 여실히 알고 세상의 흥망성쇠 시기를 알기 때문에 시대에 따라 법을 짤 수 있다.

3. 현재 모든 종교의 교리에 정통한다는 것은 어느 정도를 말하는가?

모든 종교의 교리를 정확히 이해함을 이름이니

1) 종지. 2) 교리의 진리적 근거. 3) 교리의 강령과 그 이념. 4) 교단의 목표와 제도 등을 정확히 아는 정도면 될 것이다.

<시간과 정력精力의 여유가 있으면 세세한 것까지 알면 더욱더 좋을 것이다>

4. 출가위에서 타종교의 교리까지 정통해야 할 필요성과 그 이유는?

1) 모든 종교의 근원이 같고 제불제성의 본의가 같은 것이다.

2) 출가위는 자타의 국한을 벗어나 시방세계 일체 생령을 위하여는 천신만고와 함지사지를 당하여도 여한이 없는 경지이므로 먼저

---

263) 『대종경』 전망품 2장에 나오는 법문. 『대산종사법문』 5집에는 다음과 같이 설명하였다. "천지를 방척으로 수량을 재고 인명대로 의복을 지어 살게 전하더라. 천지의 도수를 재고 수량을 헤아려 인명대로 근기 따라 처지 따라 법을 전했다. 과거의 법이 기성복이라면 우리의 법은 맞춤복과 같다.[구전심수口傳心受] 천지가 일대 겁을 지내는데, 성자가 오시면 천지의 수량을 재 본다. 보통 사람은 천지를 간섭하지 못하나 성자가 오시면 천지를 간섭한다. 대종사님께서 갑자년을 기점으로 하여 선후천의 도수를 재시어 천하 만국 만민을 살릴 법을 내주시고 공부인의 근기 따라서 삼급 삼위의 법위로써 천여래 만보살의 법보에 오르게 하셨으니, 대종사님 새 회상이 아니면 이런 법을 낼 수 없다. 우리 법은 오만 년은 두고 해 놓으신 법이고 과거는 단전(單傳)이었으나 우리 회상은 공전(公傳)이다. 점수돈오 돈오점수 돈오돈수가 합해서 공전해야 원만한 법인데 대종사님께서는 삼급 삼위로 전체를 다 포섭했기 때문에 원만한 법이다. <법위사정>"

그 지견이 국한을 벗어나야 일체 행이 국한을 벗어날 수 있을 것인바 타종교의 교리를 모르고서는 국한을 벗어날 수 없기 때문이요,

3) 전 인류와 일체 생령은 숙겁을 거래하면서 직접간접으로 각 종교의 교화를 입어 천만 가지의 습관과 천만 층의 근기를 이루고 있는바 시방세계 일체 생령을 진정으로 위해 주려면 각 종교의 교리를 정통하여 통합 활용하지 않을 수 없는 것이다.

4) 출가위는 제법주이시니 대소 유무의 이치를 따라 시비 이해의 법도를 제정하실 때도 과거와 현재 모든 종교의 교리를 정통하여야 원만하고 실용적인 법을 마련하는 데 참고가 크게 될 것이다.

5. 타종교의 교리를 정통하려면?

1) 교조와 역대 성자들의 행적을 살펴보자.

가) 각득하신 진리[종지] 나) 원력[목적] 다) 내놓으신 법[교리와 제도] 라) 심법[솔성의 예, 실시하신 일화] 마) 책임[하시는 일, 하신 일]

2) 소의경전을 연마[근본 교리를 연마]하자.

가) 주경主經을 연마하는 것. 나) 교사를 배우는 것.

6. 각 종교[기성종교]와 교리에 대하여 그 요지를 설명하라.

1) 불교 : 불타의 일생 행적은 「팔상八相과 우리의 수행」, 「인간불타」를 참고하고

가) 종지 : 불생불멸, 인과보응의 진리 <청정법신불> <공空> <심종心宗>

나) 교리와 진리적 근거 : 우주 만유의 형상 없는 면에 주체를 두고 사제, 팔정도, 십이인연, 육도[바라밀], 삼법인三法印을 비롯해 팔만사천 무량 법문.

※ 심상육도心上六途와 심상삼계心上三界를 주장하는 소이所以가 형상 없는 면에 근거를 세우기 때문이다.

다) 제도 : 출세간적인 제도. <출가승 중심>

라) 목표 : 일체 생령으로 하여금 이고득락離苦得樂 전미개오轉迷開悟 지악수선止惡修善. <성불제중>

육도 사생을 제도 <사홍서원>

마) 심법 : 대평등의 자비주의

① 대각주의.

② 불교의 오대五大주의 : 주아主我주의, 무아無我주의, 평등주의, 자비주의, 중도주의.

2) 유교 : 공자의 일생 수행경로는 십유오이지우학十有五而志于學, 삼십이입三十而立, 사십이불혹四十而不惑, 오십이지천명五十而知天命, 육십이이순六十而耳順, 칠십이종심소욕불유구七十而從心所欲不踰矩[264)]

가) 종지 : 태극 건곤지도乾坤之道[천지도天地道]

나) 교리와 진리적 근거 : 우주 만유의 형상 있는 면에 근거한 주역을 더욱 밝히고, 천명지위성天命之謂性 솔성지위도率性之謂道 수도지위교修道之謂教 등의 교리강령을 천명하였으며, 인의예지신仁義禮智信의 오상五常과 삼강오륜의 인도人道와 삼강 팔조목의 수행로를 제정하여 인류 생활의 준칙을 잡아주셨다.

다) 제도 : 세간적인 제도. <범汎 인간중심>

---

264) 『논어』 위정편에 나오는 말. 공자가 말씀하셨다. "내가 열다섯에 학문에 뜻을 두었고, 서른 살에 뜻을 세웠고, 마흔 살에 미혹되지 않았고, 쉰 살에 천명을 알았고, 예순 살에는 귀로 순순히 받아들였고, 일흔 살이 되어서는 마음이 하고자 하는 대로 좇아도 법도를 넘어서지 않게 되었다."

라) 목표 : 수신제가 치국평천하로 천하기 귀인歸仁하게 하였다.

마) 심법 : 대실천의 중도주의.

① 인의仁義주의

② 유교의 모든 법이 차별을 주로 밝힌 것은 형상 있는 면에 근거를 세웠기 때문이다. <우주 만유의 형상 있는 면의 가장 기본적인 것은 천지요 음양이다. 고로 그 종지는 태극 또는 건곤지도乾坤之道로 하는 것이다>

3) 도교 : 노자의 행적

가) 종지 : 도道 또는 자연. <무극無極>

나) 교리와 진리적 근거 : 우주 만유의 자연지도自然之道 즉 변화 조화의 면에 근거하여 양성법과 청정무위의 도를 주로 밝혀 자慈[무일호지증오심無一毫之憎惡心], 검儉[무교부진유여지심無較不盡有餘之心], 불감위천하선不敢爲天下先[천하지모天下之母 만물지기저萬物之基底]의 삼보三寶로써 질소검박質素儉朴한 세상을 건설하는 것이다.[265)]

다) 무위자연의 도. <제도는 형식적인 것을 배제>

라) 목표 : 질소검박質素儉朴한 세상과 무위의 세계.

마) 심법 : 무위주의, 대해탈의 자연주의.

※ 노자의 무위법은 유위법의 폐단을 치료하는데 큰 역할을 해 왔고 우주 대자연의 본성과 그 질서에 따라 만물의 조화를 지

---

265) 『도덕경』 67장. "아유삼보我有三寶 지이보지持而保之 일왈자一曰慈 이왈검二曰儉 삼왈불감위천하선三曰不敢爲天下先 자고능용慈故能勇 검고능광儉故能廣 불감위천하선不敢爲天下先 고능성기장故能成器長."(나에게 세 가지 보물이 있어 간직하여 소중히 여기니 그 첫째가 자비심이고, 둘째는 검약이고, 셋째는 사람들 앞에 나서지 않는 것이다. 자비심이 있으므로 용감할 수 있고 검약하기 때문에 널리 베풀 수 있고 남의 앞에 서지 않기 때문에 기량 있는 자들의 우두머리가 될 수 있는 것이다.)

속하게 하는 대도인 것이다.

4) 기독교

- 예수님의 행적 : 가장 천하게 탄생, 말 못할 역경 속에서 가장 짧은 기간에 인류 구제의 기초를 완성.
- 공부하신 경로 : ① 자연과 더불어 명상으로 <수양>
  ② 목수일 하면서 <취사>
  ③ 구약으로 <연구>

가) 종지 : 하나님 <전지전능하고 무소부재하시다>

나) 교리와 진리적 근거 : 우주 만유의 자연지도[조화]에 근거하여 주로 타력적인 신앙을 강조하였으며, 신信[믿으라. 천국이 가까웠느니라] [신심信心], 망望[두드려라. 문을 열어주나니라] [서원], 애愛[이웃을 사랑하라. 원수를 사랑하라] [공심, 자비심]가 그 교리의 강령이요, <산상수훈, 십계명>

다) 제도 : 세간[신교新教]과 출세간[구교舊教]의 병존.

라) 목표 : 죄고가 없는 세상. <인류의 원죄를 대속代贖>

마) 심법 : 박애주의, 대희생의 유화柔和주의.

※ 참고 : 인류의 원죄를 대속한다는 것은?

자업자득이 진리인데 예수님께서 인류의 원죄를 대속하시기 위해서 십자가를 지셨다고 하는 것은 인류의 영원한 구제는 먼저 온 인류가 진리에 귀의하고 의롭게 살게 하는 것이니, 스스로 의를 위해서 또 진리에 따라 살고 가신 표본이 되어 주셨던 것이요, 그로 인해서 온 인류가 예수님의 뒤를 따라 의와 진리를 실현하게 되었으며 스스로 구제를 받고 영원히 잘 살 수 있게 되었음을 말한다.

5) 기타 종교의 교리도 이상과 같은 방법으로 연마해 가면 바로 이

해가 될 것이요, 여타의 기성 종교는 이상 사대 종교의 교리와 대차大差 없을 것이다.

7. 원·근·친·소와 자타의 관념을 없애려면?

1) 일원상의 진리를 각득하여 시방일가 사생일신의 경지에 도달된 심경이라야 할 것이다.

2) 동원도리·동기연계·동척사업인 것을 확실히 깨달아야 할 것이다.

8. 시방일가 사생일신의 경지를 설명하라.

우주가 내 집이요 만유가 동포, 동기同氣이며, 사생이 한 몸임을 말하는 것으로

1) 하늘은 지붕이요, 땅은 방이며, 일원은 등불이다. 우리의 영식은 우주의 어느 구석이나 가지 않는 곳이 없고 자유를 얻은 영식은 마음대로 다니면서 가는 곳마다 천지 만물을 내 집 물건으로 알고 쓸 것이다. <시방삼계 오가吾家의 소유>

2) 만유가 한 포태胞胎 안에서 한 기운으로 존재하고 있다. <한 공기 한 진리>

3) 일체 생령이 한 덩어리의 대령大靈이니 한 몸이요, 육도 사생이 숙겁을 통해서 윤회전생輪廻轉生하는 것이니 한 몸이다. <물 분자와 물, 옷만 달리 입은 것>

9. 시방일가 사생일신의 심경으로 사는 분의 생활 태도는?

1) 거시주인去時主人 내시주인來時主人 거래무비주인去來無非主人,[266] 동역객東亦客 서역객西亦客 천하무비과객天下無非過客.[267]

2) 만물로 하여금 다 제 구실을 하게 하신다.

---

266) 가도 주인이요 와도 주인이며, 오나가나 어디서나 주인 아님이 없다.

267) 『대순전경』에 나오는 말. 동으로 가도 객이요 서로 가도 역시 객이니, 천지에 집이 없는 객이로다.

3) 애호천하지구예愛護天下之垢穢.[268]

4) 무연대비無緣大悲.[269]

10. 일체 생령을 위하여 천신만고와 함지사지를 당하여도 여한이 없다 함은?

그 원력이 오직 세상과 일체 생령을 위해 뭉쳐져서 밥을 먹는 것도 잠을 자는 것도 일을 하는 것도 모두 세상과 일체 생령을 위할 뿐 자신의 영욕 고락과 생사를 염두에 두지 않는다. 그러므로 자리이타自利利他를 하시다가 안 되면 자해타리自害他利로 하는 것을 낙으로 삼는다.

예) 가)전무출신의 정신.

나)예수님의 십자가와 삼세 제불제성의 생활.

11. 출가위의 특징

1) 자타의 국한이 없고 청탁호오淸濁好惡가 따로 없이 전부를 포용하여 형제지친兄弟至親으로 정의를 건네준다. <심량이 광대 무량하여 포용성과 이해성이 한량없다>

2) 도덕, 정치, 종교, 무력 등 온갖 방편으로 세상을 위하여 정신·육신·물질을 다 하실 뿐 털끝만 한 상이 없다. <어떠한 일을 하더라도 자타 간에 해를 보지 않는다>

3) 신출가身出家 심출가心出家로 생사 거래가 오직 세상을 위해서 있게 되고, 멀리 있으면 뵙고 싶고 가까이 모셔도 싫지 않다.

※ 봉사가 만져 보아도 도인으로 인정한다.

※ 협수징청야수혼峽水澄淸野水混 상봉촉처노성훤相逢觸處怒聲喧

---

268) 천하의 모든 하천하고 보잘 것 없는 것들을 사랑하고 보호함.

269) 아무런 조건과 사심 없이 일체중생을 자비로서 대함.

장강유유포용력長江猶有包容力 휴도창명불구흔(携到滄溟不垢痕)[270)]

※ 대선大善은 능용선악能容善惡, 대진大眞은 능용진위能容眞僞,

대미大美는 능용미추能容美醜, 大聖은 능용범성能容凡聖.[271)]

※ 지불책우智不嘖愚[272)]

4) 진리와 수행에 걸림이 없는 불퇴전위이다.

※ 참조 : 불지품 전체

※ 참고 : 무애송無碍頌 <대산 종사>

유애중무애有碍中無碍 무애중유애無碍中有碍 무애무불애無碍無不碍

시즉진무애是卽眞無碍[273)]

12. 출가위의 삼대력 정도는?

합덕合德의 경지이니

1) 수양력 : 천지대기에 합덕, 대원정기에 합일. <해탈>

2) 연구력 : 일원상의 진리를 대원정각. <대각>

3) 취사력 : 매사에 중도행, 시중時中. <중정>

---

270) 불법연구회보 제65호에 '무쟁無諍'이라는 제목 아래 동파 거사[소동파]의 이름으로 게재되어 있다. 맑고 맑은 산골물과 흐리텁텁 들똘물이/ 서로 만나 대지르면 성난 소리 시끄럽다/ 장강 흐르는 물이 청과 탁을 휩쓸어서/ 큰 바다에 이르오면 흔적조차 볼 수 없네.

271) 큰 선은 능히 선악을 다 포용하고, 크게 진실 됨은 능히 참과 거짓을 다 포용하며, 크게 아름다움은 능히 아름다움과 추함을 다 포용하고, 크게 성스러움은 능히 범부와 성인을 다 포용한다.

272) 지혜 있는 사람은 어리석은 사람을 질책하지 않는다.

273) 걸림 있는 가운데 걸림 없고, 걸림 없는 가운데 걸림 있으니 이것이 참다운 무애이다.

6. 대각여래위 : 육능六能, 만능萬能, 만덕萬德, 만화萬化, 자유자재, 원만평등, 덕화만방德化萬邦 <대원정사大圓正師>

6. 대각여래위는 출가위 승급 조항을 일일이 실행하고 예비 대각 여래위에 승급하여, 대자대비로 일체 생령을 제도하되 만능(萬能)이 겸비하며, 천만 방편으로 수기응변(隨機應變)하여 교화하되 대의에 어긋남이 없고 교화 받는 사람으로서 그 방편을 알지 못하게 하며, 동하여도 분별에 착이 없고 정하여도 분별이 절도에 맞는 사람의 위니라.

일원상의 진리를 대원정각하사 여의주를 증득하여 만능만덕을 겸전하고 대자대비가 한이 없으며 복혜가 구족하여 자유자재로 일체 생령을 제도하는 경지이니 원만평등하고 덕화 만방하는 삼계의 대도사요 사생의 자부이다. <출가위가 늙어서 능이 나면 여래위이다>

※ 무등등無等等한 대각도인大覺道人과 무상행無相行의 대봉공인大奉公人.

※ 참조 : 『대종경』 서품 7장, 불지품 전체.

[문제점]

1. 대자대비란? <『대종경』 불지품 3장 참조>

1) 무연無緣의 자비요, 합리적 자비라 어떠한 짓을 하더라도 자타 간에 이익이 있을 뿐이다. <마음이 살아나고 생활이 빛난다>

2) 부모가 자녀를 사랑하는 심경이니, 중생을 보실 때 그 성질이 선량하고 충忠·효孝·제悌·신信·화和와 공심과 이타심이 있고 수행에 정진하여 반야지를 얻고 무루의 공덕을 짓는 이가 있으면 기

뻐하시고 더욱 선도로 인도하는 것은 대자大慈요, 탐·진·치에 끌려 스스로 제 마음을 태우며 제 몸을 망치며 스스로 악도에 떨어지며 원망하는 것을 보면 크게 슬퍼하고 불쌍히 여기사 천만 방편으로 제도해 주시는 것이 대비大悲이다.

2. 제도濟度에 만능萬能이 겸비兼備하다 함은?

1) 안으로 행·주·좌·와·어·묵·동·정 간 육근 작용에 무애자재한 도가 있음을 말하고, <자심중생自心衆生 제도에 만능>

2) 밖으로 일체 생령을 위하여 능히 정할 때 정하고 능히 동할 때 동하며, 능히 클 때 크고 작을 때 작으며, 능히 밝을 때 밝고 어두울 때 어두우며, 능히 살 때 살고 죽을 때 죽을 수 있으며, 능히 줄 때 주고 받을 때 받으며, 희·노·애·락의 일체감정과 모든 욕심을 마음대로 하여 중생을 제도하는 데 걸림이 없는 것이다. <능대능소能大能小, 능명능암能明能暗, 능생능살能生能殺, 능동능정能動能靜>

※『대종경』 불지품 4장

3) 아는 것이 없는 것 같으나 모르는 것이 없고 무능하신듯하나 전능하시다.

3. 여래위는 무지이전지無知而全知요 무능이만능無能而萬能이라 하시니 그 의의와 그 방법은?

1) 의의 : 무지이전지無知而全知라 함은 천하 사람의 지혜와 지식을 전부 당신 것으로 삼고 계심을 말하고, 무능이만능無能而萬能은 천하 사람의 능력과 기술을 전부 당신 것으로 삼고 계심을 말한다. <이것이 무루지無漏智요 무루행無漏行이요 누진명漏盡明이요 누진통漏盡通이 아닌가 한다>

2) 방법 : 시방일가 사생일신이 되어 그 마음에 자타의 관념이 없

고, 일원상의 진리에 합일할 뿐 털끝만큼도 사사私邪의 상이 없으며, 오직 제생의세의 일념으로 생활한다면 무지이전지無知而全知요 무능이만능無能而萬能하신 인격이 이루어지고 여래의 심법이 이어질 것이다.

※ 수도인이 홀로 백 가지 천 가지 일을 다 이룰 수는 없으며 무슨 일이나 다 할 수는 없는 것이지마는, 천만 가지의 사람과 같이 살 수는 있어야 하고 어떠한 사람과도 함께 살 수는 있어야 한다.

4. 천만 방편으로 수기응변하여 교화하되 대의에 어긋남이 없다는 것은?

무상대도無上大道인 무유정법無有定法을 증득하여 기틀에 따르고 변화에 응하여 마음대로 방편을 베풀어 교화하되 시의時宜에 맞고 진리에 어긋남이 없으며 전체에 유익함이 있을 뿐이다. 즉 어떠한 짓을 하더라도 진리에 어긋남이 없고 중생의 앞길에 혜복의 문이 열리게 됨을 말한다.

※ 여래위의 외면적인 생활은 중생과 똑같다.
중생의 자행자지는 진리에 맞지 않고 자타 간에 해를 입지마는, 여래위의 자유자재는 진리에 어긋남이 없고 자타 간에 유익이 있을 뿐이다.

5. 교화받는 사람이 그 방편을 알지 못하게 한다는 것은?

피교화자로 하여금 교화의 방법과 그 은덕을 알지 못하게 하여 오직 제힘으로 잘 사는 줄만 알고 스스로 부지런히 노력하게 하는 것이다. <무위이화無爲而化>

6. 교화받는 사람이 그 방편을 알지 못하게 하는 이유는?

1) 하는 것같이 하게 되면 상대자가 생기고 미워하는 이가 생겨서 그 자비와 덕화가 고루 미치기 어렵다.

2) 실은 그렇지 않은데 방편으로 그런다는 생각을 일으켜 분별 사량과 계교를 지어 걷 넘기 쉽다.

3) 때로는 현애상懸崖相을 일으켜 자력이 서지 않을 수 있다. 고로 그 방편을 알지 못하게 하여야 한다고 하신 것 같다.

7. 피교화자로 하여금 그 방편을 알지 못하게 하려면?

1) 진심으로만 통하라. <상계上計는 무계無計니라>

2) 다 내놓지 마라.

3) 유위이무위有爲而無爲 무위이유위無爲而有爲가 대위大爲니라. <하는 것이 있으나 하지 않는 것 같고, 하는 것이 없는 것 같으나 분명히 하는 것이 있다. 이것이 참으로 크게 하는 일이다>

※ 대공大功은 무공無功, 대명大明은 무광無光, 상덕上德은 부덕不德, 상계上計는 무계無計, 대위大爲는 무위無爲, 대은大恩은 무은無恩, 대음大音은 무성無聲.

※ 지구가 도는 소리를 듣느냐? 지구가 도는 소리를 듣지 못하는 것처럼 사은의 은혜와 불성佛聖의 대자대비를 아는 이 적은 것이다.

※ 참고 : 요임금의 잠행潛行과 농군農軍의 말. "내 덕으로 살지 뉘 덕으로 살아?"

8. 동動하여도 분별分別에 착着이 없다 함은?

동動은 곧 육근 작용이니 육근이 육진六塵에 처하여 작용할 때 육식六識이 육진 중에 출입하되 섞이지도 아니하고 물들지도 아니하여 매양 중도행을 하는 것을 말한다. 그렇게 하기로 하면,

1) 온전한 생각으로 취사하여 일체 경계에 부동심이 되고 매매사사에 시중時中하는 것이요,

2) 응무소주이생기심應無所住而生其心하는 것이다.

※ 일이 있을 때 전념前念이나 그 일에 집착하지 않고 일 없는 심경

으로 그 일을 원만하게 처리한다.

<여유와 시중時中의 생활이 된다>

9. 정靜하여도 분별分別이 절도節度에 맞다 함은?

정은 곧 육근이 무사無事한 것이니 범부 중생은 일이 없으면 사심 잡념 번뇌 망상으로 시간을 보낼 뿐 아무런 준비할 줄을 모르나 여래는 일이 없으면 하염없는 자리에 안주하여 장래의 기틀을 보아서 늘 미리 준비하는 것이다. 그러기로 하면,

1) 심신을 푹 쉬어 정신과 정력精力을 함축하고,

2) 큰 서원과 큰 경륜을 준비하고 그일 그 일을 미리 준비하는 것이다.

※ 일이 없을 때 허송하지 않고 무엇인가 준비한다.

<일심 양성과 준비의 생활>

3) 준비 없이 동하고 보면 분별을 낼 때 섞이고 물들기 마련이요 창황 전도함을 면하지 못 한다.

예) 가) 대종사님 봉래수양 시 만대의 교법과 익산 총부 건설을 준비.

나) 강태공의 십 년 낚시질에 천하광구天下匡救의 준비.

다) 육조 대사의 사냥꾼 생활에 대교화의 준비.

라) 대산 종법사 신병 정양 시身病靜養時 교재 준비.

※ 참고 : 여래위의 준비에서 '동하여도 분별에 착이 없고 정하여도 분별이 절도에 맞다'고 하신 것은 동정일여의 생활표준이며, 여래께서 제생의세의 대업을 간단없이 수행하는 여래의 심법이요 능력이시다.

10. 여래위의 특징은?

1) 특징 없으심이 그 특징이다. 보통급이 보면 보통급 같고, 특신급이 보면 특신급 같으며, 상전급에서 보면 상전급 같고, 항마위에

서 보면 항마위 같으며, 출가위 이상이 보아야 여래위이심을 알게 되는 것이다. <화광동진和光同塵>[274)]

※ 욕심이 없으면서도 있는 것 같고, 잘못이 없으면서도 있는 것 같으며, 시기 명상이 없으면서도 있는 것 같고, 어리석음이 없으면서도 어리석은 것 같아서 일체중생과 더불어 살되 조금도 막힘이 없고 차별이 없는 것이다.

2) 여래의 네 가지 기준<법문>

가) 일체 생령을 위하여 심신을 온통 바친 분.

나) 조각내지 않는 분.

다) 버리는 마음이 없는 분.

라) 흔적이 없는 분.

3) 일체 생령의 친구도 같고, 형제도 같고, 부모도 같고, 스승도 같으시다. <언제나 같으시면서도 한 걸음만 앞서 가시면서 피교화

---

274) 『도덕경』의 "화기광和其光, 동기진同其塵"에서 유래한 말.
『도덕경』 4장 "도道, 충이용지沖而用之, 혹불영或不盈. 연혜淵兮 사만물지종似萬物之宗. 좌기예挫其銳, 해기분解其紛, 화기광和其光, 동기진同其塵. 담혜湛兮 사혹존似或存. 오부지수지자吾不知誰之子, 상제지선象帝之先."(도는 비어 있으나 아무리 사용해도 줄거나 넘치지 않는다. 깊고 넓어서 만물의 근본인 것 같다. 날카로운 것을 무디게 하고, 복잡한 것을 풀며, 빛을 부드럽게 하여 티끌에도 뒤섞이건만, 맑고 고요함이 늘 그대로 있는 것 같다. 나는 그 도가 누구의 자식인지 알 수 없으나, 아마 우주를 주재하는 상제보다도 먼저 있었던 것 같다.)
『도덕경』 56장에 "지자불언知者不言, 언자부지言者不知, 색기태塞其兌, 폐기문閉其門, 좌기예挫其銳, 해기분解其紛, 화기광和其光, 동기진同其塵, 시위현동是謂玄同, 고불가득이친故不可得而親, 불가득이소不可得而疎, 불가득이리不可得而利, 불가득이해不可得而害, 불가득이귀不可得而貴, 불가득이천不可得而賤, 고위천하귀故爲天下貴."(참으로 아는 사람은 말하지 않고, 말하는 사람은 참으로 알지 못한다. 감각의 구멍을 막고 욕망의 문을 닫으며 예리함은 무디게 하고, 복잡함은 풀어 없애며 앎의 빛을 흐리게 하여 혼탁한 먼지와 동화된다. 이것을 도와의 현묘한 합일이라고 한다. 그러므로 이러한 현묘한 합일을 이룬 사람은 얻어 친근히 여기지 않고, 소홀히 여기지도 않으며 얻어서 이롭다 여기지 않고, 해롭다 여기지도 않으며 얻어서 귀히 여기지 않고, 천히 여기지도 않는다. 그러므로 천하에 더할 수 없는 가치가 된다.)

자로 하여금 까마득하게 여기지도 않고 별것이 아니라고도 여기지 않게 하여 다 같이 성불제중의 대원을 이루게 하신다>

11. 여래위의 삼대력 정도는?

1) 수양력 : 원만구족하시고 자유자재하시다. – 만능

2) 연구력 : 원만구족하시고 자유자재하시다. – 만지

3) 취사력 : 원만구족하시고 자유자재하시다. – 만덕

※ 참고 : 여래의 사섭심四攝心 – 보시布施, 애어愛語, 이행利行, 동사同事.[275)]

◎ 결어

1. 우리 교법은 천여래 만보살을 배출케 하고 제생의세의 대경륜을 실행케 하며 삼학병진 영육쌍전 이사병행을 하는 전무후무한 대도이다.
2. 우리 교법은 여래위를 표준한 법이요, 법위등급은 천불만성千佛萬聖의 공부 순서를 잡게 하고 법위에 따라 지도권을 부여하는 표준으로 삼으며 공부의 최종 결산을 하게 하는 것이다.
3. 서원과 신·분·의·성만 지극하면 남녀노소, 선악 귀천, 지우智愚, 유무식의 누구나 다 같이 성불을 기약할 수 있는 법이다. <조석으로 외우고, 현재 나의 공부는 어느 정도인가 늘 대조하고 점검하자>
4. 항마 전降魔前 삼급三級은 아직 중생계이요, 항마 후降魔後 삼위三位는

275) 『인왕경』에 나오는 말. 『대산종사법문』 1집에 '불타의 교화하신 네 가지 섭심(攝心)'으로 밝혀주셨다. "보시布施니 물질이나 육신이나 정법으로 남을 위하여 힘껏 도와주는 것이요./ 애어愛語니 항시 남의 귀에 거슬리지 않도록 진정으로 아껴주며 좋은 말과 법 된 말을 해 주는 것이요./ 이행利行이니 대중에게 유익을 줄 수 있는 직업을 가지며 조금도 해를 끼치지 않는 것이요./ 동사同事니 그 나라와 그 사람을 제도하기 위해서 인연을 가까이 맺고 같이 일을 하는 것이니라./ 불보살들이 자리이타 법을 써나가시다가 어찌할 수 없는 경우에는 자신의 이해利害와 생사를 계교치 않고 대중을 위하여 양보하나니라.

불보살계이다.

※ 항마는 어떠한 짓을 하더라도 스스로 도에 어긋남이 없고, 출가는 어떠한 짓을 하더라도 자타 간에 해가 없으며, 여래는 어떠한 짓을 하더라도 자타 간에 이利만 있다.

※ 참고 : 삼명 육통과 법위와의 관계는 어떠한가? 『대종경』 변의품 18장.

1. 삼명三明
   1) 숙명명宿命明 : 자타의 전생사를 아는 것.
   2) 천안명天眼明 : 자타의 미래사를 아는 것.
   3) 누진명漏盡明 : 모든 고통을 끊고 생사의 속박을 여읠 수 있는 지혜.
2. 육통六通
   1) 천안통天眼通 : 육안으로 볼 수 없는 것을 능히 볼 수 있는 신통.
   2) 천이통天耳通 : 보통 귀로 듣지 못할 소리를 들을 수 있는 신통.
   3) 타심통他心通 : 다른 사람의 생각한 바를 자유롭게 알 수 있는 신통.
   4) 숙명통宿命通 : 지난 세상의 생사를 자세하게 아는 신통.
   5) 신족통神足通[여의통如意通] : 불가사의하게 경계를 변하여 나타내기도 하고, 마음대로 날아다니기도 하는 신통. <호풍환우呼風喚雨 이산도수移山渡水>
   6) 누진통漏盡通 : 마음대로 번뇌를 끊는 힘, 즉 마음을 마음대로 하는 힘.

이상에 밝힌 바와 같이 누진명과 누진통은 우리 법위와 관계가 있으나 기타는 하등의 관계가 없음을 알 것이다.

※ 참고 : 삼통과 법위와의 관계는? <『대종경』 불지품 10장>

1. 영통靈通 : 영문이 열렸다는 뜻이며 관이지지觀而知之로, 생각하지 아니하되 삼생사三生事와 세상의 장래사將來事가 스스로 환히 알게 되는 것. <수양에 전심하면 통해지고>
2. 도통道通 : 혜문이 열렸다는 뜻이며 각이지지覺而知之로, 대소 유무와 시비 이해에 걸림이 없이 아는 것. <연구에 전심하면 통해지고>
3. 법통法通 : 대소 유무에 따라 인간의 시비 이해의 법도를 제정하는 데 걸림이 없는 것. <취사에 전심하면 통해지고>

이상 삼통은 항마위 이상 도인들이라야 얻을 수 있는 공부의 구경인바, 법통만은 대원정각을 이루신 출가위 이상 도인이라야 얻을 수 있는 것이다.

※ 참고 : 금강경의 소승사과小乘四果와 우리 법위와의 관계는 어떠한가?

우리 법위는 여래위에 표준을 두었으니 소승사과와 법위등급과 관계를 지어 설명할 수는 없는 것이나 굳이 관계를 지어본다면 항마위는 곧 초성위로서 소승에 떨어질 수 있는 때이요, 소승사과 중 수다원은 입류入流로서 성류聖流에 들었다는 뜻이다. 그러므로 소승사과는 항마위 과정에서 마음의 거래와 심력의 상태를 사분四分한 것이라고 할 수 있는 것이다.

1. 수다원 : 입류入流, 성류聖流에 들었다.
2. 사다함 : 일왕래一往來, 필요 없는 생각이 한 번씩 왔다 가는 정도.
3. 아나함 : 불래不來, 필요 없는 생각은 하지 않는 정도.
4. 아라한 : 실무유법實無有法, 일체법이 공空한 경지에 이른 정도, 자타와 피차가 없기 때문에 무쟁삼매無諍三昧에 이를 수 있음.

개정판 편찬후기

각산 신도형 종사『교전공부』는 원기59(1974)년 1월 20일 초판 발행은 유고작이었다. 각산 종사가 원기58(1973)년 1월에 자신이 완성한 교재를『교전공부』라고 제목을 정하고 머리말까지 써놓고 출간하려 하였으나 그해 2월 1일 열반하여 뜻을 이루지 못 하였다. 향산 안이정(1920~2005) 종사를 중심으로 유고작을 재정리하여 각산 종사 열반기념 1주기에 발행한 것이다.

그 후 원기77(1992)년 8월 15일에 4판 개정판을 발행했다. 이때까지 이 책은 한자표기였다. 세월은 흘러 한글세대인 후진들이 읽고 풀이하기에는 어려움이 많았다. 한자를 읽기에는 가독성이 떨어지고, 고사 성어나 인용문의 출처와 풀이 없으니 이해하기 곤란하였다.

원기95(2010)년 5월 영산선학대학교 교재편찬위원에서 한글로 읽는 교전공부를 발행하였다. 이전 발행본에『정전』원문을 추가하고 한자는 한글로 고치고, 필요한 경우 한자를 병기하였다. 또한, 한문의 풀이와 인용문의 해석을 각주로 달아 해석을 덧붙였다.

다시 원기103(2018)년 원불교출판사에서 독자들의 요청과 후학들을 위해 재발행하기로 하였다.『교전공부』원본과 한글본을 참고하여 부득이한 오탈자와 맞춤법표기나 부호 통일 등 수정과 교정을 하였다. 또한, 한글로 읽는 책이지만 한자가 필요한 곳은 이해를 돕고자 한자를 병기하였음을 밝힌다.

정산 종사는 "육조 혜능 선사와 같은 인물이라"고 각산님을 평했다. 대산 종사는 각산님을 "여래의 기틀을 잡고 간 도인이라"고 하였다. 각산님은 자호로 원양圓養이라 칭했다. 이 책에 원양이라는 필명은 글자 그대로 일원상 진리를 양성하고자 하는 간절한 염원과 적공이 담겼다.

『교전공부』는 초판 발행이후 40여 년간 독자들의 사랑을 받아온 원불교 정전의 해석서로 지금까지 여섯 차례 발행하였다. 이처럼 두 성인들의 평가뿐 아니라 제자들의 평판은 수기受記임에 틀림없다. 교전공부도 수기 중 하나일 것이다. 각산 종사가 후진들의 교재로 사용하고자 하였으나 생사를 가르지 못하고 열반에 드니 애석할 따름이다. 후학들에게 텍스트이자 공부 길의 안내서이며 성불로 가는 징검다리라고 할 수 있다.

부디 이 수도문에 들어 세계 사업하려는 학인들은 의심치 말고 정진하는 교재로 삼기 바랍니다.

원기103년 12월 겨울로 가는 길목에서

원불교출판사 주성균 합장